高等院校精品课程系列教材

教育电视节目
编导与制作

李焕芹　主　编
赵厚福　郭　峰　副主编

电子工业出版社
Publishing House of Electronics Industry
北京·BEIJING

内 容 简 介

本书主要面向教育电视节目的编导与制作人员，主要包括教育电视基础、电视教材概述、电视教材编制的理论基础、电视摄像、电视画面构图、光线与电视照明、电视特技、镜头组接原则、电视录像与电子编辑、电视音响、电视字幕与图文包装、电视非线性编辑、电视教材编制过程及人员、文字稿本的编写与创作、分镜头稿本的编写与创作、电视教材导演工作等内容。

本书循序渐进、由浅入深，配有大量的图形和图片，适合学习教育电视节目制作的学生及编导人员参考使用。

未经许可，不得以任何方式复制或抄袭本书之部分或全部内容。
版权所有，侵权必究。

图书在版编目（CIP）数据

教育电视节目编导与制作/李焕芹主编. —北京：电子工业出版社，2017.11
ISBN 978-7-121-30477-4

Ⅰ.①教… Ⅱ.①李… Ⅲ.①广播电视教学－电视节目－制作－高等学校－教材 Ⅳ.①G432

中国版本图书馆 CIP 数据核字（2016）第 287279 号

策划编辑：张贵芹
责任编辑：裴　杰
印　　刷：北京虎彩文化传播有限公司
装　　订：北京虎彩文化传播有限公司
出版发行：电子工业出版社
　　　　　北京市海淀区万寿路 173 信箱　邮编 100036
开　　本：787×1092　1/16　印张：28.5　字数：729 千字
版　　次：2017 年 11 月第 1 版
印　　次：2024 年 8 月第 10 次印刷
定　　价：59.80 元

凡所购买电子工业出版社图书有缺损问题，请向购买书店调换。若书店售缺，请与本社发行部联系，联系及邮购电话：（010）88254888，88258888。
质量投诉请发邮件至 zlts@phei.com.cn，盗版侵权举报请发邮件至 dbqq@phei.com.cn。
本书咨询联系方式：（010）88254511，zlf@phei.com.cn。

前　言

我国的教育电视节目在 20 世纪 80 年代伴随着中央广播电视大学和中国教育电视台的发展，出现了一个使用和研究的高潮。进入 20 世纪 90 年代中期以后，随着计算机和网络技术的发展，教育电视节目受到了一定的冲击。进入 21 世纪，随着国家精品课程和网络资源共享课程的大规模建设，对教育电视节目或者视频形式教学节目的需求又重新增强。近几年，随着 MOOC 和微课的发展，教育电视节目开始向短小精炼、系统组织和网络传播的方向发展。因此，特别需要从编导和制作两个方面系统地介绍教育电视节目制作的知识和技术的参考书籍。

本书的作者从 20 世纪 80 年代开始在教育系统的电教部门从事教育电视节目的制作工作，先后拍摄了初中物理实验技巧等多部系列电视教材，由人民教育出版社出版发行，并在电视台播出，积累了大量实践经验。另一方面，作者从 20 世纪 90 年代初开始从事教育技术学专业电视教材编导与制作课程的教学工作，进入 21 世纪后开始兼授广播电视编导专业电视节目制作技术课程。经过多年的教学积累，形成了较为系统完善的讲稿讲义和丰富的教学资源，《电视教材编导与制作》课程先后被评为国家级精品课程和国家级资源精品共享课程，《电视节目制作技术》教材也被评为山东省优秀教材。本书就是在这些资料的基础上编写而成的。

本书主要面向教育电视节目编导与制作，主要包括教育电视节目、电视节目编导、电视节目制作技术和艺术 4 个方面的内容。教育电视节目知识方面包括教育电视基础、电视教材及其教育学、心理学和艺术美学相关的理论基础。电视节目编导方面包括相关过程与人员、文字稿本和分镜头稿本的创作及电视导演工作等方面的内容。电视节目制作技术方面包括电视摄像、电视照明、电视录像、电子编辑、电视特技、电视音响、电视字幕与动画、电视非线性编辑系统等方面的内容。电视节目制作艺术方面包括电视画面构图、镜头组接和电视照明等方面的内容。

因为教育电视节目制作需要教育、艺术和技术 3 个方面的知识与能力，所以在本书的编写中，力求理论性和实践性并重。理论知识方面，为便于读者理解，提供了很多的案例，如各种文字稿本的片段等。实践知识方面，立足于培养学生的实际应用能力，以典型的专业设备为例证，重点介绍电视制作设备的基础知识和使用操作，目的在于让学生能举一反三、融会贯通地掌握电视节目制作技术，具有很强的实用性。书中所涉及的设备均按照现在最流行的数字标清机型介绍，并增加了一些新产品和新技术的介绍，以扩展学生的视野。为了便于初学者的学习，在内容安排上遵循由浅入深、循序渐进的方式，同时配有大量的图形和图片。

本书由李焕芹担任主编，赵厚福、郭峰担任副主编，具体分工如下：第 1、2、3、13、14、15、16 章由赵厚福编写，第 4、5、6、7、8、9 章由李焕芹编写，第 10、11、12 章由郭峰编写，全书由李焕芹统稿，赵厚福协助整理。

  本书在编写过程中参考和引用了许多国内外出版的文献，以及许多国内外设备厂商的产品资料，在此向作者和厂商一并致谢。

  由于编写时间仓促和编者水平有限，错误和不足之处在所难免，敬请读者指正。

编 者

目　　录

第1章　教育电视基础 ... 1
1.1　电视的发展及特性 ... 1
1.2　教育电视节目的发展及特性 ... 8
思考与练习 ... 12

第2章　电视教材概述 ... 13
2.1　教材与电视教材 ... 13
2.2　电视教材的类型 ... 16
2.3　电视教材的特点 ... 20
思考与练习 ... 24

第3章　电视教材编制的理论基础 ... 25
3.1　电视教材的教育学基础 ... 25
3.2　电视教材的心理学基础 ... 29
3.3　电视教材的艺术与美学基础 ... 36
思考与练习 ... 44

第4章　电视摄像 ... 45
4.1　摄像机的组成及功能 ... 45
4.2　摄像机的种类及主要性能 ... 62
4.3　摄像机的使用及操作 ... 70
思考与练习 ... 88
实验训练 ... 88

第5章　电视画面构图 ... 89
5.1　画面构图的目的和任务 ... 89
5.2　电视画面构图的特点和构图要素 ... 90
5.3　构图原理 ... 104
5.4　画面构图的表现方法 ... 120
思考与练习 ... 136
实验训练 ... 137

第6章　光线与电视照明 ... 138
6.1　电视照明的目的和任务 ... 138

6.2 电视照明的基础知识 ·· 141
6.3 电视照明的角度和特点 ·· 156
6.4 电视照明的基本设备 ··· 162
6.5 电视照明的方法和步骤 ·· 176
思考与练习 ··· 183
实验训练 ·· 183

第 7 章 电视特技 ·· 184
7.1 电视特技的种类与处理方式 ··· 184
7.2 电视特技的原理 ·· 194
7.3 电视特技切换台的使用 ·· 208
7.4 电视特技方式的选择与应用 ··· 221
思考与练习 ··· 224
实验训练 ·· 224

第 8 章 镜头组接原则 ·· 225
8.1 蒙太奇的含义及作用 ··· 225
8.2 镜头组接的原则 ·· 229
8.3 蒙太奇句子、段落及时空转换技巧 ·· 234
8.4 图像编辑点 ·· 239
思考与练习 ··· 245

第 9 章 电视录像与电子编辑 ·· 246
9.1 磁带录像机的发展与分类 ··· 246
9.2 录像机的使用操作 ·· 256
9.3 电子编辑 ·· 258
9.4 电子编辑方式 ·· 266
思考与练习 ··· 271
实验训练 ·· 271

第 10 章 电视音响 ·· 272
10.1 电视音响设备 ··· 272
10.2 电视音响录制与合成 ·· 291
10.3 数字音频采集与处理 ·· 299
思考与练习 ··· 316
实验训练 ·· 317

第 11 章 电视字幕与图文包装 ·· 318
11.1 字幕机的发展 ··· 318

11.2　字幕机的构成与工作原理 ································ 321
　　11.3　字幕机的连接与使用 ···································· 323
　　11.4　电视字幕设计艺术 ······································ 341
　　思考与练习 ·· 349

第 12 章　电视非线性编辑 ·· 350
　　12.1　非线性编辑概述 ·· 350
　　12.2　视频信号的数字化 ······································ 357
　　12.3　非线性编辑系统构成 ···································· 361
　　12.4　非线性编辑系统的使用 ·································· 377
　　思考与练习 ·· 389

第 13 章　电视教材编制过程及人员 ································ 390
　　13.1　电视教材编制过程 ······································ 390
　　13.2　电视教材编制人员的任务与要求 ·························· 393
　　思考与练习 ·· 397

第 14 章　文字稿本的编写与创作 ·································· 398
　　14.1　文字稿本概述 ·· 398
　　14.2　选题 ·· 400
　　14.3　选型 ·· 403
　　14.4　选材 ·· 406
　　14.5　结构 ·· 409
　　14.6　文字稿本画面与解说词的写作 ···························· 416
　　思考与练习 ·· 423

第 15 章　分镜头稿本的编写与创作 ································ 424
　　15.1　分镜头与分镜头稿本的格式 ······························ 424
　　15.2　怎样写好分镜头稿本 ···································· 428
　　思考与练习 ·· 433

第 16 章　电视教材导演工作 ······································ 434
　　16.1　导演的录制前期工作 ···································· 434
　　16.2　导演的现场录制指挥 ···································· 436
　　16.3　导演的录制后期工作 ···································· 444
　　思考与练习 ·· 446

参考文献 ·· **447**

第1章　教育电视基础

本章学习目标
- 了解电视传播的特性
- 了解教育电视发展的原因，教育电视节目的分类
- 熟悉教育电视节目的特性

电视自 20 世纪 50 年代以来，尤其在 20 世纪 80 年代得到了突飞猛进的发展，无论是节目种类还是节目质量都有了很大提高。作为一名教育电视节目的编导，首先要了解电视的基础知识。

1.1　电视的发展及特性

1.1.1　电视的发展

1．诞生

1873 年，英国的史密斯发现了硒的光敏性，即在有光照射的情况下导电性能增加。这种光敏材料的出现使光转换为电信号成为可能。

1884 年，还是一名大学生的德国发明家尼普柯夫提出了圆盘扫描法，由此拉开了电视传播的序幕。

1925 年英国工程师贝尔德发明了机械扫描式电视摄像机和接收机，被誉为"电视之父"。

1933 年兹沃里金研制成功可供电视摄像用的摄像管和显像管。完成了使电视摄像与显像完全电子化的过程，至此，现代电视系统基本成形。今天电视摄影机和电视接收的成像原理与器具，就是根据他的发明改进而来的。

1936 年 11 月 2 日英国广播公司（BBC）在伦敦郊外的亚历山大宫以一场规模宏大的歌舞开始在电视上正式播出，这一天被认为是世界电视的诞生日。

1938 年，德国人弗莱彻西格提出三枪三束彩色显像管设想。

2．发展

1945 年"第二次世界大战"结束后，电视进入发展阶段。

1949 年美国首次研制出世界上第一只三枪三束彩色显像管。

1949 年美国广播公司开发出全电子的彩色电视。

1954 年美国正式开办彩色电视节目，成为世界上第一个播出彩色电视节目的国家。

1956 年美国安培公司研制出四磁头磁带录像机。

1957年研制出全玻璃壳彩显管。

1963年11月23日早晨,美国和日本之间的卫星中继取得成功,而内容正巧是肯尼迪遇刺。

1964年研制出全玻壳矩形显像管。

1968年,日本索尼公司研制成一枪三束彩显管。

1969年研制出黑底显像管使亮度提高了一倍。

1972年,美国研制成功自动校正会聚误差彩显管。至此,彩色电视的发展进入成熟期。

3．变化与趋势

进入20世纪80年代以来,电视的发展更加迅猛,这其中最重要的是高清晰度电视、卫星及电缆电视、数字化电视。

（1）高清晰度电视。

1985年9月在日本筑波万国博览会上,日本研制的高清晰度电视正式登场。

1986年下半年欧洲HDTV系统计划方案诞生了,从此便形成了欧洲与日本在新一代电视领域里的对峙与竞争。

1990年美国的通用仪器公司（General Instrument，GI）在电视传播信号的数字压缩方面取得了突破,实现了高清晰度电视广播频宽不超过6MHz的目标,这预示着美国全数字式高清电视研究的初步成功。

（2）**数字电视**。

由于高清晰度电视的标准肯定是全数字式,目前世界上主要以美国的ATSC、欧盟的DVB、日本ISDB三大数字电视为标准。在数字压缩标准上都采用MPEG-2音频。

目前,数字电视的传输途径可分为三种:数字卫星电视、数字有线电视和数字地面开路电视。这三种数字电视的信源编码方式相同,都是MPEG-2的复用数据包,但由于它们的传输途径不同,它们的信道编码也采用了不同的调制方式。例如,欧洲DVB数字电视系统中,数字卫星电视系统（DVB-S）采用正交相移键控调制（QPSK）；数字有线电视系统（DVB-C）采用正交调幅调制（QAM）；数字地面开路电视系统（DVB-T）采用更为复杂的编码正交频分复用调制（COFDM）。

中央电视台的高清电视频道（CCTV-HD）于2005年9月开始在亚洲4号卫星C波段转发器上播出,并于2006年1月开始正式播出。

（3）**卫星电视方面**。

1945年英国的克拉克在《无线电世界》杂志上提出,向赤道上空35786.62km的静止轨道发射相互间隔120°的宇宙站可实现全球电视中继或广播。

1957年10月4日原苏联发射了世界上第一颗人造地球卫星。

1958年1月31日美国把它的人造卫星"探险者1号"送入地球轨道。

1962年7月美国发射电星1号卫星,进行了电视、电话、电报、传真通信试验。

1962年12月美国又发射了中继卫星。

1963年11月23日利用这颗卫星在美国和日本之间进行电视转播试验,第一次实现了跨洲际的电视信号传送。

1964年8月美国又向太平洋上空的静止轨道发射辛康-3号卫星，及时向全世界大部分地区转播了在东京举行的奥林匹克运动会的电视实况。

1965年成立了国际通信卫星组织（INTELSAT），从此就由该组织发射管理国际通信卫星。

1965年4月6日发射国际通信卫星1号，使卫星电视正式进入实用阶段。

目前，国际通信卫星组织拥有100多个成员国，经营商用全球性卫星通信系统，包括电话、电视、传真、电报、电传、新闻广播、会议电视、陆上监视、船舶与飞机航行数据等业务。

（4）有线电视。

有线电视的发展经历了三个阶段：第一阶段是共用天线电视系统；第二阶段是电缆电视，用同轴电缆传输信号，又称闭路电视。这两个阶段又称为传统有线电视系统，只能单向向用户传输电视节目。被称为第三阶段的现代有线电视系统，开始于20世纪80年代后期，是一个双向传输系统，可以提供交互式数字电视及普通电话、可视电话、Internet接入等综合性服务，从而实现视频、数据、话音三网合一。

4．我国电视的发展

（1）**诞生**。

1958年5月1日，中国第一座电视台（现中央电视台的前身）——北京电视台开始试验播出。

1958年9月2日宣布正式开播。

（2）**发展**。

1960年5月1日，用NTSC制式建立了一座彩色电视台。

1972年2月，美国总统尼克松访问中国，决定引进外国的彩电技术和设备。

1973年5月1日，正式试播彩色电视节目。

1974年10月1日，正式开播彩色电视节目。

1978年5月1日，北京电视台改称中央电视台。

（3）**八、九十年代繁荣时期**。

进入20世纪80年代以来，电视屏幕内容更加丰富多彩，广告进入电视，电视剧出现。

进入20世纪90年代以来，发展更加迅速。中央台节目增至13套，各省台也有1～2套，而且大部分已通过卫星传输。

1996年8月，中央电视台率先开通卫星数字电视（SDTV）广播业务，走在了亚洲国家的前列。

1997年，又有10家省级电视台开通卫星数字电视频道。

1998年年底，有30多套节目上星频道。

1999年，国庆50周年期间，进行了HDTV的转播试验。

（4）**21世纪数字电视的普及和发展**。

我国已制定了数字电视发展的三步走的战略：第一步，从2003年开始，加速发展数字有线电视；第二步，2005年中国的广播直播卫星上天，结合地面有线传输和空中无线传输的长处，进一步大幅度普及数字电视；第三步，到 2008 年奥运会之前，不仅上直播卫星，数字有线电视基本在大城市可以普。同时，要满足边远地区通过地面转达器接收电视节目；还可以满足地面移动，在火车、轮船上看电视。中国到 2015 年关掉模拟电视。

20 世纪 50 年代初期，在我国刚刚组建电视台时，仅有 30 多台电视机，那时没人能料想到电视会对人们的生活发生多大影响，在 60 多年的时间里，电视进入城市、乡村的千家万户，成为人们生活中不可缺少的组成部分。我国广播影视已形成庞大的数量规模。一是播出机构、节目套数和内容生产数量很大。2012 年统计，广播电视播出机构 2579 个（广播电台 169 个，电视台 183 个，教育电视台 42 个，广播电视台 2185 个），开办 4165 套节目（广播节目 2831 套，电视节目 1334 套）；144 个付费频道（电视 130 个，广播 14 个）；178 套付费广播电视节目（付费电视 139 套、付费广播 39 套）。生产电视剧超过 1.3 万集、动画片超过 17 万分钟。二是传输覆盖网和用户规模很大。广播电视综合人口覆盖率分别为 97.51%和 98.20%。有线电视用户 2.15 亿户，数字电视用户 1.43 亿户。浙江卫视、山东卫视、江苏卫视、东方卫视、湖南卫视、四川卫视的全国覆盖人口均突破 9 亿，都占全球的 1/3。

中国电视的发展，从媒体的表现形式上看，移动电视、手机电视、网络电视、高清晰度电视快速发展；从节目的内容上看，电视频道迅速增加，出现了很多专业电视频道：少儿、动画、音乐、体育、游戏、影视、摄影等；电视栏目迅速增加：经济、法制、娱乐、民生等，满足了不同人群对节目的需求。

1.1.2　电视节目的分类

电视节目的种类随着时代的发展越来越多，分类的方法多种多样。一般可按电视节目的主要功能及性质分为四类节目形态：新闻类、文艺类、教育类、服务类。

1. 新闻类

新闻类是指对正在或新近发生的事实进行报道的电视节目。狭义的新闻通常是指消息新闻报道，广义的新闻报道则是指所有以传递新闻消息为任务的各种节目的总称。它包括：①消息类新闻节目，如新闻联播、经济新闻、体育新闻、早间新闻、午间新闻、晚间新闻等；②专题类新闻节目，如专题新闻、专题报道、专题调查、电视专访、新闻纪录片、新闻杂志等；③言论类新闻节目，如电视讲话、电视论坛、电视述评、电视评论、本台评论、评论员评论。

2. 文艺类

文艺类是指知识性娱乐性强的节目。它包括电视文学节目、电视艺术节目、电视戏剧节目和电视文艺节目 4 种。

（1）电视文学节目。

电视文学节目主要是运用电视的技术和艺术手段，将文学节目电视化，从而给人以文学审美情趣的电视艺术作品。它又包括电视小说、电视散文、电视诗歌、电视报告文学等。

电视艺术节目主要是指运用电视艺术特有的思维方式和审美意识，兼容其他艺术样式所构成的，着重体现屏幕艺术美的电视艺术作品，共有 7 种。

①电视风光艺术片：是指以独特的屏幕造型，精美的画面语言，艺术地展现自然景观的壮丽和锦绣，具有较强的主观抒情色彩的电视艺术片，如《西藏的诱惑》。

②电视风情艺术片：是指运用电视技术和艺术手段，以介绍、歌颂和赞美风土人情为主要内容，以充满民族风味和地方色彩的音乐、歌曲、舞蹈为其主要表现形式的电视艺术片种，如《椰风海韵》《香格里拉探秘》《绿色王国探秘》。

③电视音乐艺术片：是指运用电视技术和艺术手段，以音乐语言为其抒情表意的主要艺术方式，以画面语言为其烘托渲染的辅助表现形态，给观众以音乐审美愉悦的电视艺术片，如《好大的风》。

④电视歌舞艺术片：是指以歌舞的艺术形式为主体的电视艺术片，其中的歌舞表演，既具有独立的观赏价值，又是为表现统一的、完整的思想意念而设计的，是纳入整个艺术构思的一个重要组成部分的电视艺术片，如《巴蜀神曲》。

⑤电视专题艺术片：是指遵循电视艺术的创作规律，采用多种艺术的表现手段，揭示一个共同主题，阐明一个统一思想，具有鲜明的"新闻性"和"艺术性"的电视边缘文体。例如《共和国之光》——赞颂人民教师的艺术片，由 10 分钟的专题和 40 分钟的歌舞组成；《艺苑风景线》——集音乐、曲艺、小品等艺术形式为一体的杂志型节目。

⑥电视文献艺术片：是指以历史文献资料为其画面的主要内容，以充满感情的解说词为其主要手段，达到介绍历史事实，表达深厚情感的电视艺术片，如《雪沃中原》《中国出了个毛泽东》《邓小平》《百年恩来》。

⑦电视民俗艺术片：是指运用电视技术和艺术手段，艺术地反映各民族不同的行为规范和生活方式，揭示不同民族的心理、志趣、信仰及历史发展和文化特征的电视艺术片，如《喜歌》。

（2）电视戏剧节目。

电视戏剧节目是依据戏剧的构成方式或电影的时空转换，通过电视的传播媒介、制作方式和艺术手段独立制作的、充分电视化的屏幕艺术。它包括 5 种：

①电视小品：电视屏幕上小的艺术品。

②电视短剧：电视屏幕上短小的栏目剧。

③电视单本剧：由一个完整的故事情节构成，有故事的开始、发展、高潮、结局的完整脉络，而且一次将戏演完的电视剧艺术形式。它不一定一集演完，三集以下均称电视单本剧，如《大年初一》《刘连仁》。

④电视连续剧：是指分集播出的多部集电视剧，如《渴望》《红楼梦》《三国演义》《水浒》。

⑤电视系列剧：是指分集播出的电视剧，它由几个主要人物贯穿全剧，但故事本身并不连贯，如《编辑部的故事》《神探亨特》《武林外传》《炊事班的故事》《家有儿女》。

（3）电视文艺节目。

电视文艺节目以文艺演出为构成形态，但经过电视艺术二度创作，其总体结构、表现方式和艺术手法，均是具有电视文艺独特的审美形态及电视文艺形式美的电视文艺节目。它包括 7 种。

①电视节日文艺晚会：是指在重大节日期间，为营造欢乐的气氛、丰富观众的精神生活而组织的电视综合文艺节目，如《春节晚会》《七一晚会》。

②电视专题文艺晚会：是指为了达到某一方面宣传教育的目的，突出某一个鲜明的、统一的主题，运用电视传播的手段，采取文艺演出的形式，具有鲜明的目的性、宣传性、知识性、观赏性的电视综合艺术节目形式，如《百花园》《外国文艺》《爱的旋律》。

③电视音乐节目：是指以各类音乐演奏、歌曲表演为基本构成框架，运用电视技术和艺术手段，给观众以音乐审美情趣的电视文艺节目形态，如《彭丽媛独唱音乐会》《刘炽作品音乐会》《西部之声》《电视音乐厅》。

④电视舞蹈节目：是指以各类舞蹈表演为基本构成框架，运用电视技术和艺术手段，给观众以舞蹈审美鉴赏的电视文艺形态，如《国际芭蕾舞比赛获奖节目——中国艺术节节目选播》《美的旋律——北京88国际交际舞拉丁舞精粹》《电视舞蹈》《舞蹈世界》。

⑤电视戏曲节目：是指运用电视技术和艺术手段，将传统戏曲艺术搬上电视屏幕，则构成了电视戏曲节目，如《白蛇传》《金秋戏曲晚会》《戏曲舞台》。

⑥电视曲艺杂技节目：是指运用电视技术和艺术手段，将带有表演动作的说唱艺术和杂技节目搬上电视屏幕，则构成了电视曲艺节目，如《曲艺晚会选播》《杂技精英录》《曲苑杂谈》。

⑦电视文艺竞技节目：是指具有文艺表演和技艺竞赛双重性质，由节目主持人、竞技演员、评委、特邀观众组成，集竞赛性、欣赏性和知识性于一体的电视节目形式，如《青年歌手大奖赛》《星光大道》等。

3．教育类

教育类是指知识性的教育节目，包括学科教育、理论教育及思想教育等节目。更详细的分类将在下节介绍。

4．服务类电视节目

服务类电视节目是指为民众和社会日常具体的需要提供服务的一种节目形式。根据目的不同主要包括社会发展目标型、社会公益型及日常生活型节目。

1.1.3 电视传播的特性

研究电视的特性时，从不同的角度出发会得到不同的观点。从电视传播角度来说，主要包括以下几点。

1．以电子科技进步为依托

就电视技术手段的发展过程而言，电视传播的变革总是依赖于科技的进步。电视技术经历了由黑白到彩色，由电子管到集成电路，由地面开路发射，到空中卫星传送、电缆传送，由近距离覆盖到全球性覆盖，由单向电缆传输到双向传送或多向传送的飞跃。

在60多年的电视科技的发展中，电视摄录制作、传播工具不断更新与变革。1954年彩色电视出现，1956年安培推出第一台录像机，1962年到1964年同步卫星由试验到正式启用，1968年便携式摄录像机ENG问世，20世纪70年代出现了各种特技、编辑设备，80年代的卫星直播电视和有线电视开始发展，90年代出现了数字摄录设备、数字化制作设备、非线性编辑设备；最近则出现了高清晰度电视、虚拟演播室、光盘制作存储设备。

记录及传输的方式由模拟复合到模拟分量、数字复合、数字分量,图像质量大大提高。这些都是以电子技术的发展为基础的。没有转播车,就不可能有现场采访与实况转播;没有卫星通信,就不可能实现奥运会现场直播;没有电视切换台和先进的录音设备,就不可能有多机拍摄、同期录音、现场切换的制作方式。

总之,电视传播过程中的任何一个环节都离不开电视技术和必要设备,也正是在这个基础上才有了电视的第二个特性。

2. 直观性与现场性

直观性是指电视画面上的形象直观。由于它的直观性,人们可以直接从电视上学习一些知识,如服装裁剪、烹调、舞蹈等,是其他媒介难以做到的。

现场性也是电视优于传统艺术形式的最大优势,鲍利夫在其《美学》艺术中提到,电视"把观众带进此时此刻正在发生的历史事件中,这一事件只有明天才能上银幕,后天才能成为文学、戏剧和绘画主题"。

在1991年海湾战争中独占鳌头的CNN总裁特德·特纳,被《时代周刊》评为当年十大杰出人物之一。其贡献是:"将新闻的定义,由刚刚发生的事情改变为正在发生的事情。"

中央电视台关于香港回归的72小时不间断报道开创了电视史上的先河,将回归的重要事件同步地向观众作了转播,吸引了全国乃至全世界的关注。2004年的希腊雅典奥运会,每当有中国夺金项目的比赛直播时,人们都不惜在凌晨2点起来观看。

3. 内容形式的广泛兼容性

电视依靠先进的电子设备,面对亿万观众永不满足的强烈需求,要维持日常不间断的播出,节目量之大、品种之杂、题材之广泛、表现形式之多样,可以说是任何大众传播媒体所不能比拟的。也只有电视能担负起如此艰巨的使命。

从电视的基本表现元素上看,图像、声音、文字互相搭配组合。从节目内容上看,新闻中的评论、报道、访谈等可以在同一节目中出现,互相补充、强化,如《东方时空》栏目。从节目形式上看,既可以直播现场节目,又可以在其中插入录像,非常灵活多样。一台综艺节目可以包含舞蹈、戏剧、小品等。新闻联播中,可以既有播音员直播,又穿插图像。甚至报纸、照片、文字等都成了它的传播手段。教育节目也不例外,戏剧表演、讲授、实验、外景资料全都可以使用。

4. 观众的介入性

电视台的许多栏目,都有大量的观众参与其中,如《综艺大观》《正大综艺》《实话实说》《幸运52》《开心辞典》《艺术人生》《挑战主持人》等,节目中主持人经常与观众交流,使观众成为节目的一员。这样做缩短了观众与节目演播者之间的距离。这种做法电影无法企及,戏剧、广播则大为逊色。

同时各电视台还开设观众信箱、观众热线电话,接受观众的意见、要求,提供新闻线索。娱乐性节目则更是有大量的现场观众参与。

在教学节目中,有时也同样采用让学生参与的方法。教师、学生可以互相交流,有问有答,形成一种课堂教学气氛,这要比一个教师自己讲授活泼生动得多。

电视的这种观众参与性,使他们更加关心热爱电视,更积极地参与节目的制作。

5．连续定期的编播方式

现在电视台播出的节目大多已栏目化，每个栏目都有相对固定的观众群，栏目的播出时间、栏目的长度都经过了合理筹划，也根据信息反馈及时调整，以求得动态平衡，做到栏目的相对固定和准时播出，方便了观众收看。

电视同其他传播媒介相比，具有信息传播及时；传播画面直观易懂、形象生动；传播覆盖面广，受众不受文化层次限制；互动性强，观众可参与到节目中来等得天独厚的优势，现在越来越多的人是从电视屏幕上接受各种自然科学、社会科学的知识信息，以及各种新闻消息的。

1.2 教育电视节目的发展及特性

1.2.1 教育电视的发展及原因

1．教育电视发展

从世界范围来看，教育电视的发展经历了以下几个阶段。

（1）闭路教育电视出现。20 世纪 40 年代初研制用于工业的电视系统——工业电视，其中一些用于教育、教学领域，产生了教育电视。但由于当时的闭路电视设备复杂、价格昂贵、操作不便，因此发展较慢。

（2）广播电视用于教育、教学领域。第二次世界大战结束后，美国教师严重缺乏，因而考虑利用广播电视播送教学节目。1950 年，美国利用广播电视创办了世界上第一座专业教育电视台。

（3）闭路教育电视迅速发展和广泛应用。随着电视技术的发展、设备的体积减小及价格的降低，闭路电视开始用于教育、教学领域，其中最早的是美国的马里兰州。把马里兰州的 48 所公立学校用电缆连接起来，用于传输教学节目。现在闭路电视在教育、教学领域中得到了迅速普及和发展。

（4）卫星教育电视发展。1974 年 5 月，美国发射"实用技术卫星 6 号"直接播放教学节目，进行扫盲、普及教育、职业训练、成人教育。

我国教育电视发展过程中重要的事件有：

1958 年 5 月 1 日开播电视，试播中播出了科教影片《电视》。

1978 年国务院批准成立中央电化教育馆，各省市和大专院校也相继设立了电化教育馆和电教中心。

1979 年 2 月 6 日中央广播电视大学开学。1979 年 2 月 8 日，中央电大正式播出电视课程。著名数学家华罗庚主讲第一堂课。各省、市、区也相继建立了广播电视大学。

1986 年 7 月 1 日中国教育电视一台 CETV-1 试播教育电视节目，10 月 1 日正式播出。利用国际通信卫星 V 号传输教育节目，主要播放中央电大课程。

1987 年，国家教委宣布成立中国电视师范学院及中国教育电视台。

1987 年 11 月中国教育电视二台 CETV-2 开播，主要播出社会综合性教育节目。

1995年3月中国教育电视-山东台CETV-SD开播,主要播放中小学节目,普及九年义务教育。

1999年3月8日,中央电大决定在山东聊城电大建立教学试验基地。这是中央电大在地方电大建立的第一个教学试验基地。

2. 教育电视发展的原因

(1) 电子技术的发展。电视技术的发展,为教育电视的发展提供了物质基础。自1936年发明电视至今的60年,电视技术获得了飞速发展。由于初期电视发送、接收设备结构复杂,体积庞大,价格昂贵,因此只在商业、政府的宣传部门使用。50年代后,晶体管集成电路的发明与使用,使得电视设备大大简化,生产出了大量质量好、价格低的电视设备。

后来由于摄像、录像、编辑制作设备的低价格、高性能,彩电、录像机的普及使用,使得教育部门能利用这些设备编制教学节目。各级电教馆、大专院校电教中心及党员电教部门,编制了大量教育、教学电视节目。

(2) 电视具有优越的功能。

①具有知识传授功能。

首先,教育电视具有组织知识的功能,用较少的时间去传授较多的知识。一位教师经过认真备课,可以用30分钟讲授平时需用1小时讲授的教学内容,且效果很好。而专题性电视教材,从材料选取、结构组织到教学方法的采用,是经过教师编导们认真的准备,集思广义编制成的。能用较短的时间呈现尽可能多的内容,而且又能容易被学生理解、记忆。

其次,教育电视节目由于采用视听相结合的方式呈现知识,既能形象直观,又能概括抽象,更是其他教学手段所不及的。心理学实验证明,视听并用可以大大提高教学效果。从学习知识的比率看,视觉占83%、听觉占11%;从注意力集中的比率看,视觉占81.7%、听觉占54.6%;从记忆率看,视听并用要比单用视或听高。总之,电视在组织知识、呈现知识、提高效率方面有优越的教学功能。

②具有技能训练功能。

用电视录像呈现标准示范和重放分析自身的技能,能加速技能、技巧的掌握与培养,如实验操作、体操动作、戏剧表演、微格教学。

③可以扩大教学规模。

现在利用电视进行教学的电视学校有中央广播电视大学、中央农业广播电视学校、中国电视师范学院、中国燎原广播电视学校。教育电视利用卫星能进行远距离传送教学信息,打破传统学校的界限,面向社会对千千万万人进行教学活动,为职业教育、终身教育、普及教育提供了可能。以中央广播电视大学为例,截至2002年年底,全国电大高等教育毕业生累计已达333.7万人,约占同期各类高校毕业生总数的12.7%。可见教学电视在扩大教学规模方面的优越性。

(3) 社会发展需要。随着社会的发展,急需计算机、财会、公关、旅游、外语等专业人才,运用电视教学,尤其是利用卫星电视进行教学,能非常有效地解决问题。

总之,社会发展需要电视技术提供的物质条件,加上教育电视本身优越的教学功能,使教育电视得到了飞速发展。

1.2.2 教育电视节目的分类

教育电视节目,是指充分发挥电视的传播功能,运用电视的技术和艺术手段,面向整个社会传播科学文化知识,进行社会教育的电视节目的总称。

目前,我国电视理论界对电视教育节目的界定有两种理解。一种为广义的理解:电视教育节目包含电视社会教育节目(社教节目)和电视教学节目。一种为狭义的理解:即电视教育节目仅指电视教学节目,而不包括电视社教节目,电视社教节目独立于电视教育节目而构成另一大类节目。目前在电视界还很难统一,现在采用第一种理解,将电视社教节目和电视教学节目统称为电视教育节目。这里所用"教育"一词具有"大教育"的概念,凡是以教育为基本任务,具有教育性质的节目都包含其中。

同一般电视节目分类一样,由于教育电视节目的题材内容和表现形式十分广泛,对象层次多,因而分类也较为复杂。共有三种分类方法。

(1)按内容属性分类。分为政治类、经济类、人物类、知识类、文化教育类、科学技术类、军事类、教育类等。

(2)按节目的对象属性分类。分为大众节目、少儿节目、青少年节目、中学生节目、大学生节目、老年人节目、妇女节目、子弟兵节目、农民节目等。

(3)按节目的形式属性分类,又有两种分类方法。

①从体裁样式上分为:纪录片、科教片、专题片、教学片、讲话节目、综合节目、杂志型节目、系列节目、特别节目、知识竞赛等。

②从制作方式及表现形式上分为:现场直播、录像剪辑、演播室型、主持人型、晚会型、解说式、主讲人式、示范式、小品式、特技式、动画式、表演式、采访式等。

以上三种分类方法有一个共同缺陷,就是由于教育类节目十分繁杂,节目涉及的内容广泛,表现形式多样,具有特殊性,节目之间的内容、形式、对象三种属性交叉重复、相互兼容、相互渗透的情况很多,任何一种分类都难以概括和包容教育类节目中所有的节目形态,特别是对体裁内容上交叉和表现形式交叉的节目难以进行归类。例如,有的节目从内容上看,不仅涉及政治、经济、军事,甚至还涉及科技,因此很难将其划归到某一内容类,如《话说运河》。又如,有的节目从对象上看,并不是针对某一部分对象,可能是老少咸宜,雅俗共赏的,如系列片《让历史告诉未来》。所以采用一种对"同一律"分类原则来说较为模糊的分类方法。在这里依据节目的任务、性质和特点进行分类,将教育电视节目分为三大类。

1. 社会性教育节目

社会性教育节目是指以社会教育为宗旨的电视节目,简称社教节目。在我国目前社教节目中主要包括以下几类题材和内容的节目。

(1)社会政治类:以反映一个时期内重大社会问题、社会现象、重大历史事件等为内容的节目;如《观察与思考》《法律讲堂》。

(2)文化教育类节目:以文学、艺术、音乐、舞蹈、美术、戏曲等方面的人物和事物为主要体裁的节目,如《百家讲坛》《文化生活》《中国风》《美术星空》。

(3)经济类节目:以经济信息、经济政策、经济活动、经济服务为中心内容的节目,如《经济半小时》《经济与法》。

（4）人物类：以一个或几个人物事迹为主要内容，反映人物精神风貌、性格特征、思想品格的节目，如《人物》栏目。

2．知识性教育节目

知识性教育节目是指以普及科学文化知识服务于观众为宗旨的电视节目，以介绍生产、生活方面的经验与新的发明、发现为主要目的的知识性节目。

它在教育电视节目这一系统中是介于社教节目和教学节目之间的一种节目形态。知识性节目从形式上大致可分成三种类型：

（1）专栏节目：又可分为两类，一类是可以独立构成的一个完整的专栏节目，如《人与自然》《动物世界》。另一类是穿插在综合性栏目和杂志型节目中间构成一个小版块或小专栏的节目，如《经济半小时》中的《开眼界栏目》《金土地》。

（2）科教片和科普片：这是与电影科教片和科普片十分相似的一种为传播和普及科学知识而摄制的独立成篇的电视片，如《宇宙与人》《叶子》。

（3）知识竞赛类节目：以竞赛方式进行知识传播的节目，如《幸运52》《开心辞典》《三星智力快车》《一站到底》《汉字英雄》《汉字听写大会》等。

3．系统性教学节目

系统性教学节目是指运用电视手段以教学和讲座的形式向一定的对象传授系统的科学知识的节目。一般是根据课程教学大纲或研究课题的要求进行教学设计和编制的；具有明确的教学目的、目标，特定的教学对象；运用于学校教育、成人教育、职业教育和科学研究领域的电视系列教材、科学技术研讨节目和教学辅助节目，如《数据库应用技术（2010版）》《现代教育技术》《机电一体化系统设计基础》《面向对象程序设计》《小企业管理》。

1.2.3 教育电视节目的特性

教育电视节目的题材内容和表现形式十分广泛，是目前电视节目中栏目多、对象层次多的种类。

由于教育电视节目也是借助于电视媒介，利用图像和声音来传递教育、教学信息，因此它也具有电影、电视艺术所共有的一些特性。大家应该从两个方面来把握教育电视节目的特性，一方面它是教育节目，另一方面还是电视节目。

教育节目是以传递教育信息为目的，并立足于电视艺术的特性来设计构思，但首先要考虑节目的教育性和科学性。

1．教育性

教育电视节目担负着对观众进行思想教育、知识教育和技能教育的任务，它与一般的电影或电视节目不同。一般的电影或电视节目没有特定的观众，适应面比较广泛，而教育节目则具有特定的对象，其对象既可以是教师，也可以是学生，还可能是社会青年。对于教学节目，它还有特定的教育任务和教学目标。它的教学目标是以教学大纲为依据，让学生达到一个什么样的知识水平，哪部分是重点，哪部分是难点，哪些是一般了解都有明确的规定。

2. 科学性

教育电视节目的主要任务就是迅速、准确地传递教育信息，讲解科学知识，所以教育电视节目的内容要有严格的科学要求。例如，传授的知识内容应当是科学的、正确的，而不能有错误的观点；运用的概念、提出的定义、选择的例证和做出的结论应该是正确的；所用的文物、史料、文献、照片等资料要真实正确，符合科学事实，如果用电影或电视剧中的某些片段，作教学片中的资料就不符合科学性的特点；采用的特技、动画要准确，能科学地反映客观事实；表演者的操作、示范要正确、规范；解说词要准确、精练、通顺，无语法错误，声画同步，专业名词一定要把音读准；字幕要工整、规范，不能出现错别字。例如，公式中的字母及符号应按要求书写，斜体和正体要分清楚。

3. 艺术性

教育电视节目是利用电视技术手段和影视艺术语言来表现教学、教育内容的，所以教育电视节目既要符合教育性、科学性原则，又要符合影视艺术的表现规律，充分发挥影视艺术的表现手段。例如，摄像、特技、美工、动画、剪辑及配音技巧，既有趣，又容易理解，便于记忆。画面要做到：形象生动，造型优美，布局合理，色彩协调，主题突出；剪辑要做到：组接流畅，符合逻辑，节奏适当，声画同步；解说要做到：语音规范，抑扬顿挫，声音优美，生动感人；音响、音乐做到：选择恰当，搭配合理；特技、动画要做到：运用恰当，科学准确，形象生动；字幕要做到：书写工整，准确无误，大小适当，颜色和谐，布局合理。

4. 技术性

科学技术的发展为电视提供了不可缺少的物质保证。例如，近年来数字特技，计算机字幕、动画，非线性编辑设备在电视节目中的应用，极大地丰富了电视艺术的表现手法。同时电视节目的技术性也是教育性、科学性、艺术性的保证。电视节目只有图像稳定、清晰，色彩还原好，声音清楚，人们才能更好地观看。在编制教育电视节目时要严把技术关，以保障节目的质量。

思考与练习

1. 电视传播有哪些特性？
2. 教育电视节目有哪些特性？

第 2 章　电视教材概述

本章学习目标
- 了解电视教材的含义
- 熟悉电视教材的几种表达形式及各自的特点
- 熟悉电视教材的特点

2.1　教材与电视教材

随着科学技术的发展和社会的进步，教材也在发展，文字教材——教科书不再是唯一的教材了。以电视媒介为载体去储存、传送教学信息的电视教材已成为当今教学上一种重要的教材。因此，对教材的本质与含义，要有进一步的研究与理解，才有利于教材的发展与建设。

2.1.1　教材的本质

教材作为向学生传授知识、技能和思想的材料，就其本质来说是由信息、符号、媒介三个基本要素构成的。

1. 信息

信息是事物运动状态与规律的表征。教材中的信息就是向学生传授的教学内容。

自然界和人类社会存在着无限多的信息，有自然信息也有人工信息。有人把多媒体信息分为以下六大类型。

（1）反映自然界属性和特点的信息。包括事物的物理上的特点，如温度、重量；化学上的特点，如氧气与氢气反应会产生水；事物的运动状态，如运动速度、运动方向等。

（2）人类认识自然界、人类社会过程中的思维信息，如人的思维情况、人的思想和知识等。

（3）反映人类社会特点的信息，如社会生产、社会经济、政治和军事的活动情况等。

（4）反映人造世界中各种技术特点的信息。例如，生产过程中反映生产状态的各种参数、资料，制造某种机械设备的技术资料和要求，等等。

（5）人性化的信息。通俗地说，就是能被人的眼睛、耳朵、鼻子等信息器官直接感受或理解的信息，如文字、图像、图形和声音等。

（6）经过数字编码和解码的信息。例如，计算机中被存储、传递、交换、处理的各种信息，等等。

教材中的信息是前人已经获得并经过加工处理的人工信息,传授这些信息能使学生掌握必要的知识、技能与思想意识。

2．符号

这些信息的表征要通过符号,信息的传送要依靠符号,信息的记录、储存与加工处理也要依靠符号,因此,作为传授教学信息内容的教材,符号也是它的一种基本要素。

人们为了表征、传送、记录、储存、加工处理信息创造了多种符号,主要包括以下几类：

（1）口头语言：这是一种最早最有效的用来传送信息的符号。

（2）文字符号：既能传送也能记录、储存信息。各种书籍、文字教材,都是用文字来记录传送各类信息的。

（3）图像符号：能形象直观呈现信息,便于人们理解。

（4）计算机语言符号：使信息便于加工处理。

（5）专业语言符号：使信息的表达更精密、准确。

而这些符号要制作、传送、记录、储存、显示,需要依靠媒介才行。

3．媒介

媒介是信息的载体。表征信息的符号只有通过媒介才能传递出去。

语言符号是由人的发声器官和空气作为媒介才能发出声音信号的,录音机出现后,它除了能传送语言符号外,还能储存语言信息符号。

文字符号最初是刻在石壁、甲骨上,在发明了纸张、印刷术之后,文字符号才能在传送与记录信息上,发挥更大的效能,才有了被普遍利用的教科书。

图像符号则是当照相、电影和电视等媒介发展后,才被广泛地用于传送与储存信息,当然现在随着科技的进步,存储与传送图像的媒介更多了,如VCD、计算机硬盘等。

传统的幻灯、投影也是图像符号的媒介,利用它们可以储存呈现各种图像信息。

4．不同符号和媒介的不同教学功能

综上可见,必须具备信息、符号、媒介三要素的材料,才能成为一种具有教学功能的教材。同样的信息内容,由于符号与媒介不同,其传播和储存功能也有很大差异。

（1）有些符号与媒介只有传送信息的功能,如语言符号和空气媒介。

（2）有些符号与媒介具有记录与储存信息的功能,如教科书、录音带、录像带等媒介。

（3）有些符号与媒介具有处理加工信息的能力,如使用计算机语言符号的计算机程序教学媒介等,它能提高学生学习兴趣,寓教于乐,提高学习效率。

随着符号与媒介的发展,教材的种类和功能也在发展。

2.1.2 教材的发展

由教学信息、符号和媒介三要素构成的教材,它是随着三要素的发展而发展的。就教学信息而言,人类在生产实践中获得的信息越来越多,人们也需要掌握更多的信息去适应周围的环境和改造世界。因此教材的教学信息内容在不断地增加和更新。

另外从符号与媒介来看,由于符号与媒介不断地发展,致使教材的发展已经历了几个

不同的阶段。

1．口头语言媒介阶段

在几十万年前，人类由于信息交往的需要，发明并使用了语言符号。直到文字出现以前，人类的教学信息传授主要使用口头语言媒介。也可以说，口头语言媒介是当时教材的主要形式。它只能传送教学信息，而不能记录储存信息，而且由于口头语言传授知识，教师只能采用个别化的教学方式，限制了教学规模。

2．文字媒介阶段

在约五千年前，人类发明了文字（最初刻在岩石、甲骨、竹简上或书写在绵帛上。直到公元一世纪，我国的蔡伦发明了造纸术，才把文字书写在纸张上）。文字媒介阶段，它能记录储存教学信息。教学活动中，利用手抄的书稿传送教学信息已成为教学的重要组成部分。但它只能传送文字符号，而且书稿的数量也受到限制，不可能太多，因而教学规模也不会太大。

3．印刷媒介阶段

到公元 1041 年，我国的毕昇发明了活字印刷术，书籍才大量出现，作为传送与记录教学信息的教科书才成为教学上的一种重要教材。

由于教科书的出现，学生除通过教师讲授的口头语言进行学习外，还能从储存的教学信息中进行有效的学习，因而教学的组织形式也从个别化教学进入到班集体化的教学，促进了教育事业的发展，但这个阶段教科书传送储存的仅是一些文字符号和简单的图像符号。

4．电子媒介阶段

20 世纪以来，无线电、广播、录音、电影、电视、电子计算机等电子传播媒介迅速发展，并获得了广泛应用。这些媒介有些能远距离、大面积同时传送教学信息，如广播、电视；有些在储存信息的功能上不仅能储存文字符号，还能储存语言符号信息和活动图像符号信息，如电影、电视；有些还具有信息处理加工能力，如计算机及辅助教学软件。

这些以电子媒介为手段发展起来的教材，称为电教教材。

电教教材的出现，大大地发展了教材的种类和功能，它们在教学上的运用提高了教学质量和效率，并导致教学组织形式的变化，扩大了教学规模，促进了教育变革，大大加速了教育事业的发展，满足了现代社会人们对信息的需求。

所以从教材发展的历史来看，电教教材作为一种新型的教材，它的出现与发展是必然的，是教材发展史上的里程碑。

2.1.3　电视教材的含义

电教教材包括幻灯、投影教材，录音教材，电影教材，电视教材，计算机辅助教学软件等。既然电视教材也是一种教材，那就从构成教材的三要素来分析电视教材的含义。

1．电视教材的信息

电视教材是一种教材，它所选取呈现的信息内容与一般电视节目不同。它是根据课程教学大纲的培养目标和要求，去选取适合的教学内容。而这些内容还得有适当的深度和广度，不像电视科普片那样是适合广大观众的，如电影《甲午风云》《董存瑞》等不能看成是电视教材。

2．电视教材的符号

电视教材使用的符号，主要是活动图像符号和语言符号。当然根据需要也可以使用一些文字符号（如标题、定义、结论、公式）和静止图像符号（如照片）。但从整体上看，活动图像符号是电视教材的主体部分，也是电视教材的特点。

3．电视教材的媒介

电视图像和声音呈现的方式有两种：一种是电视直播的方式，另一种是录像重放的方式。

电视直播方式是指由摄像机摄取图像信号后，直接通过空间或线路传送，电视接收机接收信号后重现电视图像与伴音，演播室的直播教学就属于这一类。这种方式较少采用，因为它不能记录、重放，与教师口头语言一样，瞬间即逝。因此这里所说的电视教材，不是这类直播方式的电视教材。

录像重放方式是指将教学内容，经录像机记录、编辑后，储存在录像带上，然后通过设备系统重放呈现出来。

电视教材的媒介包括编制媒介，如摄录编设备；存储媒介，如录像带、硬盘、光盘、数据流磁带；传输媒介，如卫星通信网络、有线电视网络、计算机网络等；显示媒介，如电视机、计算机显示器、数字投影仪等。

一般来说，电视教材的媒介是指重放时的媒介，硬件是录放像机、电视机，而软件是有教学内容的录像带。这类具有储存、重放功能的电视教材，能随教学需要随时重放，进行教学活动。

总之，电视教材是利用电视录像技术进行记录、储存与重放的一种视听教材。

综上所述，电视教材是根据课程教学大纲的培养目标和要求，用电视图像与声音去呈现教学内容，并且利用电视技术进行记录储存与重放的一种视听教材。

2.2 电视教材的类型

电视教材由于其教学目的、教学内容及教学组织形式的不同，编制时还可以采用不同的表达形式，因而也有多种电视教材的分类方法。

2.2.1 按电视教材的表达形式分类

1．讲授型

讲授型电视教材是指以教师讲授为主的教学节目，它通过教师的讲授与演示去表达教学内容。主要特点是以电视上出现的教师形象为主，同时结合运用字幕、图表、动画等形象化资料，传达教学信息。

根据电视屏幕所展示的教学空间不同，讲授型又可分为两类。

(1) 课堂式讲授型。在电视屏幕上出现教师的形象,通过教师的口述、动作、表情及配合板书、板画、实物、模型的展示和演示实验等手段传授教学内容,如同将课堂实况搬上屏幕,屏幕上出现的基本上不超出课堂的范围,故称为课堂式讲授。

这类教材只要在演播室内布置有讲台、黑板或字幕机、演示教具等,就可以在现场将教师的讲授过程录制完成,无须后期编辑、配音等加工工作。

这类教材由于制作简便、成本低廉,适宜于大量编制系统课程的电视教材,去扩大教学规模。

目前我国的电视大学、电视师范学院、电视中专基本上采用这种形式的电视教材。但这类电视教材还没有充分发挥电视手段的长处,不是理想的电视教材。

(2) 外景式讲授型(电视手法讲授型)。这类电视教材仍以教师为主体,但教师的活动不限于演播室的讲台上,教师可出现在与讲授内容有关的实验室、工厂、农场等外景场。而且屏幕上有相当多的画面不是教师头像,而是与教学内容有关的景物图像,教师的讲述成了画外音。

这类教材编制较为复杂,一种方法是在演播室以教师的讲授为主,根据教学内容加播外景图像;另一种方法是跟随教师到实地拍摄,再后期编辑完成。这类电视教材基本发挥了电视手段的特长。

2. 图解型

图解型电视教材,教师的形象一般不直接出现在屏幕上,而是通过最能说明教学内容的图像画面,加上旁白、解说去传递教学信息。

图解型电视教材有以下特点:

(1) 视听并用,提高效率。能同时用图像与声音两种传播符号传递教学信息,因此传递信息的密度高、速度快,能大大提高教学效率。

有人做过试验,一个图解型电视教材 15 分钟能表达的教学内容,用讲授型电视教材或口头表述方法也许要花上 40 分钟至 1 小时。例如,中学物理图解型电视教材《压强》,片长 20 分钟,内容却需要教师在普通课堂教授 4 节课。

(2) 声画同步,加深理解。声画同步地呈现教学内容,能使学生加深对知识的理解,并获得牢固的记忆。例如,振动发声的实验:敲击音叉,音叉发出声音,音叉与小球接触,小球被弹开,说明音叉在振动;用手握住音叉,音叉停止发声,小球也停止了摆动。由此说明声音是由振动产生的,振动停止,发声也停止。声音和画面同步进行,学生一目了然,直观生动,印象深刻,这样的效果仅靠讲授是难以达到的。

(3) 电视手法,解决难点。在拍摄时摄取最有代表性的图像,制作最能说明问题的动画、特技及画龙点睛的解说,就能有效地呈现教学内容,取得好的教学效果,有利于解决教学上的重点、难点问题。所以这类电视教材能充分发挥电视手段的长处,是比较理想的、标准的电视教材。

图解型电视教材的编制过程比讲授型和其他型式的要复杂得多,制作成本也要高得多,要将整个课程用这种形式编成电视教材需要付出很大代价,况且有些教学内容也没有必要用这种表达形式,甚至不能用这种表达形式。因此一般是将课程的教学重点与难点部分编制成图解型电视教材,以便辅助课堂教学,提高课堂教学的质量与效率。

3. 戏剧型

戏剧型(或称表演型)电视教材是一种利用了电视特点的比较生动活泼的电视教材,它是通过戏剧、游戏、访问与讨论等表演的形式去表现教学内容的。

(1)戏剧的形式。这是文学、历史和语言等类型的课程教学内容直观演示的一种方法。由于在戏剧表演中有景有情及与之配合的语言,也是学习语言的好方法。这里又有两种形式:一是专业戏剧故事型,在学习历史、语言文学等内容时,利用专门电视片作为教材,如《跟我学》等;二是根据教学内容编成的电视剧本,由教师和学生同时实地参加演戏,进入教学过程,真实地表述教学内容要说明的问题,如学生参加的外语教学戏剧教材。

(2)游戏、智力测验的形式。这种形式既生动活泼又能使学生的注意力高度集中,积极进行思维,能在学生巩固旧知识的同时学习新知识,同时有助于发展学生的思维与智力。

电视台的少儿节目、教育节目,经常运用这种形式,获得很好的教学效果。

(3)访问与讨论的形式。各门学科的内容都能采用。文科内容能通过访问、讨论中的语言、感情、动作去表达。例如,一些课程的内容设计成几个学生与老师在"家"中一起讨论的形式,学生提问,教师回答,互相交流,在轻松、自然、活跃的气氛中学习了知识。

这类电视教材在编制时,必须根据教学内容要求,不要为表演而表演,为艺术而艺术,否则达不到教学目的。同时要求参加"演戏"的教师和学生要有一定的表演能力。

4. 综合型

综合型电视教材是上述三种形式的综合使用。

如以教师为主讲授的电视教材穿插上一段以第二人称旁白解说的图像画面,或者引入一段戏剧性表演,然后再由教师作出结论。

上述几种表达形式,各有特点,各有优缺点,在编制电视教材时,要充分考虑各种因素去选定电视教材的表达形式。

2.2.2 按电视教材内容长度分类(按教学要求分)

1. 整门课程的电视教材(系统课程电视教材)

整门课程的电视教材是指将一门课程的教学内容全部编制成电视教材。目前这类教材都是用讲授型的形式编制,主要用于扩大教学规模,如电大、电师院等各门课程的教学均采用这种系统电视教材。

2. 章节课程电视教材(系列课程电视教材)

章节课程电视教材是按课程的章节,将重点、难点或适合电视特点的教学内容编制成课程教学的系列片,如《初中物理电视系列教材》。

它在学校课堂教学中运用,只需教师适当加以指导,可以代替教师的课堂讲授,并取得更好的教学效果。

3. 专题内容的电视教材(专题电视教材)

专题内容的电视教材是指选取最能发挥电视手段长处的,并且又是教学上重点、难点的课题而编制的电视教材。这类教材一般都精心制作为图解型或综合型。它可以穿插在教师的课堂中使用，解决教师不易用传统方法讲清楚的教学难点，从而提高教学质量与效率。

4．片断性电视教材（片断式电视教学资料）

片段性电视教材，可以是无头无尾，甚至不一定有配音的电视录像片段。它配合教师的课堂讲授，将教学中教师难以用常规手段和方法表达的内容直观地呈现给学生，使用灵活方便，如原子、分子结构，考古文物等。这类教材尽管可能只有一二分钟的讲解，但往往是非常珍贵的形象化资料，对帮助教师提高教学质量很有好处，是一种值得提倡的电视教材。

2.2.3 按教学目的分类

1．思想教育片（德育教育片）

为了培养学生科学的世界观和道德品质，利用电视特点提供及时的、广泛的、生动逼真的感知材料，进行政治思想教育和政治理论教育。有助于克服政治思想工作中的空洞说教、抽象枯燥和简单生硬，达到动之以情、晓之以理的目的，如党史教材《南昌起义》《转战陕北》《辽沈战役》等。

2．知识教学片（课堂教学片）

知识教学片教材是以传授知识、理解知识、发展智力为主。它是按教学目的、大纲要求，充分利用电视手段的长处呈现教学内容的一种教材。完全按大纲要求与教科书密切配合的能用于课堂代替或辅助教师课堂教学的称为课堂教学片；若教学内容超出教学大纲要求，但能加深与扩充学生知识，这类教材可用于课外指导学生学习，称为教学参考片。

3．技能教学片（技能与技巧训练片）

技能教学片教材主要用于技能技巧的训练，引导学生迅速、准确地掌握技能技巧。例如，基本实验的操作示范；体育、艺术基本动作与技巧的动作示范；特级教师的教学示范；优秀运动员的示范；著名外科医生的手术操作示范等。

2.2.4 按编制的难易程度分类

A1 类：课堂讲授。演播室摄制，演播人员为教师和教辅人员。示教设备为教具、黑板、卡片、图表和字幕机等。节目为多集系列实录型，一般无插编素材，每分钟镜头参考数大于1。典型节目为各类讲座、系统教学与培训课程等。本类型课程一般为 25 分钟一节课。

A2 类：教学实况。演播室或教室、现场摄制，演播人员为专家、教师、教辅人员、学生或一般听众。示教设备为教具、黑板、图表、挂图和幻灯片等。节目为一集或多集系列实录型，一般无插编素材，每分钟镜头参考数少于 1。典型节目为各类专题讲座、座谈交流，学术报告、课堂教学的实况等。除教学实况外，每集为 25 分钟。

B3 类：教师讲授为主，插入一定的自编或借用素材。演播室或现场拍摄，演播人员为教师示教，设备主要为图表和字幕机。自编的插编素材大于 10%。典型节目为历史、地理、经济、管理、文学和外语等文科课程，每集为 25 分钟。

B4 类：以教师讲授为主，配有一定实验的课程。演播室或实验现场拍摄，演播人员为教师及实验人员。示教设备主要为图表、字幕机及物理、化学、生物等实验设备。实验演示过程或插编的素材大于30%，节目为单本或系列，每分钟镜头参考数大于或等于2。典型节目为物理、化学、生物课程或配有一定素材的文科课程，每集为25分钟。

B5类：以示范为主，讲解为辅的教学节目。演播室或实习现场拍摄，演播人员为教师、教辅人员和学生。示教设备为教具、设施器材等。节目为单本或系列，每分钟镜头参考数大于或等于3。典型节目为音乐、体育、美术、计算机、医学护理、幼教和职教等，每集为15~25分钟。

B6类：理工科课程中的实验演示。演播室、教室或实验摄制。演播人员为教师、实验员和学生。示教设备为实验器材、卡片、图表和字幕机等。节目为单本或系列，可插编自拍或借用的素材，每分钟镜头参考数大于或等于1。典型节目为生物、化学、物理和电子学科实验课中的实验演示部分，每集10~25分钟。

C7类：专题报道。现场拍摄，一般为单本。典型节目为优秀先进教育工作者、重要科研和教学活动的报道，每集约10分钟。

C8类：技能技巧与表演示范。现场拍摄，演播人员为示范、演示或表演人员，由教师或播音员讲解配音。示教设备为教具、道具及相应的设施等。节目为单本或系列，每分钟镜头参考数大于或等于4。典型节目为以表演为主的艺术、外语课程，教学系列小品，示范过程较复杂的职教、幼教节目和技能技巧的操作、表演等，每集为15~25分钟。

C9类：教学参考专题片。现场拍摄，单本或短系列，每分钟镜头参考数大于或等于8。典型节目为配合各科教学，解决教学难点而制作的教学参考片，每集时间为15~25分钟。

C10类：特种专题片。特定场地拍摄，需特定设施，单本或分为上下集。每分钟镜头参考数大于或等于6。典型节目为拍摄难度较大的教学参考片和专题文艺节目等。

2.3 电视教材的特点

初期的教学电视节目首先是将黑板加粉笔式的课堂教学移到屏幕上，或者是将科普电影的内容呈现在屏幕上。前者没有利用电视手段的长处，后者没有反映电视教学的特点，因此都不能说是理想的电视教材。理想的电视教材，应该是既能充分发挥电视手段的长处，又能正确运用教学原则和教学方法去表达课程教学大纲要求的教学内容。就是说电视教材应该具备电视与教学二者的特点。

2.3.1 电视教材的教学特点

电视教材的教学特点体现在以下几个方面。

1. 明确的教学目的，以大纲为依据，与文字教材相配合

为了培养德、智、体、美全面发展的人才，教育部门制订了各级、各类学校的专业教学计划，在教学计划中规定了课程的教学目的、教学内容和教学方法。无论文字教材还是电视教材的编制必须以教学大纲为依据。例如，在《初中物理实验技巧》电视教材中，开始用萘做熔化实验，后来课本改为用海波做，电视教材也改用海波做。

当然在选择课题时，可以选取更能发挥电视手段长处的教学内容与教学方法，以利于提高教学质量与效率。有些实验，不一定全用教科书上的，也可以用一些更有趣、更能说明问题的实验来代替。或者把一些学生实验改为教师演示实验，这样更有助于电视观众看清楚。在内容的选取上，一些不适于电视手段表现的要去掉，如一些习题、计算题等。

2．特定的教学对象

一般的电视节目，如新闻、电视剧、科普片具有非常广泛的服务对象，但电视教材是为特定的教学对象而编制的。由于教学对象不同的年龄特征、知识水平、社会经验和实践能力，电视教材在表现形式、内容的深度和广度方面应有很大差别。

小学生感知形象能力较强，但注意力和抽象思维能力较差，应当尽量通过生动有趣的感性材料来传授知识。例如，美国儿童教育片《芝麻街》全部用木偶、动画与人物混合表现，表演生动活泼，取得了很大成功。另外这类节目的内容不宜过多过杂，时间不宜过长，一般在 10～15 分钟为宜。

初中学生有意向注意和抽象思维能力方面发展，应注意感性材料与教师的概括相结合。

高中和大学生的思维活动已逐步摆脱了具体形象的限制，可直接运用概念判断思维，这时感性材料的作用，就不是为了吸引学生的注意力，而是展示无法直接观察到的事物和现象。

有时过于形象化的材料会影响对事物本质的理解。例如，用太阳系中行星绕日旋转来比喻原子中的电子运动，从现代物理观点来看是不正确的，电子是以几率云的形式分布在原子核的周围，并以每秒数万公里速度高速运动。

因此在选择感性材料时应对低年级的学生在通俗易懂的前提下，讲究科学严谨，而对于高年级的学生应在科学严谨的前提下，讲究通俗易懂。

对不同的教学对象，由于他们各自的知识水平不一样，编制的电视教材也不能通用。例如，初中、高中、大学都学习力学知识，但每个阶段的深度和广度是不同的。因此为高中编制的教学片就不适宜于初中使用。

3．严格的科学性，艺术性为科学性、教育性服务

电影电视故事片主要强调艺术性，对于科学性的要求不是很严格，出现一些小错误无妨大局，人们的注意力在它的故事情节上。但作为电视教材，必须把严格的科学性放在首位，它所介绍的知识必须是正确的；选取的感知材料应该是典型的、真实的；运用的概念、提出的定义、做出的结论都应该是正确的；使用的动画、特技、模型等也必须有严格的科学性。

把电视教材的科学性放在首位并非排除艺术性，而且强调艺术手法的运用要为科学性、教育性服务。艺术性使科学的教学内容表现得更生动有趣，更能激发学生学习兴趣，更容易理解知识、记忆知识。例如，电视教材中不能一直用教师的头像和文字去充满电视屏幕，应更多地用镜头的运动、巧妙的组接，恰当地运用解说、音乐、音响等艺术表现手段，去呈现教学内容。

4．要贯彻教学原则和教学方法

电视教材区别于一般电影、电视节目的特点是它要遵循一定的教学原则和教学方法。

电视教材的本质是教材，是为了达到一定的教学目标。要使学生达到对知识的正确理解，并牢固记忆，就要针对学生的年龄、知识水平，采用相应的教学形式和教学方法，这样才能达到理想的教学效果。

2.3.2 电视教材的电视特点

电视教材必须发挥电视手段的长处，具有电视的特点。

1. 以视觉形象为主，以活动图像为主

电视是以视觉为主的媒体。电视教材通过把一系列有表现力的画面串接起来表现教学内容，声音、解说、文字说明起辅助性作用。而这些有表现力的画面是可以不用解说或文字说明的。

电视教材不仅以图像画面为主，而且是以活动图像为主的。如果屏幕上大多数都是静止画面或文字就适合制成幻灯或投影。活动图像的取得有两种方式：第一种是被拍摄事物本身是活动的，这种方式取得的活动图像能说明事物的运动状态与规律；第二种是被摄物本身是静止的，但摄像机的镜头在运动，这样取得的活动图像，能突出事物的本质特性或整体与部分之间的关系。

2. 利用电视手段呈现事物的本质特征

电视教材的图像画面，并不是简单地复制重现大自然的事物与现象，而是借助电视的拍摄技巧、编辑技巧、动画技巧、特技效果等多种多样的表现手段，帮助观众观察到肉眼所看不到的或看不清的东西。既能展示事物的表面，也能剖析事物的内部结构；既能使缓慢变化过程变快，也能把快速变化过程变慢，为学生提供良好的条件，取得好的教学效果。例如：

（1）变小为大，变大为小。显微摄像，把物质结构、微生物活动、细胞分裂过程放得很大，呈现在屏幕上。

宏观世界的事物，过于庞大，平时难以一览全貌。例如，太阳系可以用动画或模型来拍摄，山川河流可以用航拍使其呈现在电视屏幕上。

（2）化快为慢，化慢为快。电视录像有慢放、快放和静帧的功能。对运动员的起跑、冲刺、冲线，物体的碰撞过程，子弹穿透玻璃等快速物体，用慢放功能，使其看得更清楚，从而进行细致的观察与分析。

用延时拍摄的方法或电视编辑的技巧，可以把植物生长、液体结晶等长时间的变化过程缩短，在较短的时间内了解整个过程。

（3）变远为近，变内为外。对一些距离远而又无法近距离直接观察与接触的事物与现象，借助电视的特殊拍摄技术，可以使景物呈现在眼前，如登月卫星、火箭发射、海底动物、动物的野外生活、X光查看人体内部结构、内窥镜查看人体内部器官。

（4）化繁为简，化难为易。运用电视动画的技法，可以将复杂烦琐的教学内容变换为简单易懂，如化工生产流程、发动机的原理、日食、月食的成因等。

（5）化虚为实，化实为虚。用电视特技能将抽象的教学内容化为形象，便于理解；也能将具体的事物转化为抽象的概念，有利于学生思考与智力的发展，如磁力线、声波等。

3．视听结合，多维度传递信息

电视教材以图像符号传送信息，区别于语言符号，它不是线性的而是多维度的。屏幕上的图像不用一行一行看下去，而是一览无余。不仅能看到平面、立体，还能看到形状、色彩及运动情况，而这些信息用文字叙述，很可能要用许多句才能描述完整。因此电视教材使用图像符号常常比文字教材使用文字符号的信息传递效率高。

而且电视教材不仅以图像符号去呈现教学内容，还能及时伴以解说、音响和音乐去补充加强信息传递效果。

4．储存再现，克服时空局限性

在教学中，无论是在教室里上课，还是到野外实习参观旅行、现场观摩见习，由于受时间与空间的限制，很多重要的社会现象与自然现象、重要的历史事件、异域风光等都是学生难以观察到的，利用电视储存再现的功能，就能克服这些时间与空间上的局限性，使许多过去的或遥远地方的重要教学内容，随时都能重现在学生面前。

例如，生物系的植物学野外实习，只能看到某一季节时各种花草树木的生长情况，而不可能把一年四季植物的生长情况——发芽、长叶、开花、结果全都看到。电视录像则能很容易地把植物生长的全过程在短时间内重现出来。

5．传送方式多样化，适宜多种教学方式

电视教材的重放有两种传送方式：闭路方式和开路方式。

闭路方式又有两种形式：一是课堂师生自控重放；另一种是由总控室工作人员控制重放。

开路方式也有两种形式：一种是广播电视台发射；另一种是卫星电视发射。

由于电视教材的多种传播方式，因此也有多种教学方式。

（1）自学方式，学习者在家中或在视听室中利用闭路或开路电视系统进行自学；

（2）课堂教学方式，课堂上教师利用电视教材，配合教学，进行讲解；

（3）大规模教学方式，用闭路、开路和卫星电视系统，学习者同时达几千人甚至几万人。

6．电视手段呈现教学内容的局限性

前面介绍了电视教材的优越性，而它也有不足的地方，在呈现教学内容方面和用于教学活动方面，都有一定的局限性。了解这方面的特性，便于在编制和使用电视教材时，能扬长避短，更好地发挥电视教材的作用。

（1）电视教材是以图像为主构成的，一些过于抽象化、理论化的教学内容难以用相应的图像去表现，若勉强去形象化反而会降低它的抽象化层次，甚至丧失科学性，但如果屏幕上只出现文字、公式，还不如用书本呈现更方便读者学习。

（2）编制电视教材要用贵重的摄制系统，重放电视教材也要用放像设备，因此，电视教材的录制、使用要具备录、放条件的场合才能用。而学习者购买几本内容类似的书本却容易得多。

（3）电视教材无论在课堂播放还是远距离播放都难以按学习者的要求，控制其播放速度或反复观看，播放是一次性的，而书本学习则灵活得多。因此电视教材编制必须考虑大多数人的程度，确定适当的速度节奏。

（4）利用电视教材自学或远距离大规模教学的学习者，难以与教师互相交流，要用其他方法补救。

总之,我们要扬电视手段之长,避免电视手段之短,去编制与运用电视教材,才能取得良好的教学效果。

思考与练习

1. 电视教材的含义是什么?
2. 电视教材有哪几种表达形式?
3. 电视教材的特点是什么?

第 3 章　电视教材编制的理论基础

本章学习目标
- 具有运用教育学、心理学理论指导电视教材编制的意识
- 能学习和借鉴各种艺术的表现手段，运用到电视教材的制作中，以提高电视教材的艺术性

电视教材是一种用电视手段呈现信息内容的教学材料，编制电视教材必须掌握与电视手段有关的艺术与美学基础知识，也要懂得教学的特点与规律，懂得人们认知事物的心理，懂得电视作为一种传播媒介去传递教学信息的传播过程，这一章主要介绍编制电视教材所依据的理论基础。

3.1　电视教材的教育学基础

电视教材是一种教学材料，教育学中阐述的教育目的、教学内容（教学计划、教学大纲）、教学原则、教学方法与教学组织形式等，都对编制电视教材有直接的指导作用。

3.1.1　电视教材与教育目的

教育的目的是指培养人才的质量和规格。我国的教育目的是使学生在德、智、体等方面全面发展，使他们成为有理想、有道德、有文化、有纪律的社会公民。

为了实现这一目的，就必须坚持德、智、体、美全面发展。既要编制培养学生正确立场、观点与思想品德的德育教材，还要重视编制指导学生文体活动，使学生身心健康发展的电视教材；既要编制课堂内使用的电视教材，以完成教学任务，又要编制指导学生课外教育活动的电视教材，让学生受到多方面教育，使其全面发展。

3.1.2　电视教材与教学计划、教学大纲

教学计划与教学大纲都是规定教学内容的指导文件。教学计划是根据教育目的和任务，规定学科课程的设置，开设顺序和课时分配，规定学年编制和学周的安排等。教学大纲是根据教学计划所设置的课程科目内容结合学生年龄特征和知识水平，以纲要形式规定该学科的目的、要求、教材范围、教材体系、教学进度和教学方法等。

很显然，作为一种实现教育目的电视教材，它的选题、选材、内容的深度与广度、时

间长度等都必须符合该门学科教学大纲的要求。

电视教材与教科书应是同等重要的并要相互配合使用，不存在谁依据谁的问题，要发挥各自优势，才能取得良好教学效果。

3.1.3 电视教材与教学原则

电视教材也是教学过程的组成部分，是用于组织教学活动所需要的材料，因此电视教材的编制必须遵循按教学规律科学地总结出来的教学原则。

1．科学性与思想性相结合的原则

在教学中，既要向学生传授知识，又要对学生进行政治思想和道德品质教育，做到既教书又育人。

遵循这个原则编制电视教材要注意：

（1）电视教材的知识内容是科学的。

（2）制作的模型、动画、特技手法要科学。

（3）充分利用教材内容本身所包含的思想品德教育因素，对学生进行品德教育。

2．理论与实际相结合的原则

教师要使学生从理论与实际相结合的密切联系中去理解和掌握教材，并注意培养学生运用所学的知识去分析问题和解决问题的能力，从而获得比较完整的知识。

遵循这一原则编制电视教材应注意以下几点。

（1）编制电视教材要重视基础理论知识的表达，要善于在直观形象基础上提高到抽象理论层次，因为理论联系实际，首先要学好理论，没有理论就谈不上联系实际。

（2）要善于联系学生实际和现实生活的实际。要求电视教材的内容和呈现的方法都要从学生原有的知识水平、生活经验、接受能力和思想品德等实际出发，使基础知识和学生的直接经验结合起来，容易为学生所接受和理解。

（3）能正确指导实践活动，培养学生独立工作的能力，要求电视教材中含有正确指导学生进行实践和社会实践的成分，如指导练习、实验、实习等。要使学生通过观看电视教材能进一步动手、动脑、动口，锻炼学生的独立思考和独立工作能力。

3．直观性和抽象性相结合的原则

直观性和抽象性相结合原则是指：教师要充分利用实物、模型和形象的语言进行教学；同时要善于把学生的感性认识提高到抽象的层次，使之形成概念与理论，从而获得完整的知识，发展抽象思维能力。

遵循这一原则要注意以下两点：

（1）电视教材要充分利用电视手段的长处，用直观形象的画面表达教学内容。不过多出现人头像、板书等画面。

（2）对电视的直观形象画面，要善于用解说去概括、抽象，对表达某些概念的图像利用电视特技转化为图解、图表、曲线直至用语言、文字表达的抽象结论，使直观与抽象相结合。

4. 统一要求与因材施教相结合原则

统一要求与因材施教相结合原则是指：教学中既要对学生提出统一的要求，又必须从学生实际出发，使教学的深度、广度、进度适合学生的知识水平和接受能力，同时要考虑学生的个性特点与差异，使所有学生的才能都得到提高。

遵循这一原则编制电视教材要注意两点。

（1）编制出符合统一大纲要求，符合大多数学生的知识水平与接受能力的电视教材。

（2）编制一些教学大纲要求以外的教学参考片，提供不同程度的学生在课后组织集体或个人观看，使所有的学生都能根据自己的兴趣与知识基础获得进一步提高。

5. 启发性原则

启发性原则是指：教师在教学过程中要充分调动学生学习的主动性，引导他们生动活泼地学习，启发他们积极思考，融会贯通地掌握知识和技能，培养分析问题和解决问题的能力。

遵循这一原则编制电视教材要注意以下几点。

（1）选用生动的素材以引起学习兴趣，并把直接兴趣转化为求知欲，激发学习动机。因此电视教材的开头部分很重要，常用生动的画面与情节引起学生的学习兴趣。

（2）启发学生积极思维。一般的电影、电视节目常通过不断地制造悬念，以引起人们的思考；电视教材则要善于不断提出富有启发性的问题去引导学生积极思维，然后通过逐步深入地分析问题，最后解决问题。段落与段落之间提出新问题，承上启下。

6. 循序渐进原则

循序渐进原则是指：学生的智能发展是按一定顺序进行的。教师应按照各门学科知识的内在逻辑顺序和学生认识发展顺序进行教学，使学生掌握系统的基础知识和基本技能，培养学生周密的思维能力。

遵循这一原则编制电视教材应注意以下几点。

（1）系统课程电视教材要按照科学逻辑体系的先后顺序编制，严格保证知识的系统性与连贯性。专题性教材应从旧知到新知，从易到难，逐步展开，既符合学科知识的逻辑规律，又符合学生的认识规律。

（2）循序渐进不是慢慢进。电视教材呈现的内容不仅是重复学生已懂知识，而且应有适当的难度，要有合适的节奏与速度。

7. 巩固性原则

巩固性原则是指：在教学中使学生牢固掌握所学的知识技能，使所学的知识和技能持久地保持在记忆中，当需要时，能准确无误地再现出来，加以运用。

遵循这一原则编制的电视教材应注意以下几点。

（1）选取的画面素材要典型生动，能给学生留下深刻印象。例如，在讲解动量定理时，可以在开头演示鸡蛋下落的实验。

（2）教材的结构合理，条理分明，说服力强，使学生理解透彻，容易记忆。

（3）表现教材重点的画面镜头要有足够的停留时间，重要的画面或解说可以进行必要的重复，以便加深理解和记忆。例如，一些字幕、动画的时间要有适当的长度。

（4）每一重要段落或专题电视教材的结尾，要有简明的小结，使学生能记牢最重要的结论。

（5）电视教材中可以提出视听后的作业，如实验、调查等，使学生在运用知识过程中去巩固知识与训练技能。

以上各教学原则不是孤立的，而是相互联系的。编导人员要全面掌握理解这些原则，把它们统一起来去指导电视教材的编制，提高电视教材的质量。

3.1.4　电视教材与教学方法

教学方法是在教学过程中教师教的方法和学生学的方法的总称。教学是师生双方的共同活动。教学方法是否合理恰当，直接影响到教学效果。在教学过程中使用的教学方法对电视教材的编制具有指导作用，同时，电视教材的运用又产生了新的教学方法。

1. 编制电视教材要体现教学方法

教学方法是在长时间积累课堂教学经验基础上总结出来的，是行之有效的，因此在编制电视教材时也可以使用这些有效的教学方法。

每一门课程都有它独特的成功的教学方法，在编制电视教材时，既可以运用传统的教学方法，也可以根据电视教学的特点，不断创造和运用一些新的教学方法。在几种不同表达形式的电视教材时都体现了一种或几种教学方法，但它不是完全照搬，而是根据电视特点又有新的发展。

讲授型电视教材沿用了"讲授法"，它主要通过教师的口头讲授与动作表情去向学生传授教学内容，但它还发挥电视特点，更多地穿插上一些形象化的图像去辅助教师的口头讲授。

图解型电视教材，体现了把实物教具和演示实验展示给学生的"演示法"，但它所展示的事物与现象更加广泛，克服了课堂教学的时空限制，能将古今中外的宏观与微观的事物与现象按教学内容的要求依次展现出来。

戏剧型电视教材中的一些形式，如采访、讨论等，体现了通过启发式的谈话去传递教学内容的"谈话法"。但只是电视画面中的教师与学生交谈，看电视的学生没有发言机会，然而能通过听他们的交谈而得到启发，积极思考，最后掌握知识。戏剧型的电视教材的戏剧表演方法与传统教学中角色扮演的方法相类似，这种方法更能体现电视手段的长处，生动活泼地呈现教学内容。

2. 运用电视教材发展了新的教学方法

教学方法往往与教学手段的运用有着密切关系。电视教材是一种新发展起来的教学媒体，教师在教学过程中运用这种媒体，也相应地产生了新的教学方法。

在课堂教学中运用电视教材可以用演播法、提示法、解说法等。演播法是教师在教学过程中操作放像装置，配合讲解。提示法是教师在播放前，为学生视听提供必要的指点与引导。解说法是教师对没有解说词的录像教材，随着画面的播放加以解释说明。

在远距离教学中运用的方法有电视教材广播教学法和集体辅导答疑法等。

综上可见，电视教材的编制与教学的基本理论存在密切的关系，我们应该懂得运用这些基本理论去指导电视教材的编制工作,提高电视教材的编制质量。

3.2 电视教材的心理学基础

心理学是研究人的心理现象及其规律的科学。人的心理现象是极其复杂的,有多种多样的形式,心理学把它们分为心理过程和个性心理两大类。

1. 心理过程

心理过程是心理发生发展的过程,根据心理过程的形成和作用将其分为认识过程、情感过程和意志过程。

(1) 认识过程:是指认识客观事物的性质与规律而产生的心理过程,包括注意、感觉、知觉、记忆、思维和想象过程。

(2) 情感过程:是指人对所认识的事物不是无动于衷、冷漠无情,而是总表现出满意或不满意、喜欢或厌恶、振奋或惊慌、愉快或愁苦之类的内心体验。

(3) 意志过程:是指人在认识世界、改造世界的实践活动中,自觉地制订计划、克服困难,实现预定的目的的心理过程。

2. 个性心理

(1) 个性心理倾向:包括需要、动机、兴趣、理想、信念、世界观等。

(2) 个性心理特征:是指气质、性格、能力方面的差异。

教学过程是一种学习认识过程,教学活动应符合人的心理认识发展规律,才能取得好的教学效果,编制电视教材也应该符合学生心理发展规律。下面重点介绍注意、感觉、记忆、思维等认识过程中的心理活动与电视教材编制的关系。

3.2.1 电视教材与注意

注意是心理活动对一定对象的指向和集中。

1. 注意的功能

注意对学习认识活动具有以下重要功能:

(1) 选择的功能——选择有意义的、符合要求的和当前活动相一致的有关对象,避开和排除那些无关的对象。

(2) 保持的功能——使注意对象的映像或内容维持在意识中得到保持,直到达到目的为止。

(3) 调节和监督的功能——控制心理活动向着一定方向或目标进行。

注意所具有的上述功能,对心理活动起着积极的维持与组织作用,使人对客观事物的反映更清晰、完整和深刻。

2. 注意的分类

根据产生和保持注意有无目的性的和意志努力的不同,可把注意分为无意注意和有意注意。

（1）无意注意是事先没有预定的目的，也不需要作努力的注意，引起无意注意的外部因素是刺激物的特点，下列特点容易引起无意注意。

①强烈刺激。强光、巨响、奇香、艳色。

②新异的刺激。新奇的事物。

③活动变化的刺激。活动的物体，声音的抑扬顿挫变化。

④对比的刺激。刺激物之间的相对强度、形状大小、颜色等方面对比特别显著。

引起无意注意的内部因素是主体本身状态，包括以下几方面。

①需要和兴趣。能满足人们需要的和感兴趣的事物，易引起的注意。

②情绪状态。

③知识经验。

④期待的事物。

（2）有意注意是有预定目的，需要作一定努力的注意。

在学习过程中，为了保持有意注意，必须排除与学习任务无关的干扰，提高学习的自觉性，与注意分散作斗争。

3. 注意规律的运用

无意注意和有意注意两者是紧密联系又相互转化的。在学习过程中，要充分运用两种注意的配合与相互交替，以提高学习效率。编制电视教材要善于运用注意规律。

（1）善于运用无意注意规律。无意注意是由刺激物的特点和人的内部状态引起的，在编制电视教材时要注意：

①控制拍摄对象不同部分的刺激强度。为了使学生对拍摄对象的本质特性引起注意，可以用特写镜头、鲜艳的色彩、强光和特殊音响等加强刺激。

②选择拍摄材料的新异性，引起兴趣。

③利用动作性引起刺激，如利用拍摄对象本身的运动，利用闪烁的指示图形突出观察部分，利用动画电视特技效果等动作因素去引起学生的无意注意。

④选择的内容与呈现的方法能满足学生需要和激发学生的兴趣等。

（2）培养学生有意注意。激发学生学习的自觉性和克服困难的意志力，是培养学生有意注意的主要途径。编制电视教材，要注意提示学习的目的与意义，并且在教材的内容展开后要不断提出问题，每一专题要布置观看后的作业或测验，这些都有利于提高学生的有意注意力。

（3）善于运用两种注意互相转换的规律。学生若长时间保持有意注意，会引起疲倦和注意的涣散；但若过分强调电视教材的生动形象，能引起学生的无意注意，又难以完成抽象概括的学习。因此电视教材编制要善于将生动形象的画面与理论抽象交替进行，使学生的两种注意力能交替转换，有效地完成学习任务。

4. 注意的品质

无意注意和有意注意都具有以下共同特征。

（1）注意的范围（注意的广度）。它是指在同一时间内能清楚地把握对象的数量。编制电视教材时，画面上出现的注意对象集中，排列有规律，成为相互联系的整体，注意到的范围就大；另外还要根据学生的经验与知识水平去控制注意的范围和数量，才能取得好的教学效果。

（2）注意的稳定性。它是指注意保持在某种事物或某种活动上时间的长短，与对象本身的特点及教学方式有关。

电视教材画面若过于单调、呆板或是静止的，注意就难以稳定。若画面是生动形象的、变化的、活动的，注意就易稳定。另外学生的兴趣及情绪也会影响到注意的稳定性。

（3）注意的分配。它是指一个人把自己的注意在同一时间内指向两种或几种不同的对象或活动上。

电视教材是一种视听结合的教材，多维度传递信息，学生既要看又要听，因此要求电视教材的画面与解说要配合得好，才能实现注意力的分配，获得良好的感知。如果声画不同步或解说、音乐、音响的关系处理不恰当就会使学生的注意力分散而不能集中。

（4）注意的转移。它是指人们根据新任务，主动地把注意从一个对象转移到另一个对象上。如电视教材开头部分的处理非常重要，从画面到音响都应引人入胜，使学生的注意能够迅速转移到视听电视教材的活动上来。一些电视剧、电视栏目的片头都制作得非常精致好看，目的就是把观众的注意力转移到节目中来。另外电视教材中的镜头组接，场景的变换及新内容的引入等也要符合注意转移规律。

3.2.2　电视教材与感知

感觉是人脑对直接作用于感觉器官的客观事物的个别属性的反映，外部感觉有视觉、听觉、嗅觉、味觉、触觉（肤觉）等，内部感觉有运动感觉、平衡感觉、内脏感觉。

知觉是人脑对直接作用于感觉器官的客观事物的整体属性的反映；如看到的是一个苹果，听到的是一个人唱歌。

感觉和知觉都是对当前直接作用于器官的客观事物的反映。但感觉所反映的只是事物的个别属性，如形状、大小、颜色等。通过感觉还不知道事物的意义；知觉所反映的是包括各种属性在内的事物的整体，因而通过知觉，就知道所反映事物的意义。二者之间的联系是：感觉反映个别，知觉反映整体，感觉是知觉的基础，知觉是感觉的深入。

知觉是由多种分析器联合活动的结果，在多种分析器的活动中起主导作用。按知觉过程起主导作用的分析器来分，有视知觉、听知觉、嗅知觉、味知觉和触摸觉等，而根据知觉的对象，可把知觉分为空间知觉（大小、形状）、时间知觉（连续性、顺序性）、运动知觉（空间位移）。任何事物都处于运动、发展和变化中，并且总是在一定的空间、时间中进行。所以我们对事物的知觉必须从空间特性、时间特性和运动特性上去感知。

各种知觉都有共同的特征，主要有相对性、整体性、选择性、理解性、恒常性。

（1）知觉的整体性。知觉的对象是由不同的部分、不同的属性组成的。当它们对人发生作用的时候，是分别作用或先后作用于人的感觉器官的。但人并不是孤立地反映这些部分、属性，而是把它们结合成有机的整体，这就是知觉的整体性，并不是感觉的简单总和，而是以过去的经验来补充当前的感觉。在图 3-2-1（a）中的相邻两条直线构成一个整体，图 3-2-1（b）中黑方块组成 4 个正方形，白方块组成一个"十"字。

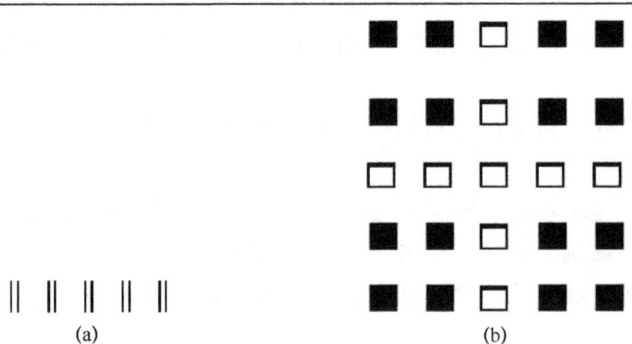

图 3-2-1　知觉的整体性

（2）知觉的选择性。客观事物是丰富多彩的。在每一时刻，作用于人的感觉器官的刺激也是非常多的，但人不可能对同时作用于他的刺激全都清楚地感知到，也不可能对所有的刺激都做出相应的反应。在同一时刻，他总是对少数刺激知觉得格外清楚，而对其余的刺激知觉得比较模糊，这种特性被称为知觉的选择性。知觉的特别清楚的部分称为知觉的对象，知觉的比较模糊的部分称为知觉的背景。

也就是说人脑不可能同时对各种事物进行感知，而总是有选择地将某一事物作为知觉的对象，这种现象称为知觉的选择性，如人群中看见熟人、书架上选书。

知觉的选择性依赖于个人的动机、情绪、兴趣与需要，反映了知觉的主动性，同时也依赖于知觉对象的刺激强度、运动、对比、重复等。

（3）知觉的相对性。人们的知觉不是孤立地反映某一事物，而是根据事物之间的相对关系来进行反映的，这一特征称为知觉的相对性。由于知觉对象与背景相对关系的改变或参照系不同，知觉就会发生相对变化，如图 3-2-2 所示的花瓶和人像的变化。

（4）知觉的理解性。用以前获得的知识和自己的实践经验来理解所知觉的对象称为知觉的理解性。如图 3-2-3 所示的是一个斑点图，正是以知识、经验为基础的理解作用，使我们填补了画面信息的不足，把对象知觉为一个有意义的整体。知觉的理解性依赖于过去的知识经验，知识经验越丰富，理解就越深刻。例如，英语单词的学习，可根据字母的特点和单词的特点去判断一个词的意义和一句话的意思。

图 3-2-2　人像与花瓶　　　　　图 3-2-3　斑点图

在知觉信息不足或复杂情况下，知觉的理解性需要语言的提示和思维的帮助。一块像

第3章 电视教材编制的理论基础

小狗的石头,也许开始您不会看出来,但如果有人提醒,就会越看越像。很多旅游风景也是如此。知觉的理解性使人的知觉更为深刻、精确和迅速。

(5) 知觉的恒常性。当知觉的对象在一定范围内变化了的时候,知觉的映像仍然保持相对不变,知觉的这种特性称为知觉的恒常性。由于知识和经验的参与,知觉表现出相对的稳定性。

视觉的恒常性表现得特别明显。例如,一个人站在离我们远近不同的距离上,他在我们视网膜上的空间大小是不同的,但是我们总是把他知觉为一个同样大小的人;日光下的白墙和阴影中的白墙看起来亮度一样,实际上亮度的差别很大;在强光下煤块反射的光量远远大于暗处粉笔所反射的光量,但这不妨碍我们感觉煤块的颜色比粉笔深。

编制电视教材时必须注意下列感知规律。

(1) 刺激强度规律。作用于感觉器官的事物与现象必须达到一定的刺激强度,才能被人们清楚地感知,因此电视教材呈现的图像画面大小、颜色与声音强度都应使学生在适当的距离内能看清楚。例如,字幕一行不能多于 10 个字,每屏不能超过 7 行。要尽可能多用近景或特写镜头拍摄,使图像有足够的清晰度;物体的颜色还原要准确,有适当的饱和度;声音要清晰,音量大小要适当。

(2) 整体规律。人们在同时接受众多的刺激时,总会按接近、相似、闭合、连续等形式将它构成整体,或者按部分主要特征以旧知识经验将它组成为整体,因此电视教材要遵循这一规律去构图。不合适的构图,会将一种事物的整体知觉为几个不同的部分,或者将几种事物不同部分组合成另一种事物的整体。

(3) 对比的规律。在性质或强度上有对比的刺激物同时或相继作用于感觉器官时,往往能使一个人对它们的差异感知得特别清晰。

在电视教材的编制中,往往采用大小对比、新旧对比、明暗对比、色彩对比、主体与背景对比、动静对比等手法,突出拍摄对象不同成分的特征。比如要说明一个物体的大小,最好在它旁边放置一件学生非常熟悉其大小的物体。用字幕的不同颜色强调重要概念、定理、公式等。

(4) 主体对象与背景的相关规律。主体对象和背景在颜色、运动、强度等方面的差别越大,被知觉的对象就越清晰地显现出来,应善于处理好电视教材、背景与主体对象的相互关系。

①背景一般是表现环境或主体对象的相互关系,与教学内容无关的背景不要出现在画面上。

②作背景的幕布或道具布景,其色泽不宜过分鲜艳,以免喧宾夺主。

③可用明暗对比加强主体亮度来突出主体对象。

④用运动技巧去突出主体对象。例如,拍摄时用推、拉镜头突出主体对象的特征,用摇、跟镜头表现主体对象的运动特征。

(5) 言语引导规律。电视画面的直观图像加以文字字幕或解说语言的引导,促进学生的知觉理解。

语言解说词与画面的配合可以有以下几种形式。

①语言在先的形式。在感性材料出现之前的语言解说,起提示、引导作用。

②同时交替进行的形式。对感性材料进行提示、解释、补充、概括作用，把形象化材料提高到抽象化概念层次。

③语言在后的形式。主要是起总结、概括和强化的作用。

电视教材应根据实际需要有针对性地选用不同的语言表达形式，使学生的感知和思维活动服从于促进理解的要求，提高学生理解知识的效果。

3.2.3 电视教材与记忆

感觉和知觉是当前的事物在人脑中的直接映像，记忆是过去经历过的事物的印迹在人脑中的再现。记忆的过程可分为感觉记忆、短时记忆、长时记忆三个阶段。

外界的物理刺激引起感觉，它留下的痕迹就是感觉记忆（瞬时记忆），如果不注意便瞬间消失，如果注意了，感知就进入第二阶段——短时记忆。对短时记忆的信息，如果不及时加工和复诵也会消失，经过复诵能再次输入短时记忆，并且进入长时记忆。长时记忆是指信息经过充分的和一定深度的加工后，在人脑中长时间保留下来，可以从几分钟到几年甚至终身。

记忆的过程也可以相对地区分为识记、保持、重现三个基本环节。

识记是获得事物的映像并成为经验的过程，或者说是对信息进行编码的过程。识记可区分为无意识记和有意识记，机械识记和意义识记。

保持是过去经历的事物映像在头脑中得到巩固的过程，它是对识记的材料进一步加工、储存的过程。

识记过的东西不能再认和回忆，称为遗忘。遗忘是按先快后慢的规律进行的，即在学习后的短时期内遗忘得特别迅速，经过较长时间后，虽然记忆中保持的数量少了，但遗忘的进程比以前缓慢了。遗忘还与其他因素有关，熟悉的动作遗忘最难，形象化材料比文字抽象材料更易记住，有意义的材料比无意义的材料遗忘得慢，进行复习与组织活动是克服遗忘的好方法。遵循这些规律去编制与使用电视教材，就能使学生忘得少些，记得多些，保持时间长些。

因此利用记忆规律编制电视教材时要注意以下规律。

（1）充分利用无意识记的规律。无意识记是事先没有自觉的目的，也没有经过特殊的意志努力的识记。人相当大部分的知识经验是通过无意识记获得的。一部优秀的电视教材，应该能使学生在无意中记住更多的内容。在电视教材中选用一些难度适中而又新颖的题材，通过生动有趣的画面、激动人心的事件、通俗简练的解说等，学生不需要付出太大的意志力就能记住，如戏剧型的电视教材就容易在轻松有趣的情景中使学生学到知识。

（2）充分利用意义识记的规律。机械识记是在对事物没有理解的情况下，依据事物的外部联系机械地重复所进行的识记（如电话号码）；意义识记则是在对事物理解的基础上，依据事物的内在联系所进行的识记。它通过思维掌握了事物的本质特性，找到了新旧知识的联系。意义识记的材料容易记住，保持时间长，且易于提取。利用意义识记规律编制电视教材，应注意内容的展开要符合科学逻辑性，应把形象与抽象结合起来，并且注意将内容归类或系统化为简要的结论，这样会产生良好的记忆效果。

（3）复习是重要环节。为了获得精确而牢固的知识经验避免或减少遗忘，在编制电视教材时，对重要的内容可用多种表现形式去重复，重要的结论还应用文字去复述。

（4）重视开头与结尾的处理。研究表明，比较复杂的材料开端和末端部分被遗忘得少，而中间部分就容易遗忘。因此电视教材编制要特别重视开头与结尾的处理，要将要求记忆的重要内容安排在这两部分。一般说来，开头应开门见山地提出关键性带有启发性的问题，或者提出学习的要点；在结尾要复述总结重要的结论。

另外研究表明，学习者积极参加实践活动所获得的知识与经验，最难遗忘。因此我们应编制一些指导学生实践活动的电视教材，加强指导学生的课内外活动，如指导学生课堂实验或课外实验的示范性电视教材。

3.2.4 电视教材与思维

思维同感觉、知觉一样，是人脑对客观现实的反映，感觉和知觉是对客观现实的直接反映，它反映的是事物的外部特征和外在联系；思维则是客观事物间接的、概括的反映，它反映的是客观事物共同的、本质的特征和内在联系。因此在教学过程中，应根据课题内容和要求的不同，善于组织学生的思维活动，培养和发展学生的思维能力。

思维活动过程是由分析、综合、比较、抽象、概括和具体化等几个环节交错而有机地构成的，分析与综合是思维的基本环节，其他环节都是通过分析、综合来实现的。

分析：是把事物的整体分解为各个部分、个别特性或个别方面，如识字教学中分析字的笔画、笔顺、偏旁部首，讲解字间的构成。

综合：是把事物的各个部分或不同特性、不同方面联合起来。

比较：如果进一步把同类事物的各个部分、个别方面或个别特征加以对比，确定被比较事物的共同点和不同点及其关系称为比较。

抽象：抽出同类事物的本质特征，舍弃非本质特征的思维过程，称为抽象。

概括：把同类事物的本质特征加以综合并推广到同类其他事物的思维过程称为概括。

具体化：把通过抽象和概括而获得的概念、原理、理论回到具体实际，以加深、加宽对各种事物的认识，称为思维过程的具体化。

可见思维过程的几个基本环节是密切联系着的。电视教材编导要掌握思维活动过程的规律，才能编制出符合学生思维活动，有利于培养和发展学生思维能力的电视教材。因此要注意以下几点。

（1）电视手法与思维活动过程相配合。如用全景表现事物整体，推至近景或特写分析事物的个别部分和个别特征；用整体画面或电视编辑技巧、动画技巧逐一显示的手法加以综合；用画面分割、叠化等特技手法进行比较；用叠化、淡入、淡出的手法进行抽象、概括，用划变、拉幕进入具体化环节等。

（2）镜头运动、镜头组接、段落及整部电视教材结构都必须符合学生思维活动规律。

任何推、拉、摇、移、跟的镜头都应是有目的的，因为学生不仅跟着运动镜头看，也在跟着运动的镜头思维。

镜头的组接要符合学生的逻辑思维，几个镜头不同顺序的组接会具有完全不同的意义。

段落之间的过渡、局部和整体的结构都应符合科学逻辑,以及思维规律。

(3)提出问题,并不断解决问题,应贯彻在整部电视教材的始终。解决问题的思维过程分为四个阶段:

第一阶段:发现问题,提出问题。

第二阶段:分析问题,明确问题。

第三阶段:提出假设,设计方案。

第四阶段:检验假设,解决问题。

思维的目的是解决问题,也就是说思维具有指向解决问题的特性。通过不断提出问题,不断解决问题,才有利于启发学生思考问题,培养学生的思维能力,如初中物理中压力、压强一节的结构。

(4)电视教材应充分利用形象化的特点,提供一定数量的感性材料去发展学生的形象思维能力。所提供的材料具有典型性、代表性,并且把直观形象提高到抽象层次,使学生掌握用表象来进行分析、综合、抽象与概括,从而进入抽象思维的阶段。

3.3 电视教材的艺术与美学基础

"美学是研究自然美和艺术美的科学",是研究美、审美、创造美的一般规律的科学。

3.3.1 电视教材与美学

1. 电视教材要体现美的特性

无论是现实的自然美、社会美,还是艺术美,它们都具有共同的特性,电视教材编制要体现这些特性。

(1)形象性。美的事物和现实总是形象的、具体的,是感官可以直接感受到的。电视教材是以画面、图像为主表现教学内容。文字教材中的教学内容,在电视教材中被具体地形象化了。因此电视教材的艺术美最主要、最基本的是形象性,它包括形象构思、构图、色彩、色调等,如图3-3-1所示。

图 3-3-1 美的形象性

(2)感染性。美不仅是具体的、形象的,而且还具有很强的感染力。编制电视教材,在考虑内容科学性的同时，要充分体现出美的感染力，激发学生的感情，使电视教材在科学内容和美的形式上达到高度和谐统一，如图 3-3-2 所示。

图 3-3-2　美的感染性

（3）社会性。美是受人们的社会实践所规定与制约的，美的客观性与社会性是辩证统一的。美的社会性，还表现在美能陶冶人的精神方面，美能丰富人们的生活，愉悦人们的心情，启发人们的思想，使人视野开阔，品格更加高尚，精神更加振奋，对社会的精神文明建设有着重要作用。电视教材的艺术美，也要在促进社会文明进步方面发挥作用，如图 3-3-3 所示。

图 3-3-3　美的社会性

2．电视教材艺术美要遵循美的物质组合规律

构成形式美的物质要素是形状、色彩和声音。而这些要素必须按照一定的组合规律组织起来，才会具有一定的审美特性。

组合规律又分为各部分之间的组合规律和总体组合规律。各部分之间的组合规律主要是匀称和比例，对称和均衡，反复和节奏；总体组合规律主要是和谐与多样的统一。

（1）匀称和比例。事物形式要素之间的匀称和比例，是人们在实践活动中通过对事物的总结抽象出来的。毕达哥拉斯学派提出的黄金分割线实际上是一种常用的比例，它的比值是 1∶1.618，近似值是 5∶8（3∶5）。符合这一比例一般说来是美，如图 3-3-4 所示。

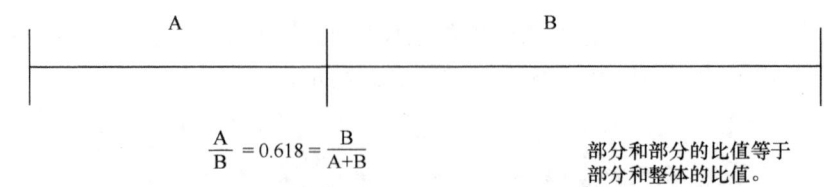

图 3-3-4 黄金分割比例

（2）对称和均衡。对称是生物体自身结构的一种符合规律的存在形式。人体、动物和植物的叶脉等都有对称性。人类在长期的实践中也认识到对称不仅是人类生产、生活的需要，而且对称形式也给人以审美的愉悦。例如，建筑艺术中讲究对称，故宫、天坛、人民大会堂都是典型代表。

如果事物在左右、上下、前后的布局上出现等量而不等形的情况，即双方虽外形不同，但分量是对应的，则被称为均衡。

对称、均衡布局能产生庄严、严肃、宏伟、朴素的艺术效果。电视教材的画面构图中，也应遵循这一规律，如图 3-3-5 所示。

图 3-3-5 均衡与对称

（3）反复与节奏。各种物质材料按相同方式排列，就产生单纯性的反复，产生整齐一律的美，如整齐统一的阅兵方阵；林荫道上一棵槐树一棵柳，每一组形成一个层次，各个层次形成反复。

有规律的反复形成节奏。连续的层次之间安排适当的停顿，可使节奏更加分明。节奏是事物正常发展的规律的体现，也是人类生活的需要，如昼夜交替、季节变化、人体的呼吸、脉搏的跳动、工作的张弛，都是生活中的节奏。

艺术上音乐节拍的强弱，长短的交替，舞蹈动作的反复变化；建筑上窗户、柱子的排列；绘画中垂直线、水平线、斜线、曲线的重复配置，冷暖色及明暗的反复调和；戏剧与电视中紧张场面与抒情场面的交替安排等，都形成节奏。

电视教材中，内容与画面形式的安排，色彩与音乐的处理，难与易，原理与应用等，都应有规律、有节奏的安排，才能获得美的效果，获得良好的教学效果，如图 3-3-6 所示。

图 3-3-6 反复与节奏

（4）和谐与多样统一。从构成形式美的总体来看，其基本规律是多样统一的。和谐就是多样统一的具体表现。"多样"是整体各个部分在形式上的区别与差异。"统一"则是指各部分在形式上的某些共同特征及它们之间的某种关联、响应、衬托的关系。

多样的统一包括两种类型，一种是对立因素之间的统一，称之为对比；一种是多种非对立因素相互联系的统一，形成不太显著的变化，称之为调和，如图 3-3-7 所示。

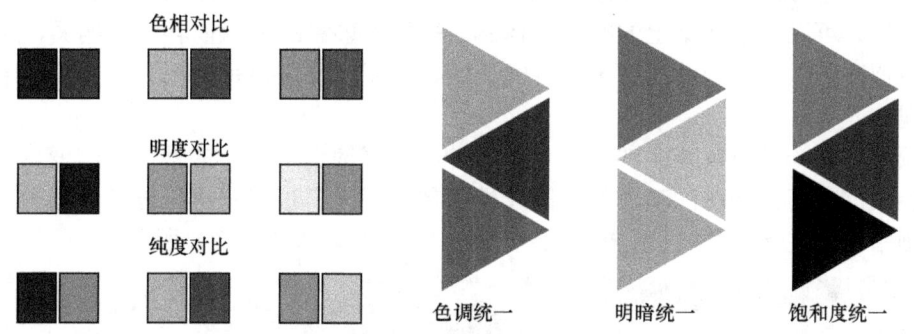

图 3-3-7 对比与调和

就色彩而言，蓝与蓝绿、黄与黄橙、红与紫红，都具有同一色相的同类色，彼此间可产生和谐的色彩；音乐中利用谐音原理，使两个以上的音按一定规律同时发出，形成和声。

绿叶扶红花，红绿两色则形成异常鲜明的补色对比。

无论是对比还是调和，都要有变化，在变化中体现出多样统一的美。总之，在变化中求统一，在统一中有变化，看似无规律，实不离规律，才能呈现出生动的气息、深远的意味，进入完善的美境。

3．电视教材要体现美的教育

美的突出特性就是它的形象性。美育也具有形象性，它通过具体可感的、生动鲜明的形象来进行。对于形象思维的培养，具有不可替代的作用。

美育还是一种审美情感的教育。同知识的教育比起来，艺术教育和美育是一种素质教育，是一种更高层次的教育，它对于人的智力因素和非智力因素的提高起着至关重要的作用。

电视教材不仅要传授知识与技能，而且要善于通过画面、声音所形成的艺术美去对学生进行美育的教育。因此电视教材的编制从素材的选取，摄影的画面构图，色彩色调，音乐以至整体结构上的组织与节奏都要符合美的规律。

3.3.2 电视教材与艺术

艺术通过想象、虚构、变形、夸张等形象思维的途径去创造美好的事物，以使人潜移默化地形成自己的思想、感情、性格与道德。电影电视可以说都是一种综合性艺术，作为影视手法表现的电视教材，理所当然也要综合运用各类艺术，下面介绍几类与电视教材编制有直接联系的艺术形式。

1. 绘画和摄影艺术

绘画和摄影都属造型艺术，它是通过塑造静态的视觉形象来反映社会生活与表现艺术家的思想情感。绘画是一门运用线条、色彩和形体等艺术语言，通过构图、造型和设色等艺术手段，在二度空间里塑造出静态的视觉形象的艺术。

摄影和绘画艺术的共同特征如下。

（1）再现性与表现性。绘画的艺术形象是在二度空间中展现的，但它通过透视、光影、比例等方法，可以造成视觉上的空间立体感，呈现出事物的纵深内容和多侧面，从而使欣赏者获得似真的效果。如西洋画十分讲究比例、透视，这主要是运用光学、几何学、解剖学来实现的。

绘画尽管是一种再现为主的造型艺术但若能很好地运用色彩的话，明暗变化、线条、形体及色块的节奏，构图的动作性与静止性等艺术手段，也能获得极好的表现力。例如，敦煌壁画中的"飞天"，中国水墨画颜色仅是黑白二色，如图 3-3-8 所示。

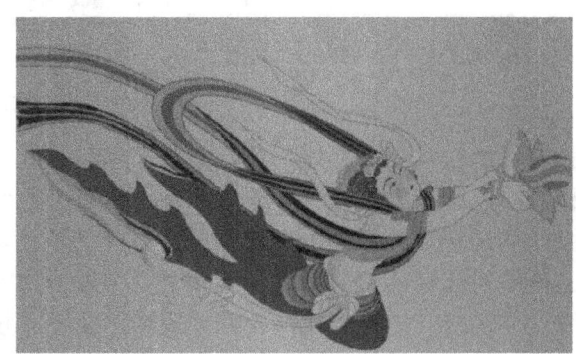

图 3-3-8 表现性和再现性

摄影可以最逼真地再现现实生活中的人物、景物，具有特殊的纪实性。当然随着科学技术的发展这种纪实性也在发生改变，如可利用计算机和相应的软件对照片进行加工处理，甚至可以"移花接木"。

（2）瞬间性与永固性。绘画、摄影从本质上讲，都是空间的静态艺术，不适于表现事物的运动和过程，但客观世界一切事物都处于运动中。如何选取事物运动变化过程中最精彩的瞬间，成为绘画家、摄影家们创作中至关重要的问题。

据说卡希拍摄《二次大战时邱吉尔》这一著名摄影作品时，就是摄影家突然走到正在抽雪茄的邱吉尔面前，一下子拿走了他手中的雪茄烟，邱吉尔勃然大怒，正待发作时，摄影家按动快门记录下了这难得的一瞬间，成为传世之作；古希腊米隆的著名大理石雕《掷铁饼者》就是抓住了运动员把铁饼掷出前最紧张、最有力的一刹那，塑出举世闻名的雕塑，如图3-3-9所示。

图 3-3-9 瞬间性与永固性

（3）造型性与直观性。造型艺术最基本的特性是以塑造客观事物的形象作为基本表现的方式。造型艺术的造型性这一特点，决定了它必然重视对象的外形，并以表现对象为自己的特长。摄影艺术与绘画所表现的对象必须是实际存在的，它所表现的人物、事物、环境都要求是真实的。许多优秀的摄影作品常常是抓拍或抢拍出来的，如反映抗洪抢险的场面，必须亲临现场才能拍摄到动人心魄的瞬间。这种纪录性拍摄方式，能给人以身临其境的感受。一般来说，摄影艺术不能表现过去的，未来的事物，更不能表现客观中不存在的事物。

但是并不是造型艺术只局限在逼真再现外形上，而是要求"以形写神"，体现出人物内在的精神气质和艺术家的思想感情。例如，漫画通过大胆的艺术夸张，使人物的某一特征得到突出，如图3-3-10所示。

图 3-3-10 造型性与直观性

造型艺术的直观性特点，使它只能以间接的方式去表现那些没有外部形体的客观事物，如声音、气味等。作家老舍曾以"蛙声十里出山泉"的诗句为题请齐白石作画，蛙声显然无法用形象来表现，于是齐白石便画了山间倾泻而下的急流旁，几只小蝌蚪正摇着尾巴嬉戏，老舍看后赞叹不已。

绘画和摄影虽然都是静止的艺术，但它们的构图法则、色彩规律、用光的技巧等，都是电影、电视及电视教材制作过程中所要遵守和运用的。特别是电视教材还较多地将绘画直接引入编制之中，一些复杂的事物或现象，有时绘画比真实的影像更能充分呈现事物的内部构造和本质特征。而电视教材中一些动画则是利用绘画和制作技术而获得的，它能表现出真实影像无法表现的事物运动变化过程。因而绘画在电视教材中是一项重要手段。

2. 文学艺术

文学艺术包括诗歌、散文、小说、剧本等体裁。由于文学总是以语言为手段来塑造艺术形象，反映社会生活，表现作者思想感情的，作为艺术媒介和基本材料的语言始终发挥着重要作用，因此人们一般将文学称为语言艺术。主要特征表现如下。

（1）间接性和广阔性。由于文学语言必须通过读者的想象才能感受到艺术形象，因此文学形象具有间接性，这也是文学区别于其他艺术的重要特点。文学形象是不能直接感受的，它需要凭借读者自身的生活经验和文化修养，通过联想和想象，在头脑中呈现出生动的形象画面来。例如，《水浒传》塑造了梁山108个英雄形象，个个性格鲜明、有血有肉。

文学又具有广阔的表现范围，即它的广阔性。用语言来表现现实生活，有着很大的自由和容量，能突破现实时空，全方位、多角度地展示广阔而复杂的社会。例如，《战争与和平》这部史诗性长篇小说，从沙皇宫廷到庄园贵族，一直伸向俄法战争中几次浩大的战争场面，展示了一个时代的社会生活与人们的精神面貌。语言艺术的这种广阔性，使它具有最大的自由性和最强的艺术表现力。

文学的广阔性，还表现在它不仅能描述外部世界，更能够深入到人物的内心世界，揭示人物复杂、丰富的精神世界。例如，法国19世纪著名文学家司汤达在《红与黑》中，生动地描述了于连这一性格复杂的人物形象，尤其是小说中于连第一次占有德瑞那夫人的那个夜晚，作品揭示了于连灵魂深处最隐密的矛盾情感，他的内心深处有对德瑞那夫人的爱情，又有卑劣的占有欲和报复欲；既有火样的狂奔热血，又有难以遏止的怯懦和畏惧。

（2）情感性和思想性。文学艺术在揭示人物内心世界和表现作者思想情感等方面独具特色，因而文学艺术的情感性与思想性显得格外突出。

任何文学作品都包含着作家的主观情感，李煜的《虞美人》，"春花秋月何时了，往事知多少？……问君能有几多愁，恰似一江春水向东流。"表达了词人对现实的绝望及内心的极端苦悲。苏轼的《念奴娇·赤壁怀古》，"大江东去，浪淘尽，千古风流人物。……人生如梦，一尊还酹江月。"词中借凭吊古代战争遗迹，抒发了他功业未就的无限感慨。

与此同时，语言艺术的思想性，在各类艺术中最深刻。当然作品的思想性绝不是空洞、抽象的说教，而是蕴藏在艺术形象中的，成为作品具有强烈感染力的灵魂。曹雪芹的《红楼梦》，巴金的《家》《春》《秋》都展现了一个历史时期广阔而复杂的社会现实生活，提出或回答了那一时代人们普遍关心的重大社会问题。作家通过鲜明生动的艺术形象来表达出自己的认识、判断和评价。范仲淹的散文《岳阳楼记》，在生动描写洞庭湖风光的同时，也表达了作者"先天下之忧而忧，后天下之乐而乐"的高尚情怀。

（3）结构性和语言美。所谓结构，就是文学作品各个组成部分的整体安排，它是文学作品的内部联系和构成方式。任何文学作品都离不开结构,结构是构成文学作品有机整体的必不可少的重要手段。在小说中人物、情节、环境这三个要素怎样才能被有机地组织在一起,完全取决于结构方式。诗歌的结构,无论是中国还是西方的格律诗,对音韵、句式、行数、字数都有严格规定。例如,五绝、七绝都是四句,分别是五字或七字;五律、七律都是八句,每句是五字或七字。结构本身也具有审美价值,结构美成为文学作品艺术美的重要组成部分。

文学的语言因为具有准确性、鲜明性、生动性、形象性等特点,本身也具有审美价值,即语言美。文学作品中优美的语言常令读者回味无穷,获得一种唯有语言艺术才能给予的审美享受。诗歌的语言常常需要字斟句酌、反复推敲,用极少的文字去完美地表达异常丰富的内容。唐代诗人对于"僧推月下门"还是"僧敲月下门"的斟酌,是大家所熟悉的。

文学语言的生动、形象是指文学作品常运用一些比喻、夸张、拟人等多种修辞手法,给读者留下深刻印象,如李白的"日照香炉生紫烟,遥看瀑布挂前川,飞流直下三千尺,疑是银河落九天。"语言鲜明生动,含蓄有味,富有巨大的艺术感染力。毛泽东在观井冈山瀑布后也有一首诗句"赤橙黄绿青蓝紫,谁持彩带当空舞"。

电视教材的编制离不开文学艺术。首先编导要编写文字稿本,然后再写成分镜头稿本,完成教学内容用画面和解说来表现的设计工作。要使电视教材表达的内容与原文字教材所要揭示的内容完美地结合,给予充分确切的表现,就要借助文学艺术的表现形式和表现力,因而也需要编导人员具有丰富的形象思维能力和文字表达能力,以及图像造型的表达能力。这些能力来自于文学方面丰厚的功底。

3. 电影艺术

电影艺术是运用现代摄影技术综合吸收了多种艺术特长而发展起来的一门综合性艺术。它是以画面和音响为媒介,在银幕上创造出生动直观的形象,再现和表现生活的一门艺术。电影艺术的特性表现在它的综合性、逼真性与假定性,视觉造型性,蒙太奇和长镜头的互补特性。电影的这些特性,使它能既形象又深刻地揭示事物的本质,使电影在感染力和说服力方面具有独特的深度和强度。

电视是一门迄今为止最年轻的艺术。从审美特征上看,电视与电影作为姊妹艺术有许多相同之处,都是综合艺术,又都是现代科技的产物,都采用画面、音响、蒙太奇等艺术语言。

电视教材的编导与制作就是借鉴了电影、电视的拍摄技术,镜头的组接理论、技巧和方法,同时充分发挥了电视即时性、真实性的特点,使学生观看时有置身其中的亲近感。电视教材在讲究科学性、教育性和技术性的同时,仍要重视艺术性,这样才能使其更具有感染力。因而电影艺术的理论与技巧,应在电视教材的编制中合理地运用。

4. 音乐艺术

音乐是通过有组织的乐音在时间上的流动来创造艺术形象,传达思想感情的一种时间艺术。音乐的艺术语言和表现手段非常丰富,主要包括旋律、节奏、和声、复调、曲式、调式、调性等。它的特征表现在以下几个方面。

(1)抒情性与表现性。再现生活与表现情感是艺术的两种基本功能。造型艺术长于再现,通过直接再现社会生活中的人和物,来间接表现艺术家的审美情感;而音乐、舞蹈却长于表现,往往直接表现和揭示内心情感,间接反映社会生活。

音乐形象是运用特定的声音形象,使人产生艺术联想,或者运用比拟、象征手法将作者对自然和社会的体验(如蔚蓝的天空、平静的湖水、现实的苦难、胜利的喜悦、光明的来临),化为带感情色彩的声音表现出来。音乐的音响尽管有部分是模拟现实声,但总体上它不具确切的含义,只是去表现有始有终、有起有伏的情绪发展过程,也就是说音乐的基本功能就是表现情感。

例如,我国著名的唢呐独奏《百鸟朝凤》,以唢呐模拟布谷鸟、斑鸠、猫头鹰等各种鸟类的鸣叫声,富有浓厚的生活气息。但全曲从总体上讲仍然是通过生机勃勃、欣欣向荣的景象来表现欢快、热烈的生活情趣和气氛。贝多芬的《田园交响曲》中有器乐模拟和描绘的雷声、雨声、风声和鸟鸣声,但它们仍然是为了表现音乐家在生活中的感受,借景抒情,来传达对生活的情感体验。

(2)表演性与形象性。音乐的表演性是指音乐作品要依赖表演艺术家(指挥、演奏、演唱)对作品的理解和表现,同一部作品,不同的艺术家来表演,会产生不同的艺术风格,给听众以不同的审美感受。

形象性也是音乐艺术的重要审美特征。音乐形象看不见摸不着,它需要欣赏者充分调动审美感受力,用全身心去体验、想象和联想,从而完成音乐形象的塑造。音乐能够表现最复杂、最深刻、最细微的内心情感,而这些朦胧或多义的情感常常是语言难以表现的。音乐既具有激动人心、振奋精神的感染力,又具有享受和陶冶的功效。

(3)节奏性与韵律美。音乐中节奏是最基本和最重要的表现手段。一般来讲,节奏缓慢、沉重的作品,传达给人的情绪、情感总是偏于忧郁、悲伤,如《二泉映月》。节奏轻快、急促的音乐作品,传达给听众的情绪情感总是偏于欢快、热烈。例如,圆舞曲《蓝色多瑙河》给人的情绪是旋律流畅优美,进行曲《斗牛进行曲》给人的情绪是节奏鲜明。

音乐如果在电视教材中恰当运用能很好地衬托环境,起到对画面情绪上的深化和补充,增强艺术感染力,从而激发人的情感,引发人们的想象和思维,达到良好的教育目的。所以电视教材中常用音乐强化节奏,唤起注意,增强记忆,烘托画面,表现真实感、时代感、民族感、地域感等,并能巧妙地连接画面,起到过渡自然流畅的桥梁作用。

思考与练习

1. 电视教材编制要遵循哪些教学原则?
2. 电视教材编制如何运用注意规律?
3. 电视教材编制如何运用记忆规律?
4. 电视教材编制如何运用感知规律?
5. 电视教材编制如何运用思维规律?
6. 电视教材中如何运用美的特性?
7. 形式美的物质组合规律有哪些?

第4章 电视摄像

本章学习目标
- 了解摄像机的发展与分类
- 理解摄像机的主要性能指标及其含义
- 理解 CCD 摄像机的基本工作原理及其组成
- 掌握摄像机的调整方法
- 掌握摄像机的正确操作方法和步骤
- 掌握摄像机的维护保养方法
- 了解数字摄像机中采用的新技术和新功能

在电视节目制作中,首先要用的设备就是摄像机。作为电视节目制作中的最重要设备之一,摄像机的技术指标和性能质量,以及摄像师对摄像机的操作水平,都对电视节目的质量有很大影响。摄像人员必须掌握摄像机的性能、原理,并运用好摄像机。

4.1 摄像机的组成及功能

一套完整的电视摄像系统由八部分构成。

4.1.1 光学镜头系统

光学镜头系统由光学镜头、滤色镜片和分色系统三部分构成。光学镜头是由许多光学玻璃镜片及镜筒构成的光学装置,滤色镜片对获取的光线做颜色的预矫正处理,分色系统是将光线分解成 RGB 三种基色光。下面介绍与镜头使用相关的基本知识。

1. 焦距与调焦

1)焦距

对摄像机来说,镜头的焦距与像距近似相等,即 $f \approx l_2$。

调焦:与照相机的调焦原理一样,物距改变成像面也要改变,但摄像管或 CCD 是固定的,因此只能通过改变镜头与景物的距离,使成像面不变。

前聚焦:根据景物的距离,调节镜头前部的调焦环,使成像清晰。

后聚焦:即调整镜头的后截距。当镜头和摄像机器件之间距离与后截距不一致时,成像面就落不到受光面上,图像就会模糊。通过后聚焦环来调节最后一组镜头的位置,使成像清晰,调整完毕固定下来。不换镜头就不需要经常调整后聚焦。

经常做的工作是调整前聚焦,简称调焦。

目前家用摄像机多采用自动聚焦,无须人工调整;专业摄像机一般采用手动聚焦方式,现在也有部分摄像机有自动调焦功能。

2)视场角

从镜头主平面中心向景物范围两边或成像范围两边所张的角称为视场角,如图 4-1-1 所示。

$$\theta = 2\tan\frac{H_1}{2l_1} = 2\tan\frac{H_2}{2f}$$

式中,f 为焦距;l_1 为物距;l_2 为像距($f \approx l_2$);当 H_2 为靶面高度,则 θ 为垂直视场角;当 H_2 为靶面水平宽度,则 θ 为水平视场角。

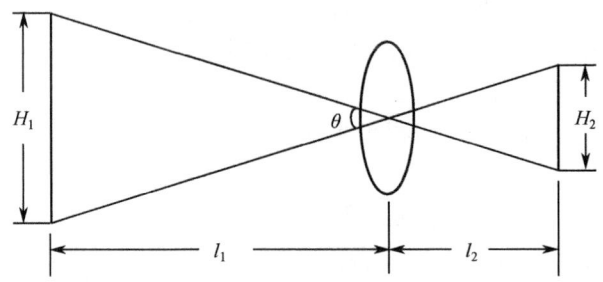

图 4-1-1　镜头的视场角

θ 越大,看到的景物范围越大;

θ 越小,看到的景物范围越小。

H_2 确定后:f 越大,θ 越小,景物范围也越小;f 越小,θ 越大,景物范围也越大。

一般规定:$\theta > 30°$,称为广角镜头;θ 为 $20° \sim 27°$,称为标准镜头(普通镜头);$\theta < 20°$,称为窄角镜头(长焦镜头)。

视场角不仅与镜头焦距有关还与摄像期间的尺寸有关。利用公式可以算出不同尺寸的摄像器件在各种焦距下的水平视场角,如表 4-1-1 所示。

表 4-1-1　视场角与镜头焦距和 CCD 尺寸的关系

水平视场角	CCD 尺寸和焦距(mm)		
	1/2 英寸	2/3 英寸	1 英寸
50°	6.9	9.5	14
35°	10	14	20
25°	14.5	20	29
15°	24	33	49
10°	36.5	50	73
5°	73	101	146

从表 4-1-1 中可以看出:

相同尺寸的 CCD 镜头,焦距越长,视场角越小;

相同的视场角,CCD 尺寸越大,焦距越长;

相同焦距的镜头,CCD 尺寸越大,视场角越大。

3）镜头的工作特性

标准镜头的工作特性。标准镜头或中等焦距范围的变焦镜头，提供的视场和人们眼睛所看到的视场差不多（20°～27°），所拍摄的图像中，前景物、中景物和背景物之间的比例、深度等空间关系看起来也接近人们正常的视觉规律，有真实的透视感。标准镜头拍摄的图像基本上没有失真。

广角镜头的工作特性。广角镜夸大前、中、背景物之间的比例关系。在视觉上造成前景物和背景物之间的距离加大，即深度增加。透视增强，太近的物体，图像产生桶形失真。广角镜头景深范围大，画面内所有物体都能很好地被聚焦，适用于移动拍摄。广角镜头易产生镜头眩光，移动摄像机或加光罩来清除。

窄角（长焦）镜头的工作特性。长焦镜头压缩了前、中、背景物之间的比例关系，看起来被摄体间相对距离缩小了，造成被摄体密集的感觉；长焦镜头景深很小，主体周围很小区域内可聚焦清晰；不适于运动拍摄，稍微的振动就会引起图像大的跳动。

4）变焦镜头

变焦镜头由两组以上的透镜组成，在一定范围内焦距连续可调，实现画面景物范围的改变。变焦镜头的结构如图 4-1-2 所示。

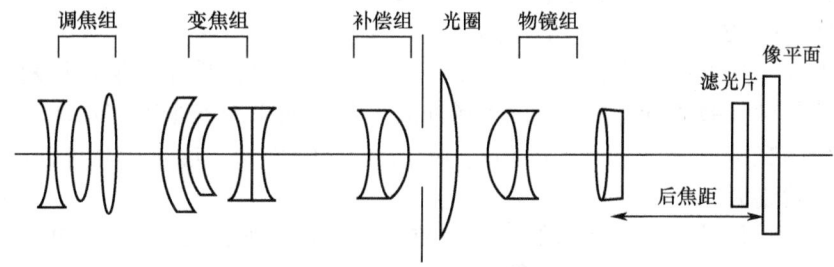

图 4-1-2　变焦镜头的结构

（1）调焦组：使一定距离拍摄的景物清晰地呈现在 CCD 上。

（2）变焦组：两个透镜构成的镜头组，其焦距符合公式 $1/f=1/f_1+1/f_2-d/f_1f_2$（f_1、f_2 为两个透镜的焦距，d 为两个透镜的间距，f 为镜头组的焦距），因此只要改变两个透镜的间距，就能达到变换焦距的目的。

（3）补偿组：在变焦的时候由于焦距的改变，成像的位置也会发生变化，而在摄像机中摄像器件的位置是固定不动的，所以实际的变焦镜头在其后面还有一组补偿镜头，变焦时补偿镜头做相应的移动，以确保像平面不变。

（4）物镜组：也称移像组，它的作用是为了延长光路，以便于放置分光棱镜、色温校正片等装置。后焦距的调节环在镜头的后端。如果调好聚焦后，在变焦距时图像清晰度变差，则需要调节后焦距。

变焦镜头的重要参数是变焦比。所谓变焦比是指最长焦距与最短焦距之比，如 PXW-X280 摄像机的变焦比：17 倍，5.6～95.2mm；PXW-X160 摄像机的变焦比：25 倍，3.7～92.5mm。

变焦的方式有两种：手动和电动，由"手动/伺服"开关来选择。电动用船形开关控制，W 方向是广角，T 方向是长焦。变焦的速度由压力的大小来控制。手动变焦时将"手动/

伺服"开关打到"手动",就可用变焦环手动变焦。

2. 光圈

为了在某一固定镜头孔径的前提下,能控制入射光线的强弱,以保证合适的透光量,设计了光圈装置,其主要作用是控制进光量的多少。进光量的大小与镜头的有效孔径有关。从图 4-1-3 中可以看出来,镜头有效孔径 D 的大小受光圈孔径 d 的大小及光圈与透镜的距离两方面的影响。光圈孔径 d 越大,D 越大;光圈位置越靠近透镜,截断的光线越多,则 D 越小。

综合考虑两种因素对透光能力的影响,定义了相对孔径这个参数如图 4-1-3 所示。

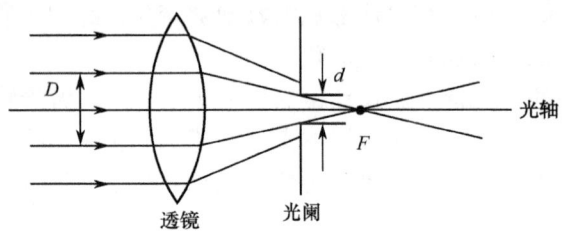

图 4-1-3 相对孔径的概念

相对孔径:$O=D/f$ D 为有效孔径,f 为焦距。

光圈指数:$F=f/D$ (相对孔径 O 的倒数)

光圈环上标出光圈指数有:1.4、2、2.8、4、5.6、8、16 等序列值。每两个相邻数值中,后一数值是前一数值的 $\sqrt{2}$ 倍。由于像面亮度与光圈系数的平方成反比,因此光圈每变化一挡,像面亮度就变化一倍。F 值越小,表示光圈越大,透光能力越强,到达 CCD 芯片的光通量就越大。

最大相对孔径是反映镜头质量的重要参数,其大小反映了镜头最大收集光线的能力,如镜头标有 1∶1.4、1∶1.7、1∶2.8 等。

由于焦距的变化也会影响镜头的相对孔径,因此摄像机的变焦镜头在进行变焦操作时,为保证成像面照度不变,就必须要求相对孔径不变。由于光圈大小是不随透镜焦距而变的,可以通过改变透镜与光圈之间的位置来改变 D,焦距也逐渐增大,D 也就增大。这样变焦时,就不至于影响图像的亮度了。

光圈的另一作用是控制图像的球面像差。F 指数越大,光圈开得越小,拍摄的图像越清晰;反之光圈开得越大,图像就越模糊。因此在条件许可的情况下,要尽量使用小光圈,以提高画面清晰度,如图 4-1-4 所示。

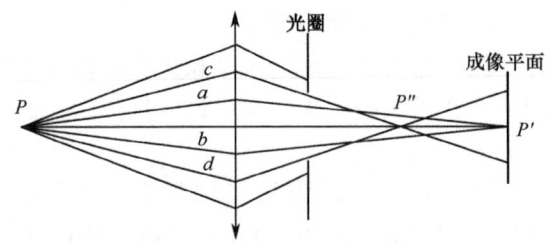

图 4-1-4 光圈大小与球面像差的关系

光圈的调整有两种:手动和自动。一般在场景的照度均匀时采用自动方式(AUTO)。

在场景的照度不均匀时,采用手动方式。例如,逆光拍摄人物,或者黑背景下拍摄较亮的物体(月亮的拍摄),采用手动光圈,可以获得理想的图像。

3．景深

在调焦环固定不动时,被拍摄物体在离摄像机不同的距离上前后移动时,它的图像有时是清晰的,有时是模糊的。图像看起来是清晰的所对应的那一段距离称为"景深"。换句话说画面上前物点与后物点之间所具有的人眼可接受的清晰度的距离范围,就是镜头的景深。在拍摄中有时需要大的景深,而有时又需要小的景深。那么怎样去控制景深呢?景深大小与以下三个因素有关。

(1) 景深与镜头的焦距长短有关。在物距、光圈不变时,镜头焦距越短,景深越大;镜头焦距越长,景深范围越小。利用这个特点可通过变换焦距,获得前虚后实或前实后虚的对比画面。

(2) 景深与光圈的大小有关。在焦距、物距固定时,光圈越小,景深越大;光圈越大,景深越小。利用这个特点可拍摄虚实对比的画面。

(3) 景深与物距长短有关。在焦距、光圈一定时,物距越长,景深越大;物距越短,景深越小。

4.1.2 主机

主机包括五部分:摄像头、视频信号处理单元、同步信号发生器、编码器、供电系统,如图 4-1-5 所示。

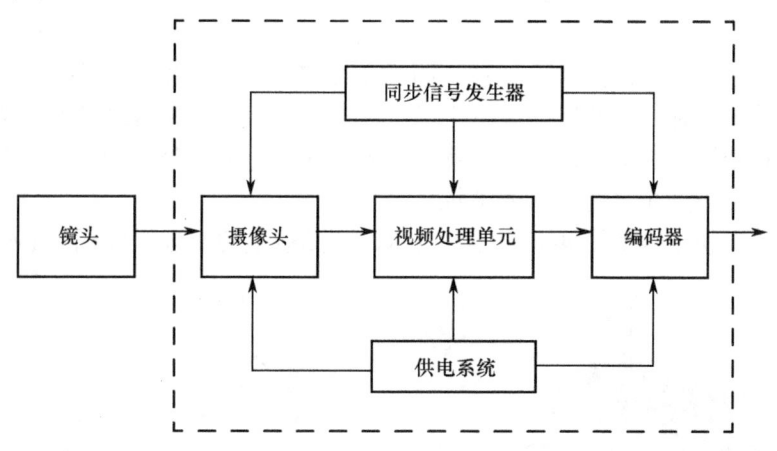

图 4-1-5　主机方框图

1．摄像头

摄像头主要包括内部光学系统、摄像器件、预放电路和电子快门四部分。

1) 内部光学系统。内部光学系统由滤镜系统和分光系统组成。

(1) 滤镜系统。滤镜系统包括色温滤色片、灰度滤色片和效果滤镜。

①色温滤色片。为了适应不同的照明条件,正确重现景物的色彩,必须对光源的色温进行校正。具体方法就是在变焦镜头和分色棱镜之间加入色温滤色片,利用它的光谱特性,

补偿色温不同所引起的重现色彩失真,把不同色温的光源转换成摄像机内部的标准色温3200K。

摄像机上的色温校正滤色片设置因生产厂家的不同而不同,一般都包括3200 K和5600 K两挡。

②灰度滤色片。在光源照度比较高的场合,摄像时一般应把光圈减小,但有时光圈已经收到最小;或者为了达到特定的艺术效果,如虚化背景突出主体时,又必须使用大光圈,这时可以使用灰度滤色片来改变入射光的强度,达到正确曝光的目的。

灰度滤色片也称中性滤色片,摄像机上的灰度滤色片是以透光率界定的。透光率有1/4、1/8、1/16、1/64等。透光率为1/4表示允许光线通过原来的1/4,或者说光通量减小为原来的1/4。摄像机一般是将多个不同的灰度滤色片集成在一个圆盘上,摄像时根据光线的强度拨动圆盘,选择合适的滤色片,以适应不同光照时曝光的要求。

③效果滤镜。除了摄像机滤镜转盘上的滤镜外,摄像师还可以直接在镜头前安装滤镜,以实现特殊拍摄效果。常见的滤镜有以下几种。

UV镜——吸收紫外线和减少部分杂光,同时可对镜头起到一定的保护作用,一般镜头前都要配置。

偏振镜——当拍摄某些画面时,用来消除被摄体表面的某一方向的反光,而允许某一方向的光线通过。

渐变镜——当被摄画面的左右或上下之间的亮度反差较大时,使用渐变镜可以降低反差。一般常用在拍摄带有天空的画面中。

星光镜——根据所用星光镜的型号不同,拍摄夜景时可以使点光源呈现出不同形状的星形效果。

柔光镜——起柔化焦点的作用。使画面感觉比较柔和,常用来拍摄女性人物。

(2)分光系统。对于专业级摄像机来说,它对三原色光的感应往往是单独进行的。因此,在摄像机的光学系统中必须有分光系统将入射光线分解成红、绿、蓝三种单色光。目前,摄像机中常用的分光系统是分光棱镜。

分光棱镜的实物结构如图4-1-6(a)所示,分光棱镜的原理图如图4-1-6(b)所示。

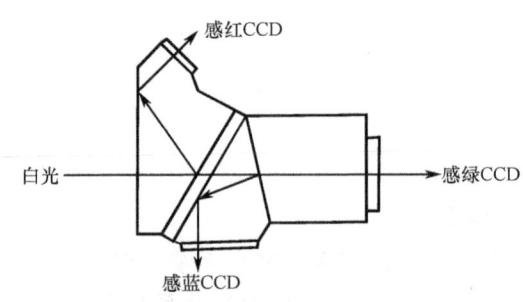

(a)分光棱镜的实物结构图　　　　　(b)分光棱镜的原理图

图4-1-6　分光棱镜

分光棱镜是由三块棱镜和两个结合面组成的,其中两个结合面上分别镀有不同厚度的干涉膜。第一个结合面上的干涉膜能反射红光而让绿光和蓝光通过,红光经第一棱镜的前界面的全反射而最终到达感红 CCD;第二个结合面干涉膜允许绿光通过而反射蓝光,并最终使蓝光到达感蓝 CCD;绿光通过两个结合面时不发生方向变化而直接到达感绿 CCD。

成像光线经分光棱镜的分光作用后变成三个单色光而分别被各自的 CCD 接收,从而形成三个与原色光彼此对应的影像。

2)摄像器件

摄像机将景物转变为电信号,主要依靠摄像感光器件。摄像感光器件有三种:摄像管、CCD 和 COMS。摄象管已淘汰,目前主要有 CCD 和 COMS 两种。下面主要以 CCD 为例介绍工作原理和方式。

(1)CCD 的结构和工作原理。CCD 的外观结构如图 4-1-7(a)所示。CCD 可以看作是由一个个整齐排列的像素组成的矩阵,这些像素是 CCD 的最小感光单元。

CCD 的工作原理可用图 4-1-7(b)来形象地描述,每个像素好像一个小容器,它们在受光照射时可以产生电荷,并且电荷的多少与光照的强度成正比,积累的电荷按一定的方式转移就形成了信号,于是最终将光学影像转变为信号电流。

(a) CCD的外观结构

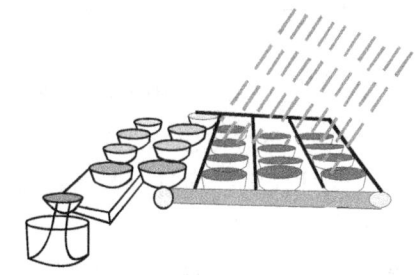
(b) CCD的工作原理

图 4-1-7 CCD 感光器件

(2)CCD 的电荷转移方式。CCD 共有三种电荷转移方式,分别为帧转移(FT)方式、行间转移(IT)方式和帧行间转移(FIT)方式。

①帧转移(FT)方式。帧转移(FT)方式 CCD 是结构最为简单也是最容易制造的一种 CCD。这种 CCD 由感光区、存储区和水平移位寄存器组成。感光区主要完成光电转换,存储区用于存储电荷。存储区和水平移位寄存器都用遮光材料遮盖起来。存储区的像素数和感光区的像素数是对应的,因此,存储区与感光区的面积是一样的,如图 4-1-8 所示。

其工作过程为:场正程期间,感光区完成光电转换并积累电荷,如图 4-1-8(a)所示;场消隐期间,感光区积累的电荷快速转移到对应的存储区,如图 4-1-8(b)、(c)所示;下一场场正程期间,感光区重新积累电荷,存储区开始转移和输出电荷,如图 4-1-8(d)所示。

帧转移(FT)方式 CCD 的优点是像素单元密集程度高,能得到较高的分辨率和灵敏度。

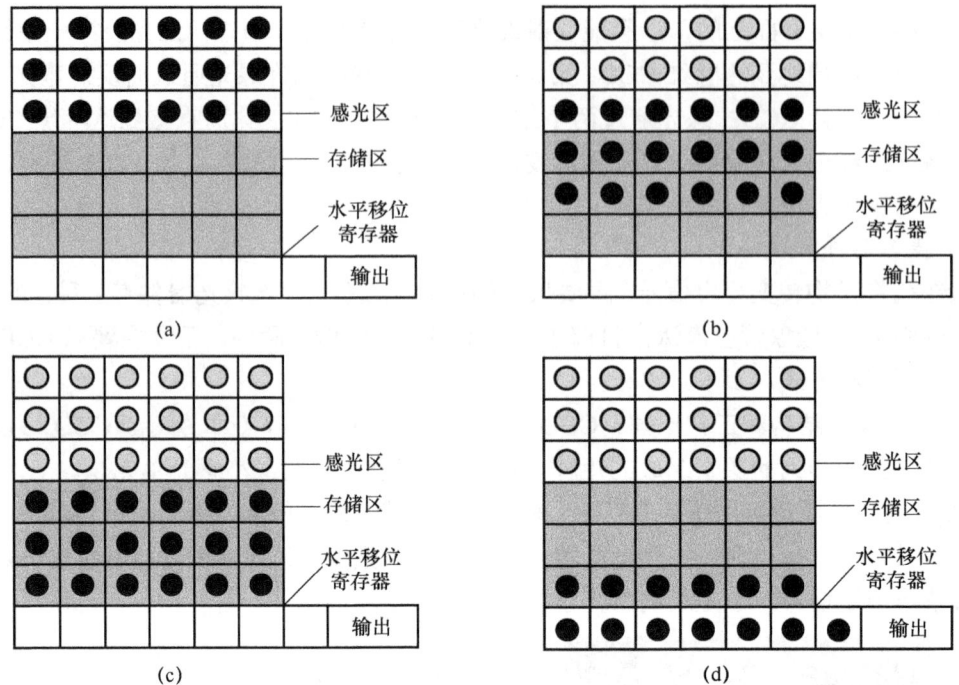

图 4-1-8 帧转移（FT）方式工作原理

帧转移（FT）方式 CCD 的缺点是因感光区和存储区占同样大小的芯片面积，所以所用 CCD 芯片尺寸较大；同时，电荷在转移期内也受到连续的光照的干扰，容易产生垂直拖尾现象。

②行间转移（IT）方式。行间转移（IT）方式 CCD 由列感光区、列存储区、水平移位寄存器组成。其中的列存储区又称为垂直移位寄存器。它将感光区和存储区按列的方式相间排列，形成列感光区和列存储区，如图 4-1-9 所示。

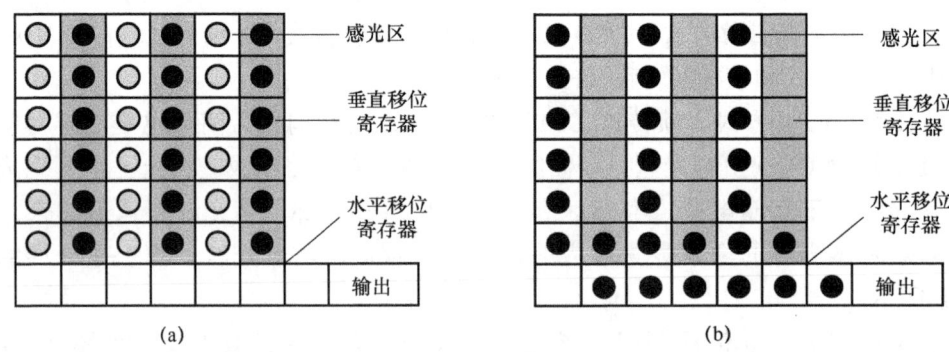

图 4-1-9 行间转移（IT）方式工作原理

其工作过程为：场正程期间，列感光区完成光电转换并积累电荷，如图 4-1-9（a）所示；场消隐期间，列感光区积累的电荷转移到与其对应的列存储区（垂直移位寄存器）中；下一场场正程期间，列感光区重新积累电荷，同时列存储区（垂直移位寄存器）转移和输出电荷，如图 4-1-9（b）所示。

行间转移（IT）方式 CCD 的优点是结构简单，不需要单独的存储芯片，整个芯片面积小；由于电荷的垂直转移在遮光的垂直移位寄存器中进行，使垂直拖尾现象减轻。

行间转移（IT）方式 CCD 的缺点是由于感光部分与存储部分相间排列，使感光部分面积减小，光利用率低；虽然垂直移位寄存器做了遮光屏蔽，但在强光照射下，仍有一部分强光能照射到存储区，造成类似的垂直拖尾现象。

③帧行间转移（FIT）方式。帧行间转移（FIT）是 FT 与 IT 相结合的一种工作方式，它也由列感光区、列存储区（垂直移位寄存器）、存储区、水平移位寄存器组成。感光的结构与 IT 方式相似，感光区与存储区的构成类似于 FT 方式，如图 4-1-10 所示。这是目前 CCD 结构的最佳方式，被广泛应用于高质量的电视摄像机上。

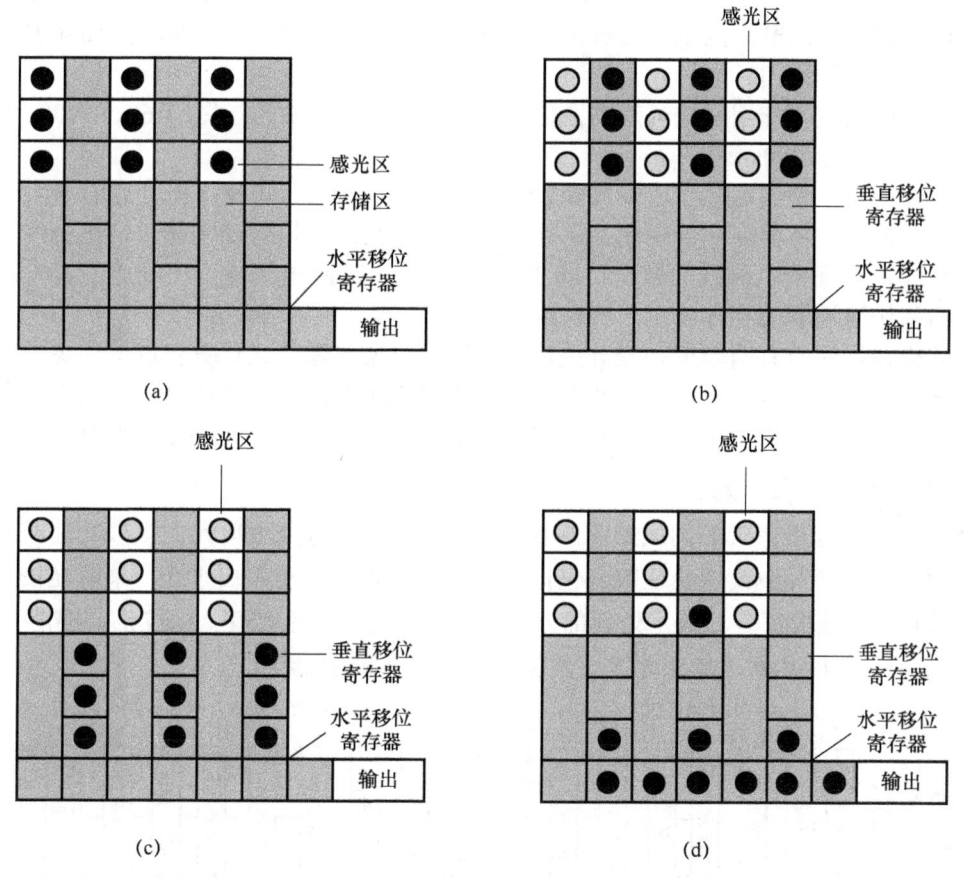

图 4-1-10 帧行间转移（FIT）方式工作原理

其工作过程为：场正程期间，列感光区完成光电转换并积累电荷，如图 4-1-10（a）所示；场消隐期间，列感光区积累的电荷快速转移到与其对应的列存储区（垂直移位寄存器），如图 4-1-10（b）所示；紧接着，又将列存储区（垂直移位寄存器）的电荷转移到存储区，如图 4-1-10（c）所示；存储区电荷的转移和输出过程与 FT 方式类似，如图 4-1-10（d）所示。

3）预放电路

经摄像器件光电转换出来的电信号非常微弱，因此需要对其立即放大，以满足后级视频处理电路工作要求，这个装置称为预放电路。要求是放大信号噪声低、增益高（90dB）、频带宽。

4）电子快门

从 CCD 的工作过程可以看出，电子图像是在场正程期间积累形成，由于电视信号的制式不同场正程时间也不一样，如 PAL-D 为 1/50s，NTSC 为 1/60s，这个曝光时间相当于照相机的电子快门。如果按照正常的时间捕捉图像，对于一些快速运动的物体，如火车、赛跑等场景，图像就会模糊，这就要求摄像机缩短曝光时间。在 CCD 摄像机中，可以控制 CCD 上的光线作用时间，也就是在一场内只将某一段时间内产生的电荷作为图像信号输出，而将其余时间产生的电荷排放掉。这样缩短了 CCD 积累电荷时间，如同加了快门一样，这称为电子快门。

电子快门的主要作用是提高运动图像的清晰度，速度级别为：关、1/60、1/100、1/250、1/500、1/1000、1/2000s 等。

由于使用电子快门后减少了曝光量，因此会造成视频信号电平下降。这时增大光圈会减小景深，提高增益会降低信噪比。此外在使用高速快门拍摄运动物体时，还会使人感到运动不连续，有间断、跳跃的感觉，即"动画效应"。因此电子快门一般用于室外高亮度情况下拍摄快速运动的物体。

有的摄像机还具有清晰度扫描开关，用于拍摄早期显像管式计算机屏幕，快门速度可以从 1/50.1Hz 变化到 101.1Hz。通过微调电子快门的速度，使之与计算机的扫描频率趋于一致，以减少或消除滚动条纹。而对于现在的液晶显示器拍摄则无须使用此功能。

2. 视频信号处理单元

新型数字处理摄像机的构成如图 4-1-11 所示。视频信号处理单元由模拟处理部分和数字处理部分组成。其中模拟处理部分包括自动黑斑校正、自动黑白平衡、杂散光校正、自动白斑校正、γ 预校正等。数字处理部分包括彩色校正、轮廓校正、γ 校正、混消隐/白切割/彩色校正、色度孔阑、二维滤波、数据检测、彩条发生器等。

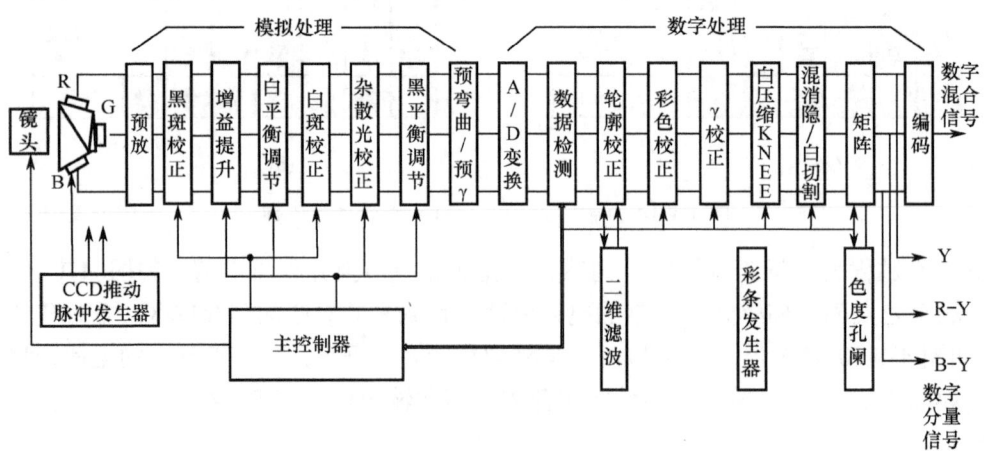

图 4-1-11　数字信号处理摄像机的构成

第4章 电视摄像

3. 同步信号发生器

同步信号发生器产生一个同步信号，保证整个系统同步工作。同步信号中主要包含各种脉冲信号：复合消隐脉冲、复合同步脉冲、色同步门脉冲（K脉冲）、PAL开关脉冲（P脉冲）、行推动脉冲、场推动脉冲、CCD奇偶场控制脉冲（FLD脉冲）、彩色副载波（fsc）。

摄像机需要的同步信号可由内部同步信号发生器供给，也可用外部输入的同步信号或用一个外同步信号来控制该机的内同步信号（称为同步锁相或台从锁相），因而摄像机的同步有内同步、外同步或同步锁相三种不同方式。

现在大多数摄像机是自动转换的，没有选择开关，当接到外来的同步信号时，可从内同步自动转换成同步锁相方式。

4. 编码器

将红、绿、蓝三种信号编成彩色全电视信号，以适用于传输和与黑白电视相兼容的需要。三种不同的彩色电视 PAL、NTSC、SECAM 各有其不同的编码器，到达接收机后使用相应的解码器还原出三基色图像。输出信号的方式：R/G/B 三基色信号、Y/B-Y/R-Y 分量色差信号、Y/C 半分量信号、VIDEO 复合视频信号。数字摄像机可以输出 SDI 数字视频信号（高清数字信号为 HD-SDI）。

5. 供电系统

输入到摄像机中的电源都是12V直流电，而摄像机中各个部件所需电压也不尽相同，因此，摄像机中都有一套供电系统，负责把12V电压转换成其他各种不同的电压，以供不同之需。

4.1.3 寻像器

摄像机寻像器光路图如图 4-1-12 所示。

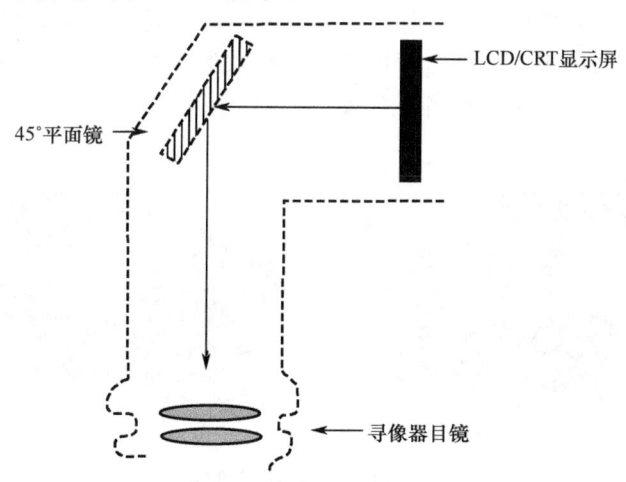

图 4-1-12 摄像机寻像器光路图

寻像器组件中属于光学系统的有两部分：一是45°平面镜，它的任务是使LCD或CRT显示屏上的影像的观看角度旋转90°，这样便于摄像师取景；二是寻像器目镜，可以将寻像器屏幕上的影像进一步放大，另外，可以调整屈光度，以适应近视或远视的摄像师。

摄像机寻像器为摄像人员提供取景构图、调试焦点、参数设置、状态显示和检看返回图像提供方便。

两个调节钮：亮度和对比度钮，用于调节图像亮度适中、层次丰富。

尖锐度开关（Peaking）：打开开关时寻像器图像边缘轮廓加强，会使图像显得更加清晰。

寻像器上的各种指示：

①寻像器指示 REC。录像时点亮。

②演播指示 TALLY。切换台选中此机信号时灯亮。

③白平衡指示。调节白平衡时显示是否正确。

④录像机告警。磁带快结束时告警。

⑤低照度告警。照度低时显示告警。

⑥电池告警。电池电压下降到一定值时告警。

⑦增益指示。使用提高增益时显示增益值。

除此之外，寻像器上还有其他的显示装置，如斑纹显示、十字中心指示等。

4.1.4　电源

12V 电池块或交流结合器提供 12V 电源。电源可以从摄像机控制单元通过电缆提供，也可以利用交流电源附加器，通过摄像机电缆或四芯专用电缆提供，在室外拍摄时还可以经过电缆使用便携摄像机的电源或直接用自身所配的电池供电。

4.1.5　传声器

为了在摄像机拍摄图像时能同时拾取声音，一些较小的摄像机把话筒内装在摄像机的头部。而专业级的较大的摄像机则往往在机身头部有一个话筒支架，可用来安装话筒，在机身上有话筒电缆线的插座，连接后可以把话筒拾取的声音信号送入摄像机内，再经过摄像机电缆送入录像机或其他调音设备，如图 4-1-13 所示。

图 4-1-13　摄像机及话筒

为获得较高的灵敏度和较宽的频率特性，摄像机上的话筒多选用电容话筒。其电源可用电池或由摄像机通过话筒电缆提供。

第 4 章 电视摄像

有的话筒装有开关,可根据不同情况选择其位置。

电源开关:在使用话筒内部电池时,如果不用要及时关闭,以免消耗电能。

频率特性开关有三挡:M、V_1、V_2。

开关拨至 M 位置,使话筒频率特性较宽用于录制音乐节目;开关拨到 V_1、V_2 位置用于录制语言信号,这时低频信号衰减,突出中频,使声音更清晰。V_2 的位置低频信号衰减更多。

话筒输出电平开关:有-60dB 和-20dB 两种,-20dB 输出电平较高,适于在话筒电缆和摄像电缆较长时使用。

4.1.6 通信系统

1. 内部通话系统

这个系统供控制室导演和摄像人员联络用。摄像机上通常都有一个三芯的对讲插座,可以插上既有话筒又有听筒的对讲耳机,这样摄像人员就可以与其他摄像人员及控制室里的导演等进行通话联络,接受导演的指挥。耳机音量的大小可通过设置的音量调节钮进行调节,如图 4-1-14 所示。

2. 演播指示系统

前面已经讲到,寻像器里有个演播指示灯,当这个摄像机所摄图像在特技切换台上被导演选用而正在播出时,这个指示灯就会自动点亮。它能提醒摄像人员进行正确操作或按导演意图拍摄出所需要的图像,同时寻像器外的指示灯提示播音员、主持人目前正在使用的摄像机,如图 4-1-15 所示。

图 4-1-14 摄像机内部通信　　图 4-1-15 演播指示灯

3. 视频返送系统

摄像机不光能输出视频信号,也可以利用寻像器监看从外部设备送入的信号。一种情况是当摄像机通过多芯专用电缆与便携式录像机相连时,录像机重放的图像,有些机器则用一个视频返送按钮或开关来进行这个转换。还有一种情况,当摄像机经过多芯电缆与特技台相连时,按下视频返送按钮,则可从寻像器上看到特技台上节目播出的图像,这个图像可能是其他的摄像机拍摄的,也可能是本机拍摄的,还可能是两个摄像机经过特技合成的图像。这样摄像人员可根据这些播出的图像来调整自己的拍摄工作。

4. 遥控启/停系统

便携式摄像机通常都能通过电缆对便携式录像机的启动和停止进行摇控。只要录像机上同时按下了录、放两个钮，就处于录制的待命状态。这时磁带并不运转，相当于"暂停"方式。按一下摄像机上的启/停钮，录像带才开始运转，进行工作，当再按一下启/停钮，录像带便停止运转，录像机又回到待命状态。

摄像机上对录像机遥控的启/停控制钮，一般安装在摄像机的扶手上，由右手大拇指来操作。许多摄像机还在机身前后再加安 1～2 个启/停控制钮，以利于摄像师在其他工作情况和环境下使用。

4.1.7 摄像机电缆

摄像机与后级设备连接一般都使用多芯电缆，有 10 芯、14 芯、26 芯等，以 14 芯最为常见。通过电缆可传输摄像机输出的视频信号、音频信号，以及摄像机摇控录像机的启停信号、返送视频信号、演播指示信号、告警信号、内部对讲通话信号、CCU 摇控摄像机的控制信号等。其长度有 2 米、5 米、10 米、25 米、50 米、100 米等。为了提高信号传输距离和信号质量目前数字摄像机还采用三同轴电缆和光纤进行信号传输，如图 4-1-16 所示。

图 4-1-16　三同轴电缆和摄像机接口

4.1.8 摄像机支撑装置

便携式摄像机在拍摄中，无论是肩扛还是手持，长时间保持稳定是不容易的，特别是在移动拍摄中，拍摄效果经常不尽如人意。为此，常常使用一些辅助设备来保持摄像机的稳定。

1．三脚架

三脚架由三脚支架、云台、托板、把手和脚轮构成，如图 4-1-17 所示。

（1）三脚支架。三脚支架是由轻金属或木头制成的三条腿的支架，其三条腿可各自伸缩和调整高度，以适于在高低不平的地面上架设。有的三脚架有中心连杆，使三个脚分开的角度可以同时变化；有的三脚架没有连杆，可以各自分开不同的角度，为防止三条腿过度分开，导致倾倒，可用环扣皮带，或者铁皮条、链条等把它们

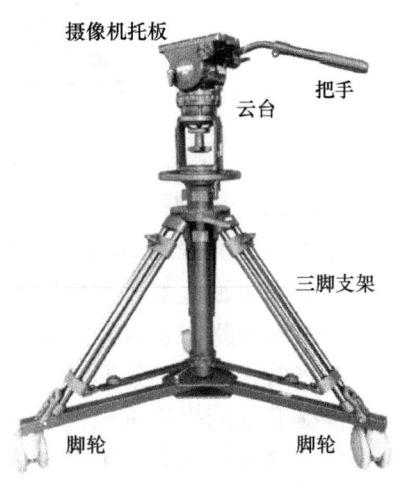

图 4-1-17　摄像机三脚架

拴在一起。

（2）云台。为了确保摄像机既有稳固的支撑，又能向四面八方旋转自如，需要用云台作为连接机构把摄像机固定在支架或底座上。云台可以上、下、左、右四个方向转动，并通过旋钮调节摩擦或液压云台的阻尼保证摄像机运动的平衡顺畅。云台上还装有控制上、下、左、右转动的螺丝，当完全锁死时，摄像机就不能转动。在云台上面有朝上的螺栓，可以拧到摄像机底部的螺孔中，用以连接摄像机。云台上装有水平仪，通过调整可伸缩的支脚或固定云台螺丝，使水平仪内的气泡停在中心，即使在地面不平的情况下也可以保持摄像机水平。

平衡调整。调松摇摄云台与摄像机连接的螺栓，前后移动摄像机，使其重心尽量落在云台的中心，以达到前后平衡，再锁紧连接螺栓。带有滑动平台的云台，则只需调整滑动平台，即可达到平衡。

水平调整。可参看水平仪里气泡的位置，通过球连接调平装置来调整云台本身的水平度。有些简易云台是与三脚架连成一体的，可改变三个脚的长度来调整三脚架整体的水平度。

俯仰调整。通过松紧螺丝来调节俯仰运动时的摩擦阻力，并可使机头在垂直方向上锁定。通常用两个螺丝分别完成调节阻力与锁定两种功能。

左右横摇调整。通过松紧螺丝来调节左右转动即水平横向摇摄的摩擦阻力，拧紧此螺丝也可使机头在水平方向上锁定。一般也可以用两个螺丝分别完成调节阻力与锁定两种功能。

当拍摄固定镜头时，要把摇摄云台的俯仰及左右横摇螺丝锁住，以防摄像机失去平衡。

（3）摄像机托板。托板又称托架或三脚架连接器。便携式摄像机安了肩托后下面就没有螺孔的位置了，托板是这种摄像机与云台之间能适配的一块连接板。板上面有卡座可卡住摄像机，板下面有通用的螺孔，可与云台相连。各种摄像机所用托板的卡座方式均有差别，一般不能通用，所以托板通常是作为摄像机的附件来供给的。

（4）把手。云台的一侧或两侧装有把手，便于摄像人员操纵和控制摄像机的移动，并可安装遥控镜头变焦聚焦的遥控附件。

（5）脚轮。有的三脚架还配有脚轮，在平整的地面上移动起来很方便。

安装摄像机时，首先要将三脚架固定件（有时也称结合板），固定在三脚架头的合适位置，如图4-1-18（a）所示；然后按释放摄像机的方法操作释放手柄，保证三脚架固定件上锁定摄像机的装置处于正确位置。紧贴三脚架固定件向前移动摄像机，听到"咔嗒"声，表示安装完毕。此时，还要用手前后左右轻晃一下摄像机确认正确安装，如图4-1-18（b）所示。释放摄像机时，要先将红色的手柄向外拉并按下，同时向前拉动黑色手柄，并向后方移出摄像机，如图4-1-18（c）所示。

2. 斯坦尼康（Steadicam）

斯坦尼康是一种摄像机的身体支架，它的构造是将一个小型的三脚架与摄影背心组合成一体，上面配有必要的减振装置，当摄像机运动时，镜头会逆着它的运动方向移动，能帮助摄像师减小一些晃动，适合于在移动中拍摄使用。摄像师穿上摄影背心，安装好摄像机，调整好装备就可使用了，如图4-1-19所示。

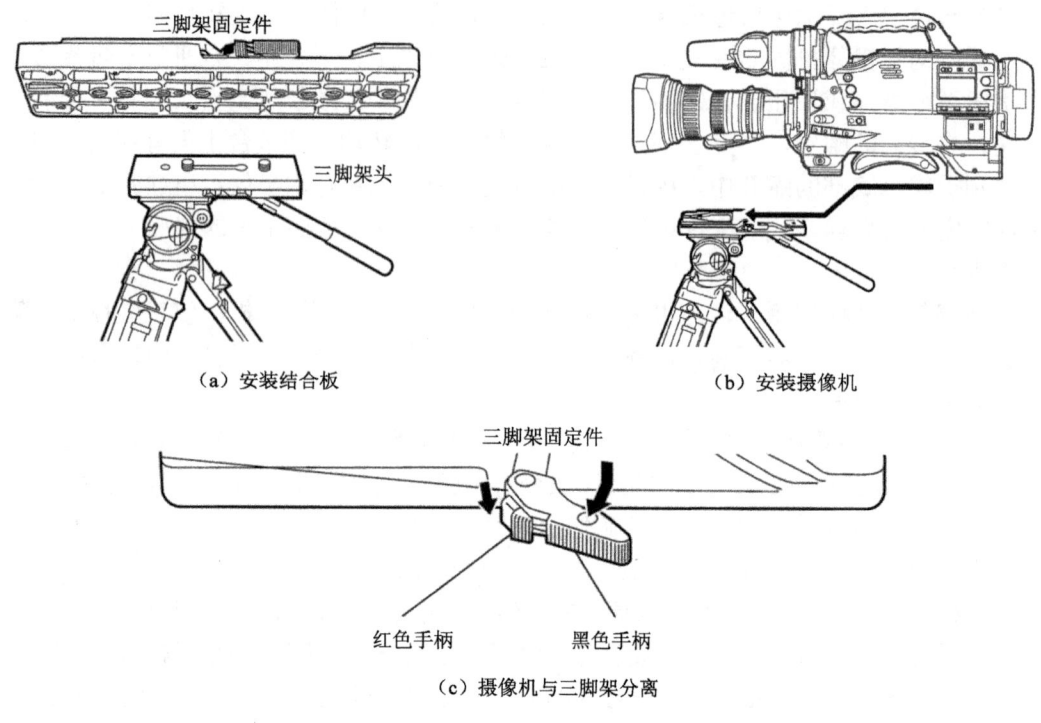

图 4-1-18 摄像机与三脚架的结合和分离

图 4-1-19 斯坦尼康

3. 摇臂

摇臂一端是摄像机,另一端是配重和遥控装置。使用时摄像师站在有配重和遥控装置的一端,通过监视器监看效果,并用遥控的方法进行操作。摄像机可以完成俯仰、旋转、升降、移动、平摇、变焦和聚焦等工作,如图 4-1-20 所示。

4. 演播室台座

演播室台座除了能在地面上向各个方向移动外,还可以实现升降运动,同时也可在原地进行旋转,如图 4-1-21 所示。

第4章 电视摄像

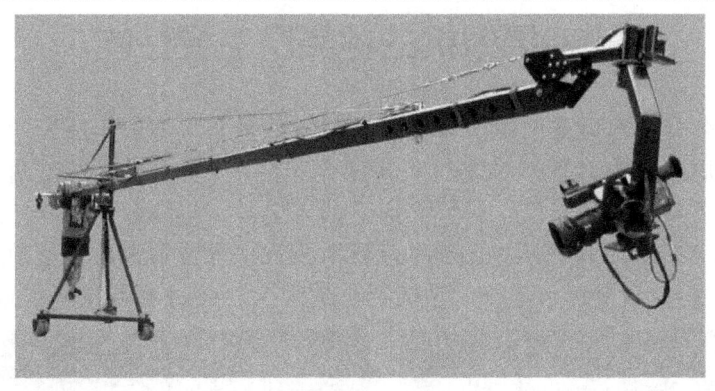

图 4-1-20 摇臂

5．移动车

移动车是能够使摄像机在各个方向移动的摄像机支撑装置。专业的移动车是带有轮子的平台，可以安装在轨道上移动，如图 4-1-22 所示。

图 4-1-21 演播室台座　　　　图 4-1-22 移动车

6．升降车

升降车可以将摄像机从很低的地方提升到很高的地方，并能做前后、左右和弧形运动。升降车载着摄像师和摄像机，工作时需要多人协调，如图 4-1-23 所示。

图 4-1-23 升降车

4.2 摄像机的种类及主要性能

从美国安培公司推出世界上第一台实用型摄像机至今，摄像机的发展大致经历了电子管、晶体管、大规模集成电路和 CCD（电荷耦合器件）4 个重要发展时期。

摄像机经历了从黑白到彩色、从单管到三管（图 4-2-1 和图 4-2-2）、从摄像管到固体传感器（CCD、CMOS）、从模拟到数字、从标清到高清的发展过程，目前正在发展 3D 和 4K 摄像机。摄像机的质量越来越好，功能越来越强大，满足了不同领域的需求。

图 4-2-1 单管摄像机 DXC-1640P

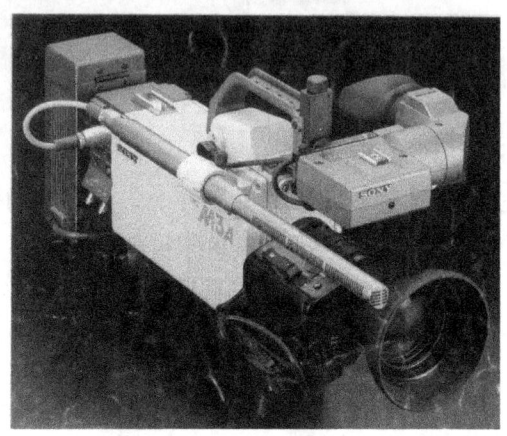
图 4-2-2 三管摄像机 DXC-M3AP

4.2.1 摄像机的分类

自从 1953 年美国采用 NTSC 制式开始彩色电视广播以来，广播电视设备迅速发展，不断更新换代，摄像机的质量越来越高，体积越来越小，重量越来越轻，用途越来越广泛，种类越来越多，组成了一个摄像机的大家族。摄像机可以按不同的方式来分类。

1. 按图像质量分类

按摄像机所拍摄的图像质量不同，可分为广播级、专业级和家用级。

（1）广播级摄像机。广播级摄像机一般用于电视台和节目制作中心，其质量要求较高，如清晰度 700～800 线，信噪比 60dB 以上，从镜头到摄像器件，电路等都是优等的，当然其价格相当昂贵，如图 4-2-3 所示。

图 4-2-3 广播级摄像机

（2）专业级摄像机。也称业务级摄像机。主要用于教育、文化宣传、工业、交通、医疗、企事业单位、军队等业务领域。专业级摄像机的图像质量低于广播级摄像机，但其体积较小，重量较轻，价格较低廉，如图 4-2-4 所示。

（3）家用级摄像机。主要用于家庭娱乐等场合，具有价格低廉、造型优美时尚、结构简单、小巧轻便、操作方便、自动化程度高等特点，图 4-2-5 所示。

图 4-2-4　专业级摄像机　　　　　　　图 4-2-5　家用级摄像机

2．按使用方式分类

广播电视用摄像机按电视节目制作方式不同，可分为演播室用座机式摄像机和现场节目制作用便携式摄像机。

（1）演播室座机摄像机。演播室用摄像机清晰度最高、图像质量最好。配备 5 英寸或 7 英寸寻像器、内部通话适配器、CCU（用作摄像机控制器）、摄像机适配器、变焦/聚焦控制器、大型三脚架等附属设备。此类摄像机，通常非常沉重，需要一些机架或底座设备来支撑，不方便随意搬动，如图 4-2-6 所示。

（2）便携式摄像机。便携式摄像机图像质量略低于演播室用摄像机，体积小、重量轻、携带方便，用三脚架或人体支撑拍摄均可。一般采用直流电池供电，也可通过交流结合器交流供电。可用于多种场合，如电子新闻采访（ENG）和电子现场制作（EEP），如图 4-2-7 所示。

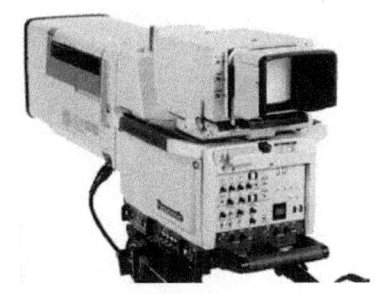

图 4-2-6　演播室座机摄像机　　　　　图 4-2-7　便携式摄像机

3．按摄像器件的类型分类

摄像机按摄像器件的不同可分为摄像管式、CCD 摄像器件式和 CMOS 摄像器件式。

（1）光电导摄像管。摄像管摄像机的质量常用摄像管靶面材料来衡量。常用的靶面材料为氧化铅、硒砷碲。由于摄像管固有怕振动、怕强光、怕老化的缺点无法消除，摄像管摄像机现已被淘汰，如图 4-2-8 所示。

（2）固体光电传感器 CCD（Charge Coupled Device）。电荷耦合器件图像传感器。CCD 制造工艺较复杂，采用 CCD 的摄像头价格都会相对比较贵。在相同像素下 CCD 的成像通透性、明锐度都很好，色彩还原、曝光可以保证基本准确，如图 4-2-9 所示。

图 4-2-8　摄像管　　　　　　　　图 4-2-9　CCD 成像器件

（3）互补金属氧化物 CMOS（Complementary Metal-Oxide Semiconductor）。互补性氧化金属半导体。CMOS 的制造成本和功耗都要低于 CCD，CMOS 的成像往往通透性一般，对实物的色彩还原能力偏弱，但通过采用影像光源自动增益补强技术，自动亮度、白平衡控制技术，色饱和度、对比度、边缘增强及伽马校正等先进的影像控制技术，完全可以达到与 CCD 摄像头相媲美的效果。CMOS 光电传感器件常用来制造高速摄像机，如图 4-2-10 所示。

图 4-2-10　CMOS 成像器件

4．按拍摄的光谱范围分类

（1）黑白摄像机。用作键控字幕或工业监视用。
（2）彩色摄像机。用途最为广泛。
（3）红外线摄像机。夜间监控。
（4）X 光摄像机。医疗、安检。

5．按摄像器件的数量分类

按摄像机所使用的摄像器件数量可分为三管（片）式摄像机、两管（片）式摄像机、单管（片）式摄像机。三管（片）式摄像机用于广播级和专业级摄像机；两管（片）式摄像机属过渡机种，已淘汰；单管（片）式摄像机常用于家用领域，但目前的 4K 摄像机多采用单片 CMOS。

6. 按摄像器件尺寸分类

摄像器件的尺寸与图像质量有着直接的关系。尺寸越大,有效像素越多,清晰度越高,灵敏度也会提升,相应整机体积和价格也会增加。

摄像管摄像机以摄像管直径大小衡量,一般分为 1.25 英寸、1 英寸、2/3 英寸、1/2 英寸。CCD 摄像机以芯片感光区面积等同于相应的摄像管的靶面面积的摄像管的直径大小衡量。一般情况下,CCD 的尺寸通常是指其对角线的长度。2/3 英寸、1/2 英寸、1/3 英寸 CCD 分别用于广播级、专业级、准专业级摄像机;1/4 英寸、1/4.7 英寸、1/5 英寸、1/6 英寸等小尺寸 CCD 用于家用级摄像机。

7. 按一体化方式分类

(1) 摄像机与录像机分离。受技术和磁带尺寸的限制,早期的摄像机与录像机是分离使用的,操作时需两个人配合或将录像机背在身上,十分笨重,如图 4-2-11 所示。

 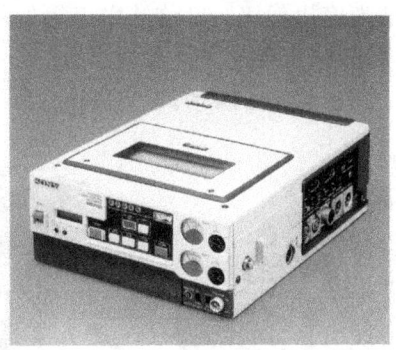

图 4-2-11　摄像机与录像机分离

(2) 摄像机后挂录像机。摄像机可以后挂一个录像机,实现摄录一体化,如图 4-2-12 所示。

(3) 完全摄录一体机。摄录一体机是摄像机和录像机完全组合成一个整体,如图 4-2-13 所示。

图 4-2-12　摄录机后挂录像机　　　　　　图 4-2-13　完全摄录一体机

8. 按信号处理方式分类

摄像机按信号处理方式可分为模拟摄像机、数字化处理模拟摄像机、完全数字化摄像机。

（1）模拟摄像机。以模拟信号为主，易受干扰，信噪比不高，模拟摄像机已经完全被淘汰。

（2）数字化处理模拟摄像机。在整个信号处理过程中部分应用了数字信号处理方式，在一定程度上提高了信号质量，但最终的信号还是以模拟方式输出和记录。

（3）完全数字化摄像机。在图像由光信号转换成电信号之后，完全以数字方式处理，大大提高了摄像机的信号质量，是摄像机的主要发展方向。

9. 按清晰度等级分类

摄像机按清晰度等级可分为标准清晰度摄像机、高清晰度摄像机和超高清摄像机。

（1）标准清晰度摄像机。主要是指在现行电视体制下的摄像机，图像分辨率为720×576，如图4-2-14所示。

（2）高清晰度摄像机。目前的主流摄像机，图像像素为1920×1080，如图4-2-15所示。

（3）超高清晰度摄像机。也称4K摄像机，正在发展的一种摄像机，图像像素为3840×2160，如图4-2-16所示。

图4-2-14　标清摄像机SONY MSW-930P　　图4-2-15　高清摄像机HDW-F900R　　图4-2-16　4K数字摄像机F65

10. 按存储介质分类

根据与摄像机相结合的录像部分所使用的存储介质不同，可分为磁带式摄像机、光盘式摄像机、硬盘式摄像机和存储卡式摄像机。

（1）磁带式摄像机。使用磁带作为存储介质，拍摄时，将信号直接记录到磁带上，它是最传统的摄像机。不同时期、不同生产厂家的摄像机，使用的磁带也不尽相同，如图4-2-17所示。

（2）光盘式摄像机。使用DVD-R光盘、DVR+R光盘、DVD-RW光盘、DVD+RW光盘、蓝光光盘等作为存储介质，如图4-2-18所示。

（3）硬盘式摄像机。采用硬盘作为存储介质的摄像机，2005年由JVC公司率先推出。目前在摄像机中使用的硬盘主要有三种。

①微硬盘：一般在家用摄像机中使用，其特点是容量大，价格低，如图4-2-19所示。

②固态硬盘（SSD）：在高端摄像机中使用，其特点是速度快，价格高，如图4-2-20所示。

图 4-2-17 磁带摄像机 AJ-D910WA　　　图 4-2-18 光盘摄像机 SONY PDW-539

图 4-2-19 硬盘摄像机 JVC HD660BACM　　图 4-2-20 固态硬盘摄像机 RED/斯佳利 SCARLET-X

③ iVDR 硬盘：iVDR 规范支持下一代串行 S-ATA 标准，能实现 3Gb/s 的数据传输率，如图 4-2-21 所示。

图 4-4-21 iVDR 硬盘摄录一体机 DataCam DDC-280

（4）存储卡式摄像机。采用存储卡作为存储介质的摄像机。不同的摄像机使用的存储卡不同，常用的存储卡有 P2 卡、MS PRO Duo 卡、MS PRO HG Duo 卡、SD 卡等类型，如图 4-2-22 和图 4-2-23 所示。

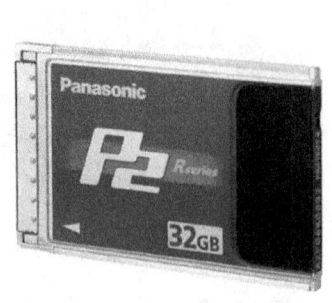 

图 4-2-22　松下 AJ-SPX900 摄像机

图 4-2-23　索尼 HXR-NX3 摄像机

11. 按特殊功能分类

（1）3D 摄像机。具有两个摄像镜头，间距与人眼间距相近，能够拍摄输出形成人眼所见立体图像所需要的两路视频信号，如图 4-2-24 和图 4-2-25 所示。

图 4-2-24　SONY 3D 摄像机 PMW-TD300　　　　图 4-2-25　松下 3D 摄像机 AG-3DP1

（2）高速摄像机。普通摄像的帧频为 25fps（25 帧/s），高速摄像机的帧频一般为正常帧频 3 倍以上，即 75fps，这样才能获得快速运动物体清晰的图像，如超高速摄像机 I-MOVIX Sprintcam VvsHD，高清分辨率下，可达到 2600 fps。在拍摄快速运动的物体方面具有独特优势，适合转播体育比赛等运动项目，如图 4-2-26 所示。

图 4-2-26　高速摄像机 I-MOVIX Sprintcam VvsHD

4.2.2　摄像机的性能指标

为了更好地使用摄像机，必须对它的性能有所了解，以便能拍出符合图像质量要求的画面。

1．信噪比

信噪比是视频信号电平与噪声电平之比。这个指标是衡量摄像机质量的重要指标。信噪比越高，图像越干净，质量就越高，通常在 60dB 以上。

信噪比的英文名称称为 SNR 或 S/N（SIGNAL-NOICE RATE），是指一个电子设备或电子系统中信号与噪声的比值。信噪比的计量单位是 dB，其计算方法是 20LG（Vs/Vn）。

2．最低照度

摄像机都需要在某照度（亮度）光线条件下工作，如果光线低于某一照度就无法看清图像。最低照度是指摄像机开到最大光圈使用最大增益时，让图像电平达到规定值所需的照度。照度值越低，说明摄像机性能越好。

3．灵敏度

灵敏度是以 3200K 色温，2000LUX 照度的光线照在具有 89%～90% 的反射系数的灰度卡上，用摄像机拍摄，图像电平达到规定值时，所需的光圈指数 F。F 值越大，灵敏度越高。例如，光圈为 $F8$ 的摄像机就比光圈为 $F5.6$ 的摄像机灵敏度高。

4．分解力

分解力也称清晰度，是指摄像机分解黑白细节的能力，用画面上可分辨的电视线数或调制度来表示，分为水平清晰度和垂直清晰度。

水平清晰度有两种描述方式。第一种是水平绝对清晰度，是指在水平方向上实际显示的线条数。例如，在水平方向上显示 400 条线（黑色、白色各 200 条）时称水平清晰度为 400 线。注意，电影与电视对清晰度的定义有所不同。在电影技术中 400 线清晰度是指显示 400 对（800 条）线。第二种是水平相对清晰度。因为电视画面的宽高比是 4∶3，所以在像素尺寸相同的条件下水平方向上能够容纳的像素数量是垂直方向上的 4/3 倍。为了在同一系统中用相同的度量方法表示不同方向上的清晰度，在电视技术中把画面高宽比与水平方向上显示线条数的乘积称为电视线。例如，在水平方向上显示 400 条线时称水平清晰度为：400×3/4 = 300 电视线。也就是把电视画面垂直清晰度称为水平相对清晰度，用它表示摄像机的分解力。

电视摄像机的分解力与信号中包含的最高频率有关，频率越高，呈现的图像细节越丰富，分解力越高。在标清电视系统中 1MHz 的信号，在 1μs 的时间产生 2 个点（黑白各一），因此在一行正程时间会产生：52μs×2=104 个点，换算成电视线则为：104×3/4=78（线/MHz），这就是标清系统中信号频率与分解力的对应关系。

分解力的另一种表示方法是调制度。由于视频信号在处理时，随着频率的提高增益会下降，因此仅用频率不能反映系统的性能。调制度是指摄像机在 5MHz（约为 400 线）时的调制深度，简称调制度。标清摄像机的调制度计算方法为：

$$调制度= 5MHz\ 幅度/0.5MHz\ 幅度×100\%$$

即以低频 0.5MHz 的幅度为基准，除 5MHz 的幅度，再乘以 100%就是调制度（MTF）。20 世纪 80 年代摄像管摄像机的调制度仅为 30%，CCD 摄像机调制度可达 70%，而数字摄像机可达 80%。

5．几何失真

几何失真表示重现图像与原图像的几何形状的差异，表现为枕形、桶形、菱形等多种失真形式。摄像机中是由于镜头的光学系统及摄像管扫描、偏转电路造成的，对于 CCD 而言，若不考虑镜头失真，本身无几何失真（一般指标上标出：几何失真低于可测水平）。

几何失真用失真的偏移量与屏幕高度的百分比来表示。

6．重合误差

三片或三管式摄像机重现的彩色图像是由红、绿、蓝 3 个单色图像混合出来的，3 个单色图像在空间位置和几何位置必须一致，才能得到清晰度高、颜色逼真的图像，否则混合出的图像必然有红、绿、蓝等色边出现，严重时一条白线会变成红、绿、蓝 3 条线。

重合误差一般用红路或蓝路相对于绿路的偏移量与屏幕的高度的百分比来表示。对于 CCD 摄像机，整个画面的重合误差均应小于 0.05%。

摄像机还有其他一些指标，如对比度范围、量化位数、自动化程度、工作环境的温度范围等，选用时需综合考虑。

4.3 摄像机的使用及操作

不同的摄像机其功能不同，使用时会有所不同，这里不以具体机型而是以专业摄像机为例，介绍拍摄前的准备工作、摄像机的调整、摄录的程序、摄像机的操作要领及拍摄的注意事项。

4.3.1 摄像机的调整

用电缆线把摄像机与其他设备连接好，并装好电池，或者连接好交流结合器。然后打开摄像机的电源开关,拿下镜头盖,这时寻像器上会出现图像,可以对摄像机进行以下调整工作。

1. 聚焦的调整

一般摄像机镜头都为变焦镜头,常见的镜头如图4-3-1所示。

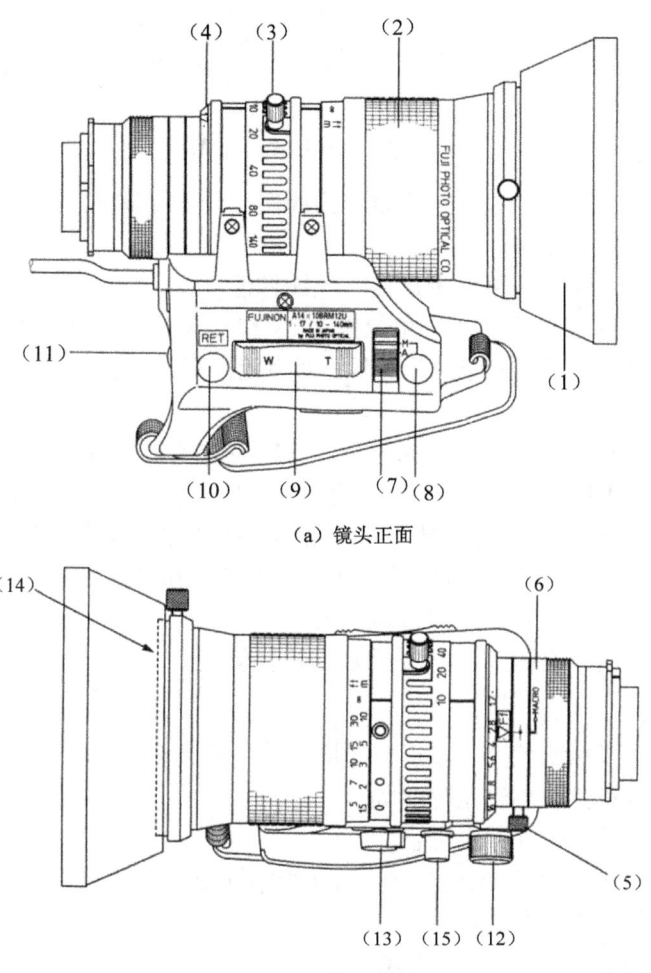

(a) 镜头正面

(b) 镜头背面

图4-3-1 变焦镜头

(1) 前聚焦。聚焦的一般方法是将景物画面推成特写,转动聚焦环,使图像清晰,然后拉开成所需的景别进行拍摄。这种方法称为"特写聚焦法",可以获得较大的景深,并且能够保持画面的清晰度,如图4-3-2所示。

有时会发现,前聚焦调节清晰了,可当拉开之后,景物又变得模糊了,这时就需要调整后聚焦。

(2) 后聚焦的调整,步骤如下。

①西门子星卡放于3～5m远;

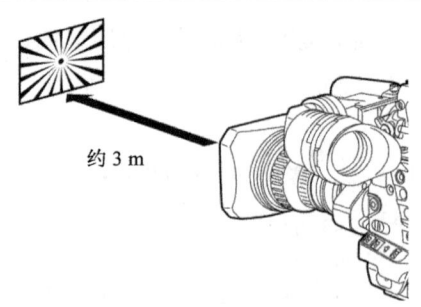

图 4-3-2 后焦距的调节图

②使用手动光圈,并开至最大,调整室内照明,使画面曝光正常;
③松开后聚焦环紧固螺丝;
④先把镜头推成长焦,调整前聚焦环,使图像清晰;
⑤再把镜头拉到到最短焦距(广角位置),调整后聚焦环,使图像最清晰。反复调整 2~3 次,直到镜头在长焦和短焦时图像都清晰为止,最后锁定后聚焦环螺丝。

调节时注意如下事项:
①光圈一定要调到最大,此时景深最小,这样聚焦才更精确。
②如果没有西门子星卡时,可以在 A4 纸上打印一组条纹来代替方便聚焦。
③当光圈在 $F1.8$ 时如果曝光过度,要使用 ND 滤光片使曝光正常。
④在广角镜头处要调节 Ff 调节掣子,而不能调节聚焦环。
⑤摄像机的后焦距正常时,应尽量避免调整。

后聚焦调整好后,不换镜头,一般无须重新调整。

2. 选择滤色片

摄像机中设置了多种滤色片,以适应不同色温的光线条件。一般都可以从转盘附近的机身上找到滤色片所对应的色温条件。如:

1 号 3200K。用于室内灯光条件;
2 号 5600K +1/4ND。用于晴天日光,ND 为中性滤光片透光率为 1/4;
3 号 5600K。用于阴天条件;
4 号 5600K+1/16ND。用于阳光海滩。

色温片的作用是把不同光源的色温转变为 3200K,满足摄像机白平衡调整的要求。中性滤光片的选择要根据光线的强弱选择,保证曝光准确。

3. 调整黑、白平衡

选择了合适的滤色镜之后,就可以进行黑、白平衡的调整了。调整的目的是为了在拍摄黑、白物体时,使三路基色电平相同,电视荧光屏上重现出正确的白色。同时,白平衡调好后,其他的颜色也就能得到准确的还原。方法如下:

(1)首先找一个白色物体作为调整的标准。可用标准调整卡,或者其他白色物体,不要用掺有蓝色荧光粉的白纸或物体作标准。为了保持一部片子色调一致,最好始终用同一白色物体作标准。

(2) 白卡置于被摄物的位置处，并注意不出现反光点。

(3) 摄像机对准白色物聚焦，并使白色充满画面。

(4) 搬动一下自动白平衡调整开关钮自动调节开始，2~3s，寻像器上出现"WHITE OK"表明白平衡调好。如果出现"NG"表示未调好。会出现一些提示信息。可能原因有光线太暗，或者物体不合适，或者滤色片选择不对。

(5) 把开关拨向相反的位置（向下）自动黑平衡就开始工作，此时光圈先自动关上，然后电路再对黑平衡进行高速几秒后，寻像器上出现"BLACTK OK"字样，表示黑平衡调好，并存入记忆电路，注意光圈的方式要处于"自动"位置（否则无法调黑平衡）。

(6) 通常黑平衡调节会影响白平衡状态，所以调完黑平衡后应再调一次白平衡。即白→黑→白平衡。

黑白平衡的调整也可由摄像机控制器 CCU 来调节，分为"预置""自动""手动"三挡，手动调节黑白平衡可使画面偏色，以达到某种特殊的效果。

自动黑白平衡的调节数据，可以记忆一段时间，所以在拍摄条件不变，两次拍摄间隙时间不长的情况下，可以不用再调整。

白平衡调节的注意事项如下。

(1) 每换一光线条件要重调白平衡，如由室内到室外。

(2) 白平衡调整时，选择方式开关应在"自动"位置。

(3) 白平衡值的存储。在上面的调整过程中，调整好的数值将自动地存入 A 或 B 中（依据调整时所选择的位置而定）。A 和 B 中分别存放的白平衡值，即使是在摄像机已关闭电源的情况下，仍然保持不变。使用时，只需将 WHITE BAL（白平衡）开关转向 A 或 B，就可自动地得到相应的白平衡值。这一功能使在两种不同照明条件下进行摄制变得较容易，如室内与室外。

(4) 使用预置白平衡设定值。将 WHITE BAL（白平衡）开关设定在 PRESET（预置）位置时，不用调整。机器本身已设置好，是按 3200K 的色温条件。一般用于在来不及调整，并且用 3200K 光线照明的情况。在室外也可用这一位置，滤色片要置于 5600K 位置，偏色也不大。

(5) ATW（白平衡自动跟踪）功能。有的摄像机配备了 ATW（白平衡自动跟踪）功能。ATW 功能通过不断地对白平衡进行调整，自动跟踪照明条件的变化。按下 ATW 按钮使指示灯点亮，启动 ATW 功能，同时，ATW 指示也将出现在寻像器屏幕上。受拍摄条件的影响，自动调节不一定能给出最佳效果。

(6) 利用白平衡进行色调处理。有时为了达到某种艺术效果，白平衡故意调偏。

第一种办法使用偏色的白纸：如果希望拍摄偏红的暖色调画面，那么可用青色的纸代替白纸。如果想得到一个偏蓝的冷色调画面，可以使用偏黄纸来调白平衡，白平衡调整后的画面的偏色是所使用彩色纸的补色。根据这个规律，只要按图 4-3-3 中色彩的排列关系，选择调白时的"白纸"，即可以进行画面色调的控制。

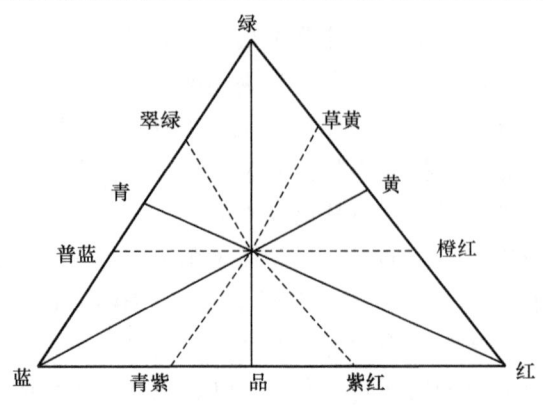

图 4-3-3 色彩关系图

第二种方法可以通过改变滤色片来实现。如为了使拍摄出来的图像色调偏红（暖色），可以先在 1 号位置（3200K）调整好白平衡，然后将滤色片拨至 3 号位置，这时画面就会偏红。反之如果在 3 号位置调好白平衡后，再把滤色片拨至 1 号位置，则画面就会偏蓝。

4．光圈调整

镜头的光圈是一个由许多互相重叠的金属片组成的开度可调的圆形光阑，能在一个很大的范围内改变镜头的有效孔径，控制镜头的透光能力。光圈的调节方法有自动光圈调节法、手动光圈调节法和暂时自动调节法。

自动光圈调节法：将光圈选择开关设定于 A 处，根据被摄体的亮度摄像机自动调节光圈，这是一般摄像时使用的模式，常用于光照均匀的场景。

手动光圈调节法：将光圈选择开关设定于 M 处，根据需要手动调节光圈大小。如逆光拍摄的情况，在窗口前的人或物体，正常拍摄采用自动光圈则主体很黑。可在自动光圈基础上，改用手动再加大一挡光圈，以提高人脸部的亮度，当然这时背景就会一片亮，如图 4-3-4 所示。

（a）自动光圈

（b）手动调大光圈

图 4-3-4 自动光手动光圈的运用

再如拍摄月亮，画面中主体面积较小又较亮，而背景较暗，自动光圈下，光圈按平均亮度测光，光圈开得较大，使被摄主体失去层次。这时采用手动光圈调整，保证月亮的层次清晰，天空黑一些也无妨。

暂时自动调节法：在光圈选择开关处于 M 时，持续按瞬时自动光圈按钮，光圈处于自动调节状态，松开即回到手动调整光圈状态，并锁定于松手时的光圈值。

在自动光圈下，可以选择基准电平，使摄像机的使用范围更广。它有三种设定方式：标准方式、逆光方式和聚光灯方式。

标准方式即处于标准光线条件状态，拍摄时，摄像机使用自动模式。标准方式下拍摄的画面效果如图 4-3-5（a）所示。

逆光方式以图像电平的平均值作为调整自动光圈的基准。当被摄体处于逆光情况下，如果用标准自动光圈系统拍摄，物体就会显得很暗，背景很亮。采用逆光方式，就为该物体选择了适当的光圈。在自动光圈调节模式状态下，按 AUTO IRIS（BACK L）［自动光圈（逆光）］按钮，指示灯点亮即可。逆光方式下拍摄的画面效果如图 4-3-5（b）所示。

（a）标准方式

（b）逆光方式

图 4-3-5　自动光圈使用方式

聚光灯方式即用于聚光灯的场面，这时峰值电平被作为调整自动光圈的基准。若用标准自动光圈系统拍摄，物体则会显得太亮。在自动光圈调节模式状态下，按 AUTO IRIS（SPOT L）［自动光圈（聚光）］按钮，指示灯点亮即可。

检查光圈是否合适的方法有：

（1）斑纹开关：在寻像器中的图像上亮的部分叠加上斑纹，可根据斑纹的多少来决定光圈的大小。一幅画面中，如果没有或很少有斑马纹，那么说明画面的曝光整体不足；如果大面积出现斑马纹，那么说明画面的曝光过度；只有当其比例适中时，曝光才是正常的。

（2）视频电平线：寻像器中显示图像电平。

（3）波形监视器：可显示图像的波形调整光圈，使大部分图像电平在 500mV 左右，个别较亮部分电平不超过 700mV（以消隐电平为基准）。

（4）用监视器：边看监视器边调整光圈，直到图像无开花现象又不至太暗，图像的层次丰富、清晰为止。

5. 增益调整

增益调整是指摄像机图像输出信号电平大小调整。一般有 0dB+9dB+18dB 等。这个开关通常应在 0 dB 处，这时图像的信噪比高，清晰度好。

只有在光线条件不好，出现"low light"指示时，才考虑使用增益开关，置于+9dB 或+18dB，但此时图像的信噪比会增大，除非特殊光线情况，一般不用。注意增益调节后，最好重调一下黑白平衡。

6. 总黑台阶电平调整

摄像机上一般用"UP""DOWN"两个按钮来调整。用"DISP"显示开关方式，直到寻像器上出现台阶电平"PESTAL LEVEL"，用"UP"或"DOWN"调整。用监视器观察调整结果，使图像有适当的对比度。

用波形监视器调整时，使黑图像电平比消隐电平稍高 35~50mV。这时可照顾黑暗图像层次，又兼顾了图像的对比度。也能通过 CCU 调节，应注意通过监视器或波形监视器调节适当，如图 4-3-6 所示。

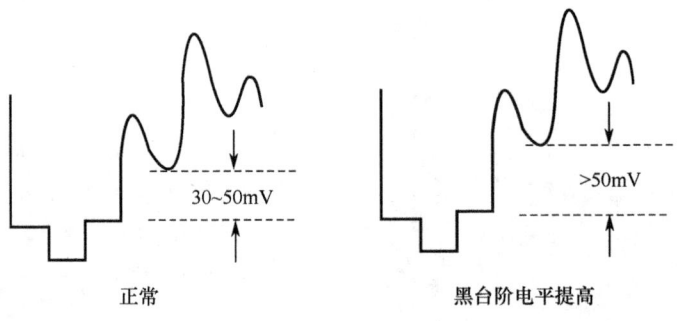

图 4-3-6　总黑台阶电平调整

总黑台阶电平大时，对比度弱，因为这时黑的物体不黑，变成灰色，整个画面像罩上一层雾，层次不清。反之总黑台阶电平减小时，对比度变强。灰暗的物体会变的更暗，反差加大。

7. 同步锁相调整

用于演播室联机情况，需调节摄像机与特技机的 H 相位与 SC 相位同步。

8. 音频调整部分

音频调整部分也是摄像机的重要组成内容。为了获得最佳的声音质量，在拍摄前需要进行音频的设置和调整。音频可以使用自动和手动两种方式来调整。

当 AUDIO SELECT CH1/CH2 开关设为 AUTO 时，处于自动调整状态，音频自动控制电路工作。

当 AUDIO SELECT CH1/CH2 开关设为 MAN 时，处于手动调整状态，此时需要转动 AUDIO LEVEL CH1/CH2 来调整录制电平。

音频电平的调整通常采用手动方式调整，可通过摄像机上的音频电平监视屏监看，或者通过耳机进行监听，保证声音录制的质量。

第4章 电视摄像

9. 电子快门的调整

使用电子快门功能时,可以拍摄到高速运动物体的清晰画面,但是设定的电子快门速度越快,CCD 所能接受的光量越少,所需的光圈越大。常见电子快门的快门模式如表 4-3-1 所示。

表 4-3-1 常见电子快门的快门模式

模 式	快 门 速 度	应 用
STANDARD	1/60 s、1/120 s、1/250 s、1/500 s、1/1000 s 和 1/2000 s	用来拍摄快速移动的物体,得到清晰的图像
SYNCHRO SCAN	50.4～248.0Hz	用超过 50Hz 的垂直扫描频率来减少监视器荧光屏上的垂直条纹
SUPER V	—	用来增大垂直分解力

通过 SHUTTER 开关设置快门速度。在 SYNCHRO SCAN 模式时,快门速度能在设置菜单的 SYNCHRO SCAN 页预先设置,也能用 UP 和 DOWN 键设置快门速度。多次按 SHUTTER 开关到 SEL 一侧,直到需要的模式或速度出现。

4.3.2 数字摄像机的其他参数设置和调整

1. 伽马曲线调整

伽马校正的原理。在电视和图形监视器中,显像管发生的电子束及其生成的图像亮度并不是随显像管的输入电压线性变化而变化的,而是按照指数曲线变化的。这说明暗区的信号要比实际情况更暗,而亮区要比实际情况更高。所以,要重现摄像机拍摄的画面,电视和监视器必须进行伽马补偿。这种伽马校正都是由摄像机完成的。进行伽马补偿的目的,是使摄像机根据入射光亮度与显像管的亮度对称而产生的输出信号,所以应对图像信号引入一个相反的非线性失真,即与电视系统的伽马曲线对应的摄像机伽马曲线,它的值应为 $1/\gamma$,称为摄像机的伽玛值。电视系统的伽马值约为 2.2,所以电视系统的摄像机非线性补偿伽马值为 0.45,如图 4-3-7 所示。

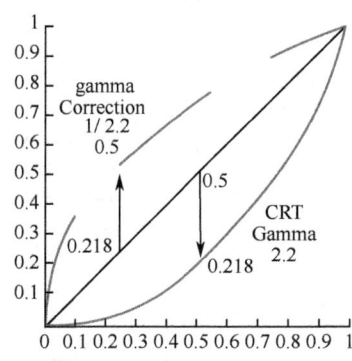

图 4-3-7 电视系统伽马校正曲线

如今，摄像机的伽马值已经不再单纯是为了对电—光转换特性的非线性进行预纠正。在高清电视制作中，伽马值调整的另一个目的是结合不同的拍摄场景，利用高清摄像机精密先进的数字处理电路，选择相应的伽马曲线并进行精确分段调整，以实现在不同环境下不同的细节曝光意图，以达到控制高清画面的影调层次和清晰度的目的要求，如图 4-3-8 所示。

（a）看到的b正常图像　　　　　　　　（b）未加校正 CCD 输出图像

图 4-3-8　电—光转换特性的非线性预纠正

以下是和伽马校正相关的一些调整：

（1）伽马曲线校正非线性失真。伽马校正的第一个作用就是校正显示器的非线性失真，如图 4-3-9 所示。

（a）CCD 的输出图像　　　（b）加伽马校正的图像　　　（c）显示器呈现的图像

图 4-3-9　校正显示器的非线性失真

（2）图像的动态对比度控制。也就是通过控制伽马曲线的拐点实现对图像对比度的控制，如图 4-3-10 所示。

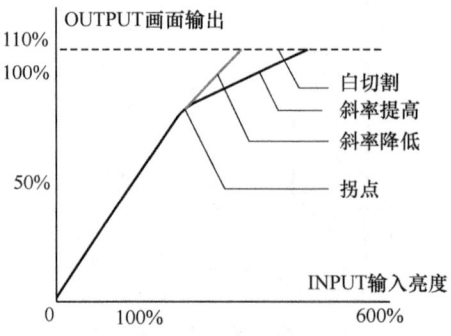

图 4-3-10　改变拐点位置提高亮度的范围

电视摄像机在视频信号处理电路中采用了动态对比度控制电路（DCC）或称自动拐点电路（AUTO KNEE），并设置了启动开关，这样启动了动态对比度控制电路后，拍摄时在标准电平范围（110%）内可以获得一个很大的动态范围，动态对比度控制电路使电视摄像机的动态范围达到了 600%，如图 4-3-11 所示。

（a）未开启 DCC 的图像　　　　　　　（b）开启 DCC 的图像

图 4-3-11　动态对比度控制

（3）拐点饱和度控制。拐点饱和度调整功能 KNEE SATURATION 可以控制高亮度区域的色彩饱和度，真实地再现被摄物体的色彩。通过调整 KNEE SAT LEVEL 来改变高亮度区域的色彩饱和度，如图 4-3-12 所示。

（a）调整 KNEE SAT 前的图像　　　　　　（b）调整 KNEE SAT 后的图像

图 4-3-12　拐点饱和度控制

（4）自适应拐点控制。有的摄像机具有自适应拐点控制，采用智能多拐点/斜率对亮点区域以动态的方式进行处理，以控制过度曝光的现象。摄像机对一个场景的亮点区域进行分析，然后根据数据自动设定并优化多拐点/斜率，如图 4-3-13 所示。该方法通过更多拐点/斜率控制，重现了难度极高的图像。

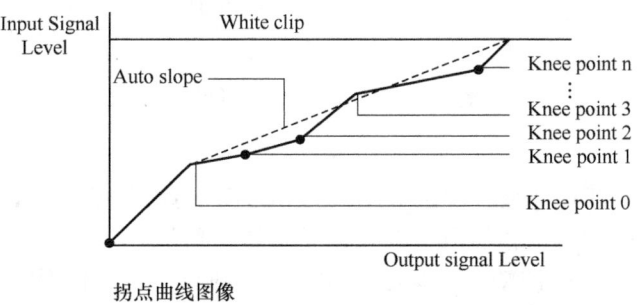

拐点曲线图像

图 4-3-13　自适应拐点控制

（5）黑伽马调整控制暗部图像。"黑伽马"用来单独对暗部区域进行调整，增加"黑伽马"可以提升暗部的色彩饱和度，减少"黑伽马"可以降低暗部的色彩饱和度，如图 4-3-14 和图 4-3-15 所示。

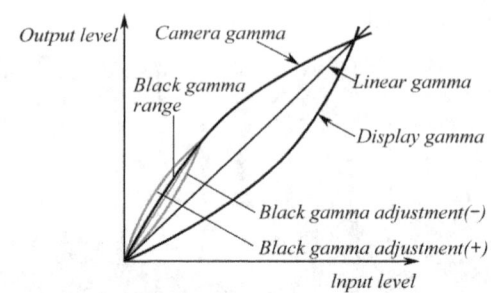

图 4-3-14　黑伽马调整

（a）调整前暗部色彩失真　　　　　（b）调整后暗部色彩改善

图 4-3-15　黑伽马调整效果

2．场景模式选择

一些摄像机中，提供了若干伽马模式，这些模式就是根据不同的效果，设定好了特定的伽马调整值。选择哪个伽马曲线就调整成设定状态，效果跟手动调整是一样的，如图 4-3-16 所示。

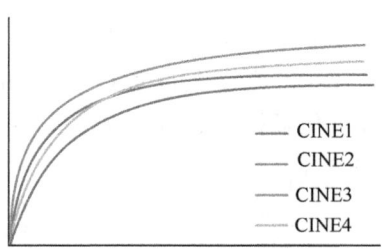

图 4-3-16　伽马调整场景模式

3．细节调整

（1）DETAIL LEVEL 调整。调整 DETAIL LEVEL 能锐化或柔化画面，避免被摄物体在高光条件下拍摄时 "高光点生硬"和"细节勾边严重"。

（2）LEVEL DEPEND 调整。在画面暗部不添加细节信号，使得暗部噪点不被突出。

（3）CRISPENING 调整。抑制整个画面的噪点（调节过度会损失小细节）。

（4）DETAIL FREQUENCY 调整。调节细节频率，可以有效减弱画面水平摇移造成的拖尾。

（5）SKIN DETAIL 调整。肤色细节，它可以选择三种不同的颜色，控制肤色细节信号的电平、色调、饱和度等。对拍摄人物时很有用，你可以选择演员皮肤肤色，让它变得更加柔和舒服。

4．拍摄格式设置

拍摄格式主要涉及以下几个方面。

（1）分辨率设置。由于电视从标清、高清到 4K 发展，因此图像分辨率主要有 720×576、1920×1080、3840×2160、4096×2160 等格式。

（2）帧频设置。由于不同国家电视制式不同所采用的帧频也不同。目前高清电视的帧频格式比较多，主要是因为：

①在 NTSC 国家和地区，由于历史的原因电视的场或帧频一般都是与当地电网频率 60Hz 相同的。但开始 NTSC 彩色电视广播后其场频改为 59.94Hz，降低了千分之一。改变场频的原因是 NTSC 的彩色副载波频率采用了 1/2 行频间置，为了避免彩色副载波与亮度信号和音频载波之间的相互干扰，各种频率之间必须满足下述关系。

彩色副载波：是指 1/2 行频的整倍数（1/2 行频间置）。

音频载波：是指行频的整倍数。

为满足 NTSC 彩色信号与原黑白电视信号的兼容性要求，音频载波频率 4.5 MHz 不能更改，因此：

行频：取 4.5MHz / 286 = 15.734 Hz（与黑白电视的 15.750 Hz 相近）。

帧频：取 15734 / 525 = 29.97 Hz（与黑白电视的 30 Hz 相近）。

场频：取 29.97×2 = 59.94 Hz（与黑白电视的 60 Hz 相近）。

所有频率：均同比下降千分之一（$F/1.001$）。

采用 NTSC 的国家和地区（如美国和日本）为满足标准清晰度与高清晰度电视信号相互转换的要求，高清晰度电视采用了与 NTSC 相同的场频 59.94Hz，因此与 60Hz 相比所有相关频率均同比下降千分之一，例如：

取样频率：由 74.25 MHz 下降为 74.25 MHz / 1.001 = 74.176 MHz。

行频：由 67.5 kHz 下降为 67.5 kHz /1.001 = 67.433 kHz。

场频：由 60 Hz 下降为 60 Hz /1.001 = 59.94 Hz。

在 NTSC 国家和地区进行电影/电视转换时由于 60i 的场频降低了千分之一，与此相对应 24p 的帧频也降低为 23.976 Hz，但用于电影制作时仍然采用 24p 而非 23.976p。

②电视的扫描方式可以采取两种形式：隔行扫描（用后缀 i 表示）和逐行扫描（用后缀 p 表示）。

因此人们会发现在摄像机帧频有 59.94i、50i、29.97p、23.98p、25p、50p/59.94p 等格式，在设置时要考虑节目发行的国家和地区。

表 4-3-2～表 4-3-4 列出了三个国家和地区的高清标准：美国电影电视工程师协会 SMPTE 274M、SMPTE 296M；中国国家广电总局 GY/T 155-2000；欧广联 EBU-TECH 3299。

表 4-3-2　SMPTE 274M、SMPTE296M 部分内容——1080p&i

	SMPTE274M	SMPTE296M
每行有效样点数	1920	1280
每帧有效样点数	1080	720
取样结构	正交取样	正交取样
像素形状	方形像素	方形像素
画面宽高比	16：9	16：9
每帧扫描行数	1125	750
垂直扫描类型	逐行或2：1隔行扫描	逐行
垂直扫描频率（逐行）	23.976/24/25/29.97/30/50/59.94/60 帧	23.976/24/25/29.97/30/50/59.94/60 帧
垂直扫描频率（隔行）	50/59.94/60 场	
取样频率	亮度 74.25MHz，色度 37.125 MHz	亮度 74.25MHz，色度 37.125 MHz
取样频率（1080/50p、60p）	亮度 148.5MHz，色度 74.25MHz	
0dB 标称带宽	亮度 30MHz，色度 15MHz	
量化电平	8、10 比特或 12 比特	8 或 10 比特

注：垂直扫描频率为 23.976、29.97、59.94Hz 时取样频率比表中列出的值降低了 1/1000

表 4-3-3　中国国家广电总局 GY/T 155-2000 部分内容——1080/24p&50i

每行有效样点数	1920
每帧有效样点数	1080
取样结构	正交取样
像素形状	方形像素
画面宽高比	16：9
每帧扫描行数	1125
垂直扫描类型	逐行或2：1隔行扫描
垂直扫描频率（逐行）	24 帧
垂直扫描频率（隔行）	50 场
取样频率	亮度 74.25MHz，色度 37.125 MHz
0dB 标称带宽	亮度 30MHz，色度 15MHz
量化电平	8 或 10 比特

表 4-3-4　欧广联 EBU-TECH 3299 部分内容——720p

每行有效样点数	1280
每帧有效扫描行数	720
取样结构	正交取样
像素形状	方形像素
画面宽高比	16：09
每帧扫描行数	750
垂直扫描类型	逐行扫描
垂直扫描频率	50 帧
取样频率	亮度 74.25 MHz，色度 37.125 MHz
量化电平	8 或 10 比特

注：720/50p 是 EBU 推荐的高清传输格式和 4 种高清制作格式之一，其他 3 种高清制作格式是 1080/50i、1080/25p 和 1080/50p

5．记录编码格式设置

原始的视频文件在没有编码之前都很大，给传输和存储带来困难。下面是几种视频信号的原始码流。

（1）标准清晰度数字电视信号的码率。在 ITU-R601 数字电视标准中，采用 10 比特量化时，亮度信号的码率为：取样频率×量化比特数 = 13.5（MHz）×10（bit）= 135 Mbps；2 个色差信号的码率为：2×6.75（MHz）×10（bit）= 135 Mbps。总的码率为：亮度信号码率+色差信号码率 = 135 + 135 = 270 Mbps。270Mbps 是数字分量演播室使用的 SDI 接口标准码率。

（2）高清晰度数字电视信号的码率。在 SMPTE 274M 数字电视标准中，采用 10 比特量化时，亮度信号的码率为：取样频率×量化比特数=74.25（MHz）×10（bit）=742.5 Mbps；2 个色差信号的码率为：2×37.125（MHz）×10（bit）=742.5 Mbps。总的码率为：亮度信号码率+色差信号码率=742.5+742.5=1485 Mbps。高清晰度电视的码率是标准清晰度电视的 5.5 倍，1485Mbps 是高清晰度数字分量演播室使用的 HD-SDI 接口标准码率。

上述视频信号的有效码率分别为：标清视频信号的码率 720×576×8×25×2=165.888 Mbps；两种高清视频信号的码率：1920×1080×8×25×2=829.44 Mbps（1080/50i）和 1920×1080×8×30×2=995.328 Mbps（1080/60i）。

因此在记录这些信号前需要对它们进行压缩编码，而压缩编码时有一个矛盾，即提高图像质量和降低码率。摄像机生产厂家为了满足不同的需求，使用了不同的压缩编码方案，从而形成了多种编码标准。一般摄像机中为你提供多个编码标准，可以在保证图像质量和减少存储空间上做出平衡选择。下面是两种摄像机的视频记录格式：

①SONY PXW-FS7（图 4-3-17）。

XAVC-I 模式：QFHD 59.94p CBG，比特率 600Mbps，MPEG-4 H.264/AVC。
XAVC-I 模式：QFHD 50p CBG，比特率 500Mbps，MPEG-4 H.264/AVC。
XAVC-I 模式：QFHD 29.97p CBG，比特率 300Mbps，MPEG-4 H.264/AVC。
XAVC-I 模式：QFHD 23.98p CBG，比特率 240Mbps，MPEG-4 H.264/AVC。
XAVC-I 模式：QFHD 25p CBG，比特率 250Mbps，MPEG-4 H.264/AVC。
XAVC-I 模式：HD 59.94p VBR，比特率 222Mbps，MPEG-4 H.264/AVC。
XAVC-I 模式：HD 50p VBR，比特率 185Mbps，MPEG-4 H.264/AVC。
XAVC-I 模式：HD 59.94i VBR，比特率 111Mbps，MPEG-4 H.264/AVC。
XAVC-I 模式：HD 50i VBR，比特率 112Mbps，MPEG-4 H.264/AVC。
XAVC-I 模式：HD 29.97p VBR，比特率 111Mbps，MPEG-4。
XAVC-L QFHD 59.94P/50p 模式：VBR，最大比特率 150Mbps，MPEG-4 H.264/AVC。
XAVC-L QFHD 29.97p/23.98p/25p 模式：VBR，最大比特率 100Mbps，MPEG-4 H.264/AVC。
XAVC-L HD 50 模式：VBR，最大比特率 50Mbps，MPEG-4 H.264/AVC。
XAVC-L HD 35 模式：VBR，最大比特率 35Mbps，MPEG-4 H.264/AVC。
XAVC-L HD 25 模式：VBR，最大比特率 25Mbps，MPEG-4 H.264/AVC。
MPEG HD422 模式：CBR，最大比特率 50Mbps，MPEG-2 422P@HL。

②SONY PXW-X280(图 4-3-18)。
XAVC-I 模式:CBG,最大 112Mbps,MPEG-4 H.264/AVC。
XAVC-L 50 模式:VBR,最大 50Mbps,MPEG-4 H.264/AVC。
XAVC-L 35 模式:VBR,最大 35Mbps,MPEG-4 H.264/AVC。
XAVC-L 25 模式:VBR,最大 25Mbps,MPEG-4 H.264/AVC。
MPEG HD422 模式:CBR,50Mbps,MPEG-2 422P@HL。
MPEG HD420 /HQ 模式:VBR,最大 35Mbps,MPEG-2 MP@HL。
DVCAM 模式:CBR,25Mbps,DVCAM。

图 4-3-17　SONY PXW-FS7　　　　图 4-3-18　SONY PXW-X280

4.3.3　摄像机的操作要领

1. 稳

拍摄的画面要保持稳定,消除任何不必要的晃动。如果画面不稳定,就会给人以不安全的感觉,容易造成视觉疲劳。画面的稳定是对摄像人员的基本要求。操作时一般多为两种方式:支架式和手持式。

(1)支架式。即摄像机固定到摄像机三脚架的云台上,摄像师握住摇把和调焦杆,用眼睛贴近寻像器取景构图,以此来进行拍摄的方式。

拍摄时根据拍摄的要求,或者摄像人员的高矮,调节三脚架的高低及水平。对运动的镜头拍摄时,应预先将云台的锁扣拧松,使摄像机能上下左右摇动。右手握住摇把,靠它牵动摄像机运动进行摇摄。左手调节变焦扣和调焦杆,进行聚焦和变焦工作。

演播室内使用时通常用摄像机遥控器,遥控器的左把手上有聚焦杆,右把手上有变焦杆,分别由左右手控制。

利用三脚架拍摄的最大好处就是能获得稳定的画面,尤其在使用长焦镜头的情况下,也能得到稳定的画面。因此在电视节目制作中要尽量使用三脚架。

(2) 手持式。三脚架支撑拍摄优点是很明显的，但每换一个地点就重新装卸机，调整高度及水平非常麻烦，而且有时环境条件不允许使用三脚架，这就需要用手持机进行拍摄，这种情况下，如何保持画面的稳定呢？

①肩扛的姿势：又可分为站姿和跪姿，如图 4-3-19 所示。

站姿：肩扛摄像机正对被摄物，两脚自然分开，重心在两脚中间。右肩扛着摄像机，右手把在扶手上，并操作电动变焦及录像机的启停。左手放在聚焦环上进行焦点调节，并作为支撑点；右眼贴近寻像器，观察图像构图，如图 4-3-19 所示。

在录制时，如果镜头不长，最好屏住气，直到录完一个镜头。尤其在长焦时，轻微的呼吸会使画面产生较大晃动。在摇摄时，要事先选好起幅、落幅，并调整好双脚的位置，避免最后失去平衡。在移动拍摄时，步幅要均匀，最好用广角镜头。

跪姿：单腿或双腿跪立拍摄。摄像机放在肩上，左、右手分工同站姿。通常用于低角度拍摄的场合，如武术表演、体操表演等。

②怀抱姿势：将摄像机用右手抱在胸前，左手穿过镜头下方去握住调焦杆，进行拍摄。这种姿式能使机位更低，用于表现高大或深远的场合，如图 4-3-20 所示。

各种手持的姿式，其特点是灵活机动，特别适合于拍摄一些新闻节目，或者其他来不及摆布的专题节目。缺点就是画面的稳定性差，为此手持时可采取以下几种措施。

a．可借助物体作支撑物。如身体靠紧树木、墙壁等，减少身体带来的晃动。

b．掌握好呼吸。如一个拉镜头拍摄中，在特写时屏住呼吸 2～3s，随着镜头的拉开再慢慢呼出气息。

c．多用广角镜头，少用长焦镜头。如在拍摄一个采访镜头时，尽量靠近被采访者，使用广角拍摄。这样既可以保证画面的稳定，同时也可以获得需要的近景镜头。

图 4-3-19 肩扛姿势

图 4-3-20 怀抱姿势

2．准

广义理解的准包含构图准、聚焦准、色彩还原要准三层意思。

(1) 构图准。取景构图准这是对"准"的要求最重要的一个方面，因为聚焦、光圈、白平衡调整都是硬的标准和有固定程序。而取景构图则不同，自动化程度再高也无法代替摄像人员的取景，实现自动取景。由此可见取景构图是一项创造性的工作。而构图的准又包含很多内容，如画面布局、构图要素、机位安排、景别选择、运动技巧等，这些都要做到准确、完美。构图的"准"能使得画面更好地表现内容，更富有艺术感染力。如何做到构图的准呢？

①了解并掌握构图、用光、拍摄技巧的基本知识和要求。

②预演：先从寻像器上进行选景、构图，并运用各种技巧，试演好了再实拍。

③可多选取几种拍摄角度和拍摄技巧，从中选取出最理想的画面构图。

通过多学习、多练习，做到又快又准。尤其对于推、拉、摇、移、跟运动镜头的起幅和落幅，要做到一次到位，避免来回调整画面。

（2）聚焦准。拍摄的画面中主体应是清晰的。对于主体运动（水平方向）或距离远近的变化（垂直方向），有时需要跟焦点，即随主体的移动变化而变焦，以保持清晰。聚焦时要赶前不赶后。对主、陪体变化的情况，要做好记号或试验后再拍，做到一次到位，聚焦清晰。对有一定景深要求的画面，可采用小光圈、短焦距或远距离拍摄。

对于标清电视一般的情况采用"特写聚焦法"就能保证画面始终清晰，即在拍摄时，无论是拍摄远处还是近处的物体，都要先把镜头推到焦距最长的位置，调整聚焦环使图像清晰，然后再拉到所需的位置进行拍摄。

对于高清电视由于成像器件尺寸大，图像清晰度高，景深浅，用这种方法不行，调焦方法是首先将变焦镜头调到需要的景别，然后在该焦距下根据寻像器中画面的轮廓反映情况，精确调整聚焦，直到寻像器中被摄主体的影像最清晰为止。确认焦点完全聚实后，再调整曝光量，控制景深，进行拍摄工作。

（3）色彩还原准。色彩还原准包括画面曝光和色彩还原都要准确。

①曝光要准：要做到曝光准确，被摄物要有一定的亮度和光比，同时摄像机的光圈和其他控制要适当。由于电视摄像系统有一个有限的亮度范围 20∶1，在这个范围内它们能够接受光线，并且能按光线的相对比例再现出来。在实际拍摄时，景物的亮度范围超过 CCD 容纳的亮度范围时，就得做出决定，究竟是损失一些阴暗部分的层次呢？还是损失一些光亮部分的层次，还是取折中值？要通过现场合理的光线处理和光圈的调整，尽可能把被摄物的影调层次全部再现出来，使得拍摄的图像符合要求。

②色彩还原要准：影响色彩还原的原因主要有两个方面：一是景物受到不同色温光线的照射，二是摄像机的白平衡调整及滤色片的选择。对于前者在摄像时就要靠合理用光，控制色温不用不同色温的光线照明，对后者在拍摄前根据光线条件选择合适的滤色片进行黑白平衡调整。

狭义理解的"准"，是指运动拍摄时的镜头的"起幅"和"落幅"要准确，一步到位。

3. 匀

"匀"是指运动镜头的速度要匀，不能时快时慢，断断续续。无论是推、拉、摇、移，还是其他运动镜头，都应当匀速进行。镜头的起幅、落幅加速和减速应缓慢、均匀，中间运动过程必须是匀速的。

4. 平

"平"是指画面中的地平线一定要平,不能倾斜。肩扛操作时,调整摄像机水平,让画面中景物的垂直线与寻像器的垂直边框平行,大体就可以做到"平"的要求。注意不能以水平线与寻像器水平边框来衡量,因为有透视现象。如果是使用三脚架拍摄,确保画面地平线的关键是摆平三脚架。一般三脚架上有水平仪,可以调整各支架的高度及云台,使水泡处于中心位置,摄像机的水平就调好了。

4.3.4 摄像机拍摄注意事项

1. 避免"拉风箱""刷墙"式的摄像机运动

"拉风箱"就是反复使用推拉镜头。"刷墙"是指摇摄时从左到右,从右到左反复摇拍。这些也是初学者易犯的错误,这样拍出的画面给人的感觉是毫无目的,也是不成熟的表现。

2. 多录"5s"

在起幅之前、落幅之后,应留有5~10s的静止画面,以便为编辑时留有预卷的时间。在连续记录中的镜头中,如果录像机不停,可不必留5~10s,留足镜头用的时间就可以,预卷时间可用上一镜头。对于运动镜头,起幅多留 5s 还有 3 个好处:一是预留编辑预卷时间;二是便于进行"动与动""静与静"编辑;三是能选出静止镜头。

3. 拍摄时要保证磁迹的连续

在使用磁带记录时,拍摄中注意以下环节就可保证磁迹的连续:先关闭摄像机的电源开关再更换电池;不要频繁地开、关电源;回看录制的内容或取出磁带后接着再录,要注意从上一个画面的结束点前 1s 处,开始记录;当锂电池无电自动关机时,会出现断磁,因此要及时更换电池。

4. 要为后期编辑考虑

(1)拍摄一些转场镜头。因为转场镜头是维持两个镜头之间连续性的简短镜头,非常有用,但它必须与实际事件有联系。被摄体入画出画,近向堵镜头,背向远离镜头等。

(2)拍摄一些空镜头,如蓝天白云、花草树木,以备编辑时用。

(3)拍摄有特征的全景镜头,使人们能够辨认出发生事件的地点。

(4)拍摄时做好场记。可以准确地记录每一个镜头的起始,也可以段落性记录,有利于后期编辑。

(5)要注意考虑不同景别的搭配,如全景、中景、近景各占1/3左右。

4.3.5 摄像机的维护保养

摄像机是一种高度精密的电子仪器,其使用寿命与维护保养有密切的关系。下面是一些常见的维护保养方法,对于特殊要求的机器,还有相应的方法。

(1)摄像机与录像机都要在规定的电压、湿度、温度的范围内工作,在防尘、防震、防磁、防腐等环境条件下使用。

(2)不要把摄像机镜头直接对着强光源和太阳,并避免长时间对着亮度较强的固定物体,以免摄像管局部烧伤,CCD 摄像机除外。

(3) 摄像机平时要保持水平位置。长时间镜头朝向上,会使摄像管中的尘埃落到靶面上,产生斑点。用后应恢复到水平状态。

(4) 摄像机使用完毕要断开电源,关闭光圈,盖好镜头盖,放于便携箱内。

(5) 镜头与磁鼓不能用手摸,镜头只能用镜头纸或麂皮擦抹,磁鼓、磁头只能用麂皮蘸酒精、石油醚等沿水平方向清洁。

(6) 摄像机与录像机外壳不能用酒精、苯类溶剂冲洗,只能用干布擦抹。

(7) 摄像机在运输或使用中应避免大的振动,轻拿轻放。

(8) 摄像机使用一段时间后,要定期进行维护,检查其各项指标,以保持其性能的稳定性。

思考与练习

1. 如何对摄像机进行分类?
2. 简述 CCD 摄像机的基本组成和工作原理。
3. 摄像机的主要性能指标及其含义?
4. 摄像机的光圈控制方式有哪些?如何应用?举例说明。
5. 摄像机的滤镜系统由哪些部分组成?分别有什么作用?
6. 如何调整白平衡?如何实现白平衡偏色?
7. 摄像机的支撑装置有哪些?
8. 如何正确维护摄像机?

实 验 训 练

1. 专业摄像机的安装与调整。主要内容包括:认识专业摄像机及其附属设备,将摄像机安装到三脚架上,并进行各种开关设定和调整。

2. 便携手持摄像机的安装与调整。主要内容包括:认识小型摄像机及其附属设备,将摄像机安装到三脚架上,并进行各种开关设定和调整。

第 5 章　电视画面构图

本章学习目标
- 正确理解电视画面构图的目的和任务
- 能合理运用电视画面构图要素，提高画面的艺术感
- 理解画面布局、均衡、对比、视觉节奏、画面统一性在构图中的重要性，并能正确应用
- 掌握电视画面构图的表现方法，能根据要求选择合适的摄像机机位和拍摄方式

学过摄影的人都有这样的体会，学会按"快门"很容易，但要拍出一张好的照片却十分不易。学习摄像也一样，即使是一个从来没有接触过摄像机的人用不了几分钟也能学会，如何开机，如何变焦，如何开始、停止录像，但要拍好每一个镜头就不那么容易了。那么怎样才能使自己的摄像作品具有一定的艺术性呢？本章将介绍这方面的基础知识和基本技巧。

5.1　画面构图的目的和任务

5.1.1　电视画面的含义

什么是画面？它与画幅及镜头有什么区别和联系？

所谓电视画面是指通过摄录系统在一段时间内不间断地拍摄的形象素材，它是组成电视节目的基本单位，是电视造型语言的基本视觉元素。

电视画面不同于"画幅"，画幅是在画面排除了运动之后固定在一点时的状态，即某一帧静止的画面，它是构成画面的材料。电视画面的构图不以画幅为前提，而是一定数量的画幅在每秒 25 帧的连续运动中体现的。电视画面的一帧画幅，酷似一幅照片，但它与照片不是同一个含义，一幅照片是一个包含完整的艺术构思的整体，是一个独立的艺术单位，而画幅不具备这些特点。

画面与镜头是一个含义，都是指组成电视片的基本单位，都是指在一段连续时间内拍摄的一段素材。还可以把画面与镜头当作同等意义看待，但是在不同的使用场合又有所侧重，分别使用。在谈及造型时多用"画面"这个词，例如"画面构图新颖"等。在涉及蒙太奇语言编辑技巧时多用"镜头"一词。无论一个画面拍摄的时间有多长，内部的景别、构图如何变化，只要中间没有停机、没有间断，就都视为一个"镜头"，即一个画面。

5.1.2 画面构图的目的和任务

摄像师在拍摄时,所面临的问题就是如何把导演的意图和场面充分地表现出来,画面构图是一项创造性的劳动。

摄像构图的目的和任务就是一句话:"想表现什么,该怎样表现"。具体地说,画面构图的任务从以下两个方面考虑。

1. 准确再现

根据内容要求,采用一系列造型手段,把观众的注意力引导到画面中某个被选择的物体上来。即能准确地再现被摄物,如图 5-1-1 所示。

2. 艺术表现

通过构图的处理使画面具有一定的表现力,使其内容鲜明突出地去影响观众的感受,即具有强烈的艺术感染力。

电视节目的种类多种多样,即使教育节目,题材也非常广泛,电视节目制作中要表现的内容千变万化,一个合格的摄像师要善于对付各种各样的节目内容,并根据内容需要拍摄出生动、形象、富有感染力的画面,如图 5-1-2 所示。

图 5-1-1　准确再现,引起关注　　　　图 5-1-2　艺术表现,以情感人

5.2　电视画面构图的特点和构图要素

构图是电视摄像工作中经常用到的专业用语,也是摄像人员拍摄电视画面的一个重要环节。电视画面有哪些特点?怎样取得优美而又适宜的电视画面构图呢?

5.2.1　电视画面构图的特点与要求

构图是指在电视拍摄中把被摄对象及各种造型元素加以有机地组织、选择和安排,以塑造视觉形象,构成画面样式的一种创作活动。

1. 电视画面构图的特点

构图在绘画、图片摄影等造型艺术中也有着举足轻重的地位,但在电视构图的学习中还应意识到电视构图与绘画构图、图片摄影构图的不同之处。电视画面构图的特点主要有以下几点。

（1）运动性。随着被摄对象的运动，画面的构图结构和情节重点会发生相应的改变，被摄主体在画面中的位置及画面形象的透视关系也随之变换。电视画面构图的动态性对摄像人员在运动中进行随机构图和画面取材的能力提出了更高的要求，例如舞蹈节目、奥运会夺冠的精彩瞬间。

（2）时限性。电视画面的时间长度不同，所附载和传达的信息量的多少也不同，观众只能一次性地收看和接受画面信息，这种表现上的时间长度成为观众收看时的限制。因此，画面构图和表现的时限性要求电视画面的构图必须简洁、集中而明确，它不能像美术作品和照片那样可供观赏者长期观看。

（3）多视点。与绘画和照片不同，电视画面构图不是只在某一个视点上进行表现，而是可以在拍摄过程中不断地变化视点、角度和景别，对同一被摄主体进行连续的、多视点、多角度的拍摄（例如大型晚会或活动的制作都采用多机位拍摄）。

（4）构图处理的一次性。电视画面的画幅是固定的，不能像图片那样在事后进行剪裁和修饰。拍摄只能在现场的镜头前一次完成，虽然拍摄前可以进行安排和组织，但拍摄完成后的电视画面的构图关系及画面结构不能像图片那样进行后期加工。因此一些重要活动的电视直播节目，必须事先做好各种充分准备，条件许可则多次彩排，以尽可能减少失误，减少遗憾。

（5）构图结构的整体性。电视节目的完整内容通常都是由几个乃至几十个、上百个画面来共同完成的，某个电视画面所传达的内容往往从上一个画面延续而来，或者向下一个画面发展下去。因此，单个电视画面的构图可能并不完整，但在一系列画面组接之后会形成构图结构的整体性和传情达意的规律性。

2．电视画面构图的基本要求

构图作为一个创作环节，是即兴的、个人化的工作，很难界定出具体化的、一成不变的原则和模式。但一些基本的构图要求是拍摄者必须了解和理解的。电视画面构图有下面一些基本要求。

（1）画面要简洁。当拿起摄像机面对大千世界时，会发现被摄对象并不自然成画，它必须要求拍摄者用取景框进行选择、提炼以至抽象、概括，才能从自然的、凌乱的物象中"提取"出一个优美动人的画面来，如图 5-2-1 所示。

图 5-2-1　画面要简洁

（2）主体要突出。画面所要表现的主体对象是否突出，是衡量构图的主要标准之一。构图造型的功夫怎么样，关键要看主体表现得如何。作为小屏幕、一次拍摄成功的电视节目必须正确处理好主体、陪体及环境等的关系，做到主次分明、相互照应、轮廓清晰、条理和层次井然有序，如图 5-2-2 所示。

（3）立意要明确。构图是为主题思想和创作意图创造结构形式的过程，要想出色地"构图"，必须深刻地"构思"。也就是说，每个镜头所要传达、表现的思想内容和艺术内涵必须是非常明确而集中的，切忌模棱两可、不明不白，而应以鲜明的构图形式反映出凝练的主题和立意，如图 5-2-3 所示。

（4）画面应具有表现力和造型美感

我们常说构图要"美"，要想真正构画出"美"的画面，必须根据所拍摄内容的要求和现实条件的可能性，通过画面的空间配置、光线的运用、拍摄角度的选择，以及调动影调、色彩、线形等造型元素，创造出丰富多彩、优美生动的构图形式，如图 5-2-4 所示。

图 5-2-2　主体要突出

图 5-2-3　立意要明确

图 5-2-4　画面具有表现和美感

5.2.2　电视画面构图的要素

构图是一门古老的学问，古今中外有许多绘画构图理论，有照片摄影、电影摄影构图理论，这些理论对电视摄像来说都是有用的。构图是摄像师从事画面创作的重要艺术手段。只有认识并掌握了这种手段才能够进行摄像创作，使画面更有表现力，拍摄出完美的、有魅力的、感人的电视画面。电视画面构图的形式元素，归纳起来有形状、线条、光线（明暗）、色彩、质感、立体感和运动。作为摄像师必须了解它们的基本特点及在构图中的地位和作用。

1．形状

在日常生活中经常接触和观看各种不同形状的物体。形状也是拍摄者把握物体的基本特征之一。它作用于人的视觉是整体的、富有概括力的。往往人们在没有看清楚物体的细部时，却已感受到了它的形状。

形状对构图的影响主要表现在以下几方面。

（1）不同形状的物体，使观众得到不同的感受，如图 5-2-5 和图 5-2-6 所示。

（2）单个物体形状的不同效果，以不同的形式呈现在画面上，使观众得到不同的感受。

①在固定画面上，物体处于不同的位置时，呈现出不同的视觉效果，如图 5-2-7 所示。

②物体位置不变，画面构图方式变化，将得到不同的视觉效果。虽然圆的位置相同，但背景空间发生了变化，也形成另外的构图形式给人以不同的感受，如图 5-2-8 所示。

③在固定画面形式中，物体的位置不变，大小发生变化，获得不同的视觉效果。如果

是一个人在画面上只占很小的面积，便不会具有形状视觉意义，只起一个点的作用，而当其在画面上占了足够大的面积，而且与边框有一定的距离时，人的形状、美感才得以充分地展示，给予观众足够的视觉冲击力，如图 5-2-9 所示。

图 5-2-5　中国天坛　　　　　　　　　图 5-2-6　德国科隆大教堂

 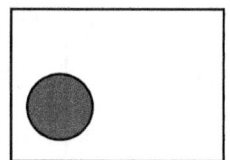 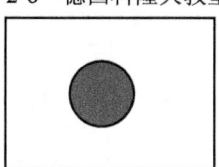

图 5-2-7　位置不同，视觉效果不同

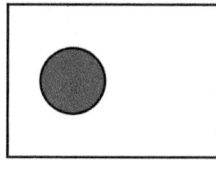 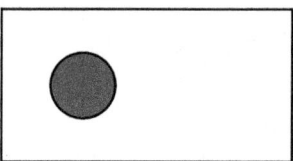

图 5-2-8　构图形式不同，视觉效果不同（左图比例为 4∶3，右图比例为 16∶9）

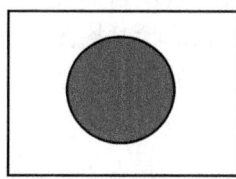 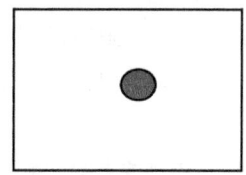

图 5-2-9　占据画面面积不同，视觉效果不同

④在固定画面中物体的位置、大小都相同，布光的不同，画面的意义将有变化，如图 5-2-10 所示。

图 5-2-10　布光不同，画面意义变化

⑤很多物体形状都具有方向感，改变拍摄位置，使画面中的图形方向和背景空间均发

生变化，使观众产生稳定或运动等感觉，如图 5-2-11 所示。

 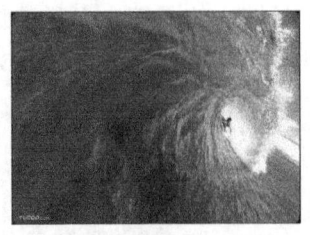

图 5-2-11　拍摄位置改变，动感不同

（3）几个物体形状微妙地相互作用，以不同形式呈现在画面上，也使观众得到不同的感受，即画面中有两个或两个以上形状的物体，它们还可以组成新的复合形状。它们之间相互关系的变化会使画面表现出不同的构图形式，并给人以不同的感受，如图 5-2-12 所示。

图 5-2-12　不同的组合形状，给人的感受不同

①正方形：表示平等、率直。
②三角形：表示安全感、关心。
③圆形：表示团结。
④S 形：优雅、活泼。

总之，拍摄者拍摄进画面中的物体的不同形状及它们在画面中呈现的不同形式，都会让观众心理产生不同的感受。在构图时要考虑到形状对构图的影响，要善于发现一些妙趣横生、有意义的形状，并在画面上突出某个意义的形状，使画面更有感染力。

2. 线条

在现实生活中，景物都是有线条的，例如说某女士"线条优美"，某产品"流线造型"等。线条也是构图的最基本要素，任何一幅画面都离不开线条。"线条"是构图的骨架，考虑构图首先要考虑画面线条的安排和结构。

线条形成的几种方式如下。

（1）人和物的外形基本轮廓形成的线条。人体的外形轮廓形成的线条，如图 5-2-13 所示。

（2）物体面与面相交形成的线条。它形成了人和物的基本结构，例如电视机、桌子等物体的线条。即由各面相交形成的边缘，如图 5-2-14 所示。

（3）光照射在物体上形成明暗色彩的明显差异形成的线条。它可以更加充实物体的体积和空间的位置，如图 5-2-15 所示。

拍摄者在摄像构图时，要善于分析线条、利用线条。因为线条及其组合不仅能帮助人们全面、准确地认识事物、理解事物的具体形象，空间位置、朝向，运动轨迹，而且人们在对不同线条结构的积累感受经验中形成了一种传统的观念，即把画面中主要的线条位置、方向作为一种象征，对不同的线条结构产生不同的心理联想。

图 5-2-13　物体轮廓形成线条　　图 5-2-14　面与面相交形成线条　　图 5-2-15　明暗色彩形成线条

（1）不同的线条结构产生不同的心理联想。

①横线结构：给人以广阔寂静和安定的感觉，例如大地、平静的大海都是明显的横线条，如图 5-2-16 所示。

②垂线结构：代表生命永恒和权力，给人以庄严、宏伟、尊严和刚强的感觉，例如人民英雄纪念碑、旗杆、森林，如图 5-2-17 所示。

③斜线结构：给人以运动和不安定的感觉，如图 5-2-18 所示。

④曲线结构：给人以优美、柔和的感觉，如图 5-2-19 所示。

摄像构图时要充分考虑到线条在构图中的这些作用，并把它们提炼出来，通过艺术处理，构成优美的画面。

图 5-2-16　横线结构　　　　　　　　图 5-2-17　垂线结构

图 5-2-18　斜线结构

图 5-2-19　曲线结构

（2）线条的浓淡、粗细、虚实，在人们视觉心理上产生不同的反应，如图 5-2-20 所示。

图 5-2-20　线条的浓淡、粗细、虚实的视觉心理不同

①浓线重，淡线轻。
②粗线强，细线弱。
③实线静，虚线动。

（3）线条形状、排列、疏密不同，对人们产生不同的视觉节奏（见图 5-2-21）。

图 5-2-21　线条形状、排列、疏密不同，视觉节奏不同

①斜线坡度大的节奏快。
②线条汇聚收缩快，节奏快。
③线条呈直线转折，节奏快；曲线转折，节奏慢。
④实线条节奏快，断续线节奏慢。

摄像时就是要善于发现线条并提炼线条，要运用线条给人以心理联想，以及产生视觉心理和视觉节奏的这些特点为主题内容服务。同时，应防止为了突出某些线条而使整体效果趋于呆板，为线条而线条。

3．光线

光线是画面构图的重要因素，没有光线谈不上成像，没有合理的布光，很难拍摄出理想的画面。从这种意义上说摄像是"光的结晶""光的艺术"是有一定的道理的，光线在构图时有以下几方面作用。

（1）光线可以表现时间环境。光线效果不仅可以标定特定的环境和时间，而且可以塑造典型的环境和时间。光线作用于被摄物时，有自己的规律。例如，光源较低时，被摄物的投影就长；光源高时，被摄物的投影就短；光源距被摄物近时，投影就大；光源距被摄物远时，投影就小，如图 5-2-22 所示。根据这个规律，就可以从电视片中看出拍摄的时间。

（2）利用光线效果突出被摄体。利用光线效果突出主体，可以把观众的视觉注意力引导到特定的地点和事物上，例如窗口一束光照射在一个身上。还可以利用光线造成不同的明、暗背景去衬托主体，如图 5-2-23 所示。

图 5-2-22 利用光线表现时间环境　　图 5-2-23 利用光线突出被摄体

（3）利用光线创造气氛。因为光线造成的明暗可以影响人们的情绪，明亮的色调使人感到欢快，黑暗的色调让人沉闷。例如，人们面对火红的太阳时就会感到精神振奋，而看到日暮暗淡的景色时，常常勾起伤感的思绪，这在电视片中常用，如图 5-2-24 所示。

图 5-2-24 光线创造气氛

（4）利用光线，增强画面的立体感和空间感。光线在画面构图和造型上能够突出和表现出被摄物的立体形状与空间感，这是光线在构图中的主要作用，如图 5-2-25 所示。

画面中明暗层次能充分表现出画面的立体形状和空间纵深感。物体的立体感是靠物体表面在亮度上的差异形成的，空间感则是由物体形状与前后景的明暗反差建立的。

图 5-2-25　光线增强立体感和空间感

4. 色彩

电视画面表现的是五彩缤纷的大千世界（见图 5-2-26），摄像人员创造出的画面影调、气氛的艺术感染力既是对外界长期观察的结果，并深刻理解所见事物形态的环境，同时也是出自对一些色彩的基本表现手段的熟练运用。色彩运用得恰当与否，将会给画面的真实感、感染力造成很大影响。

人们对彩色的直观感受主要是由色彩的三个特征（即色别、色纯度、色亮度）决定的。

（1）色彩的基本特征

①色别（或称为色相、色调）。色别是指各种物体的颜色差异，用于描述物体不同彩色的区别，例如可见光：红、橙、黄、绿、青、蓝、紫。在这些颜色中红、绿、蓝是最基本的颜色，被称为三原色，如图 5-2-27 所示。相应的补色为青、紫、黄。其他的颜色则是由两种或两种以上的原色、补色来合成的，称为复色。补色和原色色纯度高，颜色鲜艳，刺激性也强，而复色则较为柔和，刺激性小，看上去舒服，相互之间易于调和。

 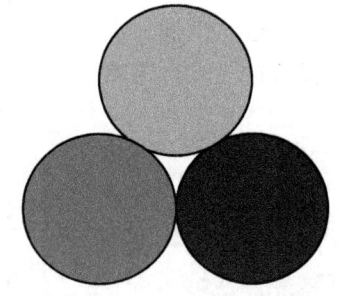

图 5-2-26　五彩缤纷的颜色　　　　图 5-2-27　红、绿、蓝三基色

②色纯度（色饱和度）。表示颜色纯正的程度，或者说掺白的程度。如果色光中白光越多，色纯度越低，色彩就越淡，看起来不鲜艳。反之，白光越少，色纯度越高，色彩越纯，越鲜艳，如图 5-2-28 所示。

③色亮度（色明度）。一方面是指同一色别，在不同的光线照射下所呈现出来的明暗程度。例如，同样是红色，可以有深红和浅红；同样是绿色，有暗绿和明绿，如图 5-2-29 所示。

第 5 章　电视画面构图

图 5-2-28　色浓度不同

图 5-2-29　同一种颜色的明暗差异

另一方面是指不同色别的颜色，互相比较也存在着明暗的差别，这是由于人眼对可见光谱中不同色光的视觉灵敏度不同而引起的。黄绿区域灵敏度高，色亮度大，而对红紫区域却相反，如图 5-2-30 所示。

图 5-2-30　不同颜色的明暗差异

（2）色彩的特性。由于受人的生理和心理的影响，色彩还具有如下几个特性。

①色彩的冷暖。色彩是客观存在的，本身没有感情，但因为不同的色别刺激作用不同，当它作用到人的心理时会产生不同的影响，有的色彩刺激醒目，有的颜色柔和、悦目，如图 5-2-31 所示。

根据人们对不同色彩的心理反应，可把颜色分为冷色和暖色两大类。暖色是指红、黄或与红黄相近的颜色。冷色是指青、蓝或与青蓝相近的颜色。冷暖色性划分，是人们在长期客观生活中的感受。例如太阳和火能给人温暖的感觉，而树荫、月光和黑夜能给人以凉爽的感觉。久而久之，形成了色彩的冷暖感受。红、橙、黄等与阳光、火光相联系，所以是暖色。蓝、黑等颜色与树荫、黑夜相联系，所以是冷色。

图 5-2-31　暖色与冷色

　　冷暖两色给人的视觉感受是不同的。冷色类色光波长短、刺激强，使人视觉上有后退和收缩的感觉，而暖色类色光波长较长、刺激弱，人们有前进和扩张的视觉感。

　　利用冷暖色的对比，还可以突出立体形状和空间感。暖色显得向前移近，冷色显得往后离远，似乎形成了相对的距离和深度。布景时，前景用暖色，后景用冷色处理，造成色彩对比的深度，造成比有限空间更深刻、更开阔一些的幻觉。

　　②色彩的动静。色彩的动静与色彩的冷暖直接联系，暖色使人有跳动的感觉，冷色使人有安宁的感觉。所以在表现欢腾热闹的场面时宜选用暖色，而在表现恬静、安逸的场面时要选用冷色，如图 5-2-32 所示。

图 5-2-32　春节晚会舞美设计

　　③色彩使人产生联想，并具有某种象征意义。色彩对人的心理产生的联想反应，虽然因人的欣赏水平、鉴别能力和生活习惯不同而有所差异，但总地来说还是有共性，即人们赋予了某种色别一定的象征意义，如图 5-2-33 所示。

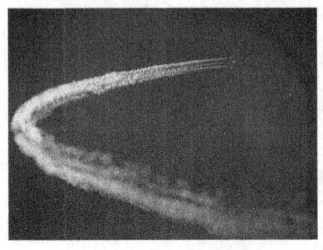  

图 5-2-33　色彩的联想和象征意义

蓝色：使人想到天空和大海，象征着崇高和深远、优雅和冷漠。
绿色：使人联想到田野和生机勃勃的春天，象征着生命与和平。
红色：使人联想到血与火，象征着革命、暴力、危险。
黄色：使人联想到丰收的金秋，象征着富有、高贵与欢快。
白色：使人联想到白云、白雪，象征着纯洁、圣洁。

（3）色彩在电视节目中的运用

①用色彩突出主体和细节。在众多人群中，为了突出主体，可让主体穿上色彩醒目的衣服，或者拿着鲜艳的物品，突出细节，可以让道具的颜色醒目，或者用色光照射细节，利用色彩的对比，突出主体形成视觉中心，如图 5-2-34 所示。

②用色彩确立整个节目的基调。一幅画或一部片子的基本色调起主导作用。节目的基调可分为冷调、暖调，或者分为黄色调、红色调，等等。形成基调的主要因素有环境色调的选择、人物服装颜色倾向、道具色彩、光线处理、滤色镜的运用等。在教学片中的背景和字幕图表的基调不要变化太多，以免影响学生的学习情绪和注意力，如图 5-2-35 所示。

图 5-2-34　色彩突出主体　　　　　图 5-2-35　色彩突出确立基调

③用色彩的配置增强空间感。用暖近冷远的特点，通过对前景、后景色调的处理，加深空间感。在运用色彩时要从内容出发，注意色彩的对比与和谐。如果画面主体色彩不突出，衬景却五光十色，就会分散观众的注意力。同时要注意画面中色彩的搭配要和谐，通常类似色排列在一起，色彩很相近，既有色彩反差，又容易得到和谐的效果，如图 5-2-36 所示。

图 5-2-36 色彩增强空间感

5. 质感

质感是人们对物体质地的感受,是不同物体的不同属性所表现出来的视觉感、触觉感。真实地表现物体的质感,直接影响画面的感染力。表现质感有两种含义,一种是指表现各种不同的物质的特殊属性。例如金属、玻璃、木头,它们之间不仅形体不同,而且它们的属性轻重也不同,在表现质感时就应很好地把它们的特点表现出来。另一种是指如何表现被摄体表面的特殊视觉感,例如粗糙的、细腻的、光滑的、柔软的、干枯的、坚硬的等。表面结构是物体最鲜明、最为普通的外在形象,表现质感就是要把物体的属性和视觉感、"触摸感"都充分表现出来。物体的表面结构分为以下四类。

(1) 无光泽的粗糙表面。无光泽的粗糙表面,例如房屋、树木、皮毛等。这类物体表面的反光特性是将投射来的光线呈漫反射状况,其表面光度比较均匀。这类表面结构用侧光照明最易表现出来,用正面光照明则显示不出微小突出,如图 5-2-37 所示。

(2) 光滑的表面。光滑的表面,例如丝绸、金属、陶瓷、油漆制品。这类物体表面将投射来的光线混合反射,按一定的角度形成柔和的闪光,这种闪光比周围亮度要高得多,要表现这类表面结构最好用散光照明,如图 5-2-38 所示。

(3) 镜面结构。镜面结构,例如电镀制品、抛光金属品。它们的反光特性是对投射光线呈单向反射状况,在反射角度上,直接看到光源,构成很亮的光斑。而在其周围则几乎没有亮度,形成很大的反差,如图 5-2-39 所示。

 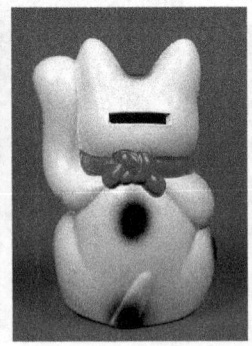 

图 5-2-37 粗糙的表面　　图 5-2-38 光滑的表面　　图 5-2-39 镜面结构

解决的办法是尽量用柔和的散光使光斑与整个表现亮度反差降低,同时选择周围有照亮物体的环境,使未被直接照亮的部分为周围物体的反光照射。

（4）本身透明的物体

本身透明的物体，例如玻璃、透明塑料。要用散射光并选择好合适的拍摄角度，把物体的质感表现出来，如图 5-2-40 所示。

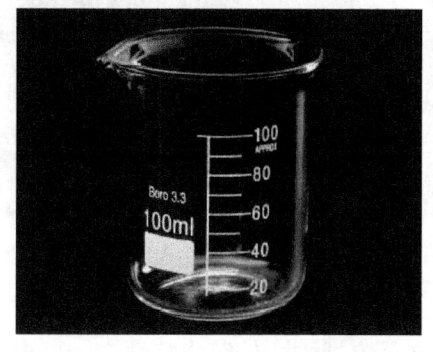 

图 5-2-40　透明的物体

6．立体感

各种物体在自然界中都占有一定的空间，人们可以从不同的角度来观察。这是在三维空间的条件下去感受立体的形状，而电视画面是以二维条件呈现三维物体，因此对形象的表现就受到一定的限制，在构图中要考虑几个对立体感有影响的因素。

（1）多个面组合。一个物体的立体形状是由大小曲直不同的若干个面组合的，这些面按一定的规律组合形成了不同的形状。画面中若出现三个方向的面，则人们便会感到立体物的存在，例如示波器、电视机等，如图 5-2-41 所示。

（2）多个线条组合。立体形态的各个面又是不同线条组合而成的，因此画面中通过一定的线条组合也可以表示物体的立体感，如图 5-2-42 所示。

 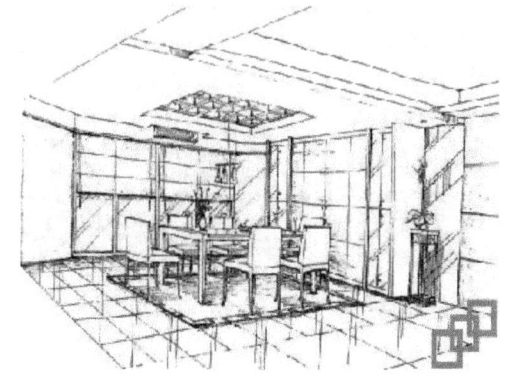

图 5-2-41　多个面表现立体感　　　　图 5-2-42　多个线条表现立体感

（3）影调层次。物体的主体形态最主要是通过一定的光线条件，在画面上形成不同的阶调，以丰富的明暗层次来突出其立体感的，如图 5-2-43 所示。

（4）阴影和投影。物体的背景、深度和投影都有助于显示立体物的存在，如图 5-2-44 所示。

图 5-2-43　影调层次表现立体感　　　　　　　图 5-2-44　阴影投影表现立体感

7. 运动

在构图因素中，最有电视特点的是运动，这是电视画面的突出特性之一。电视画面的运动有三种形式：被摄主体的运动、摄像机的运动和综合运动。运动对构图的影响表现在以下几方面。

（1）影视画面不是静止的，它是动态的画面，其中大部分景物、人物都是活动的。因此画面中的景物之间的关系也在变化，由此会引起构图的变化。

（2）电视画面既能表现运动，也能在运动中表现。电视画面的连续性，能够表现运动物体，同时通过摄像机的运动也能有利地表现和展示空间。

（3）摄像师应充分利用电视画面对运动的表现与揭示作用，去反映生活中最有趣、最生动、最有说服力的那些动态变化过程。不能只停留在绘画画面的结构中，陶醉于单幅静止画面的审美之中，用静止扼杀了电视画面表现运动的能力。

（4）由于视觉暂留特性，运动物体的轨迹线同样对人的心理产生作用。电视画面中的物体大多数是经常运动的，其运动的姿态和走向在不断地变化，因此外部轮廓也在不断地变化。画面中被摄体的移动方向会给观众不同的感觉。从左往右移动，显得自然，反之就是有意识的运动，如图 5-2-45 所示。

  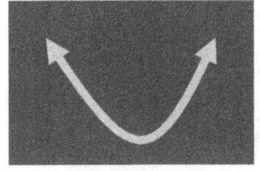 

（a）最自然的动　　　（b）有意识的动　　　（c）单调的动　　　（d）恐怖感的动

图 5-2-45　运动的心理作用

上述心理效果仅是一般的结论，重要的是要理解节目内容，创作出使观众容易理解的画面。

5.3　构图原理

电视画面是由形状、线条、光线、色彩、质感、立体感、运动等要素构成的，通过这些要素配合使用，相互作用，相互影响，从而使电视画面能表现出事物的本质特性，并且通过对这些要素的适当安排、合理运用，以完美的形式来表现主体和主题思想，这也就是拍摄者所说的构图。如何对画面进行合理布局？怎样才能使画面更和谐统一？

5.3.1 画面的布局

电视画面的结构一般包括主体、陪体、前景、背景、空白等几个要素。构图处理得如何，根本取决于画面主体表现得是否成功，以及主体与陪体、前景、背景、空白的相互关系处理是否得当。摄像人员应根据节目内容的不同和创作者的表现意图使它们在画面中处于不同的位置，占有不同的面积，从而起不同的作用，使画面主次分明、层次清晰，形成严谨而又流畅优美的画面语言。

1. 主体

主体是表现主题思想、构成画面的主要部分。"主体不但是画面内容的中心，而且是画面结构的中心，其他景物都围绕着它来配置，与它关联呼应，形成一个统一的整体"。

一般来说被摄主体作为内容中心和结构中心在画面上是统一的（既是内容中心也是结构中心）。但是在一些表现以气氛环境为主的画面中被摄主体作为结构中心更为突出，例如盛大的群众场面，景物丰富的风光画面，通常以气势和气氛为主，内容上主、次难分。为了使画面不致松散，也要选择一个对象为结构中心，这个对象应有特点，有表现力和具有代表性的人或物，例如风光中的亭台楼阁、小桥等，如图 5-3-1 和图 5-3-2 所示。

图 5-3-1　有明确的内容中心

图 5-3-2　无明确的内容中心

主体既然是表现主题思想的主要对象，在画面的安排上自然要使主体突出、引人注目，给观众以鲜明深刻的视觉形象和审美感受，从而更好地表达主题思想和创作意图。摄像人员在构图时往往首先考虑主体在画面上的位置和大小，然后再决定其他视觉形象，例如陪体、背景等的位置和大小。突出表现主体的方法，归纳起来有直接表现和间接表现两种。

（1）直接表现。"直接表现是使主体在画面上占有很大的面积，突出的位置，使它鲜明突出有利于细腻地表现主体特征和质感，达到开门见山、一目了然的效果。"

①把主体形象安排在最大的空间，例如一个人的正面标准相、一朵花、一列游行群众、一群人，这些形象在画面上都是主体，陪体很少出现，也是经常运用的，但这样做往往使

内容之间缺乏有机的联系，显得单调，如图 5-3-3 所示。

②把主体安排在画面的最近处，使之一目了然，鲜明突出，如图 5-3-4 所示。

图 5-3-3　主体占据最大的面积　　　　图 5-3-4　主体位于最近处

③把主体形象安排在画面上观众视线集中的部位，除了特殊需要，一般画面的布局都不把主体形象安排在画面的中心，而是安排在画面中心周围的一些地方。这既不影响观众视线集中，又使画面活泼，这个观众视线最集中的部位，就是视觉刺激点，也称为美感诱发点。"#"字分割的交点附近，例如新闻播音员的位置，主讲教师的位置，如图 5-3-5 所示。

④利用各种对比突出主体，例如大小、明暗、虚实、色彩、新旧、动静、质感等的对比，如图 5-3-6 所示。

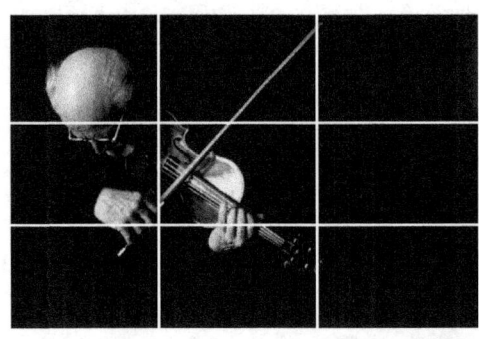 

图 5-3-5　主体位于"#"字分割交点　　　　图 5-3-6　利用对比

（2）间接表现。"间接表现的主体，在画面上占的面积常常不大，有的甚至掩藏在画面的深处。但是它们仍然是构成画面的中心，同样吸引着人们的视线，发挥着表达主题思想的作用。"

①利用环境气氛烘托主体，如图 5-3-7 所示。

②利用方向性线条，引导观众，视线落在主体上，如图 5-3-8 所示。

③利用场面调度，将注意力引导到主体上。在一个电视画面中，主体有时并非固定不变的。拍摄者可以通过场面调度的方法改变主体，例如一个人物走出画面，另一个人物走进画面。也可以利用摄像机的运动改变主体，例如由全景推到某一位人物，主体就从多人变为一人，如图 5-3-9 所示。

图 5-3-7 利用环境气氛

图 5-3-8 利用方向性线条

图 5-3-9 利用场面调度改变主体

2．陪体

"在画面上与主体密切关联，构成的一定情节的对象称为陪体，它帮助主体阐明主题，帮助观众理解主体的精神、动作和内在含义。在一些情节性强的画面里，陪体往往是不可缺少的。"

陪体在画面中起以下几方面作用。

（1）对主体起到补充说明的作用

例如，一位妈妈缝补衣服的内容，妈妈是画面的主体，衣服就是陪体。如果画面中始终不出现衣服，观众就不知道主体在干什么。再如图 5-3-10 所示，如果画面中不出现电脑，观众也就不容易知道主体在干什么。

（2）陪体可以渲染、烘托画面的主体形象。例如，通过光影、色彩手段来渲染主体所处的环境氛围，使主体的表现更为鲜明充分如熊熊燃烧的火焰，烘托出炼钢工人的坚辛，如图 5-3-11 所示。

（3）陪体对画面构图的均衡和美化作用。通过陪体的画面配置，丰富影调层次，均衡构图，活跃画面，增强艺术表现力，如图 5-3-12 所示。

图 5-3-10 对主体补充说明　　图 5-3-11 渲染烘托主体形象　　图 5-3-12 均衡美化画面

陪体的处理也有两种方法，即直接表现和间接表现。

①直接表现。就是陪体出现在画面中，例如一位技术员在修理电视机，电视机和万用表都是陪体。如果没有陪体，就不知道他们在干什么，如图5-3-13所示。

②间接表现。就是陪体不出现在画面中，而是在画面之外，靠联想形成。这种处理方法古今有之，例如《深山藏古寺》这幅画，只画和尚下山挑水。在电视画面中，类似的处理也常见。例如，两人对话，有时只出现一个人，另一个人则在画面外，但从画面上人说话的表情及视线中，我们能感觉到还有一个人在画外，如图5-3-14所示。

图 5-3-13　陪体直接出现　　　　　　图 5-3-14　陪体间接表现

陪体在画面中的出现有两种形式。

①主体和陪体同时出现。这时要正确处理好主体、陪体之间的关系，避免主次不清、喧宾夺主，如图5-3-15所示。

图 5-3-15　主体、陪体同时出现

②主体和陪体不同时出现。分为两种情况。

a. 主体先于陪体出现在画面上：例如升国旗的画面中，先出现神情庄重、行军礼的军人（主体），镜头缓缓向上摇，画面中出现正在升起的五星红旗（陪体），如图5-3-16所示。

图 5-3-16　主体先于陪体出现

b. 陪体先于主体出现在画面上：例如教师备课的画面中，先出现教案的特写（陪体），镜头逐渐拉开成教师的近景（主体），这样观众就很清楚主体的工作。

更多的时候，电视画面中主体、陪体是经常改变的，一会儿是甲，一会儿又是乙，在这些变化中，就要恰当地选择画面的构图形式，处理好主体、陪体之间的关系。

3. 前景

前景是主体前面的景物，在画面中最靠近镜头的人或物。用来作为前景的物体很多，例如树木的枝叶、草丛、岩石、花卉、门洞等，可以在现场灵活挑选。前景的安排在表现内容方面的作用，有以下几个方面。

（1）前景可以帮助主体表达主题。有时仅靠画面的主体往往很难说清画面的内涵，例如拍摄大学生义务修理家电的内容。如果画面上仅出现修理家电的学生（主体）说不定观众以为是在街上摆摊赚钱的，但如果在构图时把写有"义务维修免费服务"的牌子处理在画面的前景位置，观众就一目了然地看懂画面内容了，如图5-3-17所示。

（2）利用前景渲染气氛，点明时间、地点特征的作用。以富有季节和地方特征的花草树木作为前景，有助于渲染季节气氛和地方色彩，使画面具有浓郁的生活气息。柳丝吐绿，桃花初绽，带来春的信息，菊花、红叶报道秋的来临，如图5-3-18所示。

图 5-3-17　利用前景表达主题

图 5-3-18　利用前景表现时间地域特征

（3）利用前景加强画面的空间感。在构图时将镜头有意靠近某些人或物，利用其成像大、色调深的特点，与远处的景物形成明显的形体大小对比和色调深浅的对比，以调动人们的视觉去感受画面的空间距离，如图5-3-19所示。

（4）利用前景虚化突出主体。让前景物体发虚，通过虚实对比突出主体，如图5-3-20所示。

图 5-3-19　利用前景加强画面的空间感

图 5-3-20　利用前景虚化突出主体

（5）利用前景装饰画面。有些物体本身有框架形状，例如门窗、美丽的花环，曲折变化的回廊等，都可以装饰画面，使观众产生身临其境的感觉，缩短了观众与画面的距离，给观众一种主观地位感，增加画面的感染力，如图5-3-21所示。

（6）利用前景均衡画面。比如天空无云显得单调时，用下垂的枝叶置于上方，拍摄湖面时，前景有几条柳枝，就好看一些。如果画面下方分量轻，就用山石、栏杆做前景，深色调，能使画面压住阵脚，达到画面的均衡，如图5-3-22所示。

图5-3-21　利用前景装饰画面　　　　图5-3-22　利用前景均衡画面

选择前景时要有目的性，做到既能美化画面，又不影响主体的突出。

4．背景

背景是指被摄主体的后面，用来衬托主体的景物。用来强调主体是处在什么环境之中，背景对于突出主体形象及丰富主题内涵都起着重要作用。

（1）利用背景的特征，帮助观众理解主题思想。不同的背景，代表着不同的时代和地域，具有一定的象征意义，能把主体所处的环境、地点或事件发生的时代季节等表现出来，如图5-3-23所示。

（2）利用背景与主体之间的对比，突出主体。利用背景与主体在明暗、色调、线条、形状、结构的对比，突出主体，并使画面产生立体感，如图5-3-24所示。

图5-3-23　利用背景表现时代、地点　　　　图5-3-24　利用背景突出主体

背景的选择要注意以下几点。

①抓特征。要选择一些富有地方特征、时代特征、环境特色的景物作为背景，明显地交代出事物发生的时间、地点和时代气氛，以加深观众对主题内容的理解。例如，人物采访时，有时把人物带到室外采访，通过背景给人们提供更多的信息，如图5-3-25所示。

②背景要力求与主体形成影调上的对比。使主体具有立体感、空间感和清晰的轮廓线条，加强视觉力度，例如亮的主体放在较暗的背景前，如图 5-3-26 所示。

③背景力求简洁。把背景中可有可无、妨碍突出主体的东西一律减去，以达到画面的简洁精练，如图 5-3-27 所示。

图 5-3-25　具有明显特征的背景　　图 5-3-26　与主体影调不同的背景　　图 5-3-27　背景力求简洁

5. 空白

空白虽然不是实体的对象，但在画面上同样是不可缺少的组成部分，一幅画面中既不能安排得过满，使人感到拥挤，透不过气来，也不能留得太多，否则会使人感到松散、空洞。

画面上留有空白是为了突出主体的需要。人们对物体的欣赏需要一定的空间，在被摄主体周围留有一定的空白是造型艺术的普遍规律。"画留三分白，生气随之发。"空白的作用有以下几方面。

（1）空白可以使画面生动活泼，如图 5-3-28 所示。

（2）空白可以突出主体，如图 5-3-29 所示。

（3）空白可以创造意境，如图 5-3-30 所示。

图 5-3-28　空白使画面生动活泼　　　图 5-3-29　空白突出主体　　　图 5-3-30　空白创造意境

画面的空白取舍要符合人们的生活经验和心理要求。注意以下几点。

（1）拍摄人物时，在人物的上方、视线方向及动作方向上要留有一定的空白，例如主讲教师、播音员的上方要留出适当空白，如图 5-3-31 所示。

（2）要遵从人们的生活习惯和经验，注意带有明显方向性物体的前、后、左、右之分，也像对待人的视线一样，留出适当的空白，如图 5-3-32 所示。

（3）在运动着的物体前方要留有充分的空间，比如行进中的人、赛跑运动员的前方，都要留出一定的空间。这样才能使运动中的物体有伸展的余地，心理也通畅。否则运动着的物体顶住了其他对象，或者紧挨到画面边缘上，运动就像受到了阻碍，观众看了不舒服，如图 5-3-33 所示。

图 5-3-31　人物及动作方向留空白　　图 5-3-32　有方向性的物体前方留空白

图 5-3-33　运动物体前方留空白

综上所述，一幅完整的画面包括主体、陪体、前景、背景、空白五个基本组成部分。但并非任何一幅画面都具备上述各个部分。有的画面只有主体与空白，有的只有主体、陪体、前景与空白等。配置景物的条件一是根据需要，二是符合观众的思维逻辑和视觉习惯，三是考虑电视画面的包容量，但无论如何布局，都要突出主体。

5.3.2　画面的均衡

均衡是画面构图的基础，它是人们一种自然的心理要求。均衡给人以稳定的感觉。这种均衡有时仅仅是视觉感受上的，大多数则是经过人们的思考和想象所达到的一种心理上的平衡感。这种平衡感，是人们从生活体验中得来的一种审美心理。

均衡的形式有两种，一种是主题居中、左右对称的均衡，例如人的耳朵、眼睛、手、足及鸟的翅膀等都左右对称。在摄像构图中如果采用这种方式构图，往往会显得呆板单调，一般用在一些严肃、庄重的场合，如图 5-3-34 所示。

另一种均衡的形式是由于人的心理作用，在视觉感受上的相对均衡（非对称均衡），这种心理上的非对称均衡绝不是物体形状、数量、重量上的对称，而是人的心理和生活经验形成的重量和方向的均衡，如图 5-3-35 所示。

图 5-3-34　对称均衡　　　　　　　　图 5-3-35　非对称均衡

人们的视觉感受有这样一些特点:暗的对象较亮的对象为重,反差强的对象较反差弱的对象为重,实的对象较虚的对象为重。因此安排画面对象时,轻的对象占的面积要大,位置要高,周围的空白要小。而重的对象占的面积则相对要小,位置要低,周围空白要多,才能在画面上达到均衡。下面是对均衡有影响的因素及处理方法。

1. 构图要素对均衡的影响

(1) 形状。形状大的、规则的对象较形状小的、不规则的对象重,如图 5-3-36 所示。

(2) 线条。线条密、粗的对象较线条疏、细的对象为重,如图 5-3-37 所示。

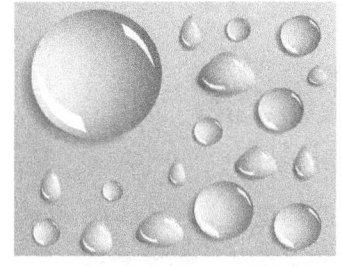 

图 5-3-36　大＞小　规则＞不规则　　　图 5-3-37　密＞疏,粗＞细

(3) 光线。暗的对象较亮的对象为重,如图 5-3-38 所示。

(4) 色彩。暖色块较冷色块为重,如图 5-3-39 所示。

图 5-3-38　暗＞明　　　　　　　　　图 5-3-39　暖＞冷

(5) 质感。质感粗糙的对象较质感细腻的对象为重,如图 5-3-40 所示。

(6) 运动。动的对象较静的对象为重,如图 5-3-41 所示。

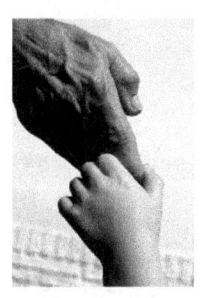 

图 5-3-40　粗糙＞细腻　　　　　　　图 5-3-41　动＞静

2. 空白对均衡的影响

空白的大小对均衡有影响，要留得适当。

（1）在人物、动作或视线方向要留较大的空白，如图 5-3-42 所示。

图 5-3-42　动作视线方向留空白

（2）在特技画面中也要留出空白，做完后再调整均衡，如图 5-3-43 所示。

图 5-3-43　特技镜头预留空白

（3）在画面中有第二个人物出现时，也要注意留出空白。在需要打字幕时，拍摄的画面要预留出空白，如图 5-3-44 所示。

图 5-3-44　画面出现第二个人预留空白

3. 趣味中心对均衡的影响

在画面中被突出的主体，会吸引人们的视线形成视觉中心或趣味中心，虽然它们在画面中占的面积不大，但仍然有很重的分量。

通常人的视觉中心在黄金分割线和九宫格交点的位置附近，这里人们的视觉最容易集中，为了突出主体，应把主体放在视觉中心点附近。所谓黄金分割点是指一部分对于全部之比，等于另一部分对于该部分之比。1∶1.618=0.618∶1=0.618。这些交叉点称为趣味中心，如图 5-3-45 所示。

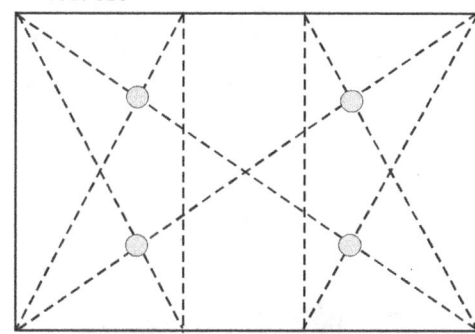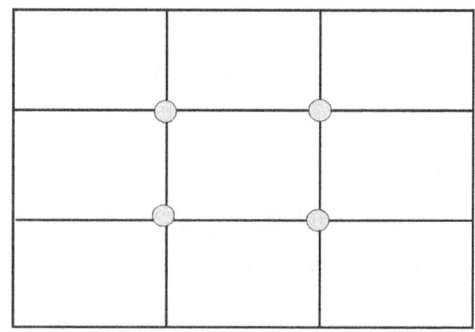

图 5-3-45　黄金分割与"井"字分割

4．运动对画面均衡的影响

不管是由于画面内人物运动或摄像机外部运动都会造成均衡的变化，应该注意，在运动中处理好陪体、前景、背景与主体的关系，使画面在运动中达到均衡，如图 5-3-46 所示。

5．要符合自然客观情况

在自然界中或日常生活中，凡不是对称分布、排列的东西，在画面中也不可对称构图。要使其自然分散（例如牛群、羊群、人群），不要故意人为摆布，如图 5-3-47 所示。

6．视觉右撇现象

右撇现象是指人们在观察画面时，习惯于从左到右观察，并把注意力停留在右边的物体上，主体在右边有加强感。在考虑构图时要注意右撇现象对均衡的影响，可以把占优势的群体安排在左边，容易达到平衡，否则会过重，如图 5-3-48 所示。

图 5-3-46　运动平衡　　　　　图 5-3-47　自然分布　　　　　图 5-3-48　右侧物体有加强感

总之，处理均衡的方法是灵活多样的，构图时不要生搬硬套，最终还要注意有利于突出主体，而且要以感觉到"美"，感觉到舒服为原则，去创造性地构图。

5.3.3　画面的对比

画面的对比是指运用画面中对象的相互比较，突出其中的主要对象——主体，也是构图中常用的一种重要方法。

1. 大小的对比

物体体积大小的对比，一方面可以从对比中了解要表现物体的实际大小；另一方面可以通过夸张变形表达一定的思想情感。为了知道物体的实际大小，就常常把人们熟知的物体与其比较，以便于观众获得实际尺寸，例如用手拿一颗钻石，如图 5-3-49 所示。

2. 明暗、色彩的对比

包括明暗反差的对比、明暗面积的对比、暖色调与冷色调的对比。互补色对比强烈，相邻色对比柔和，如图 5-3-50 所示。

图 5-3-49 大小对比

图 5-3-50 明暗色彩对比

3. 形状、线条的对比

方与圆、肥与瘦不同形状的对比，相同形状与单独形状的对比，线条粗细、疏密、曲直之间的对比，如图 5-3-51 所示。

4. 动静对比

画面中主体的运动可以与周围不运动的物体形成对比，或者相反，如图 5-3-52 所示。

图 5-3-51 形状线条对比

图 5-3-52 动静对比

5. 质感对比

光滑与粗糙、柔软与坚硬不同质感的对比，如图 5-3-53 所示。

6. 虚实对比

运用虚实对比突出主体，渲染气氛，如图 5-3-54 所示。

图 5-3-53 质感对比

图 5-3-54 虚实对比

7. 新旧对比

现代与古老、时尚与传统的对比，如图 5-3-55 所示。

8. 方向对比

如图 5-3-56 所示，在实际构图中，要注意根据内容的需要，通过观察、挖掘，并运用一定的创作技巧真实自然地利用对比的方法来达到突出主体的目的。

同时还要注意电视画面是连续的，所以不仅要考虑每幅画面的对比，而且要考虑通过前后画面的各种对比变化，以达到利用内容表达思想感情的目的。

例如，电影电视画面中前后场景不同，色调的对比，水沸腾前后的对比，通过前后对比了解动态变化过程。

图 5-3-55 新旧对比

图 5-3-56 方向对比

5.3.4 画面的视觉节奏

画面的视觉节奏是指把画面中特征相近的物体和构图要素加以归类、结合，以各种形式不断地重复，形成视觉上的"节拍"。

（1）构图要素中的形状、线条、色彩、质感、运动等的重复出现，并伴有重复出现的间隔都可以形成节奏，如图 5-3-57 所示。

（2）两个不同物体交替出现、物体递增或递减、物体表现形式（大小、影调、方向）渐变及线条的收缩或辐射，如图 5-3-58 所示。

图 5-3-57　构图要素重复

图 5-3-58　表现形式渐变

（3）运动速度的递增或递减。速度递增，节奏加快；速度递减，节奏变慢。

（4）以相同的速度运动的物体，背景不同也形成不同的节奏。背景线条密节奏快，线条疏节奏慢。

（5）画面内物体运动形式造成的节奏。舞蹈、体育运动都有自身的节奏，运动物体速度快节奏快，速度慢节奏慢。

（6）摄像机运动形式造成的节奏。摄像机运动速度快节奏快，速度慢节奏慢。

5.3.5　画面的统一性

统一性的构图原则是指拍摄目的的单一性。电视节目是由一幅幅画面连续构成的，每一幅画面都是为统一的主题而存在的，而在每幅单独的画面中又是通过许多因素来表达这个单一意图的，所以拍摄每一个单独画面时，除了要求内容上的统一，也应注意画面中各种造型因素的统一，保持主题始终如一。画面的布局、均衡、节奏、对比都应保证画面的统一。

画面统一的构图方法如下。

（1）相似的形状或相似的方向的重复可延续，能产生节奏和动感，使各部分结合为一个整体，显示出统一性，例如整齐排列向前的队伍，如图 5-3-59 所示。

（2）将多个物体，按相似的条件组合为单个物体。例如，按形状的大小，形状的异同，线条、色彩的特性来组合，如图 5-3-60 所示。

图 5-3-59　动作相似重复形成整体

图 5-3-60　多个物体组合为单个物体

（3）使用统一的背景，也能使画面具有统一感，如图 5-3-61 所示。

（4）部分与整体、部分与部分之间的呼应，也能获得统一感，如图 5-3-62 所示。

（5）利用流畅的线条把各个独立的凌乱的物体连接起来，使其趋于统一，如图 5-3-63 所示。

图 5-3-61　使用统一背景

图 5-3-62　各构成部分相呼应

图 5-3-63　线条连接各个部分

（6）色调的连贯或单一，使画面具有统一感。基调不变，或者色调逐渐过渡，如图 5-3-64 所示。

图 5-3-64　亮调或暗调逐渐变化

对一般的构图，要求画面既要均衡又要统一。在开放性构图中，画面可以不均衡，但一定要统一。对于电视节目来说，除考虑单幅画面外，还必须注意在连续画面的构成中，前后关照，统一考虑画面构图。

5.4 画面构图的表现方法

在前面介绍了摄像构图中的基本要素和构图的原则，实际拍摄时就是要进一步具体安排，被摄素材在画面中的位置大小及相互关系。按照主题思想的需要和审美原则，构图规律、有机地组织画面。摄像创作过程包括以下三方面。

（1）根据主题内容精心设计画面构图。

（2）对已有的客观环境进行安排、调整。

（3）选择合适的摄像机机位和拍摄方式。

第三个方面是最具体的实际拍摄创作，即确定机位、镜头的运动形式。

5.4.1 拍摄角度的选择

摄像机的机位选择是完成摄像构图的先决条件，摄像机机位的变化会引起画面构图的变化。摄像机机位的选择包括三方面：拍摄方向、拍摄高度、拍摄距离。

1. 拍摄方向

拍摄方向是指摄像机以被摄对象为中心，在同一水平面上改变拍摄角度，形成不同的构图形式：正面构图、侧面构图、斜面构图、背面构图。

（1）正面构图

摄像机镜头与被摄物体的正视线基本上成一条直线时，所拍摄的画面为正面构图。正面构图具有以下特点。

①易于表现被摄对象正面的基本特征，如图 5-4-1 所示。

图 5-4-1 表现正面的基本特征

②主体是人物时有利于人物与观众面对面的交流，具有亲切感，如图 5-4-2 所示。

③正面构图，善于表现景物的横线结构，给人一种平衡、安定、庄重的感觉（常用于拍摄气势雄伟的建筑物和严肃的会场），如图 5-4-3 所示。

图 5-4-2 便于与观众交流　　　图 5-4-3 表现横线结构

④正面构图的画面平淡呆板，不善于表现运动。正面构图中物体只有被摄物的正面，立体感不强，人或物之间不能很好地呼应，显得呆板，表现动感不强烈，如图5-4-4所示。

图 5-4-4　不利于表现运动

（2）正侧面构图（侧面构图）。摄像机镜头与被摄体的正面成 90°时所拍摄下来的画面为正侧面构图。正侧面构图具有以下特点。

①可以突出物体正侧面的特点，并强调物体的动作线条和方向，如图5-4-5所示。

图 5-4-5　表现正侧面特点和动作线条

②有利于表现人物面部轮廓特征和人物之间的相互交流，如图5-4-6所示。
③正侧面的跟摄或摇摄，能很好地展现人或物体的运动，如图5-4-7所示。

图 5-4-6　表现人物面部轮廓特征　　　　图 5-4-7　展现运动

（3）斜侧面构图。当摄像机介于正面和正侧面之间时，所拍摄的画面为斜侧面构图。斜侧面构图具有以下特点。

①能表现被摄对象正面、侧面的特征，有鲜明的立体感，如图5-4-8所示。

图 5-4-8　表现立体感

②能充分表现画面中被摄体的呼应关系，又能突出主体、分清主次。例如，在电视采访中，通常以近景构图，采访者位于前景、后侧面角度，被采访者位于中间稍后、前侧面角度。这样观众的注意力会很自然地集中到被采访对象身上，如图5-4-9所示。

③能把横线条化为斜线条，使画面动感度增强，并有利于空间深度的展现，如图5-4-10所示。

图 5-4-9　表现呼应关系　　　　　　图 5-4-10　展示空间深度

（4）背面构图（反拍）。对着被摄物的背面拍摄。背面构图具有以下特点。

①展示被摄物的背面特征，如图5-4-11所示。

②能将主体与主体所关注的对象同时表现出来，突出了陪体与环境，能表现出强烈的主观感受，如图5-4-12所示。

图 5-4-11　展示背面特征　　　　　　图 5-4-12　表现主观感受

③能含蓄地表达人物的内心活动，如图5-4-13所示。

第 5 章　电视画面构图

图 5-4-13　含蓄地表现内心活动

2．拍摄高度

拍摄高度是指改变摄像机与被摄物水平线的高低所选择的拍摄角度，不同的拍摄高度可产生不同的构图变化。其中包括平摄构图、仰摄构图、俯摄构图、顶摄构图。平、仰、俯、顶构图的变化，使画面地平线位置的高低、前后景物的可见度和透视度均发生变化。

（1）平摄构图。摄像机与被摄体处在同一水平线时形成的构图方式。其特点如下。

①画面中景物的形象是正常的，合乎日常生活的视觉习惯，画面真实感强。在新闻和纪实性节目中经常采用，教学片中弹簧秤的示数、液面的高度等必须用平摄才能准确。

②不利于表现前景、后景之间的关系。

③画面平淡且易产生分割感，如图 5-4-14 所示。

拍摄时要注意避免被水平线平均分割，特殊镜头需要时例外，例如拍摄水平倒影。

（2）仰摄构图。仰摄是低于被摄物水平线向上拍摄形成的构图方式。其特点如下。

①地平线在画面下部或画面之外，天多地少，适合表现高大物体、腾空动作，以及人或物向上的力量。

②仰拍能升高、突出前景，简化、降低后景。仰拍以蓝天白云为背景，有较强的抒情性，如图 5-4-15 所示。

图 5-4-14　平摄构图　　　　　　　　图 5-4-15　仰摄构图

电视节目常利用这个特点，表现被摄体的庄重、雄伟，人物朝气蓬勃的精神面貌和英雄气概，以及表现某种仰慕心情或胜利喜悦之情。

（3）俯摄构图。俯摄是高于被摄物水平线自上向下拍摄形成的构图方式。其特点如下。

①地平线在画面上部或画面之外，天少地多，适宜于表现开阔的景色和规模宏大的场面，以及景物的曲线构图。例如，群众集会场面、河流、公路的蜿蜒曲折，俯摄构图给人以优美的感觉，如图 5-4-16 所示。

②俯拍时，前后景物都能呈现出来，且前景大，后景小，有利于表现画面的纵深感和物体的立体感。

③俯拍人物时，给人以压抑、低沉的感觉。

（4）顶摄构图

顶摄是摄像机垂直向下拍摄所构成的画面。它可以拍摄到顶部的全部线条和轮廓，如图 5-4-17 所示。其特点如下。

图 5-4-16　俯摄构图

图 5-4-17　顶摄构图

①人物、景物都被充分展现，有利于强调他（它）们之间的相互关系。

②善于表现有特殊布局和图案变化的场面，例如团体操表演、航拍地貌等。

3. 拍摄距离

拍摄距离是指摄像机与被摄体之间的距离。在拍摄的高度与方向不变的情况下，改变拍摄距离会使画面中被摄体的大小发生变化，拍摄距离近时，影像增大，反之影像缩小。这种变化在画面中拍摄景物的范围也不同，称之为景别不同。

景别的选择和变化是电视画面造型的重要因素之一。它决定了主体在画面中所占面积的大小，对主题思想的表达有着很大的影响，拍摄者可以根据电视节目内容、目的、观点及视觉心理来确定被摄体的画面范围，即确定景别。把本质的、重要的、能引起观众注意的内容保留在画面之内，而把其他的部分排除在画面之外。

（1）景别变化的方法。景别的取得有两种：一是用同一焦距镜头，选择不同的拍摄距离，得到不同的景别。二是在同一拍摄距离上，用变焦距镜头，改变摄像机的视角而产生不同的景别，如图 5-4-18 所示。

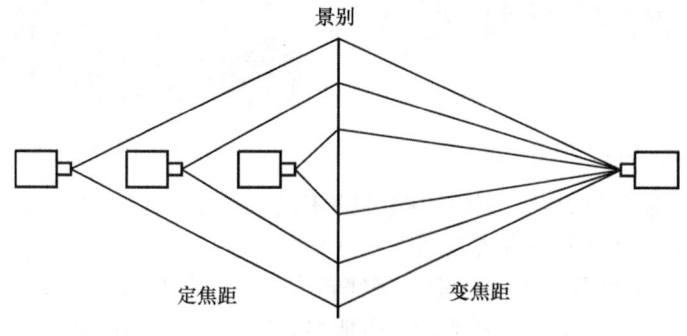
图 5-4-18　景别变化的方法

通过改变距离与改变焦距拍摄，两者之间是有差别的。改变焦距与改变距离拍摄有什么不同?

(2) 不同的焦距与距离拍摄画面的效果。用不同焦距的镜头拍摄同一景别画面时,改变的仍然是拍摄距离:短焦距镜头要近拍,长焦距镜头要远拍。用不同的焦距、不同的距离拍摄同一景别的画面构图效果不同。

短焦距近拍镜头的特点如下。

背景范围大,景深大,前后景拉开,纵深感强。表现纵向运动物体动感强,横向运动物体动感弱。常用在近距离或无法后退的环境中拍摄大场景。

长焦距远拍镜头特点如下。

背景范围小,景深小,前后景空间压缩,纵深感弱。表现横向运动物体动感强,纵向运动物体动感弱。常用在远距离或无法接近的环境拍摄景物的局部。

通过改变拍摄距离或改变焦距都可以改变景别,那么景别是如何划分的?各自的造型作用是什么呢?

(3) 景别的划分与作用。实际生活中,人们依据自己所处的位置和当时的心理需要,或者环视全场,或者盯住一处,或者看局部。电视艺术也是为了适应人们这种心理上、视觉上的变化特点,才产生了不同的景别。景别的划分,一般是由画面表现出来的景物范围来区分的。通常分为远景、全景、中景、近景、特写。划分的标准以成人的全身在画面中占据的部位为标准,如图 5-4-19 所示。

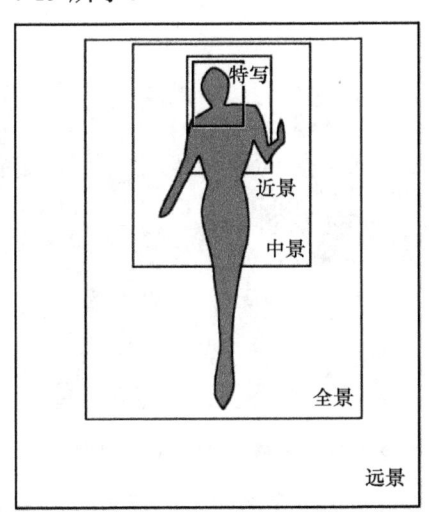

图 5-4-19 景别的划分

下面来分述不同景别的作用。

①远景。画面中包含的景物范围最大,视野广阔,细节不能得到表现,如图 5-4-20 所示。远景的作用如下。

a. 通过展示巨大的空间用来交代事件发生的地点及其周围的环境。

b. 表现宽广、辽阔的场面,展示雄伟壮观的气势,例如茫茫群山、浩瀚的海洋、无垠的草原。

c. 描写景物,使之富有意境和诗意,从而抒发作者或人物的感情。

图 5-4-20 远景

主要用于表现自然环境气氛。常用在节目的开篇或结尾，或者作为过渡镜头。

②全景：画面中包括被摄体的全貌及周围环境。全景中有了明显的作为内容中心和结构中心的主体。它们应成为画面的视觉中心，如果是人物，那么画面中能清晰看到人物的全部动作，如图 5-4-21 所示。全景的作用如下。

a. 介绍环境，表现气氛。

b. 展示人物与环境的关系。

c. 展示大幅度动作。

图 5-4-21 全景（电影《十面埋伏》）

主要介绍人物与环境的关系。拍摄全景时，不仅要注意空间深度的表达和主体轮廓线条、形状特征的反映，还要着重于环境的渲染和烘托，表现出被摄体的一般性质及空间位置，表现出环境与主体的相互关系。同时拍摄全景时，还应善于选择适当的前景加强空间感，选择与主体不同色调的背景突出主体。

③中景：中景画面中人物的形象，物体形状特征占主要成分。背景与环境的作用降低。但仍不与环境脱节，如图 5-4-22 所示。中景作用如下。

a. 交代人与环境的关系。

b. 人与人之间的感情交流。

第5章 电视画面构图

图 5-4-22 中景（电影《卧虎藏龙》）

拍摄中景时要注意抓取被摄体最有表现力、最吸引观众的部分，要表现出人物的表情和动作及被摄物体的典型特征。处理好人物与环境的关系。

④近景：与中景相比，画面表现的空白范围进一步缩小，内容更单一，背景作用降低到次要位置。近景的作用如下。

a．表现人物的面部表情、神态，如图 5-4-23 所示。

b．展示物体局部的特征、质感。

图 5-4-23 近景（电影《卧虎藏龙》）

近景在拍摄人物时比中景更注重人物细腻的神情和气质的表达，在拍摄物体时更注重表现物体局部的特征、质感。由于观众对近景画面的观察更为细致，因此在拍摄近景时，要充分注意到画面中形象的真实性、生动性和情节的客观性、科学性。尤其是在拍摄教育节目时更要注意画面的真实性、科学性。

⑤特写：被摄体的某个局部充满画面，内容简洁，表现力强。特写作用如下。

主要用于表现或强调人和物某个细部和表情特征，如图 5-4-24 所示。

图 5-4-24 特写（电影《卧虎藏龙》）

特写画面在表现人物面部表情时，揭示出人物复杂的内心世界，并通过面部表情和眼神儿的变化形成一种区别于戏剧舞台的电视场面调度。特写画面在准确表现被摄体的质感、形体、颜色等方面也很重要。

在拍摄特写画面时，构图要力求饱满，对形象的处理宁可大一些而不能不足。此外，对一些复杂场景，不要孤立地使用特写镜头，避免由于特写表现空间的不明确性，使观众对物体所处的环境茫然无知，出现空间混乱感。

⑥显微：特殊景别仅用于教育节目中，通过专门的显微摄像装置把在显微镜下才能看清的景物再现在屏幕上，如图 5-4-25 所示。

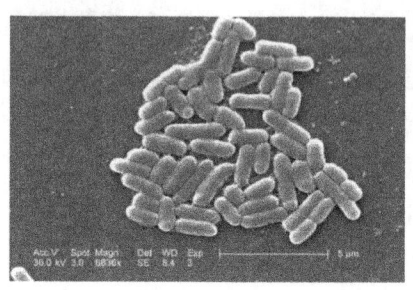

图 5-4-25　放大 6 863 倍的大肠杆菌

各种景别的划分是相对的，有各自的表现力，用什么景别要根据内容需要考虑以下几点。

第一，要交代环境、气氛规模，多采用全景或远景画面。

第二，要表现人物的动作，同时要交代一定的环境，背景则应采用中景。

第三，要表现人物的局部动作或突出主要部分细节时，应该采用近景、特写或大特写。

电视节目中景别运用得是否得当和有效，是检验创作者思路清晰与否、表现意图明确与否的重要尺度和标准。

5.4.2　固定画面拍摄

摄像机的镜头是代表人们的眼睛观察事物的，人们在自然环境中观察事物时，其视点和视线既有相对固定的情况，也有转移的时候。摄像人员在拍摄过程中要依据人们视觉上观察事物的习惯和景物自身的动态操作摄像机，既进行固定拍摄，又进行运动拍摄。

固定画面是指摄像机在机位不动、镜头光轴不变、镜头焦距固定的情况下拍摄的电视画面。固定画面的核心一点就是画面所依附的框架不动，但画面中的被摄对象仍然可以是活动的，因此电视固定画面有别于绘画作品和摄影照片。要想做好摄像工作在一开始就从固定画面的构图和造型表现上下功夫，要具备用固定画面表现动态生活和运动主体的素质。

1. 固定画面的作用

（1）固定画面有利于表现静态环境。在固定画面中消除了摄像机的运动和框架的移动，因此固定画面中背景和环境的表现能够得到较长时间与充分的关注，在视觉语言中常起到交代客观环境、反映场景特点、提示景物方位等作用。例如，拍摄人员常常在拍摄会场、庆典等事件性新闻时，用远景或全景的固定画面交代事件发生的地点和环境，如图 5-4-26

所示。

（2）固定画面能突出表现静态人物。这里的静态是指人物不发生较大位移变化的情况，并不排除人物的语言、神态、动作及表情等的变化。例如，拍摄领导人讲话、教师授课等，动作范围较小，一般都采用固定画面。拍摄电影、电视剧也用大量固定画面表现特定环境下人物的表情或动作，如图 5-4-27 所示。

图 5-4-26 表现静态环境　　　　　　　　　　图 5-4-27 表现静态人物

（3）利用固定画面的框架表现运动速度和节奏。利用固定画面中静态的边框来反衬运动，能使运动对象的动感、动势得到突出甚至夸张的表现。例如，拍摄列车的行进，以低角度的固定画面来处理，就能够拍摄到列车呼啸而来，然后以高大的车头牵引着长长的车身飞速驶出画外的画面，列车飞驰的动感得到了非常醒目的、强有力的表现，如图 5-4-28 所示。

（4）固定画面表现静态造型美感。电视的固定画面具有绘画和照片的形式感，与绘画艺术和摄影艺术相比，几乎与现实生活一样有丰富、真实而同步的视觉形象和光影变化又有属于电视画面造型艺术的特长与优势。特别是在一些风光片、纪录片中，在对山川景物、人文景观、名胜古迹等静态物体的表现上，构图精美的固定画面往往能令观众赏心悦目、历久难忘，如图 5-4-29 所示。

图 5-4-28 表现速度与方向　　　　　　　　　图 5-4-29 表现静态造型的美感

（5）固定画面表现安静的环境和心理。固定画面静的形式能够强化静的内容，给观众以深沉、庄重、宁静、肃穆、压抑、郁闷等画面感受。例如，在拍摄图书馆时，为了表现其特有的宁静，可以用多个固定画面加以记录和反映，这种固定画面的形式上的处理是与画面内容和现场氛围相统一的，因此观众能够切实地通过画面获得情境中的心理感受，如图 5-4-30 所示。

图 5-4-30　表现安静的环境和心理

（6）固定画面表现的客观性。固定画面虽然也是摄制人员创作意图的反映，但观众看到的是已经选择完毕的画面，没有画面运动、调整等构图过程，因此观众感觉上是自己有选择地观看，镜头是在比较客观地记录和表现着被摄对象。固定画面所表现出的客观性，在新闻节目和纪实类节目中能够较好地传达出现场性、真实性的画面效果，如图 5-4-31 所示。

图 5-4-31　表现的客观性

2．固定画面的局限和不足

以上内容对固定画面在形象塑造、画面造型及收视感受等方面所能发挥的功用做了简要的介绍，目的是扬长避短，使实践中拍得的固定画面能够更好地满足内容和主题的需要。下面将结合具体情况来谈一谈固定画面在电视造型中的局限和不足。

（1）画面视点单一。与运动画面多变的视点和变换的视域区相比，固定画面的内容被静止的框架分割、限制为单一的、半封闭的状态，不像运动画面全面、丰富和完整。

（2）构图难以发生变化。由于固定画面是在镜头锁定之后定向拍摄的，所以很难像运动画面那样通过构图变化来实现场景转换、视觉形象的动态蒙太奇造型等，很难出现有意识的连续构图变化和多义性信息传递。

（3）难以表现运动场景。这一方面是固定画面的明显局限，同时也是运动画面的优势。例如，在拍摄舞蹈节目时，用固定画面很难连贯而完整地表现出舞者优美多姿的运动过程。在新闻事件中，如果新闻人物处于大范围运动状态，例如奔跑、乘车等情况下，用固定画面显然难以充分记录和表现人物的整个活动过程及活动过程中的表情、动作变化。

（4）难以表现复杂的环境。例如，在拍摄抗战遗迹的地道时，固定画面很难再现出那种幽深曲折、巧妙的效果。当用固定画面拍摄曲折的空间时，更多地需要观众根据画面大致情况去进行想象中的补足。

3．固定画面的拍摄要求

由于固定画面在拍摄中的局限性，因此下面将讨论在固定画面拍摄过程中需要注意的事项和要求。

（1）注意捕捉动感因素。固定画面容易出现平板一块、缺乏生机的情况，因此，在拍摄固定画面时应注意捕捉活跃因素，调动动态因素，做到静中有动、动静相宜。例如，拍摄一池春水，就可以在画面中摄入几只浮游嬉戏的鸭子，涟漪的运动和小鸭的运动使"死水""活"了起来。拍摄古代文物、珍宝等固定画面时，常常使其转动起来拍摄，如图5-4-32所示。

（2）要注意纵向调度。注意选择、提取和发掘画面纵深方向上的造型元素，以纵向难度上的造型表现来弥补水平维度和垂直维度上的不足。例如，在拍摄公路上列队行驶的车队时，可以利用公路的线和汽车的点采取对角线构图，让公路与画面框架形成一定的角度后向纵深方向伸展开去，如图5-4-33所示。

图 5-4-32　捕捉动感因素　　　　图 5-4-33　纵向调度

（3）构图要注意艺术性。固定画面拍得怎么样，往往反映出一个摄像者的基本素质和真正水平，它是对摄像者构图技巧、造型能力、审美趣味和艺术表现力的综合检验，如图5-4-34所示。

（4）拍摄时一定要稳。在正常情况下，每个镜头都应该纹丝不动、一丝不苟，应消除任何可以避免的晃动因素。固定画面都应尽量使用三脚架来拍摄，以防肩扛拍摄造成的不稳定情况，如图5-4-35所示。

图 5-4-34　注意构图的艺术性　　　　图 5-4-35　使用三脚架保证画面稳定

5.4.3 运动画面拍摄

运动拍摄突破了固定拍摄时摄像机镜头固定的机位、角度和景别，给电视画面带来了变化的空间和构图。

所谓运动拍摄就是在一个镜头中，通过移动摄像机机位，或者变换镜头的光轴，或者变换镜头的焦距，从而获得变化的画面。

通过这种方式拍摄的画面称为运动画面。在运动拍摄过程中，根据摄像机的运动方式可分为推镜头、拉镜头、摇镜头、移镜头、跟镜头，以及升、转、虚、晃、甩和综合运动镜头等几种主要形式。

1. 推镜头

推镜头是被摄主体不动而摄像机由远而近向被摄体推进，或者变动镜头焦距，由广角变至长焦所拍摄下的连续画面。它相当于人们走近主体去看，在推进或变焦过程中，景别由大变小，被摄主体的主要部分在画幅中逐渐变大，次要部分逐渐消失，从而将观众的注意力引导到所要表现的部位。

（1）推镜头的特征

①推镜头形成视觉前移效果。景别由大到小连续变化。

②推镜头具有明确的主体目标。

③推镜头将主体物由小变大，周围环境由大变小。

（2）推镜头的作用

①突出介绍重点，强化事物的特征。由整体引向局部，加深对事物的认识。例如，用推镜头从众多的人物中选择出重点或主要的人物。

②展示巨大空间，产生纵深感。由于在推进过程中，前方景物不断地进入画面，又不断地移出画面，这样产生了纵深方向，展示了巨大空间的效果，有身临其境之感。

③推镜头速度的快慢可以影响和调整画面的节奏从而产生外化的情绪力量。缓慢的推进表现出安静、平和等氛围，急速的推进常显示紧张不安或激动、气愤等情绪。

（3）运用推镜头时的注意事项

①有明确的目的。应该通过推镜头给观众某种启迪，或者引起观众对某个形象的注意，或者表现某种意念，或者突出未被注意的细节，或者通过推镜头形成与影片情节发展相对应的节奏。

②推镜头的起幅、落幅及推进过程要规范、完整、准确。起幅和落幅都是"静态"的，因此其画面构图要规范完整，准确到位。推镜头起幅的启动和落幅的停止要果断、干净、利索、流畅。

③在推进过程中，画面构图始终注意保持主体在画面结构的中心位置。无论镜头推进在什么位置，屏幕上都是一幅结构较完整、均衡的画面。

④推进的速度要与情绪节奏一致。一般来讲，情绪平静时推进速度慢，情绪节奏紧张时推速度快一些，如图 5-4-36 所示。

图 5-4-36　电影《灰姑娘》推镜头表现女主角兴奋的细节

2. 拉镜头

拉镜头是摄像机逐渐远离被摄主体或变动镜头焦距，从长焦到广角所拍摄的连续画面。这种拍摄方法，画面显示出由局部到整体，景别由小到大，背景空间越来越大的效果。

（1）拉镜头的特征

①拉镜头形成视觉前移效果，景别由小到大连续变化。

②拉镜头将主体物由大变小，周围环境由小变大。

（2）拉镜头的作用

①表现主体事物在空间的位置和所处的环境。在拉开过程中背景范围不断地扩大，能充分展示出主体物的位置和周围的环境状况，如图 5-4-37 所示。

图 5-4-37　电影《怪物史莱克 3》拉镜头展示空间关系

②表现主体事物与周围事物的相互关系。例如，实验中由特写拉出中景，能展示出器材之间及器材与操作人员的关系。

③拉镜头有利于调动观众的想象和猜测。在拉开的过程中，整体形象逐步呈现，调动观众的注意力和参与感。

④拉镜头常用作结束性和结论性的镜头。拉镜头画面表现空间的扩展反衬出主体的远离和缩小，在视觉感受上往往有一种推出感和结束感。

（3）运用拉镜头时的注意事项

①目的明确。

②起幅、落幅拉出过程要规范、完整、准确。

③在拉开过程中，画面构图始终注意保持主体在画面结构的中心位置。

④拉开的速度要与情绪节奏一致。

3. 摇镜头

摇镜头是摄像机的位置不动，而摄像机镜头改变拍摄方向。这种效果就像人们站着不动，只是转动头部观察事物一样。摇的方式可以分为左右摇、上下摇或斜方向摇。

（1）摇镜头的特征

①摄像机机位固定。
②拍摄画面的景别一般不变。
③摇镜头没有固定的主体。
（2）摇镜头的作用
①展示空间环境，扩大视野。例如，远景摇摄自然风光，展示地形地貌，给观众一个完整的印象，如图 5-4-38 所示。

图 5-4-38　电影《满城尽带黄金甲》摇镜头扩大空间视野

②展示人与物的空间关系，使人物的活动空间与环境结合起来。例如，由教室里听课学生摇至讲课的教师或由教师摇向学生，展示了师生在教室这个空间的教学活动。
③运用小景别，介绍大面积主体物，例如实验器材的介绍、会议主席台人物的介绍。
④揭示事物的内在联系。利用摇摄镜头把两个性质相反或相近的主体连接起来，表示某种暗喻、对比、因果关系。例如，从扫地的清洁工摇到一旁正在往地上吐瓜子皮的青年，从一个正在排泄工业污水的管道口摇到河里漂浮的死鱼。
⑤表现运动主体的动势、方向、轨迹。各种体育比赛例如田径、足球、滑冰等的拍摄经常运用。
（3）摇摄的注意事项
①有明确的目的。不要做"刷墙"式摇摄。
②起幅、落幅摇摄过程要规范、完整、准确。做到稳、准、匀、平。
③摇摄的速度与情绪节奏一致，例如新闻片与专题片不同。

4．移镜头

移镜头是指摄像机沿某个方向与被摄体保持一定的距离，在运动中拍摄静止或运动的物体。根据摄像机移动方向的不同，移动拍摄大致分为以下四种。

前移：摄像机机位向前运动，但不一定移摄一个主体，可以变换新的主体和环境，因此不同于推摄。

后移：摄像机机位向后运动，同样也不同于拉摄。

横移：摄像机横向运动，与摇摄不同，移镜头主要指这种横移。

曲线移：摄像机随着复杂空间而做的曲线运动。

（1）移镜头的特点
①画面始终运动。开始拍摄后画面中的景物都呈现出位置不断地移动的状态。
②调动观众边走边看的生活感受。画面具有强烈的主观色彩，产生身临其境的感觉。

（2）移镜头的作用
①移镜头在表现大场面、大纵深、多景物、多层次等复杂场景时具有气势恢弘的造型效果。能表现出复杂空间中人与物、人与人、物与物之间的空间关系，最大的优点就在于

对复杂空间表现上的完整性和连贯性，如图 5-4-39 所示。再如《话说长江》等电视片中的航拍镜头、团体操方阵内的移镜头等。

图 5-4-39　电影《超能陆战队》前移镜头表现大场面大纵深场景

②移镜头可以表现某种主观倾向，具有更为强烈的真实感和现场感。移动摄像直接调动了人们在行进中或在运动物体上的视觉感受。摩托车、汽车比赛将摄像机放在车上拍摄，电影及电视剧中经常运用移动拍摄方法，就是为了增加画面的真实感和现场感。

（3）移镜头拍摄的注意事项

①移镜头起幅、落幅要规范准确。

②在移动过程中应力求画面保持水平，减小晃动。要采取必要的措施，利用移动车、斯坦尼康等工具，并用广角镜头拍摄。

5．跟镜头

跟镜头是指摄像机跟随主体一起运动拍摄的镜头。

（1）跟镜头的特点

①画面始终跟随一个主体物。

②画面中主体物的景别和位置相对稳定。

它与摇镜头的不同之处在于机位是移动的，它与移镜头的不同之处在于它有明确的主体物，它与推镜头的不同之处在于景别不变。

（2）跟镜头的主要作用

①不间断地表现运动的主体。跟随主体物前进，将观众直接带入剧情，动态地展示人物的表情、神态。

②改变被摄主体与背景之间的关系。主体与画面中的位置在跟的过程中基本保持不变，但背景却发生明显变化，从而展示主体与背景的关系，如图 5-4-40 所示。

图 5-4-40　电影《灰姑娘》跟镜头展示主体及环境变化

（3）跟镜头拍摄的注意事项

①跟准被摄主体是跟镜头的基本要求。跟镜头的操作要力求把主体"稳定"在画面的某个位置上，不管运动速度多快，都要及时跟上。

②注意由于跟摄带来的焦点、拍摄角度、光线的变化。在拍摄过程中要根据情况做出

及时正确的调整和处理，保证拍摄画面符合要求。

6. 升降镜头

升降镜头是指摄像机随升降机的上下运动拍摄，可以把高低处环境或人物连续不断地呈现出来，展示更多的空间层次，表现环境与事物。在一些电视剧及晚会中经常运用。

7. 转镜头

转镜头是指拍摄时摄像机以镜头光轴为中心旋转倾斜，使画面中的地平线倾斜，以致转起来的效果。

8. 虚镜头

虚镜头是指故意致聚焦不实，使画面中原来清楚的物体变模糊，原来模糊的物体变清楚。这个技巧通常用长焦镜头来拍摄，以获得最大限度的窄景效应，画面中虚实变化可以增加纵深感，突出主体。

9. 晃镜头

晃镜头是摄像中的大忌，但有目的地晃也是技巧之一，表现出仓皇逃跑或醉酒后的感觉。

10. 甩镜头

甩镜头有一个稳定的起幅画面，后面的摇动速度极快，使画面上的景物虚化。其作用可以表现事物时间、空间的急剧变化，造成人们的心理紧迫感。

综合起来运动镜头的作用主要有以下几方面。

（1）介绍环境，交代事物发生的地点，事物之间的关系。
（2）客观真实地描述主体的运动情况，增加可信性。
（3）补救画面固定表现景物的局限性。
（4）可引起观众的心理联想，造成某些戏剧效果。
（5）可以形成一定的节奏。
（6）可使固定景物运动起来，改变观众的视觉角度。
（7）调整构图。

上述的拍摄技巧中，各种镜头可以互相结合、运用于一个镜头拍摄中，根据内容的需要，不断地改变镜头的运动形式，从而更好地表现空间和形象，形成综合运动镜头。

思考与练习

1. 长焦距镜头和短焦距镜头构图有何不同？如何选用？
2. 远景、全景、中景、近景、特写不同景别画面的主要作用是什么？
3. 什么是固定画面？固定画面有哪些拍摄要求？
4. 移镜头与摇镜头、推镜头的区别是什么？
5. 如何增强画面的空间感？

实 验 训 练

1．取景与构图。主要内容包括练习不同的景别画面、不同的角度画面、不同的方向画面的拍摄。

2．固定镜头拍摄。主要内容包括练习使用三脚架、肩扛、手持不同持机方式进行固定镜头的拍摄，注意构图的规范性和画面的稳定性。

3．运动镜头拍摄。主要内容包括使用变焦镜头、推、拉、摇、移、跟等拍摄技巧进行运动拍摄。

第6章 光线与电视照明

本章学习目标
- 掌握电视照明的基础知识
- 了解自然光照明的特点并能根据需要灵活应用
- 熟悉电视照明的基本设备的种类和特点
- 掌握调光设备的使用方法
- 掌握人工光线照明的方法和程序

电视照明是电视制作过程中必不可少的环节,没有适当的照明,电视系统便不能正常工作,摄像机就不能清晰准确地重现图像。画面的造型与环境的再现、气氛烘托等艺术创作过程都离不开光线,因此,在电视节目制作过程中,照明起着至关重要的作用。照明师的职责是在充分理解电视制作的各种技术特性的基础上,在确保适度照明和满足摄像工作亮度技术的条件下,运用各种布光技巧,更好、更准确地表现节目内容,美化画面。

6.1 电视照明的目的和任务

电视照明是实现电视技术的同时又表现电视艺术造型的必要条件。

6.1.1 技术任务

1. 提供合适的照度

根据摄像机的性能,必须提供足够的照度,摄像机才能正常工作,拍摄出清晰如实的、准确的图像来。所谓足够的照度是相对而言的,不同等级的摄像机和使用不同光圈时都是不同的。一般摄像机在照度不足的情况下,会指示给摄像人员。若用人眼判断则以电视屏幕上图像清晰,几乎看不见雪花般视频噪声为准,如图 6-1-1 所示。

图 6-1-1 提供合适的照明

2．提供合适的光比

由于摄像机中摄像器件只能适应范围有限的照度，对过高或过低的照度敏感度差，不能准确再现，甚至出现一系列有损图像的缺陷，例如白色部分曝光过度，失去层次细节，因此摄像人员在照明中要控制光比，使被摄物的亮暗对比度在一定的范围内，以 20∶1 为佳，如图 6-1-2 所示。

3．提供相对稳定的色温平衡

必须提供相对稳定的色温平衡，以保证被摄物体的彩色真实还原，尤其对于色彩还原较高的场所。色温平衡包括两方面的含义：一个是光源色温相对稳定后，要保证摄像机要求的色温和光源色温相一致，若不相符则调整摄像机的色温滤光片。另外是指在某个场景的拍摄中，要保证所使用的各个光源色温的一致性，不一致时常利用雷登灯光片来调整，如图 6-1-3 所示。

图 6-1-2　提供合适的光比

图 6-1-3　稳定的色温平衡（电影《霸王别姬》）

6.1.2　艺术任务

在保证电视制作系统的技术需要的照明基础上，通过电视照明还要有一定的艺术追求，使画面更富有表现力和吸引力。

1．空间感、立体感、质感的表现

有助于提供三维空间的透视感。电视是一个二维空间的媒体，只有高度和宽度，深度的感觉必须通过摄像机拍摄角度的变化、背景的设计及形态的主体知觉，如图 6-1-4 所示。

2．突出主体

有助于突出画面中被摄景物中的重要部分。可以选择性用光，利用明暗对比来突出画面中的主体物或强调被摄物的某些方面，突出视觉重点，以集中观众的注意力，同时也减弱某些方面来避免或减少分散注意的扰乱因素的影响，如图 6-1-5 所示。在教学片中，更要把光用好，要让学生对重要的教学内容不仅看得清楚，而且印象深刻。

图 6-1-4　表现空间感

图 6-1-5　突出主体

3．创造环境

利用照明可以模拟、仿造一定的环境，使人们很容易地通过画面明暗配置的情况来区别情景的时间特点、天气状况和场地特征，如图 6-1-6 所示。

4．创造气氛

通过多种光线处理，对人物和环境加以渲染，建立一定的情景气氛和情调，增强画面的情绪感染力。例如，对同样的景色，利用不同的照明方法可以得到不同的明亮的效果，令人欢乐甚至产生幻想，也可以使景色变得黯淡，使人感到神秘、紧张。一般在教学片中，选用前者的用光较多，如图 6-1-7 所示。

图 6-1-6　创造时间环境

图 6-1-7　创造气氛

5．有助于画面的艺术构图

照明设计必须根据导演的意图和摄像角度、布景设计等协调起来，利用光影、明暗和光色的配置来达到画面构图的目的，增强画面的艺术性。利用照明也可掩盖景别中的缺陷，如图 6-1-8 所示。

图 6-1-8　有助于画面的艺术构图

总之，用光的目的是在充分体现内容的基础上，力求用光线语言揭示事物的本质，塑造人物形象，揭示人物丰富的内心世界，使光线与表演相辅相成，起到互补作用，使完美的照明形式与剧情内容趋于和谐统一。

6.2 电视照明的基础知识

6.2.1 光谱成分

光是宇宙中客观存在着的一种物质运动形式，其本质是一种电磁波。不同的光线有着其独特的性质，决定其独特性的是它们所包含的光谱成分。

可见光是能引起人视觉的电磁波，占据电磁波光谱中的一小段，如图 6-2-1 所示。电磁波的波长范围很宽，按照长度从短到长依次排列为 γ 射线、X 射线、紫外线、可见光线、红外线、无线电波。人眼所看到的可见光波长范围很小，仅限于 390～760nm。波长短于 390nm 的紫外线和波长长于 760nm 的红外线，肉眼是不能直接感知的。在可见光中，不同波长的光，呈现不同的颜色，使人获得不同的感受。

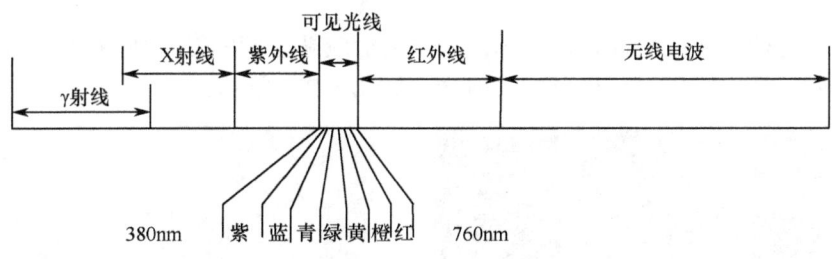

图 6-2-1 电磁波光谱

平时用眼睛看到的日光，并不是一种单色光，而是由多种单色光所组成的复合光，日光的可见光是一个连续光谱。如果将日光射入三棱镜后，由于折射会分解为红、橙、黄、绿、青、蓝、紫 7 种色光。人们把这种现象称为色散，如图 6-2-2 所示。

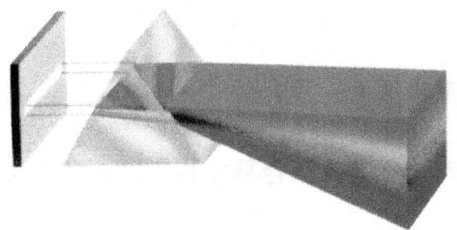

可见光	中心波长/nm
红	660
橙	610
黄	570
绿	550
青	460
蓝	440
紫	410

图 6-2-2 光的色散

人们所看到的物体颜色的差别，是由于它们对不同波长的可见光反射或吸收不同造成的。例如，红颜色的衣服只反射了 620～760nm 波长的光，因此看到它是红色的。

6.2.2 光的性质与传播

1. 光的性质

光线一般以三种状态出现：硬光、柔光、混合光。

（1）硬光

硬光又称为直射光，是由光源直接照射到物体上的光，如图 6-2-3 所示。

硬光具有以下优点。

①具有明显的投射方向，便于造型。

②能在被摄体上构成明亮部分、阴暗部分及其投影，能较好地表达被摄体的线条轮廓、表面特征、立体感和质感。

③便于控制。包括照射范围和方向。只要在灯前加挡光板，就可将光束遮挡住，控制其照射范围，改变光束的形状，照射方向也容易改变。

硬光具有以下缺点。

①单一的硬光源照明，造型效果生硬，多光源时投影处理不好容易出现光影混乱现象。

②容易产生局部光斑。特别在明亮金属等反光率极高的物体上产生的强光反射可能会超出摄像机的宽容度。

（2）柔光

柔光也称为软光或散射光，是日光被云层反射或被空间的微粒所散射后，照射到物体上的光。直射光经环境反射后也形成散射光，如图 6-2-4 所示。

图 6-2-3 硬光

图 6-2-4 柔光

柔光具有以下优点。

①没有明显的投射方向，物体受光面大，易表现其细腻的层次。

②照明均匀，光调柔和，不产生明显的影子。

③被摄体表面受光均匀，明暗对比度降低，容易控制在摄像机的宽容度内记录。

柔光具有以下缺点。

①不易控制。由于发光面积大，所以难以限制和控制照明的范围与方向。

②不易显示被摄体的立体感和质感。

（3）混合光

混合光是既具有硬光性质又具有软光性质的光线。日常生活中实际存在的光线经常是直射光和反射光的混合，如图 6-2-5 所示。

图 6-2-5　混合光

2．光的传播

（1）光在两种介质中的传播。光和其他电磁波一样，在真空中约以 $3×10^8$ m/s 的速度沿直线传播。当光通过某种介质（例如空气）时，其传播速度会减小。光在真空中的速度和在介质中的速度的比值称为这种介质的折射率。

当光线从某种介质传播到具有不同折射率的另一种介质时，在两种介质的界面上光线会分成两部分：一部分反射回第一种介质，另一部分则折射入第二种介质，如图 6-2-6 所示。

（2）反射。若界面上的凹凸尺寸与入射光波长相比可以忽略，则可将该界面视为光滑，在其上发生的反射称为镜面反射。此时，界面上一条入射光线只产生一条反射光线，两者的关系为：入射光线、反射光线，以及过入射点的界面法线三者处于同一平面内，如图 6-2-7 所示；入射光线与法线的夹角（入射角）和反射光线与法线的夹角（反射角）相等，并分别位于法线两侧；反射光线与入射光线的能量之比主要取决于两种介质折射率的比值和入射角的大小。入射角越接近 90°，反射光的能量越接近入射光能量。

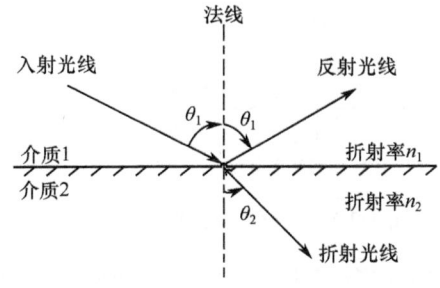 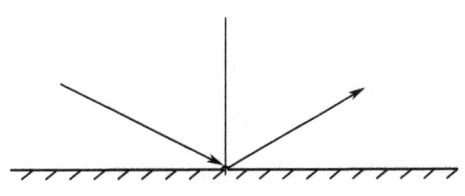

图 6-2-6　光的反射和折射　　　　图 6-2-7　抛光面的镜面反射

若界面上的凹凸尺寸与入射光波长相比不可以忽略，则可将该界面视为不光滑，在其上发生的反射称为漫反射。此时，界面上的一条入射光线会在入射点上向入射介质方向四面八方地散开，形成多条反射光线。反射光线的精确角分布，既取决于入射角，又取决于表面的粗糙程度，图 6-2-8 和图 6-2-9 所示的是两种不同粗糙程度的表面所发生的两种不同的漫反射情况。

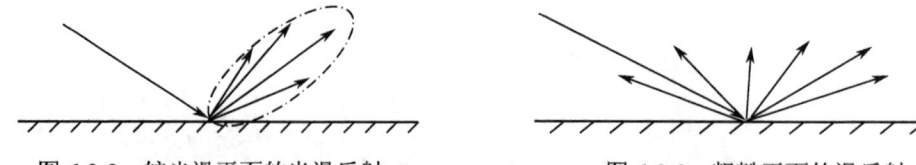

图 6-2-8　较光滑平面的半漫反射　　　图 6-2-9　粗糙平面的漫反射

（3）折射。如图 6-2-9 所示，入射光穿过界面进入第二种介质时，光线会发生折射，入射光线、折射光线及过折射点的界面法线处于同一个平面。若入射光线在折射率为 n_1 的介质中且入射角为 θ_1，折射光线处于折射率为 n_2 的介质中且和界面法线的夹角（折射角）为 θ_2，则有 $n_1\sin\theta_1=n_2\sin\theta_2$。

注意：这个等式对大多数常见的介质，例如玻璃、透明塑料、液体等是适用的，但对某些晶体和有应力的透明固体就不适用了。

（4）散射。在不均匀介质中，相邻而具有不同的折射率的介质单元形成了无数个其法线方向杂乱无章分布的界面，当光线在其中传播时，这些界面对光进行多次反射和折射，从而引起光强的衰减，这种现象就称为散射。当阳光通过云雾时，由于云雾是空气中大量的悬浮水滴构成的，所以水滴与空气之间的界面就会对太阳光散射。

（5）偏振。作为电磁波的光波是一种横波，即其振动方向垂直于其传播方向。光作为一种波，既具有与纵波相同的反射、折射、干涉和衍射等性质，也具有横波特有的性质，即偏振光。按振动方向的范围大小，可分为自然光、完全偏振光和部分偏振光。

自然光是指在垂直于传播方向的平面内振动方向均匀对称分布的光波，如图 6-2-10 所示。其特点是由无数垂直于传播方向的横振动合成，没有哪个方向的振动占有优势。诸如太阳、白炽灯、碳弧灯、烛光等热辐射光源发出的光波都是自然光。

完全偏振光是指在垂直于传播方向的平面内只沿一个固定方向振动的光波，如图 6-2-11 所示。

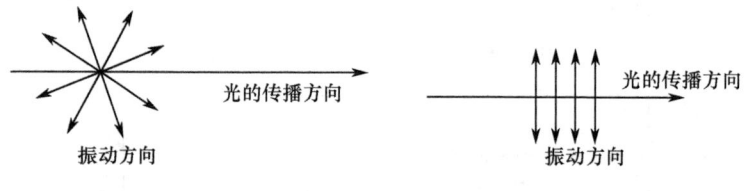

图 6-2-10　自然光　　　图 6-2-11　完全偏振光

部分偏振光是指在垂直于传播方向的平面内虽然只有一个明显占优势的振动方向，但仍然包含其余方向的不同强度的振动成分，如图 6-2-12 所示。现实中的偏振光几乎都是部分偏振光，完全偏振光是一种很难获得的理想状态。

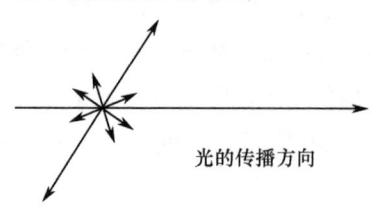

图 6-2-12　部分偏振光

6.2.3 光的计量单位

为了对光进行定量测量和研究,规定了一系列光的量和单位。

1. 光通量

光通量是光源在单位时间内通过某个面积时的辐射光能量。用符号 Φ 表示,单位为 lm(流明)。所谓 1 lm 是指发光强度为 1 cd 的点光源,在一个半径为 1 m 的圆球中心,每秒发出的光在通过球面 1 m^2 弧形面积或单位立体角时的光能总量。由于球面积等于 $4\pi R^2$,因此 1 cd 的点光源所发出的总光通量为 12.57lm,如图 6-2-13 所示。

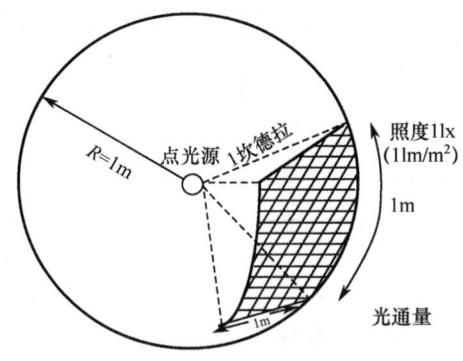

图 6-2-13 光通量的定义

流明数与灯的功率有关,灯的功率越大,流明数也就越高,可见光就越强。

2. 发光强度

发光强度是指光源在某个方向上单位面积内光通量的多少。发光强度是表征光源在一定的方向范围内发出的光通量的空间分布的物理量,也就是说光源向空间某个方向辐射的光通密度,它可用点光源在单位立体角中发出的光通量的数值来量度,符号用 I 表示,发光强度的单位为 cd(坎德拉)。

1cd 的定义:1967 年第 13 届国际计量大会规定,在铂的凝固点为 2 042 K 或 1 690℃时,气压为 101 325 Pa,面积为 $1/6\times10^5 m^2$ 的绝对黑体,沿法线方向的发光强度为 1 cd。光源的发光强度为 1 cd,就是光源在一个球面度或一个立体角内辐射出 1 lm 的光通量。

所谓立体角就是一个占有三维空间,其顶点位于球心,底部在球面上的锥体。其底面积等于球半径的平方,这样的锥体所包容的立体角,就是单位立体角,如图 6-2-13 所示。

发光强度的计算公式为

$$I=F/\omega$$

式中,ω 为立体角,F 为光通量。

3. 照度

照度表示被照明表面在单位面积上接受的光通量,其大小用单位面积上所得到的光通量来表示。照度用符号 E 表示,单位是勒克斯(lux,法定符号 lx)。1 lx 表示 1 m^2 面积上得到 1 lm 光通量均匀的照射,即 1 lx =1 lm/m^2。因为 1 cd 的点光源发出的光通量是 4×3.14 lm,以光源中心半径为 1m 的球面积是 4×3.14×$1^2 m^2$,所以球面上的照度为 4×3.14/(4×3.14×1^2)=

1 lm/m^2，即 1 lx 的照度。在电视拍摄时，照度对于曝光、色调和色彩的还原有极其重要的意义。

照度与光源的发光强度和离光源的距离有关，其关系为 $E=I/r^2$。当光源发光强度不变时，垂直于光源方向的物体平面的照度与到光源的距离平方成反比。表 6-2-1 所示的是常见的照度值。

表 6-2-1　常见的照度值

环境	照度/lx
正午太阳直射光	$1\sim1.3\times10^5$
晴天太阳不直射	$1\sim2\times10^4$
阴天	10^3
阴暗天	10^2
黎明	10
拂晓	1
满月	0.2
晴天采光好的室内	100～500
工作场所必需的照度	20～150

当 1cd 的光源离物体表面 1m 时，其照射面积为 1m^2，其照度为 1lx。当物体和光源之间的距离增加到 2m 时，照射面积增加到 4m^2，照度减小到原来的 1/4，如图 6-2-14 所示。

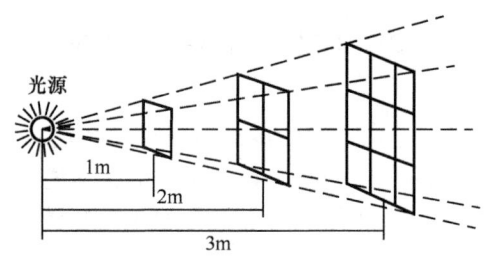

图 6-2-14　照度平方反比定律

4．亮度

亮度是用来说明物体表面发光的物理量。光学中是指光源某个方向单位面积上的发光强度。不发光物体在接受光线后表面呈现的明亮程度也称为亮度。在电视拍摄时，主要指本身不发光的物体。两类单位：一是用单位面积上的发光强度来表示——尼特。1 尼特=1 坎德拉/平方米（cd/m^2）；二是用单位面积上发出的光通量来表示——亚熙提。1 亚熙提=1 流明/平方米（lm/m^2）。

在电视拍摄中，画面中不同物体的实际亮度，即反射率的大小，是决定照明用光量的重要因素。为了获得适当的光比，对反射系数大的物体，需减少投射光，对反射系数小的物体，需增加投射光。亮度的计算公式为

$$B=PE$$

式中，P 为物体的反射率，E 为光源照度。

物体的亮度既与本身结构性质有关，也与光源的照度有关。同一个物体，照度越大，

亮度越大。不同的物体，反射率越高，亮度越大。

有了一定的发光强度的光源，就有了一定的照度，从而物体就有了一定的亮度，因此能看见物体。表 6-2-2 所示的是常见光源的亮度值。

表 6-2-2　常见光源的亮度值

光源	亮度/尼特
太阳	$19×10^8$
晴空	$7.9×10^3$
月亮	$2.5×10^3$
超高压气体放电灯	$25×10^8$
钨丝白炽灯	$(5～15)×10^6$
碳电弧（正极）	$1.6×10^7$
闪光灯	$6.8×10^{10}$

5. 发光效率

光源发出的光通量与其消耗的电功率的比值，称为该光源的发光效率。单位为流明/瓦（lm/W）。

发光效率就是每消耗 1W 功率所发射出的流明数。不同光源的发光效率是不同的。表 6-2-3 所示的是常见光源的发光效率。

表 6-2-3　常见光源的发光效率

光源	发光效率/lm/W
真空白炽灯	7～8
充气白炽灯	10～15
卤钨灯	22～30
日光灯	40～50
氙灯	30～40
镝灯	75～85
高压钠灯	90～120

6.2.4　光源的色温和显色性

1. 色温

为了描述各种光源的颜色，将光源与绝对黑体的颜色进行比较，如果光源的颜色与绝对黑体在某个温度时的颜色相同，就称黑体温度为该光源的颜色温度，简称色温。用绝对温度 K 表示。

绝对黑体是物理学中定义的一种理想物体，它能全部吸收外来辐射，而且在所有波长上均能进行最大的辐射。当对绝对黑体加热时，颜色随温度的变化而改变，黑→红→黄→白→蓝，其光谱成分与温度有关，所以可用温度表示绝对黑体发光的颜色。

3 200K 色温的碘钨灯，发出的光就意味着这种光源的光线颜色与绝对黑体加热到 3 200K 时，所发出的辐射光颜色相同。所以色温反映了光源的光谱成分。当看到某种光源的颜色与绝对黑体在某个温度时的颜色相同时，就意味着两者的光谱成分是一致的。

低色温光源的特征是能量分布中红外辐射相对要多一些，通常称为"暖光"。色温提高后，能量分布中蓝光辐射的比例增加，通常称为"冷光"。一些常用光源的色温如表 6-2-4 所示。

表 6-2-4　一些常用光源的色温

光源	色温/K	光源	色温/K
标准蜡烛	1930	家用日光灯	6 000～7 000
家用钨丝灯	2 600～2 900	日出、日落	2 800～3 500
石英溴钨灯	3 100～3 200	没有太阳的昼光	4 500～4 800
硬质玻璃卤钨灯	3 100～3 200	中午前后的阳光	5 400～5 500
管形石英卤钨灯	3 100～3 200	室内漫散阳光	5 500～6 000
镝灯	5 000～6 000	阴沉的天空	6 800～7 500
铟灯	5 000～5 500	烟雾弥漫的天空	8 000
高强度弧光灯	6 000	晴朗、蔚蓝的北方天空	10 000～20 000

色温之所以重要，是因为光源的色温会影响被该光源照明的被摄体的颜色。因此，电视工业标准规定，电视演播室照明光源的色温为 3 200 K，外景照明光源的色温为 5 600 K。了解色温的意义，在于根据不同的光源，正确地使用彩色摄像机滤色片，将光线的色温变为 3 200K，满足摄像机光学系统的要求，使景物色彩还原准确。

2．显色性

光源能真实准确地重现物体颜色，除了与光源的色温有关外，还与光源的显色性好坏有关。

通常观察到的物体的颜色是在太阳光照射下，色彩还原最真实，而人工光源则不能很好地显示物体的本色，使颜色失真、偏色。光源的显色性是由光源的光谱能量分布决定的。人们常用显色指数对光源的显色性进行定量分析。分别用标准光源和待测光源照射 8 个颜色样品：红、橙、黄、绿、青、蓝、紫、品，使它们产生相对色差。然后算出每种颜色样品的显色指数，称为特殊显色指数，8 个特殊显色指数的平均指数用 R_a 表示，称为光源的显色指数——综合显示指数。R_a 越大，显色性越好，反之越差。显色指数在 75 以上，已能达到还原物体彩色的目的。不同光源的显色指数如表 6-2-5 所示。光源的色温显色指数反映了光源的光色特性。

表 6-2-5　不同光源的显色指数

光源	显色指数/R_a
标准光源	100
钨丝灯	97～99
卤钨灯	97～99
三基色荧光灯	75～85
日光灯	65～75
氙灯	95～97
镝灯	80～90
高压汞灯	30～50
高压钠灯	21～23

6.2.5　人工光线条件和效果分析

人工光线条件是指运用各种照明器材，进行人工照明的方法，按光线不同的造型效果，对被摄物布置不同的距离、方位、高度及不同强弱性质的灯光,从而增强被摄物的立体感、质感、纵深感与艺术感。布光要遵循自然光的照射规律,符合人们的生活习惯与视觉心理。

人工光线按造型效果或用途可分为主光、辅光、轮廓光、背景光、装饰光、效果光、场景光。下面分别介绍它们的作用。

1. 主光

主光是照明被摄体的主要灯光。用来照亮被摄物最富有表现力的部位。

作用:起主要造型作用,形成造型结构,描绘被摄物的立体形状、概貌,交代画面内的空间关系,造成明暗影调配置。

光位:主光的方位在被摄物左前方或右前方。

水平角:30°~45°,垂直角:30°~45°,即在被摄体左侧或右侧上方 30°~45°为正常主光照明。当主光的水平角与垂直角越大时,被摄体上阴影部分越大,造型效果越强。

光性:主光光线是硬光。

光具:聚光灯或日光。

2. 辅助光

辅助光是用来补充主光照明,帮助主光造型的光线,又称为补光。

作用:提高阴影部位的亮度,展示物体阴影部位的细节,减轻或消除主光形成的投影,调整画面影调反差,帮助塑造被摄体的形态、特征和表现质感。

光位:一般辅光应在摄像机两侧与主光相对。

水平角:10°~20°,垂直角:0°~20°,或者在视点方向上。

强度:与主光比为 1:2 或 1:3。光比越大影调越硬,光比越小,影调越软。

光性:柔光。

光具:散射灯或聚光灯加柔光纸。

注意:辅光的亮度与角度,以冲淡主光的影子和避免产生第二个影子为原则。

3. 轮廓光(逆光)

使被摄物产生明亮边缘的光线。

作用:勾画出被摄物的轮廓、线条,使被摄物与背景分开。增强画面的纵深感、层次感和清晰度。

光位:一般在被摄物正后方或侧后方与主光相对。

水平角:30°~45°,垂直角:30°~60°。

强度:与主光的光比为 1:1 或 2:1。

光性:硬光。

光具:回光灯或聚光灯。

注意:轮廓光不能过偏、过高、过亮。

4. 背景光

背景光是照亮被摄物背景——天幕的光。

作用:一是消除被摄物在背景上的投影,使物体与背景分开,突出主体。二是可以表现特定的环境、时间、气氛。三是利用背景光的亮度确定画面的基调。高调画面：背景光亮度与主光相同，形成洁白明净的背景。低调画面：背景光亮度与主光相反，形成深沉的背景。

光位：依实际背景而定。

光性：软光。

光具：天幕灯和散光灯。

5．装饰光

用来突出被摄物的某个细部造型质感，以达到造型上的完美，例如眼神光、头发光、服饰光等。

6．效果光

效果光是为了再现现实生活中某种特定的光线效果，更好地表现特定的环境、时间和气候条件，例如闪电、台灯光、门窗投影等。

7．场景光

拍摄较大的场面时使用。用于使整个场景照度均匀，以满足摄像机的照度要求，使摄像机无论拍摄哪个角度都符合基本要求。一般在场景上方，利用散光灯进行照明。

人工照明的两个目的的再现和表现。

再现即要达到自然光照明的真实感。通过布光达到真实的照明效果。第一，立体感和空间感的再现。电视画面是二维的平面，通过布光，使形象具有真实的立体空间感，使人的视觉对它有真实的感受。第二，照明效果的真实感。布光中应注意解决好模拟自然光的照明效果，使人工光的照明效果产生真实的光线效果，如图 6-2-15 所示。

图 6-2-15　人工照明的真实感

所谓表现即要达到一定的艺术效果。在室内用人工光进行照明设计时，无论拍摄人像、广告还是静物，事先必须明确光线处理的目的和要求。第一，要明确造型基调是什么。你准备拍摄的是高调还是低调，是中间调还是中间调偏亮或偏暗。只有明确了将来作品的造型基调，你才能正确地选择不同的灯种，在准确的方位上进行照明，并能控制它们的照明效果。第二，要明确用光进行阶调造型的要求，即是用平调效果还是明暗阶调对比的效果，不同的阶调的造型就选择不同的灯种和不同的方向对被摄体进行照明，以形成不同的阶调，如图 6-2-16 所示。

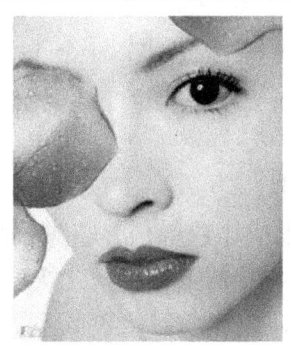 

图 6-2-16 女性和男性化妆品不同的艺术表现效果

6.2.6 自然光线条件和效果分析

自然光线主要是指日光,其特点是光照范围大,普遍照度高,照明均匀,但受时间、季节、气候、地理条件和环境变化影响大。日光又分为直射光、散射光、反射光。

下面分析日光在一天中不同时刻的光线特点,如图 6-2-17 所示。

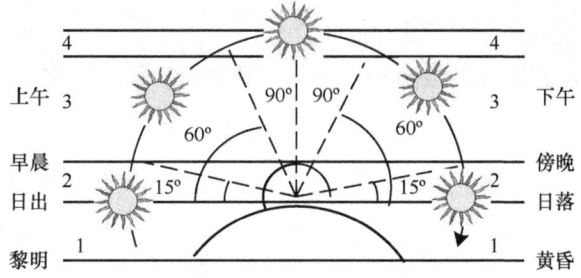

图 6-2-17 日光在一天中不同时刻的光线特点

1. 黎明与黄昏

从东方发白到日出之前为黎明时刻。从太阳落山到天空星星出现之前为黄昏时刻。在这两段时间光线的特点是:天空光线色温偏高,呈青灰色,日出方向色温低;在日出、日落方向,靠近地面的天空较亮,远离地面的天空较暗;地面景物被微弱的散射光照射,普遍光亮较低,如图 6-2-18 所示。

图 6-2-18 黎明与黄昏的光线

这种光线不宜表现景物的细节层次，适合于拍摄剪影或半剪影效果。选用人工补光提亮地面景物，可以拍出背景层次细腻而丰富的夜景效果。

2．早晨或傍晚

早晨或傍晚是指太阳刚升起来或太阳快落下时，阳光入射角为 0°～15°。这时的光线特点是：光线被大量散射，直射光相应减弱，形成比较柔和的照明条件，光位移动快，亮度变化大；光线的色温较低（2 800～3 400 K），呈橘黄色，变化快；垂直地面上的物体表面被照射明亮，受光面与阴影面亮度反差大；阳光入射角较低，景物的投影很长；空气透视感强。近暗远亮，近浓远淡，大部分景物周围被晨雾、暮霭所笼罩，朦朦胧胧；天空的云彩也形状各异，在逆光照射下，有的轻柔飘逸，有的蓬松散漫，多姿多彩，如图 6-2-19 所示。

图 6-2-19　早晨和傍晚的光线

这段时间拍摄是最有气氛的时刻。拍摄人物的近景，可以获得柔和的影像，全景能丰富地表现出景物的层次。利用天空亮、地面暗的特点，用光线强烈的对比反差，形成剪影、半剪影，突出景物的线条或人物的身姿、轮廓等。影子的出现能形成强烈的时间概念。影子可以增加画面构图的新意，同时给观众造成强烈的时间概念，丰富剧情的表达和增强表达力。

早晨和傍晚的光线也有一定的差异。早晨光线纯正、清新，所含杂质少。傍晚光线受暮霭和灰尘影响，比较浑浊。由于受色温和大气影响，早晨光线常为橙红色调，而日落时光线常为橙黄色调。从反差看，早晨光线反差比较明显，有一定的亮暗对比，傍晚光线反差缩小，影调较柔和。

3．上午或下午

太阳与地平线夹角为 15°～60°。这段时间常被称为正常照明时段，这段时间的光线特点是照射角度适中，光线亮度较强。光线亮度变化不大，色温相对稳定在 5 000～5 600 K。水平面和垂直面的照度比较均匀，受光面和阴影面反差不大，影调层次丰富，物体的立体感、质感好，如图 6-2-20 所示。

这段时间内拍摄景物的明暗反差比较正常，影调层次丰富，立体感、质感容易表现，对造型构图十分有利，是外景自然光拍摄时常用的时间。

图 6-2-20　上午的光线

4. 中午

中午是指太阳由上午 60°移至下午 60°这段时间。这段时间的光线条件是照射角度高，光线亮度最强。北半球夏季，中午太阳几乎垂直照射，成顶光效果，日光照射强烈。地面景物水平面被普遍照射，而垂直面受光很小或几乎没有，明暗反差大，如图 6-2-21 所示。

图 6-2-21　中午的光线

在这个时间段拍摄，不利于人物的面部造型及物体的立体感、质感的表现，而且有变形、失真现象。因为顶光对于人物的面部造型及形态起歪曲丑化作用，人物的头发、额头、眼眶、鼻尖儿、下颚等部位接受了照明，而脸部其他部位会有明暗差别极大的投影；平摄景物时，明暗反差大，俯拍时，则景物缺少影调层次变化。

拍摄时可采取一些补救措施，比如，选择多层重复景物，强调层次关系。为了避免骷髅状，可以以人脸暗部或亮部曝光，或者人为打破顶光照明状况，按脸部曝光。可以采取遮挡措施改变直射光为散射光。一是用白布大面积遮挡；二是局部遮挡，在人物上方遮挡；增加辅助光，用反光板或高色温灯光补充照明。

当然有时为了达到某种特殊效果，专门利用顶光拍摄。比如，电影《秋菊打官司》有一部分就是利用顶光进行拍摄。

6.2.7　室外特殊天气照明

1. 阴天

厚云遮日的阴天，色温为 5 000～6 000 K。阴天由于光线被云雾遮挡，地面的景物主要依靠天空散射光照明，物体表面没有明显的光线投影，景物明暗反差缩小，光线细微柔和。

在这个时间拍摄人物、景物时，由于阴天光线照明均匀，所以影像都显得平淡、单调，物体的立体感、质感表现较差，画面色调偏冷。拍摄时要注意以下事项。

（1）把观众的视线引导到镜头的主要形象上来。尽量拍摄人物的近景或特写，这样能获得色彩丰富、质感细腻的效果。拍摄人物的全景时，要选择较暗的景物作为背景，让人脸的色调在画面上占亮调，人显得有精神，如图6-2-22（a）所示。

（2）要精心选择人物或景物的色调，通过明暗对比、色调对比，表现被摄体的立体感、质感、空间感。利用阴天上午、下午时间的侧光和斜侧光表现被摄体的立体感与质感，这种光线仍可在物体表面形成一定的受光面、阴影面和不明显的投影。利用景物远近、明暗和大小对比，选择有形线条或多层次景物，加强画面的空间感，如图6-2-22（b）所示。

（a） （b）

图6-2-22 阴天人物和阴天景物拍摄

2. 雨天

雨天由于阴云遮日，光线较暗。景物由天空光照明，没有强烈的明暗反差和光影变化，立体感差，层次不明显。拍摄时要注意以下事项。

（1）选择合适的拍摄角度。为了增强阴雨天画面的立体感和纵深感，可选择接近于逆光或侧逆光的镜头角度，有利于突出雨景，使被淋湿的物体产生明亮的反射光，勾画出物体的轮廓，如图6-2-23（a）所示。

（2）利用影调对比。选择暗调前景或主体拍出高调的雨景，或者选择深色调背景，衬托出雨天的亮线条。例如，利用周围环境中昏暗的房屋、墙壁、人群、深色的树丛作为衬托，可加深雨天的效果。一般要尽量避开大范围明亮的天空和背景。

（3）利用色块对比。打破平板灰暗的雨景。例如，利用五颜六色的雨伞，或者其他色彩鲜明的物体。

（4）利用线条变化。增强画面的纵深感。

（5）利用近景或特写镜头。能加强雨景效果，例如人物或景物上晶莹闪亮的水珠，大雨撞击在地面或硬质物体上四处溅射的光点，雨水打在水面上呈现出的水泡或水波。

（6）雨天拍摄夜景。各种灯光和发光体的倒影，使画面更生动活泼，如图6-2-23（b）所示。

（7）镜前1m处要遮伞，使画面清晰，同时也要注意摄像机的防水。

(a)

(b)

图 6-2-23 雨天拍摄

3. 雪天

雪天有三种情况需要处理。

(1) 下雪天。由于阴天，暗明反差小，地面景物十分单调，灰蒙蒙一片。白雪亮度高、反光强，雪与暗处景物相比，明暗对比反差极大。拍摄时要注意：应选择深色背景衬托漫天飞舞的雪花；色温偏高，要调好白平衡；注意用防雪工具遮挡摄像机，以免雪花粘在镜头上，如图 6-2-24 所示。

图 6-2-24 下雪天拍摄

(2) 雪后阴天。选择深色的前景或暖色陪体，加强雪景的明暗对比和色彩对比。选择多层景物的被摄物可增加画面色彩、线条的变化与层次感，如图 6-2-25 所示。

图 6-2-25 雪后阴天拍摄

(3) 雪后晴天。雪后晴天是拍摄雪景的黄金时间，白雪在阳光强烈照射下，反光强烈，亮度极高。有雪与无雪景物形成强烈的明暗对比。拍摄时注意：

①拍摄宜用手动光圈。由于雪后晴天紫外线多，反射光强，所以使自动光圈容易比被

摄物本身光值高。拍摄雪景正面光和侧光下人物中景、侧光和逆光下人物近景或特写，增加半级或一级左右光圈，正面光下的近景或特写不用增加光圈。

②拍摄大面积雪景，宜用侧光或逆侧光或逆光。侧光、逆侧光使雪景出现波浪或层次，逆光使雪变得晶莹、质感细腻。

③早晚日光使雪景中的景物产生长长的投影，从而能增强雪景立体感，如图 6-2-26 所示。

图 6-2-26　雪后晴天拍摄

6.2.8　混合光线照明

混合光是指自然光、人工光或不同色温的光源同时并用的照明光线。利用混合光进行拍摄时要调整好统一色温，以适应摄像机光学系统的色平衡要求。

1．室内混合光

注意要确定以低色温还是以高色温为统一色温。

（1）以高色温为统一色温。人工光线要用高色温灯。若用低色温灯，则在低色温灯前加升色温滤色片，以提高低色温灯的色温与自然光色温一致。例如，利用蓝色雷登 82 升色温片，将 3 200K 升至 6 500K。

（2）以低色温为统一色温。人工光线要用低色温灯，设法降低自然光的色温。例如，利用雷登 85 降色温片，挂在门窗上，将室外自然光 6 500K 降为 3 200K 的色温。

（3）光源色温无法统一。首先确定以某种光源为主。如果以自然光为主，被摄体就要尽量靠近自然光的透光处。如果以灯光为主，就要增大灯光强度，使被摄体主要部分的灯光强度强于自然光，并尽量避开窗口为背景。然后根据主要光源的色温，选择滤色片，并调整白平衡，使画面基本符合色彩还原。

2．室外混合光

室外混合光拍摄，无论是以自然光为主，还是以灯光为主，基本都是以高色温为统一色温。将低色温灯变为高色温灯，或者直接用高色温灯作为室外照明灯，与自然光混合照射被摄体。

6.3　电视照明的角度和特点

光的方向对电视画面的造型有很大的影响，光的方向取决于光源的位置和拍摄方向，而光源的位置和拍摄方向两者之中只要有一个改变，都可以认为光线发生了变化。为了准确标明光源和拍摄方向的相对空间位置，人们常用一种钟面图来表示，如图 6-3-1 所示。

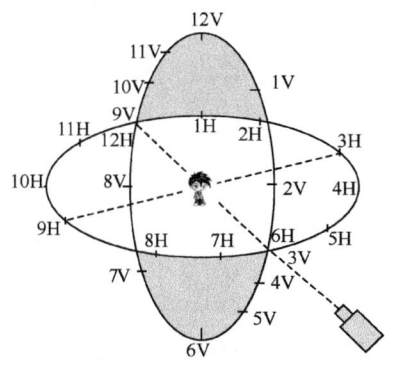

图 6-3-1 钟面表示法

6.3.1 钟面表示法

当拍摄方向固定后，任何灯的位置都可以用相对于一个想象的水平钟面和垂直钟面的位置来确定。

两个钟面都是以拍摄目标物体为它们的中心点。每个钟面都是 360°，每一点钟的变化是 30°（即每"一分"变化 6°）。水平钟面用 H 表示光线方向的变化，垂直钟面用 V 表示光线方向的变化，例如 5H、3V 表示光源处于水平 5 点钟、垂直 3 点钟的位置。

当光源在两个钟点之间时，常用"+"表示顺时针方向的位置，"-"表示逆时针方向的位置。例如，-3H 表示在 2H 和 3H 之间靠近 3H 的位置上。+4H 表示在 4H 和 5H 之间靠近 4H 的位置，即"+"表示已过此点，"-"表示未到此点。

6.3.2 光位及其特点

如果拍摄方向确定后，在被摄体周围的不同位置可以安排许多个方向的光线，这些不同方向的光线就产生不同的照明效果。

按水平方向光线的角度可分为顺光（正面光）、侧顺光（前侧光）、侧光、侧逆光、逆光，如图 6-3-2 所示。

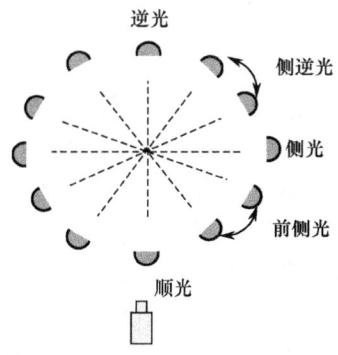

图 6-3-2 水平方向的光线角度

按垂直方向光线的角度可分为顺光、顶光（包括顶光、顶顺光、顶逆光）、逆光、前脚光、后脚光，如图 6-3-3 所示。

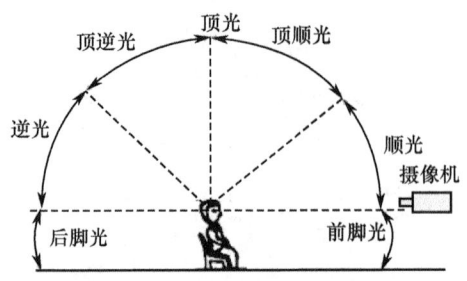

图 6-3-3　垂直方向的光线角度

虽然可以在水平和垂直方向各分出 5 种光线，但作为具体的画面光线效果，最后都可归结为顺光、侧光、逆光、顶光、脚光 5 种基本方向。

下面分别介绍各种光位的特点。

1．顺光

顺光也称为"正面光"，光线方向与摄像机光轴方向一致，即在被摄体的正前方照明，其光效如图 6-3-4 所示。

图 6-3-4　顺光的照明效果

顺光的照明特点：顺光照明时被摄体被均匀照射，能充分表现其正面形态，画面中没有明显的明暗反差，影调柔和，能掩饰皮肤皱纹或物体表面的凹凸。景物的阴影被自身遮挡，能防止多余的影子。顺光拍摄能较好地表现被摄体自身所固有的鲜明色彩，并形成开阔明朗的气氛。顺光拍摄会使被摄体外形显得平淡呆板，不能很好地表现物体的立体形状和表面质感。

顺光照明的处理如下。

（1）运用色彩对比增强画面的感染力。应尽量选择有丰富色彩效果的场景，选择色彩饱和度高的景物，并拉开主体与背景色彩的反差，造成对比效应。如图 6-3-5（a）所示。

（2）运用形状和线条丰富视觉感受。形状和线条既能突出透视感又能产生对比，使画面层次丰富，主体突出。比如拍摄风景，丰富多彩的建筑物形状及各种线条，还有向远方伸展的道路线条，都可以使画面具有一种独特的魅力，如图 6-3-5（b）所示。

（3）运用亮暗对比打破画面平淡。在画面中设置一些建筑物或树木等的投影，使画面中有亮暗变化，可以取得很好的效果，如图 6-3-5（c）所示。

第 6 章 光线与电视照明

（a）运用色彩变化

（b）运用线条变化

（c）运用亮暗变化

图 6-3-5　顺光照明的处理

2．侧光

侧光是指光线从被摄体两侧照射到被摄体上，侧光又包括正侧光与斜侧光。

（1）正侧光。光线方向与拍摄方向成 90°水平角，正侧光照明时，画面中被摄体明暗各半，形态和轮廓线条突出，投影在侧面，形成强烈的造型效果，其光效如图 6-3-6 所示。

正侧光处理：

①避免阴阳脸。正侧光一般不宜用于拍摄人像。

②利用投影。拍摄景物时，如果合理安排影调、线条、虚实的变化，就可以提高画面的造型效果。例如，公路上树木的投影线条，可使画面增强影调层次，如图 6-3-7 所示。

图 6-3-6　正侧光的照明效果

图 6-3-7　正侧光处理

（2）斜侧光。光线方向与拍摄方向约成 45°水平角。受光面、阴影面、投影都在画面中，它能使画面中被摄体的明暗层次较为丰富，能较好地表现出被摄体的立体感、质感，其光效如图 6-3-8 所示。对各类人物、物体都能表现出完美的造型效果，是一种最常用的造型光线。

斜侧光照明的处理：

①注意画面中亮暗比例控制适当。通过选取合适的角度，调整画面的亮暗层次，如图 6-3-9 所示。

②增加辅助光调节亮暗比例。如果亮暗对比大，就可在阴影部分增加辅助光改进。

图 6-3-8　斜侧光的照明效果　　　　图 6-3-9　斜侧光处理

3. 逆光

逆光是指来自被摄体后面的光，包括正逆光（与摄像机正对）、侧逆光（被摄体后方左右）、顶逆光（被摄体后上方）。

逆光可照亮物体的轮廓、线条，突出主体造型，使其从背景中分离出来，如图 6-3-10 所示，因此物体的立体感、纵深感增强。

　　　　（a）　　　　　　　　　　　　　（b）

图 6-3-10　逆光的照明效果

当被摄体是透明、半透明或具有边缘细节的物体时，逆光最易表现其内部结构和质感，逆光还用于拍摄剪影效果。

逆光的处理：

（1）选择昏暗的背景。通过亮暗对比，突出逆光下的细节层次，如图 6-3-11（a）所示。

（2）亮暗对比，调整曝光根据内容表达需要控制画面的亮暗比例，如图 6-3-11（b）所示。

（3）逆光不要太高、太偏、太亮。在运用逆光时要注意，逆光很容易进入摄像机而形成光晕，要适当调整拍摄角度或光位，逆光不要太高、太偏、太亮，如图 6-3-11（c）所示。

第 6 章　光线与电视照明

（a）暗背景突出主体　　　　（b）控制亮暗比例　　　　（c）注意调整逆光方向的亮度

图 6-3-11　逆光的处理

4．顶光

顶光是指来自被摄体上方的照明，包括顶顺光、顶逆光、顶光。光线方向与拍摄方向在垂直面成 90°左右，被摄体水平面上的照度大于垂直面的照度，其投影落在下部，其光效如图 6-3-12 所示。这种光线一般不宜用来塑造人像，因为顶光照射下的人物，前额与鼻尖儿发亮，眼窝发黑，两腮有阴影，颧骨显得突出，歪曲了形象，不利于塑造先进的人物，但是拍摄风景可获得较好的效果，如图 6-3-13 所示。在演播室、舞台环境布光中，顶光可用做底子光照明。

图 6-3-12　顶光的照明效果　　　　图 6-3-13　顶光风景

5．脚光

脚光是指从被摄体下方射向被摄体的光，其光效如图 6-3-14 所示。根据前后位置不同又可分为前脚光和后脚光。脚光一般用来制造和渲染特定的环境和气氛，例如台灯、篝火等特殊光源的照明效果，如图 6-3-15 所示。脚光还可以冲淡顶光阴影或修饰面部，淡化下颚阴影。

图 6-3-14　脚光的照明效果　　　　图 6-3-15　脚光的处理

6.3.3 照明角度的决定因素

无论是在自然光还是人工照明条件下，其目的都是要通过照明达到技术要求和完成艺术任务。具体在自然环境光线下，如何选择合适的时间、环境、气候和合适的拍摄角度？在人工照明时，如何在决定拍摄角度后，进行布光？

一般来说，照明的角度选择要考虑以下几个方面的因素。

（1）能正确地表现被摄体的形状和形态。
（2）表现出被摄体的立体感、质感。
（3）画面的影调要适当。
（4）使用多光源时，注意画面中应只有一个影子。
（5）光源及在它光滑面、镜面上的反射光，不要直接进入摄像机。

6.4 电视照明的基本设备

在电视拍摄中，除了利用自然光照明外，还需要用人工照明，即运用人工光源进行照明，所以要熟悉照明的基本设备，例如光源、灯具、支撑装置及调光设备等。

6.4.1 电光源的种类

目前市场上的照明器材种类繁多，在这里难以一一列举，仅对拍摄中常用的照明器材加以介绍。电光源可分为热辐射光源（普通白炽灯、卤钨灯）、气体放电光源（荧光灯、金属卤化物灯、氙灯）和近几年发展起来的 LED 灯。

1．白炽灯

这是电光源中最早出现的光源，也就是人们平时所说的普通钨丝灯。优点：显色性好，寿命较长，功率范围大。缺点：发光效率低（百分之几），色温低（2 300～2 800K），玻璃壳发黑（降低发光效率）。目前在电视照明中已淘汰。

2．卤钨灯

卤钨灯是卤钨白炽灯的简称。它是在常用的钨丝灯的基础上，往灯泡内充入定量的卤素或卤化物，利用卤钨循环原理而制成的。在一定的温度下卤素与蒸发到玻璃壳上的钨化合，化合成的卤化钨是气体，随着灯内气体的对流，卤化钨又扩散到灯丝附近，由于灯丝温度很高，因此卤化钨又分解为卤素及钨，钨又回到钨丝上，大大延长了灯泡的寿命。

优点：色温高，且稳定，一般为 2 900～3 200K；发光效率高，稳定，30lm/W；寿命比同功率的白炽灯长 3～4 倍；透光性好，可见光全部能透过；体积小；显色指数为 97～99。

缺点：不能用手拿，碰到石英玻璃使用时易碎；耐震性差；由于制造技术原因，灯丝易断。卤钨灯是目前电视节目制作中使用最广泛的一种光源，如图 6-4-1 所示。

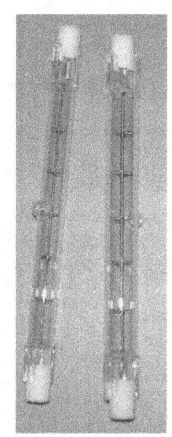

图 6-4-1　卤钨灯

3．金属卤化物灯

金属卤化物灯又称为金属卤素灯，灯管内加入卤盐（铟、铊、碘化钠等），使汞蒸气浓缩，金属卤化物灯利用电极之间通过电流形成的电子束与气体分子碰撞，激发产生光线。金属卤化物灯在参与整个发光的过程中，绝大部分能量被转换成可见光，仅有很小部分能量转换成热量，从而有很高的发光效率。常用的有镝钬灯。

金属卤化物灯的优点：

色温高：5 500～6 000K。

显色性高：80～90。

发光效率高，80～100lm/W，寿命长。

金属卤化物灯是室外拍摄常用的光源，如图 6-4-2 所示。

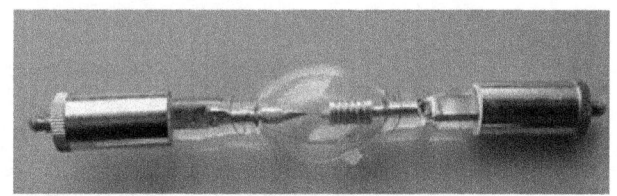

图 6-4-2　金属卤化物灯（镝灯）

4．氙灯

氙灯是在石英泡壳（或灯管）内充入氙气，利用超高压氙气的放电现象制成的新型气体放电光源。

氙灯的优点：

色温高：6 000K。

显色指数高：94。

发光效率高：30～40lm/W。

启动快速。

氙灯光谱能量分布与日光接近，常用作外景照明，如图 6-4-3 所示。

5. 三基色荧光灯

三基色荧光灯并不是家庭用的荧光灯管，是20世纪70年代出现并开始应用于彩色电视照明的一种光源，因其光谱能量分布曲线是以红、绿、蓝三种原色组合而得名的。它的外形和家庭用的日光色荧光灯是一样的，如图6-4-4所示。

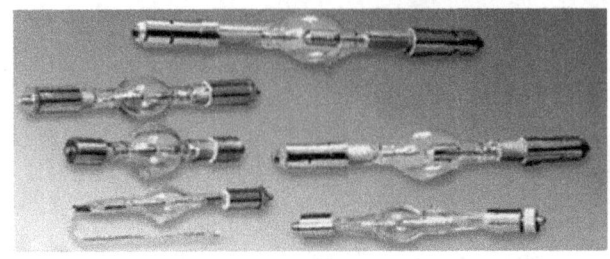

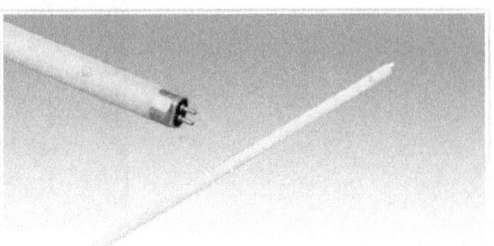

图6-4-3　氙灯　　　　　　　　　　图6-4-4　三基色荧光灯

三基色荧光灯的优点：发光效率高，是白炽灯的4～5倍。寿命长，平均寿命在1 000 h左右。发光柔和，发光面积大。色温为3 200 K，常用于小型演播室的基础照明。

6. LED灯

LED是英文Light Emitting Diode的缩写，通称发光二极管，是一种直接将电能转变成光能的发光器材，如图6-4-5所示。LED发光原理是在PN两端加上正向电压，则P区中的空穴会流向N区，N区的电子流流向P区，然后随着少数载流子和多数载流子复合放出能量，一部分能量转化为热能，另一部分转化为光能，如图6-4-6所示。LED照明灯的主要优点包括寿命长、显色性好、发光效率高、色温可调、安全性高。由于LED灯的优良性能，目前不仅已应用在普通照明，而且已大量应用于演播室和外景电视照明中。

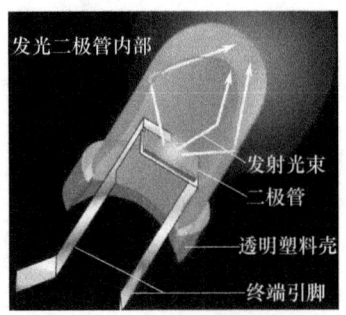

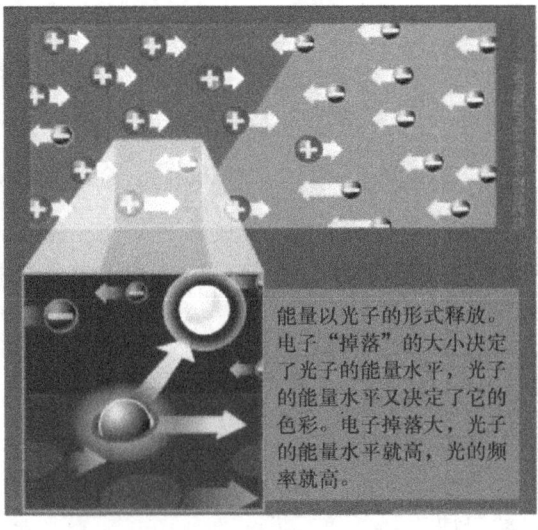

图6-4-5　发光二极管的结构　　　　图6-4-6　发光二极管的发光机制

6.4.2 电视照明对电光源的要求

电光源是利用电能发光的光源，电视照明用电光源不同于日常生活照明用电光源。

(1) 保证获得良好的屏幕色彩再现，电视照明用电光源色温必须均匀稳定，显色好，而且在调光改变工作电压时，电光源的上述特性也必须稳定。

(2) 要求发光亮度高且光通量稳定，效率高，热耗散低。

(3) 电光源电路要简单，能瞬间重新点亮。

6.4.3 电视照明用电光源的性能指标

衡量电视照明用电光源优劣的主要性能指标如下。

(1) 额定电压和额定电流。额定电压（电流）是指电光源按预定要求进行工作时所需要的电压（电流）。

(2) 额定功率。额定功率是指电光源在额定电压和电流下工作时所消耗的电功率。

(3) 光通量。光通量是指光源在单位时间内通过某个面积时的辐射光能量（前面已经提到）。光通量越大，意味着同样距离，能提供的照度越大。

(4) 色温。对于电视照明而言，由于摄像机是按照3200K设计的，也就是光源是3 200K时无须用滤色片，因此对光线没有衰减，可以使用小光圈，提高图像质量，因此演播室照明都采用3200K色温，而在外景拍摄则要用5600K色温，与日光色温一致。

(5) 显色指数。这是衡量色彩还原的重要指标，显色指数越高，显色性越好。影视照明要求显色性比普通照明要高，因此在选购时要特别注意。

(6) 发光效率。光源发出的光通量与其消耗的电功率的比值。发光效率越高，同样的光通量消耗的电能越少。

(7) 寿命。有两个指标：全寿命和有效寿命。全寿命是指电光源从开始工作到其不能工作时的全部累积点燃时间。有效寿命是指电光源从开始正常工作到其光通量下降到一定的数值（一般指下降为70%~80%）时的全部累积点燃时间。

6.4.4 电视照明的灯具

各种电光源还要与相应的灯具配合，才能使用。灯具一般分为聚光型灯具和散光型灯具。

1. 聚光型灯具

聚光型灯具的特点是投射光斑集中，亮度高，边缘轮廓清晰，大小可以调节，光线方向性强，易于控制，可使被摄体产生明显的阴影。聚光型灯具主要常作为人物或场景的主光、轮廓光使用。在聚光型灯具的灯前加柔光纸或磨砂玻璃后可当作散射光灯使用。电视中最常用的聚光型灯具有菲涅尔聚光灯、椭圆形聚光灯、追光灯、回光灯、筒子灯。

(1) 菲涅尔聚光灯。菲涅尔聚光灯是演播室常用的一种灯具。其外形如图6-4-7所示，内部结构如图6-4-8所示。它是由灯泡、球面反射镜、活动支架和菲涅尔透镜组成的。灯泡的位置始终在反射镜的球面半径位置上，使灯泡向后面发射的光线被镜面反射回来后，仍经过球心向前汇合在螺丝透镜上，从而提高了光线的输出效率。

 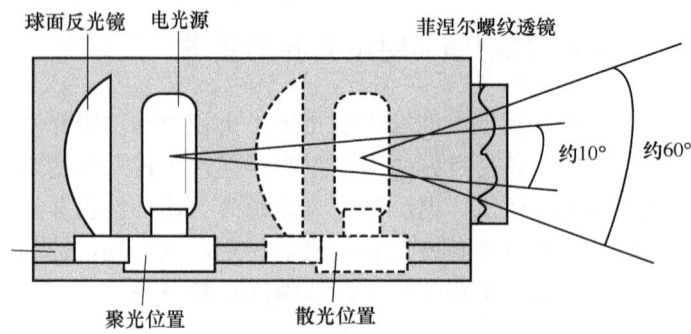

图 6-4-7　菲涅尔聚光灯　　　　图 6-4-8　菲涅尔聚光灯的内部结构

菲涅尔透镜的透射面是由多个梯形圆环组成的，既能起聚光作用，又能使透镜中间部分变薄，起散热作用。

灯泡的位置可以和反射镜一起前后调节，当灯泡在螺纹透镜的焦点上时，投射光束是平等光束。当灯泡在螺纹透镜的焦点之内时得到的是分散光束。当灯泡在螺纹透镜的焦点之外时，得到的是会聚光束。在螺纹透镜作用下，投射光斑没有交叉干扰，物象清晰，光影质量好，改变挡光片的角度，可以控制灯光的照射范围。

（2）椭圆形聚光灯。椭圆形聚光灯由灯泡、椭面反射镜光阑、造型片和凸透镜组成。椭圆形聚光灯产生的光束强烈、清晰。即使在散光位置，椭圆形聚光灯的光束仍然比菲涅尔聚光灯的光束强烈，如图 6-4-9 所示。它能射出很严格的平行光，光斑形状与光强能用造型片与光阑等控制。可射出各种造型图案，常用于造型效果光、追光等。椭圆形聚光灯的功率从 500 W 到 2000 W 不等。

（3）追光灯。电视节目制作用追光灯是一种强有力的特效聚光灯，主要用来模拟戏剧舞台效果。追光灯通常用来追逐舞蹈演员、滑冰运动员或在幕前表演的单个演员的动作等，如图 6-4-10 所示。在小型演播室内，也可用椭圆形聚光灯来模拟追光灯。

图 6-4-9　椭圆形聚光灯　　　　图 6-4-10　追光灯

（4）回光灯。回光灯是一种反射式灯具。回光灯的光学系统多采用球面反射镜作为反光部件，具有光质硬、射程远的特点，也常称为硬光灯，如图 6-4-11 所示。回光灯通常用作轮廓光照明，以突出被摄体的轮廓。

回光灯具的光源不是固定在球面反射镜的球心上,而是可在球面反射镜的光轴上移动的,从而达到控制出投射光线投射范围的目的。

(5)筒子灯。筒子灯又称为 PAR 灯,也是一种反射式灯具,如图 6-4-12 所示。反射镜采用抛物面反光镜,但它的通光口径与镜深的比值要比回光灯的小,具有更大的包容角。筒子灯结构简单,使用方便,具有较强的聚光能力,投射光束的光度较高,能产生较强的光束效果。可用来作效果光,塑造光柱、光幕等光影造型。

 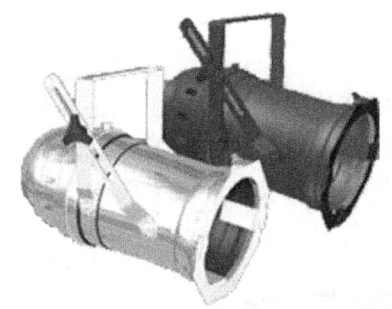

图 6-4-11 回光灯　　　　　图 6-4-12 筒子灯

2. 散光型灯具

散光型灯具是一种漫反射式灯具,投射光斑发散,亮度低,边缘模糊,散射面积大,光线没有特定的方向,柔和均匀,不产生明显的阴影。

散光型灯具常用作辅助光、基础光、背景光,与聚光型灯具形成互为补充的关系。常用来作辅助光以减小场景中的亮暗反差。

(1)新闻灯。新闻灯重量轻、体积小,常用于外景采访。分为单联和双联,如图 6-4-13 所示。

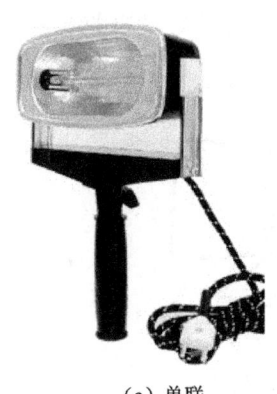 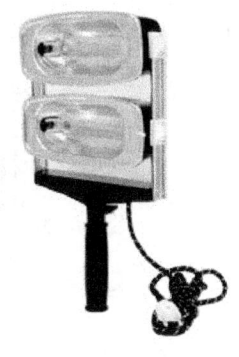

(a)单联　　　　　　　　　(b)双联

图 6-4-13 新闻灯

(2)四联散光灯。四联散光灯光线均匀柔和,常用于大面积照明,作辅光或顶光、背景光。四个灯管可分别打开,如图 6-4-14 所示。

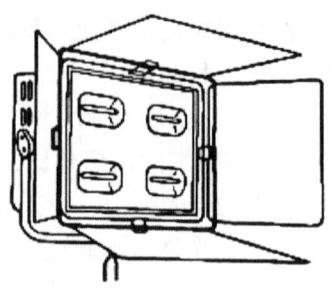

图 6-4-14 四联散光灯

（3）天地排灯与顶光散光灯。天地排灯（见图 6-4-15（a）、(b)）在演播室用于天幕照明，要求上下灯具的光线能重叠、均匀照亮天幕。灯具前插片架，固定各种色纸，可以调整天幕的颜色。顶光散光灯（见图 6-4-15（c））的结构与天幕散光灯近似，常用作演播室的顶光与场景光。

（a）地排灯　　　　　　（b）天排灯　　　　　　（c）顶光散光灯

图 6-4-15 天地排灯和顶光散光灯

（4）外景散光灯。外景散光灯常用作外景辅助光照明，如图 6-4-16 所示。

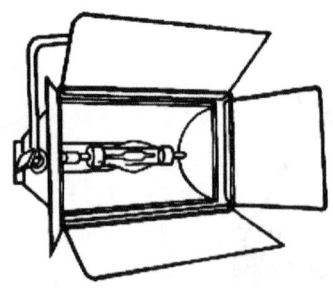

图 6-4-16 外景散光灯

灯体采用防锈合金铝板，强度高，重量轻。反射面采用高纯铝板，经喷砂和电化处理，以增强散射效果。配用管形镝灯，电源触发部分安置在灯体后盖部位，开启方便，利于检修。如图 6-4-16 所示的是 DSG 系列外景散光灯，配用管形镝灯。

（5）三基色荧光灯。三基色荧光灯由多支三基色灯管组合而成，有 3 管、6 管、9 管，常用作天幕、顶光辅光等，如图 6-4-17 所示。

图 6-4-17 三基色荧光灯

3．电脑灯

电脑灯是在 20 世纪 70 年代末 80 年代初才出现在电视舞台上的。起初，在国外一些大型的户外演唱会上，为了烘托现场气氛，使用了一些由电机控制的筒子灯（PAR 灯）来产生可以摆动和颜色变化的光束。电脑灯经过起初的模拟时代变换发展到了今天的数字时代，目前电脑灯已经发展成为了一个非常庞大的家族，其品牌至少也有上百种。现在流行的电脑灯按结构形式来分大致有三种：一种是镜片扫描式电脑灯，一种是摇头式电脑灯，另一种是固定式电脑换色灯。

（1）镜片扫描式电脑灯。镜片扫描式电脑灯是靠灯体前部的灯头上的一块反光镜片摆动来投射光束，其外形如图 6-4-18 所示。镜片由俯仰和方位两个电机驱动，完成垂直和水平的摆动。其最大的优点是镜片很轻，控制起来非常方便快捷，能够产生非常快速的光束运动变化。其缺点是受反光镜轴的影响，光束运动范围较小。因此，比较适合悬挂使用。

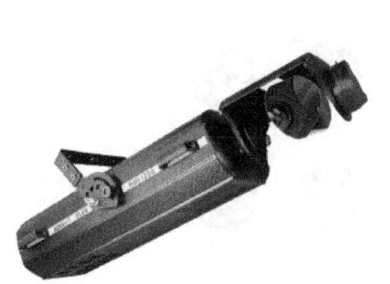 

图 6-4-18 镜片扫描式电脑灯

（2）摇头式电脑灯。摇头式电脑灯的优点在于灯体转动带动光束运动，转动范围大，可做到 360°旋转。电脑灯的功能也越来越全，从最初受技术限制只能做单纯的变色效果，已发展到与镜片扫描式电脑灯一样，能够产生非常丰富的艺术效果，其外形和光效如图 6-4-19 所示。

 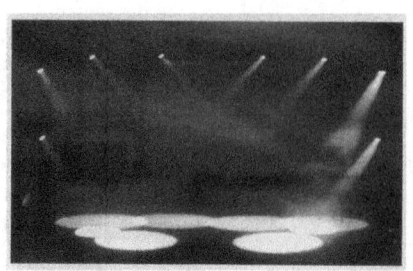

图 6-4-19 摇头式电脑灯及其光效

（3）固定式电脑换色灯。固定式电脑换色灯不需要任何硅箱、调光台和换色器，只要通过 DMX512 控制台就可以变化出丰富多彩的色彩及 0～100%的调光效果。其外形和光效如图 6-4-20 所示。

图 6-4-20 固定式电脑换色灯及其光效

电脑灯的功能特点：作为现代灯具的典型代表，电脑灯的功能一般包括光线颜色变化、三基色组合变化、光线明暗变化、图案组合变化、图案旋转变化、棱镜效果变化、柔光效果变化、镜头光圈收缩变化、镜头调焦变化、镜头变焦变化、光束频闪变化等，电脑灯图案丰富，其中一些图案如图 6-4-21 所示。

图 6-4-21 电脑灯图案

4．LED 灯具

LED 是一种直接将电能转变成光能的发光器材。2004 年，北京国际广播电影电视设备展览会（BIRTV）上 LED 筒子灯（PAR 灯）首次亮相开始，各种各样的用于电视节目制作的 LED 效果灯如雨后春笋般发展起来。目前已经有 LED 聚光灯、LED 散光灯、LED 电脑灯等多种类型的灯具，如图 6-4-22 所示。

图 6-4-22　LED 灯具

6.4.5　灯具的支撑装置

根据电视照明的需要，用来支撑或悬挂灯具的装置一般有以下 4 种形式。

1．地式

为了达到一定的照明目的，有时需要把灯具直接安装在地上，例如地排灯、布景灯、条形灯等。地排灯如图 6-4-23 所示，它一般都是用来照亮背景的，在较大型的演播室内，在天幕前都有一个槽沟，是专门用来放置地排灯的。

2．立式

所谓立式，也就是把所要用的灯安置在专用的带轮或不带轮的三脚架上，如图 6-4-24 所示。立式灯适用于任何场合，设置起来也比较容易，灯光的位置可以任意变动，灯的平面角度和高度也可随意调整。另外，由于它不需要其他特殊的安装设施，费用较低，而且携带起来比较方便，因此受到人们的普遍欢迎，使用比较广泛。

图 6-4-23　地排灯　　　　图 6-4-24　立式灯架

3．悬吊式

悬吊灯是演播室里最常用的一种，演播室一般都采用悬吊杆将灯具挂在屋顶的灯架上。大多数小型电视演播室内，都安装着照明管道格子，一般位于高顶棚下面 3.5 m 处。灯具用夹具固定在或悬吊在这种格子结构的钢管上。悬吊式灯架上的支架和悬吊杆可分为固定式和移动式两种。

（1）固定式悬吊装置。采用固定式悬吊装置，可以在它上面吊装很多灯，就像天上的星星一样，所以又把它称为"满天星"式。固定式悬吊装置共有三种形式：水平吊杆式、格架式和定点吊杆式。通过手动操作可使灯具停在任意高度，使用起来很方便，节省时间和人力，如图6-4-25所示。

（a）水平吊杆式悬吊装置　　　　　　　　（b）移动式悬吊装置

图 6-4-25　固定式悬吊装置

（2）移动式悬吊装置。在移动式悬吊装置上面设置一定数量的滑动支架，灯具可以在一定的范围内移动，灯具的高度也可以调整，因此使用非常方便灵活。移动式悬吊装置有滑轨式、格栅式、行车式三种形式，如图6-4-26所示。

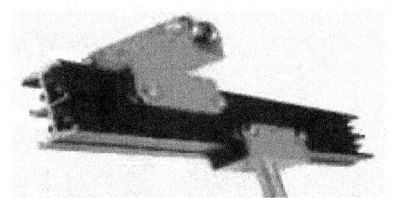

（a）工字轨道与滑车　　　　　　　　（b）王字轨道与滑车

图 6-4-26　滑轨式悬吊装置

（3）结合型悬吊装置。结合型悬吊装置把固定式悬吊装置和移动式悬吊装置结合起来，兼有两者的优点，如图6-4-27所示，有滑轨式水平吊杆和撑杆式结构。

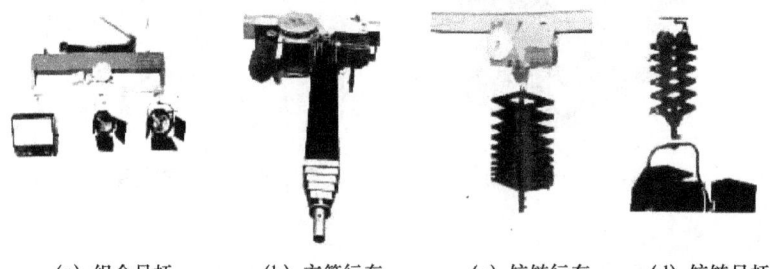

（a）组合吊杆　　（b）方管行车　　（c）铰链行车　　（d）铰链吊杆

图 6-4-27　结合型悬吊装置

悬吊式装置不仅可以充分利用空间，也避免了不必要的振动，不妨碍摄像机和工作人员的运动，灯也不容易进入镜头，无须每次拆卸安装。

4. 夹持式

可利用各种夹钳，把灯具卡在固定物上或手持进行便携照明，提供局部逆光，或者照明其他灯光不易照射到的地方，各种夹具如图 6-4-28 所示。在实景拍摄中，可将灯具卡在已有的设施上，简单方便。

图 6-4-28　各种夹具

6.4.6　调光及控制设备

所谓调光就是调节光源的亮度，使之有明暗变化，对电光源来讲就是调整光源的电压达到调节亮度的目的。

1. 演播室中采用调光设备的主要目的

（1）为了满足内容、情节变化，达到某些效果而调节亮度。例如，利用调光设备可以达到清晨或黄昏的变化效果。

（2）记录不同时间各个灯的不同亮度和开关时间，以便再现原来的灯光效果。

（3）延长灯泡的使用寿命。利用调光设备一方面可以适当降低灯泡电源的额定电压，另一方面使加在灯泡上的电压逐渐上升，灯丝温度逐渐升高，避免冲击电流的产生，延长了灯泡的使用寿命。

要注意的是，随着电压的变化，光源色温也要变化（降 1 V，色温降 6 K），所以正常情况下调光范围不能太大。

2. 灯光的控制方法

从不同的角度对拍摄对象和布景进行照明，可按照摄像人员所希望得到的不同效果进行调节。可以通过以下方式对每个灯的光亮度或光束的大小进行调节。

（1）功率调节。调节光强的最简易的办法是选择功率适当的灯。用功率较小的灯照射较近目标所达到的照度与用功率较大的灯从较远距离照射时的照度相似。但是近灯照射时的面积有限，而且可能进入摄像机的镜头内，远灯的照射面较宽，但也可能将摄像机等其他设备等的影子投落在布景上。

（2）距离调节。根据电光源照度与距离的关系，可以通过调节灯的距距来充分地改变目标的有效照度。这种方法对于改变落地式柔光灯对景物的照度尤其有效，因为散光照明的特点是光源随距离的增加而迅速衰减。

（3）聚光灯的焦距调节。螺纹透镜型的聚光灯在聚焦照明时，照射面积缩小而光强增大。用聚光灯进行散光照明时，照射面积增大而光强减弱。因此，摄像人员往往采用调节焦距的办法来改变灯的光强。

（4）在灯前面安置散光屏。散光屏的使用会降低光通量，光通量降低的程度取决于散光屏的材料。

（5）电压调节。降低灯的供电电压也可以减小灯的光通量，采用调光系统就可以平滑连续地调节光通量。可以得到任何选定的光强，从最大值一直到熄灭状态，也可以使灯渐明渐暗以得到特定的效果。

（6）利用灯具上的折扉。这是夹在灯的外壳正面的一个金属框架，框架上安置有两片或四片金属扉叶，可各自单独调节，如图 6-4-29 所示。整个装置可以转动，使整个组件对准不同的角度。

图 6-4-29　灯具用折扉

（7）利用挡光片。这是一种放置于灯正面的金属片（挡光片），可遮挡住投向特定区域的光。如果这种金属片上刻有花纹或加工成不规则形状，就可在某个表面上投射下带斑纹的光，以产生图案或"破碎"图像的造型效果。

（8）利用散光环。由一组薄的同心圆环构成。它们有助于减少某些类型灯具的散射光，这些灯具包括勺形灯、带内反光镜的灯，以及其他正面敞开式灯具。

（9）利用遮光罩。这是一些圆柱形或锥形管子，夹固在灯具的正面，以便将光限定在一个较小的圆形面积上，如图 6-4-30 所示。这种"聚光"作用有助于突出目标的某个细节，或者集中照明某个特定地区。

（10）利用反光器材。反光器材通常是一些具有漫射型反光面的器材，主要用于将灯具出射光或太阳光反射到被摄景物上，用于减弱被摄体身上的阴暗区域。常见的反光器材主要有铝箔反光板、白色硬质泡沫塑料反光板、反光伞（见图 6-4-31）、反光布和吹塑纸。

反光器材是外景拍摄的理想用光设备，因为通过这类器材可充分利用日光或灯光，无须供电，使用时便于移动，不仅可降低成本，而且携带方便。

图 6-4-30　遮光罩　　　　图 6-4-31　反光伞

3. 演播室调光设备

（1）调光设备的发展。演播室调光设备发展已经经历了四代，即电阻型调光器、变压器型调光器、磁放大器型调光器、可控硅型调光器。可控硅是一种功率半导体器件，可分为单向可控硅、双向可控硅。可控硅具有容量大、功率高、控制特性好、寿命长、体积小等优点，是目前电视照明调光控制的主流元器件，主要有以下优点。

①调光立柜体积小、重量轻，而且操作台可以与调光立柜分开，以减小干扰。可以让调光设备单独使用一台电源变压器，与视频、音频设备分开或让调光设备输出线远离视频、音频线并加以屏蔽，并且要有良好的接地。

②可以用微型计算机控制，因为调光器的可控硅控制部分是弱电。利用磁盘等外存储器，把灯光配置情况记录下来以备再用。

③能实现灯光的特殊效果变化，例如追踪、闪光、跳光、色光变化等。

（2）调光设备的分类。按使用场合划分，调光器有流动型硅箱柜和固定型硅箱柜两种。调光硅箱柜如图 6-4-32 所示。

(a) 固定型硅箱柜　　(b) 流动型硅箱柜

图 6-4-32　调光硅箱柜

流动型硅箱柜的主要种类有 6 路（6 kW/路）、12 路（3 kW/路）等，通常将 4 台流动型硅箱柜和 1 台电源箱叠放在一个飞机箱里组成一个流动单元，非常适合流动演出、小型演播厅和舞台使用。

固定型硅箱柜的主要种类有每单元柜 60 路、90 路、96 路，输出功率有每路 3 kW 和 6 kW 两种，通过单元柜的组合可构成 120 路、180 路、240 路、270 路、360 路等标准配置，适合大、中型演播厅和舞台使用。

在实际电视制作中，有些类型的节目（如大型综艺节目）往往需要几百路甚至上千路灯光，这就要求调光柜所具有的调光路数一定要多，因此，往往采用箱柜将多个调光器集中在一起使用。

按控制信号分为模拟式、半数字式和全数字式三类。全数字调光器技术最先进，具有调光一致性好、调光精度高、调光范围大、调光曲线多、智能化程度高等特点。

由于调光柜有很多路的调光器，因此，需要采用专门的控制台对各路调光器进行控制，数字调光控制台如图 6-4-33 所示。

（3）调光控制系统的构成。调光控制系统主要由调光控制台、调光器及辅助设备等组成，如图 6-4-34 所示。

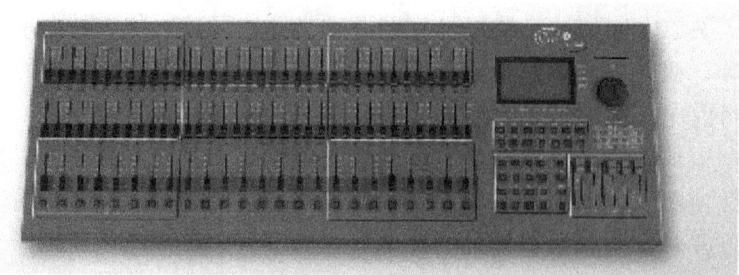

图 6-4-33　数字调光控制台

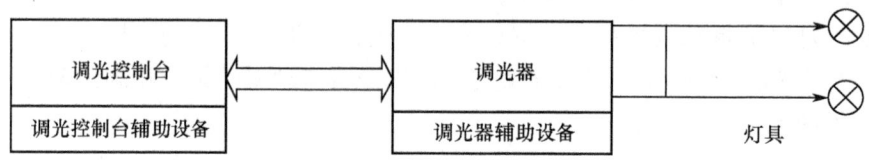

图 6-4-34　调光控制系统的组成

调光器接收调光控制台发送来的控制信号，根据其中的控制节拍，控制舞台上或演播厅中灯具光源两端上的电压变化，调整灯具的发光亮度，实现演出光强的有序分布，从而达到灯光师的设计目的。调光器是通过弱电信号来控制电信号的设备，设备选型时必须充分考虑其可靠性、抗干扰性和安全性等指标。

6.5　电视照明的方法和步骤

6.5.1　不同场面的布光程序

布光应按一定的程序进行，避免光线相互干扰。布光的程序是按拍摄的场面大小而定的。

1．大场面布光程序

大场面布光一般首先布置场景光，然后布置背景光，最后布置主体光。此时要求背景光能反映出场景的三维空间。主体光即照亮主体的光。

主体光的布置顺序如下。

（1）布置主光，确定主体的初步造型。检查其角度、照度是否合适，即确定主光的强度、光性、光位。

（2）布置辅助光以弥补主光不足之处，来改进未被主光照明的部分造型。

（3）布置轮廓光以区别主体与背景，增强画面的空间感。

（4）布置背景光以获得一定的亮度，烘托被摄体，调整背景光并消除背景上的阴影。

（5）必要时可以布置装饰光以加强局部细节造型，使整体协调美观。

（6）检查画面内是否有缺陷并调整，基本满意后即可拍摄。

2．小场面布光程序

小场面布光一般先布置主光，后布置背景光。因为小场面的主体与背景距离比较近，如果先布置背景光，主光、辅助光会投射在背景上，影响原来的背景光。主体光布置顺序仍是主光、辅助光、轮廓光。布光要根据主体是人还是物、个体还是群体、静态还是动态等具体情况,考虑最佳方案。只要光效好,灯光用得越少越好。

6.5.2 静态布光

1. 静态三维物体布光

三维物体的布光主要用三点布光法,即运用主光、辅光、轮廓光三种基本光进行照明。将三维物体的立体感、质感、纵深感的基本造型呈现在二维电视屏幕上。三种光线的造型效果如前所述,但它们是相互制约的,在布置时要注意以下几方面。

(1) 主光强,辅光要弱,否则会喧宾夺主。
(2) 主光高,辅光就要低,这样才能有效地消除在垂直方向上的阴影。
(3) 主光侧,辅光就要正,这样才能有效地消除主光在水平方向上的阴影。
(4) 轮廓光可由主光、辅光的位置决定其高低。

2. 静态单人布光

根据人物的不同特点及造型的需要,静态单人布光一般可以采用以下三种组合,当然也可以根据需要做相应的调整。

(1) 侧光照明组合

侧光照明组合的特点是画面有明显的明暗配置,人物立体感强,明暗反差适中,整个画面的调子明快、有活力,是最常见的一种布光方式,其布光如图6-5-1所示。

主光的光位在 4～5H、1 V 或 7～8H、1 V(水平角 15°～45°,垂直角 20°～40°)的位置上,辅助光的光位在 6 H、3 V(水平角 5°～30°,垂直角 0°～20°)的位置上,以紧靠摄像机拍摄轴线为宜,偏离这个位置,容易在被摄体表面产生不应有的光线投影。主光与辅助光的光比不小于 2∶1,这要根据不同的拍摄对象与创作意图来定。如果被摄对象是儿童和妇女,那么光比要适当小一点。如果被摄对象是中年人或老年人,光比就可适当大一点,调整光比大小可通过增强或减弱辅助光的亮度获得。轮廓光灯的位置一般在主光灯所对应的那个角度上,即 11 H、10 V(水平角 0°～30°,垂直角 20°～45°)的位置上,其高度应依据被摄对象的具体情况来定,它是用来勾画人物头发、肩膀、形体轮廓的。轮廓光与主光光比一般在 1∶1 或 2∶1 左右。背景光要根据主体亮度变化而变化,主体亮背景就稍暗。主体暗,背景就稍亮。一般背景光与辅助光光比为 1∶2 或 1∶1。

在对正面人像进行布光时,还可以根据脸的胖、瘦,男女性别来确定光位。一般来说要使胖脸变瘦,则光位的水平角、垂直角都大一些。主光、辅光的光比大一些。对于女性肖像,一般多采用软光正面照射,女性的逆光可比男性强一些,这样能使女性的发型显得醒目,增添美感。男性照明的垂直角度要比女性陡一些,水平方向要比女性侧一些,主光、辅光的明暗对比度要大一些。

(2) 平调光照明组合

平调光照明组合是以平光(顺光)作为主光,这种照明的特点是画面上没有明显的明暗反差,影调柔和。灯光配置如下:主光灯 1 和主光灯 2 一般配置在 6 H、3 V 或接近这个光位的位置上,以紧靠镜头为宜,光比控制在 1∶1 或不超过 1∶2。轮廓光灯配置在两个主光灯所对应的 11 H、10 V 的位置上,轮廓光同主光(其中一个)的光比控制在 1∶1 或 2∶1 左右,轮廓光不能过强,以免画面柔和层次受到影响。背景光灯放置在被摄体后面或左右两后侧,背景光的亮度一般比主光稍强或略弱一点为宜,使人物能够与背景有一定的区别,如图 6-5-2 所示。

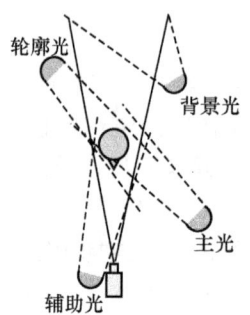 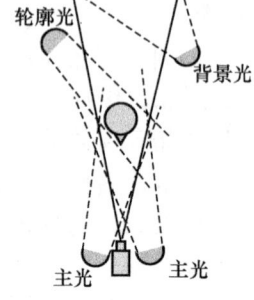

图 6-5-1　侧光照明组合　　　图 6-5-2　平调光照明组合

平调光照明很容易处理成高调画面效果,高调画面以浅色占画面的大部分,组成的影调给人以明朗、愉快的感觉。

3) 逆光照明组合

逆光照明组合是以轮廓光作为主光,光位在与摄像机镜头拍摄轴线相对的 11 H、10 V 的位置上,有时为了加强其轮廓光效果,可用双边轮廓光,如图 6-3-12 所示。为了使背光一侧被摄体的亮度不至于过暗,往往要在人物的前方 9 H、3 V 的位置上加辅助光,主要任务是衔接轮廓光亮部分与阴暗面的中间过渡,辅助光不可偏离人物视线过多,以防产生夹光效果。有时还可在人物的后方 2 H、10 V 的位置上再放置一只轮廓光灯。在逆光照明中,一般轮廓光与人物正面的辅助光光比为 3∶1 或 2∶1。有时根据需要还可在 6 H、3 V 的位置加辅助光 2,辅助光 1 和辅助光 2 光比在 2∶1 左右。辅助光 2 的亮度不能超过人物正面辅助光 1 的亮度,否则会产生同轮廓光的夹光效果。背景光灯适当地把背景打出层次,使画面具有空间感,如图 6-5-3 所示。

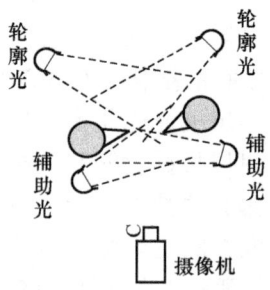

图 6-5-3　逆光照明组合

逆光照明常常产生低调画面效果,所谓低调画面是指画面以中灰到黑色为主,它能给人以庄重、肃穆、忧愁、悲怆、神秘之感。

拍摄低调画面人物衣服的色调应以灰色、深灰色为佳,但注意衣服与背景不要融合在一起,有时为了表现衣服的层次可适当加一点装饰光,同时在拍摄时还要注意曝光问题。

3. 静态多人场面的布光

在常见的新闻专题节目、杂志性节目中，经常出现两人以上的多人场面。以下介绍几种多人场面布光的形式。

1）两人场面的布光

（1）分别布光法。这种方法常用于两位节目主持人距离较大，当只用一个主光灯很难兼顾两个人物的主光造型情况下使用，如图 6-5-4 所示。

（2）重点勾勒法。这种方法是针对演播室内已布置了底子光照明，本身已经具有了一定的基准亮度，但画面中影调单一平淡，采取重点勾勒法，如图 6-5-5 所示。

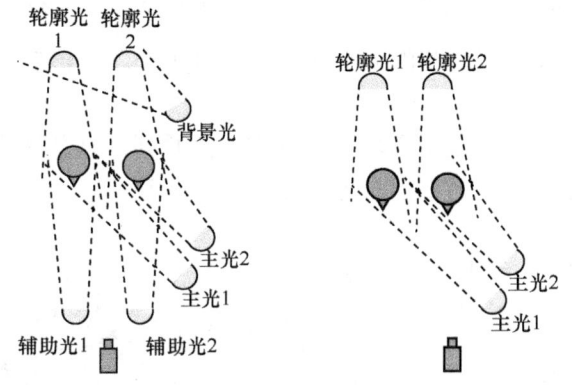

图 6-5-4　分别布光法示意图　　图 6-5-5　重点勾勒法示意图

（3）平调组合法。如图 6-5-6 所示，这种方法适用于正常脸形和稍瘦削的脸形。

（4）两人的侧面布光。以侧面或斜侧面相互交流的形式出现的双方，区别于两位主持人面对镜头时的正面布光形式，如图 6-5-7 所示。

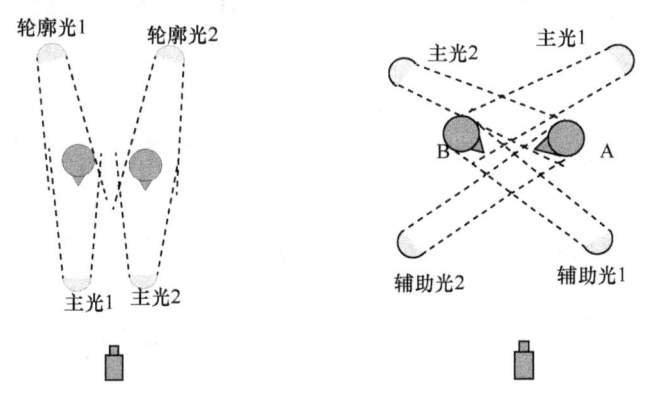

图 6-5-6　平调组合法示意图　　图 6-5-7　两人的侧面布光示意图

2）演播室内多人座谈的布光

多人座谈的形式因节目的要求不同而各式各样，下面介绍 4 种常用的形式。

（1）分别布光。对各个物体分别进行三点布光，注意光线的相互干扰，如图 6-5-8 所示。

（2）一灯多用布光。利用一盏灯对多个物体照明，起到不同的造型效果，如图 6-5-9

所示。

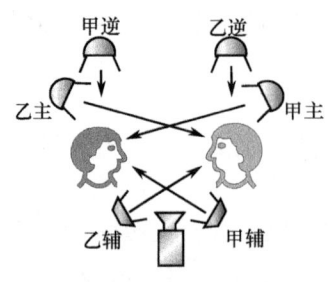
图 6-5-8　分别布光

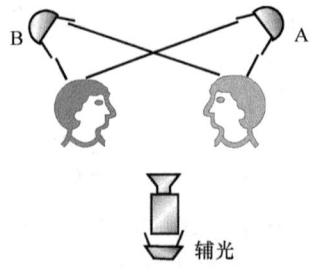
图 6-5-9　一灯多用布光

（3）分组布光。按灯具照明范围大小将群体分组布光。分组后分别使用三点布光，如图 6-5-10 所示。

（4）整体布光。整体布光是用高功率灯具或几盏并列灯具分别作主光灯、辅助光灯、轮廓光灯，对群体进行大面积的三点布光，如图 6-5-11 所示。

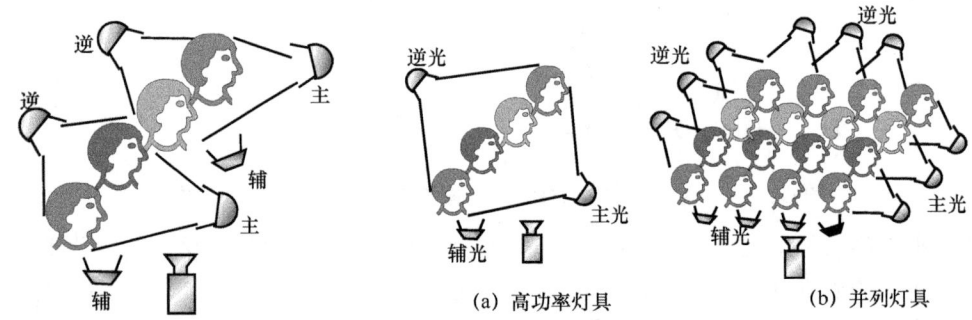

图 6-5-10　分组布光示意图　　　　图 6-5-11　整体布光示意图

6.5.3　动态布光

常用的动态布光主要有两类，即固定场景的布光与被摄体运动的布光。

1．固定场景的布光

所谓固定场景（表演区）主要是指舞台、演播室内的某一表演区域，这些区域限定了人物的活动范围。

固定场景布光方式主要是从基本造型光"三点式"布光而来。常见的固定场景的布光方法如下。

（1）全面底子光加逆光组合方式。用全面底子光提高整个场景的最低照明亮度，保证场景内每一角度和每一区域均匀照明。再用几盏逆光灯均匀地给予场景内较大面积的照明，以避免由于底子光照明带来的平淡，如图 6-5-12 所示。如果场景纵向较长，可在场景的前半部分再加用几盏轮廓光灯。

（2）平调照明加逆光组合方式。如图 6-5-13 所示，在场景的前区使用柔和、亮度高的散射光灯均匀照明。逆光从天幕上方处照明，每盏逆光灯负责场景的一个区域。

第 6 章 光线与电视照明

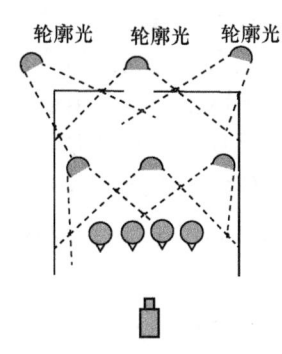
图 6-5-12 全面底子光加逆光组合方式

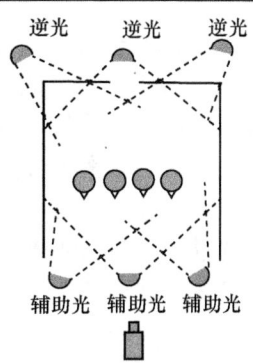
图 6-5-13 平调照明加逆光组合方式

（3）斜侧光立体照明方式。这种照明方式主要从静态人物侧光照明效果演变而来，如图 6-5-14 所示。主光灯来自场景前侧方向，辅助光灯放置在摄像机的视点位置，轮廓光灯放置在被摄体正逆光或侧逆光的位置上。这种布光方式下，摄像机的主角度和分切角度不能太斜，以保证最佳的光线造型效果。

2．被摄体运动的布光

固定场景布光不能具体照顾到每个人和每一个镜头。要想取得最佳效果，需要给每个镜头、每个人物单独或专门照明。动态人物的布光首先要求照明人员了解：

①人物活动的路线和范围；
②摄像机使用的镜头与景别；
③摄像机本身运动的方向和目的；
④所表现的内容和人物的情感；

目的是解决照明效果的一致性，连贯性。

采用的方法有以下几种。

（1）大面积布光。大面积布光，是将物体活动的整个区域进行大面积布光，这和整体布光相似。例如，舞蹈节目表演，可将整个舞台进行大面积布光，如图 6-5-15 所示。

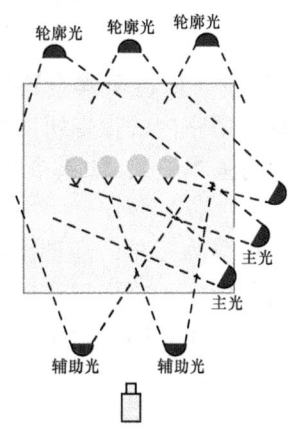
图 6-5-14 斜侧光立体照明方式

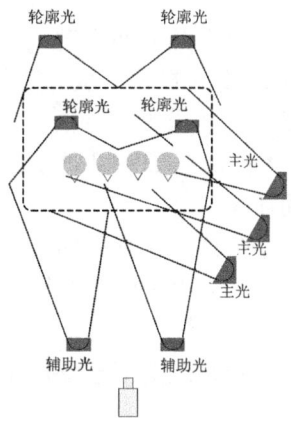
图 6-5-15 大面积布光示意图

（2）分区布光。分区布光，是将物体活动划分为一系列的重点区和瞬时区，物体在重点区的时间比较长，需要有较好的布光效果，可采用三点布光方式；物体在瞬时区很快就通过了，只需适当的照明，可用一盏散光灯作主光灯，亮度稍暗些，用逆光勾勒出教师轮廓并与背景分离，其影调反差与重点区相吻合就可以了，如图 6-5-16 所示。

（3）连续布光。连续布光是按照物体活动的路线、环境，以及在每一相对位置的活动范围利用三点布光法进行连续布光，使物体运动的方向发生变化时，主光、辅助光和逆光的方向不变，保持同一光线造型效果，如图 6-5-17 所示。

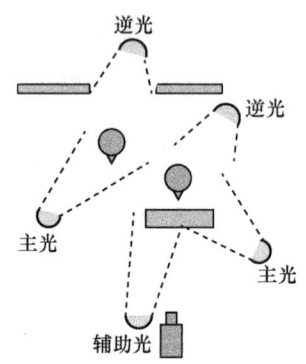 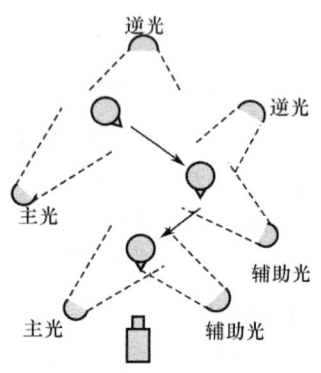

图 6-5-16　分区布光示意图　　　　图 6-5-17　连续布光示意图

6.5.4　演播室照明设计

一个即将要进入演播室进行制作的节目，其演播室照明都要经过构思、设计才能完成。当然有些节目可能需要的时间长些，如一些引人注目的大型节目晚会等。在照明进入构思、设计阶段的同时，相关其他部门的工作也开始了，如布景设计、演员化妆造型、摄像机在场内的角度设计、声音的调控及话筒的位置等。一般电视演播室照明设计包括以下几个方面的内容。

1. 照度设计

照度设计要考虑以下几方面问题。

（1）满足摄像机技术要求。虽然高灵敏度的摄像机（如电荷耦合器件摄像机，简称 CCD 摄像机）对照度的要求大大降低了，但目前电视演播室内的摄像机对照度的要求还需要 1500～2000 lx，才能保证摄像机对场景内物像记录的基本效果。如果不能达到这种照度，就会直接影响画面质量。

（2）画面的亮暗基调。从画面的亮暗基调来看，可分为三种：高调画面——整个场景明亮，黑暗部分很少，多用于明亮欢快的节目。中调画面——画面以中间色彩为主，格调沉稳，灰度比 20∶1，一般用于对话节目和教学节目。低调画面——画面中暗的部分占据很大部分，主要用于夜晚或沉闷悲愤的节目。

2. 色彩设计

色彩设计要考虑以下几方面问题。

（1）色温平衡。色温平衡是光色正常再现的保证，是指演播室内光源的色温与摄像机需要的色温要保持一致。如果光源色温与摄像机需要的色温不一致，可用灯光滤色纸提高或降低光源色温，或者靠摄像机自身的滤色片及白平衡调整，实现色温平衡。

（2）色彩基调。演播室大多数的节目制作，需要形成一种色彩上的总体趋势，即形成色彩基调。这种色彩基调以一种颜色或相邻的几种颜色构成，呈现色彩和谐统一的倾向。这种色彩基础与整个节目的主题内容相一致，有助于观众对主题的认识与理解。

（3）色彩氛围。在灯光前加上各种各样的色片，会造成一种静态的或动态的五彩缤纷的色光效果，可有效地增加现场气氛，如在演播室内的服装表演、歌曲演唱会、舞蹈比赛等。色光的丰富变化形成一种光色变化的节奏，能有效地引起观众的视觉兴奋。

3．光线方向

光线方向设计要考虑以下几方面问题。

（1）光线主方向。人工照明的效果要与人的现实感受相同，通过改变光的方向产生出自然光的效果，强调人物的表情和心理状态。

（2）阴影。光线照射会产生影子，通过影子可以产生立体感。

4．光的分配

通过画面中明暗比例、明暗关系来表现内容。硬调画面中亮暗对比鲜明。适宜表现人物果敢、向上、坚毅的品格，画面富有生气、鲜活明快。软调画面明暗反差小。适合表现人物柔弱、犹豫、消极的性格，画面色彩对比和谐、过渡丰富、质感细腻。

总之，演播室的照明设计既要满足技术要求，同时更要为艺术服务，用光色变化实现表达思想情感的目的。

思考与练习

1．电视照明的目的和任务是什么？
2．自然光有哪些特点？
3．电视照明的灯具主要有哪些？

实 验 训 练

1．自然光拍摄。在自然光环境下分别拍摄顺光、侧光和逆光画面，分析不同光线的画面效果。

2．数字调光台的使用操作。熟悉数字调光台控制面板的开关和按钮的功能，并进行场景设置。

3．单人和双人布光练习。以三点布光为基础，对单人和双人分别布光，注意对阴影的处理和光比的控制。

4．小型晚会多场景照明设计与实施。根据晚会需要，设计出多个场景并实施。

第7章 电视特技

本章学习目标
- 了解常用的摄像特技、录像重放特技和数字电视特技
- 了解典型的模拟电视特技种类及其原理
- 了解电视切换台的种类及用途
- 掌握一种典型电视切换台的使用
- 根据各种特技效果的特点,在实践中合理应用各种特技效果

"特技"一词,顾名思义,就是特殊技巧的意思。电视特技的范围是相当广泛的,从最简单的字幕叠加,到最复杂的数字特技等都属于电视特技的范围。随着科学技术的发展,电视特技的运用越来越普及和多样化,表现手段经常翻新,向高难度、复杂化发展。了解、掌握并运用特技的目的是更生动、形象地表现节目内容。

电视特技是指利用设备和特殊技巧,如摄像特技、录像重放特技、模拟电视特技、数字电视特技来处理或组接画面,从而产生人们所需要的特殊画面效果。由此可见特技的含义不仅是指画面与画面间的组接过渡,还包含利用特技手段对画面进行创造性的处理。

7.1 电视特技的种类与处理方式

7.1.1 摄像特技

摄像特技是指用单机摄像系统产生的拍摄特技。包括镜头操作特技、特殊效果镜特技、镜前加工特技。其中,镜前加工特技是在摄像机前面设置卡纸、绘画、照片、模型、银幕、光具而产生的特技,主要包括遮挡拍摄、模型拍摄、银幕拍摄、合成拍摄等。目前这种特技已不常用,因此下面主要介绍镜头操作特技和特殊效果镜特技。

1. 镜头操作特技

(1)光圈操作:通过改变镜头光圈大小,可以使图像产生淡出(FADE OUT)、淡入(FADE IN)特效。当第一个镜头结束时,光圈由正常调至关闭,图像从亮变暗,产生淡出特效;当第二个镜头开始时,光圈由关闭调至正常,图像从暗变亮,产生淡入特效。

(2)聚焦操作:通过改变镜头聚焦虚实,可以使图像产生虚出、虚入组接。第一个镜头结束时,聚焦由实变虚,画面虚出;第二个镜头开始时,聚焦由虚变实,画面虚入。

(3)停机再拍:固定摄像机镜头不动,拍摄一段内容后停机,将某些物体移入或移出画面,再继续拍摄,到内容拍完为止。例如,《西游记》中孙悟空突然出现、消失,实验器材逐一出现等就是利用这种方法拍摄的。

（4）定时拍摄：又称延时拍摄，它是利用自动控制器，按照预定的时间间隔进行逐帧拍摄。种子发芽，禾苗生长，鲜花开放都是这样拍摄的。例如，一朵花由闭到全开需要两天时间，如果每小时拍 1 帧，则一共拍摄 48 帧，放像时花朵 2s 就开放了。

2. 特殊效果镜特技

在摄像机镜头上加特殊效果镜拍摄，可以使画面产生多像、柔光、晕光、星光、夜景等特殊造型效果。常见的特殊效果镜有以下几种。

（1）多像镜。多像镜由多棱镜制成，它使画面产生若干个相同形状的影像，个数分为 2、3、4、5、6、7 等，排列方式分为多影和多排等。

①多影镜。多影镜使画面中心有一个主要影像，四周有多个次要影像。转动多影镜时，四周影像转动。多影镜如图 7-1-1 所示。

(a)　　　　　　　　　　　　　　(b)

图 7-1-1　多影镜

②多排镜。多排镜使画面沿中线方向有多个相同的平行排列影像。转动多排镜手柄时，整排影像倾斜排列。多排镜如图 7-1-2 所示。

(a)　　　　　　　　　　　　　　(b)

图 7-1-2　多排镜

（2）柔光镜。柔光镜使画面被摄物的轮廓柔化，似细纱朦胧，从而柔化影像，降低画面反差，调节画面影调和色调。柔光镜如图 7-1-3 所示。

（a） （b）

图 7-1-3 柔光镜

（3）晕光镜。晕光镜使画面中心部位清晰，周围晕化，突出主体，模糊陪体。晕光镜如图 7-1-4 所示。

（a） （b）

图 7-1-4 晕光镜效果

（4）星光镜。星光镜使画面中的灯光或光斑产生光艺效果，有十字、米字和雪花形光芒。星光镜如图 7-1-5 所示。

（a）十字 （b）米字

图 7-1-5 星光镜效果

（5）夜景镜。利用夜景镜可以在白天拍摄夜景效果。根据光线强弱，可以选择光学密度为 0.9、0.6、0.3 的夜景镜。夜景镜如图 7-1-6 所示。

(a)　　　　　　　　　　　　　　　(b)

图 7-1-6　夜景镜效果

7.1.2　电子特技

电子特技是指录像重放特技、模拟电视特技和数字电视特技。

1．录像重放特技

录像重放特技有快动作、慢动作、倒退和静像。在电影中一般是用特技拍摄，正常放映来产生这些特技。如快动作，用慢速拍摄；慢动作，用快速拍摄；倒转拍摄，人物就倒退运动；静像是反复印制同一格画面。

在电视中一般用正常拍摄，而通过特技重放产生下述特技。快动作，提高带速；慢动作，降低带速；倒退动作，倒转磁带；静像，停止磁带的走带，反复扫描同一磁迹。特技重放需要用专门的放像机，如 PVW-2650。

2．模拟电视特技

模拟电视特技是利用多机摄像系统与模拟电视特技系统的淡变、划变、内键、外键、色键等功能制成的特技。

（1）切。"切"即画面的直接变换，两个镜头直接衔接在一起称为"切"。一个画面被另一个画面直接替代，前一画面称"切出"，后一画面称"切入"。快切如图 7-1-7 所示。这种特技使用最多，也称无技巧剪辑，特点是简洁明快，并能产生较强的节奏感。

图 7-1-7　快切

（2）淡。"淡"指画面逐渐隐没或由黑暗中渐显出来的变化过程。画面由亮至暗，直到完全消失称为"淡出"或"渐隐";画面由暗至亮,逐渐显现出来称为"淡入"或"渐显"。淡出淡入效果如图 7-1-8 所示。

图 7-1-8　淡出淡入

淡是一种缓慢的渐变转换,屏幕上出现的黑画面,无论长短,都会给人造成视觉上的间歇,使人产生一种明显的段落感。淡入、淡出的时间需要根据内容掌握好。

(3)化与叠。前一个画面逐渐消失的同时,后一个画面逐渐显示出来,直至完全代替前一个画面的过程称为"化"。前一个画面逐渐消失为"化出",后一画面逐渐显现为"化入"。化入、化出效果如图 7-1-9 所示。

图 7-1-9　化入、化出(中间为叠)

"化"也是一种缓慢的渐变过程,画面之间的转换显得非常流畅、自然、柔和,给人以舒适、平和的感觉。化入、化出的时间应根据内容来确定。

如果将两个画面在化出、化入中间相叠时固定,并延续下去就得到重叠的效果,称为"叠"。这种特技效果在电影、电视专题片等节目中经常运用。

(4)划像与分割屏幕。一幅画面逐渐被划动分割出另一幅画面,直至被取代的转换过程称为划像。对前一画面来说是"划出",后一画面则是"划入"。划变的转换也是一个画面的渐变过程,但比"淡""化"更明显爽快。划变的速度要根据内容的需要控制好。划像效果如图 7-1-10 所示。

图 7-1-10 划像（依次为水平方向划变，垂直方向划变，对角划变，圈变）

当两个画面在划变过程中，固定在某一中间位置时，就能得到"分割屏幕"的效果。分割画面的大小可根据需要适当安排。在教学节目中经常运用分割屏幕的特技来处理两路图像。

划像也称扫换，在画面转换时，两幅图像之间有一条明显的分界线。根据划像的边界形状、虚实、速度和方向，可产生几百种划像形式。最常见的有：水平方向划变，垂直方向划变，对角划变和圈变。

（5）键。英语中的"KEY"是钥匙的意思，也可译为"键"。由于在一幅图像上抠掉一块再添进另一图像，就如同钥匙的外形必须与锁孔密切吻合一样。因此把这种图像合成方法称为"键控"。键控效果如图 7-1-11 所示。

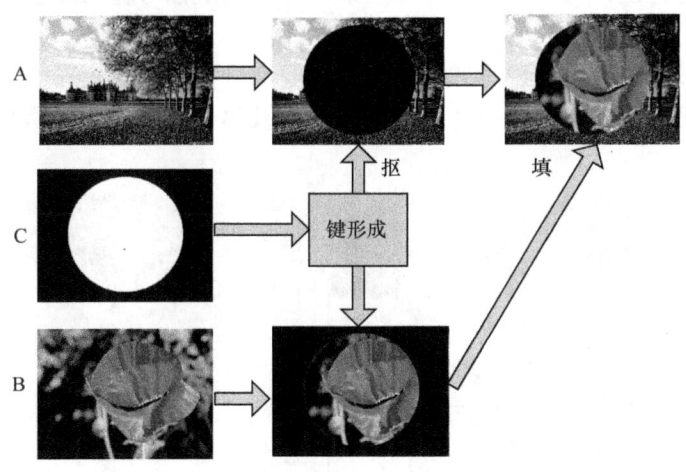

图 7-1-11 键控（外键）

正常情况下，被抠的图像称为背景图像信号，填入的图像称为"键"填充，也称为插入信号，它形成合成图像的前景。用来抠去图像的电信号称为键信号或键控信号，形成键信号的信号源称为键源。如图 7-1-11 所示，A 作为背景图像信号，B 作为键填充，C 作为键控信号。

根据键控信号的不同，键可以分为亮度键和色度键两种。

亮度键又称黑白键，是利用图像信号中的亮度分量作为键控信号，控制电子开关，使输出在两路图像信号中转换。亮度键根据键控信号的来源不同又分为内键和外键。

①内键（自键）：一般是采用黑白摄像机拍摄的，只有黑白两种电平的图像信号作为键控信号（如图 7-1-12 所示中 B 信号），用以实现把自身的图像镶嵌到其他图像信号（如图 7-1-12 所示中 A 信号）中去。

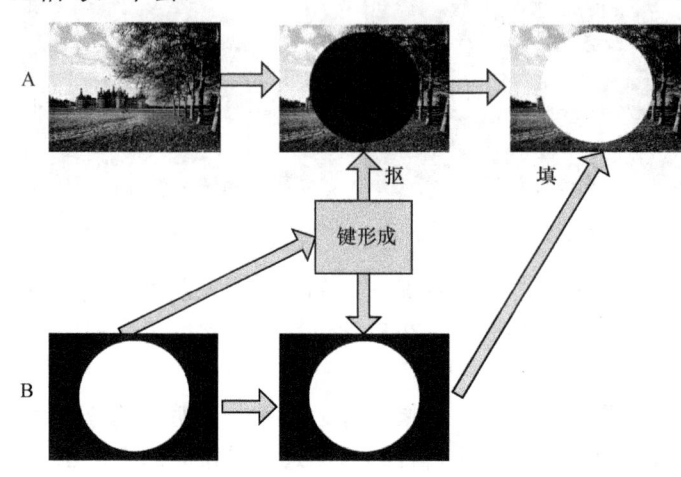

图 7-1-12　内键

②外键：利用黑白分明的图像信号 C 作为键控信号（图 7-1-11），但电子开关控制的是另外两路 A、B 信号输出，从而实现把 B 图像镶嵌到 A 图像中去的效果。

色度键：简称色键，利用图像信号中的某一色度分量信号作为彩色键控信号来实现两路信号的合成。

③色键：也属于自键的一种形式，一般将图像信号中的特定色彩的色度分量作为键控信号去控制电子开关，使键画面中特定色彩的部位被另外的图像信号所代替。色键效果如图 7-1-13 所示。

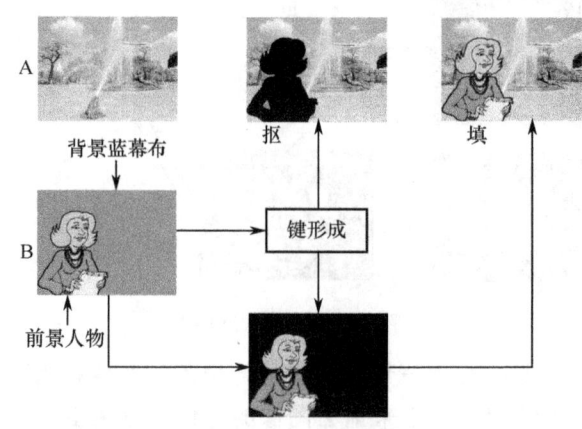

图 7-1-13　色键

键画面通常是彩色摄像机拍摄下来的人或物位于某一单色背景前的图像。单色背景应尽量与人或物的颜色有较大差异，常用色饱和度与亮度较高的蓝色。

插入画面可以是摄像机同时拍摄的图像，也可以是录像带上已录制的画面资料。《西游记》中孙悟空腾云驾雾的镜头，以及天气预报节目中气象员的播报镜头都是运用色键特技实现的。

3．数字电视特技

随着电子技术，尤其是计算机技术的发展，数字特技迅速进入电视领域，并成为一种最新的手段，以其丰富多彩的效果，将人们的想象带入更广阔的空间。

数字特技是利用数字特技机，将模拟信号转化为数字信号（或将数字信号转化为模拟信号）并存储起来，通过各种处理方法，便可获得多种数字特技。常见的数字特技有以下几种。

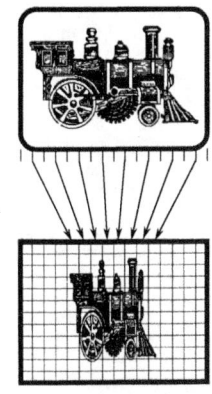

图 7-1-14　图像的扩缩效果图

1）连续扩缩效果

利用数字特技功能，画面图像的尺寸可以在水平、垂直方向上随意变换。画面在水平、垂直两个方向上按同样的比例连续压缩和连续放大是数字特技中最常见的特技形式，类似推拉镜头的变焦效果。但在本质上讲，两者是根本不同的。图 7-1-14 所示的是在水平方向上压缩 50% 的情景。

2）平滑移动效果

平滑移动是指整幅画面在屏幕上的移动，属位置特技形式。其图像没有大小、尺寸的变化，只是沿着水平方向或垂直方向滑动。沿 X、Y 轴的滑动如图 7-1-15 所示。

(a) 沿 Y 轴滑动　　　　　　(b) 原始状态　　　　　　(c) 沿 X 轴滑动

图 7-1-15　沿 X、Y 轴的滑动

一幅图像在移动的过程中可以带出另一幅图像来，这种转换与划像的形式有本质的不同。前者是一幅画面在移出的同时，另一幅画面被移入屏幕。而后者是参与转换的两个画面位置固定不动，只是被任意分割。

滑动的方向可以是任意的。除了在二维空间里做上下左右各方向的移动外，还可在三维空间做前后位置的移动。但此时要考虑透视效果，图像尺寸要做相应的变化。在 Z 轴上的前后移动就是连续扩缩效果。这种平移式的画面镜头转换，给人以平滑、流畅的段落感。

3）多影效果

结合以上两种效果，使图像不断地缩小和偏移，并存入帧存储器中，则使屏幕上产生图像的多影效果。

4）镜面效果

如果把图像的数字信号按自右至左、自下而上的方向读出时，便可得到图像的反转效果。水平方向相反，画面左右倒置；垂直方向相反，画面上下倒置。若使正、反两个图像分别处在画面中相互对称的位置上，将产生镜面效果。镜面效果如图 7-1-16 所示。

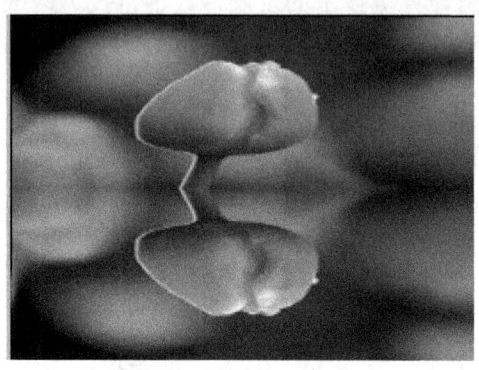

6-1-16　镜面效果

5）冻结效果

所谓冻结是指画面图像由运动变化转为凝固静止。就像电影片的定格和有动态伺服电路的录像机停格的效果一样。对数字特技来说，它只要把运动变化着的画面图像的最后一帧从存储器中取出，并反复读取，就能得到运动图像的冻结效果——一幅静止的图像。这种效果也可称为单画面的"静像效果"。在电视节目制作中，经常利用冻结效果，或者配合其他特技功能进行画面的转换。

6）旋转效果

让画面围绕某根轴线做转动，称为图像旋转。通常把绕 X 轴的旋转称为翻滚（Tumble），而绕 Y 轴的旋转称为翻转（Spin）。旋转效果如图 7-1-17 所示。

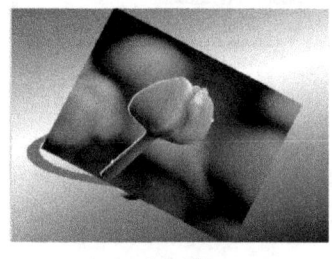

(a) Z轴　　　　　　　　(b) Y轴　　　　　　　　(c) X轴

图 7-1-17　旋转效果

其中，绕 Z 轴旋转的效果可以不考虑透视现象，绕 X、Y 轴的旋转必须考虑透视的影响。例如，画面绕 Y 轴的翻转相当于图像翻转时沿 X 轴方向的压缩，而且压缩的程度也是在变化的。X、Y、Z 轴的坐标原点可以不在屏幕中心，而定位在其他位置。

7）非线性特技效果

非线性特技与线性特技不同，其图像实际上是立体曲面，如柱面和球面等。翻页效果特技就是一种非线性特技，如图 7-1-18 所示。

8）运动轨迹效果

运动轨迹是数字特技里的一种高功能特技。它先把画面里移动速度大的部分，如人或物的运动，从画面中取出储存，然后按不同时间在画面中停格出现，便实现了运动轨迹效果，如图 7-1-19 所示。

利用这种特技形式可以表现人物运动时各个瞬间的姿态和运动的轨迹。从储存器中取出的冻结部分，可以依时间先后出现，又依时间的先后消失，所以这种特技画面的效果对分解运动过程和分析动作技能是不可多得的手段。

9）残像效果

残像效果与"运动轨迹效果"相似，它们使用的是同一种技术。只是取出的运动体随时间很快模糊，看上去就像运动体后面有一个迅速由清晰变模糊的拖尾，似彗星的彗尾一样，于是也称这种数字特技为"动态拖尾"效果，如图 7-1-20 所示。

10）马赛克效果

马赛克的原意是指用不同颜色的小方瓷砖镶嵌出图形来，以取代绘画的细微颗粒。电视数字特技中的马赛克效果就是利用这一基本思想，使用许多小方块组成电视图像，而每一方形区域内的色彩和亮度都是相同的，从而获得马赛克镶嵌效果。其图像没有清晰的轮廓，如图 7-1-21 所示。马赛克的大小可以连续改变，不仅整个画面可以做成这种效果，而且画面的一部分也可以做成这种效果。

图 7-1-18 非线性特技翻页效果

图 7-1-19 运动轨迹效果

图 7-1-20 残像效果

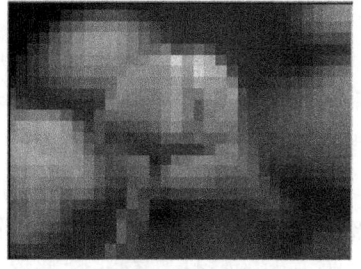
图 7-1-21 马赛克效果

11）油画效果

画面的油画效果是一种涂色手段在数字特技中的运用。作为摄像机拍摄的画面，颜色和层次都是很丰富的。如果对这些画面进行数字处理，使得图像色彩和亮度变化的等级减少，会形成一种颇具神秘感的油画效果，如图7-1-22所示。

12）自动跟踪色键效果

这种效果使键画面和插入画面互相跟踪相配，也就是说可以自动计算色键窗口的尺寸和位置，然后将另一图像也相应地扩缩到一定尺寸和位置，以填入色键窗口。

13）裂像效果

这种效果使画面图像沿水平方向、垂直方向或同时在两个方向上分裂成两块或四块画面图像，并且分别向两边推移出去，在中间裂开的地方可键入另一画面图像。当一分裂的图像被全部推出后，便完成了镜头的转换，如图7-1-23所示。

随着数字技术的发展，其特技种类也越来越多，在此不再详述。

图7-1-22　油画效果

图7-1-23　裂像效果

7.2　电视特技的原理

7.2.1　电视特技概述

1．多路信号视频特技切换的条件

在电视节目制作系统中，需要对摄像机、录像机、字幕机等多路电视信号进行特技切换，完成两个画面的过渡；有时则需要对多路信号进行特技处理，把多个画面合成为一个画面。能完成切换和特技效果的设备称为视频特技切换台。它利用电子模拟的方法，对信号进行切、混合、扫描、键控处理，从而产生出丰富多彩的艺术效果。

摄像机前的场景能以图像的方式在电视机荧屏上，再现给观众的关键技术就是扫描技术。也就是说，只有当摄像机拍摄时，摄像管内的电子束扫描与图像再现时，显像管内的电子束扫描是同步时，电视机才能正确再现摄像机拍摄的电视画面。实现的方法是在摄像机内，在编码器形成全带信号时加进同步信号。如前所述，同步信号由摄像机内部同步信号发生器产生，包括行推动信号 H、场推动信号 V、复合同步信号 s（包括行消隐、场消隐信号）副载波 F（4.43MHz）、色同步旗形脉冲 K、PAL识别脉冲 P 等，它们的幅度、频率、相位、波形等方面的特性都有非常严格的要求。这些加进全电视信号（视频信号）内部的同步信息，可以保证单机设备内部及单一的信号从发射端（如摄像机）到接收端（如电视机）的同步问题。

但在电视节目制作时，往往需要在多台摄像机、多种信号源中进行图像的选择、过渡和合成。为了保证节目制作的质量，人们面对的不再是单机设备或单一信号的"收与发"的同步问题，而是多路信号源、多个设备之间的同步新问题，即三统问题。要求参与切换的信号源必须做到"三统一"，即节目制作系统内的时间统一、相位统一、幅度统一。

所谓时间是指图像信号里的定时脉冲，即场同步、行同步的"计时沿"（一般以前沿1/2幅度为计时点）。时间统一就是要"同频、同相"，也就是要求参加节目制作的各图像信号源及加工过程中各图像信号之间是完全"同步"的。这意味着不仅相同序号的场同步沿要对准，而且相同序号的行同步沿也要对准。行、场不同步将造成图像抖动、翻滚。为保证各路信号到达切换设备输入端行同步前沿时间能对准，应尽可能使各路信号源到视频切换设备的电缆长度相等，否则就必须用专门的脉冲延时网络来均衡各路的延时。

相位统一是指各信号源彩色副载波相位必须统一。由于视频信号经过电缆和电子设备会产生延时，副载波相位相应移相。75Ω 的电缆，每米产生约 5ns 的延时，相当于 8°的相位差（PAL 制彩色副载波频率是 4.43361875MHz，周期为 225ns，对应 360°，因此 1ns 对应 1.6°）。相位是彩色色调的标志，它是以各路信号源自己的色同步信号作为基准来"测量"的。对 PAL 制来说，统一规定色同步本身的相位是±135°，要求色同步相位误差不超过 3°。为满足上述要求信号源之间都要进行锁相，并且电视中心台内都设有延时均衡器电路和移相电路，以便对各路信号进行时间和相位的均衡，使之达到切换点的各路信号符合上述要求。

幅度统一是指信号源的信号幅度应该一致。根据国标规定：图像信号幅度的最大值是 $0.7V_{pp}$。幅度统一看来比较简单，也容易被人忽略。做个实验，将两个标准彩条信号中的一个偏离其标准值 $0.7V_{p\_p}$，如（a）±20mV、（b）±40mV、（c）±80mV 对于（a）相当于 0.3dB，当两彩条切换时，已经可以察觉，（b）则明显可感觉了，（c）已有较严重感觉。如果将两幅相同的图像内容作特技变化时则更易觉察出图像接缝两侧的亮度不一样，给人以虚假感，更不要说两个摄像机拍同一场面，切换时一亮一暗给人的感觉不会舒服。

只要满足上述三个统一，特技切换就能顺利进行，并且连续、完整、真实性强，给人以舒服感。

2. 特技切换设备的主要要求

（1）线性失真小，要有足够的带宽。在 100Hz 到 6MHz 频带内，频率响应的不均匀度小于±0.2dB；在 6MHz 到 9MHz 频带内，则可由+0.25dB 平滑地下降到-3dB。

（2）各信道间串扰小。对于一个多路切换开关，当接通送出某一路信号时，在输出端不应有其他路的信号。若以副载波作为信号源，则信号与通过分布参数耦合过来的副载波串扰应小于-56dB。

（3）非线性失真小。微分增益失真 DG＜0.5%，微分相位失真 DP＜0.2°。

（4）亮度色度增益差＜±1%；亮度色度延时差＜±10us。

（5）切换稳定可靠。

3. 特技切换台的种类

根据不同的分类方法，可以将切换台分成不同的种类。

（1）根据功能及应用场合。划分为节目制作系统和播出系统两大类，其中节目制作类又可分为现场切换台和后期编辑切换台。

①现场切换台。主要在电视演播室和现场直播场合使用。它的主要功能是选择不同的节目信号予以播出，同时能够通过切换、混合或划像等转换效果来实现不同节目信号的连接过渡，也能通过各种键控效果，实现画面的镶入和叠加。衡量现场切换台的主要参数之一是输入端的多少。在大型的现场节目制作，如文艺晚会、体育比赛中往往有很多摄像机、录像机提供很多路的视频信号，要实现它们之间的切换就需要很多的输入端。切换台的另外一个参数是 ME 级数的多少。一个 ME 能实现一层特技效果，如转换或抠像，增加 ME 可以在现有的效果上再施加新的特技，形成复杂的特技效果，如图 7-2-1 所示。

②后期编辑切换台。主要与其他后期编辑设备，如录像机、编辑控制器等连接，组成后期编辑系统，实现复杂的抠像、画面转换和数字视频效果。衡量后期编辑切换台的主要参数是能够实现的特技效果的多少。

对于节目制作系统的视频切换器，主要要求是：特技功能尽可能齐全；特技效果花样多；组合画面能力强，组合方式灵活；有与数字特技装置和编辑机连接的接口；操作力求简便。

③线路切换台。一般不需要特技转换效果，主要用于广播电视节目播出的切换选择。

对于播出系统的视频切换器主要要求是：输入信号的通道多；工作稳定可靠；操作方便；有相应的应急措施；能同步切换视频和音频信号；特技效果简单等，如图 7-2-2 所示。

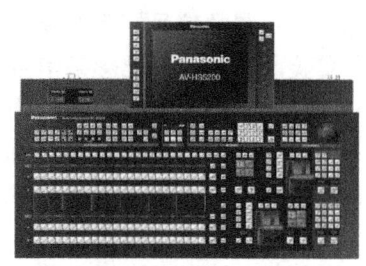

图 7-2-1　松下多格式现场用切换台 AV-HS5200　　图 7-2-2　播出切换台 ICON MASTER

（2）根据处理信号方式。划分为模拟切换台和数字切换台。

①模拟切换台。模拟切换台接收模拟信号输入，并以摄像机或录像机提供的原始模拟信号形式处理模拟视频信号，然后再输出，如图 7-2-3 所示。模拟切换台还可以细分为复合信号切换台和分量信号切换台。

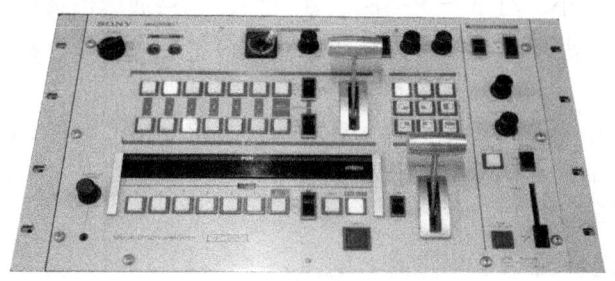

图 7-2-3　索尼 SEG-2000P 6 路模拟特技切换台

②数字切换台。数字切换台内部设置帧存储器,以数字化的方式处理视频信号,它们可以和数字摄像机、录像机直接连接。现在很多的数字切换台不仅能接收数字视频信号输入(SDI 信号),也能接收模拟信号输入,经过转换,在切换台内部以数字化的方式处理它们,再以模拟信号的形式输出。因此数字切换台还可以分为全数字特技切换台和数字化处理特技切换台。全数字切换台输入、输出和内部处理全数字化;数字化处理切换台输入和输出均为模拟信号,只是在内部处理采用数字信号,由于这类切换台 AB 通道各带有帧存储器,可以用统一的信号控制读出,因此两个模拟信号不用调同步。许多切换台可以同时接受 SDI 信号和模拟信号,成为适合现场直播和线性后期制作的多功能制作系统,如图 7-2-4 所示。

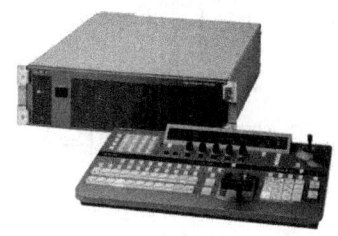
(a) SONY DFS-700

(b) 松下 AG-MX70MC

图 7-2-4 多功能数字切换台

(3)处理信号分辨率。根据处理信号的分辨率,分为标清切换台、高清切换台和 4K 切换台。标清信号分辨率为 720×576、高清信号的分辨率为 1920×1080、4K 信号的分辨率为 3840×2160,如图 7-2-5 所示。

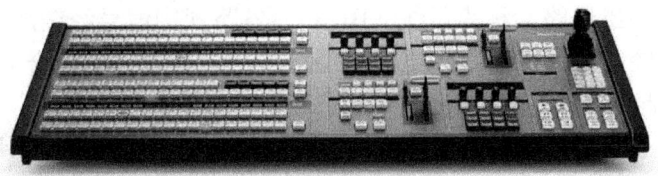

图 7-2-5 ATEM Production Studio 4K 切换台

(4)处理信号层数。根据处理信号层数,分为 1 级 M/E、1.5 级 M/E、2 级 M/E 等,如图 7-2-6 所示。

(5)处理信号通道。根据处理信号的通道,分为单通道切换台和 3D 切换台,如图 7-2-7 所示。

图 7-2-6 SONY MVS-3000A 32 路高/标清 2 级 M/E　　图 7-2-7 松下 AV-HS450MC 3D 特技切换台

7.2.2 特技切换台的构成及原理

1. 模拟特技切换台的构成及原理

视频特技切换台主要由输入切换矩阵、混合／效果放大器、特技效果发生器、下游键处理与混合器、同步信号发生器等几部分组成。根据混合／效果放大器功能的强弱、数量的多少和组合方式的变化，视频特技切换台的组成形式和规模也有很大差别。图 7-2-8 所示为最基本的视频特技切换台原理框图。

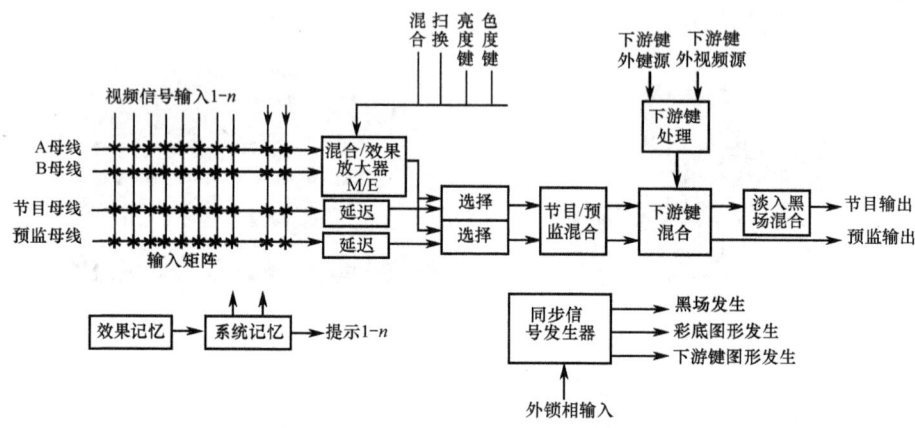

图 7-2-8　视频特技切换台基本原理框图

图 7-2-8 中由横线和竖线组成的阵列通常称为输入矩阵。其中竖线代表输入信号的通路，横线代表信号输出通路，称为母线（BUS）。各路视频信号经缓冲放大后输入矩阵，被选择后则该信号经交叉点入母线，然后再经缓冲放大器输出到混合／效果（M／E）放大器，M／E 放大器受不同控制电压的控制可工作于混合或效果状态。在下游键中，已经过特技处理的视频信号还可被嵌入字幕或被彩场信号所替换，或者与黑场信号进行淡出淡入等，下游键输出信号输出的信号便可用于录制或播出。

输入矩阵由多条母线组成，每条母线都是一个"n 选 1"的开关排。母线中的每个交叉点都是一个开关。当某交叉点接通时，该路信号就被切换到母线的输出端。输入矩阵用于视频信号的切换，采用电子开关方式。

混合/效果放大器（英文 Mix／Effect，简称 M／E）是视频特技切换台的核心部件。从 A、B 母线输出的视频信号经过它完成混、扫、键等各种特技处理。当控制信号为直流电平时，它是一组工作于线性相加状态的可控增益放大器，对 A、B 两路信号进行混合变换；当改变控制信号的频率和可控增益放大器的基准电平时，它可工作于键控状态，使用扫换波形发生器和键处理器输出的波形键导通 A 路、关断 B 路，或者与之相反，实现对 A、B 路信号的扫换、键控处理。由此可见，混合／效果放大器是进行混合／特技效果实际操作的电路单元，它直接决定了视频切换台的节目制作能力。

特技效果发生器。混合/效果放大器如果不配备特技效果发生器只能做慢转换，特技效果发生器有扫换图形发生器、键控波形发生器、色键合成器、非相加混合器、四分画面发生器。每个M/E配备了这些装置才能从开关矩阵中选出两路信号做混合、扫换、外键、内键、色键等特技效果。

下面简要介绍模拟电视特技实现的原理。

（1）快切（Take 或 Cut）。快切是指两路电视信号在切换时，前一个电视信号突然消失，后一个电视信号突然出现，两者间隔时间极短，只有几微秒，如图 7-2-9 所示。为了满足节目制作的要求，快切过程中不能出现图像的撕裂、跳变与干扰。要实现两路信号的切换必须做到切换速度快（可做到几微秒内）、在逆场切换、两个电视信号是同步的。为了保障切换的可靠性，要求同一母线上的视频开关实现自锁和互锁，即在接通某一路信号的同时，要关断其他各路。

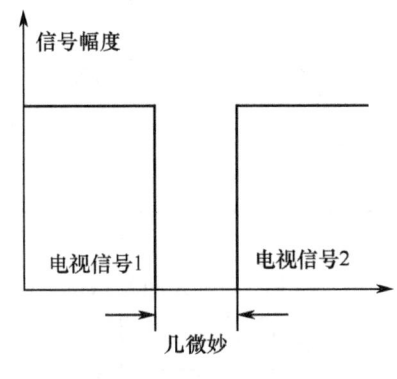

图 7-2-9 快切的概念

（2）混合（MIX）。混合特技也称慢转换，是指一幅图像慢慢消失，另一幅图像慢慢出现，或者两幅图像重叠在一起。混合的特技可实现三种艺术效果：淡入淡出、化入化出、叠化。

一路图像信号与一路颜色背景信号的混合，产生淡入淡出的效果；一路图像信号与另一路图像信号的混合，产生化入化出的效果；一路图像信号与另一路图像信号的混合时，停留于某一状态，则产生叠化的效果。

两幅电视图像在转换过程中，图像 A 逐渐减弱，图像 B 逐渐增强，直到图像 B 完全代替图像 A。这种转换要求在混合的过程中两个信号的幅度之和保持不变，恒为 0.7V。因此两路信号的变化必须符合数学表达式 $1/(1+e^t)$ 和 $1/(1+e^{-t})$，这两个函数的曲线如图 7-2-10 所示，它的形状变化如同字母"X"，因此又称为 X 切换。满足这种函数关系的电路是双差分电路，双差分电路集电极处的输出电压变化（ΔV_1，ΔV_2）与两个基极电位差（ΔV）的关系正好是 $\Delta V_1 \propto 1/(1+e\Delta V)$，$\Delta V_2 \propto 1/(1+e^{-\Delta V})$。X 切换的原理如图 7-2-11 所示。把 A、B 两路信号同时送入线性相加状态的两个可控增益放大器（两个双差分电路），用推拉杆控制两只电位器，使两个放大器的增益朝相反的方向变化即可。实际电路中是将一个差分电路的左管与另一个差分电路的右管集电极接在一起，推拉杆从一个极端推到另一个极端，图像就由 A 慢转换到 B。

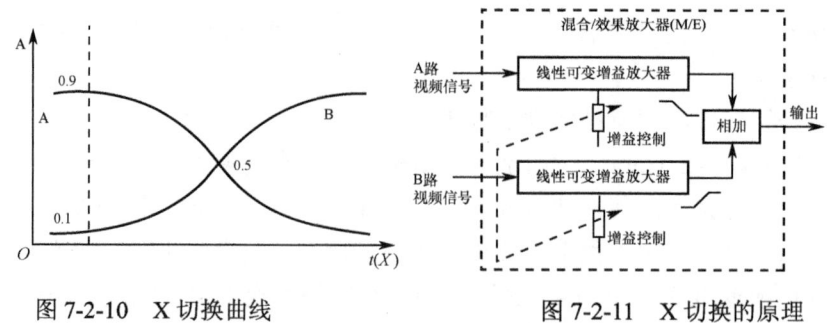

图 7-2-10　X 切换曲线　　　　图 7-2-11　X 切换的原理

混合又包括 X 切换和 V 切换，如图 7-2-12 所示。在 V 切换中加入第三个信号：黑色信号，从而实现淡入淡出效果。混合效果实现的原理如图 7-2-13 所示。

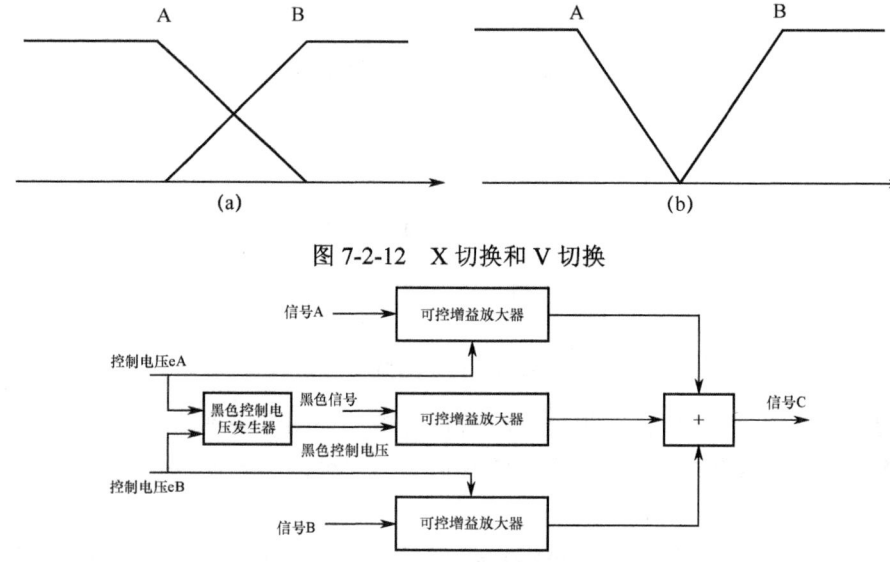

图 7-2-12　X 切换和 V 切换

图 7-2-13　混合效果的实现

eA 和 eB 联动时，黑色放大器输出为零，实现 A 和 B 的 X 切换；eA 和 eB 独立调整时，黑色控制电压信号与 eA（或 eB）互补（即一个增大另一个减小），实现 V 切换。

（3）划像（WIPE）。划像也称扫换，在画面转换时，两幅图像之间有一明显的分界线，如图 7-2-14 所示。根据划像的边界形状、虚实、速度、方向，可产生几百种划像形式。若将分界线固定不动，就得到画面分割的效果。

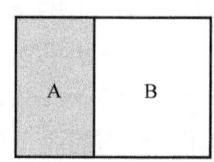

图 7-2-14　划像示意图

划像的原理如图 7-2-15 所示。A、B 两路电视信号输入到各自的门控放大器中，两个门控放大器受到波形完全相同而极性相反的拉幕电压的控制。当 A 路导通时，B 路截止；

反之 B 路导通时，A 路截止。这样在相加合成的信号中，一部分为 A 路图像，另一部分为路图像 B，实现了画面的分割。因此实现划像的关键是门控放大器和拉幕电压。

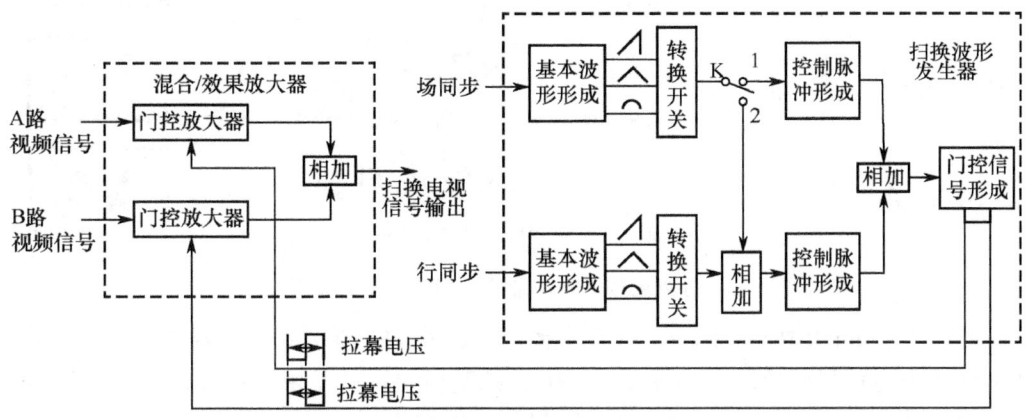

图 7-2-15 扫换原理框图

拉幕电压是由扫换电压发生器产生的。它可产生各种幅度、各种极性的行频和场频锯齿波、三角波、抛物波等基波。由触发控制脉冲形成电路得到行频和场频用矩形脉冲，将两者相加合成送入门控形成电路，就获得了波形相同、极性相反的拉幕电压。行频、场频基本波形产生扫换图形的原理如图 7-2-16 所示。

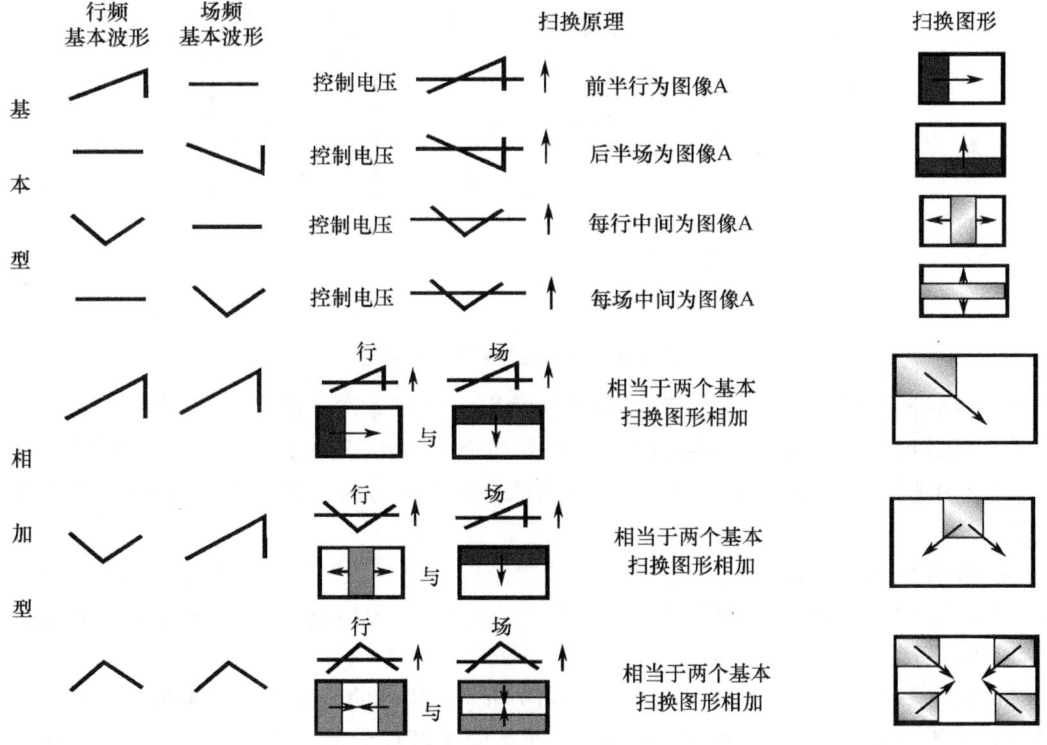

图 7-2-16 行频场频基本波形产生扫换图形的原理

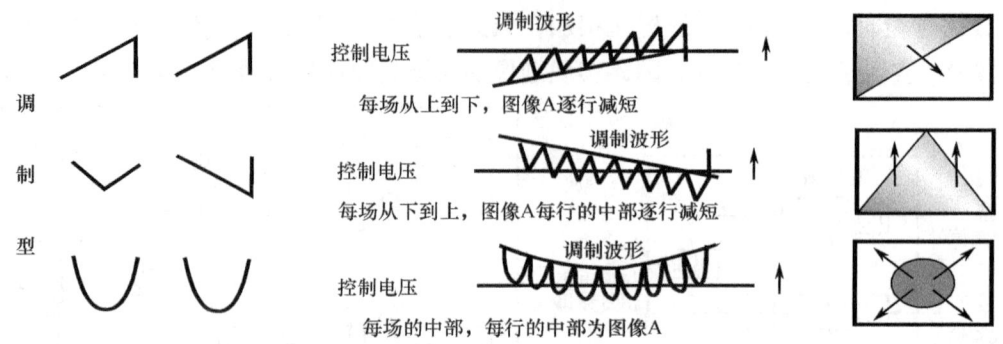

图 7-2-16　行频场频基本波形产生扫换图形的原理（续）

形成门控脉冲的电路很多。分立元件常用如图 7-2-17 所示的恒流源电流开关电路，可将基本波转换为矩形门控脉冲。图中的 BG2 的基极电压就是由装在导控台上的推拉电位器调整的基准电压 E。很明显，当 BG1 基极所加的锯齿型触发电压低于 E 时，BG1 截止、BG2 导通；当锯齿电压高于 E 时，BG1 导通、BG2 截止。这样在 BG2 集电极上就得到了上升沿、下降沿很陡的脉冲电压，如图 7-2-17（b）所示。调整拉杆电位器 W 改变 E 时，锯齿波的触发时间随之变化，于是脉冲的跳变沿就会前后移动，这就实现了"拉幕"动作。

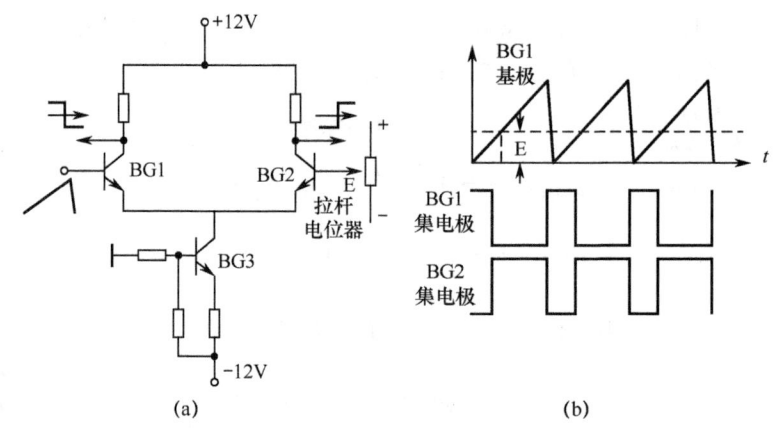

图 7-2-17　恒流源电流开关电路

（4）键控。英语中的"KEY"是钥匙的意思，也可译作"键"。由于在一幅图像上抠掉一块再添进另一图像，如同钥匙的外形必须与锁上的孔密切吻合一样。这种图像合成的方法就像钥匙与匙孔的关系，因此把这种图像合成方法称为"键控"。键控分为亮度键和色度键。

①亮度键。正常情况下被抠的图像是背景图像，填入的图像称为"键"填充，它形成合成图像的前景。用来抠去图像的电信号称为键信号，形成键信号的信号源称为键源，如图 7-2-18 所示。

键控的原理与划像基本相同，如图 7-2-19 所示。两者的区别在于键控使用的门控信号（键信号）不是由划像波形发生器产生的，而是由键源视频信号通过键处理器产生的键源本身是一种图像，可以是文字或图案，甚至是复杂的景物。其电平可能是 $0\sim0.7V_{pp}$ 的任何数值,为了在背景信号上抠掉一块添上前景信号,就必须要控制一个开关电路,使得有键信号时断开背景接通前景,没有键信号时仍然通过前景。因此键信号只能是 0 或是 1 的数字电平,而不能是 0～0.7Vpp 的任意模拟信号。键控数字脉冲信号是由键处理器和门控信号形成电路完成的。

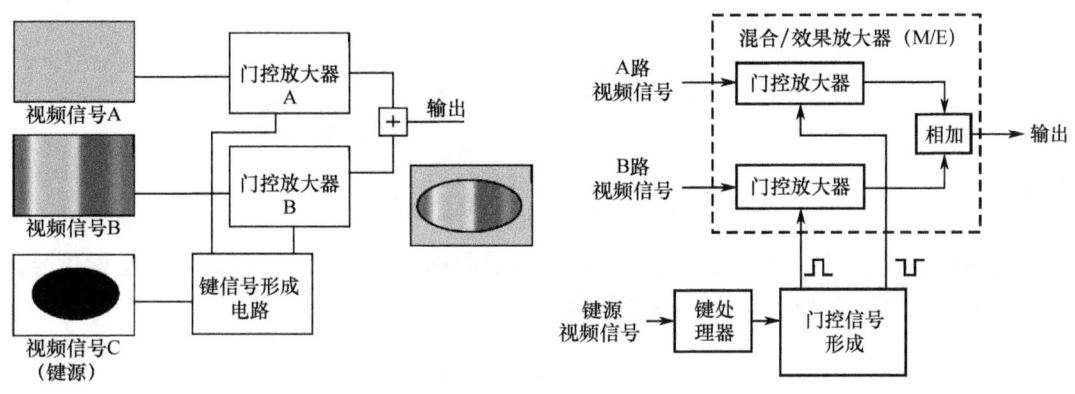

图 7-2-18 键控示意图　　　　图 7-2-19 键控原理

可见键控的实质是视频开关,即有键信号的地方不让背景图像通过,而让前景图像通过(断 B 通 C)。

亮度键又称为黑白键,它利用键源视频信号中的亮度分量来产生键信号。按照键源视频信号的来源不同,亮度键又分为内键和外键两种方式,如图 7-2-20 所示。内键也称为自键,键源视频信号取自输入端 A、B 两路信号中的任一路,形成内部键控。外键相对于内键而言,键源视频信号取自输入端 A、B 两路信号之外的第三路视频信号 C,因此称为外键。

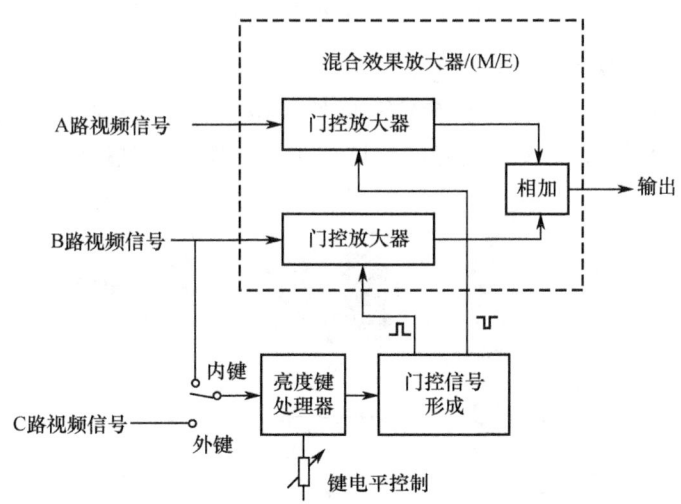

图 7-2-20 亮度键原理

键控脉冲的形成原理如图 7-2-21 所示。调整键电平大小,获得不同的黑白分界点。

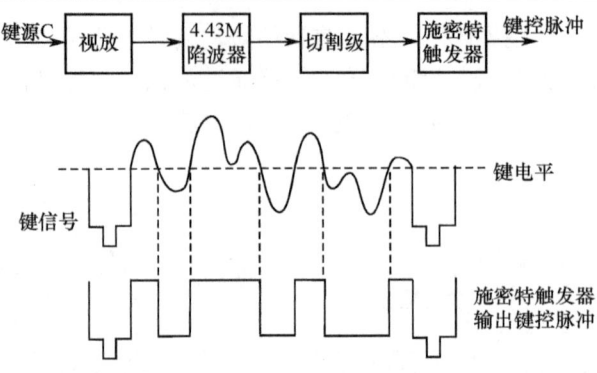

图 7-2-21　键控脉冲信号的形成

②色度键。直接利用键源三基色信号或利用键源视频信号中的色度分量产生键信号的键控方式称为色键。其原理如图 7-2-22 所示。

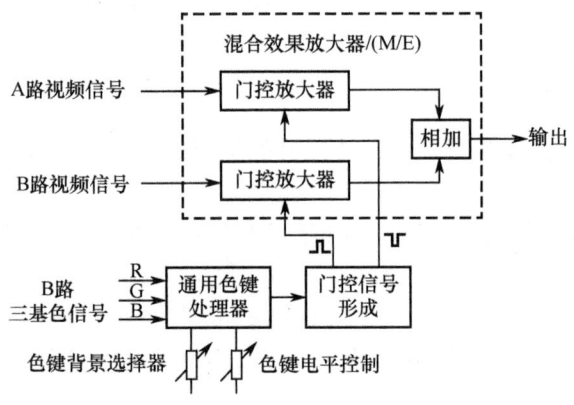

图 7-2-22　色键原理框图

B 路三基色信号与选定的色键背景色相比较，根据三基色信号幅度的差别，把图像 B 中具有选定背景色的色调并达到一定色饱和度的区域（如背景幕布色区域）选择出来，形成键信号，控制 A 路信号和 B 路信号的导通截止，实现色度键控的效果，如图 7-2-23 所示。

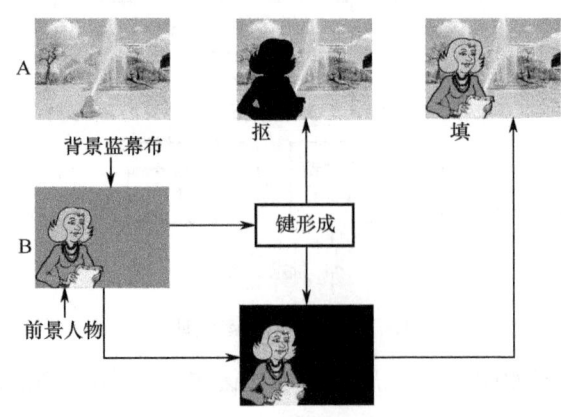

图 7-2-23　色键效果图

实现色键特技的关键是色键门控电压形成电路,它应当是一个色调选择器,能选出图像中具有某一色调的信号,并形成门控电压。

图 7-2-24 所示的是一种色键门控电压形成电路方框图。由前景信号源送来的 R、G、B 信号经矩阵电路得到 Y 信号后,将 R-Y 和 B-Y 分别送入两个乘法器中。送入乘法器的还有两个互成 90°的控制电压 E_1 和 E_2,其中 $E_1=E_0\sin\theta$,$E_2=E_0\cos\theta$,经相乘相加处理后就得到 $E=K_{E0}(R-Y)\sin\theta+K_{E0}(B-Y)\cos\theta$,K 为乘法器的增益。E 经过非线性放大后送入比较器。这里的非线性放大器将 E 进行白扩张、黑压缩,使得 E 信号中存在的噪声相对受到压缩。这样经比较器后所形成的色键门控电压受噪声影响很小,提高了键控的可靠性。色键电平可由色键电平电位器调整。一般在操作板上有色键电平可调的键钮,使所形成的色键电压能获得最佳的色键效果。由于色键门控电压是由前景信号源给出的 R、G、B 组成的 R-Y 及 B-Y 信号形成,而它通过高速电子开关控制的信号却是经过编码后的彩色全电视信号,两者在时间上有差异。因此,由比较器输出的门控电压还需通过一个延时网络来补偿二者的时间差。实际运用时,对延时网络的延时量要根据色键门控电压和彩色全电视信号的时间差来调节,以避免在合成画面中的前景与背景的交界处出现显眼的幕布色镶边。

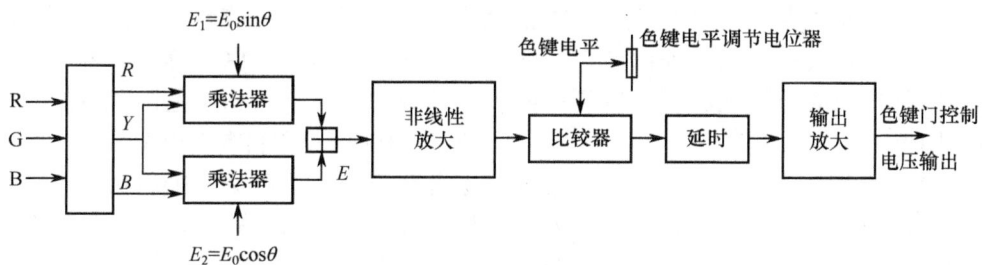

图 7-2-24 色键门控电压形成电路框图

这种电路为何能形成色键门控电压呢?大家知道,任何一种颜色都可以用色度矢量坐标中的一个矢量表示,所以,对前景信号中的单色幕布颜色,用矢量 F 表示。矢量的模 $|\vec{F}|=(R-Y)^2+(B-Y)^2$,其相角 $\varphi=\tan^{-1}R-Y/B-Y$。根据此关系可将 (R-Y) 和 (B-Y) 用 $|\vec{F}|$ 和 φ 表示,即 $R-Y=|\vec{F}|\sin\varphi$,$B-Y=|\vec{F}|\cos\varphi$。

两个乘法器输出的信号相加后为 $E=K_{E0}[(R-Y)\sin\theta+(B-Y)\cos\theta]$。为便于分析,可假设 $K_{E0}=1$,则 $E=(R-Y)\sin\theta+(B-Y)\cos\theta$。将式中的 (R-Y) 和 (B-Y) 分别用 $|\vec{F}|\sin\varphi$ 和 $|\vec{F}|\cos\theta$ 代入,则可得到 $E=|\vec{F}|\sin\varphi\sin\theta+|\vec{F}|\cos\varphi\cos\theta=|\vec{F}|\cos(\varphi-\theta)$

由此式可看出,当 $\varphi=\theta$ 时,$E_{max}=|\vec{F}|$,即两乘法器输出的合成信号幅度最大。根据这一特点便可由 E_{max} 获得所需的色键门控电压。

由于背景幕布的颜色确定后它的 (R-Y) 和 (B-Y) 的比值确定了一个 φ 值,如果使送

入乘法器的电压 $E_1=E_{0\sin\theta}$ 和 $E_2=E_{0\cos\theta}$ 中的 $\theta=\varphi$，那么，从乘法器送出的合成信号一定在对应于背景幕布颜色的区域有最大的输出幅度，而对于其他颜色则由于 $\theta\neq\varphi$，乘法器输出的合成信号幅度不会达到最大，因此在比较器中进行比较后就可送出色键门控电压。对应于演员的位置由于无幕布颜色出现，故无色键门控电压输出。由此可见，图 7-2-24 所示的色键门控电压形成电路确实能完成色调选择的作用。

为了在不同单色幕布的情况下都能实现色键功能，视频切换系统的控制面板上通常都设有色键的色调选择器和色键电平调节器。操作人员可利用色调选择器选择不同的 θ 角，使它和幕布色的相角 φ 相同。通常，色调选择器的旁边还标有与所调 θ 角相对应的颜色标记。这样，当幕布为蓝色时，可将选择开关置于标有蓝色的标记处。色键电平调节器的作用前面已提到，它可使色键获得最佳效果。

从前面的分析可以看到，要使色键尽可能选择多的颜色，那么 θ 角可调的范围就必须大，也即 θ 角的变化决定了色键的选色灵敏度。送往乘法器的电压 $E_1=E_{0\sin\theta}$ 和 $E_2=E_{0\cos\theta}$，可由一种环形电位器提供，也可由正弦、余弦信号发生器提供。

一般色键背景色选为图像 B 中的背景幕布色，按照图像 B 背景幕布与前景人物的色调及色饱和度的差别形成键控，抠去图像 A 中的相应部分，把图像 B 中的前景人物嵌进图像 A 之中。由此可见，制作色键必须注意两点：一是背景色与前景人物的色调要尽量分开，最好是补色关系，以保证两者之间的色调差别；二是背景色的色饱和度要高于前景人物中同种色调成分的饱和度，以便在同一种色调的情况下，利用色饱和度的差别鉴别出被嵌图像的位置。从图 7-2-22 可以看出，色键的键信号取自参与特技制作的 A、B 两路信号中的一路，从这一角度而言，色键也是内键的一种。色键的采用极大地丰富了电视节目制作的效果。电视节目的主持人和演员不必走出演播室就可以和外景结合在一起。人物凌空翱翔，人物在实景中变大缩小等特技镜头也因此很容易地得到了实现。

2. 数字特技切换台的构成及原理

数字视频特技又称数字视频效果系统（Digital Video Effect，DVE）。数字特技是运用数字技术将输入的视频信号在电视屏幕的二维或三维空间中进行各种方式的处理，把许多不同的图像元素组成单一的复杂图像或使画面具有压缩、放大、变形、油画、负像等效果。它与模拟特技切换不同，模拟特技切换所实现的效果主要是两路或若干信号以不同的幅度比例进行组合，或者以各种形状和大小的分界线在屏幕不同位置上分割屏幕，分界线尽管能沿不同方向移动，但不能对各路图像本身进行处理。数字视频特技的特点之一是能对图像本身做出尺寸、位置、亮度、色度的变化处理，这是数字特技和模拟特技切换的关键区别之处。

数字特技可分为二维数字特技和三维数字特技。二维数字特技所实现的图像变化和运动仅在 XY 平面上完成，在反映图像深度的 Z 轴上并无透视效果发生；三维数字特技实际上是具有一定立体视觉感的特技，尽管电视图像本身是平面的，但在进行三维特技变换时，会使变换的图像在屏幕上产生远近变化的透视感觉。因此，图像旋转时在 Z 轴上有无透视效果发生，是判别二维数字特技和三维数字特技的一个主要标志。

图 7-2-25 所示的是数字特技的基本构成形式，输入的视频信号经过 A/D 变换后写入

到存储器中，这里写时钟与写地址发生器是从输入视频信号中导出的，以便使其具有正确的时序关系。存入在存储器中的视频信号数据再经过读时钟和读地址控制，从存储器中读出数据，读出的数据经过 D/A 变换后输出。这里，读时钟与读地址发生器是从基准信号中导出的，以保证正确的时基。数字特技的实现就是通过控制存储器的地址、存储器内的数据来完成的。通过数字特技切换台可实现如下数字特技效果。

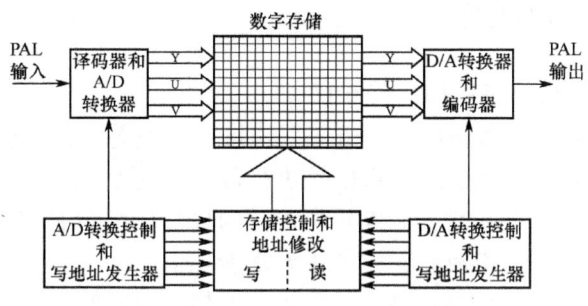

图 7-2-25　数字特技的基本构成

（1）压缩、扩大及连续压缩。如果水平和垂直像素每场连续缩小，就可在屏幕上得到从整幅图像连续不断地缩小为一点的连续缩小效果。

（2）移位及移进移出。移位及移进移出效果的实现可给写（或读）水平地址发生器加上某个起始地址 AsH，就可使压缩图像按 AsH 的数值水平移位。若使 AsH 每场依次地有规律变化，就会得到图像水平移进移出的效果。同理，若给写（或读）垂直地址发生器也加某个起始地址 AsV，便可得到图像在垂直方向移位或移上移下的效果。

（3）冻结效果。图像缩小时，禁止写入而重复读出存储器中所存的同一幅图像，便可在屏幕上看到缩小而静止的图像。

（4）动画效果。使禁止写入（或读出）脉冲每隔数场后出现 100ms 左右，屏幕上就能呈现出有节奏地间歇动作的动画式效果。改变禁止写入脉冲的时间长度，可得到不同快慢的动画效果。

（5）翻转效果。将一幅图像完整地写入存储器，然后使读出地址发生器由正常计数改为逆计数，即反序地读出，就得到图像翻转效果。若水平地址反序读出，就得到水平翻转的效果；垂直地址反序读出，就使图像上下翻转。

（6）马赛克效果。马赛克效果是将画面沿水平和垂直方向分割成为许多小区，每一小区的所有样值都用小区内某一点的亮度和色度样值来代替，使整幅图像由许多块亮度和色度均一的小像块组成。这些小像块的大小由操作盘输入的控制数据来决定。

（7）油画效果。油画效果是人为降低数字信号的比特数，强令几个低比特位为零，减少样值的量化等级，使图像变得粗糙，颜色为大面积涂色，类似油画效果。如果衰减色度信号，并使亮度信号显现大面积的反差层次，则类似于版画效果。图像的粗糙程度由低比特位为零的位数决定，在操作盘上控制。

（8）镜像效果。将原输入图像一正一反地在屏幕上同时显示，实现方法是正常写入，读出时先按压缩系数 $m=2$ 压缩图像，然后改变读出地址顺序。例如，写入地址的顺序为 1、2、3、4、5、6、7、8、...，则读出地址顺序应改为 1、3、5、7、...、7、5、3、1。

7.3 电视特技切换台的使用

电视特技切换台的种类很多，下面以松下 AG-MX70MC 数字音视频切换台为例介绍电视特技切换台的功能、组成和应用。

7.3.1 电视特技切换台简介

1. AG-MX70MC 电视特技切换台的功能

MX70 是一款典型的中小型切换台，既可以连接模拟设备，也可以连接数字设备。它有两个帧同步器，可以对视频设备的视频信号进行数字式处理。既可以在数字编辑系统中通过 GPI/RS-422A/RS-232C 与录像机、编辑机连接组成后期编辑制作系统，也可以在演播室或节目现场连接摄像机用作切换台。它的主要功能如下。

（1）数字视频效果。数字视频效果包括静止、抽帧、视频效果（如马赛克）和色彩效果（可以调整视频的 U/V/Y）四类数字视频效果。

（2）混合特技：对 8 路模拟复合输入，或者 4 路模拟分量 Y/Pb/Pr、Y/C 输入和 4 路 SDI 输入施加亮度键和色度键进行画面叠化，也可以通过内置的划像图案进行划像等混合效果。

另外，它也有音频调音功能，具备 4 路立体声输入，外加 2 路辅助单声道输入，还有话筒输入。音频可以与特技切换进行耦合，实现视音频的同步切换。由于本章的重点是视频特技，因此对它的音频功能和使用不再介绍。

2．MX70 的接口和面板

下面以 MX70 为例介绍切换台的接口和面板。其他的切换台与 MX70 基本一样，只是提供的接口的多少和面板上各个功能按钮的排列位置略有不同。

MX70 的接口都位于后面板上，根据接口的用途和类型可以分为外部键输入、SDI、视频输入、视频输出、音频输入、音频输出、外部设备接口和辅助接口等几个区域。

（1）外部键输入：如图 7-3-1 所示，其中 1 为外部键复合接口。在没有同步锁相信号输入的情况下可以作为同步锁相信号。2、3、4 分别是交叉点外部键输入和下游键（DSK）的 Y/Pb/Pr 输入接口。这三个接口不通过帧同步器，必须输入与特技台同步的信号。

（2）SDI：如图 7-3-1 中所示的 5、6、7、8 为 4 路 SDI 输入，9 为 SDI 输出。必须安装选购板 AG-YA70 以后才能使用这些接口。

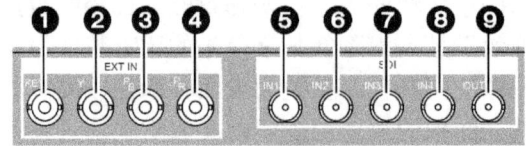

图 7-3-1　外部键输入和 SDI

（3）视频输入：如图 7-3-2 所示，其中 1、5、9、13、2、6、10、14 分别为 1～8 共 8 路模拟复合视频输入；1、2、3 和 5、6、7 和 9、10、11 和 13、14、15 三个一组构成 4 路

模拟分量的 Y/Pb/Pr 输入；4、8、12、16 为 4 路 Y/C 输入。

（4）视频输出：如图 7-3-3 所示，其中 1、6 为两路模拟复合视频输出；2、3、4 和 7、8、9 为两路模拟分量的 Y/Pb/Pr 输出；5、10 为两路 Y/C 输出。

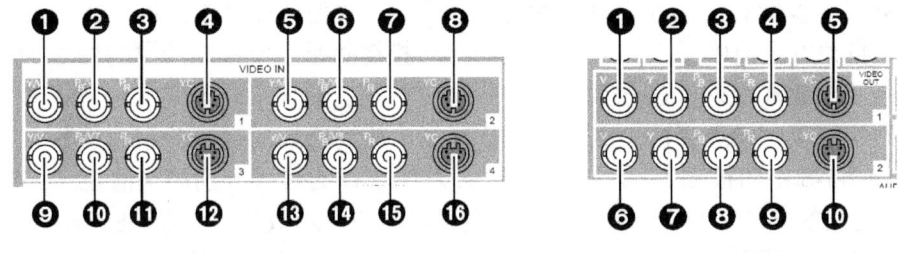

图 7-3-2　视频输入　　　　　　　图 7-3-3　视频输出

（5）音频输入、输出：如图 7-3-4 中所示的 1、2、3、4 为 4 路模拟音频 XLR（卡侬）平衡左右声道输入；5 为 1 路模拟音频 XLR（卡侬）平衡左右声道输出。

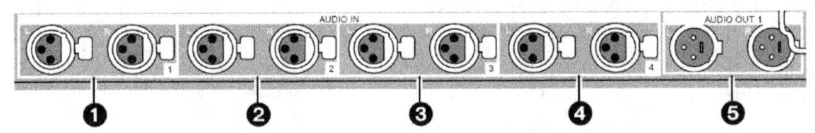

图 7-3-4　音频输入、输出

（6）外部设备接口：如图 7-3-5 中所示的 1 为 9 芯编辑器端子，可以连接带有 RS-422A 或 RS-232C 接口的编辑器。可以通过图 7-3-5 中的 2，即 RS-422A/RS-232C 选择开关在两种接口中进行选择。

（7）辅助接口：如图 7-3-6 所示，其中 1 为麦克风（MIC）输入；2 为耳机（PHONE）输出；3 为 USB 接口，可以与计算机连接；4 为高级参考输出接口，用于为需要与切换台同步的设备，如编辑器、摄像机、录像机等提供同步信号；5 为同步锁相（G/L）输入接口，左边的为输入，用于连接为切换台提供同步信号的设备，右边的是环通输出；6 为预览信号输出接口；7 为 GPI 接口，可以连接带有此接口的编辑器；8、9 为两路辅助音频的左右声道输入；10 为 1 路辅助音频的左右声道输出。

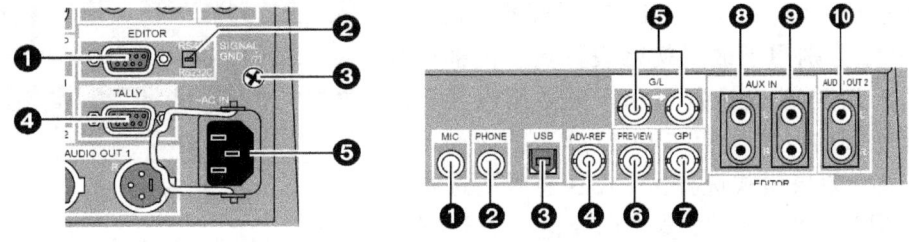

图 7-3-5　外部设备接口　　　　　图 7-3-6　辅助接口

MX70 的操作都集中在前面板上。根据按键的功能可以将前面板分为混合效果执行区、数字视频效果选择区、预览输出选择区、LCD 面板区、混合效果模式选择区、参数设置区、音频混合区及事件操作区。

（1）混合效果执行区。MX70 有 A（节目）/B（预览）两条总线，用于实现各种混合效果。如图 7-3-7 所示的 2、4、6、8、10 按键构成 A（节目）总线，分别用于选择 1、2、3、4 路视频输入和内部视频；当同时按下按键 1（Shift 键）时用于选择 5、6、7、8 路视频输入和外部键输入。B 总线与 A 总线相同。

混合效果的执行有手动和自动两种方式。手动方式使用图 7-3-7 中的 12 操作杆（转换杆）执行，自动方式使用图 7-3-7 中的 14 自动转换键执行。此外，图中的按键 15 和 13 分别用于执行下游键和淡入淡出效果。

（2）数字视频效果选择区。MX70 可以对 A/B 总线选择的视频分别施加数字视频效果（DVE）。图 7-3-8 中的按键 5、7、9、11 对 A 总线选择的信号分别施加静止（Still）、抽频（Strobe）、视频效果（Video Effects，如马赛克等）和色彩效果（Color Effects，调整视频信号的 U/V/Y）。按下这些键的同时会在 LCD 面板上显示相应效果的设置页。图 7-3-8 中所示的 6、8、10、12 则用于 B 总线。

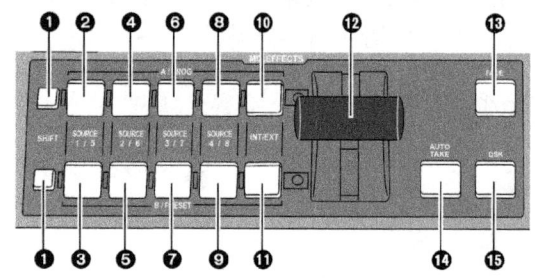
图 7-3-7 混合效果执行区

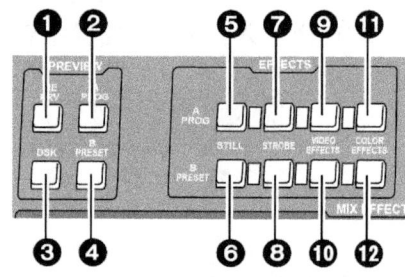
图 7-3-8 数字视频效果选择区和预览输出选择区

（3）预览输出选择区。图 7-3-8 中按键 1、2、3、4 分别用于选择从后面板预览接口中输出混合效果、A 总线、下游键效果还是 B 总线。

（4）LCD 面板区。各种数字视频效果和混合效果的设置都在 LCD 面板上显示。LCD 面板的显示内容如图 7-3-9 所示。其中 8 是要设置的效果的名称。9、10 指示了 12~16 五个旋转控制器的位置，可以通过这 5 个旋转控制器改变 11 处所示的效果的各个参数。

图 7-3-9 中 17 用于调节 LCD 屏幕的对比度。按键 18~21 分别用于调用初始设置页、内部视频设置页、下游键/淡变设置页和音频效果设置页。其中内部视频的设置显示在 LCD 屏幕的 7 处。

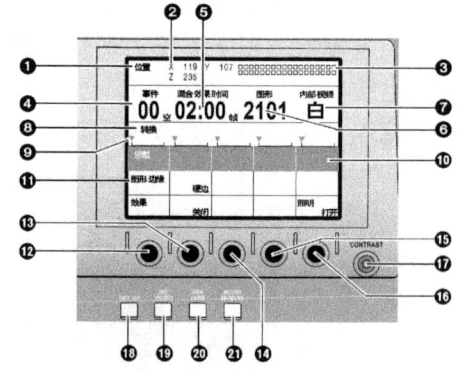
图 7-3-9 LCD 面板区

（5）混合效果模式选择区。A/B 总线所选视频的混合效果通过混合效果模式选择区进行选择。混合效果包括划像、亮度键和色键三类，分别通过图 7-3-10 中的按键 6、7、8 进行选择。当使用亮度键时，可以通过 4 选择使用的键图形。当使用划像时，可以通过 5 选择使用的转换图形。图中的 1 用来反转键图形和转换图形；2 用来将转换方向设为单向，即将原来的左入左出变为左入右出；3 用来将效果施加到下游键上。

(6) 参数设置区。键图形除了可以通过图 7-3-10 中的 4、5 直接进行选择外，也可以先按图 7-3-11 中的 3 打开键图形号码输入功能，然后利用数字键 7 输入图形号码，图形号码显示在 LCD 面板区的 6 处。

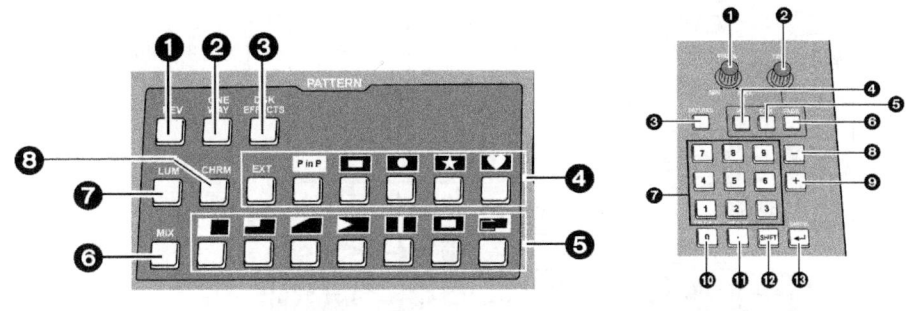

图 7-3-10　混合效果模式选择区　　　图 7-3-11　数字键

键图形的位置可以通过图 7-3-12 中的操纵杆 2 进行 X/Y 定位，旋钮 3 进行 Z 定位。通过按键 5 将图形居中。另外，通过按键 6 可以停止使用操纵杆。键图形的位置显示在 LCD 面板区的 2 处。打开图 7-3-12 中的按键 8 之后，可以使用旋钮 7 调节图形的宽高比。按下按键 4 可以将键中图像粘贴在图形上移动。

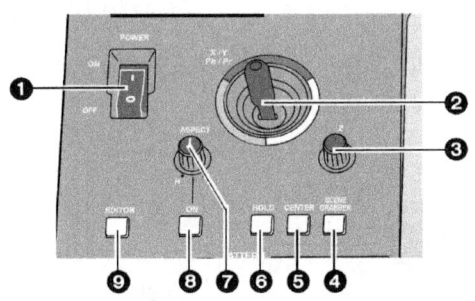

图 7-3-12　参数设置区

图 7-3-11 中的 4、5、6 分别用于打开混合效果（ME）、下游键（DSK）、淡变（FADE）转换时间设置。设置方法有两种：一种是通过旋钮 2，另一种是在关闭按键 3 的同时，利用数字键输入。转换时间的值显示在 LCD 面板区的 5 处。

另外，图 7-3-11 中的 8、9、13 用于递减、递增和确认数字输入。

由于本章侧重于视频切换，MX70 中有关音频操作的按键不再介绍。

3. MX70 系统连接

MX70 可以连接摄像机、录像机、编辑器等视频设备，并以数字化的方式对它们的信号进行处理。下面是两个典型应用的系统连接图。

（1）现场节目切换。如图 7-3-13 所示，有三台摄像机和一台录像机通过 SDI 接口连接到 MX70，当然也可以通过模拟接口。最上面的摄像机同时作为外键信号源使用。同步信号由一个信号发生器产生，通过同步锁相接口输入到 MX70，通过环通输出送给最上面的摄像机。其他设备的同步信号由 MX70 的高级参考接口输出，以环通方式依次连接。

另外，也可以使用外部键信号作为同步锁相信号使用，如图 7-3-14 所示。

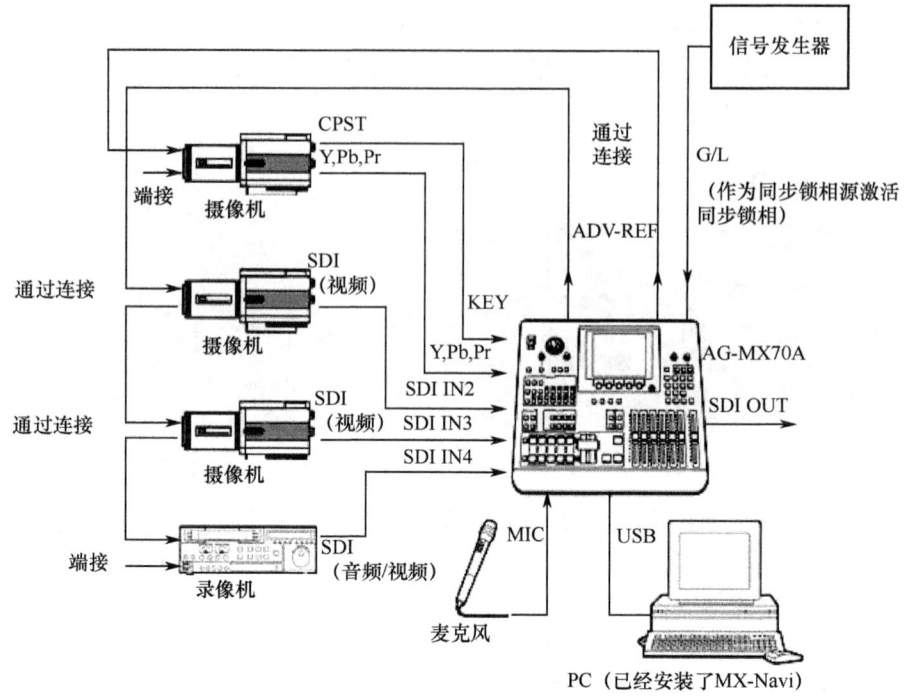

图 7-3-13 现场节目切换系统连接 1

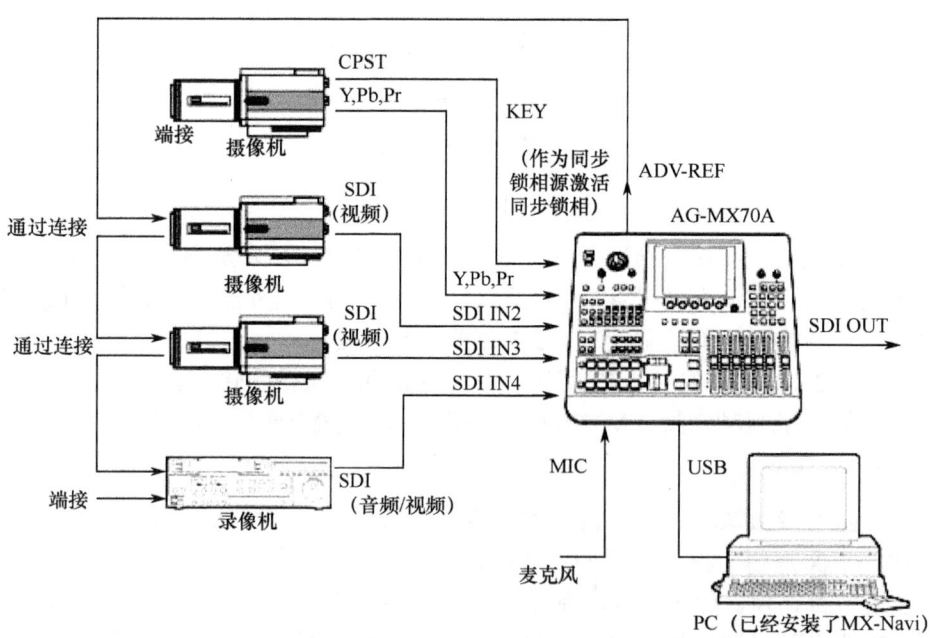

图 7-3-14 现场节目切换系统连接 2

（2）后期编辑制作。后期编辑制作系统连接如图 7-3-15 所示。

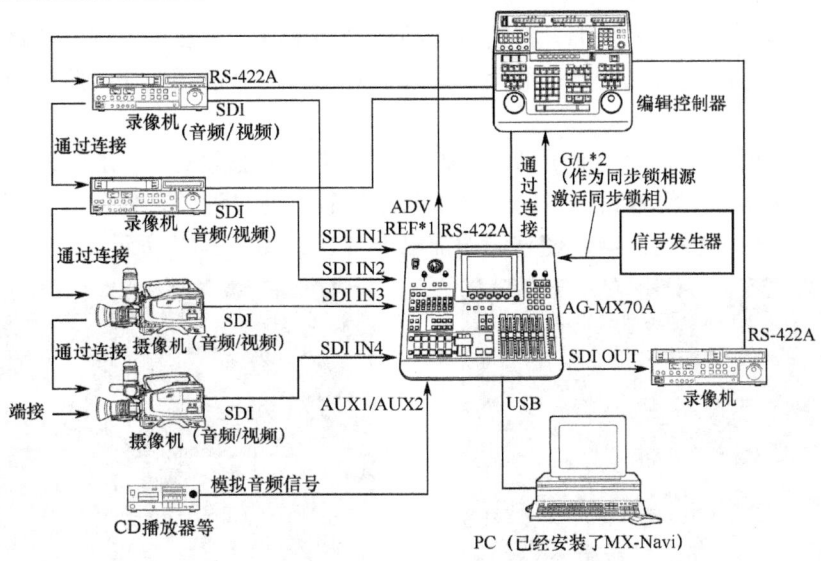

图 7-3-15 后期编辑制作系统连接

7.3.2 电视特技系统的检测与调整

前面已经讲过，为保证播出和制作节目的质量，对参与视频切换的各路视频信号要做到三个统一，即时间统一，保证行、场同步信号要同步；相位统一，副载波的频率准确，且基准相位一致，逐行倒相的场序一致；幅度统一，信号电平一致，峰峰值均为 1V。如果上述条件不满足，在切换过程中就会出现画面不稳、撕裂或彩色失真。因此，有的视频切换系统设计使得在不同步的情况下，它将不执行除快切以外的其他切换指令，并能通过视频切换台上的非同步指示灯（N／S 灯）提醒操作者。调整同步的方法有三种。

1．波形监视器和矢量示波器

为满足上述条件，要借助波形监视器和矢量示波器事先对各路信号的电平、时间和相位进行检测和调整。

通常以彩条信号作为电平检测的标准信号。我国采用的 100／0／75／0 标准彩条信号的波形如图 7-3-16 所示。

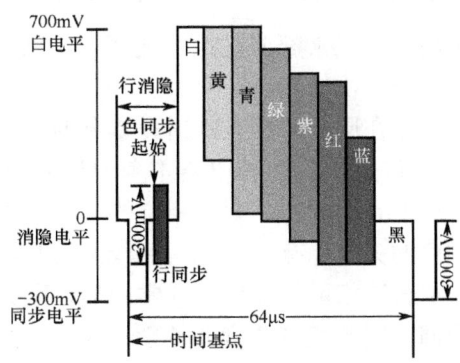

图 7-3-16 100/0/75/0 彩条信号波形

以某路的彩条信号作为基准，将其波形的电平调整准确，然后再调整各路信号源的增益控制旋钮，使它们的信号电平也准确。此时，对各路信号进行快切，监视器上应看不到画面的闪动现象。

为保证各路信号在时间上的一致，它们的行同步前沿必须对齐。通常以黑场信号为基准，在波形监视器依次将各路信号的行同步与之比较，通过调整其他各信号源（或时基校正器）中的行相位调整电位器，使它们的前沿一致，如图 7-3-17 所示。

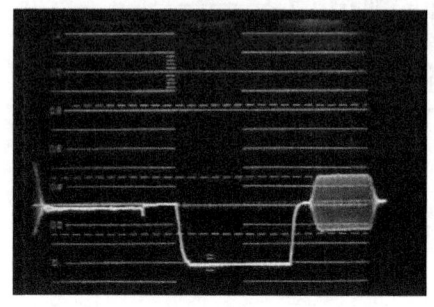 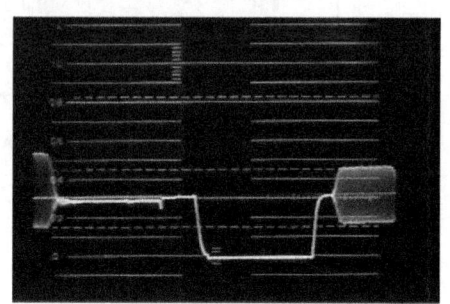

　　　　（a）调整后的位置　　　　　　　　　（b）未调整前的位置

图 7-3-17　各信号源行同步位置

为达到各路信号的副载波相位一致，需在矢量示波器上将各路信号的色同步相位依次与黑场信号作比较。通过对各路信号源的副载波相位进行粗调和细调，应使各路色同步相位都处在 135°±1° 的位置上，如图 7-3-18 所示。

 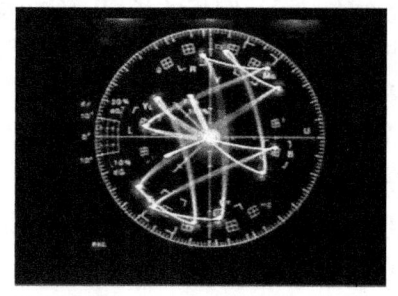

　　　　（a）调整后的位置　　　　　　　　　（b）未调整前的位置

图 7-3-18　各信号源彩色副载波同步位置

在系统安装完毕正式使用前，通常都要进行上述调整。以后，如果信号源有变动，或者更换电缆，也需要对相应部分再次检测。

大家可能要问，摄像机工作在同步锁相方式时，本身的工作是正常的。为什么还需要调整行相位和副载波相位呢？这是由于锁相电路本身的误差及电缆传输视频信号时对信号产生的延时作用造成的。反映到图像上，即行相位的延迟会造成整个画面向右偏移；副载波相位偏移造成图像的颜色的失真，有时无色、色淡，有时红色变青、蓝色变黄。行相位偏移还不容易看出来，而副载波相位的偏移就非常明显，因为副载波周期很短，副载波的初相角又决定着彩色的色调，因此稍有几度的差别（大于 3°），人眼就可察觉出色调有变化。鉴于此种情况，在摄像机上都装有调节行相位（H PHASE）和副载波相位（SC PHASE）

的调节旋钮（副载波相位还有一个 0°/180°开关），以便在以同步锁相方式进行多机拍摄后在特技台上进行信号混合时，调节各摄像机的行同步及副载波信号相位的提前量，使信号到特技台时的相位正好与标准同步信号的相位相吻合。

2．相位指示器调试

为解决不使用专门仪器就可以方便地进行各路信号间的行同步相位及副载波基准相位的调整，SEG—2550P 中设置了相位检测和显示电路。当输入信号的行同步与机内的基准行同步的相位一致时，将产生指示信号并在预监监视器上显示一条水平线。当输入信号的色同步相位与黑场信号色同步的相位一致时，所产生的指示信号在屏幕上显示为两根靠得很近的竖线，如图 7-3-19 所示。因此，在监视器上便可以直观地看到反映信号相位的信息。在 SEG—2000P 的面板上面进行相位检测和调整的具体步骤如下。

（1）将节目预置开关置于"PGM"。
（2）将相位指示开关接通。
（3）在预置母线上按下按键 1。
（4）调整输入视频信号源 1 中的行相位电位器，使预监监视器屏幕上对应于视频信号 1 的指示信息的位置上呈现一条水平线。
（5）利用视频信号源中的副载波相位调整部件进行调整，使屏幕上反映副载波相位差的两根竖线尽可能靠近。

到此便完成了对第一路视频信号的相位调整。按照上述步骤依次对其余各路信号的相位进行检测和调整之后，系统就可以正式投入使用了。

3．利用彩条调试

如果没有矢量示波器，要直接观察、调整各路副载波的相位一致性相当困难，但借助视频切换系统的切换功能，却可以通过监视器做近似的检测和调整。

如果在 A、B 母线上的，各路均输入标准彩条信号（波形如图 7-3-19 所示），并以 A 母线上的、主观感觉颜色正确的一路彩条为基准。控制台上的工作方式置"划像"并选上下垂直分画面图案，那么，在监视器上就可以看到由两条彩条信号组成的一幅彩条画面。如果 B 母线上的副载波基准相位和作为基准的一路相同，那么屏幕的上下两部分画面的区别将显示不出。如果对应彩条的颜色有区别，则需调整 B 母线信号源的副载波相位，直到看不出明显区别为止。接着，再按同样的方法检测和调整 B 母线上的其他各路信号，如图 7-3-20 所示。这种方法当然没有用矢量示波器调整那么精确，但在缺少仪器的情况下也很实用。

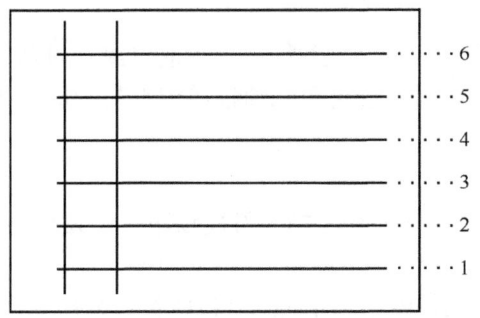

图 7-3-19 行相位和副载波相位一致的指示

图 7-3-20 利用彩条调整同步

4．特技切换系统的综合调整

在以特技台为中心的演播室系统中，为了保证特技系统的正常运行和节目质量，需要对系统进行如下调整。

（1）行同步调整。一般用 SEG-2000 的 H 相位指示电路，行相位未调整好时，相应的那一路的水平线不出现。其他方法有波形示波器调整或彩条信号调整。

（2）色同步调整（SC 相位）。一般用 SEG-2000 的相位指示器电路，两条竖线靠的最近时为调整得最好，还可以用矢量示波器进行调整。

（3）场同步调整。仅演播室外来信号，使用时基校正器、帧同步器接入特技却换台的情况。调整好后绿灯亮。

（4）亮度电平和色调的调整。包括以下调整：

①黑台阶电平调整和黑平衡调整。关闭摄像机光圈或盖上镜头盖，从波形监视器上，观察黑台阶电平情况。调整 CCU 上的 MASTER PEDESTAL 旋钮，使视频电平的横线移至 0.035～0.05V 的位置。然后调整黑平衡，用 R PED、B PED 钮，使横线处于最细状态。矢量示波器上的光点应在中心位置，即色度信号为零。

②白平衡调整。即摄像机的白平衡调整，如前所述。

③亮度电平的调整。通过波形监视器观察，控制被摄体的亮度电平不超过 100%刻度线。

④色调的调整。进一步细调，使同一物体各摄像机拍摄的图像出现在同一屏幕上时，色调尽量一致。摄像机白平衡或布光来细调。

（5）监视器的统一调整。对监视器统一调整，使各监视器在亮度、对比度、色饱和度方面基本一致。这样在某一环节出现问题时，能通过监视器的图像及时发现和解决问题。

（6）音频信号的调整。从调音台取出 1KHz 音频信号，将输出调至 0dB，然后在录像机上，通过音频录制电平钮也将电平调至 0dB。再将监视器上的音量调至适当，便完成了音频的调整。

7.3.3　电视特技的实现

下面以图 7-3-13 和图 7-3-14 所示的连接为例，介绍一下各种电视特技的实现方法。三台摄像机和一台录像机从上向下依次作为 1、2、3、4 路信号输入。其中，1 号摄像机同时作为外部键输入。

1．视频切换功能——切的实现

切换功能是特技效果发生器最常用的功能，是对输入到特技台中的多路视频信号直接选择和切换。在 MX70 中没有直接实现切换的方法，但是可以通过将混合转换时间设置为 0 来实现。具体的操作步骤如下。

（1）准备：将转换杆滑向 A 母线一侧。

（2）选择转换目标并预览：在 B 母线上按相应按键选择一路视频输入作为转换目标。在预览输出选择区中选择 ME，可以预览目标视频。

（3）选择混合转换模式：在混合效果模式选择区中按下混合（MIX）键选择混合效果。注意不要选择任何转换图形。

（4）设置混合效果转换时间：按下图 7-3-11 中的 4（ME）按键打开混合效果转换时间设置，然后使用时间（TIME）旋钮设置时间，时间在 LCD 面板区的 5 处显示。另外，也可以直接使用数字键输入，输入时可以使用"."按键输入分隔符。例如，要输入 2s5 帧，可以依次按下按键"2"".""5"，输入完成后按回车键确认，然后将转换时间设置为 0。

（5）执行效果：按下混合效果执行区转换操纵杆右侧的 AUTO TAKE 按键，使用设置的时间自动进行转换。因为转换时间为 0，所以视觉上是快速切换效果。

2．混合功能——淡的实现

（1）设置目标颜色：按下 LCD 面板区下方的 20（DSK/FADE）按键，在 LCD 屏幕上打开淡变设置页，用旋转控制器 1 选择淡变，然后用旋转控制器 2 从黑、白、蓝中选择进行淡变的目标颜色，如图 7-3-21 所示。

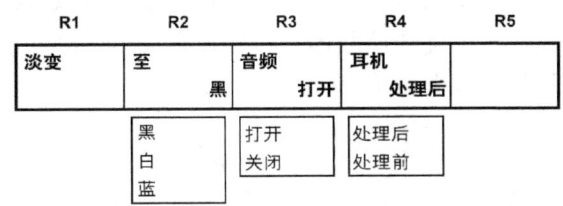

图 7-3-21 淡变目标颜色的设置

（2）设置淡变时间：按下图 7-3-11 中的 6（FADE）按键打开淡变时间设置，然后使用时间（TIME）旋钮设置时间，时间在 LCD 面板区的 5 处显示。另外，也可以直接使用数字键输入，输入完成后按回车键确认。

（3）执行淡变：按下混合效果执行区转换操纵杆右侧的 FADE 按键，其指示灯闪烁，开始淡出。淡出后，再次按下 FADE 按键，其指示灯关闭，开始淡入。

3．混合功能——叠化的实现

（1）准备：将转换杆滑向 A 母线一侧。

（2）选择转换目标并预览：在 B 母线上按下相应按键选择一路视频输入作为转换目标。在预览输出选择区中选择 ME，可以预览目标视频。

（3）选择混合转换模式：在混合效果模式选择区中按下混合（MIX）键选择混合效果。注意不要选择任何转换图形。

（4）设置混合效果转换时间：按下图 7-3-11 中的 4（ME）按键打开混合效果转换时间设置，然后使用时间（TIME）旋钮设置时间，时间在 LCD 屏幕的 5 处显示。另外，也可以直接使用数字键输入，输入完成后按回车键确认。

（5）执行效果：按下混合效果执行区转换操纵杆右侧的 AUTO TAKE 按键，使用设置的时间自动进行转换。转换期间其指示灯点亮。在转换期间再次按下此键，在按下的位置停止转换，实现"叠"效果。转换停止时，指示灯闪烁。再次按此键，转换恢复。

此外，也可以向 B 母线一侧滑动转换杆执行转换。当转换杆在 A/B 母线中间停止时，实现"叠"效果。使用转换杆执行转换时，转换时间由操作时间决定。

4. 划像功能——划与分割画面的实现

（1）准备：将转换杆滑向 A 母线一侧。

（2）选择转换目标并预览：在 B 母线上按下相应按键选择一路视频输入作为转换目标。在预览输出选择区中选择 ME，可以预览目标视频。

（3）选择混合转换模式和转换图形：在混合效果模式选择区中按下混合（MIX）键选择混合效果，按下相应的转换图形键选择转换图形。另外，也可以按下图 7-3-11 中的 3（PATTERN）按键打开转换图形号码输入功能，然后利用数字键直接输入转换图形的号码，图形号码在 LCD 面板区的 6 处显示。

（4）转换图形设置：当按下转换图形按键时，LCD 面板区显示相应的转换图形设置。转换图形设置页如图 7-3-22 所示。

利用旋转控制器 1 选择图形边缘时，利用旋转控制器 2 可以从硬边、软边、边界和软边界中选择一种边界样式。使用旋转控制器 3 可以设置边界宽度，使用旋转控制器 4 可以设置边界颜色。转换图形边缘设置如图 7-3-23 所示。

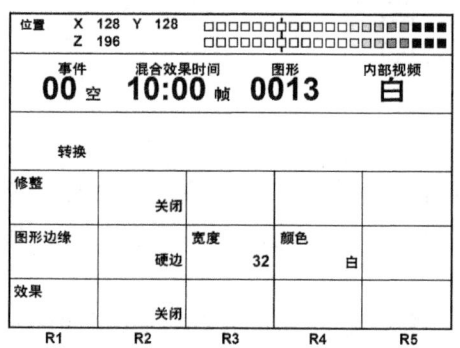

图 7-3-22　转换图形设置页

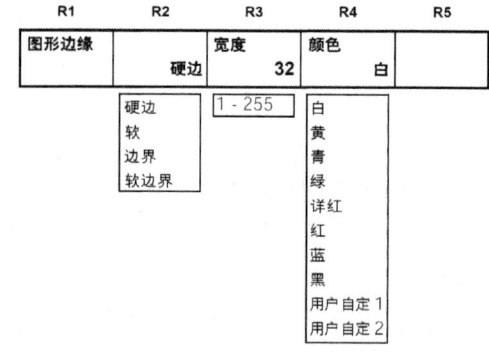

图 7-3-23　转换图形边缘设置

利用旋转控制器 1 选择效果时，利用旋转控制器 2 可以为转换图形设置阴影或拖尾。转换图形效果设置如图 7-3-24 所示。

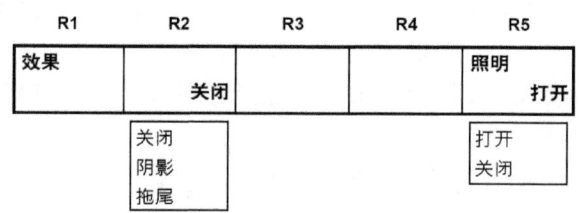

图 7-3-24　转换图形效果设置

另外，按下图 7-3-10 中的 1 反转（REV）键和 2 单向（ONE WAY）键时，可以将转换方向反转或变为单向。

（5）设置混合效果转换时间：按下图 7-3-11 中的 4（ME）按键打开混合效果转换时间设置，然后使用时间（TIME）旋钮设置时间，时间在 LCD 面板区的 5 处显示。另外，也可以直接使用数字键输入，输入完成后按回车键确认。

（6）执行效果：按下混合效果执行区转换操纵杆右侧的 AUTO TAKE 按键，使用设置的时间自动进行转换。转换期间其指示灯点亮。在转换期间再次按下此键，在按下的位置停止转换，实现"分割画面"效果。转换停止时，指示灯闪烁。再次按此键，转换恢复。

此外，也可以向 B 母线一侧滑动转换杆执行转换。当转换杆在 A/B 母线中间停止时，实现"分割画面"效果。使用转换杆执行转换时，转换时间由操作时间决定。

5．亮度键功能——外键的实现

（1）准备：将转换杆滑向 A 母线一侧，将 A 总线上选择的信号作为背景。

（2）选择插入信号并预览：在 B 母线上按下相应按键选择一路视频输入作为插入信号。在预览输出选择区中选择 ME，可以预览插入视频。

（3）选择亮度键模式和键图形：在混合效果模式选择区中按下亮度（LUM）键选择亮度键效果，按下相应的键图形按键选择键图形。也可以按下图 7-3-11 中的 3（PATTERN）键打开键图形号码输入功能，然后利用数字键直接输入转换图形的号码，图形号码在 LCD 面板区的 6 处显示。

要使用摄像机拍摄的信号作为键控信号，在键图形选择区中按下外键（EXT）按钮。此时，键图形就是 1 号摄像机拍摄的画面，注意选取明暗边界分明的画面作为外键信号。

（4）键图形设置：当按下键图形按键时，LCD 面板区显示相应的键图形设置。

利用旋转控制器 1 选择图形边缘时，利用旋转控制器 2 可以从硬边、软边、边界和软边界中选择一种边界样式。使用旋转控制器 3 可以设置边界宽度。使用旋转控制器 4 可以设置边界颜色。

利用旋转控制器 1 选择效果时，利用旋转控制器 2 可以为转换图形设置阴影或拖尾。

另外，按图 7-3-10 中的 1 反转（REV）键和 2 单向（ONE WAY）键时，可以将转换方向反转或变为单向。

（5）键调节：当按下亮度键或外部键时，LCD 面板区显示亮度键设置页。使用旋转控制器 1 选择"键"，使用旋转控制器 3、4、5 分别调节片段、坡度和键电平。亮度键设置页如图 7-3-25 所示。

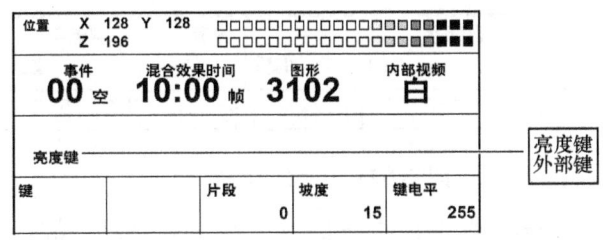

图 7-3-25　亮度键设置页

（6）设置键入时间：按图 7-3-11 中的 4（ME）按键打开混合效果转换时间设置，然后使用时间（TIME）旋钮设置时间，时间在 LCD 面板区的 5 处显示。另外，也可以直接使用数字键输入，输入完成后按回车键确认。

（7）执行效果：按下混合效果执行区转换操纵杆右侧的 AUTO TAKE 按键，使用设置的时间自动进行键入。键入期间其指示灯点亮。在键入期间再次按下此键，在按下的位置停止键入，实现"键控合成画面"效果。键入停止时，指示灯闪烁。再次按此键，键入恢复。

此外，也可以向 B 母线一侧滑动转换杆执行键入。当转换杆在 A/B 母线中间停止时，实现"键控合成画面"效果。使用转换杆执行键入时，键入时间由操作时间决定。

6. 色键功能——色键的实现

（1）准备：将转换杆滑向 A 母线一侧，将 A 总线上选择的信号作为背景。

（2）选择插入信号并预览：在 B 母线上按下相应按键选择一路视频输入作为插入信号。在预览输出选择区中选择按键 ME，可以预览插入视频。

（3）选择色键模式：在混合效果模式选择区中按下色键（CHRM）选择色键效果。

（4）键控颜色设置：当按下色键按键时，LCD 面板区显示相应的色键设置页，同时在预览画面中显示色键颜色拾取光标。

在 LCD 面板区，使用旋转控制器 1 选择"键"，然后使用旋转控制器 2 从三个键控颜色存储器中选择一个，再使用参数设置区中的操纵杆 2 移动色键颜色拾取光标到要除去的颜色上，按回车键拾取键控颜色。色键设置页如图 7-3-26 所示。

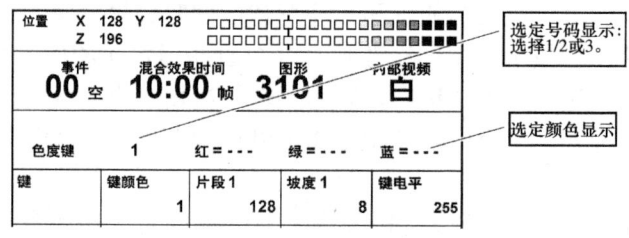

图 7-3-26 色键设置页

（5）键调节：当按下色键时，LCD 面板区显示色键设置页。使用旋转控制器 1 选择键，使用旋转控制器 3、4、5 分别调节片段、坡度和键电平。色键参数的调节如图 7-3-27 所示。

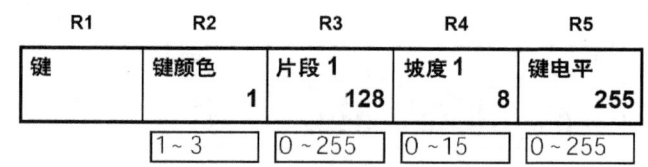

图 7-3-27 色键参数的调节

（6）设置键入时间：按下图 7-3-11 中的 4（ME）按键打开混合效果转换时间设置，然后使用时间（TIME）旋钮设置时间，时间在 LCD 面板区的 5 处显示。另外，也可以直接使用数字键输入，输入完成后按回车键确认。

（7）执行效果：按下混合效果执行区转换操纵杆右侧的 AUTO TAKE 按键，使用设置的时间自动进行键入。键入期间其指示灯点亮。在键入期间再次按下此键，在按下的位置停止键入，实现"键控合成画面"效果。键入停止时，指示灯闪烁。再次按此键，键入恢复。

此外，也可以向 B 母线一侧滑动转换杆执行键入。当转换杆在 A/B 母线中间停止时，实现"键控合成画面"效果。使用转换杆执行键入时，键入时间由操作时间决定。

7．数字效果的实现

利用 MX70 既可以实现传统的模拟电视特技，也可以实现多种多样的数字视频效果。视频效果可以施加在 A/B 总线所选择的视频信号上。具体的设置方法如下。

（1）准备：在 A/B 总线上选择一路信号。

（2）选择效果：在数字视频效果选择区中按下一个效果按键选择相应效果。例如，选择图 7-3-8 中的 9 按键对 A 总线上选择的信号施加视频效果（Video Effects）。

（3）设置效果：当按下效果按键时，LCD 面板区会显示相应效果的设置页。数字视频效果设置页如图 7-3-28 所示。

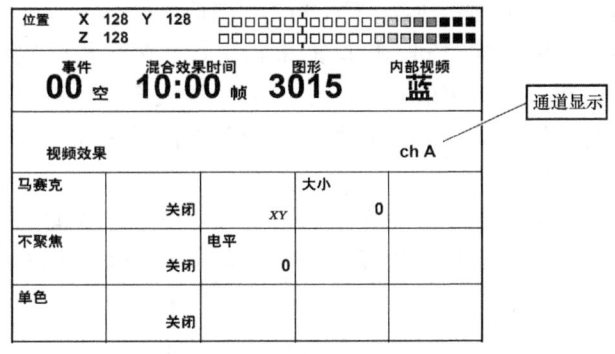

图 7-3-28　数字视频效果设置页

使用旋转控制器 1 选择"马赛克"，再使用旋转控制器 2 打开马赛克效果，使用旋转控制器 3 设置方向，使用旋转控制器 4 设置尺寸。马赛克效果的设置如图 7-3-29 所示。

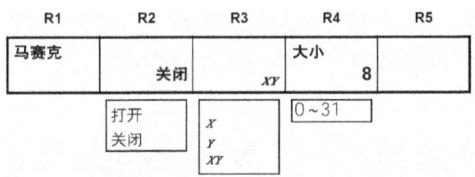

图 7-3-29　马赛克效果的设置

不同的数字视频效果设置的选项不同，但设置方法是一样的，在此不再一一赘述。具体使用时可参考 MX70 的说明书。

本节介绍的所有操作都是针对 MX70 的，其他类型的数字切换台的操作步骤大致相同，只是按键的位置不同。对于没有 LCD 面板区的传统切换台，其设置步骤与此相似，而且更为简单。读者可以根据本节的介绍尝试操作其他型号的切换台。

7.4　电视特技方式的选择与应用

了解各种特技效果的目的，在于能够更好地利用它们为节目内容服务。只有把特技的形式同情节发展、时空转换、节奏起伏的需要结合起来,才能真正发挥出特技的作用。

1. 切

切是电视节目中最常用的镜头转换方式。在切换时要注意遵循镜头的组接规律,掌握好前后镜头切换在时间和空间上的关系,找好切出点、切入点,还要把握好切换的频率,使其与内容节奏一致,使得切换流畅、自然。在电视节目中切有以下几方面的作用。

（1）用于视点转移。视点转移包括同一人物不同视点的转移、同一人物整体到局部的视点转移、不同人物之间视点的转移。注意掌握好切换的时机。

（2）用于表现运动时间长、活动范围大、变化多的连续动作。例如,球赛、田径赛等体育运动项目转播中,如果只用一台摄像机,长时间地连续拍摄较大空间范围的来回运动时,往往会由于镜头的快速往复运动,而令人头晕眼花。一般总是在比赛场地设置多个机位,通过切换更全面、更详细地将现场情况介绍给观众。

（3）用于时空转换。把不同时间、空间的事物组接起来表现事物运动的发展变化。例如,小学生上学过程用四个镜头来表现:家中出来,学校大门,教室听课,教师上课。

由于这种切换有时跨度很大,要注意利用两镜头之间的因果关系或解说词作为过渡,避免生硬的切换。

（4）用于建立运动节奏。通过改变切换的速度,可以形成画面的运动节奏,尤其表现快节奏,切换有明显的优势。它可以强化事物的内在节奏,给人以较强的刺激。

2. 淡

淡的转换方式给人以完整的段落感,而且转换是一个渐变过程,节奏缓慢。常用于以下两种情况。

（1）用于电视节目的片头、片尾。片头的淡入会使观众以相应的态度做好观赏的心理准备,而片尾的淡出又能给观众留下回味的余地。

（2）用于电视节目中大段落之间的转换。例如,某一小节的内容表达完后,可将画面通过淡出的方式隐没,然后再转换出下一小节的内容画面。

3. 叠化

"化"的转换过程非常自然流畅。"叠"是化的瞬间固定形式,多个事物的形象给人以更多的潜意识,往往可以把现实、过去、未来相互交织在一起呈现出来。化和叠常用于以下几种情况。

（1）表现时空转换。例如,讲述过去的某一件事情时,用化出、化入的方式,将人们的思绪慢慢地带到那个事件中去。

（2）用于段落的连接。化与淡相比,淡通常表示大的段落内容之间的转换,而化则多用于两个连续的、短暂的小段落之间的连接。

（3）表示时间的流逝。例如,在一些物理、化学实验中,往往反应时间较长,为了压缩时间,可以把实验中开始与中间的典型过程及结束用化来处理。又如,表现人物、动植物的生长过程,可以将不同时期具有代表性的不同形态镜头,通过一系列的"化"连接在一起,使叙述更简洁、流畅。

（4）创造意境。通过一组精心设计的镜头之间,连续使用叠化进行画面转换,构成情感的积累效果,用以表现富于感情色彩的事物。

(5) 处理难以组接的画面。不同的景别、色调、运动方向或静止与运动画面,在组接不流畅时,用化的方式处理。例如,静止画面与运动的画面之间,运动方向不同的画面之间组接时,可用化来处理。

(6) 形成联想。对往事的回忆或人物的想象,可利用叠化表现开始、展开和结束。

(7) 用于处理节奏。相对于快切的节奏明快的转换,化入化出更适合于节奏舒缓的内容转换。例如,抒情音乐、歌曲节目镜头的转换,一般使用化入化出。

4. 划像与屏幕分割

在划的方式中画面的图像都是清晰的,没有"淡""化"的明暗变化,只是两个画面在屏幕上所占的面积一个渐多,一个渐少。

划像常用于下列情况。

(1) 表现时空转换和段落内的变化。

(2) 描述平行发展的事件。对同一时间内各种事物的发展变化,用划的方式相连接,可造成视觉上的流动感。

(3) 划像可以表现出不同的转换节奏。划动的速度、类型、方向可产生不同的节奏。

屏幕分割常用于下列情况。

(1) 不同地点发生的各事件之间的联系。

(2) 不同的视点观察事物的全貌和局部细节,以突出事物的特殊信息。

(3) 两个或多个物体的形态或人物行为的比较。

(4) 事件发生的前后,或者人、动植物的生长过程前后的比较。

(5) 与图像相配的字幕。

5. 键

键在电视节目中有广泛的应用,主要包括以下几个方面。

(1) 在电视图像中输入文字、符号和各种图形,如片头、片尾及中间说明。它们可以由摄像机拍摄下来,也可以由字幕机打出来,然后输入到图像中,如图 7-4-1(a)左中所示。

(2) 利用已有资料,在上面输入人或物来,如用色键制作的天气预报节目,如图 7-4-1(b)中所示。

(3) 能使节目制作更为生动活泼,实现一般电视制作无法完成的效果,如《西游记》中孙悟空腾云驾雾的情景,如图 7-4-1(c)中所示。

(4) 调整键控电平做画面的转换。利用键电平高低的控制,实现镜头的过渡。

  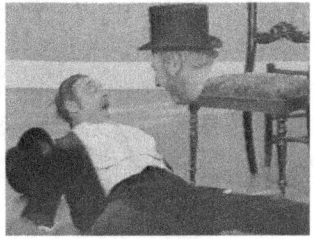

(a) 输入文字　　　　　　(b) 输入人物　　　　　　(c) 实现特殊效果

图 7-4-1　键控的应用

6. 数字特技

数字特技的种类繁多，给人的视觉感受也比较强烈，在运用中要注意根据节目内容和情绪节奏的需要合理选择，不可故弄玄虚。数字特技常用于下列情况。

（1）通过丰富的特技方式表现内容。数字电视特技的方式丰富多彩，如移动、翻转、马赛克、翻页等，如果选择恰当就能很好地表达节目内容。

（2）节目的片头、片尾。在电视节目的片头、片尾及广告宣传中，运用数字特技能在较短的时间里，以画面的多变、花样的翻新和较大的信息容量，调动观众的视觉，吸引观众的注意力。并且在浓缩、高扩整个节目的内容和内涵上起着积极的作用。

（3）显示运动轨迹和运动姿态。这一点是模拟特技所望尘莫及的，对教育节目有着特殊的意义。例如，分析物体运动轨迹，使人更精确地了解物理现象，掌握科学规律。对运动员的动作经数字特技处理，有助于找出问题，提高运动水平。

（4）精彩画面重放时的转换。在体育、文艺节目的播放中，常将一些精彩的片段重放，供观众回味欣赏。同时还常常运用数字特技中的翻滚、移动等方式进行转换。

（5）将数个有关画面并列演示，产生很强的对比。将按时间顺序展开的事件同时表现出来，更有助于理解和思考。

思考与练习

1．电视特技效果镜有哪几种？
2．录像重放产生的特殊效果有哪些？
3．模拟电视特技的种类有哪些？

实 验 训 练

1．特技切换系统的连接。使用 MX70 或其他小型数字切换台连接多台数字摄像机和录像机组成一个小型的现场节目切换系统。

2．基本特技效果实现。在小型演播室里练习使用 MX70 或其他小型数字切换台对两台摄像机的信号进行切换、淡入、淡出、划像等基本的画面转换操作。

3．外键效果的实现。使用一台摄像机拍摄一个黑白分明的图像作为外键信号，使用 MX70 或其他小型数字切换台对其他信号进行外键合成练习。

4．色键效果的实现。在蓝背景前拍摄主持人，然后使用 MX70 或其他小型数字切换台练习色键抠像，给主持人添加另外一台摄像机拍摄的背景。

5．数字特技效果的实现。用一台摄像机拍摄人像头部，然后练习使用 MX70 或其他小型数字切换台对其进行马赛克数字特技效果处理。

第 8 章 镜头组接原则

本章学习目标
- 掌握蒙太奇的含义和作用
- 理解并掌握镜头的组接原则
- 了解蒙太奇句型、转场的方法和叙述方法
- 掌握图像编辑点的选择方法和技巧

在前面大家重点学习了电视拍摄中的一些技巧和方法,从本章开始重点关注与电视后期编辑相关的知识。后期编辑的基本任务就是从前期拍摄的素材中,选取合适的画面和声音,并按一定的顺序和规律将其组接起来,成为一部完整的作品。而在编辑过程中要始终运用蒙太奇的思维方式和组接技巧,以便准确表达作者的创作意图。

在谈到镜头组接时,往往需要联系到电影的蒙太奇手法。电视教材编制中,摄像人员恰当地运用这一艺术手法将能增强教材的表现力。那么蒙太奇的含义是什么呢?

8.1 蒙太奇的含义及作用

1. 蒙太奇的含义

蒙太奇在电影中地位的确立,经历了一段发展历史。在电影诞生的初期,作者是用一次拍摄不经剪辑的镜头制作的。多数是现实生活的忠实记录,或者舞台剧的简单摄录,不分镜头,一个场面一般用一个固定的全景镜头拍摄下来,最多把各个场景的镜头机械地组接起来,根本称不上艺术,也不成为语言。后来经过电影工作者的不断探索,采用了分镜头的方法,产生了多视点、多空间的表现,摆脱了单一视点、单一空间和单一时间的局限,这种方法是格里菲斯的一个发现。格里菲斯发现可以把一个动作的若干环节的视觉形象加以安排,来表现一个完整的故事,其叙述之明确度和连贯性决不亚于其他任何文字作品。

格里菲斯发现的"不是实在地描绘整个动作,却又使观众产生看到了全部动作的感觉"这种剪辑技巧,到 20 世纪 20 年代末期,通过电影创作者的反复试验,逐步走向成熟,创造出一种真正的电影表现方式——蒙太奇。蒙太奇的发展过程中苏联的库里肖夫、爱森斯坦、普多夫金都起过重要作用。

当电影采用前期对画面多视点、多空间的分解拍摄,也就产生了后期对镜头画面进行组接的环节。镜头组接的形式,就是把分散拍摄的镜头素材,经过选择,按一定的顺序连接起来,从而构成一部表达完整内容的电影片。这种组接方法和构成形式,类似于把一些零散的建筑材料按照事先拟订的计划、构想有机地组合到一起使之构成一个完整的建筑

物。于是便形象地借用了法国建筑学中一个有构成、装配之意的术语蒙太奇（Montage）。

对蒙太奇这一术语的含义，世界上还没有一个统一的公认的定义。

《现代汉语词典》解释为"蒙太奇为电影用语，有剪辑和组合的意思，它是电影导演的重要表现手法之一。为表现影片的主题思想，把许多镜头组织起来，使之构成一部前后连贯、首尾完整的电影。"

《大英百科全书》解释为"蒙太奇指的是通过传达作品意图的最佳方式对整片进行剪辑、剪接及把曝光的影片组接起来的工作。"

对蒙太奇的理解基本有狭义的广义的两种。

狭义理解的蒙太奇，就是镜头组接的章法和技巧，也就是研究镜头与镜头之间怎样进行组接来完成电影画面造型，从而正确地表达作品的主题思想。正如我国电影艺术家夏衍所说："所谓蒙太奇就是依照着情节发展和观众注意和关心的程序，把一个个镜头合乎逻辑地、有节奏地连接起来，使观众得到一个明确、生动的印象或感觉，从而使他们正确地了解一件事情的发展的一种技巧。"

广义理解的蒙太奇，包含三层意思：

（1）作为电影反映现实生活的独特的形象思维方法，蒙太奇指导着导演、摄像及编辑人员对形象体系的建立。例如，不同学派的电影——蒙太奇学派、长镜头理论、新现实主义、新浪潮；不同风格的导演——爱森斯坦、普多夫金。

（2）作为电影的基本结构手段、叙述方式，包括分镜头和镜头、场面、段落的安排与组合的全部艺术技巧。

（3）作为电影镜头组接的具体技法和技巧。

具体地说：从总体上看，它包括编导对整个影片在叙述的方式、叙述角度、时空结构、场景、段落的布局把握。从横向看，包括画面与画面、声音与声音，以及声画之间的全部组合关系。从纵向上看，包括对镜头的运用和处理，镜头的分切与组合，场面、段落的组接及转换的技巧和方法等。

蒙太奇既是影视艺术反映现实生活的艺术方法，也是作为影视作品的基本结构手段、叙述方式和镜头组合的全部艺术技巧。

2．蒙太奇的作用

蒙太奇的作用可分为两个方面：再现和表现。

1）蒙太奇的再现作用

科学原理来自于对自然界事物运动状态和规律的认识与总结，艺术创作的源泉主要来自于人类的社会实践和生活，艺术作品是创作者对生活的观察、体会，并加工提炼的结果。同样蒙太奇手段的创造与运用也来自于人类的生活与实践。日常生活中人们观察事物往往都是从整体到局部，或者从局部到整体，选择多个代表性的观察角度，从而得到对事物的整体认识。

苏联著名电影导演和理论家普多夫金曾经举过这个例子来说明蒙太奇的依据。他说："让我们举一个从街上走过来的示威游行队伍作例子。我们试想一下一个观察者怎样来看这个示威游行队伍。为了要得到一个清楚明确的印象，他一定要采取某些行动。首先，他一定要爬上房顶，这样就可以俯瞰游行队伍的全貌，并估量游行的人数；然后，他就要下来，从第一层楼的窗口向外看游行者举起的旗帜上的口号；最后，为了要看清楚参加游行者的面貌，他还得跑到游行队伍中去。"

"这个观察者变换它的视点已经有三次了，他之所以时而从近处看，时而又跑到远处望望，就是要从他所观察的现象得到一幅尽可能完整而无遗漏的画面。美国人首先探索了如何设法用摄像机来代替这种活动的观察者，就在这个时候，电影中初步出现了特写、中景和远景的概念。"

上述例证，清楚地说明了蒙太奇的依据就像人们观察事物现象一样，选取不同的视点，以求得细致、完整的印象。导演在观察事物现象时，不可避免地有自己的主观选择，并通过蒙太奇手段把它再现出来。

2）蒙太奇的表现作用

（1）蒙太奇的构成作用。若干个镜头，经过组接以后，能表达一个完整的意思，并产生了比每个镜头单独存在时更丰富的意义，这就是蒙太奇的构成作用。

苏联电影艺术家库里肖夫，在创立蒙太奇理论方面有许多建树。他在 1920 年做了一次很有意义的实验，他把以下 5 个镜头按次序连接起来放映：

①一个青年男子从左到右走过去；
②一个女青年从右到左走过去；
③他们相遇，握手，男青年挥手指向他的前方；
④一幢有宽阔台阶的白色建筑物；
⑤两双脚走上台阶。

这 5 个镜头给观众的印象是一场完整的戏，大家都认为男青年带着他的女友，走向那座白色大厦。其实，①②③⑤4 个镜头是在相距很远的地方，在不同的日子里而且并不按照次序拍摄的，而镜头④则是从电影资料里剪下来的，是美国华盛顿的白宫。

这个实验证明，两个以上的对列镜头连接在一起，能产生新的意义。导演可以按照自己的意图，通过镜头的组接，形成能为观众接受、理解的电影语言。由于这是由库里肖夫首先做试验加以证明的，人们便把这种效应称为库里肖夫效应。

苏联电影导演普多夫金在上述实验基础上，又做了一个成功的蒙太奇试验。普多夫金准备了 3 个镜头：

①某人在哈哈大笑（近景）；
②还是这个人惊慌失措（近景）；
③一个人手持手枪指着（近景）。

普多夫金把上面镜头按下列顺序连接：
①哈哈大笑；②手枪指着；③惊慌失措.

放映后给观众造成的印象是此人胆小、怯懦。

同样是这 3 个镜头，但按如下顺序连接：
①惊慌失措；②手枪指着；③哈哈大笑.

放映后给观众造成的印象是此人胆大、勇敢。

这个试验再次证明了库里肖夫效应，并成为学校讲授蒙太奇的经典范例。

上述两个试验的例子，都充分说明蒙太奇的构成作用。再看一个简单例子，有这样 3 个镜头：

①鲜花；②玩具；③婴儿熟睡的脸。

当上面 3 个镜头单独存在的时候，它只能说明个别的作用，鲜花就是鲜花，玩具就是玩具，婴儿熟睡的脸也只能是婴儿熟睡的脸。也就是说，当他们分散存在的时侯，是互不相关的。但是，如果把这三个分散的镜头按上述次序连接在一起，就会产生新的含义，构成了一个比较完整的艺术形象，表现了孩子童年的幸福。它所以能传达出这种新的意念和信息，主要是把 3 个分散的镜头结构在一起，产生了组合之后所发生的质的飞跃作用。这种作用就比原来 3 个镜头单独存在时的个别作用丰富了，有了新的思想内涵。3 个分散的镜头经过蒙太奇合成后构成了可提供艺术联想的艺术形象。

但是，并不是随便把两个以上的镜头连接在一起就可以产生蒙太奇构成的联想作用。例如：

①一张熟睡的婴儿的脸；②一节电池；③一支香烟。

要是把这 3 个镜头连接起来，不仅不能产生新的含义，反而会把观众弄糊涂。因为这 3 个镜头在生活逻辑上没有必然联系，是人们的经验无法联想的镜头连接，所以它无法表达新的内容和含义，更不能发挥蒙太奇的构成作用。

这说明了蒙太奇的构成，必须经过导演的选择，选择那些最本质的富有艺术表现力的东西，并把它们连接在一起。否则，是不会获得蒙太奇构成的效果的。

（2）创造时空作用。在现实生活中，必须服从实在的时间和实在的空间法则。例如，当某学生要从教室里走到校外去，必然先要走出教室，经过走廊，走下楼梯，穿过门厅，走出大楼门，经过操场，然后才走出校门。这是现实的时间和空间法则所决定的。

导演所处理的素材是摄录在胶片、磁带上的实在过程的片断。他可以根据自己艺术构思的需要，删掉一些不必要的中间过程，重新组合屏幕时间和空间。例如，前面提到的学生从教室走到校外去，就可以先用一个镜头表现学生走出教室，下一个镜头表现他穿过操场走出校门，只需两个镜头就把这一过程完成了。至于经过走廊、楼梯、门厅的时间和空间过程都被删掉了。但观众不会提出这是在弄虚作假、偷工减料不给他看全过程，或者看不明白。那些被删掉的实在的时间与空间过程则由观众的联想补充了。如果将全过程都如实反映出来，反而使观众感到厌烦。因此经过蒙太奇手法的剪辑后，出现在电影、电视上的时间与空间已不是实在的了。也就是说，蒙太奇具有创造电影、电视时间与空间的作用。

电影、电视中的假定性的时间和空间，既有时间与空间的压缩，也有时间与空间的延伸。前面提到的由教室直接走出校门，删掉了中间的过程，即是对时间与空间的压缩。

至于时间和空间的延伸，如电影故事和电视剧的一些重要情节，往往会比实际时间加长，也比原来空间扩大。在电视教材中，为了要看清一种快速的现象，如自由落体运动、100m 跑的姿势时，往往采用快速拍摄和慢动作放映的方式去延伸时间；也可以采用反复播放同一镜头的方式去延伸时间。在空间延伸方面则更常被使用。例如，学生在实验室中做某一实验，也许这实验的过程是在几个甚至十几个实验室中拍摄下来的，最后被组接在一组镜头里，人们仍看到是在一个整体的、被延伸了的实验室空间里。

这样便在银幕上、荧屏上构成了一种与人们周围现实世界不同的所谓影视时间和影视空间。

（3）声音和画面结合作用。蒙太奇能使声音与画面有机结合、互相作用构成特殊的声画结合的形象，产生新的含义，从而更深刻、更生动地揭示与刻画人物的内心活动。声画的结合形式是多种多样的。其主要形式有：

①声画同步配合。如炮弹爆炸同时出现爆炸声，加强了真实感。

②声画分立。画面内无声源，传来声音与画面形成分立，制造出一种联想的情景。例如，地图上配火车声，表示交通的情况；又如，电影、电视剧中的画外音。

③声画对比。画面上出现乞丐在路上讨饭，而声音却是酒楼猜拳行令的声音；声音是吹吹打打的喜庆音乐，而画面则是愁容满面的新娘。声音与画面形成强烈的对比。

可见，蒙太奇在影视创作以至借鉴用于电视教材编制，它的作用是相当大的，但必须适当运用才能起到好的作用。

8.2 镜头组接的原则

为什么要剪辑？其意义是什么？

一方面是技术手段的限制：一般讲不可能一气连续拍完一部电影或电视片（当然早期的电影没有剪辑，一个镜头拍完一部戏，或者中间换胶片时停下），总是要先拍摄一些不同时间，不同地点、不同内容的素材，并从中挑选出最恰当的、最有代表性的镜头，组合到一起构成一部完整的影片。

有人可能会说在演播室，用几台摄像机可以把一场晚会或教学实况一次性录下来。这里面没有剪辑，事实上，当你从几个画面中选出一个最终画面时就构成了剪辑，不仅要选出画面，而且要选出组接的方式。而且这种选择、组接也是符合人们日常生活中对事物认识的习惯的。

另一方面是艺术的需要：不同的镜头之间的组合顺序不同会产生不同的艺术效果，这在前面讲过的库里肖夫的实验已很好地说明了这一点。

匈牙利电影理论家巴拉兹在《电影美学》中，曾举过这样一个例子。1925 年苏联著名导演爱森斯坦拍摄了一部举世瞩目的影片《战舰波将金号》，描述了沙皇军官的残暴，强迫水兵吃生蛆的腐肉，水兵们提出抗议时，战地法庭就把他们的领头人逮捕起来，并判以死刑，在甲板上执行，就在开枪的一刹那，枪手掉转枪口，突然向沙皇射击，水兵们起义，在舰上升起红旗。

当时，北欧的影片发行商很想购买影片，但检查官以革命性太强为由，严禁购买。发行商想了个办法，要求卖方允许他们把片子稍稍重新剪辑一下，即可通过检查，卖方的条件是不准做任何删减。发行商满足要求，说他只不过将影片中的一个场面调换一下位置而已，爱森斯坦很感兴趣。发行商的办法是：先不表现临时军法会议和执行死刑的场面，这样水兵的起义，就使人感到并不是因为沙皇军官无辜地枪杀他们，而只是因为在肉汤中发现了蛆，就暴动起来。以下从起义到沙皇派军舰来镇压毫无改动，再把剪下的一段胶片接上去。这样一来起义的水兵不是胜利地驾舰远航，而是被处死刑为结局。

通过剪辑，运用对比，隐喻的手法，能表达特殊的思想感情。所以剪辑是影视创作的重要表现手段。

不同的镜头组接时，应遵循哪些原则？由于组接镜头代表着人眼视点的转换，因此镜头必须与人们在日常生活中观察和认识事物的习惯一致。因此组接应遵循两条基本的原则：

第一，要求镜头与镜头之间、段落与段落之间的组织、衔接必须合乎人们的生活逻辑和思维逻辑，符合事物运动的本来面目和人们认识事物的客观规律。

第二，要求镜头与镜头之间、段落与段落之间的衔接、转换保持平滑流畅，使观众在看画面时的思路不致被打断。

镜头组接时应遵循下列几条原则：

1. 镜头的组接要合乎逻辑

镜头的组接要合乎逻辑，即合乎事物运动发展的逻辑，合乎生活逻辑和思维逻辑，合乎人们认识事物的规律。例如，教师在投影器上放一张投影片，学生必然想看清银幕上出现的究竟是什么？打靶训练时，队员有射击的动作，观众就想知道中靶的情况。

2. 遵循镜头调度的轴线规律

在进行组接时，遵循镜头调度的轴线规律拍摄的镜头，能使镜头中的主体物的位置，运动方向保持一致，合乎人们观察事物的规律，否则就会出现方向性混乱。

（1）轴线的含义和种类

如图 8-2-1 所示，军训队伍通过检阅台前的广场，所有的拍摄点都应在"轴线"即行进方向的一侧180°范围内，这样拍摄出来的所有镜头，队伍都是往同一方向走的。如果把2号机和3号机拍摄的镜头连接起来，就会看到人一会是从左到右，一会又从右向左，破坏了空间的统一感，这就是"跳轴"。一般在镜头拍摄、剪辑中，不允许"跳轴"。

通常把运动方向上这条假想的线称为"轴线"。轴线一般分为三种：

①运动方向轴线：是指被摄主体运动的方向、路线或轨迹。

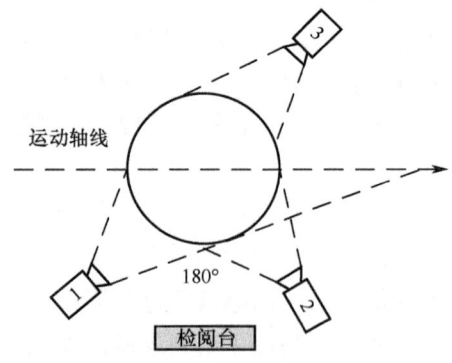

图 8-2-1 运动轴线

例如，铁轨是火车的运动轴线，河道是船只的运动轴线，马路是车辆的运动轴线，人的运动路线则是人的运动轴线等。运动轴线可以是直线，也可以是曲线，都要求拍摄的机位、方向保持在轴线的同一侧。

②关系轴线：是指两个以上静态主体每两者之间的连接线，如图 8-2-2 所示。

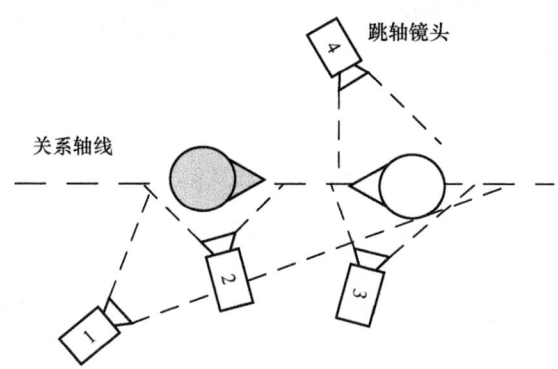

图 8-2-2　关系轴线

如果屏幕上只出现两个主体，那么只形成一根关系轴线，拍摄各个镜头的总方向，必须保持在这根线的同一侧 180°以内。

③方向轴线：方向轴线是静止的单一主体到它对面支点的假想线，如图 8-2-3 所示。

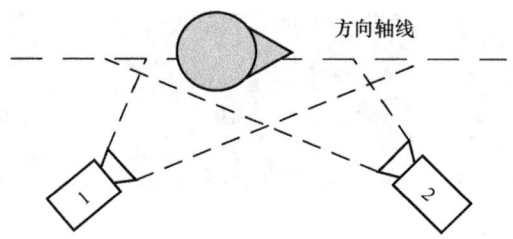

图 8-2-3　方向轴线

以人为例讲就是人的视线。分切镜头的机位必须在这根轴线的同一侧。

（2）克服跳轴的方法

①利用运动镜头来越轴，从轴线一侧运动到另一侧，如图 8-2-4 所示。

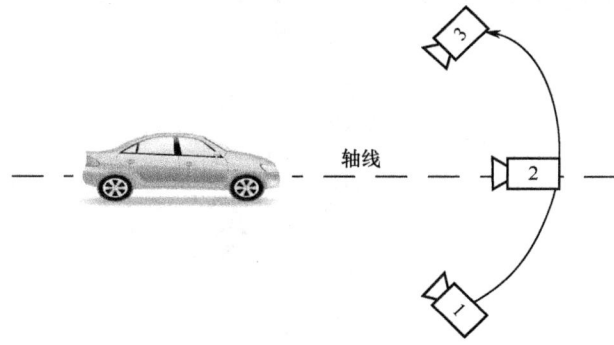

图 8-2-4　利用摄像机运动实现跳轴

②借助主体自身动作路线的改变来越轴，即画面上出现主体运动方向的改变，如图 8-2-5 所示。

图 8-2-5　自身路线改变克服跳轴

③中间间隔一个骑轴镜头来越轴，如图 8-2-6 所示。

图 8-2-6　插入骑轴镜头克服跳轴

④中间间隔一个特写镜头、主观镜头或空镜头而越轴，如图 8-2-7 所示。

图 8-2-7　插入特写镜头克服跳轴

⑤当被摄体出现两个以上动作轴线时，镜头可越过其中一轴线，再从另一轴线获得新的角度。例如，两个人边走边聊的情况，既有走动的运动方向轴线，也有两人的关系轴线。1 号、3 号镜头不能直接组接，需要先插入一个 2 号镜头，如图 8-2-8 所示。

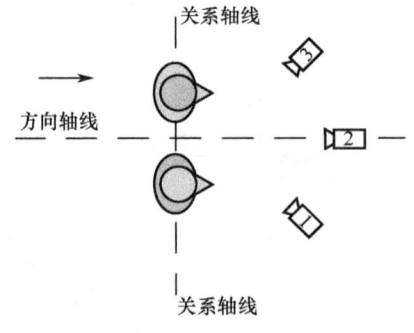

图 8-2-8　两个轴线的处理

⑥利用淡入/淡出、叠化、划变等特技方法跳轴。

3. 景别的过渡要自然合理

表现同一主体的两个相邻镜头的组接时，要遵守以下原则。

（1）同一主体的两个镜头的组接，两个镜头景别要有明显变化，不能把同机位、同景别的镜头相接。因为同一环境里的同一对象、机位不变。景别又相同，其画面内容差不多，没有多少变化。相接后会产生主体的跳动。为了防止说错话或删减时长的剪辑，通常在拍摄人物采访时，要拍摄一个主持人的镜头，以便剪辑时遮盖镜头的跳动。

（2）同一主体的两个镜头的组接，景别相差不大时，必须改变摄像机的机位。

（3）对不同主体的镜头组接时，同景别或不同景别的镜头都可以相接。但相同景别的镜头组接流畅自然；景别相差较大的镜头组接则感觉突然。

4. 动接动，静接静

动有两种含义：一种是指画面内主体的运动，另一种是指镜头的运动，即运动镜头。

静也有两种含义：一种指画面内主体是静止的，另一种是指镜头是固定的，即固定镜头。

"动接动"既指两个主体运动的镜头的组接，也指两个运动镜头的组接。

"静接静"既指两个主体固定的镜头的组接，也指两个固定镜头的组接。

由于固定镜头中，既有主体静止的固定镜头，也有主体运动的固定镜头。同样运动镜头中，既有主体静止的运动镜头，也有主体运动的运动镜头。

因此在组接时就有多种情况，下面分别说明。

（1）固定镜头与固定镜头组接

镜头本身不动，但镜头中主体是静止的或是运动的。详细组接方法如表 8-2-1 所示。

表 8-2-1　固定镜头与固定镜头组接

前一镜头	相接方法	后一镜头	遵循的原则
主体动作是静止的（常常为景物镜头）	根据画面造型因素和内容需要选择编辑点	主体动作是静止的	静接静
主体是运动的	前一镜头主体动作完成后与后镜头相接	主体是静止的	静接静
主体是静止的	前一镜头主体由静止运动起来后与后一镜头相接	主体是运动的	动接动
主体是运动的	根据主体动作并结合造型因素来选择编辑点	主体是运动的	动接动

（2）运动镜头与运动镜头组接

如果镜头的运动方向和速度大小一致时，采取动接动的方法；如果镜头的运动方向和速度大小不同时，在镜头运动前后的固定部分，即起幅和落幅处采取静接静的方法。

（3）运动镜头和固定镜头组接

情况较为复杂，因为除镜头的动静之分外，镜头内的主体也有动静之别。详细的组接方法如表 8-2-2 所示。

如果两个画面中主体的运动不是连贯的或它们中间有停顿时，两个镜头的组接必须在前一画面主体做完一个完整动作停下来以后，再接上一个主体从静止开始的画面。例如，走动的人要静止下来，才可以接上一个静止下来的近景，否则就显得突然。

运动镜头要与固定静止镜头连接时运动镜头必须有一个静止 1~2s 的起幅时间，所以拍摄运动镜头时必须有足够的起幅时间，否则组接时，可能会发生困难。

表 8-2-2　运动镜头和固定镜头组接

前一镜头	相接方法	后一镜头	遵循的原则
运动镜头，主体是运动的	前一镜头主体动作完成后，运动镜头落幅与后一镜头相接	固定镜头，主体是静止的	静接静
运动镜头，主体是运动的	根据两主体动作，并结合运动镜头速度的方向和大小有机地与下一镜头相接	固定镜头，主体是运动的	动接动
运动镜头，主体是静止的	前一运动镜头落幅，与后一镜头相连	固定镜头，主体是静止的	静接静
固定镜头，主体是运动的	根据两主体动作，并结合运动镜头速度的方向和大小有机地与下一镜头相接	运动镜头，主体是运动的或静止的	动接动
固定镜头，主体是静止的	前一镜头主体动起来后与下一镜头相连	运动镜头主体是静止的	动接动
	前一镜头主体静止与运动镜头起幅相连		静接静

5．光线、色调的过渡要自然

相邻镜头的光线与色调不能相差太大，否则也会导致组接的突然，使人感到不连贯、不流畅。

上述这些镜头组接的原则，在实际运用中要视内容需要，灵活运用，不可生搬硬套。

8.3　蒙太奇句子、段落及时空转换技巧

影视镜头组接中，由一系列镜头有机组合而成的逻辑连贯、富于节奏、含义相对完整的影视片段，称之为句子，也称蒙太奇句子。由若干句子组成蒙太奇段落，最后由段落构成一部完整的影视作品。

1．蒙太奇句子和句型

（1）前进式句型。视距由远及近把观众的视线从对象的整体引向局部的组接方式。一般按全景→中景→近景→特写的顺序来组接镜头。观众的视觉感受逐渐增强，情绪是上升的趋势，由低到高。例如：

①全景：织布车间。

②中景：女工巡回检查。

③近景：女工处理接头。

④特写：女工全神贯注。

（2）后退式句型。与前进式句型相反，一般按特写→近景→中景→全景的顺序组接镜头，把观众的视线由局部细节引向整体环境，情绪由高到低。一般用在节目的结尾或段落结束处。例如：

①近景：师徒四人从右边入画，左边出画。

②中景：边走边说笑。

③全景：落日映照下，师徒四人向远方走去。

（3）环型句型。也称循环式句型，将前进式和后退式两种句型结合起来。景别变化为：全→中→近→特→近→中→全，或者为特→近→中→全→中→近→特，造成循环往复的波

浪式情绪。

(4) 穿插式句型。前三种句型有规律，穿插式则是远近交替，根据内容的需要随意变换。

(5) 等同式句型。等同式句型，即一个句子中景别不变，全→全→全，中→中→中，近→近→近。

2. 蒙太奇段落及其划分

一篇文章总是由一个个句子构成若干个段落，由若干个段落构成整篇文章。影视作品同样如此。所谓段落通常是指由若干个蒙太奇句子或场面有机组成的，能表现完整内容的大单元。一部电影或电视片总是由若干个段落构成的。段落通常可以按下述方法划分。

(1) 根据作品内容的自然段落来分段，如教学片中按照教学段落进行划分。

(2) 根据时间的转移来分段。例如，按照少年、青年、中年不同年龄分段，按照春、夏、秋、冬季节分段等。

(3) 根据地点的转移来分段，如按照北京、上海，中国、美国不同地点分段。

(4) 根据影片的节奏来分段，例如，按照故事展开时的节奏舒缓段落，矛盾冲突到顶峰时的紧张段落。

在安排段落时既要考虑到每个段落的相对独立性，同时又要考虑段落与段落之间的有机联系。这样才能使人感到脉络清晰，易于理解。

3. 蒙太奇转场

蒙太奇句子与句子、段落与段落之间的组接，一般都要涉及时间或空间的过渡与转换，即不同场景之间的转换。因此也把这种组接称之为转场。

在进行时空转换中，如果处理不好，将会造成观众视觉与心理上的混乱和不适应。所以在组接时就要借助一些艺术手法和过渡因素，使场景、段落的转换自然、合理、连贯、流畅。

转场的方式分为两种：

1) 分割式转场

分割式转场也称技巧性转场，就是借助一定的技巧，实现场景与场景、段落与段落之间的时空转换。常用技巧的详细介绍参见电视特技一章。下面简单介绍一下特技技巧的转场应用：

(1) 淡出淡入。淡出淡入也称渐隐渐显。画面的转换效果是上一个镜头结尾处亮度由正常逐渐变暗，直到完全变黑，这个过程称为淡出；下一个镜头开始处亮度由全黑逐渐变亮，直到完全正常，这个过程称为淡入。通常淡出和淡入的时间各为 2s。需要注意的是淡出淡入转换技巧对时间、空间的间隔作用相当明显，因此在组接时不宜频繁使用，否则会造成画面连接的停顿感和零碎感，影响节目的流畅。淡出淡入多用于大段落之间的转换。

(2) 叠化。叠化是指前一个镜头逐渐消失的同时，下一个镜头逐渐显现，两个镜头在渐隐和渐显的过程中有短暂的重叠和融合。叠化的时间一般为 3~4s。与直接切换相比，叠化过程具有自然流畅的特点。叠化常用于时间省略及回忆、想象等场景转换。

(3) 划像。划像是指上一个镜头沿某一方向逐渐退出的同时，下一个镜头随之出现的转换效果。划像常用于平行发展的事件。需要注意的是由于划像的人工痕迹明显，在运用时要慎重，以免产生虚假造作之感。

（4）甩入甩出。这种技巧的特征是镜头突然从表现对象上甩出或镜头突然从别处甩到表现对象上。"甩"镜头反映了空间的联系，即将一个空间内容快速地与另一空间内容联系在一起。"甩"镜头具有快速、强指向的特点，因此还适于表现紧张气氛和呼应关系，也常常被用于快节奏的表现上。

（5）定格。前一段的结尾画面做静态处理，产生瞬间的视觉停顿，接着出现下一段落的画面。比较适合不同主题段落的转换，由于定格具有强调作用，因此，采用定格转场的段落结尾镜头通常选择有强调必要、有视觉冲击力的镜头。

（6）数字特技。利用数字特技实现场景与段落的时空转换。运用这些特技时，人为痕迹过于显露，应该用的合适、恰当，不可过多使用。

2）连贯式转场

连贯式转场也称无技巧转场，基本方式是场景与场景、段落与段落之间的直接切换。其特点是省略了许多过场戏，缩短了段落间隔，加快了影视节目的内在节奏。

但在用无技巧剪接转场时，段落转换处必须具备合理的过渡因素，只有这样才能用"切入"来转场，使组接"承上启下"，段落间的有机联系更为密切。常用的方法有：

（1）相似性转场。利用上、下相连的两个镜头在形状上相似、数量上相同或相近进行组接。例如：

①实验人员在小河边取水样中景。
②特写取样瓶，特写拉开成近景，放取样瓶在显微镜下。

①果园里堆积的苹果全景。
②苹果罐头上的苹果特写拉出成商店的货架。

（2）逻辑性转场（因果关系转场）。利用场景、段落间上、下两个镜头在情节发展上有逻辑关系、对应关系或因果关系，进行转场。例如：

①山洪爆发，河堤决口。
②村庄被淹，解放军抢救群众。

①火灾现场。
②飞驰的救火车。

（3）比喻性转场。利用上、下两个镜头的内容有着强烈的对比作用。从而实现场景或段落的组接。

爱森斯坦早期影片《黑》有两处地方发生的两种屠杀。用屠宰场中的宰牛来比拟沙皇军警对工人们的杀戮。在科波拉的经典作《现代启示录》中，男主角要去杀马龙·白兰度时，杀人和杀水牛祭典的画面不断交错剪接再一起，其中含义不言而喻。

（4）过渡性转场。运用画面中主体物移动，或者摄像机运动或声音、文字、空镜头、挡黑镜头转场。

①出画入画转场。前一画面主体走出画面，后一镜头主体走入画面，从而改变了地点。
②运动镜头转场。运用推、拉、摇、移、跟等运动拍摄改变场景，如移动镜头逐一展

示琴房的教学活动。

③声音转场。例如,《闪闪的红星》中的沈老板指着"今日售米"的牌子问"这是谁干的",接着宋大爷说"是冬子干的",实现了场景的转移。

④文字转场。段落与段落之间用文字转接,如字幕。

⑤空镜头转场。蓝天、大海、飞翔的鸽子等空镜头,接连两个不同地点或时间的镜头。当情绪发展到高潮顶点后,需要一个更长的间歇,使观众回味意境。

⑥遮挡镜头转场。前一个镜头的人或物走向或推向镜头,直至将镜头遮挡,后一镜头是一个人或物从镜头前走进画面。例如:

①男实验员走近。

②女实验员走开。

4. 蒙太奇的叙述方法

如同撰写文章和小说一样,可以采用不同的结构形式或叙事方式。在影视剪辑中,也要考虑采用什么样的表述方法来引导观众最容易、最明确、最感兴趣地理解和欣赏镜头组接起来表达的内容含义,这就是蒙太奇的叙述方法。蒙太奇的叙述方法或结构形式主要分两大类,一类是叙事蒙太奇,另一类是表现蒙太奇。

所谓叙事蒙太奇是以交待情节、展示事件为主的一种蒙太奇类型。它基本按照事件发生的时间顺序、逻辑顺序及因果关系来组接镜头及段落,推动情节发展,并引导观众理解剧情,是影视片中最基本、最常用的叙述方法。特点是脉络清楚、连贯、易懂。其剪辑的内在依据是生活的逻辑。体现在两个方面:

①连续性;

②联系性。

所谓表现蒙太奇是以镜头的对列为基础,通过不同内容镜头的对列所形成的冲击来产生比喻、象征、联想的艺术效果。从而给出一种单独镜头本身所不具备的新的更为丰富的含义。它致力于让镜头的对列自身来表达某种感情、情绪、心理或思想。其目的不在于叙述情节,表现事件,而旨在增强作品的艺术表现力和情绪感染力。

叙事蒙太奇和表现蒙太奇具体细分起来又有以下几种:

(1) 连续式蒙太奇。它是按事物发展的时间顺序,动作的连续性,事件的逻辑关系来组接镜头、句子、段落。其特点是层次分明、脉络清楚、易于理解。在教学片中大多数是采用这种形式。

(2) 平行蒙太奇。平行式是两条条或两条以上的情节线索交错叙述。这种叙述方法可使两处或两处以上的事件起到互相烘托、互相补充的作用,如《一个国家的诞生》最后一分钟救援。《南征北战》中抢占摩天岭的段落,用平行蒙太奇表现敌我双方抢占摩天岭的场面,造成了紧张的节奏及扣人心弦的效果。

(3) 交叉蒙太奇。交叉蒙太奇由平行蒙太奇发展而来,又称交替蒙太奇。

它将同一时间不同地域发生的两条或数条情节线迅速而频繁地交替剪接在一起,其中一条线索的发展往往影响另外的线索,各条线索相互依存,最后汇合在一起。这种剪辑技巧极易引起悬念,造成紧张激烈的气氛,加强矛盾冲突的尖锐性,是掌握观众情绪的有力手法，惊险片、恐怖片和战争片常用此法造成追逐和惊险的场面。

平行蒙太奇的特点是情节的统一、主题的一致，而交叉蒙太奇的特点则是它所并列表现的两条或数条线索的严格的同时性，密切的因果关系和迅速频繁的交替表现。例如，《南征北战》中抢渡大沙河一段，将我军和敌军急行军奔赴大沙河及游击队炸水坝三条线索交替剪接在一起，表现了那场惊心动魄的战斗。又如《生物进化》：

①丛林中的狼，搜寻猎物。
②鹿在林中悠闲地吃草。
③狼头，两只贪婪的眼睛。
④鹿警觉的竖起耳朵。
⑤狼追逐鹿，交替出现。

（4）重复蒙太奇。将代表一定寓意或表达一定内容的镜头或段落，在一个叙事结构中，反复出现，以加深印象，或者起强调作用。例如，《战舰波将金号》中的夹鼻眼镜和那面象征革命的红旗，都曾在影片中重复出现，使影片结构更为完整。影视片中有时会把过去发生的事，重复出现一遍。教学片中，一些重点、难点处也可用重复的方式，以加深学生的理解和记忆。

（5）对比蒙太奇。通过镜头或场面之间在内容（如贫与富、苦与乐、生与死、高尚与卑下、胜利与失败等）或形式（如景别大小、色彩冷暖、声音强弱、动静等）的强烈对比，产生相互冲突的作用，以表达创作者的某种寓意或强化所表现的内容和思想。

镜头的组接以内容上、情绪上、造型上的尖锐对立或强烈的对比作为连接依据。电影中的例子：

①富豪用餐后，坐在沙发上。
②工人被关进监狱，坐在电椅上。
③富豪按一下开关，吊灯亮了。
④监狱里也按一下开关，电流通过工人身体。
⑤富豪打了个哈欠，躺在沙发上。
⑥工人躺在那里死去。

在教学片中也可运用各种对比。例如，《激光》中一组镜头表明白光通过棱镜后可分为七色光；再用一组镜头表现激光通过棱镜后，只有一种色光。通过对比说明激光是一种单色光。

（6）隐喻蒙太奇。它是用某一具体形象或动作比喻一个抽象的概念，用来表达创作者的某种寓意或某种情绪色彩。例如，爱森斯坦在著名的《战舰波将金号》中，用卧着、坐着、站着的三个石狮隐喻群众的觉醒、革命的爆发，是经典性的比喻力作。普多夫金在影片《母亲》中，把工人示威游行的镜头与春天冰雪解冻的镜头组接在一起，用春天来隐喻一种新的力量的不可阻挡。又如，青松比喻烈士的英勇不屈、浩气长存；海潮比喻人物心绪激荡或革命高潮；初升的太阳象征着未来和希望等。

（7）积累式蒙太奇。将几个内容性质上基本相同但表现形式不同的镜头，组接在一起，通过叠加积累效果，创造出一种特定的氛围或情绪，形成某一个主题和思想。例如，战争影片中的飞机、大炮、机关枪等武器，反复交替地组接起来，造成即将攻打敌人阵地的气氛。又如，表现改革开放形势，用飞机起飞、轮船下海、火车飞速前进、火箭发射升空、工业流水线、现代化都市、高速公路、立交桥等。

积累蒙太奇的关键是要选择最典型、最有表现力的画面素材来表达主题思想。

（8）抒情蒙太奇。抒情蒙太奇是一种在保证叙事和描写的连贯性的同时，表现超越剧情之上的思想和情感。最常见、最易被观众感受到的抒情蒙太奇，往往在一段叙事场面之后，恰当地切入象征情绪情感的空镜头。例如，苏联影片《乡村女教师》中，瓦尔瓦拉和马尔蒂诺夫相爱了，马尔蒂诺夫试探地问她是否永远等待他。她一往情深地答道："永远"，紧接着画面中切入两个盛开的花枝的镜头。它本与剧情并无直接关系，但却恰当地抒发了作者与人物的情感。

在电视教学片中，应根据内容需要，合理选择使用，蒙太奇的叙述方法不要单纯追求形式。艺术性为教育性、科学性服务。同时，不能把蒙太奇仅仅看作是两个镜头和少数几个镜头之间组接的问题。使用蒙太奇结构形式，更应从一个句子、段落和整体着眼，这样才能把蒙太奇用好。

8.4 图像编辑点

两个相邻镜头的衔接点称为图像编辑点。图像的编辑点是很微妙的，有时只差几帧画面就会产生截然不同的效果：可能使画面组接流畅，也可能使人感到不舒服，产生视觉跳动。要准确地选择图像编辑点，既要符合艺术与技术要求，也要符合运动与心理规律，防止图像跳动与视觉跳动。为了提高图像编辑的艺术效果与技术质量，就必须掌握选择图像编辑点的方法。

1. 主体动作编辑点

主体动作编辑点是以形体活动为基础，选择主体外部动作发生显著变化后，作为动作编辑点。它又分为相同主体动作编辑点和不同主体动作编辑点。

1）相同主体动作编辑点

（1）主体位置固定的画面，选择姿态刚发生明显变化后，作为动作编辑点。

人们在日常生活中都要坐下、起来。在做这两个动作时感觉是连贯不停顿的。其实不然，一坐、一起这个完整动作中间有人们视觉难以分辨出的瞬间停顿。抓住这个特点把停顿处选为编辑点，就会使动作达到连贯流畅，但必须注意：上个镜头把停顿的瞬间（1～2帧）全部保留，而下一个镜头必须在停顿后的第一帧用起，这样组接起来动作流畅，没有跳跃感。否则就会有跳跃感或重复感。

如开关门窗，这两个动作的衔接点应该选择手一接触门窗后，在打开或关上的那一帧前剪，下一个镜头从打开或关上的第一帧用起，这样的剪接效果也极为流畅，如果不这样剪，就会出现动作重复或动作停顿的感觉，造成画面跳动，不连贯。

如图 8-4-1 中小孩哭的镜头，前一镜头中景中小孩手已经捂住眼睛，下一镜头近景时，手还未捂上，看起来就非常别扭。

图 8-4-1　动作重复

如果剧情需要表现激烈、紧张、愤怒等气氛情绪，在剪接时，就不要按照这种常规的剪接技法来剪，而应在上个镜头手一接触门窗就剪，下个镜头从门窗已开了一条缝或关上1～3帧用起。这样动作加快，符合剧情的要求。

（2）主体位置移动的画面，选择运动方向或速度刚发生变化后，作为动作编辑点。

例如，汽车刚转弯后，或者舞蹈教师的脚步由慢变快后，就立即将镜头切换。

（3）主体出入不同空间的画面，选择主体走出画面后或走入画面前，作为动作编辑点。

主体可以出画入画，如教师从家里走出画面，切换到走入课堂画面。

主体也可以出而不入，如从办公室走出画面，切换到在街上行走。

主体还可以入而不出，如从工厂宿舍区走入画面，切换到在学生家里家访。

如果上下镜头既不出画也不入画，且无任何镜头运动及主体动势，那么上下镜头之间应借用其他镜头插接进去，以弥补拍摄的失误，不可直接剪辑。

如上一个镜头是人走在路上，下一个镜头是人坐在家中看报纸，这两个镜头直接组接，就是跳切。人们对没有交待清楚来由的镜头会感到突然，如图8-4-2所示。

图 8-4-2　直接组接——跳切，造成镜头的不连贯

为了表现这个回家看报纸的人物，通常要采用回家镜头、进屋镜头、就坐镜头、翻报纸镜头、戴上眼镜镜头等。可是这种手法好吗？太无聊、太烦琐。为了避免出现跳切而又使画面紧凑，有以下几种方法可以采用，如图8-4-3所示：

图 8-4-3　利用出画入画等手段避免跳切

①在走路与就坐之间，加入插入镜头，比如在看报纸的座位旁边放上一个小闹钟，利用表针移动来暗示走路人进屋后换上衣服、戴上眼镜等都要占用一定时间。当然插入的不一定就是闹钟，其他的家具陈设也可以。

②先人跨进门槛的镜头，再接坐下看报纸的镜头。

③上个画面中人走出画面切出，然后接上坐在房间里看报纸。

（4）主体由静到动或由动到静的画面。选择动作刚开始或停止后，作为动作编辑点。

例如，司机发动马达使汽车刚启动的近景，切换到汽车开走的远景。又如，一个人在图书馆走到书架前刚站住的全景，切换到从书架上抽出一本书的近景。

2）不同主体动作编辑点

不同主体的运动或同一主体的不同运动的画面，选择它们之间运动的内在联系因素：动势方向一致、连贯，动作形态相似、完整的瞬间，作为动作编辑点。

（1）选择动势方向一致的地方作为动作编辑点。直线运动的主体，当朝向同一方向运动时切换，使观众的视线方向保持一致；曲线运动的主体，前后镜头要保持连贯，如从单杠的大回环转到跳马的空翻落地，也是利用动势保持视线的连续。

（2）选择形态相似的地方作为动作编辑点，如旋转的汽车轮切换到旋转的自行车轮。

2. 运动镜头编辑点

运动镜头编辑点是以动接动、静接静、动接静、静接动为基础，防止运动镜头之间、运动镜头与固定镜头之间的编辑点产生视觉跳动。

1）运动镜头之间的编辑点

（1）镜头运动方向相同的编辑点采用动接动组接，产生一气呵成的效果。例如，几个连续右摇风景镜头组接在一起。

（2）镜头运动方向相反的编辑点，采用静接静组接，镜头要有起幅、落幅才不会产生视觉跳动。例如，左摇镜头落幅后，再切换到右摇镜头的起幅上。

2）运动镜头与固定镜头之间的编辑点

运动镜头与固定镜头之间的编辑点要依据固定镜头的主体是静止还是运动选择编辑点。

（1）运动镜头与主体静止的固定镜头之间的编辑点采用静接静组接。运动镜头要有起幅、落幅才能产生视觉跳动。例如，一个摇镜头落幅后，才能接静止的固定镜头。

（2）运动镜头与主体运动的固定镜头之间的编辑点采用动接静组接。利用主体运动的动势将运动协调起来。例如，跟拍一辆行驶的汽车，切换到汽车驶向远处的固定画面。

详细方法见前述运动镜头与固定相接的方法列表。

3．穿插镜头编辑点

穿插镜头编辑点是以校正跳轴镜头为基础，通过穿插镜头，防止视觉跳动，并将运动轴线自然转过来。例如：

（1）选择运动主体刚转弯、转身或转头后，作为穿插镜头编辑点，使跳轴有逻辑关系。

（2）选择主体在画面中间做垂直运动作为穿插镜头（即正面镜头），这些没有明显方向性的镜头，可减弱跳轴的冲突感。

（3）选择主体的特写镜头作为穿插镜头，特写镜头引人注意，分散、减弱跳轴的突然。

详细方法见前述克服跳轴的方法。

4．人物情绪编辑点

人物情绪编辑点是以心理活动为基础，要把人物情绪的高潮尽可能的保留展示。按照人物的喜、怒、哀、乐作为图像编辑点的选择依据。

情绪剪接点的选择，注重对人物情绪的夸张、渲染，在镜头长度的把握上一般要放长一些，以"宁长毋短"的原则来处理。例如，电视连续剧《红楼梦》中林黛玉出场的镜头也是情绪剪辑。影片用林黛玉出场的一个近景镜头来展示此时此刻人物的心情。剪辑时为了加强人物在规定情境中的情绪渲染，也为了让林黛玉的第一次出场在观众心中留下较深刻的印象，剪辑将这一镜头用得很长（1分多钟），让人物的情绪充分展示。

总之，情绪剪接点的选择确定不同于动作的剪接点，它在画面长度的取舍上余地很大，不受画面内人物外部动作的局限，而以描写人物内心活动、渲染情绪、制造气氛为主。

情绪剪接点的确定，需要编辑人员对节目内容充分的理解，同时对人物内心活动要有准确的把握，编辑人员只有具备了一定的功力，才能在影视片中充分地展示人物的情感世界。

5．节奏编辑点

对于有人物情绪变化的内容，根据不同形式的表情因素与内心活动，结合镜头造型与节奏，创造人物情绪感染效果。例如，快节奏的短镜头可造成紧张情绪；慢节奏、长镜头有舒缓、平稳的效果；无人物的空镜头，如蓝天、大海可补充人物的情绪处延。

对于没有人物的镜头内容，它以事件内容发展进程的节奏线为基础，根据内容表达的情绪、气氛及画面造型特征来灵活地处理镜头的长度与剪接。节奏剪接点的作用，是运用镜头的不同长度，来创造一种节奏——或舒缓自如，或紧张激烈。在选择画面节奏剪接点的同时，还要考虑声音的剪接点。要注意将镜头的画面造型特征、镜头长度与解说词、音乐、音响的风格节奏有机地结合起来，以达到画面与声音的有机统一。

以上是电视画面的编辑点选择方法,以下是声音的编辑点选择方法。声音剪接点又可以分为对话剪接点、音乐剪接点和音响剪接点。

6. 对话的编辑点

对话剪接点是以画面中人物语言的内容为依据,结合语言的起始、语调、速度来确定剪接点。同期声语言的剪接就是根据对话剪接点来剪辑的。对话剪接点可分为两种表现形式,五种处理方法:

1)人物对话的平行剪辑

人物对话的平行剪辑,即上、下两个镜头的画面和声音同时切换。它有三种剪接方法。

(1)上个镜头的声音结束后,声音与画面都留有一定的时空,而下一个镜头切入时,画面与声音也留有一定的时空。上、下两个镜头都要根据人物对话的情绪选择剪接点。

这种剪辑方法在人物对话中最为常见,如图 8-4-4 所示。它表明,上、下两个镜头人物都保留一段情绪空间。

图 8-4-4　对话的平行剪辑 1

(2)上一个镜头的声音一结束,声音与画面立即切出,而下一个镜头的声音与画面都留有一定的时空。这两个点的选择应是上一个镜头声音一完即切出,下一个镜头声音则应根据人物的表情、动作、心理活动,结合剧情的需要,恰当地选择剪接点。它表明上一个镜头人物对话一结束,就表现下一个镜头中人物的反应,如图 8-4-5 所示。

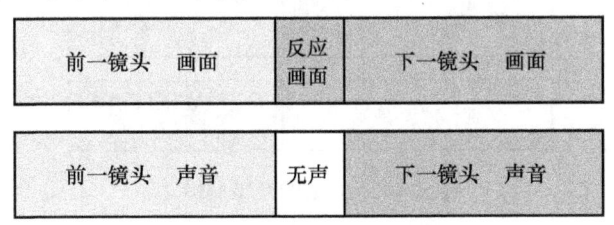

图 8-4-5　对话的平行剪辑 2

(3)声音与画面同时出现,同时切换。上一个镜头的声音一结束,声音与画面立即切出;下一个镜头一开始,声音与画面立即切入。这两个点的选择应是上一个镜头的声音一完即切出,下一个镜头一开始声音与画面即可切入。这种剪辑方法在人物对话中不常用,只有在剧情需要时(如两人吵架、争得面红耳赤,或者两个针锋相对的人进行辩论等),用这种剪辑方法才合适,如图 8-4-6 所示。

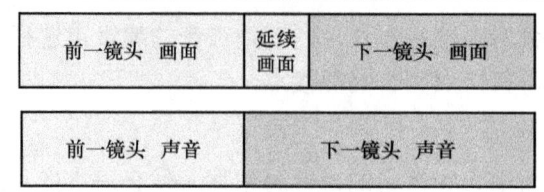

图 8-4-6　对话的平行剪辑 3

总之，这三种剪辑方法的特点是平稳、严肃、庄重，它能具体地表现人物在规定情境中所要完成的中心任务，不足之处是显得呆板。

2）人物对话的交错剪辑

它有两种剪接方法。

（1）声音与人物画面不同的切换，而是交错切出。上一个镜头的人物画面切出后，声音拖到下一个镜头的人物画面上，如图 8-4-7 所示。

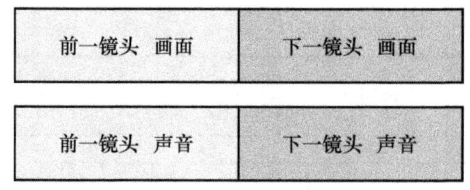

图 8-4-7　对话的交错剪辑 1

（2）声音与人物画面不同时切换，也是交错切出、切入。上一个镜头的声音切出后，画面内的人物表情动作仍在继续，而将下一个镜头的声音接到上一个镜头的人物表情动作中去。

这两种交错方式的剪辑方法在人物对话中较为常见，它的特点是生动、活泼、明快、流畅而不呆板，如图 8-4-8 所示。

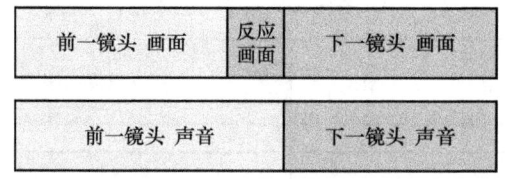

图 8-4-8　对话的交错剪辑 2

在选择声音剪接点时，要从剧情的内容出发，结合人物的表情及人物对话的内涵和画面造型因素的匹配，恰当地选择剪接点。

7．音乐剪接点

音乐剪接点根据电视作品中音乐种类的不同分为两种。

（1）歌曲、戏曲、器乐曲等音乐类节目的剪接点。以音乐节奏、乐句、乐段的出现、起伏与终止为主要依据来选择。例如，电视片表现交响乐演奏，哪个乐器开始独奏，就将镜头切至哪个乐器，一般用近景、特写表现，合奏时切至全景，一般用全景表现。

（2）为烘托画面内容而配置的画外音乐，要注意将音乐的节奏、乐句、乐段与画面内容的情绪及长度有机地结合起来。如果段落画面已自然结束,而音乐尚未结束,这会给观众造成一种戛然而止的不和谐感。

总之,音乐的剪接点既要在旋律、节拍、节奏、乐句、乐段上加以选择,又必须与画面相吻合,这样才有可视性。

8. 音响剪接点

音响剪接点要求以画面内容为基础,在某一段效果音响的首尾处选择剪接点,特别要把握好同期声、效果声与画面互相配合的关系。例如,一个人坐在那里沉思,画面运用钟摆的滴答声来比喻人物此时此刻复杂、烦乱的心情,音响效果的剪接点就必须与画面内钟摆的摆动动作相匹配、相一致。还有一些描写环境气氛的自然音响效果,如海水冲撞礁石所发出的巨响、潮落的水声,音响效果也必须与画面的海水的起幅、落幅动作一致。

在剪辑过程中,无论选择哪种剪接点,都必须为内容服务,必须结合素材来考虑和判断,进而合理地选择剪接点。那么,剪接点选择的准确与否以什么为标准呢?首先以屏幕所播放出来的画面效果为标准;其次看画面镜头组接是否符合剧情发展,情节是否贯穿,动作能否连续,语言是否通顺,节奏是否明快、流畅等。

思考与练习

1. 镜头组接依据哪些原则?
2. 蒙太奇转场的方式有哪些?
3. 分别写一个用相似性转场和因果关系转场的例子。
4. 名词解释:分割式转场,连贯式转场?
5. 蒙太奇有哪几种结构形式?
6. 电视教材的节奏是由哪些因素决定的?

第 9 章　电视录像与电子编辑

本章学习目标
- 了解录像机的发展和分类
- 掌握录像机的使用操作
- 理解电子编辑的要求
- 掌握电子编辑的系统的使用操作

9.1　磁带录像机的发展与分类

磁带录像机（Video Tape Recorder，VTR）或（Video Cassette Recorder，VCR）是根据电磁感应原理，把视频信号和音频信号以剩磁的形式记录在磁带上，并能够进行重放的电视节目制作与播出设备。下面对录像机的发展做简要的回顾。

9.1.1　磁带录像机的发展

自从 1956 年世界上第一台磁带录像机诞生以来，录像机经历了从复合到分量、从模拟到数字的发展历程，形成了模拟复合、模拟分量、数字复合和数字分量四大记录格式。

1. 模拟录像机从复合到分量

（1）广播级四磁头录像机。经过多年的研究实践，美国 Ampex 公司率先于 1956 年推出了第一部达到实用化的旋转四磁头录像机。

（2）广播级 1 英寸录像机。1976 年，德国 Bosch 开发了一种使用 1 英寸开盘磁带的高质量录像机，后被命名为 B 格式；Ampex 的 1 英寸螺旋扫描格式命名为 A 格式；Ampex 与索尼融合后的新标准称为 C 格式。SONY 1 英寸 C 格式开盘录像机 BVH-3000PS。

（3）U-matic 型录像机。1970 年日本的索尼公司、JVC 公司和松下公司共同开发了第一台盒式录像机 U-matic，这种录像机采用 3/4 英寸磁带，率先实现了录像机的盒式化。U 形机有三种格式：VO（低带）、BVU（高带）、SP（超高带）。

（4）家用录像机的发展。从 1973 年开始，世界各国纷纷开始研制家用录像机，并形成了三种主要的家用录像机格式：Beta 格式、VHS 格式、8 mm 格式。1987 年 1 月 8 日 JVC 公司又发表了"S-VHS"（Super-high band VHS），即高带 VHS。

1989 年索尼公司推出了高带 8 mm（又称为 Hi8）录像机。

上面介绍的这些录像机 U-matic、β、VHS、S-VHS、8 mm、Hi8，它们所采用的记录方式，都是对亮度信号调频、色度信号降频进行记录，然后混合在一起，对亮/色信号利用同一磁头记录在同一条磁迹上,记录格式为模拟复合方式。

采用模拟复合方式记录的缺点是图像清晰度低,只有 300 线左右,同时亮度和色度用一个磁头记录到一条磁迹上,必然会形成亮色串扰,使图像质量很难提高,于是一种新的记录方式诞生了,它就是模拟分量记录方式。

(5)模拟分量录像机的发展。为了解决复合录像机亮度信号和色度信号在一条磁迹上,信号清晰度无法提高的问题,分量录像机采用亮度信号和色度信号分别记录的方法。对色度信号的 2 个分量 R-Y 和 B-Y 采用时间压缩分割多路复用法(Compressed Time Division Multiplex, CTDM)进行时间压缩,然后以一个载波信号调频,记录在色度磁迹上。亮度信号直接调频后记录在另一条磁迹上。

分量录像机主要有 SONY 公司的三个系列及松下公司的 MII 型。SONY 广播级录像机的型号为 BVW 系列,主要机型有编辑录像机 BVW-75;标准机型为 Betacam SP,主要机型有编辑放像机 PVW2600、PVW2650(带 DT),编辑录像机 PVW2800,一体型录像机 PVV-3P;普及型是 UVW 系列,主要机型有编辑录像机 UVW-1800,摄录一体机 UVW-100BP。

松下公司的模拟分量录像机,称为 MII 格式,主要有编辑录像机 Au-65,编辑放像机 Au-63(带 DT),便携式录像机 Au-520,一体式录像机 Au-410。

分量录像机以信噪比高、图像清晰、色彩鲜明等优点,使得它一直成为模拟时代电视台的主流机型。同时也存在缺点,它只有在采用分量接口时,才能发挥出优越性。模拟记录方式不管是分量还是复合方式都有一个共同的缺点,就是在信号处理过程中会受到很大损伤,使图像质量下降。因此人们又研制开发了一种新的记录方式——数字记录方式。

2. 数字录像机从全比特记录到压缩比特记录

数字式录像机是将视频和音频信号分别经模数转换变成数字信号后记录在磁带上。数字录像机不仅录放的图像质量高,而且质量不会因多带复制而变差,复制的代数允许几十代,是理想的磁带录像机。

(1)D1 格式。1986 年,日本索尼公司展出了型号为 DVR-1000(磁带传输部分)/DVC-1000(信息处理部分)的数字录像机,称为 D1 格式。D1 格式录像机是一种分量数字录像机。使用 3/4 英寸氧化物盒式磁带,可以直接记录符合 CCIR601 建议书中规定的分量数字视频信号和符合 AES/EBU 格式的数字音频信号。其特点是采用 CCIR601 建议的 4:2:2 分量编码标准,即亮度信号 Y 的取样频率为 13.5 MHz,色差信号 R-Y 和 B-Y 的取样频率为亮度信号的一半 6.75 MHz,这样亮度信号和两个色差取样频率就满足一个简单的比例关系 4:2:2,量化比特数为 8 b,视频信号的数据码率为 216 Mb/s,总码率为 243 Mb/s,数据无压缩。每路音频信号取样频率为 48 kHz,量化比特数为 20 b,数据无压缩。对 PAL 制信号,每场信号由 12 条磁迹记录。四路数字音频被记录在视频磁迹的中段。

(2)D2 格式。1988 年索尼公司推出 D2 格式数字录像机。D2 格式录像机是一种复合数字方式的录像机。使用 3/4 英寸金属盒式磁带。主要特点是对视频全信号采用 4 倍副载波频率进行取样,量化比特数为 8 b,总数据比特率为 127 Mb/s(PAL 为 154 Mb/s),采用两对记录磁头,每秒 100 转,每场信号记录于 8 条磁迹上,记录图像的带宽接近 6 MHz。每路音频信号取样频率为 48 kHz,量化比特数为 20 b。

（3）D3 格式。D3 格式录像机为松下公司于 1991 年推出的复合式数字录像机。它使用 1/2 英寸磁带，实现了无比特压缩数字记录。D3 格式录像机中直接对复合视频信号用 4 倍副载波频率取样，量化比特数为 8 b，数据无压缩。可记录四路数字声音信号，取样频率为 48 kHz，量化比特数为 20 b。视频录放带宽为 6 MHz，信噪比为 54 dB。其中一场视频信号记录在 8 条磁上，磁迹宽度为 18 μm。走带速度降低为 83.88 mm/s，总码率为 151.9 Mb/s。

（4）D5 格式。D5 格式录像机是 1993 年松下公司推出的数字分量录像机。采用 1/2 英寸金属盒式磁带，记录 10 b CCIR601 数字分量信号。由于数据码率的提高，因此采用将带速提高一倍的方法，磁带上的记录时间也因此减少一半。D5 格式考虑到了多种格式的记录，除了记录标准的 10 b、4：2：2 系统的 270 Mb/s 数据码率之外，也可记录取样频率为 18 MHz、量化 8 b、宽屏幕 16：9 系统的 788 Mb/s 数据码率，或者记录压缩比为 4:1 的 HDTV 的数字信号。

上述 D1、D2、D3、D5 数字录像机都不采用压缩技术，采用全比特记录，因而图像质量很好，但是由于数据量很大，信号在处理、存储、传输等方面都存在困难，设备体积大、价格高、运行费用高。随着高效编码技术的发展，在数字录像机中也采用压缩技术。

（5）Digital Betacam 格式。1993 年日本索尼公司推出 D-Betacam（Digital Betacam，数字 Betacam）格式数字分量录像机。它使用 1/2 英寸涂敷型金属盒式磁带，带盒尺寸与模拟 Betacam SP 一样，大盒能记录 124 分钟，小盒能记录 40 分钟。在 D-Betacam 格式中，视频信号采用 4:2:2 取样标准，数字信号输入时量化比特数为 10 b，模拟分量输入时量化比特数为 8 b。D-Betacam 格式的视频数据采用场内约 2.47:1 压缩，视频码率为 88 Mb/s。D-Betacam 格式可记录四路数字音频信号（48 kHz/20 b）。视频、音频录放质量都达到广播级演播室水平。

（6）Digital-S 格式。Digital-S 格式录像机是 1995 年 4 月日本 JVC 公司推出的一种新型的广播专业级数字录像机。它是以 S-VHS 技术为基础开发的具有高效编码数字技术 S 格式的录像机，可以重放 S-VHS 的图像信号，录像带宽度为 1/2 英寸，完全按 CCIR601 标准设计，采用 4：2：2 取样，以 50 Mb/s 的数字取样速度进行内部帧编码（M-JPEG），压缩比为 3.3：1。

（7）DVCPRO 格式。DVCPRO 格式录像机是日本松下公司在家用 DV 格式录像机基础上开发的一种专业级数字录像机，其最大的特点是小盒带和长重放时间。由于使用 1/4 英寸的磁带，使得磁带传送机构也相应缩小了。

DVCPRO 格式用于标准清晰度电视制式的模式有两种，分别为 DVCPRO 模式和 DVCPRO 50 模式。在 DVCPRO 模式中，视频信号采用 4：1：1 取样，8 b 量化，采用帧内 4.987（约 5：1）数据压缩，视频数据码率约为 25 Mb/s。在 DVCPRO 50 模式中，视频信号采用 4：2：2 取样，8 b 量化，采用帧内 3.325（约 3.3：1）数据压缩，视频数据码率约为 50 Mb/s。DVCPRO 模式可记录两路数字音频信号，DVCPRO 50 模式可记录四路数字音频信号，每路音频信号的取样频率都为 48 kHz，量化比特数都为 16 b。

（8）Betacam SX 格式。Betacam SX 格式是索尼公司推出的一种数字录像格式。它采用了 MPEG-2 MP@ML 的扩展 4：2：2 P@ML 标准，在保证高图像质量的同时有较高的压缩比（10:1），配合硬盘的机型可现场做非线性编辑，配备 SDDI（Serial Digital Data

Interface）接口的录像机可用同轴电缆以4倍重放速度传送记录的数据。

Betacam SX 以 CCIR601 为标准，采用 MPEG-2 P@ML 压缩方式，10∶1 压缩比，传输码率为 18 Mb/s，音频采用 48 kHz 取样，16 b 量化，四通道数字记录，音质达 CD 水平。"MPEG-2 4∶2∶2 演播室类型"的图像组仅有两个帧，即 I 帧和 B 帧。

（9）MPEG IMX 格式。MPEG IMX 格式是日本索尼公司推出的一种数字录像机格式，如图 9-1-19 和图 9-1-20 所示。它使用 1/2 英寸的金属磁带，视频信号采用 MPEG2 4∶2∶2 P@ML 的压缩方式，仅取帧内压缩（I 帧），视频数据码率为 50 Mb/s。MPEG IMX 格式可记录八通道数字声音，取样频率为 48 kHz，量化比特数为 16 b，或者记录 4 个通道，取样频率为 48 kHz，量化比特数为 24 b。

（10）DVCAM 格式。DVCAM 格式是日本索尼公司在家用 DV 格式基础上于 1996 年推出的一种专业级数字录像机格式，如图 9-1-21 所示。该格式与 DV 格式一样，视频信号（625/50 制式）采用 4∶2∶0 取样，8 b 量化，一帧记录 576 行。视频采用帧内 4.987（约 5∶1）数据压缩，视频数据码率约为 25 Mb/s。DVCAM 格式可记录两路（每路 48 kHz 取样，16 b 量化）或四路（32 kHz 取样，12 b 量化）数字声音信号。

DVCAM 格式的带盒尺寸、磁鼓直径与转速都与 DV 格式相同，带上也无纵向磁迹。对于 625/50 制式，一帧信号记录 12 条倾斜磁迹，磁迹宽度比 DV 格式增加 5 μm，为 15 μm，为跟踪提供了较大的容差。

（11）DV 格式。DV 格式是由世界上一些知名的电器公司共同制定的一个标准。DV 格式的特点是带盒小、磁鼓小、机芯小、记录密度大、电路集成度高，便于生产体积小、机动灵活的一体化摄录像机。对于 PAL 制信号来讲，它采用 4∶2∶0 的采样格式、8 b 量化和 DCT 帧内压缩方式，压缩比为 5∶1，视频数据码率为 25 Mb/s，Y 信号水平清晰度达 500 线，信噪比可达 54 dB。对于音频，可采用 48 kHz 采样，16 b 量化的双声道立体声方式，也可采用 32 kHz 采样，12 b 量化的四声道方式。

从以上录像机的发展历程中可以看出，磁带录像机目前已全面由模拟向数字过渡。录像机的记录格式在模拟阶段经历了从模拟复合到模拟分量的发展，在数字阶段又经历了从全比特记录到压缩比特记录的过程，其中出现了众多的录像机格式，满足了从广播到家用各种用途的需要。

9.1.2 磁带录像机的分类

一般录像机以磁带作为存储媒介，但近几年，随着数字视音频压缩技术的发展，存储介质已经从单一的磁带发展为磁带、光盘和硬盘三种，相应的录像设备就有磁带录像机、光盘录像机和硬盘录像机三种。下面以磁带录像机为例介绍其分类。

1. 按质量高低进行分类

（1）广播级录像机：主要用于电视节目制作及播出，属于最高档的录像机，其录放质量及其他各方面性能指标都很高。

（2）业务级录像机：主要用于非广播领域，如电化教学、工业生产、医疗卫生等。这类录像机的质量及性能指标都要低于广播级录像机，价格也较为便宜。（3）家用级录像机：

主要用于家庭娱乐，其质量比前两种录像机都低。但家用录像机具有体积小、重量轻、操作方便、价格低廉的特点，适合家庭使用。

2．按磁带宽度分类

磁带录像机按磁带宽度分类，主要有 2 英寸、1 英寸、3/4 英寸、1/2 英寸、8 mm 和 1/4 英寸录像机。其中，2 英寸、1 英寸录像机已成为历史，目前在电视节目制作及播出中使用较多的是 1/2 英寸的模拟或数字录像机，而家用录像机则以 8 mm 和 1/4 英寸居多。

3．按功能分类

磁带录像机按功能分类，主要有放像机、普通录像机、编辑录像机、特技重放功能录像机等。放像机没有录像功能，只能用来播放磁带；普通录像机是最常见的录像机，具备录像和放像功能；编辑录像机配备了特殊的装置和处理电路，能够编辑电视节目。

4．按信号处理方式来分类

磁带录像机按信号处理方式可以分为两大类：模拟录像机和数字录像机。其中模拟录像机又分为模拟分量录像机和模拟复合录像机；模拟复合录像机又分为色度直接记录方式和色度降频记录方式；数字录像机又分为数字分量录像机和数字复合录像机，如图 9-1-1 所示。

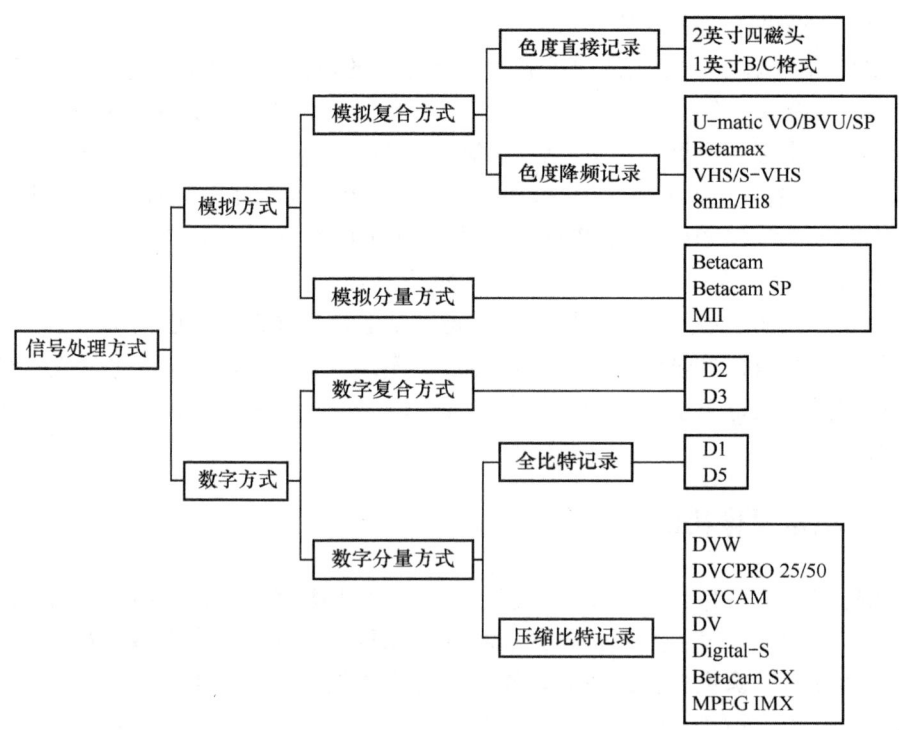

图 9-1-1　录像机的信号处理方式分类

5．按记录信号的清晰度来分类

磁带录像机按记录信号的清晰度分类，主要有标准清晰度录像机和高清晰度录像机两大类。标准清晰度录像机是指目前的电视体制录像机，信号的清晰度为 250～400 线；高清晰度录像机是指能记录高清晰度电视信号的录像机，如 SONY 的 HDCAM 系列录像机，松下的 DCVPRO HD 系列录像机。

当然录像机还可以按照记录介质进行分类，目前大部分录像机已从磁带转向采用 IT 型存储介质，如光盘、存储卡、硬盘等。这些在摄像机部分已有介绍，这里不再赘述。

9.1.3 数字录像机的特点

数字录像机是指记录在磁带上的视频、音频信号都为数字信号的磁带录像机。与模拟录像机相比，数字录像机具有以下特点。

1．录放的图像、声音质量高

通常，广播级数字录像机的视频录放带宽和信噪比都比模拟录像机高，因此数字录像机录放的图像质量明显高于模拟录像机。

2．多代复制性能好

通常广播级模拟录像机复制到六七代节目质量就已经明显变差，而专业级与家用级录像机允许的复制的代数更少。而在数字录像机中，处理与记录的信号只有两个电平，一般的磁带杂波与电路失真，只要不影响重放时高低电平的判别，就不会产生影响。因此经几十代复制，图像和声音仍能保持很高的质量。

3．电路工作可靠，维护简便

与模拟电路相比，数字电路可靠性高、调整少。加上采用超大规模的数字集成电路，提高了整体电路的集成度，使电路更加可靠，维护更加简便。

4．功能更全

数字录像机除了具有模拟录像机所有的功能，如录放、搜索、编辑，以及由动态跟踪（DT）磁头实现无杂波特技重放等外，还增加了以下功能：

①磁鼓上增加专用重放磁头，提高跟踪性能并实现顶读功能。

②采用多磁头跟踪重放技术，实现无杂波特技重放和快速数据读取功能。通常采用比记录磁头多一倍的重放磁头，能实现-1 到+2 倍带速的无杂波特技重放功能。

9.1.4 几种新型录像机格式

1．SONY XDCAM 光盘录像机及特点

专业光盘技术是索尼公司基于蓝紫激光技术开发的全新一代应用技术，它是在蓝光盘技术基础上创新设计，大幅度提高了读写速率，使之适用于复杂环境，并成功应用于广播电视专业领域。由于采用最新专业光盘技术，以及优化元数据的使用，使得从制作流程的采集、制作、播出，到存储的效率都得到了大大的提高。索尼公司生产的摄录设备的记录介质采用的是专业光盘，光盘直径 120 mm，盘盒尺寸 129 mm×131 mm×9mm，重量 90g，记录格式是相变记录。可记录 85 分钟 DVCAM 或 45 分钟（50 Mb/s）、55 分钟（40 Mb/s）和 75 分钟（30 Mb/s）的 MPEG IMX 视音频素材，存储时间 30 年，相关设备运行条件为 0～40℃，存储条件为-20～60℃。

XDCAM 专业蓝光盘采用波长为 405 nm 的蓝紫激光和 0.85 相对孔径的透镜，聚焦点尺寸为 0.5 μm，记录点轨迹间距为 0.32 μm，表面保护层厚度为 0.1 mm。数据传输率比民用蓝光盘更快，单光头数据传输率（写操作）为 71.93 Mb/s。

专业蓝光盘与其他光盘的区别如表 9-1-1 所示。

表 9-1-1 各种光盘的对比

	激光波长（nm）	开口率（NA）	磁轨距离（μm）	最小记录长度（μm）	调制方式	单面容量（GB）	传输速（Mb/s）
Professional Disc	405	0.85	0.32	160（149）	17PP	23.3（25）	72
Blu-ray	405	0.85	0.32	160（149/133）	17PP	23.3（25/27）	36
AOD（HD-DVD）	405	0.65	0.40	204	ETM	2（RW），1（ROM）	36.6
DVD+RW DVD-RW DVD-R	650	0.6	0.74	400	8~16	4.7	11.1
CD-RW CD-R	780	0.45	1.6	330	EFM	0.65/0.74	1.4

作为全新专业记录介质，专业光盘具有以下特点。

（1）IT 型记录介质。XDCAM 光盘的记录内容采用数据文件的形式并使用行业标准的 MXF（素材交换格式）文件格式。这使得在 IT 环境下的数据处理具备更高的灵活性，复制、传送、共享和压缩更加方便。

（2）记录容量大。目前为 23.3 GB，可以满足高质量节目长时间的记录（IMX 50 Mb/s 可以记录 45 分钟）。

（3）读写速率高。目前单光头可以实现约 72 Mb/s 的读写速率，双光头可以实现约 144 Mb/s 的读写速率。

（4）可多次重复擦写。标称 1000 次重复擦写，在实际加速老化实验中，重复擦写次数高达数千次以上。

（5）信息记录安全可靠。专业光盘是采用特殊合金物质与激光系统实现"相变技术"记录信息的，材料物理变化是在 400~600℃工作环境中进行的，在常规的高温/低温环境下极为稳定。

目前 XDCAM 产品有两大系列，即标清产品和高清产品。

XDCAM HD 高清产品主要有 PDW-680、PDW-850 摄录一体机，PDW-HD1200 录像机，如图 9-1-2 所示。

（a）光盘摄录一体机 PDW-850　　（b）光盘录像机 PDW-HD1200

图 9-1-2　XDCAM HD 高清产品系列

2. 松下 P2 卡录像机

2003 年，日本松下公司推出了使用半导体存储卡作为下一代广播专业视音频信号的记录介质，命名为 P2 卡（Professional Plug-In Card），它把 4 块 SD 卡（Secure Digital Memory Card）封装进一张 PCMCIA 卡中，达到 4 GB 的容量，可记录 16 分钟的 DVCPRO 的电视节目。同时从基本结构上来说，一块 P2 卡是由 4 块 SD 存储卡封装而成的，这样，P2 卡的容量和传输速度均为单片 SD 存储卡的 4 倍。例如，AJ-P2C004H 的数据传输率高达 640 Mb/s，在传输速度方面也远胜于所有其他音视频介质，完全可以作为高清的记录介质进行使用。图 9-1-3 所示为 32 GB 的 P2 卡，图 9-1-4 所示为 P2 卡直接插入笔记本电脑的卡槽中。

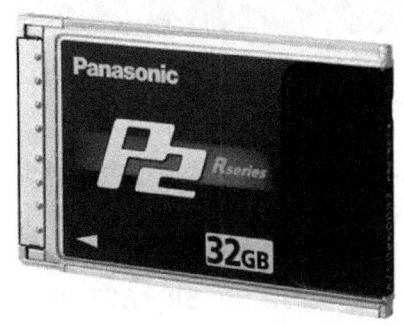 

图 9-1-3　32 GB 的 P2 卡　　　　　图 9-1-4　P2 卡直接插入笔记本

P2 卡作为一种专业用插卡，是为专业音视频而设计的小型固态存储卡，P2 卡符合 PC 卡标准，可以直接插入笔记本电脑的卡槽中，卡上的音视频数据即可装载，每一段剪辑都是 MXF 和元数据文件。这些数据不需要数字化处理，就可以立即用于非线性编辑，或者在网络上进行传送。

P2 卡容量与录制时间，如表 9-1-2 所示。

表 9-1-2　P2 卡容量与录制时间

型号	类别	近似记录时间			数据传输率（最大）
		DVCPRO HD	DVCPRO 50	DVCPRO	
AJ-P2C004HMC	4 GB P2 卡	4 分钟	8 分钟	16 分钟	640 Mb/s
AJ-P2C008HMC	8 GB P2 卡	8 分钟	16 分钟	32 分钟	
AJ-P2C016RMC	16 GB P2 卡	16 分钟	32 分钟	64 分钟	
AJ-P2C032RMC	32 GB P2 卡	32 分钟	64 分钟	128 分钟	

P2 卡的特点：

①数据传输率快。P2 驱动器（USB2.0 接口）与采用双至强 CPU 的非线配合，上载速度率达 3∶1（DVCPRO50）/6∶1（DVCPRO）。

②可靠性高。由于没有机械结构，因此非常牢固可靠。

③使用寿命长，可重写 10 万次。

④小型轻便，可构成小型摄录一体机。

⑤通用性强。采用 PCMCIA 卡接口，使用笔记本电脑非线性编辑系统可随时随地

编辑。

松下公司的 P2 卡系列产品主要有标清产品和高清产品。

高清产品主要有 HPX-3100MC 和 AJ-HPD2500MC，如图 9-1-5 和图 9-1-6 所示。

 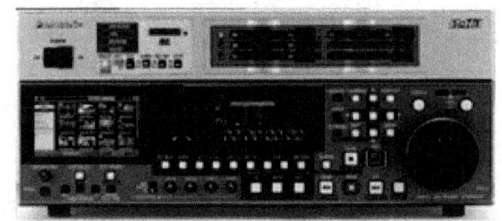

图 9-1-5　松下 P2 高清摄像机 HPX-3100MC　　图 9-1-6　松下 P2 高清录像机 AJ-HPD2500MC

3．SRMASTER 存储卡录像机 SR-R1000

广播电视领域对网络应用及更高数据率处理的需求不断扩大，新介质在存储容量和记录速度方面的需要快速增长，对高质量画面的要求越来越迫切。索尼公司提出了基于目前广泛使用的 HDCAM SR 格式、以 SR Memory 固态存储卡为核心的 SRMASTER 系列高质量数字图像记录设备，以适应电影、高清电视节目及 3D 业务的需求。SRMASTER 系列产品包括适配摄像机的便携式记录单元、传输设备及多通道演播室编辑录像机。

（1）SR-1TS25 存储卡的特点：

①巨大的 1TB 数据容量。SR-1TS25 SRMemory 卡的容量为 1TB，录制时间极长。即使以高数据速率进行拍摄时，现场也能轻松地管理介质。使用 1080/25P 格式时，可以在一张 SR-1TS25 1 TB SRMemory 卡上录制 5 小时，或者录制整个足球比赛的 3D 视频流。

②超高传输速度。SR-1TS25 SRMemory 卡的传输速度超高，写入速度高达 2.5Gb/s，能够在后期制作中更快地传输数据，或者在现场或直播活动中实现数据的超快复制。可在直播活动中将两个摄像机数据流录制到单张卡上。

③高数据安全性和可靠性。SR-1TS25 SRMemory 卡采用先进的纠错和隐藏技术，提供超高可靠性和让人放心的数据安全性。

④紧凑型可移动介质。SR-1TS25 SRMemory 卡是非常便携的紧凑型可移动介质，尺寸为 105 mm ×60 mm× 9.5 mm，重量约为 100 g。有了它，活动完成时就无须再从服务器 HDD 传输内容。如图 9-1-7 所示。

（2）SR-R1000 录像机特点：

①高画质。采用 HDCAM SR VTR 的 MPEG-4 SStP（Simple Studio Profile）图像压缩方案。提供高质量的画质。支持 SR-HQ（880-Mbps）、SR-SQ（440 Mbps）、SR-Lite（1080/59i 时为 220 Mbps）的压缩级别以服务于高清电视节目制作。

②多种格式。支持以下格式：1280×720/4：2：2、1920×1080/4：2：2、1920×1080/4：4：4 和 2048×1080/4：4：4。

③4K 录制。SR-R1000 可以通过四路 HD-SDI 或四路 3G-SDI 录制和播放 4K 图像（3840×2160、4096×2160）。

④4TB 可移除存储。SR-R1000 配有 4 个适合可移除 SR Memory 卡的插槽。

SR-R1000 录像机与便携式存储录像机 SR-R4 及 F65 高端视频 4K 摄像机配合，用于高质量影视节目创作，如图 9-1-8 所示。

图 9-1-7　SR-1TS25 存储卡　　　　图 9-1-8　SR-R1000 多通道 SR 存储卡演播室录像机

4. AJA KiPro 高清硬盘录像机

不同的摄像机、不同的格式、不同的记录介质和不同的压缩方式。是否能有一种方法可以最大地简化图像采集，使得任何摄像机不管是数字还是模拟，都能记录成同一种格式和同一种分辨率的呢？AJA 公司在充分了解市场需求之后，与 Apple 公司合作成功开发出 KiPro 产品，旨在统一各种摄像机与各种格式，简化前期与后期的制作，解决格式转换的难题，如图 9-1-9 所示。

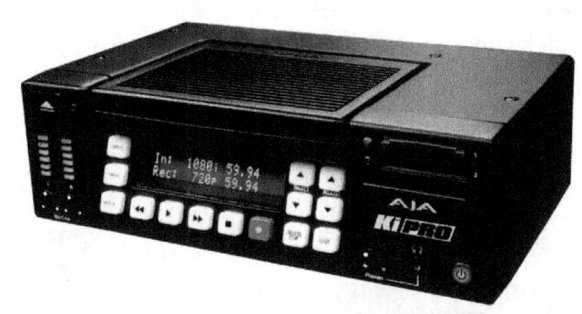

图 9-1-9　AJA KiPro 高清硬盘录像机

AJA KiPro 是一个高清硬盘录像机，记录高质量苹果 ProRes 422 QuickTime 文件。通过自带的 SD/HD-SDI、HDMI 和模拟输入接口，可以与任何摄像机相结合。KiPro 生成的文件可以直接应用于编辑影像的软件，通过强大的 10b 全光栅苹果 ProRes 422 统一了各种标清、720 和 1080 摄像机及各种格式。KiPro 具有交叉转换的功能，这使得 720p 的摄像机记录成 1080i 格式用于匹配其他的摄像机，反之亦然。其特点如下。

（1）摄像机和 KiPro 同时记录。

（2）通过记录成苹果 ProRes 422，跨越专有压缩编码方式。

（3）通过记录到可移动的文件级硬盘式存储和 ExpressCard 34 卡，跨越复杂的介质。

（4）通过硬件的上/下/交叉转换，跨越格式限制。

（5）扩展监看功能。

（6）跨越前后期，有效减少记录和采集。

（7）扩展现有摄像机的制作范围。

（8）强大的转换功能把握全新的流程。

目前 35mm 摄像机+外接硬盘录像机已经成为电视剧拍摄的一种方式，如 F3+AJA 记录器。F3 35mm 的摄像机大画幅再加上 200M 以上的大码流，拍摄的画质要远超广播级高清摄像机。

5．HyperDeck Studio 硬盘录机

HyperDeck Studio 硬盘录机（图 9-1-10）可在 2.5 英寸高速 SSD（图 9-1-11）上记录最高质量无压缩视频或 ProRes、DNxHD 格式压缩视频。HyperDeck Studio 的设计沿用了用户熟悉的 VTR 风格控制方式。采用的双盘位 SSD 插槽设计，因此当一块硬盘录满后，可自动跳到另一块硬盘上继续记录，从而实现不间断录制。可以将 HyperDeck Studio 录好后的 SSD 连接到任何计算机上就可打开文件，无须复制媒体文件就可直接展开工作！HyperDeck Studio 的特性如下。

（1）利用固态硬盘（SSD）采集和播放无压缩 10 b 质量。

（2）双硬盘插槽，一块硬盘装满时，自动录制到另一块硬盘。

（3）使用迷你同轴 SDI 接口的 3 Gb/s SDI 输入和 HDMI 输入。

（4）使用迷你同轴 SDI 接口的 3 Gb/s SDI 输出和 HDMI 输出。

（5）RS-422 录机控制用于硬盘录像机控制。

（6）无压缩 10 b QuickTime 文件的采集和播放。

（7）兼容 Final Cut Pro、Premiere Pro、After Effects、DaVinci Resolve 等。

图 9-1-10　HyperDeck Studio 硬盘录机

图 9-1-11　固态硬盘 SSD

9.2　录像机的使用操作

1．录像机的基本操作

1）设备连接

录像机在使用前首先要进行设备的连接。图 9-2-1 所示为单机连接的例子。在设备连接中最重要的是要把连接线接对。一般录像机的接口包括视频信号接口、音频信号接口、同步信号接口和控制信号接口。连接时要注意信号的方向不要接反，源机的"输出（OUT）"接录像机的"输入（IN）"。

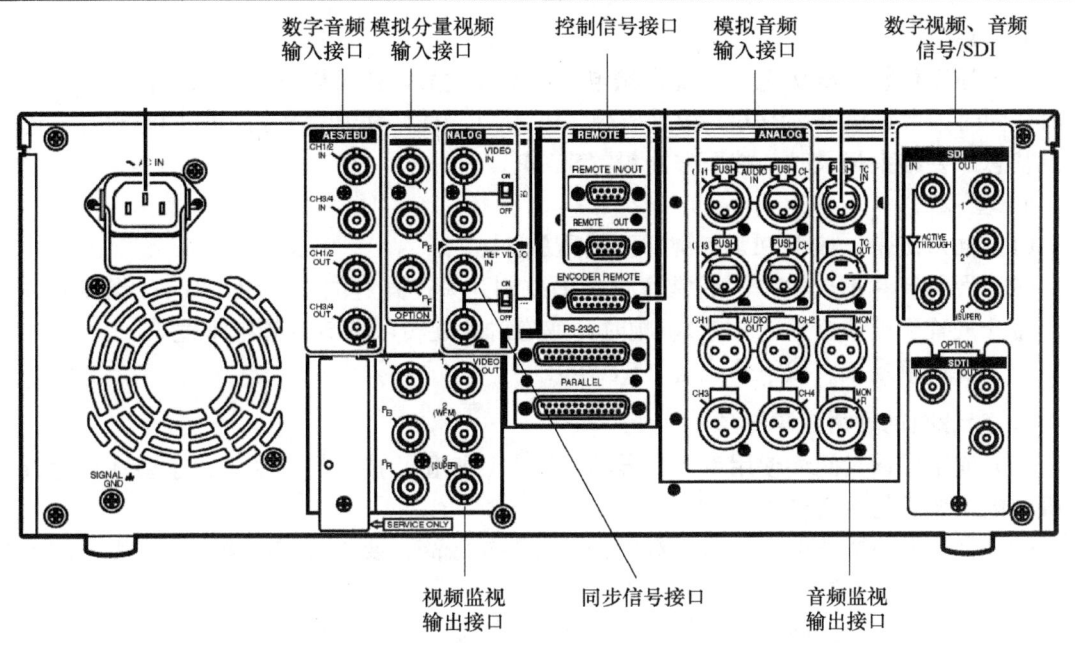

图 9-2-1 录像机的单机连接实例

2) 设置

打开电源，插入磁带，导轴自动转动，磁带装上去，进入停止状态。

(1) 声音监听设置：使用声音监听选择开关选择要监听的声道，如 CH1、CH2、CH3、CH4 或混合声道。

(2) 视音频输入信号的设置：根据输入带（录像机的信号源）选择要记录的视频和音频信号。视频输入选择有复合（COMPOSITE）、Y/C 分离（或 S-VIDEO）、Y PB PR 分量（COMPONENT）、数字信号 SDI 或 1394。音频输入选择有模拟（ANALOG）、数字 AES/EBU、数字 SDI。

(3) 记录禁止设置：记录禁止开关放在关（OFF）的位置，如果插入磁带时记录禁止灯发亮，要检查磁带盒上的保险开关位置，恢复到正常记录位置。

(4) EE 信号设置：将 MODE 开关置于 EE，EE 图像出现在监视器上。

3) 调整

(1) 视频记录电平的调整一般采用"自动"方式，视频信号电平被控制在标准电平上。如需要提高或降低视频电平时采用"手动"方式，调整视频电平控制钮（VIDEO LEVEL），视频电平表指示到调整值。一般要求节目全信号峰值电平不大于 0.8 V，节目亮度信号峰值电平不大于 0.77 V。

(2) 音频记录电平的调整一般采用"手动"方式，先把开关置于可调位置（VAR），再调整各路声道的音频电平控制钮。一般要求声音峰值电平标准值：语言≤-10 dBFS，音乐≤-5 dBFS（参照国家广播电影电视总局电视节目技术质量（金帆奖）奖励办法）。在声音太大的现场录音，将音频选择开关置于"自动"位置，以减小失真，但这种方式由于自动增益调整会造成声音大小的不均匀，不适合于采访、配音等声音不连续的语言节目的录制。

4）记录

当上述工作状态确认无误，视音频电平调整合适后，就可以进行记录操作。当开始记录时，同时按下记录键（REC）和重放键（PLAY）。REC 和 PLAY 指示灯同时点亮，进入记录状态。要结束记录时，按下停止键（STOP）。

5）重放

（1）插入磁带，按下 PLAY 键即开始重放。

（2）调节音频重放电平。通常音频电平控制开关在固定位置（UNITY），当需要调节时，将开关置于可调位置（VAR），顺时针或逆时针旋转可调节音频电平值。

（3）要结束重放，按下停止键（STOP）。

2．录像机的使用注意事项

（1）使用前认真阅读使用手册。弄清各开关、按钮、接口的功能。特别要注意检查录像机的电压要求是否与电源一致。

（2）良好的环境条件。录像机对工作环境要求较高，要在规定的电压、温度与湿度范围内，且工作环境要防尘、防磁、防腐、防振，此外还要清洁、干燥、通风。

（3）尽量减小磁头磁带的磨损。磁头鼓是录像机的心脏，使用寿命为几千小时，使用录像机记录节目时，应事先做好各种录像准备工作，减少录像机重复记录和重放次数，以延长其寿命。在不进行录像或编辑时，让录像机处于 SANDBY OFF 状态，减小磁带和磁鼓的磨损。不要经常或长时间使用暂停键，不要长时间使用搜索盘搜索画面。

（4）正确清洗磁头。当视频磁头弄脏时，图像会消失，时有时无，有雪花和条纹干扰，可用麂皮蘸上磁头清洁剂或无水酒精，紧贴在磁鼓视频磁头部位的圆柱面上，用手慢慢旋转磁鼓，轻轻擦拭视频磁头。注意不要沿垂直方向擦拭，以免损坏视频磁头；视频磁头不要用棉花清洗，因棉花毛容易被磁头尖勾住，造成不良后果。用清洁带清洗磁头，每次的时间不能太长，以运转 10 圈为宜，否则会磨损磁头。

（5）录像机从阴冷处搬到热处或潮湿处，磁鼓和磁头会凝结水珠而容易损坏。所以录像机有测湿、去湿装置，如果机内潮湿，通电源后录像机的功能键不起作用，待烘干后才能正常工作。

（6）正常关机。使用完毕时，应取出机内磁带以免损坏磁鼓、磁头和磁带。正常的关机步骤是先将录像机内的磁带取出，再关闭录像机电源，不要将录像带留在录像机中关机。

（7）定期维护录像机。定期清洗录像磁带走带时经过的部件，如磁头鼓、视频磁头、音控磁头、全消磁头、消音磁头、磁带导柱、主导轴、压带轮等。清洗时要小心，防止损坏机件和碰断导线。定期润滑机械转动部分和轴承，每次注油量要少，使之不至于溢出。

9.3　电子编辑

9.3.1　电子编辑概述

编辑技术的发展经历了机械编辑和电子编辑，目前正在全面向非线性编辑。

电子编辑是利用磁性记录的特点,不对磁带本身进行剪接,而只是对记录节目素材的磁信号进行有选择的复制。电子编辑精度高,操作方便,可以快速搜索编辑点,画面和声音可以同时编辑或单独编辑。

1. 电子编辑的特点

电子编辑是用电子控制的方法,完成磁带录像机的节目编辑工作。它具有如下特点。

(1) 编辑点无跳动。编辑点前后的视频信号相位与控制磁迹相位不错位,即对于视频信号可以保证帧的完整性,对于控制磁迹信号可以保证它的连续性。

(2) 编辑精度高。放像机和录像机的编辑入点与编辑出点可以精确到帧,即以帧为单位进行编辑。

(3) 编辑速度快,操作方便。可以快速搜索编辑入点和编辑出点,能自动记忆并自动完成编辑。

(4) 编辑灵活。图像信号和声音信号可同时或单独进行编辑。

(5) 可做特技编辑。例如,快、慢动作与静帧。

(6) 不损耗磁带。它不是对磁带本身的剪接,只是磁带上节目内容的更换。

但是,如果简单地把一台磁带录像机(放机)上的节目转插到另一台磁带录像机(录机)上,是无法完成电子编辑的,这会出现以下问题。

(1) 编辑入点信号双重记录,编辑出点信号记录缺损。录像机磁带运行路程如图 9-3-1 所示。由于全消磁头位于视频磁头鼓入口之前,音频、控制信号录放磁头位于视频磁头鼓出口之后,当录像机由重放转为记录时(编辑入点),在全消磁头和视频磁头鼓出口之间的磁带没被消磁,便出现重叠记录;当录像机由记录转为重放时(编辑出点),在全消磁头与视频磁头鼓入口之间的磁带已经被消磁,便出现信号缺损的空白三角区,如图 9-3-2 所示。视频信号的双重记录会引起重放图像拍频,信号缺损空白区会使重放完全失去同步。

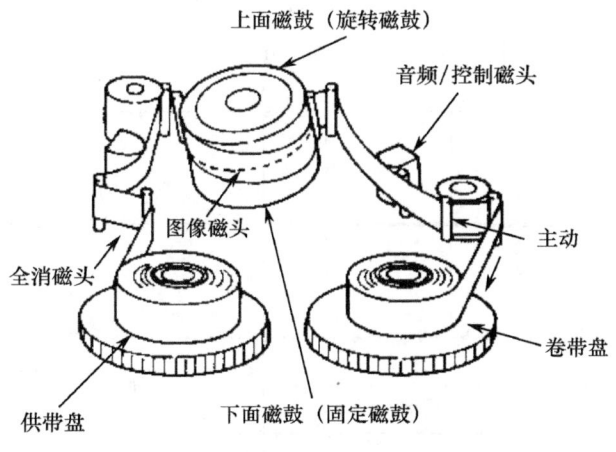

图 9-3-1　螺旋扫描录像机运行路程

(2) 控制信号不连续。由于编辑入点处控制信号的双重记录和编辑出点处控制信号的缺损,使其相位连续性受到了破坏。这将在重放时造成伺服系统的紊乱,破坏图像的同步。

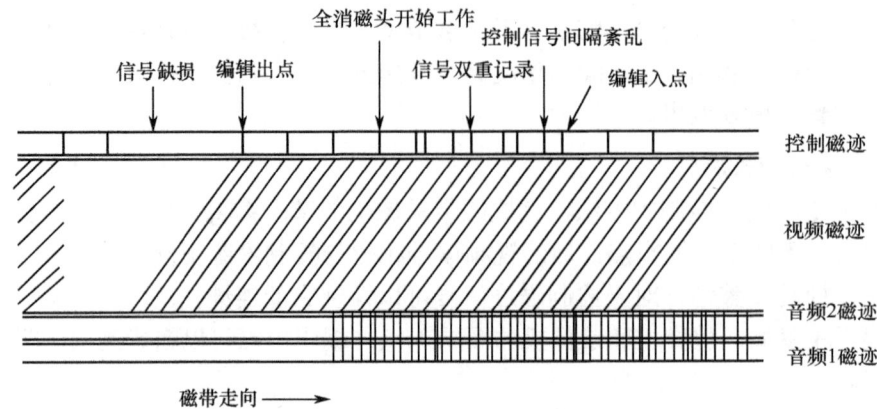

图 9-3-2 普通录像机转插节目时的磁迹图

由此可见，两台普通录像机只能完成复制转录工作，不能进行编辑。进行编辑必须采用具有编辑功能的录像机。

2．编辑录像机

编辑录像机完善了录像机的电子编辑功能，主要有以下几方面改进。

（1）设置了电子自动编辑程序化控制电路。当编辑录像机由重放方式在编辑入点处转为记录方式时，对其主导伺服、磁鼓伺服、消磁电流和记录电流的提供等进行程序化控制。

（2）完善了伺服机构，实现同步锁相功能。普通录像机的磁鼓伺服在记录时以记录视频信号为基准锁定，重放时以重放控制信号为基准锁定，主导伺服也只能以内基准锁定。编辑录像机增加了外基准（记录视频信号或外输入复合同步信号）锁定功能，使编辑录像机由重放方式转为记录方式时，磁鼓伺服和主导伺服都能与输入视频信号相锁定，避免了工作方式转换时产生的伺服扰动，保证了重放信号与记录信号的相位在编辑点处相一致，使原磁带上的各种信号磁迹与新编入节目的磁迹能够准确地衔接，如图 9-3-3 所示。

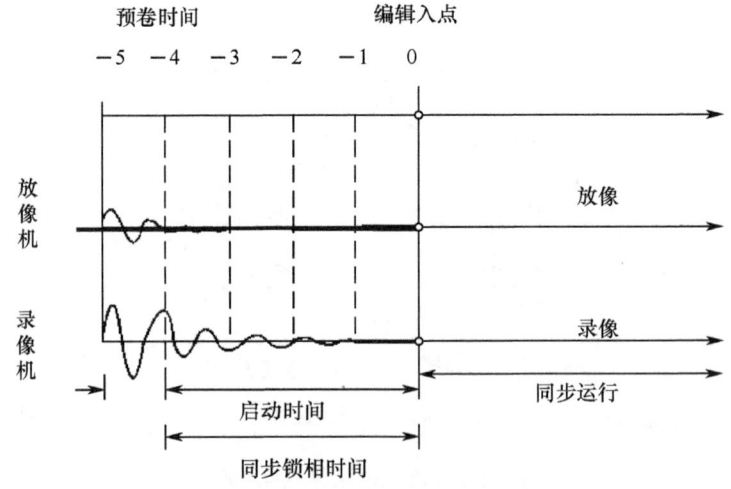

图 9-3-3 同步锁相录像机运行示意图

（3）实现了成帧功能。由于伺服机构的完善，编辑录像机能够和外基准信号相锁定，在伺服电路的控制下，让重放视频信号的场序和外基准信号的场序一致，实现成帧功能。成帧有两种类型：只考虑奇、偶场场序（两场循环）的成帧为黑白成帧，同时考虑 R—Y 信号逐行倒相（四场循环）和副载波四分之一行频间置（八场循环）的成帧为彩色成帧。对于四场一循环的彩色成帧只能实现色同步相位连续，而八场一循环的彩色成帧，在编辑点处的彩色副载波相位也是连续的。

（4）增添了视频旋转消磁头。视频旋转消磁头安装在磁鼓上每个视频磁头之前稍高的位置，随着磁鼓旋转对视频磁迹进行逐场消磁（场不分段记录方式），记录视频磁头紧跟着它扫描在相同的磁迹上。进行组合编辑时，在编辑入点处同时给全消磁头和旋转消磁头馈送消磁电流。此时，位于全消磁头至磁鼓出口处之间的磁带被旋转消磁头逐场消磁，并同时由视频磁头记录上新的视频磁迹。待经过全消磁头消磁的磁带到达磁鼓入口处之后，切断旋转消磁头的消磁电流，只用全消磁头消磁。这样就避免了视频信号在编辑入点处产生双重记录的现象。进行插入编辑时，整个插入过程始终使用旋转消磁头逐场消磁，不使用全消磁头，不仅避免了编辑入点处的双重记录，而且消除了编辑出点处的空白三角区，使插入记录的视频磁迹与原磁带上的磁迹能连续均匀地衔接，如图 9-3-4 所示。

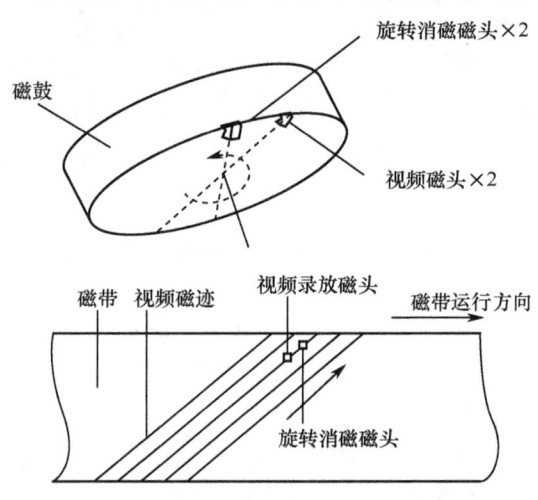

图 9-3-4　旋转消磁磁头工作示意图

（5）增添了音频消磁头。在原来的音频记录／重放磁头之前，增设一个音频消磁头，它与音频记录／重放磁头并排安装，构成音频组合磁头。进行电子编辑时，全消磁头与音频消磁头配合使用，避免了音频信号在编辑入点处产生的双重记录和编辑出点处产生的空白区。

（6）增设了消隐切换开关。消隐切换开关可以把编辑入点和编辑出点的切换时刻移到编辑按钮按下去之后的第一个场消隐脉冲期间。这样，不仅避免了切换点落在画面期间对图像形成干扰，而且保证了以帧为单位进行切换，使节目编辑过程中可以使用特技手段。

（7）录像机应当具有预卷功能。考虑到录像机、放像机在编辑工作中启动、同步锁相等是必不可少的过程，而且这些过程又都需要一定的时间，所以在确定了放像机、录像机的编辑位置后，开始编辑之前，还应当从该位置（称编辑点）退回数秒至十几秒。双机各自以放像状态启动后进行同步锁相，到达编辑位置的瞬间录像机开始录像，保证接点处的技术质量。无论是预看还是编辑时都进行返回数秒的特殊功能就称为预卷功能。显然这是一个进行同步锁相的前提条件。

预卷时间可以有 3 秒、5 秒、7 秒、10 秒、15 秒多种选择，如果信号源质量好，预卷时间可适当缩短，以节省时间，提高效率；如果信号源质量不太好，则可适当延长预卷时间。

（8）增加变速搜索功能。变速搜索功能可以在正反两个方向上，从几倍于正常重放速度到静帧之间变换速度进行图像搜索，使编辑人员能够迅速准确地找到编辑入点和出点，极大提高了编辑速度和编辑精度。

3．编辑控制器

编辑控制器是采用专用多芯电缆（有 5 芯、9 芯、12 芯、20 芯、33 芯、34 芯、45 芯等）对编辑录像机、编辑放像机等进行集中控制的设备，如图 9-3-5 所示。该设备的控制功能是通过编辑接口实现的。

图 9-3-5　松下 AG-A850 编辑控制器

编辑控制器应具有以下主要功能。

（1）显示放机、录机的控制信号（CTL）计数或时间码（TC）信号。

（2）选择编辑方式。

（3）遥控放机与录机快进、倒带、重放、搜索、静像等，以寻找合适的编辑点。

（4）存储编辑点。有些较高级的编辑控制器能存入多个编辑点，并且出现错误选定时，如出点设在入点之前，还能自动显示错误标志。

（5）分离编辑功能，即在插入编辑时，可为视频和音频分别设置不同的入点、出点位置。

（6）自动编辑功能。存入编辑点后，只要按自动编辑键，就可完成自动编辑任务。

（7）编辑预演功能。编辑前，按下预演键，编辑控制器能控制录、放机按自动编辑程序运行，但录机并不转入记录状态，录机的输出信号在编辑记录期间为电—电信号。因此，可以从录机的监视器上监听编辑效果，以便确认所选编辑点是否恰当。

（8）编辑点修正功能。编辑预演后，若发现选择的编辑入点、出点位置不理想，可按相应的入出点增、减键，逐帧修正，直到满意为止。

（9）编辑点检查功能。编辑结束时，使用检查键，编辑控制器就能按一定程序控制录机，重放入出点前后的画面与声音，供编辑人员检查。检查结束后，磁带自动返回出点位置。

（10）高级的编辑控制器还能对具有动态跟踪（DT）功能的放机在编辑时的带速进行设定、存储与控制，实现动态运行控制（DMC）的编辑。

4．数码计数方式

录像机都具有一个与磁带同步变化的数码显示系统，这个系统所显示的数码值实际上就是一个镜头的地址码（ADDRESS CODE）。

可以通过数码值的增加或减小来判断录像机中磁带的走向，计算节目的整体或片段的时间，查找或确定每次编辑所需的位置，精确定位画面的位置，可以控制在以帧为单位的精度之内。目前普遍使用的地址码系统有 CTL 计数系统和 TC 时间码系统。

（1）CTL 计数系统。CTL 脉冲数码显示电路是直接计算录像磁带上控制磁迹的脉冲信号并进行显示的。当录像磁带装入带仓，做前进、后退、搜索等动作时，控制磁头检索出一个个脉冲信号，数码显示电路自动记录通过磁头的脉冲个数，正向运行时数字增加，反向运行时数字减小，并最终以时、分、秒、帧的形式显示出来。

CTL 脉冲数码值是相对的，可以通过录像机或编辑控制器的复位按钮清零，然后从当前位置重新开始计数。

（2）TC 时间码系统。TC 时间码系统是利用磁带上记录的时序数字码进行显示的。时码信号与视频信号同时记录在磁带上之后，对视频信号中每帧画面都进行了专门地址标定（也即每帧画面都有一个唯一的时码值）。时码也是以时、分、秒、帧的形式显示的。时码信号可显示 23 小时 59 分 59 秒 24 帧，加一帧归零，重新开始。

TC 时间码显示值是绝对的，不可以通过录像机或编辑控制器的复位按钮清零。只能在拍摄或录制时，在磁带上记录。TC 时间码的精确程度要比 CTL 数码高。

在电子编辑时，CTL 数码和 TC 时间码可以作为设置编辑点的参考数值来使用，但 CTL 方式由于可以随时置零，显示的镜头长度更加直观。

9.3.2 电子编辑系统的种类

录像机是进行电子编辑时使用的主要设备，将录像机和其他设备联用，可以组合成不同类型的电子编辑系统。以下是常见的几种编辑系统。

1．单台录像机编辑系统

单台录像机编辑系统由一台录像机、一台摄像机、一台监视器组成，如图 9-3-6 所示。

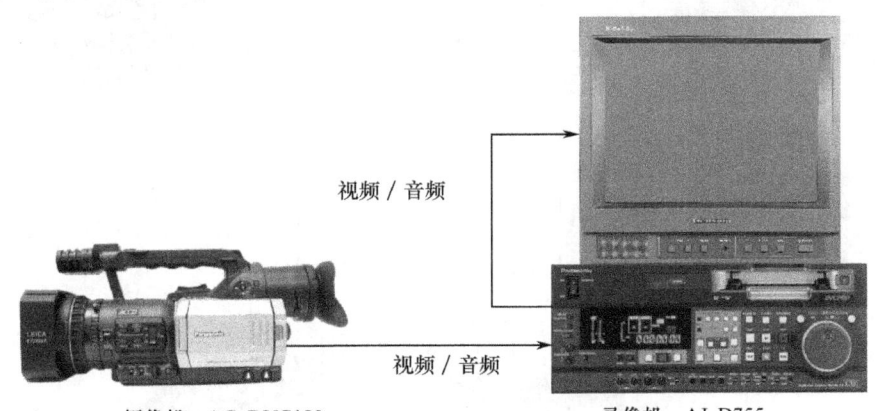

图 9-3-6　单台录像机编辑系统

2．一对一编辑系统

一对一编辑系统是由两台录像机、两台监视器和一台编辑控制器组合成的编辑系统，如图 9-3-7 所示。

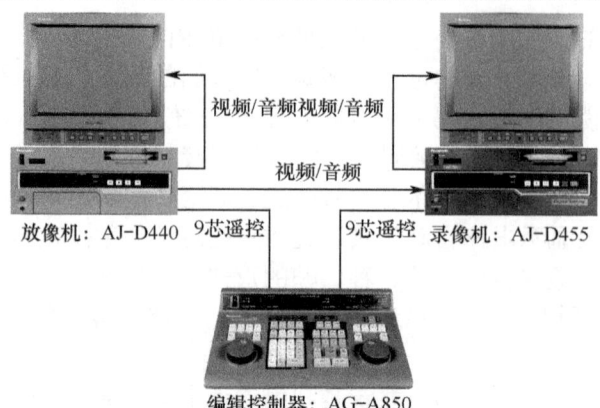

图 9-3-7　一对一编辑系统

一台录像机用作放像机（简称放机），另一台用作录像机（简称录机），两台监视器分别是放像机监视器和录像机监视器。放像机和录像机之间用视频、音频电缆连接，放像机中放入素材带，录像机中放入空白带（母带），按顺序寻找镜头，并确定转录的编辑点。同时控制放像机放像和录像机录像，就能正确地进行电子编辑工作。一对一编辑系统中，镜头切换方式都是直接切换。

3．二对一编辑系统

二对一编辑系统是由两台放像机、一台录像机和一台编辑控制器组成的电子编辑系统，如图 9-3-8 所示。

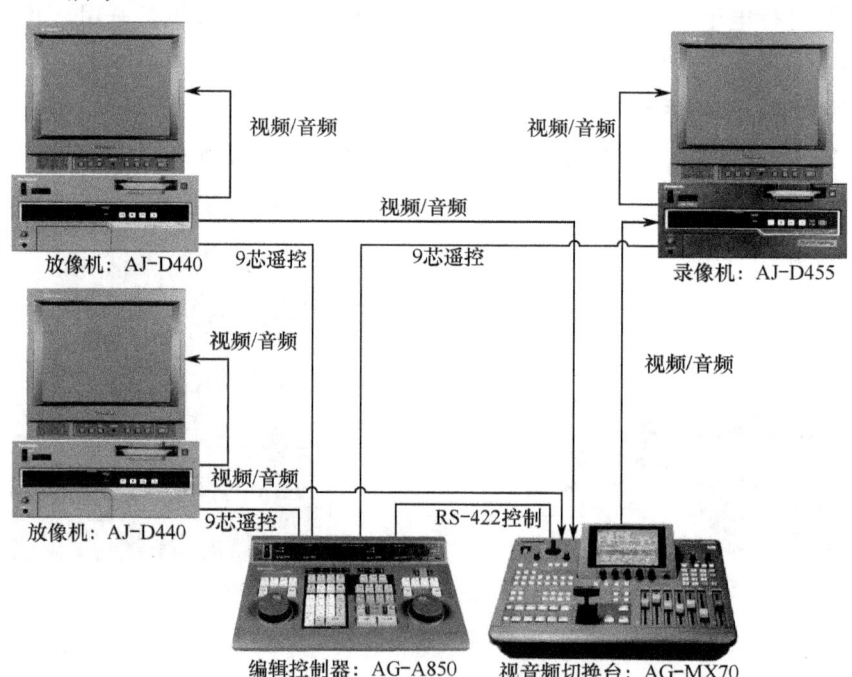

图 9-3-8　二对一编辑系统

二对一编辑系统除了保留一对一编辑系统所有功能之外，还可以在一次编辑动作中编辑完成两个镜头，即可进行两台放像机间的轮换编辑。轮换编辑由于采取了两台放像机，可以同时处理两盘素材，只要先后连接的两个镜头分别在两盘素材带上，就可操作编辑系统根据给出的编辑点数据自动搜索镜头，先编辑一个镜头，接着编入另一个镜头，两个镜头的编辑工作可一气呵成。

二对一编辑系统中，如果使用特技信号发生器，一方面可以提高编辑效率，另一方面还可以完成特技制作。

9.3.3 一对一编辑系统的连接

一对一编辑系统是最常用的系统。在进行编辑前，要将录像机、放像机、控制器和监视器等设备进行连接，连接时主要包括视频信号的连接、音频信号的连接、控制信号的连接、同步信号的连接等几个方面。

1. 视频信号的连接

模拟视频信号有三种连接方式。

（1）录像机与放像机通过分量信号连接。在视频信号系统中，分量信号的连接方法是质量最高的。放像机的分量信号输出接口（Y、PB、PR）要连接到录像机的分量信号输入接口（Y、PB、PR），并且Y、PB、PR三个信号要一一对应。

（2）录像机与放像机通过S端子信号连接。录像机与放像机通过S端子信号直接连接。放像机的S端子信号输出接口（S-VIDEO OUT）要连接到录像机的S端子信号输入接口（S-VIDEO IN）。

（3）录像机与放像机通过复合信号连接。录像机与放像机可通过复合信号直接连接，放像机的复合信号输出接口（VIDEO OUT）要连接到录像机的复合信号输入接口（VIDEO IN），其中录像机和放像机的VIDEO OUT 1、VIDEO OUT 2、VIDEO OUT 3（SUPER）视频输出信号是完全一样的，只是VIDEO OUT 3（SUPER）在连接监视器时，可以显示编辑控制器和录像机（包括录像机和放像机）的菜单信息，一般要把VIDEO OUT 3（SUPER）连接到监视器，以便调整编辑控制器和录像机时观看菜单信息。

对于带有数字视频接口的编辑系统，可以直接采用SDI接口或1394接口进行连接。这种连接方式下编辑图像的质量最高。

2. 音频信号的连接

通常使用XLR平衡三芯接口（卡侬头）连接。放像机的音频输出接口CH1连接到录像机的音频输入接口CH1，放像机的音频输出接口CH2连接到录像机的音频输入接口CH2。

对于带有数字音频接口的编辑系统，可以直接采用AES/EBU接口连接，以便得到更高的声音质量。

3. 控制信号的连接

放像机的控制信号：使用9芯遥控电缆进行连接。编辑控制器的B（P1）接口或C（P2）接口或D（P3）接口或E（P4）接口连接到放像机的REMOTE接口，将紧固螺丝拧紧即可。一般情况下，B（P1）接口是默认设置，因此在没特殊要求的情况下，只有一台放像机时，要连接到B（P1）接口。

录像机的控制信号：使用 9 芯遥控电缆进行连接。编辑控制器的 A（R）接口连接到录像机的 REMOTE 接口，将紧固螺丝拧紧即可。

4．同步信号的连接

放像机的 REF OUT 接口，连接到编辑控制器的 REF IN 接口，编辑控制器的 REF OUT 接口，连接到录像机的 REF IN 接口。此时，要注意，编辑控制器上的 75Ω 开关要置于 OFF 位置上。

5．监视信号的连接

（1）视频监视信号的连接。

①放像机视频监视信号：放像机的复合输出信号接口 VIDEO OUT 3（SUPER）连接到放像机监视器的复合信号输入接口（VIDEO IN）。

②录像机视频监视信号：录像机的复合输出信号接口 VIDEO OUT 3（SUPER）连接到编辑控制器的 MONITOR IN 接口，从编辑控制器 MONITOR OUT 接口连接到录像机监视器的复合信号输入接口（VIDEO IN）。这样的连接方法可以通过录像机监视器监看录像机和编辑控制器的菜单信息。

（2）音频监视信号的连接。

①放像机音频监视信号：放像机的 AUDIO MONITOR 输出信号接口连接到放像机监视器的 AUDIO IN 输入信号接口。

②录像机音频监视信号：录像机的 AUDIO MONITOR 输出信号接口连接到录像机监视器的 AUDIO IN 输入信号接口。

系统连接小结：

①信号类型要匹配。分量信号、复合信号、S 端子信号这几种信号之间在连接时必须一一对应，不能混接，否则系统不能正常工作。

②输出接口与输入接口要匹配。输出设备的输出信号要连接到输入设备的输入信号接口。

③放像机、录像机、编辑控制器等设备之间要连接同步信号，以保证编辑的精确度。

9.4　电子编辑方式

1．电子编辑工作方式

1）组合编辑

组合编辑就是将不同场景分段录制在素材带上的图像、声音、控制信号，按分镜头顺序同时记录在编辑带上。

这种录制方式下，全消磁头消去磁带上原有的视频、音频和控制磁迹，旋消磁头也工作 5s，消去在刚一开始录制时全消磁头未能消去的那一部分磁迹（全消磁头与视频磁头之间的部分）。再经过各自的录制磁头把三种新的信号图像、声音、控制信号同时录制在磁带上。

每次组接时，都能使前一个镜头与后一镜头无间断、无重叠记录，平滑地连接起来，如图 9-4-1 所示。

组合编辑虽然可使画面连接良好，但由于全消磁头的作用，每组接一个镜头，其画面末尾都会出现一个三角形空白区。反映到监视器上就是一段无图无声区。由于组合编辑是一个镜头接一个镜头顺序连接，因此空白区不会影响节目本身的连续性。但要想在节目中间修改、替换某一段图像和声音，组合编辑是不能用的，这一点特别要注意。

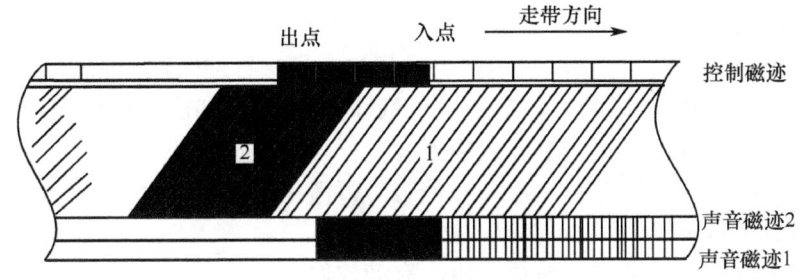

图 9-4-1　组合编辑方式

因此组合编辑方式适合于进行第一次编辑，而不能用于修改内容。

2）插入编辑

插入编辑是在已录有连续控制信号的节目磁带上，同时或单独更改图像和声音信号。

在新的空白带上无法用这种方式，只能在录有连续控制磁迹的磁带上进行。如果节目磁带中间控制磁迹信号丢失（误按记录钮，或者误用组合编辑，造成节目中间磁迹间断）这部分磁带上就无法做插入编辑，如图 9-4-2 所示。

插入编辑时，全消磁头不工作，而是在插入图像或声音的同时各由相应的视频旋消磁头和声音消磁头分别消磁，因而既可以使图像和声音的两个声道同时插入，也可以其中之一单独插入。

插入编辑时不能改变磁带上原有节目的长度，要插入一段新的内容，必须消去与其长度相同的旧内容，所以插入编辑不能增删，只能替换。

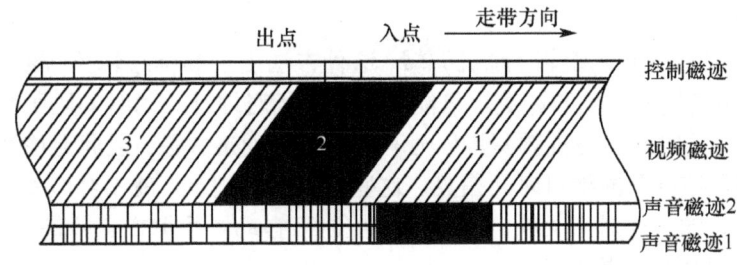

图 9-4-2　插入编辑方式

因此，插入编辑适合于进行修改图像或声音，以及进行"先画后声"的配音，或者"先声后画"的配画。

插入编辑方式常用于以下几种情形。

（1）在已有完整节目的磁带中间插入新图像或声音，以代替原来的信号。

（2）在已录有图像的磁带上加音乐或解说词。

（3）在已录有声音的磁带上加图像。

注意：无论是组合编辑，还是用插入编辑，都要求从放像状态转换为录像状态，所以在编辑入点前必须有 5s 的控制磁迹，因此一盘全新空白磁带，即使实行组合编辑时，也应先用普通录像方法，先录入 5s 以上的图像（通常为 1 分钟彩条），再组合编辑其他内容（如 10s 蓝底），接下去再编片头节目内容、片尾，最后 10s 蓝底。

2．电子编辑控制方式

（1）手动编辑

手动编辑是不用编辑控制器，只用两台录像机直接进行编辑，其中录机要有编辑功能。这种方法需要由编辑者记住编辑入点、出点，适时进行切入切出。操作步骤如下。

①在录机上选好编辑方式（组合或插入）。

②分别在放机上找到镜头起始点，并使磁带暂停在编辑点。两机的计数器都置"0"。

③分别将放机和录机倒回 5s 或 10s 暂停。

④同时按下放像机和录像机的暂停钮，启动放像。

⑤当磁带运行到编辑入点时（计数器的"0"处），同时按下录像机上的编辑钮（EDIT）和放像钮（PLAY）。使录机由放像状态切换为录像状态。

⑥到镜头出点时按切出键（CUTOUT）或停止键（STOP）。

手动编辑方式多用于无法用编辑控制器连接的不同类型的录像机之间的编辑。

（2）半自动编辑

半自动编辑是利用编辑控制器对两台录像机控制，完成自动编辑的方式，是目前应用最多的一种编辑方式。

编辑机用两根多芯摇控电缆与两台录像机相连，摇控前进、倒退、搜索录放像机，从而迅速找到编辑点，并以时、分、秒、帧为计时单位，显示镜头长度及磁带所处的相对位置。通过选择图像的编辑入点、出点及相应的编辑方式，可以完成自动编辑。编辑控制器虽然可以自动控制编辑过程，但是不能自动寻找绝对编辑点，因此这种编辑方式称为半自动编辑方式，也称编辑控制器编辑方式，是最常用的编辑控制方法。

（3）全自动编辑

全自动编辑又称时间码编辑、脱机编辑，这种方法用于高档编辑系统制作高质量节目。

以 CTL 控制信号为基础的计数，只能得到一个相对地址。而时间码则是一种绝对地址码。记录在磁带上的时间码与视频同步信号有着严格的对应关系，因此无论在什么位置重放磁带，显示的都是该位置的绝对时间信息。这些信息一旦记录，就不会改变。全自动编辑是依靠时间码与磁迹的一一对应关系，在编辑机控制下自动寻找编辑点并进行自动编辑。

利用时间码编辑的程序如下。

①利用时间码发生器产生表示绝对计数的数字脉冲时间码，它与图像信号同步记录在磁带上。

②将录有时间码的原版素材复制出来，用低档带编辑成工作样带。

③将工作样带重放，从屏幕上或时码计数器上整理出工作样带中所有镜头的编辑入点与出点的时间码和编辑镜号的编辑数据。

④将工作样带的编辑数据用高档编辑控制器的数字键打入，存在存储器中，全自动编辑时就会按镜号自动寻找编辑点，当素材上重放的时间码与存储器上存入的时间码一致

时，编辑控制器就发出编辑指令，自动控制放像机与录像机的编辑过程。

3. 电子编辑的基本流程

电子编辑的基本流程如图 9-4-3 所示。

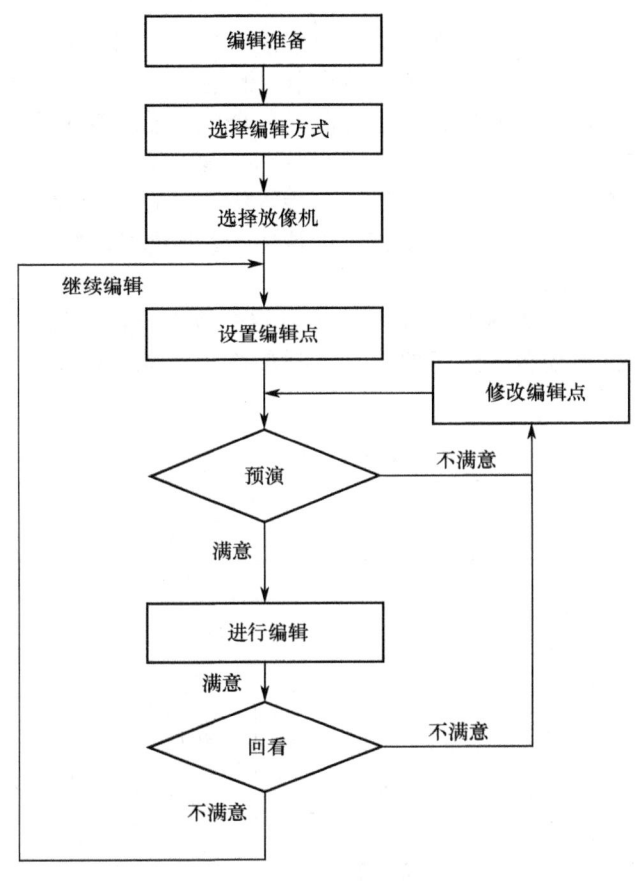

图 9-4-3　编辑的基本流程

（1）编辑准备。

① 检查编辑系统是否正常。检查设备的连接是否正确，各种信号线缆是否按要求连接到位。例如，有其他辅助设备（字幕机、特技机等），也应连接并进行调试，保证能够正常使用。

② 放像机的调整。对于现在的数字设备，放像机部分不需要进行调整即可正常使用；对于早期的模拟设备，必须进行调整。重放视频图像时，监视器画面上如果出现带有杂波的干扰条纹，可以调节放像机面板上磁迹跟踪控制旋钮（TRACKING），使 VIDEO/RF（视频/射频）表上的指针指在最大的 RF（射频）电平上，这样才能保证输出的信号质量较高。

同时，要把控制开关设置到遥控位置，以便能够使用编辑控制器操作放像机。

③ 录像机的调整。要根据信号的连接方式，把录像机的视频输入选择开关（INPUT SELECT）设置在适当的位置（SDI 信号、分量信号、S 端子信号、复合信号）；音频输入选择开关也应设置在合适的位置。

试录一段画面与声音，观察效果。对于现在的数字设备，不需要调整视频的记录电平，只需要设置好监视音频的方式（CH1、CH2 或 MIX 方式），并调整音频记录电平的大小。音频记录电平应控制在音频指示标志附近，若没有明确的指示，就控制在-18 dB 左右的位置。

同时，要把控制开关设置到遥控位置，以便能够使用编辑控制器操作录像机。

④监视器的调整。编辑系统中有多台监视器，监视器所显现的同一图像的色彩和亮度有差异，可能是信号传输系统有问题，也可能是各个监视器本身重现图像的性能不一致。所以，使用前必须调整各监视器，使其重现彩色和亮度保持一致。

⑤编辑控制器的设置。设定编辑精度（同步等级），如果没有连接 REF 同步信号（也称参考信号），要把精度设置在断开（OFF）的位置上。根据编辑需要，选择每台录像机的显示时间方式为 TC 或 CTL。

⑥录像磁带的准备。指在编辑前准备录像机用的编辑磁带（母带）。编辑母带上的正式节目内容前，应根据电视台的规范要求，录制彩条、音频测试信号、黑底等内容，数字磁带标准如表 9-4-1 所示。

表 9-4-1　数字磁带标准

磁带段		持续时间（s）	图像	声音				控制磁迹	时间码
				磁迹 1	磁迹 2	磁迹 3	磁迹 4		
引带	保护	≥10	空白						
	校准	≥60	视频校准信号	声音校准信号					
	提示	30	黑底	无声	无声	无声	无声		
正式节目		节目实际运行时间	节目内容（包括片头片尾）	节目混合声或立体声左声道	节目国际声或立体声右声道	多语种混合声或立体声国际声左声道	多语种混合声或立体声国际声右声道	连续	连续
带尾		≥30	黑底	无声	无声	无声	无声		

（2）选择编辑方式。

根据编辑的需要，选择合适的编辑方式，主要有组合编辑方式和插入编辑方式。

值得注意的是，当选择了一种编辑方式后（相应键的指示灯亮），再选择另一种编辑方式时，首先应取消已选择的方式（按下相应键使其指示灯灭），然后再选择新的编辑方式。

（3）选择放像机。

根据外部放像机的连接情况，选择相应的信号源，如果信号源正确，在放像机的时间显示区域会显示时间码。

在连接系统时，如果只有一台放像机，一般要连接到默认的 P1 接口，系统开机时自动设定为默认信号源，在编辑时就可省略这一操作。

（4）设置编辑点。

设置放像机和录像机的编辑入点和出点。

（5）修改编辑点。

在正式编辑之前，通过预演模拟，检查编辑效果，并进行修改，可反复多次，直到满意为止。

（6）进行编辑。

执行自动编辑，正式编辑。编辑完成后，利用回看功能检查实际效果。

思考与练习

1．简述磁带录像机的发展。
2．磁带录像机的分类方法有哪些？
3．电子编辑录像机有什么特点？
4．什么是组合编辑？什么插入编辑？如何选择使用？
5．如何进行一对一编辑系统的连接？
6．电子编辑的基本流程是什么？

实 验 训 练

1．认识编辑设备。认识 AG-A850 控制器、D455 录像机、D440 放像机、监视器等设备的各个组成部分及其用法。

2．一对一编辑系统的连接。将 AG-A850 控制器、D455 录像机、D440 放像机、监视器等设备按照要求进行连接。

3．一对一编辑系统的操作。主要内容包括控制器的设置、录像机的设置、编辑设备的调整。

4．编辑实践。主要内容包括编辑点的操作（设置、查看、修改、清除）、编辑方式的选择、编辑预演、编辑执行、编辑回看。

第 10 章　电视音响

本章学习目标
- 了解常用电视音响设备的分类、结构原理及主要功能
- 了解电视音响录制与合成系统的分类及组成
- 了解数字音频工作站的分类及特点
- 掌握电视音响录制与合成的基本方法
- 掌握使用数字音频工作站进行声音采集与处理的基本方法

10.1　电视音响设备

10.1.1　拾音设备

在电视节目制作中拾音所用的主要设备是传声器。传声器俗称话筒、麦克风，是将声信号转换成电信号的换能器件，是原始声源的输入口，其性能指标的高低、选用是否合适、使用是否得当，都直接影响电视节目的声音质量。而对其性能特点的了解，则是正确选用、科学使用传声器的基础。

1．传声器的分类

传声器的种类很多，按不同的分类方式可列出数 10 种不同类型的传声器。在此，从指向性和工作原理两个方面来介绍传声器的分类，并对几种特殊类型的传声器进行介绍。

1）按指向性分类

指向性是指传声器在相对声源的不同方向上拾取声音的灵敏度。按指向性分，传声器可分为全指向型、单指向型和双指向型等。

（1）全指向型传声器。全指向型传声器对来自所有方向的声音都具有相同的灵敏度，其拾音灵敏度仅决定于传声器与声源的距离，因此这种指向性的传声器也称为无指向型传声器，如图 10-1-1 所示。该类传声器对拾取环境声特别有效。在室内现场拾音时，要注意将全指向型传声器尽可能地靠近声源，才能合理平衡地拾取环境声和直达声，否则易使所拾取的环境声过强，而"喧宾夺主"。此外，室内扩声时，还要注意使其尽量远离扬声器，以免产生声反馈。

（2）单指向型传声器。在普通的拾音工作中，单指向型传声器的应用是最多的，该类传声器对于来自正前方的声音灵敏度最高。随着声波入射角的改变，灵敏度逐渐降低。此类传声器的特点是：只拾取目标声音，对其他方向的声音衰减很大。因而，可以有效地抑制串音电平，提高直达声的清晰度，是供多路传声器录音与多声道录音使用的优良传声器。

在环境噪声较大或容易引起声反馈的场合,也可以获得较好的效果,多用于语言和歌声拾音。这种传声器的代表是"心形指向型传声器",其指向面较宽,两侧面的灵敏度迅速减小,正后方衰减最大,如图 10-1-2 所示。还有一种是超心形指向型传声器,与心形指向型传声器相比,其指向面略窄,指向选择性有所增强,但其后面的灵敏度稍大,如图 10-1-3 所示。

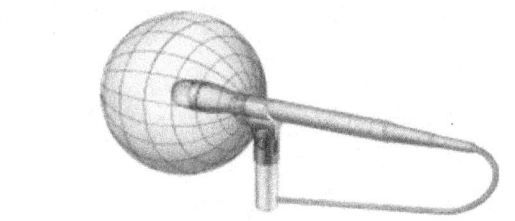

图 10-1-1 全指向型传声器

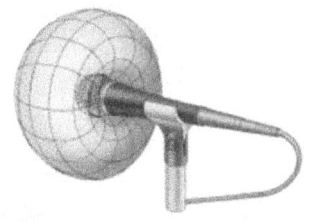 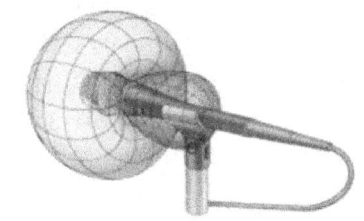

图 10-1-2 心形指向型传声器　　　　图 10-1-3 超心形指向型传声器

（3）双指向型传声器。此类传声器对于平行于其主轴方向（正前和正后）的声音具有最大灵敏度,而对垂直于主轴方向的声音灵敏度最小,其拾音的有效范围仅在正前和正后大约 90°的范围内,这样,综合绘出的传声器对各方向声波的响应就像一个"8"字,所以这种传声器也称为"8 字形传声器"。双指向型传声器一般用于面对面交谈的采访节目中拾音,也可与全指向型或心形指向型传声器组合用于立体声拾音。此外,双指向型传声器的一个重要特性是:前、后方拾音相位相反。在使用两个及以上双指向型传声器时,应考虑相位问题,否则两个传声器输出叠加,会出现抵消现象。

2）按工作原理分类

（1）动圈式传声器。动圈式传声器是一种最常用的传声器。主要由振膜、音圈、永磁铁和升压变压器等组成,如图 10-1-4（a）所示。当声波激励振膜时,振膜带动音圈在磁场中做切割磁力线的运动。根据电磁感应原理,在线圈两端就会产生感应电动势,从而完成声电转换。为了提高传声器的输出感应电动势和阻抗,还需装置一个升压变压器。动圈式传声器结构简单、稳定可靠、使用方便、固有噪声小。早期的动圈式传声器灵敏度较低、频率范围窄,随着制造工艺的成熟,近几年出现了许多专业动圈式传声器,其特性和技术指标都很好,被广泛用于广播电视系统中。典型的产品有美国 SHURE SM58,如图 10-1-4（b）所示。

（2）电容式传声器。电容式传声器是一种性能相对较好的传声器类别,它的工作核心是电容器。电容式传声器的频率范围宽、灵敏度高、失真小、音质好,但结构复杂、成本高,多用于高质量的广播电视录音中,其结构原理如图 10-1-5（a）所示。

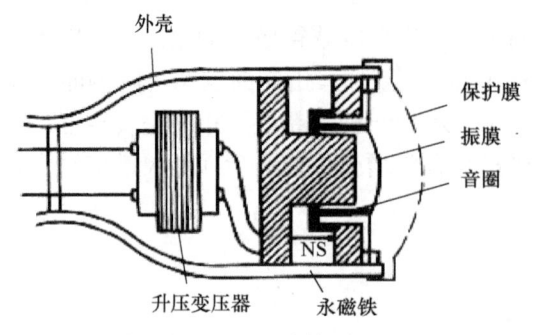

（a）动圈式传声器的结构原理　　　　（b）SHURE SM58 动圈式传声器

图 10-1-4　动圈式传声器

图 10-1-5（a）中虚线框部分是电容器，它的两个极板由振膜和固定背极板组成，它们处于一个几十伏（如 48 V）极化电源的供电状态中。振膜受声波刺激前后运动，使两极板间距离发生变化，极板距离变化导致电容器的电容量发生变化，而电容器上的电压 U 不变，根据公式 $C=Q/U$，电容量 C 的变化导致电容器两端的 Q 发生变化，从而在电路中形成不断变化的充放电流。这时负载电阻上就会有相应的电信号输出，起到静电换能的作用。典型的产品有 AKG C3000，如图 10-1-5（b）所示。

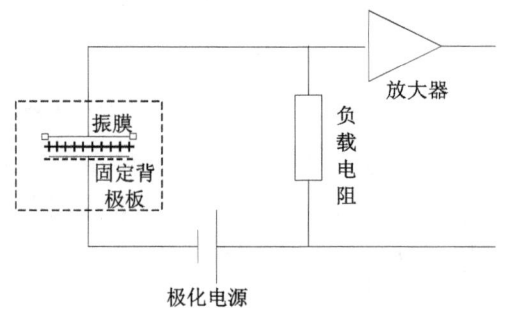

（a）电容式传声器的结构原理　　　　（b）AKG C3000 电容式传声器

图 10-1-5　电容式传声器

3）特殊传声器

（1）无线传声器。无线传声器是由无线传声头、便携式发射机、接收机等组成的，如图 10-1-6 所示。它的主要特点是：使用者手中或领夹上的传声器由电缆线输送声音信号至便携式发射机，在这里把电信号转化成无线电波向远处的接收机传输。再由接收机解出电信号，送入放大器和调音台，做进一步处理。

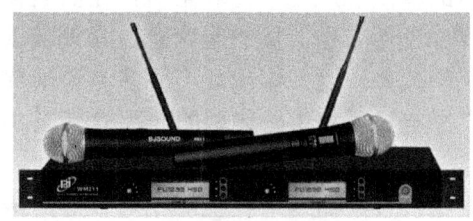

（a）

图 10-1-6　无线传声器

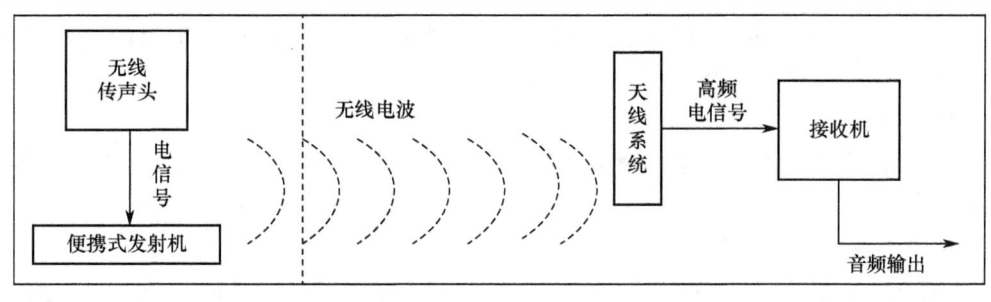

(b)

图 10-1-6　无线传声器（续）

无线传声器的使用便于拾音现场中多传声器的工作，有利于移动声源的拾音，如电视采访、自由移动的演唱，在影视录音制作中，便于隐藏。但是无线传声器易受空间中电波的干扰，以致造成接收信号的不稳定，影响拾音。

（2）枪式传声器。现场拾音都会遇到一个如何排除干扰声的问题。一般做法是：首先调整传声器的拾音位置，使干扰声和所要拾取的声音不在一个方向上；最有效的方法是使用强指向性的传声器，如枪式传声器等。枪式传声器与普通传声器的差别在于"干涉管"的使用，如图 10-1-7 所示，干涉管的四周布满干涉孔，这些干涉孔的位置和大小都有声学上的设计，使得侧向来的声音会从多个孔进入管中，由于存在声程差而形成相位差，这时就会在管内发生干涉而互相抵消，使得传入拾音组件的侧音减小；而直接从管的正方向进入的声音，不会产生干涉相消的现象，因此直通到达了拾音元。一个大小减弱、一个大小不变，实际上是增大了正方向声音（声源 A）的比例，相当于提高了信噪比。这样就起到抑制侧向干扰声（声源 B）的作用。

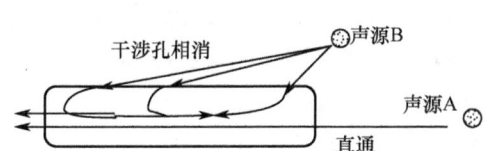

（a）枪式传声器外形　　　　　　　　　　（b）干涉管示意图与工作原理

图 10-1-7　枪式传声器

2．传声器的技术指标

了解传声器的技术指标对于正确衡量传声器的性能与质量、正确选用传声器具有重要意义。衡量传声器性能特点的主要技术指标有灵敏度、指向性、频率响应、输出阻抗、瞬态特性、非线性失真等。

1）灵敏度

灵敏度是指传声器输出电压与作用于传声器的声压之比。其单位为 V/Pa 或 mV/Pa。

灵敏度表示了传声器的声—电转换效率的高低。例如，动圈式传声器的灵敏度为 1.5～4 mV/Pa，电容式传声器的灵敏度约为 20 mV/Pa。

2）指向性

传声器的指向性是指传声器灵敏度随声波入射方向变化的特性。指向性是传声器最重要的特性之一。

3）频率响应

传声器在不同频率的声波作用下的灵敏度是不同的。一般在中频（2 kHz～5 kHz）时灵敏度高，而在低频或高频时灵敏度降低。以中频的灵敏度为基准，把灵敏度下降为某一规定值的频率范围称为传声器的频率特性，表达的方法为绘出频率响应曲线。观察曲线的平滑程度和保持在±3 dB 之内的频率范围。例如，某传声器的频响是 55 Hz～18 kHz，表明这种传声器在 55 Hz～18 kHz 内输出信号变化为±3 dB。

4）输出阻抗

传声器的输出阻抗是指在 1000 Hz 时从传声器输出端测得的内阻抗的模。传声器按输出阻抗大小可分为三类：高阻（10kΩ～20 kΩ）、中阻（600 Ω）、低阻（200 Ω）。传声器输出阻抗越高，信号在传输途中就越易受外界电磁场的干扰，特别是传声器的信号线超过 10 m 时更为明显。专业级传声器的输出阻抗为 50～200 Ω。

5）瞬态特性

瞬态特性是传声器振动系统跟随声压快速变化的性能。该特性能体现出不同的音色。电容式传声器的振动系统质量小，对声波的机械阻抗小，瞬态响应好，音色清晰明亮。动圈式传声器的振膜做得很大，再加上线圈和芯体，质量往往较大，对声压变化的响应较慢，得到的声音较浑厚。瞬态特性随着声源节奏的加快和人们欣赏水平的提高日显重要，但目前尚缺少定量测试的手段。

6）非线性失真

传声器是一个振动系统，在高声压作用下，将会产生非线性失真，而且失真值随声压级的增大而增加。当声压级不是很高时，非线性失真变化缓慢；当声压级比较高时，非线性失真的增长呈指数状上升。

3．传声器附件

1）传感器附属装置

（1）电平衰减装置。通过降低输出电压，使传声器能够承受各种不同声源的响度，在传声器振膜能够承受的条件下，保证不失真、近距离展示声源的定向感。

（2）方向性选择装置。传声器厂家为了方便使用者采用各种不同的录音方式，在传声器上，通过转换开关改变传声器的方向性，可以从全指向型转为心形指向型或超心形指向型。例如，AKG C3000 可以在心形与超心形之间切换。

（3）低频衰减装置。不同的声源拾音时，对传声器的特性要求不同。有些传声器可以分成几挡对低频衰减，以满足各种声源对录音的不同要求。例如，有的传声器设有音乐（M）和语言（V）挡开关，录音乐时用平线，录语言时对低频有所衰减，从而提高录音的清晰度。

（4）中频提升装置。中频提升装置用于对中、高频信号进行提升。例如，SENNHEISER

MD441 传声器附有亮度开关,如图 10-1-8 所示,可以对 3000 Hz 以上的频率成分予以提升,增强声音的明亮度。

(5)电缆线及接头。电缆线与传声器连接通常采用三针卡侬头(3pin XLR),该类接头的三个针脚分别为热端、冷端和接地端,采用平衡接法,可有效地抑制噪声干扰,并带有防脱落卡扣,如图 10-1-9 所示,分别为卡侬公插和母插。

图 10-1-8　SENNHEISER MD441 及其亮度开关　　　图 10-1-9　三针卡侬头

2)附属器材

传声器的附属器材主要有传声器架(图 10-1-10)、传声器夹(图 10-1-11),防噗罩、防风罩(图 10-1-12)等,其中防噗罩主要防止室内录音时近距离拾音产生的口腔气流冲击传声器的问题,而防风罩在室外录音时可以消除或减弱刮风天气造成的风噪声。

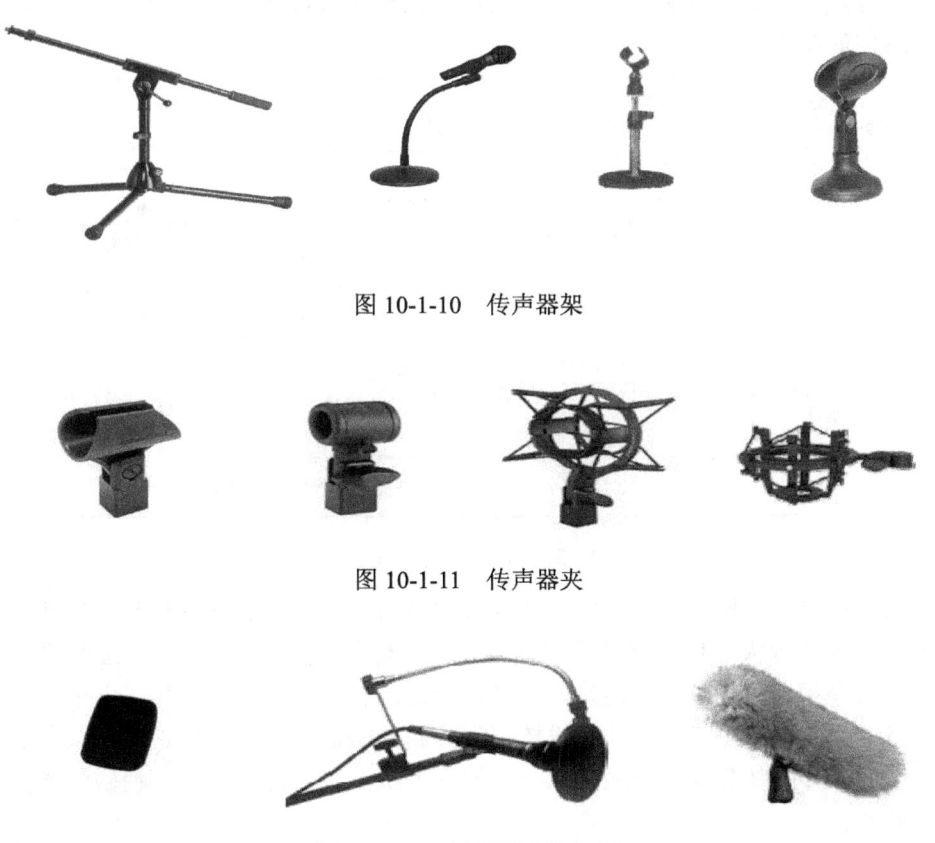

图 10-1-10　传声器架

图 10-1-11　传声器夹

图 10-1-12　防噗罩和防风罩

10.1.2 录音设备

录音的最终任务是将经过调音台合成处理的电视节目声音信号记录（磁带）或存储（硬盘、光盘、闪存卡等），并使之与相关画面相对应。在电视节目前期制作过程中，由于声音素材可能来自于多种场合（室内或野外，采访或人工拟音及其他效果声等），因此常常利用磁带录音机、磁带录像机等多种录制工具采集各种声音素材供后期声音制作使用，在录制的过程中通过监听耳机进行监控。而且随着录音技术的不断发展，许多数字录音设备不断涌现，如数字磁带录音机、光盘录音机、硬盘录音机、闪存卡数字录音机等。

1. 模拟录音设备

1）磁带录音机

磁带录音机有盒式和开盘式两种。

磁带录音机的基本构造可分为两大部分：一是机械部分，即磁带运行系统，包括马达、走带机构等；二是电路部分，包括磁头（消音磁头、录音磁头、放音磁头）、放音放大器、录音放大器、超音频振荡器、马达驱动电路、电源电路等。独立的录音、放音磁头，分别配有专用的录音放大器和放音放大器，不仅调整方便，性能指标可达到较高的水平，而且在录音的同时还可以通过放音磁头监听录音质量。专业录音机都采用这种构造。普及型录音机大多录音磁头和放音磁头是共享的，录音放大器和放音放大器也是共享的。磁带录音机的基本结构如图 10-1-13 所示。

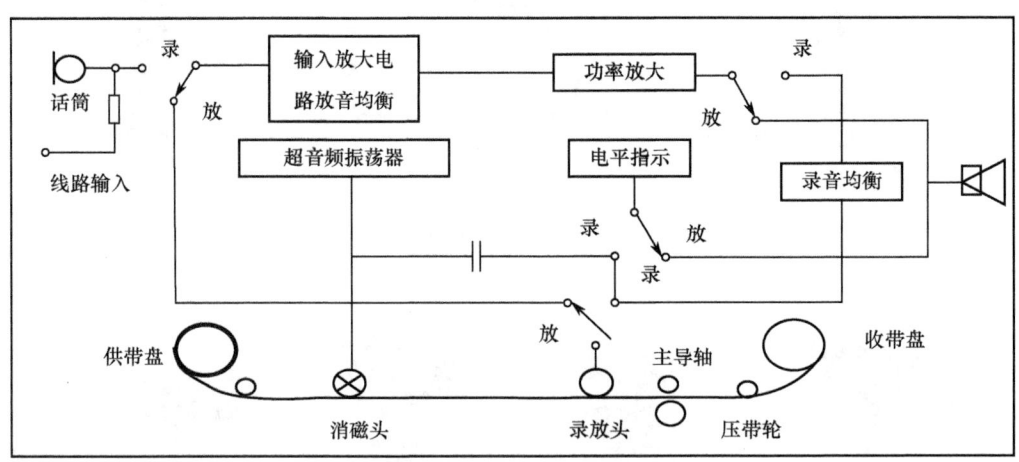

图 10-1-13　磁带录音机的基本结构

录音的基本过程：传声器把声信号转换成电信号，电信号经过调音台的处理后送给录音机的录音放大器放大（也可将传声器信号直接送给录音机），再输送给录音磁头，使录音磁头形成与音频电流相对应的磁场。当磁带经过录音磁头时便被磁化，由于磁滞现象的存在，使随时间变化的声音信号转换成按空间分布的磁信号，并以剩磁的形式在磁带上记录下来。机械部分的任务是控制磁带以一定的速度掠过录音磁头，并可使磁带做倒带、快速前进等动作。

尽管磁带录音机是一种模拟录音设备，但由于其极高的普及度及超强的耐用性，对于音乐音响的录制与重放仍是一种不可缺少的设备。盒式磁带录音机使用盒式磁带，这种录音机操作简单，使用方便，因而被普遍用于电视节目制作的录音及配音合成阶段，现在常用的盒式磁带录音机有 TASCAM 202MKⅢ，如图 10-1-14 所示。它具有双自动翻带、高速复制等功能。在电视节目制作领域，还经常用微型盒式磁带录音机进行现场采访。开盘式录音机使用盘式磁带，这种录音机的带速比盒式磁带录音机高，磁带宽度也比盒式磁带大，其频率响应等指标优于盒式录音机，如图 10-1-15 所示的 Studer A80，其频响特别宽，音质不逊于高档 CD 机，在广播领域有着广泛的应用，但它需要人工绕带，必须由专业技术人员来操作使用，因此主要用于专业影视制作场合的各种采音。

图 10-1-14　TASCAM 202MKⅢ　　　　图 10-1-15　Studer A80

2）磁带录像机

磁带录像机的声音记录原理同磁带录音机一样，属于磁性记录设备，所不同的是，磁带录像机可进行声画同步记录，这对在拍摄现场采集同期声来说是非常重要的。在后期节目制作中，由于其声音录放磁头与视频录放磁头是分开的，而且有独立的音频磁迹，因而图像和声音可以分别录制，这就给录音、配音工作带来了极大的方便。一般来说，编辑录像机都具有两个独立的声道，1 声道和 2 声道，并且可以分别录音。

磁带录像机录音的主要缺点是音质较差，由于录像机的带速较低，音频磁迹也比较窄，这些不足将导致录像机直接制作的声音技术指标低于专业录音机。目前，一些录像机将音频录放磁头与视频录放磁头一起安装在旋转磁头鼓上，使声音记录时，磁头与磁带的相对速度大大提高，从而展宽了记录频带，提高了音质。

2. 数字录音设备

1）数字磁带录音机

数字磁带录音机打破了传统模拟录音的概念，模拟音频信号不是直接记录在磁带上，而是转换为数字信号后记录在磁带上，重放时再由数字信号还原出模拟信号。这一变革使录音技术出现了突破性的进展，模拟磁带录音有动态范围小、信噪比低等种种缺陷、因此而得到克服。

数字录音机将模拟信号转换为数字信号的方式有多种，其中采用最多的方式为 PCM（脉冲编码调制），它在噪声改善、非线性改善、时间变动改善等各方面性能俱佳。PCM 的基本过程分低通滤波、取样、量化、编码等几步。由于数字录音记录的信号码率在 3 Mb/s 左右，普通模拟磁带录音机是记录不下来的，必须加快磁头与磁带之间的相对速度，提高记录密度，因而数字磁带录音机一般采用旋转磁头方式和固定磁头方式进行信号记录。

目前，市面上流行的数字录音机主要有卡带式的 DCC、固定磁头的 S-DAT、旋转磁头的 R-DAT 等格式，而市场占有率较大的是 R-DAT 类，SONY、ALESIS 和 FOSTEX 等著名音频厂商均有此类数字录音机在市面流行，如图 10-1-16 所示。

  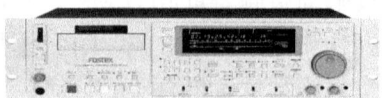

(a) SONY DTC-ZE700　　　(b) ALESIS M20　　　(c) FOSTEX D-15

图 10-1-16　常见的数字磁带录音机

2）光盘录音机

光盘录音机是以光盘为介质的数字录音设备，主要有：CD-R/CD-RW 录音机，如 FOSTEX 的 CR300 型专业录音机，如图 10-1-17（a）所示，记录 CD-DA 格式的数字音频信号；DVD-RAM 录音机，如 FOSTEX 的 PD-6 型 DVD-RAM 数字录音机，如图 10-1-17（b）所示；MD 录音机，其采用 ATRAC（Adaptive TRansform Acoustic Coding）编码技术，利用人的听觉特性，将人耳听不到的频率成分和被附近的强信号掩蔽而听不到的弱信号频率成分去掉，如 SONY 的 MDS-JE480 台式 MD 及 MZ-RH1 便携式 MD，分别如图 10-1-18（a）、（b）所示。

 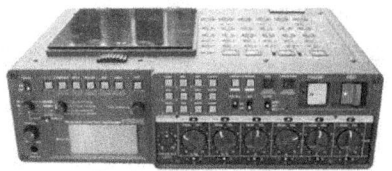

(a) FOSTEX CR300 型专业录音机　　　(b) FOSTEX PD-6 型 DVD-RAM 数字录音机

图 10-1-17　典型的光盘录音机

 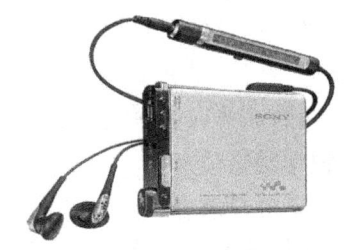

(a) SONY MDS-JE480　　　(b) SONY MZ-RH1

图 10-1-18　常见的 MD 录音机

3）闪存卡数字录音机

利用闪存卡记录数字音频信号的系统目前流行的是各类迷你型录音笔，其特点是容量大、体积小，便于携带，适合于现场采访和录音。如图 10-1-19（a）所示的是荷兰 Maycom 公司出品的 HandHeld 型掌上闪存卡数字录音机。该型数字录音机所记录的数字音频信号的格式是 MPEG 音频（层Ⅱ），采用工业标准的闪存卡作为记录媒介，记录时间可达 6 小时，信噪比大于 80dB，频响为 20～20 kHz，非线性失真小于 0.005％。图 10-1-19（b）所示的 Edic-Mini Tiny B21 是一款新推出的迷你型录音笔，重量不足 6g，堪称当今世界上最小的录音机。其容量却高达 8000 MB。高敏感度的内置录音设备可长时间录音，而且能耗极小，采样频率范围非常广。

（a）Maycom HandHeld 型掌上闪存卡数字录音机　　（b）Edic-Mini Tiny B21 迷你型录音机

图 10-1-19　典型的闪存卡数字录音机

4）硬盘录音机

随着多媒体技术的迅速发展，硬盘的存储速率及容量不断增加，硬盘录音机（包括基于计算机平台的数字音频工作站）逐渐成为电视音响制作领域的新宠。图 10-1-20（a）所示为 TASCAM MX24 硬盘录音机，图 10-1-20（b）所示为 AKAI DPS12i 硬盘录音机。硬盘录音机是以计算机硬盘存储技术为基础，将模拟音频信号转换为数字音频信号存储在硬盘上。有的硬盘录音机还可外接可移动存储设备，如移动硬盘、存储卡等，与上述磁带存储介质相比，其使用的方便程度和可靠性都大大提高。此外，硬盘录音机不仅可以进行节目存储，还可以对声音信号进行编辑、复制、合成、效果添加等多种处理。随着多媒体计算机技术的迅速发展，数字视音频技术的不断成熟，诸多功能强大的视频及音频编辑软件的广泛应用，更因为数字信号较模拟信号在质量、存储、传输、处理等方面存在着得天独厚的优势，使得硬盘录音机在电视音响制作技术中渐成主流。

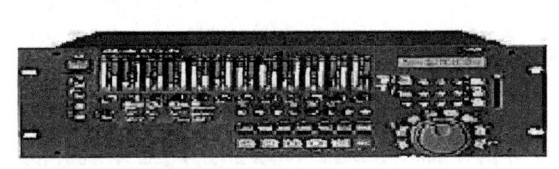 

（a）TASCAM MX24 硬盘录音机　　　　　　　　　（b）AKAI DPS12i 硬盘录音机

图 10-1-20　典型的硬盘录音机

3．录音监听设备

1）监听耳机

在录音中用于监听的耳机种类很多，按换能原理不同，可分为动圈式和静电式；按开放程度不同，可分为密闭式（封闭式）、半开放式和开放式。

目前，绝大多数耳机是动圈式的，主要是通过音频电流驱动处于永磁场中的线圈振动，并带动与线圈相连的振膜振动而发声。其中振膜的材质选择和形状设计对动圈式耳机最终的发声品质影响很大。动圈式耳机与静电式耳机相比，技术相对成熟、成本较低，因而更具竞争力，市场普及度很高。图 10-1-21（a）所示的是典型的 AKG K240M 动圈式耳机，其频率响应为 15～20000 Hz，阻抗为 600 Ω，灵敏度为 88 dB/mW，最大输入功率为 200 mW，半开放式结构。静电式耳机又称电容式耳机，与动圈式耳机不同，静电式耳机的振膜（一般是极薄的有机聚合材料），作为平行极板电容器的一个极板，输入信号的变化形成变化的电场，吸引振膜振动做功发声。静电式耳机的结构避免了动圈式耳机高频工作时振膜的扭曲变形，可以提供更优秀的高音表现。但是复杂的结构和制造工艺及要求苛刻的输入使静电式耳机售价高昂，而且更娇弱，市场普及度低，且多出现在专业音频制作领域。图 10-1-21（b）所示的是著名的日本 STAX 公司的 4070 静电式耳机。

开放式耳机和半开放式耳机的机壳上设计有若干小孔或槽与外界相通，耳垫用透声材料或无耳机垫，能有效地减缓长时间工作的听觉疲劳，适用于较安静的环境，一般用于电视节目后期合成、编辑时的监听，如图 10-1-21（c）和图 10-1-21（a）所示。开放式耳机易造成声音外泄，而且外界声音也会对监听造成干扰，因而作为拾音现场监听使用，一般不采用开放式，而多采用密闭式耳机。密闭式耳机的机壳及耳垫有较高的隔声量和防止声泄漏的能力，听音清晰、声像定位准确，但由于耳罩对耳朵压迫较大，长时间佩戴会导致疲劳，如图 10-1-21（d）所示。

（a）AKG K240M 动圈式　　（b）STAX 4070 静电式耳机　　（c）ATH-AD300 开放式耳机　　（d）BEHRINGER HPM1000 密闭式耳机

图 10-1-21　常见的监听耳机

2）监听音箱

监听音箱是由若干个效率和频率不同的监听扬声器单元组合而成的扬声器系统。根据功率放大功能的有无，可分为有源和无源两种；根据监听距离的远近，可分为近场监听和远场监听两类。

有源监听音箱，将功率放大器置于音箱箱体内部，无须另接功放，可直接输入音频信号，其自身带有音量调整开关，可以对音量进行大致调整；无源监听音箱，需要专门的外接功放推动。近场监听音箱，一般使用中、小型的扬声器，监听距离大致在 1～2 m，用于对节目声音的细节进行监听；远场监听音箱，一般使用大型扬声器，监听距离一般在 3 m 以上，通过远场监听来聆听大空间环境下的声音效果。通常情况下，近场监听和远场监听并用，以近场监听为主。图 10-1-22（a）所示为 YAMAHA HS50 有源近场监听音箱，图 10-1-22（b）所示为 EVENT TR8 有源远场监听音箱。

 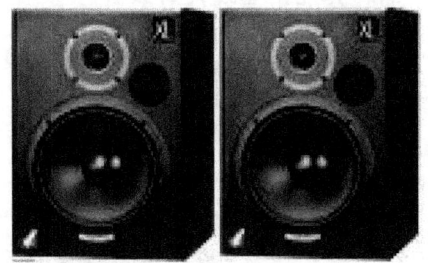

（a）YAMAHA HS50 有源近场临听音箱　　　　（b）EVENT TR8 有源远场临听音箱

图 10-1-22　常见的监听音箱

10.1.3　调音设备

调音台（Mixing Console）是电视音响系统的中心控制设备，它的职能是对各种输入声音信号进行匹配放大、频率补偿、音量平衡、分配控制和混合等技术加工与艺术处理。现在调音台的种类繁多、型号各异，有模拟的也有数字的，有复杂的也有简易的，有专业的也有一般的。在电视节目制作过程中，应根据节目的需要选择不同类型的调音台。

1．调音台的基本功能

（1）放大、匹配、均衡各节目源的电平和阻抗。例如，低阻抗传声器的信号电平一般都在-70 dB（0.25 mV）/200 Ω，CD 唱机的输出电平可达到-10～+4dB（245 mV～1.58 V）/10 kΩ。各种声源的输出电平和输出阻抗的差异可达到数万倍以上，通过调音台的匹配放大，可使它们达到相同的输出电平，混合后输出录音或驱动功率放大器和扬声器系统。

（2）对通道的输入信号进行频率补偿（EQ）、效果配置和声像定位等处理。

（3）把处理后的通道信号进行混合、编组和分配切换，满足各种使用要求。

（4）提供其他特殊服务功能。例如，向电容式传声器提供 48 V 直流幻象电源、与舞台对讲、调音师的调音监听、现场录音和录音信号回放、插入信号处理装置（如效果器、反馈抑制器、压缩/限幅器、扩展器和噪声门等）、提供各种用途的 AUX（辅助）输入/输出、声像（PAN）位置的调整及哑音（MUTE）功能。

2．调音台的分类

调音台的种类很多，用途各异，可按下列方法分类及选用。

（1）按用途分类有录音调音台、现场扩音调音台、舞台返听调音台、电台/电视台的播出调音台、迪斯科调音台等。多功能厅堂和歌舞厅可采用扩声调音台；大、中型剧场除采用大型调音台外，还要增加一台舞台返听调音台；迪斯科舞厅需用扩声调音台和迪斯科调音台；大型室外广场演唱会需同时使用多台大型调音台。

（2）按输入通道的数量分类有 6 路、8 路、10 路、12 路、16 路、24 路、32 路、96 路等。

（3）按输出方式分类有双声道输出，双声道+4 编组（或 6、8 编组）+MONO（单声道）输出，以及双声道+8 编组+MONO（单声道）+多路矩阵输出等。调音台除上述各种输出外，为配合各种周边设备的应用，通常还设有若干通道的辅助（AUX）输出。

3. 调音台的主要部件及其功能

各类调音台的大小、结构和完备程度各不相同，但调音台都由输入、输出、主控等几个部分组成，下面以英国声艺 Soundcraft LX7 16 路调音台为例介绍各部分的主要功能，如图 10-1-23 所示。

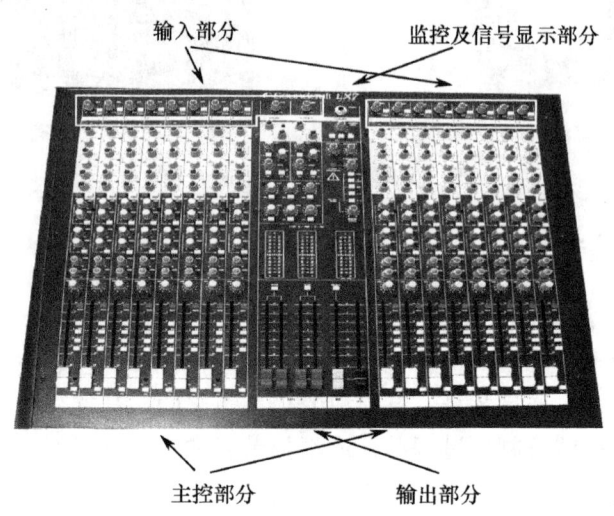

图 10-1-23　Soundcraft LX7 16 路调音台

1）输入部分

调音台的信号输入部分主要由输入接口（图 10-1-24（a））、电平调节、幻象电源及用于切除低频的高通滤波器（图 10-1-24（b））等组成。

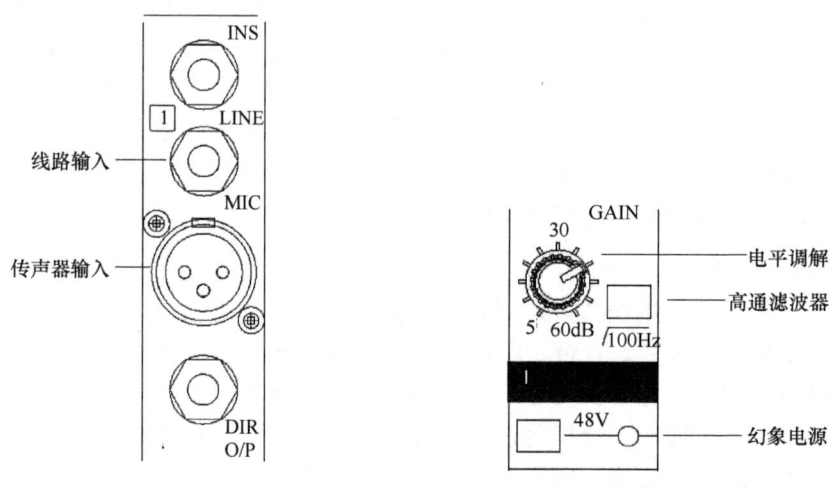

（a）输入接口　　　　　　　　（b）电平调节、幻象电源及高通滤波器

图 10-1-24　输入部分

（1）输入接口（MIC/LINE INPUT）。输入接口主要是指调音台输入部分的每一个通道上与信号源进行连接的插孔，一般由低电平输入 MIC INPUT（也称传声器输入）和高电平输入 LINE INPUT（也称线路输入）组合而成。低电平输入插孔主要用于连接传声器等输

出的低电平信号源,高电平输入插孔主要用于连接录音机、CD 唱机、电子乐器等线路输出的高电平信号源。

(2) 电平调节(GAIN)。当信号通过输入插孔进入调音台后,需要对其电平的大小进行调整以满足调音台的要求。输入信号大小的调整主要是通过输入电平调节 GAIN 旋钮(增益旋钮)来完成的。调节输入电平的目的是使输入到调音台里不同大小的音频信号,都能够调整到与调音台最佳工作电平相适应的范围内。

有些调音台输入部分安装有预衰减(PAD)按键,当遇有输入信号的幅度超过电平调节旋钮所能够调节的范围时,可按下预衰减按键,使输入电平的幅度预先衰减 20 dB。再通过电平调节旋钮对其进行调节。有些调音台的信号输入部分还设有高低电平输入 MIC/LINE 的转换开关,以及可以分别对输入的高低电平信号进行单独调整的旋钮,这些只是电路设计的不同,其目的都是为了满足信号源与调音台之间的电平匹配。

应当注意的是,虽然调音台的输入部分有高电平和低电平两类输入插孔,但在调音台工作时,一个输入通道只能选择一个输入信号(或选择高电平输入,或选择低电平输入)。

(3) 高通滤波器(100 Hz HI-PASS FILTER)。在调音台的输入部分一般设有一个高通滤波器,常称为低切,主要用来去除输入信号中有害的低频噪声。Soundcraft LX7 调音台上安装的是一个高通滤波器按键开关,按下时将切除信号中 100 Hz 以下的频率信号。有些调音台设有频率选择旋钮,可对切除的频率点进行选择。

(4) 幻象电源(PANTOM POWER)。电容式传声器在工作时需要极化电压,传声器内部的放大器也需要电源才能工作,为了使调音台能够向电容式传声器提供电源,在调音台的输入部分安装有幻象电源(48 V)开关。当某个输入通道接有电容式传声器时,按下相应通道的幻象电源开关,就可以通过信号电缆向传声器提供电源,幻象电源只能送入到低电平插孔。不管幻象电源是否接通,高电平输入插孔都不会有幻象电源送入。

使用幻象电源时要注意,应先插入电容式传声器,再打开幻象电源开关,而且无论在打开还是关闭幻象电源时,都要将调音台输出音量降至最低,以免损坏调音台和外部设备。在送有幻象电源的通道上接有不需要幻象电源的平衡口动圈式传声器时,幻象电源本身将不会影响到动圈式传声器的正常使用,但切忌将非平衡口的动圈式传声器接入。

2) 主控部分

调音台的主控部分由频率均衡部分、输入控制、分配和辅助开关组成,如图 10-1-25 所示。

(1) 频率均衡部分。频率均衡部分由均衡器(EQUALISER)组成,可以调整声音的各种频率成分从而达到调整音色的目的。Soundcraft LX7 调音台信号的均衡处理由以下两种类型的均衡器及均衡器开关组合而成。

A 频率点固定的均衡器,其均衡的频率点是固定的,包括高频端(12 kHz 及以上)固定均衡器和低频端(60 Hz 及以下)固定均衡器。

B 频率点可调的均衡器,由于其均衡的频率点是可以选择的,因此它比频率点固定的均衡器多了一个中心频率选择旋钮,操作时需先设定好需要均衡的中心频率,再调节增益旋钮对其进行补偿。例如,Soundcraft LX7 设有高中频(550 Hz~13 kHz)和低中频(80 Hz~

1.9 kHz）两个频率点可调的均衡器。

另外，有些调音台还设有频率点和 Q 值均可调的均衡器，除具备频率点可调均衡器的特点外，还能够对均衡位置的 Q 值（频带宽度）进行调整，使得整个均衡调整更加精确；由于它的电路复杂，成本较高，一般用于大型高档的调音台中。

均衡器开关用来控制调音台的均衡部分是否插入到信号的通道上。当按下此键时，通道上的均衡部分被插入到信号通道上，这时可以对信号进行补偿调节。当按键被按起时，均衡部分将退出信号通道，不再对信号进行均衡处理。其作用主要是用来对比均衡后的声音变化。

（2）输入控制、分配和辅助开关。输入部分每个通道的信号，是经过每个通道上的衰减器（FADER），常称为分控推子，来调整控制后再输送到不同的输出母线上的，目的是为了能够单独调整和控制每个输入通道在母线上的电平大小。信号分配用来控制每个通道信号输出的方向。另外，在 Soundcraft LX7 调音台的每个输入通道上还常装有哑音（MUTE）及衰减器前监听（PFL）等辅助开关按键，以便于调音台的操作管理。衰减器（FADER）采用无源的直线推拉式电位器，有些调音台也采用旋钮式电位器来控制工作电平，但不及推拉式方便，一般多用于小型调音台上。

输入通道信号的输出控制可分为两种：一种由每个输入通道的衰减器进行控制，它控制的是输送到主输出母线和编组母线上的信号大小；另一种由每个输入通道上的辅助（AUX）旋钮进行控制，它控制的是输送到辅助母线上的信号大小。输入到辅助母线上的信号又分为两种控制：一种是受输入通道衰减器控制的（称为衰减器后输出 POST），它是从通道衰减器后端取出信号，再通过辅助旋钮将信号输送到辅助母线上，其特点是输出到辅助母线上的信号大小除本身的辅助旋钮控制外还受通道衰减器的控制；另一种是不受输入通道衰减器控制的（称为衰减器前输出 PRE），它是从通道衰减器的前端直接取出信号并通过辅助旋钮将信号直接输送到辅助母线上。不管是哪种方式，输送到辅助母线上的信号都会受到辅助（AUX）旋钮的控制。Soundcraft LX7 调音台的 AUX1～AUX4 是通过辅助旋钮旁的衰减器前输出开关来实现对这两种辅助信号的控制方式进行切换，而 AUX5 和 AUX6 则被直接连接到通道衰减器后输出，这样做的目的是适应不同的使用需求。

输入部分的信号分配一般是由与各个输出母线相连接的开关或调节旋钮来进行选择分配的。在 Soundcraft LX7 调音台上是由声

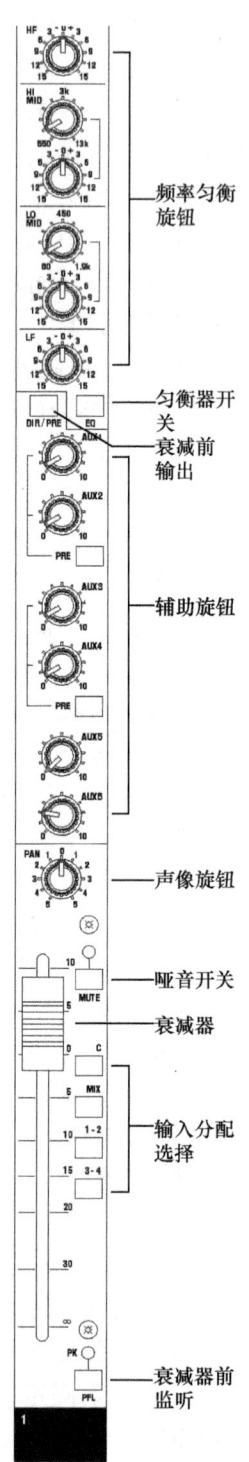

图 10-1-25　主控部分

像（PAN）旋钮和编组（GROUP）及主输出（MIX）按键组成的。按下相应的按键，输入通道的信号将输送到与按键相对应的母线中去。在立体声工作方式时，输入到母线的信号大小除受到通道衰减器控制外，还会受到声像旋钮偏转位置的影响，当声像旋钮偏向某一侧时，输出到此侧母线上的信号将按偏转的比例提升，另一侧的母线信号将按偏转的比例被衰减。当声像旋钮居中时，分配到两侧母线的信号大小相等。在立体声方式工作时的母线分配方式是将主输出的左母线和编组的奇数母线设定为左母线组（L），将主输出的右母线和编组的偶数母线设定为右母线组（R）。

为便于操作和管理 Soundcraft LX7，每个输入通道上还安装有哑音（MUTE）及衰减器前监听（PFL）等辅助操作的开关按键。哑音（MUTE）开关实际上是控制输入通道信号是否输出的一个开关；弹起时，输入通道向选定的母线输送信号，按下时，切断向外输送的信号。

衰减器前监听（PFL）按键，是专门用来查看输入信道的电平幅度和声音效果的，所选的信号取自通道衰减器的前端，不受通道衰减器的控制。按下此键时，主输出的电平指示器将会显示所选信号的电平大小，同时监听耳机和监听扬声器里会自动播放所选信号的声音，便于操作人员监听原始信号的质量和电平大小。

3）输出部分

Soundcraft LX7 调音台的输出部分包括主输出（MIX OUT）、编组输出（GROUP OUT）及辅助输出（AUX OUT）。它们是用来控制调音台各个通道信号大小的，如图 10-1-26 所示。

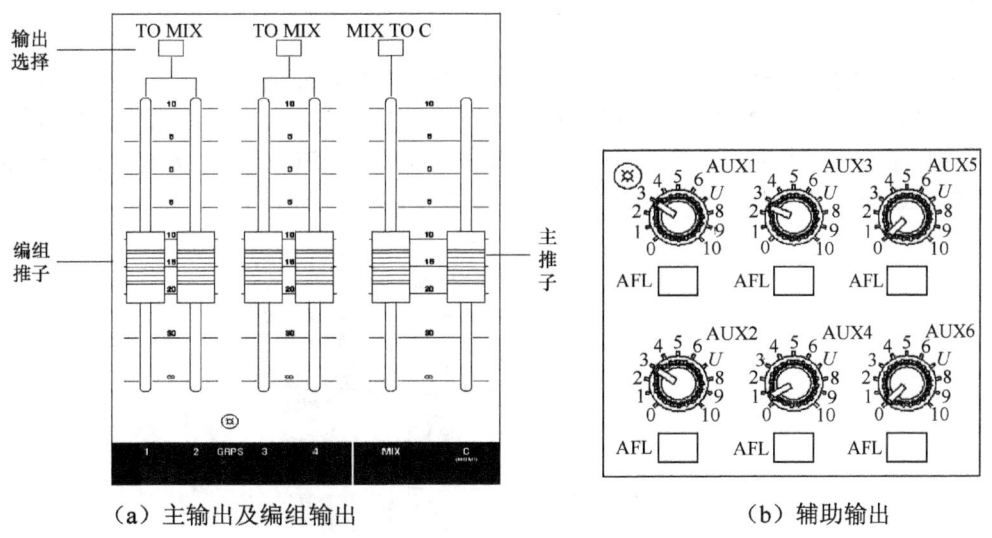

（a）主输出及编组输出　　　　　　　　　　（b）辅助输出

图 10-1-26　输出部分

（1）主输出有混合 MIX 及中间 C 两个输出通道，其输出信号的大小由各信道上的信道衰减器进行控制。主输出通道衰减器也称为主推子。

（2）编组输出是调音台除主输出通道以外重要的输出通道，除可以通过编组输出接口向外输送各自独立的编组信号外，还可以通过编组上的输出选择按键（TO MIX）将编组信号送到主输出通道上（编组 1/3 可输出到主输出的左声道，编组 2/4 可输出至主输出的右声道）。编组输出信号的大小由各编组输出信道上的信道衰减器进行控制。编组输出通道衰减器也称为编组推子。

编组输出在作为音乐录制或演出使用时，通常把不同类型的乐器按种类或按声部通过输入通道上的信号分配按键进行编组，排练时用输入通道上的衰减器调整好每个组内乐器间的平衡。在录音或演出时只需要通过调整不同声部所在的编组衰减器，就可以直接对声部间的平衡进行调解。

当作为扩声系统控制时，可以将不同位置的扬声器或音响设备连接在不同的编组上，这样在演出时可以根据需要对各个位置的扬声器或不同的音响设备分别进行控制。

（3）辅助输出用来控制各辅助输出母线向外的信号输出，它是通过连接在每一条辅助母线上的控制旋钮对输出信号进行控制的。有些调音台还在每个控制旋钮旁装有衰减器后监听按键，以便于了解此路信号输出大小并对该路信号进行监听。

4）监控部分

（1）内部对讲。

调音台上内部通信主要是帮助调音人员在排演时能够与现场的乐队和演员进行联络。

（2）录音回放和监听选择。

录音回放主要是为了不占用输入通道就可以直接回放录音机的声音。但在 Soundcraft LX7 中，使用录音回放时要注意，这会切断正常的主输出信号，因而在直播或录音时慎用。Soundcraft LX7 调音台设有各通道输出信号的选择开关，可以直接选择监听各输出通道的声音。为保证监听信号的准确性，调音台上只设一路监听通道，并且有相应的辅助仪表显示音量。

5）信号显示部分

Soundcraft LX7 调音台的信号显示部分主要由连接在各通道上的测量仪表和状态指示灯构成。录音人员是通过声音信号指示器来监视信号的动态。调音台中常用的声音信号指示器有音量单位表（VU 表，Volume Unit）和峰值节目表（PPM 表，Peak Program Meter）两种。Soundcraft LX7 调音台中用的是后者，如图 10-1-27 所示。

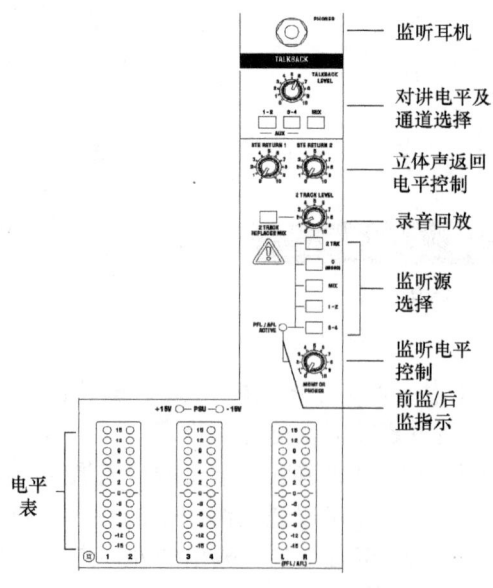

图 10-1-27　信号显示部分

10.1.4 音频信号处理设备

音频信号处理设备是对声音信号进行频率、时间及动态处理的设备的统称，又称为周边设备。

1. 频率处理设备

频率处理设备是负责对声音的谐波成分进行处理的效果器，包括均衡器、激励器、反馈抑制器等。

1）均衡器

均衡器是一种对频响曲线进行调节的设备。它可以校正各种音频设备、听音环境的共振特性及吸声特性不均匀所产生的频率失真，使声音信号更加真实地再现；在现场扩音中抑制声反馈，提高扩音质量并能使系统的工作状态稳定；在某些场合，除了要求声源的高保真度外，有时还允许对声源做适当的调整，以达到改善音质、美化音质的效果。通常在调音台的输入单元中装备有各种均衡器。

在录音室中均衡器作为独立的设备，经常使用的有参数均衡器和图形均衡器。参数均衡器是由若干基本参数（幅度、中心频率、带宽）可调的单频补偿器组成的，这些参数的调整是相互独立、互不影响的。参数均衡器以基本均衡参数可调见长，在进行频响调整时，具有很高的精确性和选择性，特别适合于电视音响制作中改变音响效果。典型产品有如图 Alesis PEQ-450 参数均衡器，如图 10-1-28（a）所示。图形均衡器也是由多个单频补偿器组成的。所有的单频补偿器把声音频带划分为许多很窄的频段，每个频段的中心频率相隔 1 个倍频程或 1/3 个倍频程。各频段分别由一个推拉电位器控制，可单独进行电平的提升或衰减。由于推拉电位器的位置所连成的曲线和均衡器频响曲线的形状相对应，故称为"图形均衡器"。图形均衡器把声音频带分得很细，特别适合于针对房间频率特性进行监听系统的频率均衡，因此又称为"房间均衡器"。它在均衡设备频响、制作模拟特殊效果声时具有良好的效果。典型产品有 DBX-231 图形均衡器，如图 10-1-28（b）所示的。

（a）Alesis PEQ 450 参数均衡器　　　　（b）DBX-231 图形均衡器

图 10-1-28　均衡器

2）激励器

激励器是一种对音频信号添加谐波（泛音）成分以改善听感的声音处理设备。在音乐信号中加入特定的失真（谐波成分），可以增加重放音乐的透明度和临场感，从而获得更动听的效果。它可以美化歌唱者的歌声，增加其亮度和穿透力，使声音更清晰、细腻；在现场扩音系统中，能使音响效果较均匀地分布到室内每一个角落。由于它可以扩大音乐的响度而又不增加电平，因此十分适合监听系统，既能听清自己的声音，又不必担心信号回授；在磁带转录和高频损失严重的旧磁带放音时使用激励器可明显改善高频特性，又不会使信噪比恶化。典型产品有 BBE 882 Sonic Maximizer 激励器，如图 10-1-29 所示。

图 10-1-29　BBE 882 Sonic Maximizer 激励器

3）反馈抑制器

反馈是由于扩音音箱与话筒同处于一个空间，话筒拾取的声音经音箱送出后又被馈入同一个话筒，并被再次放大送出，短时间内多次循环，便会产生啸叫。解决反馈啸叫的方法：可降低输入增益或扩音音量；将话筒远离音箱；找到引起啸叫的频率，使用均衡器将其预先衰减，但这些方法都有局限性。因为啸叫只发生在某些频率上，它与房间的结构、话筒的设置有关。反馈的频率有些是固定的，有些是漂移的。反馈抑制器会对系统进行自动检测，在约 0.4s 内把将要发生反馈的频率在啸叫前做适当的衰减，使音质不受到破坏。典型产品有 SABINE FBX1220 反馈抑制器，如图 10-1-30 所示的。

图 10-1-30　SABINE FBX1220 反馈抑制器

2．时间处理设备

时间处理设备是用于厅堂录音中，对声源的音色和空间方位（直达声与反射声、混响声的比例）、声场的状况（体积、反射条件等）进行模拟的声音效果处理器，它包括延时器和混响器。

1）延时器

延时器是一种将输入的音频信号短暂存储起来，经一段短的时间后再输出的专用音频信号处理设备。在扩音系统中，它可以消除回声干扰、提高清晰度；在立体声录音和放音系统中，用来扩展声场和增强立体感，产生模拟立体声、合唱、回声效果。

2）混响器

混响器是用来模拟厅堂响声的声音处理设备。它可以增加声音的丰满度、浑厚度。但如果混响时间过长，声音就会发虚、浑浊。它还可以模拟厅堂空间的大小，产生特殊音响效果。通常是流行音乐，特别是摇滚音乐，需要较强的混响；而对古典音乐、民族音乐，特别是京剧等，则应少加混响。按照混响器产生混响效果的原理，可以分为机械式和电子式两大类。其中，机械式又分钢板式、金箔式、弹簧式，电子式又分模拟式和数字式。代表性产品有 YAMAHA REV100 数字混响延时器，如图 10-1-31 所示的。

图 10-1-31　YAMAHA REV100 数字混响延时器

3. 动态处理设备

动态处理设备是对音频信号的动态范围进行处理的专用设备，包括压缩器、限幅器、扩展器、噪声门等。典型产品有 T.C electronic C300 压缩限幅器，如图 10-1-32 所示。

图 10-1-32　T.C electronic C300 压缩限幅器

1）压缩器与限幅器

压缩器是具有压缩阈的一种放大器，低于这个阈值的输入信号以固有增益放大，高于该阈值的输入信号则以特定的压缩比进行压缩，其增益按一定比例缩小（压缩阈和压缩比通常可以调节并固定）。音乐的动态范围约为 120 dB，然而，模拟磁带记录的动态范围只有 60 dB。因此，在记录之前进行压缩是必要的，它可以避免削波失真，提高信噪比。限幅器是压缩器的一个特例，当压缩器压缩比足够大时，压缩器就变成了限幅器。限幅器具有特定的限制阈，低于这个阈值的输入信号正常通过，高于这个阈值的输入信号被限制在同一输出电平上，即输入电平达到或超过限制阈，输出信号不再随输入电平的增加而增加。限幅器大多用于录音的场合，以避免信号的瞬间峰值到达满幅度。具有限幅功能的压缩器，也称压限器，在扩音系统中压限器可压缩、限制送往功放的信号电平，这样可以起到保护功放和扬声器的作用。

2）扩展器与噪声门

扩展器与压缩器相反，主要用于扩大节目信号动态范围的场合。噪声门是扩展器的一个特例。把扩展器的阈值电平降低到信号最低电平和噪声电平之间，加大扩展比至 1:5 以上，扩展器就变成了噪声门。噪声门用来消除低电平噪声，当输入电平高于阈值电平时，噪声门像通常的放大器一样工作；当输入电平低于阈值电平时，噪声门的增益迅速降低，使弱电平更弱，有效地用"门"控制来消除低电平噪声而不影响有用的信号。有时，信号的最低电平与噪声电平之间并没有十分明确的界限。因此，使用噪声门时需特别注意选取阈值电平，它不能高于信号的最低电平，否则，就会把弱节目信号连同噪声一起切除掉。通常，噪声门的阈值电平应高于噪声电平 10 dB 以上，可调整在信号电平的-30～-40dB 之间。

10.2　电视音响录制与合成

电视音响的录制与合成工作跨越了电视节目制作从前期到后期的各个制作阶段。电视音响的录制不仅仅是安放一个话筒，简单地把声音录制或叠加到相应的节目上去，而是与视频制作一样，从一开始就要将它考虑在整个计划中，给予充分的重视。

10.2.1　电视音响录制

1. 录音系统

最简单的录音系统为 ENG 同期录音系统（图 10-2-1），由一个传声器和一台带时间码的便携数字录音机组成。现场录制时，图像由 ENG 摄像系统记录在录像带上，声音则由 ENG 录音系统记录在录音带上。为了使声音和图像保持同步，录音带和录像带上都必须记录时间码，以便在后期制作时，利用时间码联锁系统把它们编辑在一起。与传统的图像、声音都记录在录像带上的方式相比较，这种声像分离记录方式具有以下两个优点。

图 10-2-1　ENG 同期录音系统

（1）声音记录采用数字录音方式，音响质量较录像机的模拟记录方式要高。

（2）当摄像机在距离声源较远的位置摄取图像时，这种方式便于在距离声源较近的位置拾取声音，从而排除了不需要的杂音干扰。

功能较全的录音系统为 EFP 同期录音系统（图 10-2-2）。该系统可以同时采用多个传声器拾音，现场完成调音及声音效果制作。

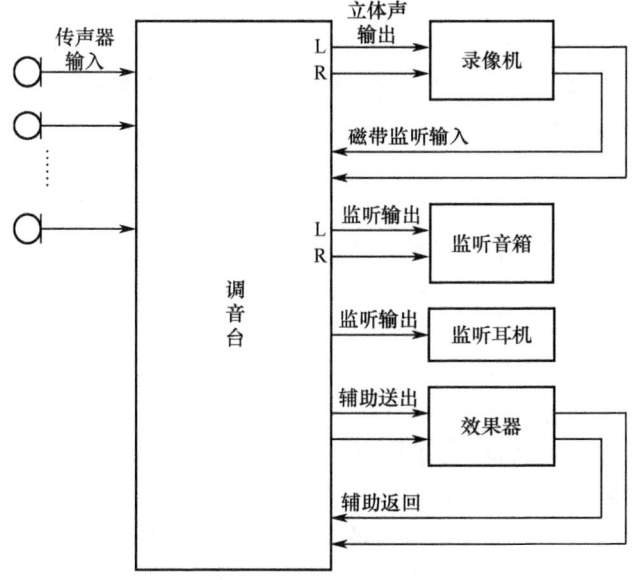

图 10-2-2　EFP 同期录音系统

2．电视音响的拾取

当传声器和其他相关音频处理设备连接就绪时，接下来的工作便是用传声器拾取声音。前面讲过，传声器是采集音频信号的关键设备，也是电视音响制作系统的最前端，因此正确使用传声器拾音是确保高质量电视音响效果的关键。由于不同种类及性能的传声器有着不同的使用要求，因此，在具体拾音操作过程中要特别注意以下几点。

1）正确选用传声器

传声器的选用应根据使用的场合和对声音质量的要求，结合各种传声器的特点综合考虑选用。

（1）根据使用场合。室内录音时主要问题是如何处理好多余混响的问题。此时应重点考虑传声器的指向性。在录音棚中录音，由于其混响时间较短，常选用心形传声器，以增加有效拾音范围；在普通室内实景拍摄中，由于房间很空旷，混响时间长，选用强指向性传声器，以便将传声器对准声源，排除不必要的混响声。室外录音时的主要问题是噪声干扰，例如，在繁华的大街上或公共场合录音时，就要使用指向性较好的传声器，这样既有效地突出了主体声，又能合理地录制背景声。

(2) 根据对声音质量的要求。高质量的录音主要要求音质好，应选用电容式传声器或高级动圈式传声器；做一般扩音时，选用普通动圈式传声器即可；当讲话人位置不时移动时，应选用单方向性、灵敏度较低的传声器，以减小杂音干扰等。

2) 科学使用传声器

(1) 阻抗匹配。在使用传声器时，传声器的输出阻抗与放大器的输入阻抗两者相同是最佳的匹配，如果失配比在 3 以上，则会影响传输效果。例如，把输出阻抗为 50 Ω 的传声器接至输入阻抗为 150 Ω 的放大器时，虽然输出可增加近 7 dB，但高、低频的声音都会受到明显的损失。

(2) 连接线。传声器的输出电压很低，为了免受损失和干扰，连接线必须尽量短。高质量的传声器应选择双芯绞合金属隔离线，一般传声器可采用单芯金属隔离线。高阻抗式传声器传输线长度不宜超过 5 m，否则高音将有明显损失。低阻抗式传声器的传输线可延长至 30～50 m。

(3) 工作距离与近距效应。通常，传声器与声源之间的工作距离在 30～40 cm 为宜，如果距离太远，则回响增大，噪声相对增大；工作距离过近，会因信号过强而失真，低频声过重而影响语言的清晰度。这是因为指向性传声器存在着"近距效应"，即近距离拾音时，低频声会得到明显的提高。不过，有时歌唱家有意利用"近距效应"使演唱效果更加美妙、动听。

(4) 声源与传声器之间的角度。每个传声器都有它的有效角度，一般声源应对准传声器中心线，两者间偏角越大，高音损失越大。有时使用传声器时，带有"隆嗖"的声音，这时把传声器偏转一些角度，就可减轻这种现象。

(5) 传声器位置和高度。在扩音时，传声器不要靠近扬声器放置或对准扬声器，否则会引起啸叫。传声器放置的高度应依声源高度而定，如果是一个人讲话或几个人演唱，传声器的高度应与演唱者口部一致；当人数众多时，传声器应选择平均高度放置，并适当调配演唱者和伴奏及队中各种乐器的位置，勿使响得过响、轻得过轻，而且要使全部声响都在传声器有效角度以内。如果有领唱或领奏，必要时应放置专用传声器。有些情况，由于构图的需要而不能让传声器出现在画面里，此时应在保证拾音效果的前提下将传声器置于画面之外，如采用超心形传声器使传声器远离画面或使用悬挂式传声器从画面上部拾音，也可采用道具将话筒隐藏或使用微型无线话筒。

(6) 注意减小拾音噪声。首先，要尽可能使用支架或吊架以保持传声器稳定，若要手持话筒，也要尽量将传声器持稳，以减小传声器晃动带来的噪声；其次，室外使用传声器时，应该使用防风罩，避免录进风的"噗噗"声。

3. 录音电平的控制

要准确地控制录音电平，首先要"校准"，即调整从调音台或混音器输出的音量和录像机的输入音频电平，使输入声音达到磁带复制的最佳电平；然后，还需要利用音量表和

AGC（自动增益控制）进行更精细的监控和调整。

1）音响设备"校准"

在做严格的音量调整或混音之前，必须使调音台和录像机上所有的音量单位计以同一方式响应具体的音频信号，这时便需要对音频设备进行校准。以下是声音校准的主要步骤。

（1）选择声音校准信号。我国《GY/T 223—2007 标准清晰度数字电视节目录像磁带录制规范》对音频信号有严格规定，声音校准信号应符合 GY/T192—2003 的规定，为 1 kHz 正弦波信号。大多数专业调音台都配置有音频信号发生器，它能产生一个 1 kHz 正弦波的声音信号，作为声音校准信号。转动调音台上的音量调节器，音频信号发生器会不断地发出连续的信号声或有间歇的"嘟嘟"声。

（2）调整调音台的主输出音量控制推子到音量标记零处（0 VU）。

（3）调大音频信号发生器的音量控制器，使主音量测量表的指针显示校准电平。在调大音量控制器时，声音渐渐增大，直到指针达到校准电平处为止。

（4）将磁带录像机上的输入音量控制钮向高调，使其音量测量表的指针显示校准电平。当调音台的音量单位计和录像机的音量单位计都显示相应的校准电平时，该设备即已校准好。

特别注意，模拟设备与数字设备校准电平不同，我国规定模拟均值校准电平为 0 VU，数字校准电平为-20 dBFS（Decibel Full Scale），对应的模拟电压电平为+4 dBu。当调音台输出的模拟节目进入数字磁带录像机时，要进行 A/D 转换，转换时如果不是将模拟校准电平与数字校准电平对齐（+4 dBu 对应-20 dBFS），而是采用满度电平对齐或是其他方式，则可能造成误差。

2）利用音量表进行录音电平监控

在节目录制时，要对音频信号进行监测。最简单的音频监视形式是使用音量表。目前普遍采用的有音量单位表与峰值音量表两类。

（1）音量单位表。

音量单位表又称 VU 表，是一种准平均值音量表。VU 表的表面刻度单位为分贝和百分数，如图 10-2-3 所示，其中标准 0 VU（即 100%），相当于信号的准平均值 1.228 V，此时衰减器的衰减量为 0 dB。VU 表的动态特性要求表针动得快、停得稳。VU 表的优点是音量指示近似平均数，与人耳的听觉特性相接近，能够较好地反映声音的响度，广泛运用于节目播送的音量控制上。VU 表的缺点是不能指示信号的峰值，当电路过载而引起节目信号失真时，VU 表往往指示不出来。因此，在节目录制时，常采用 PPM 表与 VU 表并用，尤其是立体声节目的录制，PPM 表应用更为广泛。

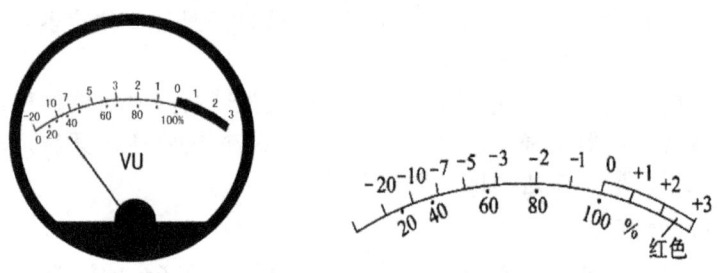

图 10-2-3　指针式 VU 表及刻度指示

(2) 峰值音量表。

峰值音量表又称 PPM 表，是一种准峰值音量表，如图 10-2-4 所示。PPM 表的指针上升快、下降慢，表针反应既快又便于观看，可以精确地指示出节目的峰值。PPM 表监测音频节目电平时比 VU 表优越。但 PPM 表指示的峰值电平大小并不能正确反应人耳对声音的响度感觉。除了 VU 表和 PPM 表之外，模拟音频监视器上的冲击式电平表和数字音频监视器上的数字峰值表（DPPM）提供了真实的峰值指示，这种类型的峰值表给出了几乎是瞬时的实际信号峰值。在冲击式电平表中，用户可以选择适当的参考电平和峰值电平以满足特定要求。通常的设置是将-20 dBFS 作为校准电平，将-12 dBFS 设为峰值节目电平。图 10-2-5 所示为典型的数字峰值表（DPPM），黄色菱形表示校准电平，红色菱形表示峰值节目电平。当音频测试信号在校准电平参考值以下时，电平呈绿色条指示，在参考值以上时呈黄色条指示，红色条指示信号在峰值电平以上。

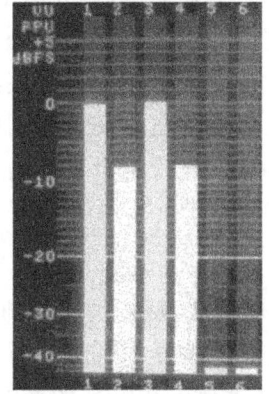 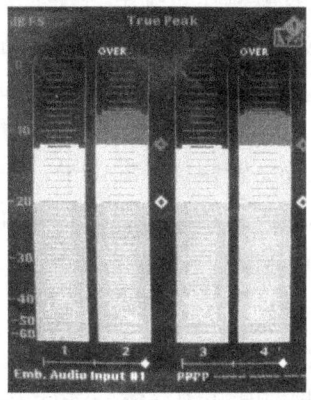

图 10-2-4　光栅式 PPM 表　　　　　图 10-2-5　数字峰值表（DPPM）

电视节目的音量应严格控制在国家规定的标准范围内，避免声音过高或过低，更不能忽高忽低。对语言类节目：声音平均电平一般在-7~-3 VU 之间，瞬间最大值不超过 0 VU；模拟声音峰值电平不超过 0 PPU；数字声音峰值电平不超过 12 dBFS。对音乐类节目：声音平均电平一般在-7~0 VU 之间，瞬间最大值不超过+3 VU；模拟声音峰值电平不超过+5 PPU；数字声音峰值电平不超过 6 dBFS。

3）利用自动增益控制

录音机和录像机上大都有自动增益控制器（Automatic Gain Control，AGC），这个装置能防止音频信号过强或过弱。如果信号太弱，增益控制就会自动将其加强；如果过强，则会自动减弱。然而，自动增益控制并不是在任何情况下都适用，如果对话中有一段沉默，自动增益控制会把这个无声信号加强，使环境噪声增大，而此时若再有声音信号发生，则也会被加强而使电平骤然升高。另外，自动增益控制还会对距离带来的声音差异进行自动补偿，失去真实感。为了避免这些情况，最好采用手动方式进行增益控制。

10.2.2　电视音响处理

在电视音响的制作过程中，必须对所采集的信号进行必要的调整和处理，以满足技术上的要求，并实现一定的艺术效果。具体来说，音频信号的处理主要包括对音频信号的增益及衰减、电平调整、均衡处理和混响处理。

1. 信号的增益及衰减

由于传声器输出的信号非常微弱，为了保证一定的信噪比，在进行各种声音效果处理之前需要将其送入前置放大器进行放大，在提升信号电平之后再送往其他调整处理电路。对于幅度过高的音频信号，为了避免非线性失真，必须对其进行一定的衰减。信号的增益或衰减，既可以由专门的独立设备来实现，也可由调音台上的增益装置实现，不过，增益越大，信号的信噪比下降越明显。因此在录音时，要在确保信号没有明显失真的情况下，尽可能提高录音电平。

2. 电平调整

在电视音响制作系统中，音频信号源除传声器之外，还有磁带录音机、CD 唱机等音频播放设备，它们输出的信号电平高低差别很大，这就需要对它们进行平衡处理，又由于不同的电视节目对各种声音混合后的音量比例有着不同的要求，例如，为了突出主题，在电视纪录片中，解说的音量要高于背景音乐 2～3 倍，这就要求在电视音响制作过程中必须分别调整每路音频信号的电平，使它们按节目所要求的比例进行混合，以满足电视节目对音响效果的需要。此类调整处理所用的设备主要是调音台。

3. 均衡处理

均衡处理的目的有两个：一是对各种因素引起的频率响应失真进行补偿，即频率均衡，这部分处理工作往往是由均衡处理电路自动完成的；二是按照编导的意图人为改变频率响应，即人为地对某些频率成分进行提升或降低，以改变音色并创造出特殊的音响艺术效果。完成均衡处理的常用设备是均衡器。

4. 混响处理

通过音响设备聆听音乐时，混响现象的存在能够给人以"身临其境"的感觉。因此，电视音响制作系统也要通过电子手段来模拟出实际的混响效果，并根据节目的需要灵活调整混响时间。例如，对于语言类节目，要尽可能减小混响时间，以保证语言的清晰度；而对于音乐类节目，则要适当增加混响时间，以产生真实感和层次感。完成混响处理的常用设备是混响器。

10.2.3 电视音响合成

电视音响合成的主要任务是将前期录制并经过一定处理的各种声音信息（包括解说词、背景音乐和效果声等）按照电视节目的要求进行必要的艺术和技术处理，并在编辑合成后与图像信号一起记录到存储媒质上。对于直播类节目来说，音响合成与前期录制是同步进行的，最后的输出信号除了用于记录外，还要与图像信号一起实时播出。

按核心设备的不同，电视音响合成系统可分为基于一对一编辑系统的电视音响合成系统、以调音台为中心的电视音响合成系统和基于数字音频工作站的电视音响合成系统，其中前两类为模拟电视音响合成，最后一类为数字电视音响合成。本节主要介绍前两类，基于数字音频工作站的电视音响合成与处理,将在 7.3 节做专门介绍。

1. 电视音响成分

从合成制作的角度来说,电视音响可分为三大类:有声语言、效果声和音乐。其中,有声语言包括三种语言形式:对白、旁白、独白和解说,它是音响的主要组成部分。音乐包括主题音乐、主题曲、配乐等,用来烘托时代背景、暗示地理环境、赞颂美好、暴露丑恶、表达情感等,是传达信息的主要组成部分。效果声是指除有声语言和音乐之外的所有自然界或创造的声音的总称。电视节目中的音响成分除可以跟画面一样表达内容、传递信息以外,还可以用来表达思想、抒发感情。

2. 电视音响与画面的组合关系

在电视节目制作中,电视音响和画面之间的组合关系大致有三类:一是声画统一,二是声画对立,三是声画并列。

声画统一是指声音和画面的内容一致,也就是说,画面中出现的人或物就是声音的发音体,或者声音是在具体说明画面内容。声画对立是指声音和画面各自独立、相互对立,通过声音和画面的对立、碰撞产生特定的含义。声画并列是声画统一和声画对立的结合,是指声音和画面各自独立、相互配合,表现共同的含义或戏剧情节。其中,声画统一使用最广泛,声画对立艺术效果最强烈。

3. 电视音响合成

1)基于编辑录像机的简易电视音响合成

在没有调音台的情况下,利用一对一线性编辑系统便可完成对解说、背景音乐和效果声的混合,具体步骤如下。

(1)画面编辑完后,利用原来的编辑系统,在已录有同期效果声的编辑母带上,将解说词录到不同于效果声的另一条声道上,然后复制一盘配音工作带。

(2)将放像机的音频混合输出接到录像机的 1 声道输入上。这时录像机的 1 声道输入信号便成为放像机两个声道的混合输出信号(解说词和同期声)。并将母带放入放像机,配音工作带放入录像机。

(3)选择插入编辑,将母带上解说词和同期效果声混合记录到配音工作带的 1 声道上。然后在配音工作带的 2 声道上录制好音乐。

(4)将放像机的音频混合输出接到录像机的 2 声道输入上,将配音工作带放入放像机,母带放入录像机。

(5)选择插入编辑,将配音工作带 2 声道上的音乐、1 声道上的解说词和同期效果声混合记录在母带的 2 声道上,同时抹去母带 1 声道上的信号。

此合成方法的优点是连接简单,在没有调音台的情况下,可以通过录像机上的音频电平调整旋钮进行控制。缺点是不能对声音信号进行较高要求的艺术处理(如均衡、混响)。

2)基于调音台的专业电视音响合成

对电视音响效果要求较高的场合,必须利用以调音台为中心的专业音频处理设备来进行电视音响的合成。

（1）一对一编辑配音合成系统。利用一对一编辑系统，接入一个调音台，就组成了一个声音合成系统，如图 10-2-6 所示。声音合成的具体步骤如下。

① 按图连接设备。放像机 CH1 输出接调音台 1 号线路输入，CH2 输出接调音台 2 号线路输入。录像机的 CH1 输出接调音台的 3 号线路输入，调音台音频输出接录像机的 CH2 线路输入。

② 确认声道分配。配音带放入放像机内，原版带放入录像机内，并确认声音的分配。
母带：CH1，效果声、同期声；CH2，空白。
配音带：CH1，解说；CH2，音乐。

③ 调整各种声音的比例和录音电平。将录像机设置到停止或电-电状态。调整调音台解说、音乐、效果声三个分推子的位置，总推子的位置，录像机上 2 声道音量电位器的位置，使三者之间比例合适。一般应先把解说的音量调好并固定，再调试效果声、音乐的大小，并通过监听喇叭，确定出效果声、音乐的强位置和弱位置。分别调整调音台总音量电平和录像机录音电平，使之最大不失真。

④ 寻找编辑入点。利用搜索分别找到配音带和原版带的第一个镜头第一幅画面，然后将放像机、录像机计数显示器清零。这样解说、效果声和音乐三者之间开头就对齐了。

⑤ 选择编辑方式。在编辑机上按下 2 声道插入钮。为慎重起见，可用预演钮检查一遍，确认编辑点准确、插入声道准确。

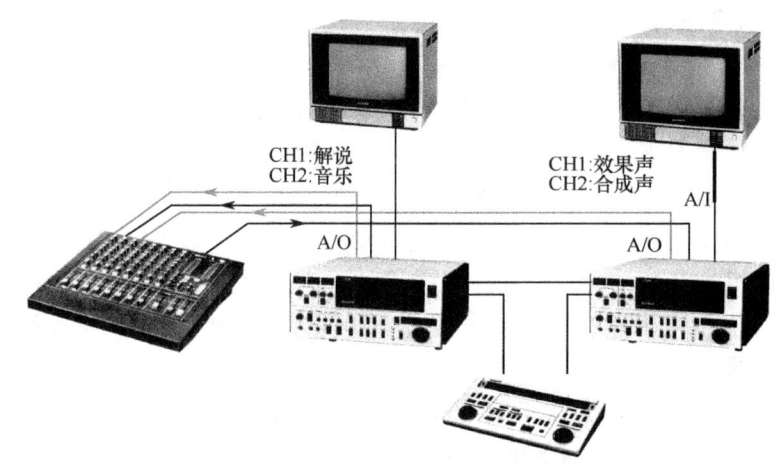

图 10-2-6　一对一编辑配音合成系统

⑥ 声音合成。按下自动编辑钮进行插入编辑合成声音。在此期间，解说的电位器位置一般在最大位置不动。同时操作调音台上的效果声和音乐，使之与解说相互配合。一般在有解说时，音乐稍小一些。

⑦ 如果出现操作失误，不必重新开始，可根据数据显示，就近找一画面作为入点，继续混录，直到全部结束。这个入点最好选择在音乐开始，或者是无效果声和音乐的解说词语气间隔期开始。

⑧ 将原版带 1 声道上的同期声、效果声消除。将 1 声道录音电平置于 0，用插入编辑方法，消除节目带上 1 声道的声音。

（2）A/B 卷后期编辑合成系统。在 A/B 卷后期编辑合成系统中，调音台的主要作用是将从两台编辑放像机输出的声音信号混合后送给录像机，并由录像机将其记录在磁带的相应声道上。图 10-2-7 所示的是一个典型的 A/B 卷后期编辑合成系统（以 SONY 公司产品为例），将编辑放像机 HDW-M2100 的音频输出信号接至调音台 DMX-R100，再将调音台的音频输出接到编辑录像机 HDW-M2100 上。工作时，调音台对两台编辑放像机送来的声音信号进行编辑合成，然后送给编辑录像机记录。

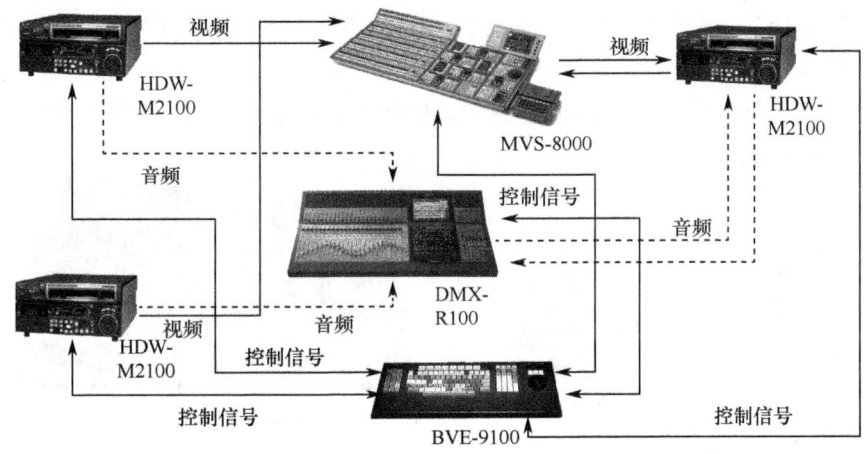

图 10-2-7　A/B 卷后期编辑合成系统

10.3　数字音频采集与处理

随着多媒体技术的迅速发展，数字视音频技术的不断成熟，诸多功能强大的视频及音频编辑软件的广泛应用，更因为数字信号较模拟信号在质量、存储、传输、处理等方面存在的优势，使得基于数字音频技术的音频采集与处理在电视音响制作领域中渐成主流，而作为数字音频采集与处理平台的数字音频工作站，由于其功能强大、操作便捷的优势也逐渐成为人们进行电视音响制作的新宠。

10.3.1　数字音频工作站的分类及特点

1. 数字音频工作站的分类

数字音频工作站（Digital Audio Workstation，DAW），是将各种声音信号以数字信号的形式存储在硬盘上，并对其进行编辑、特技处理及合成等操作的音频信号处理系统。可以说，它是一个集非线性编辑、录音、调音、混音、效果添加等多种功能于一体的音频系统，它的广泛使用给电视音响制作带来了一场革命。

根据数字音频工作站系统构成的不同，可分为基于专门音频处理系统的专业音频工作站和基于多媒体计算机的音频工作站两类。前者属于音频处理专用设备，设备的控制仍采用传统模拟设备的推子和旋钮，而且一般还可以通过触摸屏和专门的控制器实现各种功能的控制，以使习惯了模拟设备操作的使用者操作更加便捷。这类数字音频工作站功能强大，在专业应用中备受青睐，但价格一般也比较高。代表性的产品有 YAMAHA AW16G、AKAI DPS24 MKII 等，如图 10-3-1 所示。后者主要由三部分构成，即计算机、音频处理接口卡和功能软件。其操作主要通过键盘和鼠标来实现，没有专门的按键、推子。早期的该类工作站大都采用专门的计算机，或者采用具有优秀多媒体处理能力的苹果计算机。近年来，由于 PC 的广泛应用和优良的性价比，使大多数音频工作站建立在 PC 和 Windows 平台上。对于这类音频工作站，音频卡的特性决定了音频工作站的各项技术指标，而功能软件则是整个系统的灵魂，如图 10-3-2 所示。

从功能看，专业音频工作站功能更强大、更稳定，操作更便捷；从兼容性和性价比看，计算机音频工作站则更有优势。

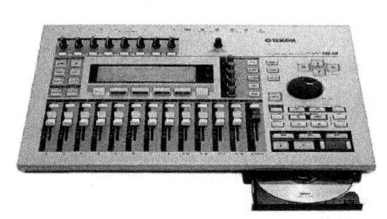

(a) YAMAHA AW16G　　　　　　(b) AKAI DPS24 MKII

图 10-3-1　专业音频工作站

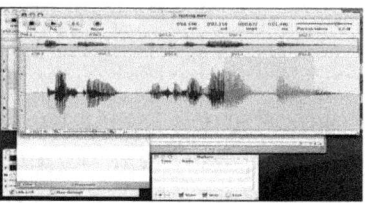

图 10-3-2　基于多媒体计算机的音频工作站

2．数字音频工作站的特点

（1）具备非线性编辑特性，编辑操作灵活方便。传统的磁带录音方式是按时间顺序将音频信号记录在磁带上的，编辑时寻找素材也要按线性的顺序进行，不仅寻找编辑点困难，而且反复搜索易磨损磁带和磁头。使用硬盘数字音频工作站可以跳跃式地立即找到所需素材，编辑时，不再是复制找到的素材，而只是调动声音素材的运行顺序，这样不仅使编辑、修改极其方便，而且保证了节目质量。

（2）集多种功能于一体。数字音频工作站实际上就是以微型计算机为基础的具有非线性编辑功能的数字音频处理系统。它集配音、编辑、录音、调音和混合等多种功能于一体，减少了电视音频制作系统设备的数量，降低了系统连接和操作的复杂性，提高了系统的稳定性。

（3）音频特技处理质量高。数字音频工作站可以在数字状态下对音频信号进行均衡、限幅、压缩、扩展、混响、变调、变速等特技处理。数字信号处理最大限度地减小了干扰和失真,确保了音频信号的质量。

3. 数字音频工作站在电视音响制作中的应用

(1) 数字音频的采集。在音响制作前期,数字音频工作站可以直接将话筒输出的模拟音频信号转换成为数字信号并存储在硬盘上;在后期制作中,它可以将其他记录媒质上的音频素材采集到硬盘上,为后期编辑做好准备,这个过程也可以称为录音。数字音频工作站用于多轨录音比传统多轨磁带录音机和录像机更直观、有效。

(2) 放音。数字音频工作站为前期录音、后期编辑制作提供了多种放音形式,包括所有轨同时输出、变速或变调放音、哑音和独奏方式等,在放音菜单模式下,可按编排的顺序放音、重复放音、区间放音等。

(3) 编辑。基于数字音频工作站的编辑具有直观、精度高、功能强、无损坏、操作灵活方便等特点,主要体现在以下几个方面。

剪辑各类节目时,传统方式主要靠听觉来决定剪辑点,精度差、成功率低、信号衰减大。而数字音频工作站在监听的同时,基于波形进行编辑,精确度高,且无损节目质量。

利用音频工作站可以方便地对所录制信号进行降噪处理,使节目信号信噪比提高。有时要把节目中部分内容用其他内容替代,如果两者长度不一致,可利用变速不变调功能,使修改后的节目长度保持不变。

数字音频工作站可对单轨和多轨上的音频片段单独处理,每一片段都可赋有均衡、声像、辅助输出等设定,这些设定都附着在片段上,并能随时关掉设定恢复原信号。而且任何声轨上都可以使用数量不限的不同设定。通过实时交叉淡变,使两个完全不同的片段连接后产生平滑过渡和特技效果。

(4) 混音。数字音频工作站内部设计了数字调音台、数字效果器、数字均衡器和压限器等多种音频处理设备,界面风格与传统设备相似,可让操作者在习惯的环境下完成自动混音。

10.3.2 典型专业音频工作站介绍——YAMAHA AW16G

1. 性能特点

YAMAHA AW16G 专业音频工作站的 8 轨可以同时用 16 b 录音,没有压缩。每一轨有 8 条虚拟轨,内置 20 GB IDE 硬盘,录音数据兼容 AW4416 和 AW2816,并可以 WAV 格式将 16 条轨道一同输出到内置 CD-RW。AW16G 具有 36 通道数字调音台功能,带有 8 个 24 bMIC/LINE 输入(XLR 端口具有+48 V 幻象电源,高阻乐器输入)、2 条效果总线、2 个辅助发送加立体声、4 通道效果返回、4 段参数均衡、动态处理等;8 通道快速循环采样器专门用于录节奏或乐句循环;240×64 背光 LCD 显示,MIDI 遥控功能。

2. 结构布局

YAMAHA AW16G 结构布局如图 10-3-3 所示。

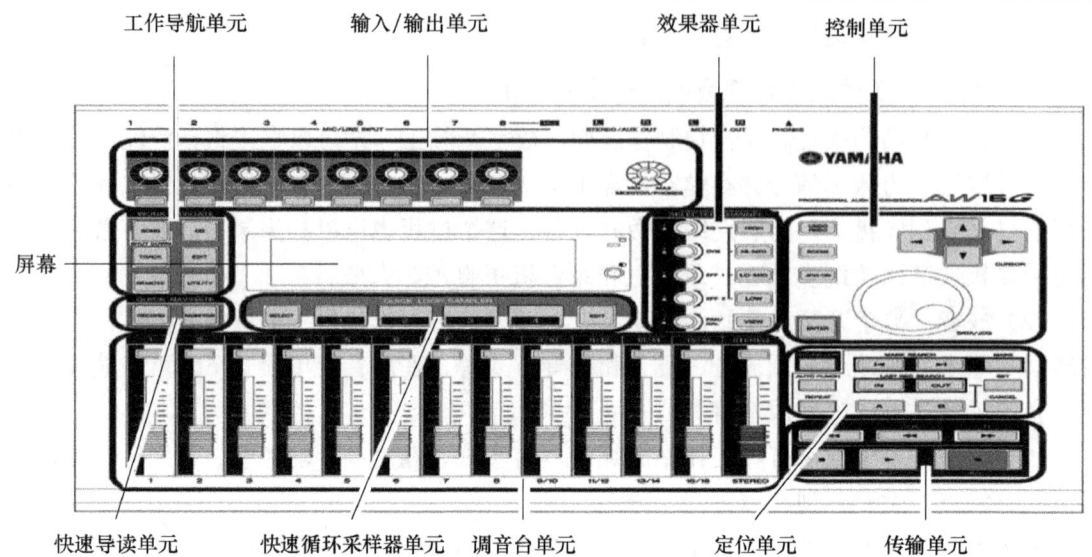

图10-3-3 YAMAHA AW16G结构布局

1) 输入/输出单元（图10-3-4）

① 增益旋钮，调整输入口（MIC/LINE）1~8中输入信号的灵敏度。

② 输入选择按键，用于选择被控制的调音台输入通道。

③ 监听音量旋钮，调整从 MONITOR OUT 和 PHONE 口中输出的信号电平。

图 10-3-4　输入/输出单元

2) 工作导航单元（图10-3-5）

该单元是音频工作站主要功能按键的分布区域。

① 乐曲键，负责调出 SONG 屏幕，存储或装入乐曲等操作。

② CD 键，调用 CD 屏幕，可写入或播放一个音频 CD，备份或恢复数据。

③ 音轨键，进入 TRACK 屏幕，可检查音轨包含的内容，打开虚拟音轨用来录音或放音。

④ 编辑键，调用 EDIT 屏幕，可进行音轨的复制、粘贴、移动等编辑操作。

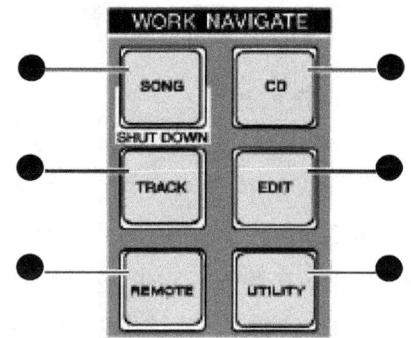

图 10-3-5　工作导航单元

⑤ 遥控键，调用 REMOTE 界面，进行外接 MIDI 设备或计算机上的音序合成器。

⑥ 工具键，调用 UTILITY 界面，进行 MIDI、振荡器数字输入设置，格式化硬盘操作。

3）快速导航单元（图 10-3-6）

①录音键，调用 RECORD 屏幕，进行录音模式的选择及参数设置。

②监听键，调用 MONITOR 屏幕，选择要监听的信号，打开/关闭立体声放音。

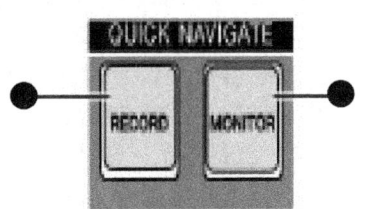

图 10-3-6　快速导航单元

4）屏幕

显示当前操作状态及不同参数，其对比度与亮度可调。

5）快速循环采样器单元（图 10-3-7）

该单元主要负责对乐曲节拍的录制、编辑等。

① 音垫选择键，与音垫键配合选择一个要操作的音垫。

② 音垫键，用于播放分配给该键的采样。

③ 采样编辑键，调用 SAMPLE 屏幕，执行快速循环采样。

图 10-3-7　快速循环采样器单元

6）调音台单元（图 10-3-8）

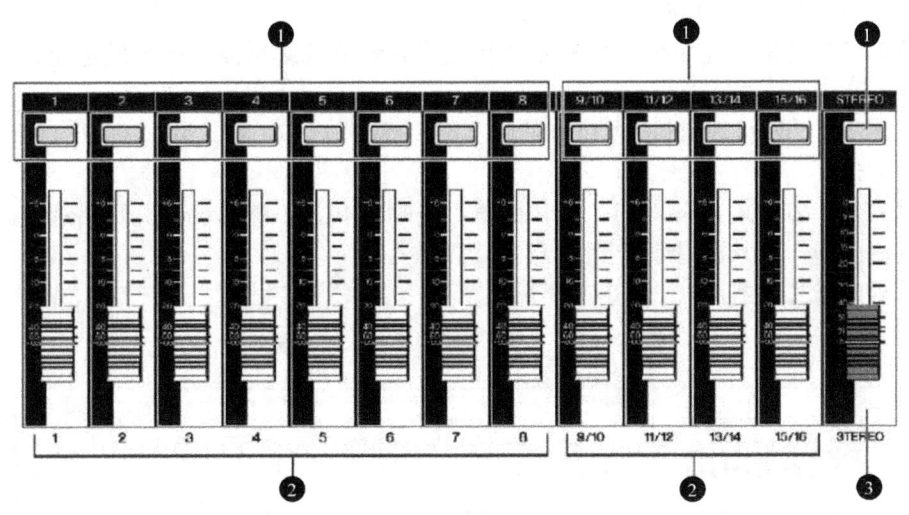

图 10-3-8　调音台单元

① 音轨选择键，用于选择调音台音轨通道或想要控制的录音轨。

② 推子，调整每个录音机音轨的播放电平，通过改变内部设备来控制输入通道及音垫的输入电平。

③立体声推子，调整立体声总线的输出电平。

7）效果器单元（图 10-3-9）

效果器单元负责对所选通道或轨道进行效果处理，包括均衡（EQ）、动态（DYN）、效果（EFF1）/（EFF2）、声像/平衡（PAN/BAL）、显示（VIEW）等按键。

8）控制单元（图 10-3-10）

控制单元主要对 AW16G 操作进行控制。

① UNDO/REDO（撤销/恢复）键，可取消录音结果或音轨编辑（不做），或者重新执行一个被取消的操作（重做）。

② 场景键，调用 SCENE（场景）屏幕，可以存储或重新调出场景记忆。

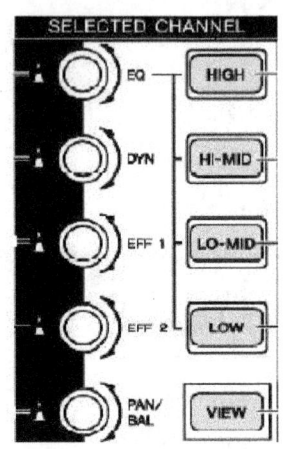

图 10-3-9　效果器单元

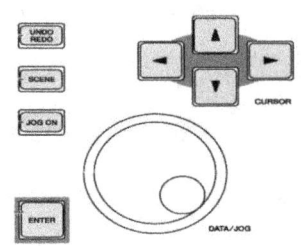

图 10-3-10　控制单元

9）定位单元和传输单元

定位单元和传输单元主要负责音轨的播放模式设置及编辑点或区域的选定，主要功能按键如下。

①RTZ 键，用此键可直接移到相对的"零"值。与 SET 键连用，可将当前位置注册为相对的零值。

②REC 键，在录音机停止时，按住此键，同时按 PLAY 键，录音机开始录音。如果在放音时按住此键，可从放音切换到录音（"跳出"）。

10）后面板主要布局（图 10-3-11）

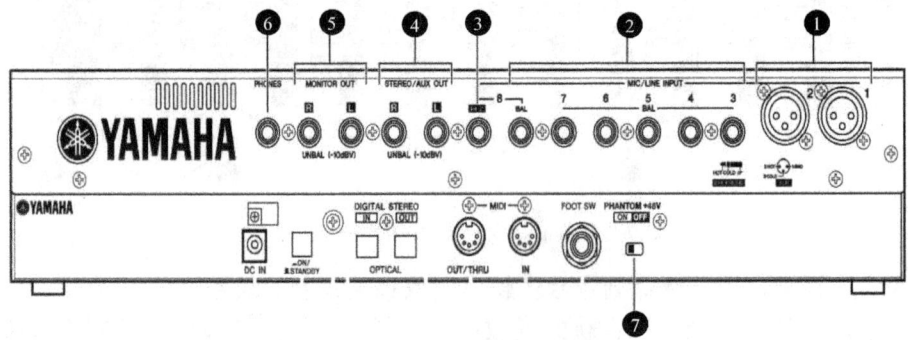

图 10-3-11　后面板主要布局

① MIC/LINE 输入口（XLR）1/2。带有平衡输出口的传声器、线路设备可直接连在这里。

② MIC/LINE 输入口（TRS）3~8，TRS 类型的 1/4″ 输入口（平衡）。带有平衡输出口的合成器、鼓机可连在这里。

③ MIC/LINE 输入口 8（HI-Z），高阻抗的 1/4″ TS 输入口（非平衡）。带有高输出阻抗的设备乐器，如电吉他或电贝司，可以连在这里。

④ STEREO/AUX 输出口，1/4″ TS 输出口（非平衡）。可输出立体声母线上或 AUX 母线 1/2 上的立体声信号。

⑤ MONITOR（监听）输出口。1/4″ TS 输出口（非平衡）。用来连接监听设备，如立体声系统或有源音箱。

⑥ 耳机口，1/4″ TRS 输出口。用来接入耳机进行监听。

⑦ 幻象+48 V 开关。为接在 MIC/LINE（XLR）口 1/2 上的电容式传声器提供幻象电源。

3．基本操作

1）设备连接典型实例（图 10-3-12）

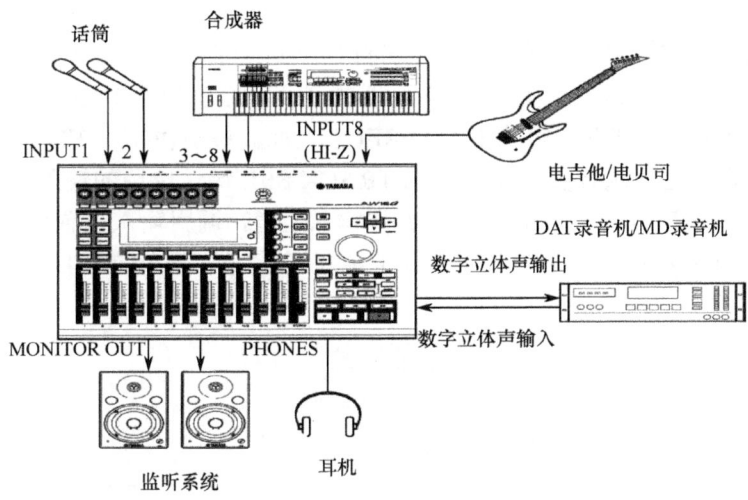

图 10-3-12　设备连接典型实例

当完成连接后，应以外接音频输入设备、AW16G、监听系统的顺序依次接通设备的电源。

2）乐曲的播放

（1）乐曲装入。在工作导航单元中，按 SONG 键，重复几次，进入 LIST 页面，如图 10-3-13 所示，旋转 DATA/JOG 旋钮，选择乐曲，将光标移到屏幕中 LOAD 上，按 Enter 键。

图 10-3-13　LIST 页面

（2）乐曲试听。重复按 VIEW 键，调用 METER 页面，如图 10-3-14 所示，其中显示了各通道输入电平及立体声输出通道输出电平。按 PLAY 键开始放音，每条轨道的电平会在 METER 页面中显示。要调整电平，可使用 MONITOR PHONES 旋钮及监听系统的音量控制。要停止乐曲，可按 STOP 键。

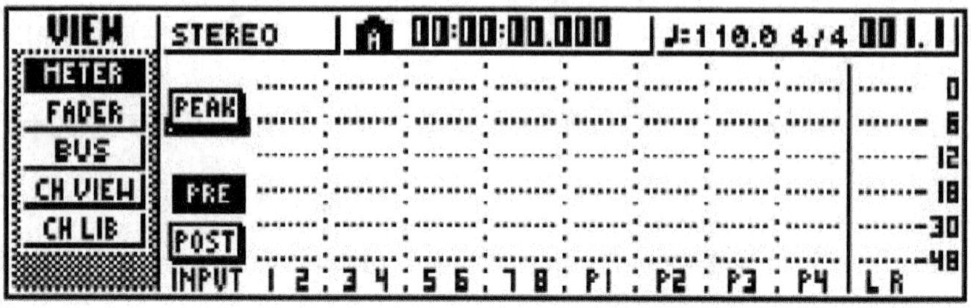

图 10-3-14　METER 页面

3）音轨录音

（1）直接录音。该模式下，输入信道会分配给一对一的音轨上，优点是在录音后可以自由调整音量、声像（立体声位置）、每个乐器的音调。原理如图 10-3-15 所示。

具体步骤：调用 RECORD 屏幕中的 DIRECT 页面。按 INPUT SEL 键，选择乐器/传声器要连接的输入通道。选择要录音音轨的 TRACK SEL 键，选用的输入通道及音轨会在内部连起来。按下 INPUT SEL 键，选择录音源输入通道，调用输入设置窗口。使用 GAIN 旋钮调整信号的输入电平，移动 STEREO 推子至 0 dB 位置。调整录音目标轨通道的推子，进行监听。

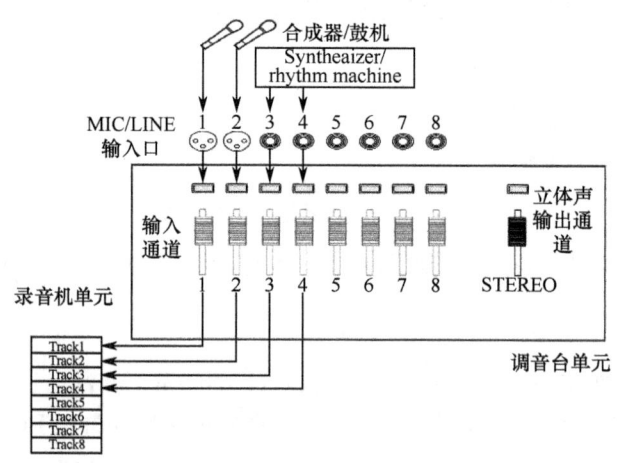

图 10-3-15　直接录音原理图

（2）总线录音。该模式下，可以把多个输入通道的混合信号发送给 L/R 总线，分配混合信号给一条或多条音轨。此方法需更少的音轨。在录音时需要调整好音量、声像、乐曲音调，这些在录音后将不能再做调整。原理如图 10-3-16 所示。

具体步骤：调用 RECORD 屏幕中的 MIXED 页面，按 INPUT SEL 键，选择乐器、传声器和其他录音源的输入通道。按下 TRACK SEL 键，选择录音目标轨（最多两条）。

注意，如果选择 1、3、5 或 7 音轨，信号会被连入总线 L；选择 2、4、6 或 8 音轨，信号会被连入总线 R。若选择 9/10、15/16，奇数音轨会汇入总线 L，偶数音轨会连入总线 R。按住 INPUT SEL 键，调用 INPUT SETTING 窗口，使用 GAIN 旋钮，调整信号的输入电平。提升 STEREO 推子至 0 dB 的位置。提升录音轨通道推子，以调整监听电平。使用 INPUT SEL 键，选一条信道，旋转选用信道单元的 PAN/BAL 旋钮，设置每条输入通道的相位。

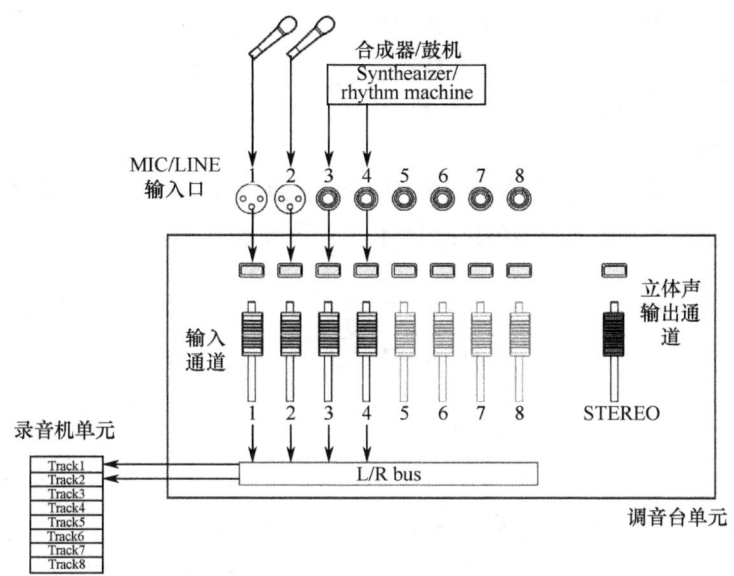

图 10-3-16　总线录音原理图

（3）输入库（音库）。输入库为一个设置库，用来对待录制信号进行预处理，添加内部效果、EQ 或动态设置给输入信号。这里介绍将库设置添加给一条输入通道。按 INPUT SEL 键，选择要使用输入库的输入通道，进入 INPUT SETTING 窗口，如图 10-3-17 所示。选择 LIBRARY 键，在跳出窗口中，可选择是否让内部 EFF1 和 EFF2 连入通道。选择 EFF1 或 EFF2，调用一个输入库。

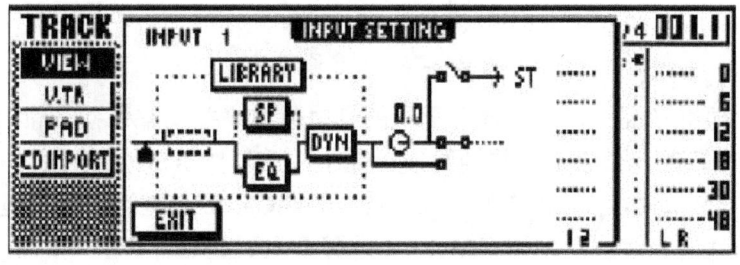

图 10-3-17　INPUT SETTING 窗口

（4）EQ 库（音库）。对 EQ 库，既可在录音时用它来添加 EQ 处理给一个输入通道，也可在调出输入库后，添加 EQ 处理。

具体步骤：按 INPUT SEL 键，选择要使用 EQ 库的输入通道，调出 INPUT SETTING 窗口。移动光标至屏幕 EQ 上，按下 ENTER 键。转动 DATA/JOG 轮选择音库。若要调整

EQ 设置，可按选中通道区域中的 HIGH 键、HI-MID 键、LO-MID 键或 LOW 键。选择波段，转动 EQ 钮，调整提/剪裁量。

（5）动态库（音库）。动态库中包含多种动态效果设置，适用于多种乐器。使用动态库既可以在录音时添加动态处理给输入通道，也可在召回一个输入库后，修改动态设置。

具体步骤：按 INPUT SEL 键，选择要使用动态库的输入通道，调出 INPUT SETTING 窗口。

移动光标至屏幕中 DYN 上，按下 ENTER 键。转动 DATA/JOG 钮选择音库。若想调整动态设置，可转动选中通道区域中的 DYN 钮。在调出音库后立刻转动 DYN 钮可同时调整多重动态参数，控制动态范围。

（6）混音及并轨。

① "混音"：是指将录制在录音轨上的信号混录成立体声，录制在内部立体声音轨上，完成乐曲合成的过程。原理如图 10-3-18 所示。具体操作如下。

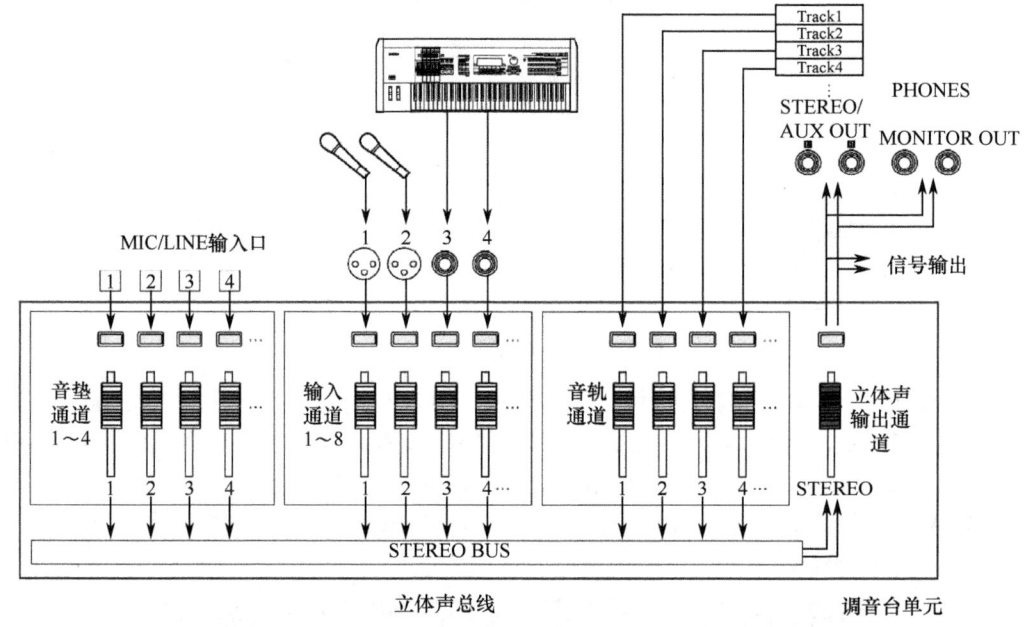

图 10-3-18　混音原理图

录音准备。要准备混音，先选择要混录的音轨通道，并调整每条音轨的平衡与音调。下推 STEREO 推子至-∞位置。在快速导航单元中，反复按 RECORD 键，调出 RECORD 屏幕的 MIXDOWN 页面，使用 INPUT SEL 键、TRACK SEL 键选择要通过立体声总线录入立体声音轨的通道和音轨，使用音垫 1～4 选择要发送到立体声总线的音垫 1～4。若使用主控库，选择 LIBRARY 键，会显示 MASTERING LIBRARY 窗口，选择想用的音库数据，然后选择 RECALL 键；若需调整每条发送通道的声像，反复按下选中通道单元的 PAN/BAL 旋钮，调用 PAN 页面，调整声像设置。提升 STEREO 推子至 0 dB 位置，播放乐曲时，应提升音轨通道推子至相应电平。如果需要，调整每条通道和音轨的 EQ 和动态值。通过发送/返送口使用内部效果（EFF1 或 EFF2）。

录制立体声。在立体声音轨上录制最后的混音。在快速导航单元中，反复按 RECORD 键调用 MIXDOWN 页面。激活 REC 键，使立体声处于录音预备状态。按 RTZ 键转到乐曲头，按住 REC 键并按下 PLAY 键。乐曲开始放音，播放会在立体声音轨录制。

回放。达到乐曲末尾时，可选择 SAFE 键取消录音预备状态。要播放立体声音轨，可重复按下快速导航单元的 MONITOR 键，调出 MONITOR 屏幕的 ST.TRACK 页面。按下 ST.TRACK 键，可以从 STEREO/AUX OUT 或 MONITOR OUT 口中监听，按 RTZ 键，返回乐曲前段，并按下 PLAY 键，立体声音轨会播放。使用 STEREO 推子调整监听电平。

并轨录音：将多重音轨通过 L/R 总线组合到一条或两条音轨上。其原理如图 10-3-19 所示。

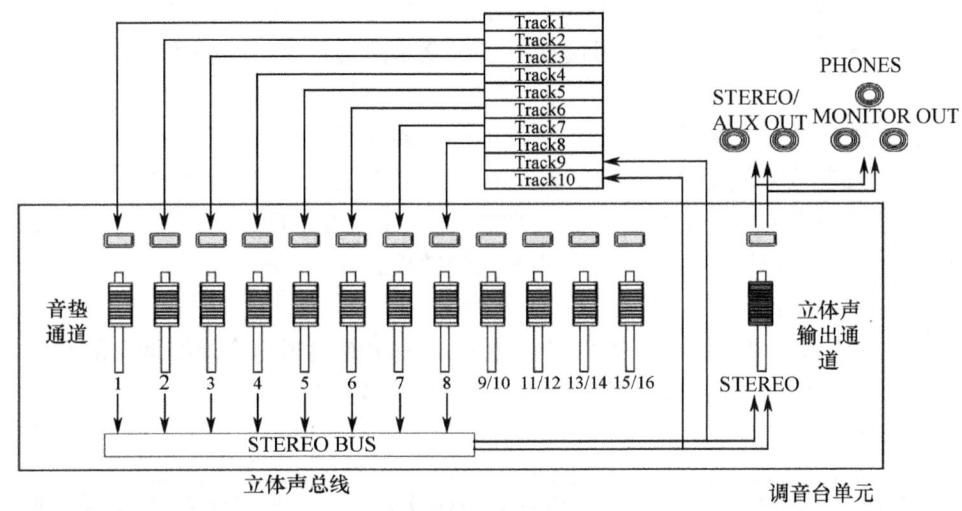

图 10-3-19 并轨录音原理图

具体步骤：下推 STEREO 键至-∞位置。在快速导航单元，反复按 RECORD 键，调出 RECORD 屏幕的并轨录音页面，在上 TRACK 区，选择并轨录音源音轨，使用 TRACK SEL 键，选择并轨录音目的轨。提升 STEREO 推子及并轨录音目的轨推子至 0 dB 位置。在播放乐曲时，提升并轨录音源音轨的推子至一个相应的电平值。按要求调整每条通道的声像、EQ 及动态设置。

（7）音轨编辑。

①AW16G 提供的编辑命令如下：

抹去：抹去规定区域中的数据。

删除：删除指定区域中的数据，被删除区域后的数据会根据相应的距离向前移动。

插入：在指定区域中插入空白空间。

复制：从指定区域中复制数据至想使用音轨的位置。

移动：从指定区域中移动数据至想用音轨的指定位置上，移动源数据会被抹去。

交换：在指定音轨中交换数据。

时间压缩/扩展：调整音轨指定区域的长度，而不影响音高。

音高改变：调整音轨的指定区域的音高，而不影响长度。
输出：将一条音轨的指定区域输出为一个 WAV 文件。

② 主要功能如下：

抹去不想用的区域：使用 ERASE 命令，抹去指定音轨的指定区域。例如，用它可以方便地抹去演奏中的错误音符，或者删除在乐器不放音时产生的噪声。

改变音轨结构：使用 EXCHANGE 命令，将整个一条音轨与另一条音轨交换。使用此命令可以让音轨号相差很远的音轨变得非常近，便于在混音时操作。使用复制或移动命令，将一条音轨的指定区域复制到不同的音轨中，此功能在录制两条或多条虚拟音轨间的一个独奏声部时非常方便，可将最好的部分组合进一条音轨中。

改变乐曲的结构：使用删除或复制命令可删除或复制整条音轨，改变乐曲本身的结构。即使在录制了乐曲所有声部后，也可用此方法调整乐曲的长度，如缩短小节数或增加合唱的数目。

制作特定的效果：使用编辑命令，制作出特殊的效果。例如，可以复制一个吉他声或人声进入另一条音轨并使用 PITCH CHANGE 命令可来微调这些音轨中的一条，制作出合唱效果而无须使用内部效果处理器。通过添加 PITCH CHANGE（音高变更）命令给一条音轨，降低其音高，可以制作出一种独特的低频效果。

③ 具体操作如下：

在工作导航单元，反复按下 EDIT 键，选择要使用的编辑命令及要编辑的音轨，并规定编辑区域。执行此命令时移动光标至 EXEC 上，并按下 ENTER 键，执行命令。编辑窗口如图 10-3-20 所示。

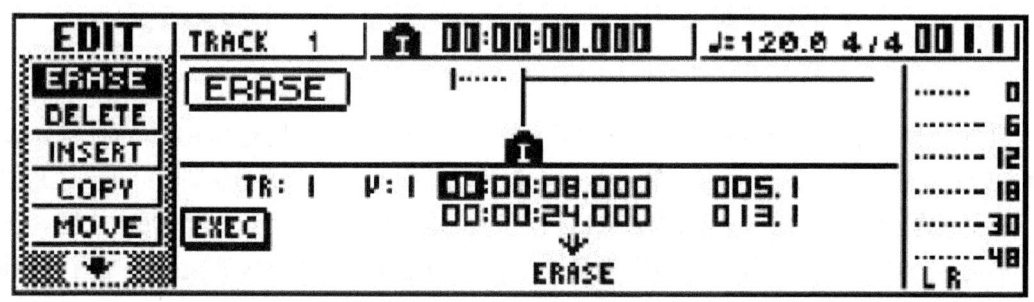

图 10-3-20　编辑窗口

10.3.3　常用音频编辑软件介绍——Adobe Auditon

现在的音频处理软件很多，几乎所有采用多媒体非线性技术的软件都有音频处理功能，其中比较典型的有 GoldWave、Sound forge、Adobe Audition、cakewalk 等。

Adobe Audition 的前身是音频处理软件 Cool Edit，最初，Cool Edit 就因其"易用""上手快"等特点深受广大音乐爱好者的喜爱。与 Cool Edit 相比，Audition 拥有更强的功能、更好的稳定性。Adobe Audition 提供了高级混音、编辑、控制和特效处理能力，是一个专业级的音频工具。下面就以 Adobe Audition 2.0 版本介绍其主要功能及使用。

1. 操作界面介绍（图 10-3-21）

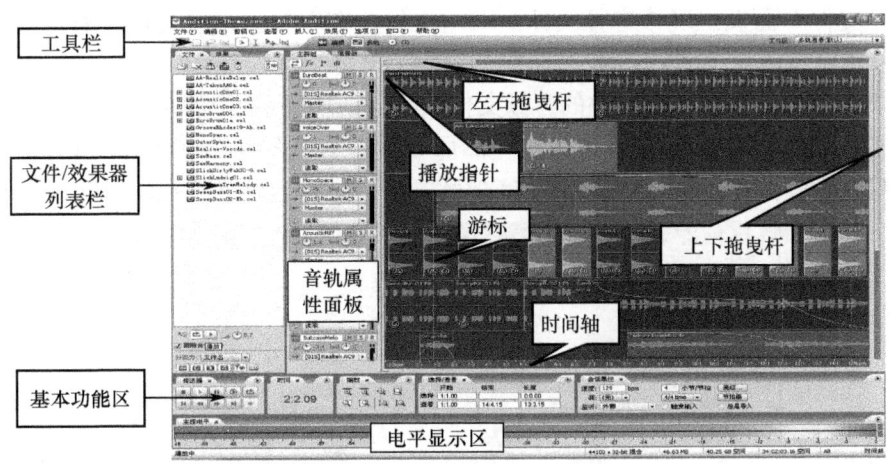

图 10-3-21　Adobe Audition 2.0 操作界面

在 Adobe Audition2.0 中，有三种操作模（又称为编辑视图）：编辑模式（单轨模式）、多轨模式、CD 模式，如图 10-3-22 所示。三种操作模式分别对应不同的功能。单击工具栏右方相应的

图 10-3-22　操作模式

按钮或工作区下拉菜单，可实现模式间的切换。其中编辑模式在音频处理中使用最多。下面主要以编辑模式为例，对 Audition 的主要操作进行简单介绍。

2. 音频获取

（1）直接从音频文件导入

打开 Adobe Audition，单击工具栏中的"编辑"按钮，在编辑模式中打开音频文件可以采用以下两种方法。

①选择"文件"→"打开"命令，弹出"打开"对话框，如图 10-3-23 所示，选择要打开的音频文件，右侧显示该文件信息和"播放"按钮。打开后在编辑区直接出现文件波形。

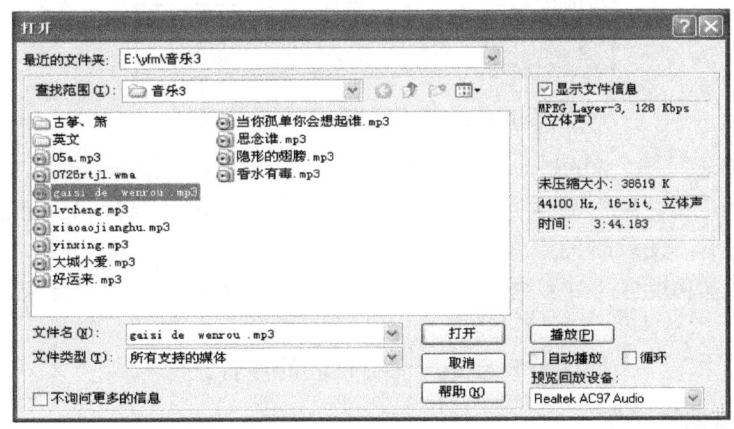

图 10-3-23　"打开"对话框

②利用"文件"面板中的"导入文件"命令,选择要导入的音频文件。音频文件被导入后,在"文件"面板出现该音频文件,双击文件,在编辑区出现文件波形。

(2)从 CD 或视频文件中提取

选择"文件"→"打开视频中的音频文件",可以打开视频中的声音以便编辑;要打开 CD 中的音频文件,先将 CD 放入光驱中,然后选择"文件"→"提取 CD 音频"命令,打开"提取 CD 音频"对话框,如图 10-3-24 所示,在对话框中选择轨道或时间,提取音频。

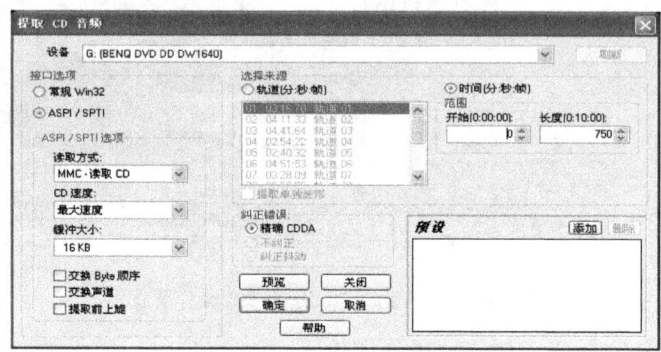

图 10-3-24 "提取 CD 音频"对话框

(3)录制声音文件

录制声音文件的步骤如下:

①选择"文件"→"新建"命令,在打开的"新建波形"对话框中选择采样率、通道、分辨率,然后单击"确定"按钮,如图 10-3-25 所示。

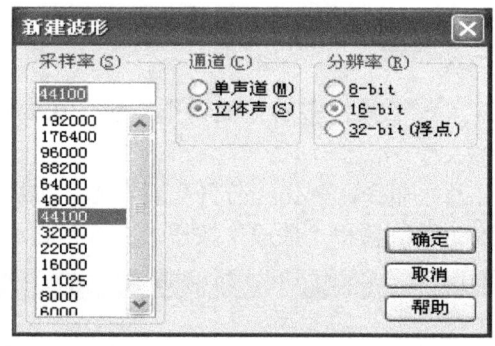

图 10-3-25 "新建波形"对话框

②选择"选项"→"Windows 录音控制台"命令,打开"录音控制"对话框,如果用麦克风录音选择"麦克风"命运,如果录制正在播放中的声音选择"Stereo Mix"命令。然后调整音量大小,使录制的声音大小适当。

③单击"基本功能区"中红色的"录音"按钮,开始录音,录音结束,单击"停止"按钮。

④选择"文件"→"另存为"命令,保存录制的声音。

3. 波形基本编辑操作

(1)选择波形:在编辑窗口,用鼠标左键将需要编辑的部分选中,选择的声音片段以高亮度显示。用鼠标拖动声音片段始末位置线端点处的"黄色三角形"浮标，可更改选区，或者在如图 10-3-26 所示的"选择/查看"对话框中精确设置选择波形的开始和结束时间。

（2）选择左/右声道：当鼠标移到左声道波形的上方时，鼠标右下角出现"L"字母，这时，单击鼠标，选择左声道。当鼠标移到右声道波形的上方时，鼠标右下角出现"R"字母，这时，单击鼠标，选择右声道。

图 10-3-26　"选择/查看"对话框

（3）剪切、复制、删除、修剪：Audition 音频编辑与 Windows 其他应用软件一样，其操作中也大量使用"剪切""复制""粘贴""删除"等基础操作命令。除了使用"编辑"菜单下的命令选项外，这些操作的快捷键也和其他 Windows 应用软件差不多。如果要进行一段声音片段的剪切，首先要对剪切的部分进行选择，然后按 Ctrl+X 组合键，这段高亮度的选择部分就消失了，只剩下其他未被选择的阴影部分。同理，用 Ctrl+C 组合键进行复制、用"Delete"键进行删除。

（4）粘贴、混音：用鼠标选择需要粘贴波形的位置，使用"编辑"→"粘贴"命令或 Ctrl+V 组合键，刚才剪切复制的波形段就会被粘贴到所选择的游标位置。除普通的"粘贴"命令外，Audition 的"编辑"菜单或工具栏还有"粘贴到新建""混合粘贴"命令。"粘贴到新建"是把剪贴板上的波形粘贴并形成一个新的音频文件；选择"混合粘贴"命令后，弹出"混合粘贴"对话框。"插入"命令是从选择点开始插入剪贴板上的波形；"重叠"命令是把剪贴板上的波形与由插入点开始的相同长度原有的波形混合；"替换"是用剪贴板上的波形替换由插入点开始的相同长度原有的波形。

（5）生成静音区：在指定的位置插入一定时间的空白区域也是音频编辑中常用的一项处理方法，选择"生成"菜单下的"静音区"命令，在弹出的对话框中输入插入的时间，然后单击"确定"按钮，就可以在指针停留的地方插入空白区域。

4．效果处理

Audition 具有强大的效果处理功能，简单的效果处理有：倒转处理、重新排列、反转处理、静音处理。还有音量的放大、淡入淡出处理及降噪、均衡、混响、回声、伸展、变调等高级效果处理。下面主要对均衡等高级效果处理进行简要介绍。

1）均衡效果

均衡处理是指对声音内的不同频率成分做不同的音量增减处理，相当于滤波器，被滤波的声音在音色上将发生明显变化。

选中需要处理的音频波形，执行"效果"→"滤波器"→"图形均衡器"命令，弹出如图 10-3-27 所示的"图形均衡器"对话框。

"图形均衡器"对话框中部分项意义如下。

（1）选择频段数：这里共有 3 种模式，分别为"10 频带""20 频带"和"30 频带"，分别对应 10 段、20 段、30 段的图形均衡器。

（2）频率刻度标尺：这里显示出每一个频点的数值，单位为 Hz。

（3）频段增益推子：通过拖动该推子可实现对当前频率段的增益或衰减。推子越靠顶部代表增益越大；推子越靠底部，代表衰减越大。

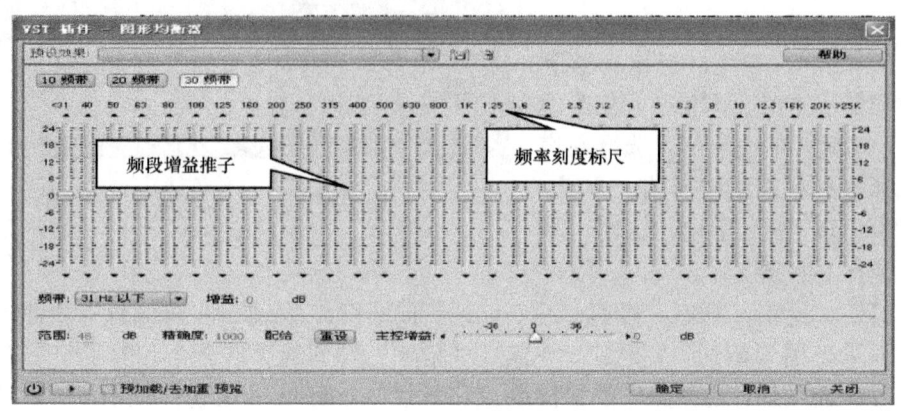

图 10-3-27 "图形均衡器"对话框

（4）"重设"按钮：单击该按钮，将所有频段增益推子置于 0 dB 增益位置处，此时所有推子构成一条水平直线，代表不对当前音频做均衡处理。

（5）"精确度"输入框：输入的数值决定着音频处理操作的准确度。准确度越高，需求的处理时间越长。

（6）"范围"输入框：输入的数值决定着可进行声压级增益或衰减的范围。

（7）主控增益：它是均衡器所附带的一项附加功能，使用它可以对经过均衡器处理后的音频总体音量进行提升或衰减。

2）混响效果

声波经过建筑墙壁、天顶等的多次漫反射后形成的一系列音场效果称为混响。混响效果器是为录制的"干声"添加音场感的，以使之饱满动听。

选中需要处理的音频波形，执行"效果"→"延迟效果"→"混响"命令，打开如图 10-3-28 所示的"混响"对话框。"混响"对话框的部分项意义如下。

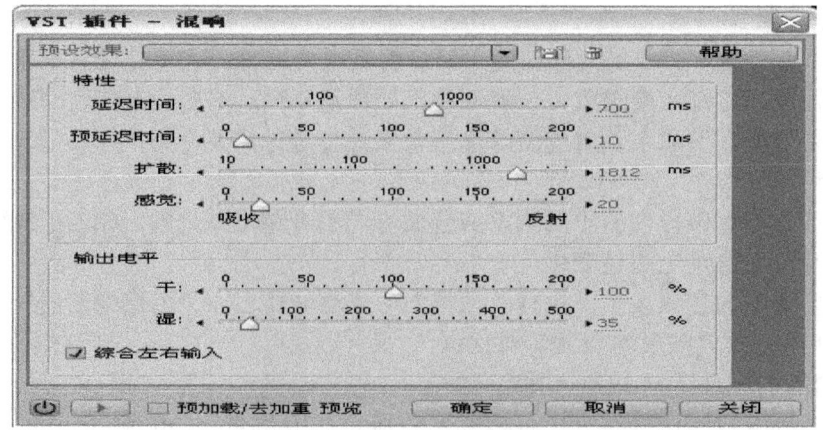

图 10-3-28 "混响"对话框

(1) 延迟时间：该参数值决定着混响声从产生到衰落至 60 dB 以下所需要的时间。该参数值越大，所对应的混响空间越大，声音越悠远。

(2) 预延迟时间：该参数值指直达声到达人耳及早期反射声到达人耳之间的时间间隔值。过大的预延迟时间值可以造成回声效果。

(3) 扩散：该参数值是决定着混响声的扩散情况。越大的扩散值听起来越自然，回声的效果越不明显。但过大的扩散值可能会带来一些异音、怪音。

(4) 感觉：该参数值决定着空间声场声音的反射情况。该值越小代表空间声场吸收声音的能力越强，该值越大代表空间声场反射声音的能力越强。

(5) 干：该参数控制着未经过混响处理的干声的量，干声越多，混响的感觉越弱。

(6) 湿：该参数控制着经过混响处理的湿声的量，越多的湿声使得混响的感觉越强。

3）回声效果

选中需要处理的音频波形，执行"效果"→"延迟效果"→"回声"命令，弹出如图 10-3-29 所示的"回声"对话框。"回声"对话框中部分项意义如下。

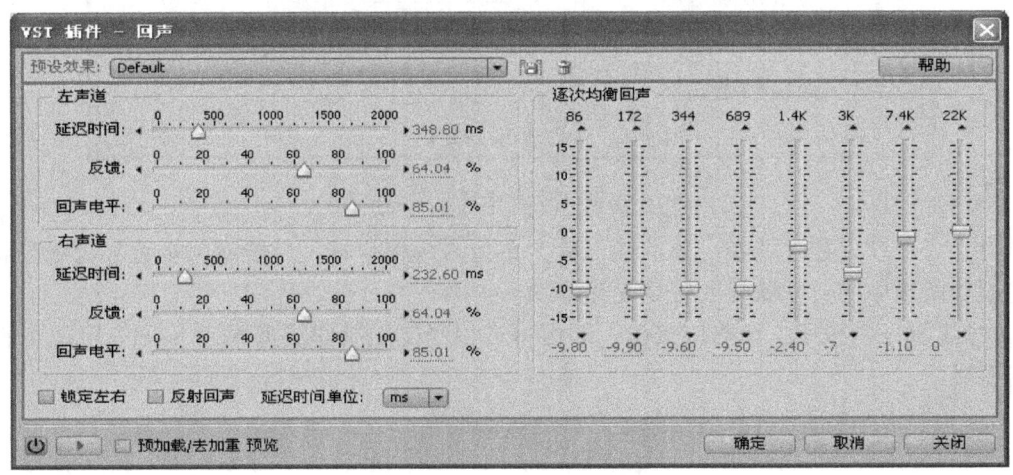

图 10-3-29　"回声"对话框

(1) 延迟时间：该参数决定着延迟声产生的时间。

(2) 反馈：该参数决定着延迟声量。数值越大延迟声越大，过大的反馈量可能会使音乐混浊不清。

(3) 回声电平：该参数决定着处理后的回声量。数值越大回声越大，回声感越强；相对反馈，回声电平产生影响要小一些。同一数值的反馈产生的混浊感将比同一数值的回声电平大。

(4) "反射回声"复选项：选中此选项后，回声将在左右声道之间互相反弹，使回声量更大。

(5) 逐次均衡回声：类似图形均衡器，故在此不再赘述。

4）变调处理

利用变调的方法，可以纠正唱高或唱低的音，在 Audition 2.0 中有多种进行变调的工具，如多普勒效应变调器、音高变调器、音高移位器、音高纠正变调器等。这里仅对使用较多的音高变调器进行讲解，相信大家在掌握了它的使用方法之后也能够轻松使用其他变调器。

选中需要处理的音频波形，执行"效果"→"时间"→"音调"→"音调弯曲"命令，弹出如图 10-3-30 所示的"音调弯曲"对话框。"音调弯曲"对话框中部分项的意义如下。

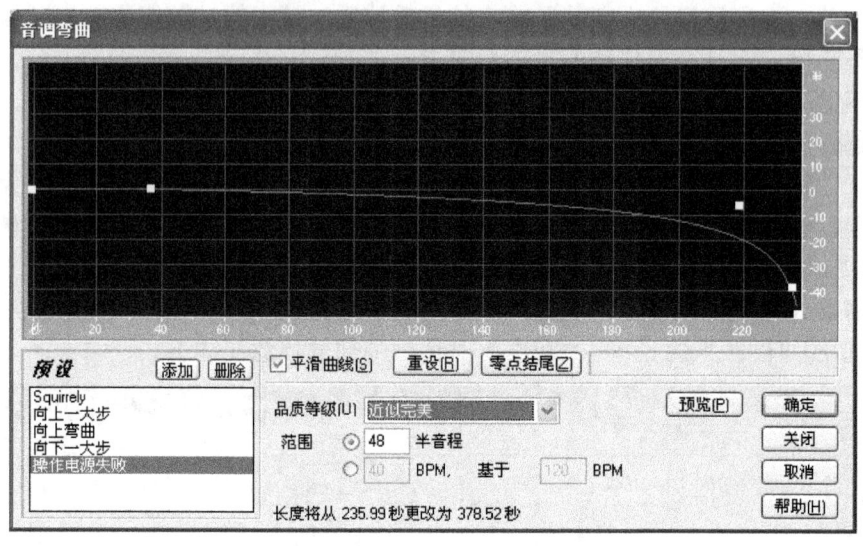

图 10-3-30 "音调弯曲"对话框

（1）音调变化控制曲线：该曲线以秒为单位作为横坐标，以半音为单位作为纵坐标。它控制着所选中的音乐剪辑的音高变化情况。

（2）【重设】按钮：单击该按钮，即可将音调变化控制曲线重置为一条位于 0 半音高度的直线。

（3）【零点结尾】按钮：将终点置于 0 半音高度。

（4）"品质等级"输入框：该输入框的下拉列表中包含 6 个选项：低、好、很好、非常好、近似完美和完美，分别对应差、好、非常好、极佳、近乎完美和完美的处理质量。越高的处理质量对应所需要的处理时间越长。

（5）"范围"单选输入项：该参数决定着音调变化控制曲线的纵坐标的刻度范围。

思考与练习

1. 简述传声器的分类及主要技术指标。
2. 简述调音台的结构组成及各部分的主要功能。
3. 常用的录音设备有哪些？
4. 列举常见的音频处理设备及各自的主要功能。
5. 在拾音过程中，传声器选用的注意事项有哪些？
6. 简述录音过程中电平监控的主要方法及基本步骤。
7. 简述电视音响的组成及其与电视画面的组合关系。

8. 简述电视音响合成系统的分类。
9. 简述数字音频工作站的分类及特点。

实 验 训 练

1．节目录音。分别根据 ENG 同期录音系统与 EFP 同期录音系统原理图，正确地选用并连接所需设备，录制一个不少于 3 分钟的节目片段（语言或音乐）。要求：
（1）设备选用科学合理；
（2）系统连接正确，操作规范；
（3）录音电平控制严格符合国家规定标准；
（4）能有效地利用调音台及其周边设备对所录音频信号进行处理。
2．音响合成。利用一对一编辑配音合成系统进行电视音响的合成。
3．数字音频采集与处理。分别运用 YAMAHA AW16G 及基于 Audition 的数字音频工作站进行电视音响的录制、合成、编辑及效果处理。

第 11 章　电视字幕与图文包装

本章学习目标
- 了解字幕机的发展历史及分类
- 了解字幕机的硬件构成及工作原理
- 掌握字幕机与其他相关设备的连接及操作方法
- 掌握字幕机软件系统的主要功能
- 掌握电视字幕的设计与应用
- 掌握电视图文包装的技术特点

电视节目除了视音频以外，还需要在视频画面上叠加文字和图形来进一步诠释节目内容，丰富电视画面，这种文字和图形被称为字幕（Title/Subtitle/Caption）。在现代电视节目制作中，字幕的应用类型由传统的图文标版字幕向更加多样化、智能化的图文包装字幕发展。

11.1　字幕机的发展

11.1.1　发展历程

我国是世界上较早研制并采用字幕机进行字幕制作的国家之一。1984 年 4 月，中央电视台和杭州自动化所联合研制开发了我国第一台黑白字幕机 CTV-1，揭开了我国字幕机研制和使用的历史。

第一代：点阵字幕机（1984—1990 年）

最具代表性的是日本 SONY 公司生产的 SMC-70GP 点阵字幕机（图 11-1-1），采用 Z-80 的 CPU，图形卡、视频同步处理系统和图文创作软件由 SONY 公司开发，汉字库和部分软件由北京邮电学院协助研制。同屏可显示 4 种颜色，视频输出质量和稳定性较好。

图 11-1-1　SONY SMC-70GP

第二代：矢量字幕机（1990—1993 年）

1990 年在中国举办的亚运会对字幕机的需求大大激发了国内有志于字幕机开发的厂商开拓字幕机市场的决心。这一时期，北京中科大洋图像技术公司与中央台合作率先研制出了 DY-4 型字幕机。随后，SONY 公司与中国科学院自动化所联合推出了 SMC-3000GP。这两种字幕机在亚运会电视转播中获得了成功，而大洋字幕机承接了 80%的转播工作，标志着国内字幕机首次向国外同类设备提出挑战。

这一代字幕机一般以 80286、80386 计算机系统和较好的图形卡（VGA）或图像板（CFG、Illuminator-16）为基础，普遍采用矢量字库，消除了点阵字库放大后特有的锯齿现象，使字符的显示更加美观。输入输出接口不仅有复合 PAL 信号和键信号接口，还有分量 RGB 和 Y、Pr、Pb 信号接口，以及 Y／C 接口。显示分辨率一般为 512×512 或 640×480，有的甚至可达 768×576，同屏可显示的颜色数为 16～32768 种。

第三代：数字字幕机（1993—1996 年）

这一代字幕机以 1993 年夏季深圳索贝科技有限公司推出的索贝 8000 型机（当时称为阳光 8000）为代表，它的一个重要特点是它甩掉了外置的 PAL 合成器（第一、二代字幕机都采用），并实现了字幕机内部信号处理的全部数字化。这一代字幕机以 80486 计算机为平台，图像板采用加拿大 Matrox 公司生产的 Illuminator-Pro 图像板（简称 Pro 板），内部信号采用数字分量 4∶2∶2 格式和 8 比特量化，备有两个 32 位帧存储器。外部信号通过模／数转换后经过数字处理，最后由数／模转换输出，使字幕机内部信号处理实现数字化，分辨率可达 768×576 满屏。

1994 年，新奥特公司在业界首先推出的基于 Windows 操作系统的 NC8000 型字幕机。NC8000 的图像板也是 Illuminator-Pro，但是由于它搭载了 Windows 操作系统，使得操作方式更加规范和便捷，并可以多任务同时操作，而且还配有先进的模板生成功能及动画制作功能。

第四代：高速多功能字幕机（曲线字幕机）（1997—1999 年）

1997 年，加拿大 Matrox 公司推出了基于 PCI 总线结构的非编套卡 DigiSuite，其中包括适合作为字幕机硬件的 32 位图像板 DigiMix，在业内引起极大轰动。DigiMix 内部已经达到 10 比特量化，还有两个图文层和五个数字特技发生器（DVE）。作为 Matrox 公司的 OEM 合作伙伴，国内的五家公司：大洋、新奥特、索贝、奥维迅（从索贝公司分离出来）、成都 CKD（后与索贝合并）几乎同时在该板卡上进行字幕机软件的开发。

新奥特公司推出的神笔 9000 是这一时期字幕机中比较成功的代表，它开创了所见即所得的字幕编辑方式，采用二次曲线字库（TrueType）代替矢量字库，使字符边缘更加平滑，且抗闪烁的能力也更强。

第五代：实时多层字幕机（1999 年至今）

1999 年，在北京 BIRTV 展览会上，奥维迅公司独树一帜，推出了基于 DigiSuite 套卡的称为"精彩绘图箱"的节目包装系统，令业内人士耳目一新，开创了字幕机向非编靠拢，与非编融为一体的新思路。

这一时期的字幕机逐渐摆脱了字幕逐条制作和按顺序播出的线性概念，使得创作和播出都能非常自由地进行。特别是给字幕加上了时码线方式，将非线性编辑的方式引入到字幕的编辑，并可使字幕的编辑精确到帧，大大丰富了字幕的编辑手段。随后，中科大洋公司推出的 X-CG 高级图文动画包装系统更是将这一思想发扬光大，创建了一个集各种字幕创作方式（特技、动画、包装等）于一身，并可与非编系统无缝连接的字幕创作平台。同时，北京新奥特视频有限公司也推出了自己的多层实时图文编播系统——神笔 A8 电视图文创作系统，该系统采用 Matrox 公司的 CG2000 图文字幕卡，在完善地继承了 NC8000 和神笔 9000 字幕机优点的同时，融入了许多令人眼花缭乱的崭新功能。

11.1.2 字幕机的分类

根据市场上各种字幕机的特点，可以做如下分类：

1．图文创作系统

负责进行一般节目的字幕制作。其功能包括各种字体的支持、可进行字符的渲染（加边、加影）、底拉、滚屏、划像、唱词和一般图形支持能力，如常用的图形绘制和图像处理等。唱词是电视字幕最常用的功能，所以唱词制作的方便程度、特技的丰富程度和显示效果可以作为常规型字幕机评价的主要参考。

2．特技图文创作系统

特技主要是指硬件支持的特技，即图像板所支持的特技。硬件特技有多种，且种类和方式多有不同，通常分为以下几种：

（1）二维特技。除了简单字幕机所具有的功能外，图像板还提供二维实时特技功能，字幕可以作整屏或窗口的平滑缩放、移动等特技。

（2）三维特技。在上述功能基础上增加三维特技功能，可以做二维平移推拉的字幕，还可以做卷页、水波纹、透视等三维特技。

（3）多层特技。有多个独立的图文层，可在显示画面上看到多个字幕在同时运动（划像、滚屏、二维三维特技等），可以相互交错而互不干扰。一般为两层，也有两层以上，但层数是有限的。

（4）无限层特技。只要计算机速度允许，可以有无限多层独立的图文层。这种称为无限再入式特技，可以使各字幕元素独立自由地运动，不受层数的限制，使画面动感十足。

（5）灵活三维特技。加拿大 Matrox 公司发明的称为 Flex3D 的特技技术。该技术将特技的设计和实现分开，图像板只负责特技的实现部分，而将特技的设计交由软件来完成。

3．专用图文创作系统

现场直播或准直播（直录）是在节目录制期间把字幕合成一次性完成，如新闻直播、体育直播、股市行情、文艺晚会和直播室访谈节目等，要求字幕机紧跟节目进程，及时播出有关字幕，既要准确又要快捷。一些常规的节目后期制作，虽然可以反复录制，但由于节目量大，时间要求紧，也希望一次性录制完成，这就要求字幕机硬件和软件必须稳定可靠，操作要简捷方便，像新闻直播、体育直播、天气预报、股市行情等必须有专门的操作界面以方便操作。

4．图文动画创作系统

动画创作有专门的创作软件，如 3DS Max、SoftImage、Maya 等。但是，这些大型的动画制作软件结构复杂，操作起来也比较麻烦，因此，很多国产字幕机都带有自己的适合于电视台一般动画需要的动画软件，具有动画制作软件和能够实时或准实时播出动画功能的字幕机可称为图文动画创作系统。

5. 节目包装系统

节目包装是指根据节目内容和特点，采用新颖和鲜明的形式，对电视节目进行整体介绍和宣传，进行画面再造和艺术加工，把创意思想通过各种视觉效果表现出来，实现虚拟与现实的结合，完成视觉效果合成。与图文动画创作系统不同，节目包装系统不是仅仅实现动画播出，它是高质量的字幕（包括静态的和动态的）效果加上高质量的多路视频画面的处理能力（故事板编辑、各种二三维特技等），即非线性编辑的能力。目前，国内各主要字幕机厂商如新奥特、大洋、索贝等公司也都推出了有各自特点的节目包装系统。新奥特公司推出的敦煌视觉效果合成系统是应用于影视节目后期包装的视觉效果合成与视音频剪辑制作一体化的新型综合性解决方案，如图11-1-2所示。

图 11-1-2 敦煌视觉效果合成系统硬件构成

11.2 字幕机的构成与工作原理

11.2.1 字幕机系统的硬件构成

字幕机的外形实际上是一台普通计算机，它是由计算机+扩展板卡+专用软件组合而成图 11-2-1。

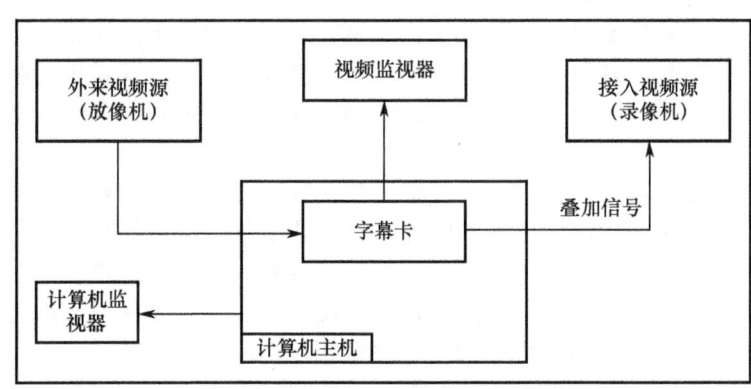

图 11-2-1 字幕机系统硬件构成示意图

（1）计算机。国内生产的字幕机系统主机一般采用多媒体计算机，有些国外进口产品的主机采用 Macintosh 系列苹果机甚至小型机、工作站等。

（2）字幕卡。字幕卡是字幕机的核心配置，它直接插在计算机的主板扩展格上，其质量好坏直接影响到输出字幕质量的优劣。随着硬件技术的不断发展，字幕卡的质量也在不断提高，种类越来越多，性能越来越好，价格也在不断下降。

（3）视频监视器。许多字幕机制作字幕时使用双屏显示，即一个计算机监视器、一个视频监视器。制作字幕在视频监视器进行，此类监视器最好采用带有 RGB 分量输入的，当然，如果要求不高的话，使用一般的彩色电视机也可以。

（4）连接线。一般用于字幕卡的输入输出，主要是从视频源进行输入，输出到图像监视器进行观察。一般采用同轴电缆就可以，一些进口的高档字幕卡配备有专门的连线，价格较高，但其屏蔽效果、传输质量都比较高。

11.2.2 字幕机系统的软件构成

字幕机系统的软件一般包括以下几个部分。

（1）操作系统。操作系统是计算机工作的基本软件系统平台，任何应用软件的运行都依赖它。字幕机的运行状况也和操作系统紧密相关，现在的字幕机多数运行的都是 Windows 系列的操作系统。

（2）字幕制作播出系统软件。这类软件的主要功能是完成字幕的制作和播出功能，是构成字幕机系统的基本核心部件，一般要求具有较全面的功能和高质量的输出。有别于一般的通用图像创作处理软件，如 Photoshop 等，字幕机系统软件只能在某种特定的字幕机硬件系统支持下使用。字幕制作播出系统软件的具体功能一般由三个方面构成：

①字幕制作。字幕制作主要是对中西文字的制作和处理，关于文字的属性很多，主要有字体、字号、旋转、倾斜、立体、阴影、加边、变形、边色、色彩渐变、材质字、字色等。用户可以根据自己的喜好将各种属性进行组合，来实现对某个字或某些字的修饰。

②图形制作。图形制作包括多种图形绘制工具，主要有直线、圆、矩形、正多边形、任意多边形、五角星、曲线、填充（多种方式填充）。这部分的属性和字的修饰基本相近，也可以任意组合进行修饰。此外还可以调用已经有的现成图像作为素材来使用。制作好的内容一般作为背景图案来使用。

③字幕播出。字幕播出包括多种划像出入屏方式及飞屏、多屏字幕向上滚动、底行信息左飞等。很多系统还提供直接播放 3DS Max 制作的动画文件，或者采用解压卡回放满屏动画。此外，高档系统一般还具有马赛克、油画、浮雕、画中画、变焦、翻滚等视频特技功能。

（3）特技制作播出软件。用来制作和播出各种视频或字幕的特技。特技的制作一般有两种方式：一种是硬件方式，另一种是软件方式。其中硬件特技往往由专门的特技机或在普通字幕机系统的字幕卡功能之外另加一块特技硬件板来实现，速度快而且质量高，但成本高。软件特技不需要另加专门的特技硬件，特技靠普通字幕卡和软件编程实现，功能变化更加灵活，但一般速度较慢，生成的特技质量很难达到高档水平。

（4）动画制作播出软件。用于在字幕机上制作和播出二维或三维视频动画。制作软件可以外挂 3DS Max、Flash 等成熟的通用动画制作软件。其中多数字幕机系统采用 3DS Max 制作的 FLIC 动画，这种动画制作效果逼真，是当前最优秀的动画软件之一。

（5）专用软件系统。用于一些特定场合的字幕播出，如足球、篮球、排球等体育比赛或大型文艺晚会的现场直播。这类软件一般要求操作简单灵活，功能使用方便可靠，能及时根据现场情况播出。

11.2.3 字幕机的工作原理

图 11-2-2 所示的是一个典型的字幕机原理框图。图中由 PAL 同步机、PAL 编码器、键控混合器共同构成了 PAL 合成器。

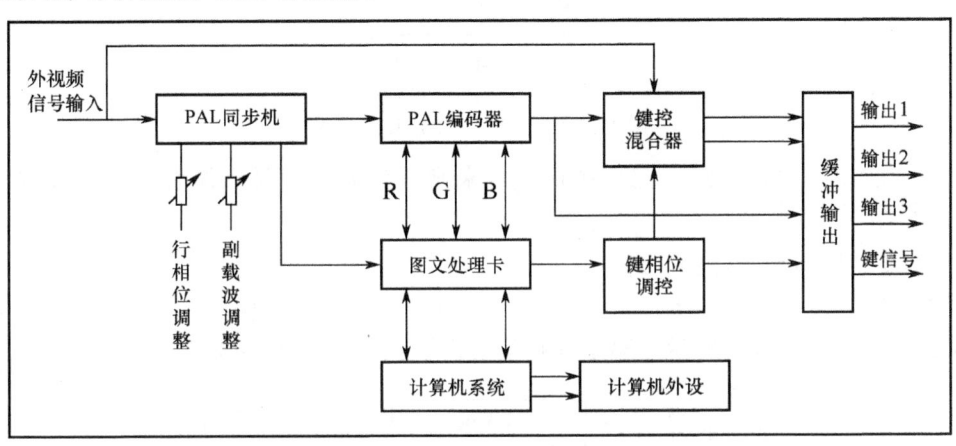

图 11-2-2 字幕机的原理框图

它的工作过程是：背景视频信号输入经同步分离出来的行、场同步信号，副载波信号分别将 PAL 同步机产生的行、场同步及副载波信号锁定，产生出来的行、场同步信号再输出给图文处理卡作外同步源。PAL 同步机一般设有行相位、副载波相位的连续调整，以使字幕机在电视节目制作系统中同步工作。同步机还产生 PAL 标准编码器所需的各种同步信号输出。图文处理卡是能产生各种字符、图形的计算机插卡。它有两个特性：一是总线与计算机相连，一般插在计算机的扩展槽内；二是必须有键信号输出，以便与来的背景信号叠加时作键控。PAL 编码器接收图文卡的 R、G、B 图文信号进行编码，编码后的全电视信号送给键控混合器与背景视频进行键控混合处理。图文处理卡输出的键信号经相位调整后，一路供内部键控叠加，另一路输出提供给外部视频切换台，以便在电视节目制作系统中作为外键信号使用。从键控器输出的两路复合视频信号经缓冲后输出，可直接送给录像机记录。

11.3 字幕机的连接与使用

11.3.1 系统连接

在电视节目制作和播出系统中，根据需要字幕机可以有多种连接方式。

1. 切换台联机锁相方式

将字幕机产生的字符信号作为信号源，与摄像机、放像机等输出的视频信号一样，分别连接到视频切换台上，视频切换台输出的信号送入到录像机进行记录或播出，这种方式又称为切换台联机锁相方式,即由视频切换台输出的黑场信号作为字幕机的基准信号进行锁相,字幕机输出的键信号和视频信号给视频切换台,如图 11-3-1 所示。

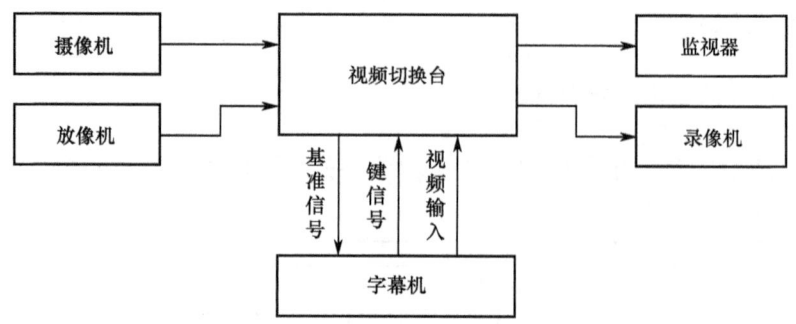

图 11-3-1　切换台联机锁相方式

这种接法使用较为广泛,主要由切换台来操作控制把字幕机作为信号源或作为外键(抠字)使用,比较灵活。

2. 字幕机作为主通道的一环

将字幕机用作视频通路主通道的一环,外部的信号(如放像机或摄像机)输给字幕机,经字幕机锁相、键控等处理后,输出视频信号供记录,如图 11-3-2 所示。

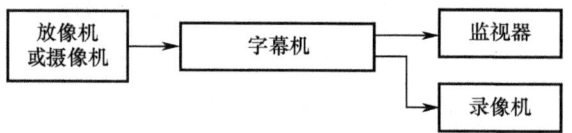

图 11-3-2　字幕机作为主通道的一环

由于国产字幕机视频指标不是很高,用这种连接方式处理后的视频信号信噪比有所下降,因此,建议在没有切换台的情况下再采用这种方式。

图 11-3-3 所示的是有线电视台多频道自动插播系统连接示意图,安装于有线电视系统前端,融字幕制作和播出为一体,字幕制作方便,功能丰富,播出方式多种多样(定时、即时、任意频道、任意次数),可以在任意频道中自动插播广告、通知、寻人启事等信息。

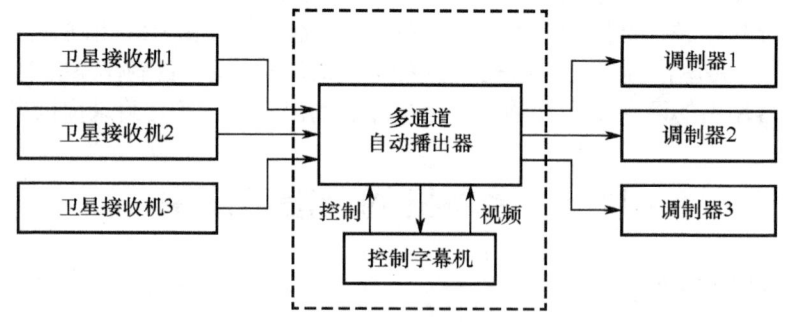

图 11-3-3　多频道自动插播系统中的连接

11.3.2　电视字幕的使用

字幕是计算机图形在视频画面上的显示结果。所以,字幕的制作过程实际上就是将计算机图形学、图像处理和动画的设计方法应用于字幕创作中。字幕制作过程可分为字幕的静态渲染、动态效果及编辑方式三个部分。静态渲染是对字幕的装饰；动态效果则是字幕运动的方式；编辑方式是指设计字幕的方式。

1．字幕的静态渲染

字幕的静态渲染（Rendering）是指文字（字符）或图形进行装饰的效果。这里将静态渲染分为基本装饰和高级装饰。

1) 基本装饰

对字符或图形的基本装饰包括表面着色、加边和加影。

（1）表面着色是最简单也最常用的图文表面渲染方式。表面着色除单色外一般还具有渐变色填充。渐变色是由一组关键色（包括 Alpha 通道）并经过线性插值得到的。渐变色表面填充有横向、纵向和斜向等多种，再加上 Alpha 通道与背景的混合效果，可以形成半透明带渐变的字符和图形。

（2）加边是对字符或图形边缘的一种修饰。加边的方式有全边和侧边，还包括影子的使用，可以使字符或图形更具真实感，特别是带模糊和一定透明度的虚影，使字符或图形本身更具生动性。

作为节目的字幕，由于需要与不断变化的背景画面区分出来，字符加边是非常必要的，也是最常用的装饰手段。下面是加边的建议：

一般来说，表面着色与加边颜色的色调最好近一些；边的亮度应比表面暗一些，形成一定反差，不可太近，否则会喧宾夺主。应避免与表面亮度反差太大，如用黑色作边。反差太大会导致图形或字符边缘闪烁，也不够和谐。

2) 高级装饰

高级字幕软件除了提供字幕的基本装饰以外，还提供其他高级装饰手段，以丰富字幕的表现力。高级装饰一般包括表面材质、纹理、光照、遮罩等。

（1）表面材质（Material）。对字符和图形表面赋予某种材质，即预先准备好的图案，使得字幕表面看起来是用某种材料制作的，如金属、木材、塑料、布料、石头等。用户还可以将自己设计自认为合适的图案加入到字幕软件的材质库中，以丰富创作手段。

（2）光照效果（Lighting）。光照本来的意思是对物体加上光源，然后根据光在物体上的吸收和反射作用来计算物体表面的光感。但由于字幕机对字幕实时性要求，因此，一般字幕的光照效果都采用亮度贴图的办法。

（3）纹理映射（Texture）。按照图形学中的定义，纹理是指将纹理模式映射到物体表面，以添加表面细节。纹理映射有两种方法，一种是采用类似光照效果的亮度贴图；另一种是应用某种计算公式改变物体表面的光强。由于第二种方法比较费时，因此字幕机都采用第一种方法。纹理映射可在不改变表面图案的情况下使物体表面具有木质、石头、布料等效果。

（4）遮罩（Mask）。对于字幕机来说，遮罩的效果相当于 Photoshop 软件中的 Alpha 通道。预先准备好 Alpha 图，将该图与字幕的 Alpha 部分进行混合，从而得到将字幕某些部分遮挡起来的效果。

（5）滤镜（Filter）。在图像处理软件中，滤镜被广泛应用于对图像和字符的修饰。滤镜就像黑匣子，一个图像或文字经过这个黑匣子后就会处理成各种艺术效果，这个黑匣子里装着各种处理的算法。在字幕机中，这种滤镜常应用于字符的效果，其中包括变形、勾边、立体化、表面光感、光芒、拖尾等。

2. 字幕的动态播出

字幕播出是一个动态的过程，所以字幕也就有了动态播出的机会。字幕的动态播出方式有切换式和动画式两大类。

（1）切换式字幕

字幕的切换分图形和字符两种。图形的意思并非其中没有字符，而是尽管图上可能有字符但它是以整体的形式出现的。而字符方式则是指一条字幕由多个字符组成的集合中，每个字符都可以独立运动。

图形的切换相当于切换台的切换系统，包括快切（Cut）、淡入淡出（Fade）、划像（Wipe）和飞像（Flying，又称滑图）等切换方式。过去这些切换功能都是由硬件完成，近年来由于计算机计算速度的提高，用软件来实现切换成为主流，而且用户自己可设计飞像路径或划像，使切换效果更加丰富多彩。

基于字符的切换方式，或称字幕导入方式，成为近年来字幕软件发展的热点，新奥特、大洋、索贝等公司的字幕机先后开发出诸如电传打字、逐字生长、排队出字、伸缩、闪光、阻尼振动、波浪运动等，大大丰富了电视字幕中字符的表现手段。

切换的方式实际上是从切换台切换视频图像的方法而衍生来的。切换台切换视频时分三个阶段：导入、停留和导出。切换式字幕也有这样三个阶段，上面所说切换方式一般应用于字幕的导入导出方式。字幕在屏幕上停留时就不再运动了，这也是区别于动画式字幕的特点。

（2）动画式字幕

动画式字幕是按动画的方法设计字幕。动画方式是运动的物体按设计好的轨迹进行运动，运动过程中轨迹的改变靠关键帧来确定，其他各帧的位置和物体的形态靠插值的方式来确定。对于动画式字幕来说，每个字幕对象都是独立运动，并且可以是三维物体，可带有光感、纹理、材质等效果，是制作片头字幕的理想的制作方式。

3. 字幕的编辑方式

字幕的编辑方式大致可分为三种。

（1）编播表方式

在这种方式下，一条字幕的播出就是一条命令，整个字幕的播出由这些命令组成。每条命令包括若干字符、图形元素组成一个字幕元素和它的播出属性，包括导入方式和停留方式。特别适用于线性的切换式播出方式，即前一条命令执行完以后，后一条命令才允许导入。早期的字幕机如新奥特公司的 NC4000 和 NC8000、大洋公司的 DY-4 和 DY-6 等、索贝公司的 SB8000 等均采用这种方式。这种方式的缺点是当播出内容比较多时，编播表显得特别长,如需要查找和修改时,缺乏直观性。

(2) 幻灯片方式

这是一种类似于幻灯片的编辑方式。用户按屏的方式直观地管理字幕,采用被称为所见即所得的编辑方式来编辑字幕,即可直接按播出效果来编辑字幕。这种方式使字幕编辑人员可直观地编辑和修改字幕,而无须费力去查找编播表。

(3) 时间线方式

以前字幕机由于受计算机计算能力的限制,字幕主要靠硬件实现。而一般图像板都是线性播出方式,不允许两条字幕同时播出。随着计算机计算能力的提高,已经实现了多条字幕的同时播出。特别是无限再入式技术在图像板中的实现,使播出方式更加自由,于是各字幕机厂商也纷纷推出基于时间线的字幕编辑方式。这种时间线方式相当于非线性编辑系统的故事板。每一条字幕被当作一个素材安排在时间线上,可自由设置其入点和出点。

11.3.3 三维实时图文编播系统

新奥特 MARIANA 5D A10 三维实时图文编播系统(图 11-3-4)采取开放式、插件式的整体架构,各个子系统和模块采用插件方式接入,系统的二维和三维字幕对象、二维和三维字幕特技、动态播出特技、系统 I/O 板卡支持都被设计成插件模式。在整个应用软件的级别上,各个应用系统也都被设计为插件,可以面向不同特定应用以"搭积木"的方式进行产品的构建,具有卓越的灵活性、扩展性和应用普适性。

图 11-3-4 新奥特 MARIANA 5D A10 三维实时图文编播系统

1. 采用了总体编播平台

强大的图文编辑创作平台融编辑和播出为一体,可以完成复杂二维、三维图文的制作和播出,同时为其他应用系统制作字幕模板,如图 11-3-5 所示。字幕主创作窗口采取了自由缩放的方式,充分利用显示器空间;图文渲染采用独创的多态渲染引擎技术,实现经典渲染、风格渲染两种静态渲染引擎,使图文质量有了质的飞跃。

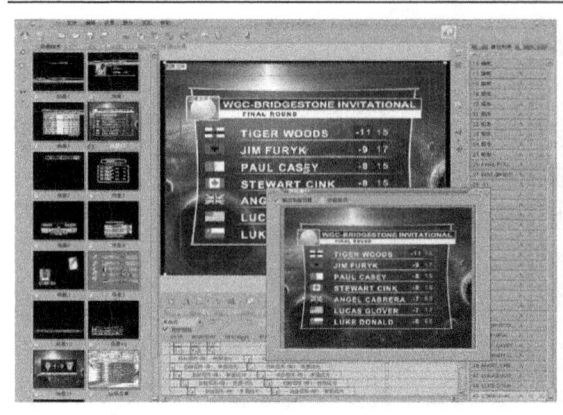 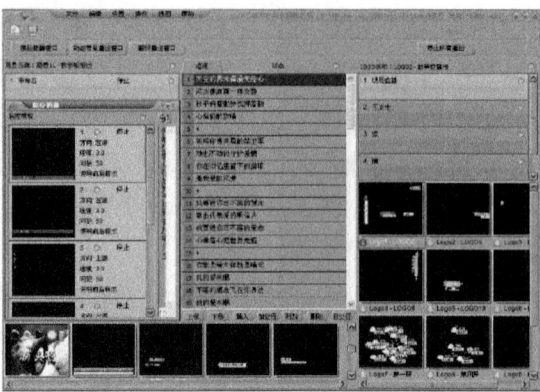

（a）编辑界面　　　　　　　　　　　　　　（b）播出界面

图 11-3-5　A10 编辑界面和播出界面

2. 简单快捷实用的操作界面

A10 采用了美观实用的大型人机图形化界面，整体界面采用可定制多窗口的操控模式，窗口之间的操作逻辑按照字幕创作、属性调整、特技调整、字幕播出分成不同的类别，以适应字幕制作和播出的不同工作阶段和工作流程，如图 11-3-6 所示。提供个性化的界面布局可定制功能：用户可以根据自己的需要设计个性化的界面；浮动窗口可以随意拖动，并具有智能化的停泊功能；字幕主创作窗口采取了自由缩放的方式，可以充分利用显示器的屏幕空间。提供了"字幕输出预监"窗口面板，可以直接在显示器预览字幕的静态和动态效果；具有无限次 Undo/Redo 操作列表和宕机完整恢复界面；提供了多轨道时间线编辑界面，用来制作多层的字幕任务；提供了方便实用的二维控制器，用来调节字幕对象的二维矢量信息；提供了方便实用的三维控制器，用来调节字幕对象的三维空间属性；提供简单快捷的"一键式"的播出界面，适应不同应用的具体需求，同时可以自定义用于播出的快捷键；提供了三维特技调节的两种界面：简单的基于参数调节的"模态"对话框和基于时间线的关键帧调节界面。

图 11-3-6　简单快捷的 A10 操作界面

3. 高质量的高速字幕静态渲染引擎

在字幕静态渲染方面，A10 产品独创了具有专利技术的多种静态渲染引擎的结合，使用户可以根据需要选择一个合适的渲染引擎来对图文信息进行实时渲染，如图 11-3-7 所示。渲染内核采用 512 级子像素的高速边缘反走样技术，使得字幕边缘的效果更加平滑。与传统技术相比，根据图形或文字轮廓，自动生成基于等高线的蒙皮模板，有效地提高光照、浮雕等渲染效果的立体感和真实感。多边多影的渲染效果可以创作出丰富多彩的图文，形态渐变的功能也使得字幕的色彩渐变更加柔和真实，在很大程度上提升了节目的视觉效果。

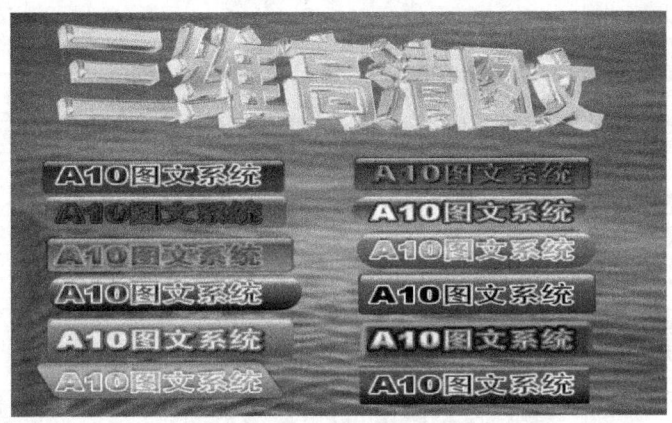

图 11-3-7　A10 利用高质量的静态渲染引擎进行图文渲染

4. 高质量高标清实时三维引擎

在三维渲染方面，A10 产品利用计算机三维图形加速引擎在浮点运算、并行运算、高效纹理处理、向量运算方面的能力最终向广大电视观众展现出绚丽的图文效果，如图 11-3-8 所示。通过渲染引擎与 I/O 的精确配合，系统完整支持各种高清和标清的真三维实时三维渲染和字幕播出。

图 11-3-8　A10 具有高质量高标清实时三维引擎

5. 高效的多任务多层分控实时播出引擎，全面满足演播室直播应用

A10 的播出引擎建立在优秀的内存调度、多线程调度的核心技术方面，可以在总体播

出窗口中，同时播出场景事件表任务、场景传统字幕列表任务、唱词任务、Logo 字幕任务、数字时钟任务、模拟时钟任务、走马灯字幕任务、动态背景任务等一系列字幕任务，任务之间的物理区域可以重叠，如图 11-3-9 所示。通过自定义快捷键，可以对每种任务的播出进行独立控制，从而灵活、快速地完成播出对象的定位、修改、预览和播出。

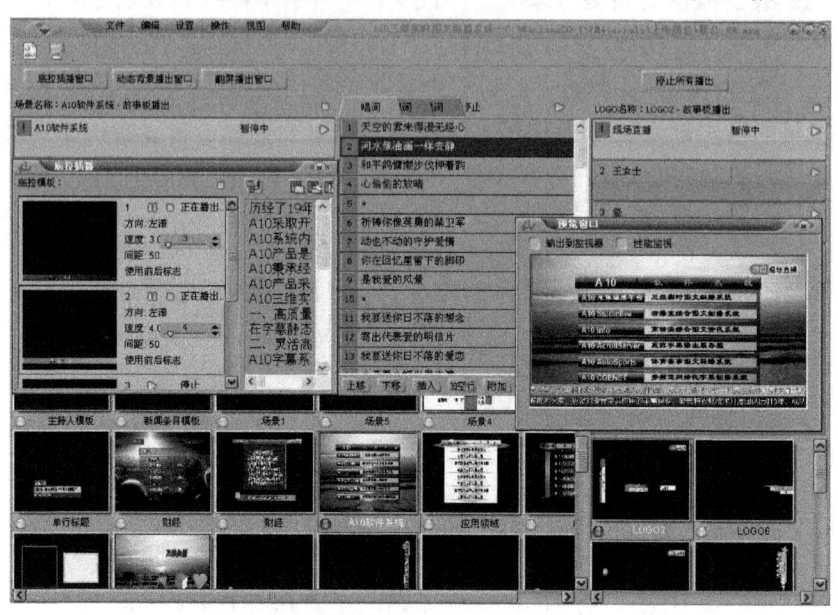

图 11-3-9　高效的多任务多层分控实时播出引擎

6．高标清全系列兼容以及多硬件平台支持

在 A10 产品的整体平台架构方面，支持包括多种高清和标清制式在内的电视制式，而且高清、标清全系列兼容。同时支持各种硬件平台，包括高性能计算机系统、高性能图形加速卡、高标清图文视频 I/O 硬件等。其硬件驱动引擎具有完备的视频输入和输出接口，接口规范符合国际和国家的相关标准。这种架构使得 A10 产品在产品系列化和配置上具有很好的延展性和可升级性，对于保护用户的投资具有重大意义。

7．独特的二维矢量转三维矢量技术

A10 产品将二维平面创作和实时三维空间创作有机融合起来。在二维平面创作的基础上，引入了真三维空间，可以快速地完成二维字幕对象到三维字幕对象的转换，完成三维物体、三维动画、光效模型、动态纹理的创建和添加，制作出具有玻璃、水银、金属、冰块等质感绚丽的字幕特效。

8．独创的超长文本字幕处理技术

在电视台的资讯类、图文互动类的节目，字幕日均播出次数增多，播出的形式多样，字幕制作也更加精美，如图 11-3-10 所示。通过电视字幕可以充分利用有限的电视屏幕空间，传递更多的信息，如滚动的时事新闻、突发事件、旅游资讯信息、公共服务信息、实时气象信息、收视动态、电视内容等，针对这种需求，A10 采用了国内独创的超长文本字幕处理技术，对于大容量的文本内容无须生成即可播出。

第 11 章　电视字幕与图文包装

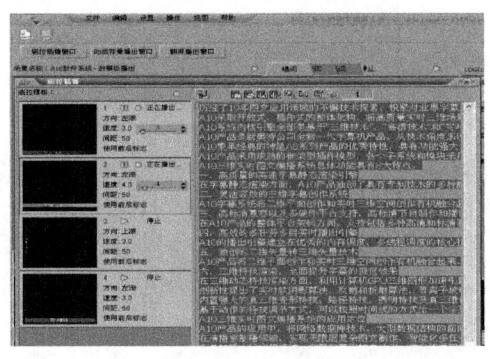 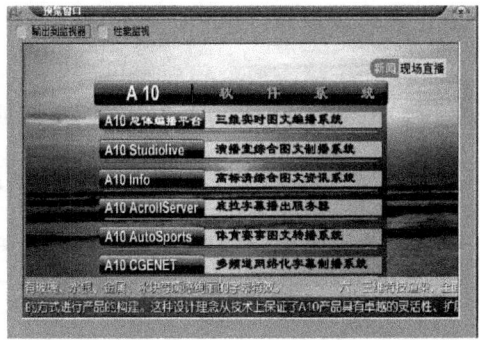

图 11-3-10　超长文本字幕处理

9．基于市场需求的多种应用

基于市场需求的多种应用具备从区域划分、模板制作、播出任务编排、动态数据获取、到通道播出的完整功能，可在不同的显示终端上输出带各种风格效果的多媒体视音频信息、文字信息、图片信息，以及各种股市行情、天气预报、新闻资讯、公共信息等，如图 11-3-11 所示。可通过 Internet、专线网、本地局域网、无线网等方式连接到证券交易中心、交通气象部门、网站、电视台，或者本地的信息发布部门等，获取不同的数据库信息来实时播出。各种数据的来源可通过数据库处理软件经过筛选后以自动、手动、定时的方式进行更新，支持绝大部分的数据库，如 Access、DBF、Excel、SQL、ODBC、文本数据源等。

图 11-3-11　基于市场需求的多种应用

10．事件的多层编辑和播出功能

事件的多层编辑和播出功能，如图 11-3-12 所示。

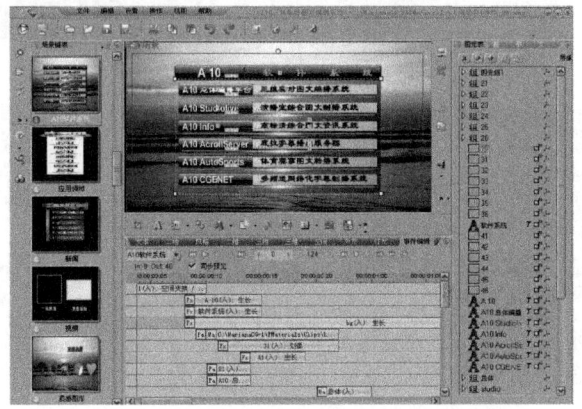

图 11-3-12　事件的多层编辑和播出功能

11. 系统模板库功能

A10 内置了静态渲染模板库、动作特技模板库、图元模板库、场景模板库功能，以及最新的国家或地区、国际组织的旗帜库，如图 11-3-13～图 11-3-17 所示。

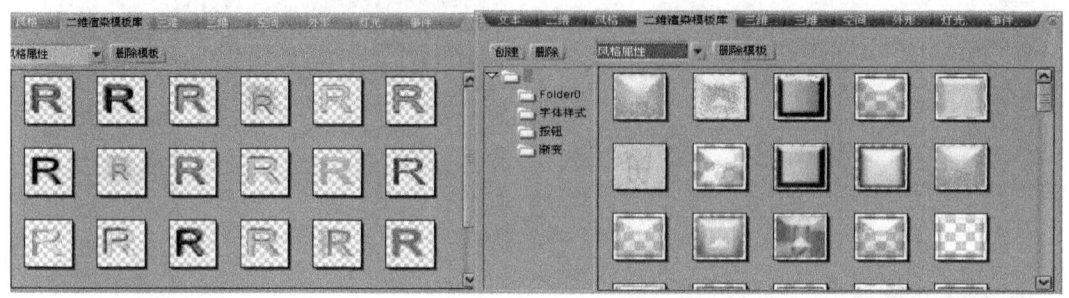

图 11-3-13　二维渲染模板库

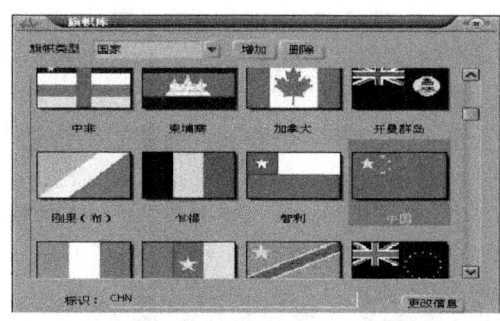

图 11-3-14　旗帜库　　　　　　　　图 11-3-15　三维属性模板库

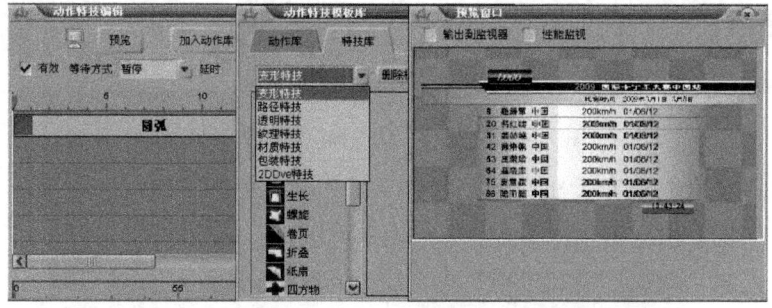

图 11-3-16　特技模板库

图 11-3-17　动作模板库

11.3.4 在线图文包装系统

随着社会的发展,广大观众对电视节目的质量、内容、时效、针对性都有了更高的需求,电视节目的制作呈现出时效性更高、信息量更大、表现形式更生动、业务分工更专业等新的特点,而在线图文包装系统的出现恰好满足了节目制作这些需求,全面实现了三维场景创作、无限层实时播出、自动化信息处理等多项功能,与新闻网、后期网、播出网巧妙融合,提供了专业高效的图文网络体系,以丰富的电视画面和有序的信息组织方式成为栏目乃至频道整体形象包装的强大工具。

在线图文包装系统是处于电视台图文应用领域金字塔顶端的产品,如图 11-3-18 所示。在线图文包装是指在演播室、转播车、播出机房等"线上"就可以完成字幕、动画、节目模板和实时资讯等所有内容的包装,这些东西在演播室录制或直播节目的时候一次就全部做完了,不需要再到后期机房进行包装或后期制作,这样可以节约时间、人力、物力,并且可以节约成本,提高效率。目前,国内几款应用比较成熟的在线图文包装系统包括新奥特的 MARIANA5D、大洋的 DAURIC 和维斯 Vizrt 在线图文包装系统等。

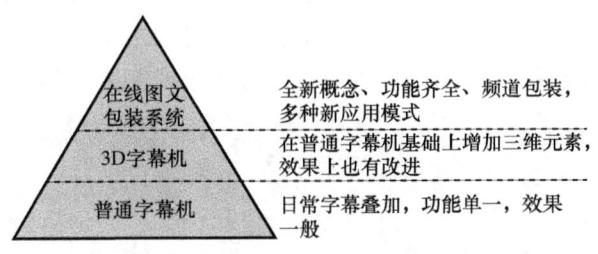

图 11-3-18　电视图文应用领域金字塔

目前电视节目的制作要求对于新一代图文包装系统,技术上可以归纳几大需求:高、标清全面支持,高质量实时三维渲染,三维场景、字幕与视频无缝结合,实时输入视频多窗口 DVE,多层多物件混合播出,在线数据修改与数据库支持,完善的网络制作与播出流程等。

下面以新奥特的敦煌在线图文包装系统为例,介绍其技术特点。

1. 面向后期包装的色彩空间设计

敦煌系统使用 RGBA 4:4:4:4 色彩空间,输入输出可以支持每色彩通道 8 位或 16 位采样,内部效果与合成的运算则全部采用每色彩通道 32 位浮点数据来进行;比之普通编辑系统以快速剪辑传输为目的而采用的 YUV4:2:2 或 4:1:1 的色彩空间及 8 位或 10 位的采样级数,敦煌系统的这一关键特性使之从根本上具备了进行高端视觉色彩处理的基础,可以保证对所使用素材的色彩得以高度保留,使处理合成之后产生的色彩达到充分的细腻程度。

2. 面向后期包装的分辨率处理

除了支持各种电视高、标清分辨率的素材外,敦煌系统可以处理 2K 和 4K 的素材及 4K 以下任意分辨率的素材,并且在处理与合成的过程中,不对素材进行任何切割,而是保持其原有分辨率,在同一工程中对各种不同分辨率的素材进行精细的混合处理与合成,仅在输出成片时,才根据用户的设定对最后的输出画面进行裁剪,以指定分辨率输出;比之普通编辑系统惯常采用的单一分辨率与处理过程中的裁剪手段,敦煌系统可以最好地保持和使用素材的原貌,得到最佳的合成效果。

3. 面向实时处理的性能优化

敦煌系统运行在安装了最新桌面操作系统 Windows 7-64 位的具有多核处理器的计算机系统上,软件充分利用 64 位硬件和软件环境所提供的多媒体并行处理技术、多处理器支持的多线程技术及 GPU 并行图形渲染技术,使视觉效果处理与合成在保证处理质量的同时也具备了实时或接近实时的性能;软件内置缓存系统(Cache),可以对特效流程图上每个节点、时间线上每个片段所使用的视音频素材和输出结果进行缓存,最大限度地减少重复处理和渲染,从而保证系统的实时性能。

4. 核心的视觉效果与合成工具库

敦煌系统拥有非常丰富的视觉效果工具,支持大量视觉特效,其中包括作为后期合成与包装基础的校色、色键、跟踪、遮罩及 3D 合成器等高端视觉效果,如图 11-3-19 所示。作为专业的视觉效果合成系统,这些效果并不是普通编辑系统中功能比较简单且互不联系的特技插件,而是功能完备可以互相配合使用的专家级的工具集合。在视音频流处理引擎的支持下,视觉效果处理系统为敦煌系统提供了最为核心的处理能力。

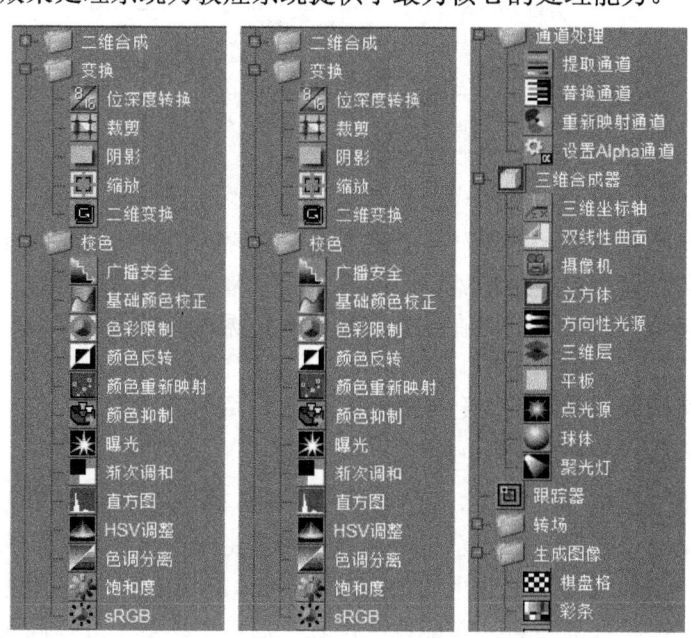

图 11-3-19 视觉效果与合成工具库

5. 丰富的色彩校正工具集

敦煌系统拥有丰富的颜色调整工具库,包括 HSV 和 RGB 颜色空间调整、颜色抑制、反转、曝光控制和色调分离等,并具独立调整暗部、中间区域和高光区域的先进功能。能够迅速完成一级校色和选择性校色,可在一次调整中完成多级别的精细色彩平衡,如图 11-3-20 所示。

第 11 章　电视字幕与图文包装

（a）

（b）

图 11-3-20　校色处理前和处理后

操作界面直观便捷，如可快速精确调整色彩平衡的色彩盘、用于精确颜色匹配和调整的可视化色彩取样板及可精确控制细微色彩构成的直方图和曲线图等。校色工具结合动态遮罩和跟踪可以快速实现静止或运动图像局部校色，迅速完成图像颜色匹配、修正及风格化等视频后期包装工作，实现丰富、逼真、细腻的色彩效果。

6．高精度的色键工具集

敦煌系统提供多种专家级色键工具及优化降噪工具，包括自动去除色彩溢出及边缘融合、先进的颗粒去除方式、半透明处理功能、自动提取边缘和边缘颜色替换能力等，如图 11-3-21 和图 11-3-22 所示。

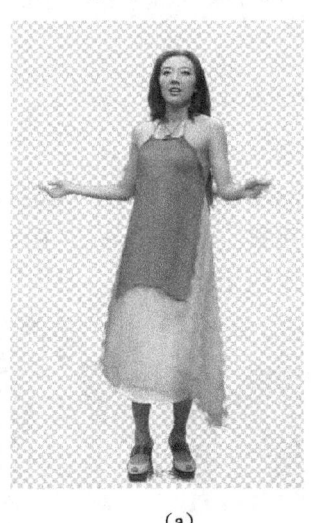
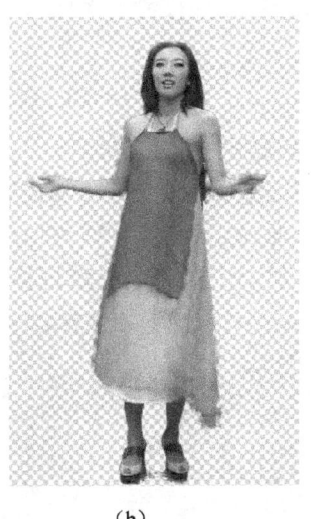

（a）　　　　　　（b）

图 11-3-21　溢色抑制前后

敦煌系统的色键工具综合了先进的算法和高交互性、简单便捷的控制界面，可直观修改遮罩，取得精确的键，大幅简化操作过程，快速轻松完成色键提取，同时真实保留画面细节信息，如毛发和其他细小物体边缘，效果细腻完美。色键工具集可以广泛应用于需要将蓝幕、绿幕前拍摄的实景素材与其他素材进行无缝细腻的效果合成的各种应用中，如图 11-3-23 所示。

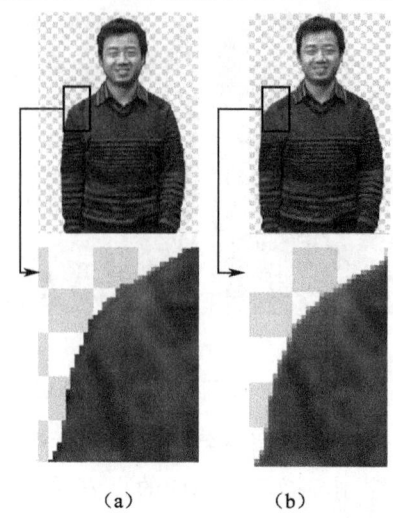

(a)　　　　　(b)

图 11-3-22　修饰边缘前后

(a)　　　　　　　　　　　　(b)

图 11-3-23　拍摄场景和合成场景

7．精准的运动跟踪和稳定工具集

敦煌系统能够精准地完成运动元素跟踪，消除摄像机抖动，稳定画面。同时具备模糊运动跟踪模式，能够准确处理快速模糊的运动元素，如图 11-3-24 所示。支持与二维变换和遮罩等工具自动叠加，快速完成追踪替换，实现无缝合成。

(a)　　　　　　　　　　　　(b)

图 11-3-24　进行运动轨迹追踪和利用追踪数据进行合成

系统独特、先进的跟踪特性包括自动对跟踪数据进行关键帧设置、跟踪数据的可编辑性、反跟踪和逐帧跟踪等，可将被遮挡的运动物体数据完整提取。四角智能跟踪功能特别针对区域运动轨迹跟踪而设计，易于实现区域画面内容替换，如图 11-3-25 所示。敦煌系统支持跟踪数据自动应用至图像层和动态遮罩等其他工具，以实现复杂的效果。

图 11-3-25　运用四角追踪完成局部图像替换

8．独特灵活的动态遮罩工具集

敦煌系统支持无限层动态遮罩叠加并提供丰富灵活的叠加模式；调节方式灵活便捷，易于调整细节；精细的边缘点控制实现对每个边缘点的所有操作，包括添加、删除、移位和柔化程度等。敦煌系统动态遮罩的独到之处在于可对遮罩任意控制点设置独立动画效果，令遮罩形状、大小随素材需要产生动态变化。

9．强大的三维合成器

敦煌系统配备有功能强大、交互直观的三维场景设计环境。支持无限层叠加；提供精细的物体材质控制参数，如凹凸贴图和反射贴图等，令物体质感更加丰富；支持无限可动画的空间光源，展现逼真的光影效果；可自定义三维虚拟摄像机属性，模拟摄像机运动拍摄效果。在真正的 3D 空间中实现 2D、3D 场景和物体的无缝整合，创造出充满魅力的、复杂的、逼真的视觉效果，如图 11-3-26 所示。

（a）拍摄场景　　　　　　　　（b）合成场景

图 11-3-26　2D、3D 场景和物体的无缝整合

10．先进的特效流程图操作方式

敦煌系统拥有先进的视觉效果合成操作平台，其操作方式的基础是直观、高效的特效流程图操作模式，特效流程图简单可由一两个单输入单输出的特效节点构成、复杂则可由千百个单输入单输出或多输入多输出的节点构成；特效流程图方式最为根本的优势是它能够制作出普通编辑系统的时间线完全无法制作的视觉效果，如图 11-3-27 所示。

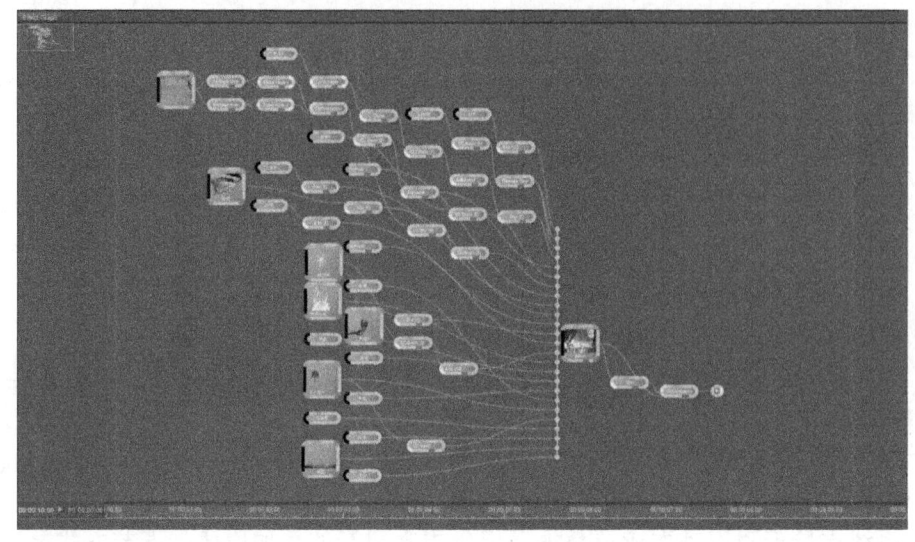

图 11-3-27 节点流程图

11. 多种途径的动画关键帧设置

利用动画关键帧编辑器可以创建和操纵极其复杂的动画过程,从而达到不可思议的视觉效果。敦煌系统支持自动及手动关键帧设置模式、曲线调节及轨道调节模式,能实现单一参数动画控制和多参数同时调整及时间对应,如图 11-3-28 所示。

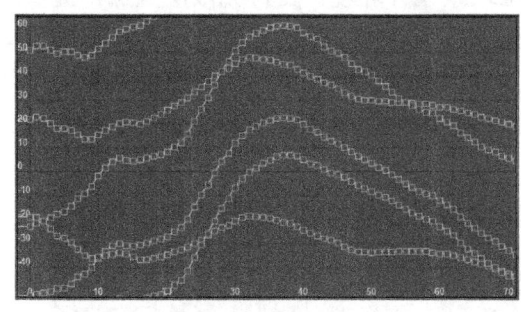　　　　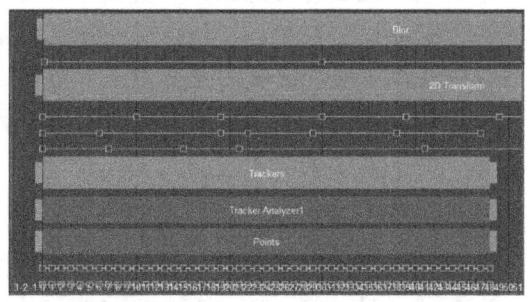

　　　　(a) 曲线调节　　　　　　　　　　　　　　　(b) 轨道调节

图 11-3-28 曲线和轨道调节模式

其自动模式可以完成普通编辑系统手工设置完全无法完成的关键帧设置;更有多种操作设置令工作更加轻松便捷,如设置好的动画可在时间轴方向进行成组的拉伸和压缩,不同参数间的动画设置可以剪切、复制、粘贴等。

12. 自由组合的特效处理子模块

敦煌系统将多种常用视觉效果工具组合在多个预置的工具子模块中,如常用色键工具、遮罩和 2D 合成等,各个子模块按照常用的顺序和结构组合了部分基本的效果工具,用户可以直接使用而不用再自行组合这些常用的基本效果,从而提供了更便捷有效的线性工作流,展开的次一级流程图如图 11-3-29 所示。子模块同时具备自定义功能,用户可以创建适合自己的或更为复杂的各种组合,建立多种快速工作通道,大幅提高工作效率。

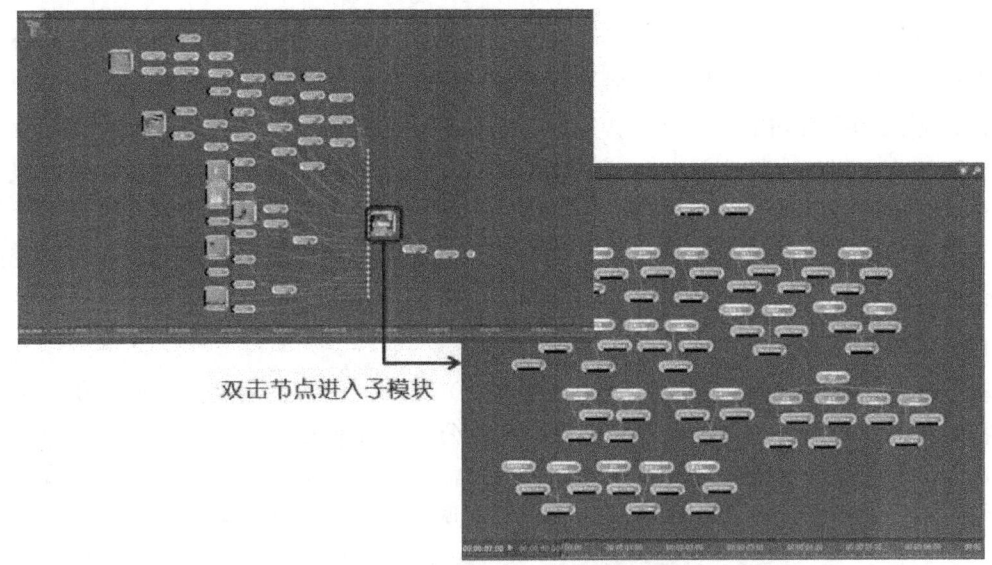

图 11-3-29 展开次一级流程图

13．完备的剪辑制作功能

剪辑是后期包装工序的一个基本部分，敦煌系统具有一套功能完备的视音频剪辑操作平台及标准化和高效的剪辑工作流程，剪辑制作无须再经过其他编辑系统，如图 11-3-30 所示。

图 11-3-30 视音频剪辑操作平台

14．剪辑特效合成一体化的工作流

敦煌系统提供了一套独有的一体化的后期制作解决方案，即同时具备完美的特效合成与完整的剪辑手段。软件界面共有三个种类的操作桌面——素材桌面、时间线桌面和流程图桌面，支持从素材采集、剪辑制作到特效合成的完整工作流程。时间线可以作为特效流程图的素材源，特效流程图可以作为时间线的片段，二者可以无限嵌套以实现非常复杂的效果。在一套软件内，用户可根据自己的需要灵活运用剪辑、特效和合成之间不同顺序组合的工作流程,改变在不同的剪辑、特效和合成软件间反复输入输出的烦琐工作方式,为用户带来全新的、非凡的后期包装制作体验。

15. 强大的字幕功能

新奥特将公司的明星产品 A10 字幕系统升级为 64 位,内嵌到敦煌视觉效果合成系统中。64 位的 A10 字幕插件功能强大,效果绚丽多样,大大优于以往的 A8 字幕插件,能够处理电视节目中普遍采用的各种字幕类型,如静态字幕、滚屏字幕和唱词字幕等,并能满足各类电视节目不同的需求特点。

16. 海量的第三方插件

敦煌视觉效果合成系统支持 OpenFX(OFX)插件,能够使用多家厂商提供的多达数百种特效插件,如备受业内人士称赞的 GenArts 公司的 Sapphire(蓝宝石)和 Monsters GT 插件包等。通过这些第三方插件,用户可以获取海量的预设效果,能够大幅度提高制作者的工作效率,并使节目效果更加炫目丰富,更具吸引力,如图 11-3-31 所示。

(a) 原图

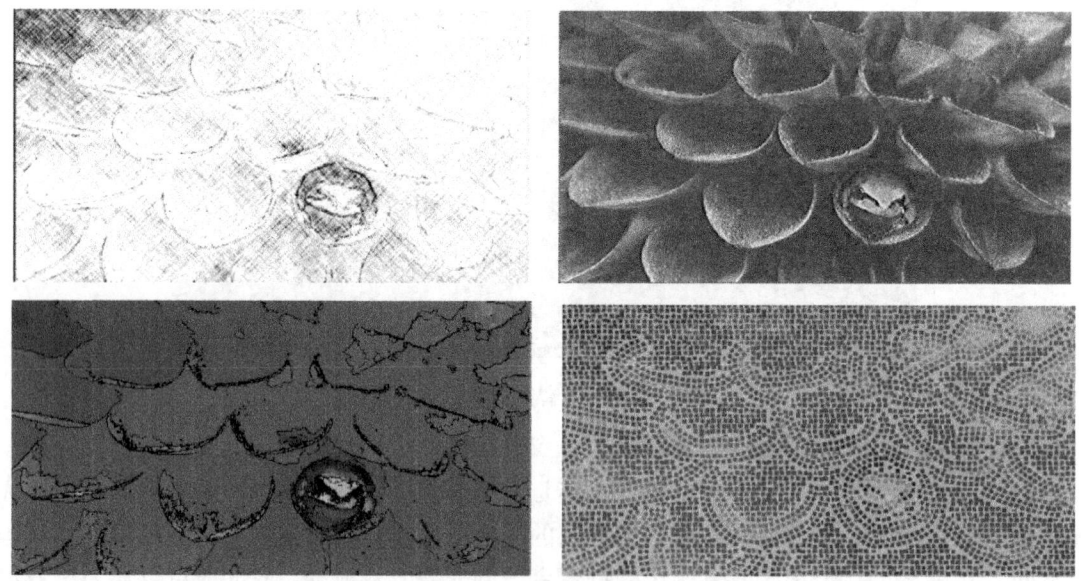

(b) 各种效果图

图 11-3-31　原图及各种效果

11.4 电视字幕设计艺术

电视字幕是电视图像和声音的补充，主要包括电视片名、电视标题、电视演职员表、电视字幕旁白等。电视字幕与电视节目内容有着密切的内在和外在的联系，不同形式的字幕具有着自己的特性和内涵。在电视节目与字幕设计时，何时采用什么样的字体、字形都必须根据电视节目内容和形式来确定。电视字幕的设计要从画面的整体效果出发，力争做到和谐统一，具有艺术美感。

1．电视字幕的作用

在一部电视节目中，作为可视性又可读性的电视屏幕文字的作用是多方面的，一般来说，它主要具有以下几个方面的作用。

1）补充、说明画面

电视表现的第一语言是电视画面，画面是电视节目的主体部分。但是由于受画面外在的、内在表意方面的影响，仅仅依靠画面的表现是难以表达清楚的，观众从画面上直接接受内容也是有限的。因此，利用文字的表意性功能，采用屏幕文字对电视节目的画面予以补充、说明，将画面造型语言上一些非形象化的内容，画面造型语言无法表达或难以表达清楚的内容予以补充、说明，不仅可以弥补电视第一语言表现上的弱点，同时也可以进一步增加电视节目本身的传播信息含量，提高电视的传播效果。

说明类屏幕文字主要用来说明电视教材节目的教学要求、收看电视节目所要达到的基本目的，以及描述无法用画面展现的教学内容等。这一类的屏幕文字内容上可多可少，根据需要通常放在整个节目的开篇部分或节目某一段落的开始、结束处及某个需要说明的地方。

2）介绍节目的情节、内容

介绍电视节目内容的电视节目屏幕文字，可以帮助电视观众简单地了解电视节目的基本内容、情节，同时还可以在一部电视节目的开头或结尾引导观众的思路，或者便于节目中实际内容的展开，或者便于为观众留下思索的空间与时间。

介绍类的电视屏幕文字既有以介绍电视节目内容为主的，也有以介绍电视节目名称、内容为主的，还有以介绍电视节目情节发生的过程、时间、地点、历史背景为主的，也有以介绍创作人员为主的。通常介绍节目内容的屏幕文字放在电视节目的开篇部分，这一类屏幕文字内容一般比较多，有时甚至占据了几个整屏画面，这一类屏幕文字中也有放在片头和结尾处的。在电视广告类节目中，还可以用来说明产品的用途、价格等内容。

3）转换场景

无声电影用屏幕文字进行转场十分普遍。在很多的电视节目中可以用文字进行场景转换，表示时间的流逝或是空间的换转。在教学片中还可以利用它来完成段落划分、转换教学内容。

4）提示归纳教学中的重点和难点问题

在教学类电视节目中，为了突出某一重点问题及需要提醒学生注意的地方，除了在画面上可以采用大景别以增强视觉冲击力达到突出这部分内容的方式外，还可以利用电视节目屏幕文字配合某些特技功能来体现重点、难点问题，从而不断加深观众的记忆。例如，利用文字时隐时现、文字闪烁、文字加底线等功能。此外，在节目的结束处，还可以再次以文字的形式对电视教材的内容进行归纳、小结，以便于学生笔录和记忆。

此外还可以对一些节目中的同期声、方言、外文、歌词进行翻译与诠释。

2. 电视字幕的种类

字幕的种类有多种多样。但是字幕的功能主要是说明性功能、复述性功能和信息性功能，在电视节目中常用的有6种。

（1）说明性字幕。主要对画面作辅助性介绍，如人名、地名、时间及事实梗概等，这样可以简明地使人们了解最基本的事实要素。有时即使有解说也难以表达清楚的内容，在后期编辑时加上字幕，能够增强信息的明确性，使观众一目了然。说明性字幕在电视片中使用频繁。

（2）强调性字幕。主要对画面或语言解说所表达的意义进行强调，使人们加深对节目内容的理解。这种强调通常有两种方式，一种是抽出内容的精要做成字幕，观众从阅读中直接理解某种意思。另一种是通过对解说的重复来加强意义的感受程度，造成强调效果。

（3）信息性字幕。信息性字幕又称为补充性字幕，主要是作为一种独立的表意单元传达某种相对完整的信息，用来补充电视作品直接内容之外的信息。纪录片中常用的信息性字幕是一些对比数字、内容提要、同期讲话声的梗概及知识性的说明。这些字幕的运用十分得体，既较好地保留了现场的气氛，又传递了与现场有关的新闻要素和背景，平行发展，形成信息组合，发挥了传播系统的结构化作用。有时字幕还根据时效性要素，独立发布或插播字幕新闻或讯息，如《奥运快报》、节目临时变更预报等信息，在不妨碍其他节目的同时播出。

（4）文学性字幕。文学性字幕不是为了介绍或说明某个事物，也不是单纯为了传达某种真实的信息，而是具有某种类似文学语言的作用，能使人通过阅读产生引申和联想。它既是对画面内容的加强，又具有游离于画面内容之外的独立的意义。文学性字幕可以对画面内容作一定的评价起到议论的作用；也可以用于加强人物所提供的意境，起到抒情作用。

（5）结构性字幕。用字幕来贯通全片，将整个节目贯穿下来，起到对节目或栏目的整合或分段作用。以字幕为结构形式，可以增加时代感、节奏感、紧张感、爆发力、震撼力。此种字幕的形式起到强化主题、承上启下的作用，线索一贯到底，结构流畅简洁。例如，中央电视台的许多公益广告，经常使用字幕与声画之间构成的对比、平行等关系。

（6）渲染性字幕。随着现代电视的日益平民化，一些传统的字幕设计得到突破和逾越，字幕也成为对节目气氛、基调、情绪进行渲染的一种技术化手段，对其他传播要素传达的信息发出同步性评论或惊叹等主观性文字信息，以期感染观众。这类字幕一般由画内图像引发，但不影响画内事物的正常进程。在许多电视娱乐节目中，以夸张的字幕，即兴插入一些带有感情色彩的文字，传导不同的情绪，增添节目气氛和情趣，产生不同的感染效果。

3. 电视字幕字体的选择

中国的文字有着悠久的历史，形成了多种字体，每一种字体都带有历史的烙印、各具特点。电视字幕来源于各家字体，任何字体都是以形传神，有形不等于有神，只有对形、神二者在间架和运笔起落赋予了主观意识，才能使二者表达出某种和谐。电视字幕字体的选择应根据节目内容的需要而定,要明确字体的外在特征和内在含义。

1) 印刷字体

(1) 宋体。宋体是最先出现的印刷字体,是在北宋的刻书字体基础上发展起来的,所以又称老宋体。老宋体的造型特点是:字型方正、横细竖粗,横画、竖画及横折画的右上方都有顿角,点、撇、捺、挑、钩与竖画粗细相等而有粗细的变化,其尖锋短而有力,其字体的风格典雅、严肃、工整、大方。由于宋体字横平竖直,形态方正,饱满匀称,笔法严谨,美观实用,故常被用作图书、报刊的正文,但也因为其历史悠久与后来的黑体等印刷体比较就显得有些陈旧。因此,在现代设计中,常用于一些重传统或历史题材的文字内容,如运用书籍的装帧设计、大型史料展示设计等的文字运用上。

(2) 仿宋体。仿宋体字体笔画横细、竖粗,横笔画略向右上方倾斜,点有尖圆、撇捺如刀,字型略长,挺拔秀丽、清晰悦目,有着大方、美观、优雅、轻松、喜庆的特点。该字体常用于节日、庆祝会、庆功会和会标或商标等处,也适合于排小标题,书刊中常用于排诗词古文等。

(3) 黑体。黑体是继宋体后产生的一种感觉全新的字体,因字体笔画较粗、色度较深、方黑一块而得名。其字形特点是:横竖粗细一致,方头方尾,转折处没有顿角。黑体虽不及宋体生动活泼,却因为它浑厚有力,朴素大方而引人注目,它的结构严谨、笔画单纯、没有多余的笔画装饰,字形简洁明了,成为一种最通用的标题字。黑体适合于一些要求现代感强和视觉注目程度高的文字设计,如现代商品广告、高新科技展示、标语、标题等文字的设计。

(4) 楷体。楷体字始于汉末,盛行于唐代,书法的代表人有欧阳询(九成宫碑)、褚遂良(孟法师碑)、颜真卿(多宝塔碑)及柳公权(玄秘塔碑)等。楷体也称正楷体或正体书法,是由手写体的楷书发展来的,其端庄匀称中又显自然流畅。楷体的特点是笔画粗细均匀、流畅自然。楷体也有各种变形,如中楷体字体端正严谨,布局均匀,笔法流畅自然,易于认读,适合于正文和标题。

2) 书法字体和扩充字体

书法字体使单纯的文字书写成为一种艺术,能够传达出一种内在精神,具有朴素亲切的情调,更能体现出一种强烈的民族特色,尤其是其中的行书、草书已达到手写文字的极致,它所具有的那种狂放洒脱、行云流水、一泻千里的自然感可以完美地烘托屏幕的视觉气氛,有效地传递信息内容。

扩充字体与基本印刷字体有较大的变化,如较常见的线体、圆体、琥珀等一些加粗和变细笔画的字体等,具有一定的美术效果,常用的书法字体和扩充字体如图11-4-1所示。

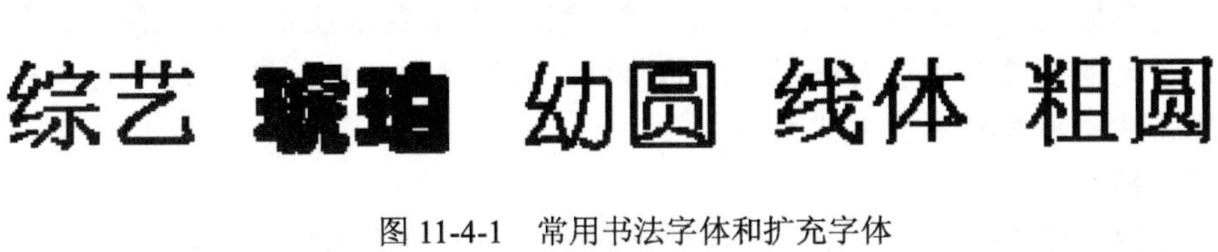

图 11-4-1 常用书法字体和扩充字体

（1）行书。行书是在楷书的基础上，吸收今草结体和书写方法而派生出来，介于楷书和今草之间的一种书体。写的规矩就称"行楷"，写的自由就称"行草"。字体飘逸洒脱，行笔流畅自然，刚劲舒展，书法韵味浓。行书为感性艺术，它在于追求表现个人的浪漫自由的情感。行书特点全在于动和变之中，它能体现出书法家的内心情怀，同时又能体现出各种意境内含。行书在书写时省减笔画，合并线条，笔落笔收，给人一种丝断意连、字字流动之美的形式。东晋"书圣"王羲之的《兰亭序》为"天下第一行书"。行书常被用于书籍、报刊标题字和宣传、装饰用字。由于行书的笔画粗细变化较大，字数较多时可能不易辨认，在电视字幕中要慎用，但可在字数较少、字体较大的场所，如片头中使用。

（2）隶书。隶书是由小篆简化而来。出现于秦代而盛行于汉代。隶书的特点是将小篆字形改圆为方，笔画改曲为直，结构更趋向简化。横、点、撇、捺、挑、钩等笔画开始出现，后来又增加了具有装饰味的"波势"和"挑脚"，从而形成一种具有特殊风格的字体。隶书字体浑厚饱满，婉转流畅，笔法古朴典雅，韵味深长。常被用于书、报、杂志标题字和宣传、装饰用字。隶书还能变化成各种隶变体，其字型微扁，笔画舒展，构体秀逸平和，古朴庄重。常被用于书籍、报刊、杂志标题及正文字，也作装饰字。

（3）魏碑。魏碑字体苍劲坚实，结构跌宕起伏，笔意朴拙，不避锋芒。常被用于书籍、报刊的标题。

（4）综艺。综艺字型见方，结构饱满，笔法新颖雅致，具有独特的艺术效果。常被用于书籍、报刊、杂志标题及正文字，也作装饰字。

（5）琥珀。琥珀字型圆润饱满，新颖活泼，结构错落有序，粗而不重，胖而不臃。常被用于书籍、报刊、杂志和各类印刷体的标题和装饰用字。

（6）线体和圆体。线体和圆体笔画纤细，字型方正，结构均匀，排列整齐。其有各种变化，如：

细圆体：笔画圆顺舒展，结构秀逸婉转，字体匀称美观。常被用于书籍、报刊、杂志的正文及装帧、广告等宣传用字。

中圆体：字型圆润舒展，笔法婉转柔和，结构古朴美观。常被用于书籍、报刊、杂志的各类标题字和装饰用字。

粗圆体：字型圆润饱满，笔法舒展柔和，美观大方。常被用于书籍、报刊、杂志的标题和装饰用字。

字体还可分为古典型、浪漫型和现代型三种。
①甲骨、钟鼎、篆体、汉隶、唐楷为古典型。
②行楷、行草、草体、狂草为浪漫型。
③宋体、黑体、美术体、电子字体为现代型。

4.电视字幕色彩的选择

字幕与色彩如同书籍装帧、广告设计、商标设计一样，要求注重它们之间的色彩对比、和谐关系。在电视节目中特别要求字与色的醒目、清晰效果，色彩能使人产生情感变动，这取决于色的性质和人的某些主观因素。

1）色彩的冷暖

色彩分为冷暖两大类：红、橙、黄色和倾向于此色的称为暖色。蓝、蓝绿、白色和倾向于此色的称为冷色。一般说来,暖色系列给人以温暖、快活、兴奋的感受;冷色系列则给人以清凉、寒冷和沉静的感觉。若将冷暖两色并列,给人的感觉则是暖色向外扩张、前移,冷色向内收缩、后退。掌握这个规律,对字幕设计中处理色彩、字图关系与画面中物体的前后、大小与强弱关系等,是很有帮助的。

2) 色彩联想及应用

色彩可以被当作一种语言来表述思想感情,不同颜色的屏幕文字所表达的情感和气氛不一样,颜色本身具有一定的象征意义。色彩,作为一种物质现象,其本身的色相特质几乎是恒定不变的,而色彩所形成的感觉多变性,实质上反映了色彩与自然现象、生理现象、人为现象和社会现象的复杂关系。

(1) 红色。在光谱中红色光波最长,最易引起注意,令人兴奋、激动、紧张,但同时红色光最容易造成视觉疲劳。

在自然界中,鲜花、甜果、美味肉类都呈现红色,因此给人留下艳丽、芬芳、青春、富有生命力的感觉,还能联想起食物引发食欲。

在人类社会中,不少民族用红色作欢乐、胜利的装饰色。

红色注目性强,在标志、旗帜、宣传等用色中占首位,为有力的宣传色。消防车、灭火器都以红色为标志,如马路上的"红灯"停止的信号。

火和血是红色,红色也有灾害、战争、流血、恐怖、死亡等感觉,为了防患于未然,人们利用红色作为预警、报警的信号色。

(2) 黄色。光谱中黄色的波长次于红色。黄色的光,光感最强,给人留下光明、辉煌、灿烂、轻快、柔和、纯净和充满希望的印象。

在自然界中,芳香多姿的腊梅、迎春花、玫瑰花、水仙花、郁金香、秋菊、油菜花、向日葵等,多是美丽娇嫩的黄色,因此,黄色给人们以美丽与芳香的感觉。秋收的五谷、水果、精美的点心,都是黄色,因此,黄色又是一种能激起人们食欲的颜色。

在社会生活中,在一个相当长的历史时期,帝王与宗教首领,以辉煌的黄色作服饰、家具,宫殿也常用黄色,这就加强了黄色的崇高、智慧、神秘、华贵、威严和慈善的感觉。

黄色除了明快之外,还有象征酸涩、病态和反常的一面。

(3) 绿色。在可见光谱中,绿色波长恰居中位,眼睛对绿光反应最平静,最能使眼睛得到休息的颜色。

在自然界中,绿色是植物的颜色,也可称生命色,是最能表现活力和希望的色彩。艳绿、浓绿象征盛夏、成熟、健康、兴旺;灰绿、土绿、褐茶色喻意着秋季,反映了收获、衰老和终结。

绿色又是旅游与疗养事业的象征色。

(4) 蓝色。蓝色光波长短于绿色,让人联想到天空、海洋、湖泊、远山、冰雪、严寒,让人感到崇高、深远、纯洁、透明,但缺少生命活力。

蓝色最容易给人以冷静、沉思、智慧之感,并象征征服自然的力量,人们习惯用蓝色比喻青年。

(5) 紫色。无论是在自然界还是在生活中,紫色都比较少。在封建社会,高官才穿紫袍,紫色给人以高贵、优越、奢华、优雅、流动、不安等感觉。

（6）白色。白色是全部可见光均匀混合而成的，称为全色光，又是阳光的颜色，是光明的象征色。白色明亮、干净、畅快、朴素。白色又是冰雪、云彩的色，故使人感到寒冷、轻盈、单薄、爽快。

白色又是医疗卫生事业的象征色，由于白色与丧事的习惯性联系，因而有哀伤与不祥的感觉。

（7）黑色。从理论上看黑色即无光，是无色之色，在生活中只要光照弱或物体反射光的能力弱，都会呈现相对黑色的面貌。

黑色礼服，给人以高贵、典雅的感觉。高档首饰、钟表等商品的包装衬托与广告底色，也流行用黑色。

黑色对人们的心理可分两大类：首先是积极方面的，黑色使人产生休息、安静、深思、坚持、准备、考验、严肃、庄重的感觉；另一种是消极方面的，如漆黑的地方人们会失去方向，失去办法，产生阴森、恐怖、烦恼、忧伤、消极、沉睡、悲痛甚至死亡的感觉。

（8）灰色。灰色原意是灰尘的色。从光学来说，是居于白与黑之间，属于中等明度、无彩度及低彩度的色彩。灰色属于最不容易引起疲劳的颜色。在视觉上的反应是乏味、枯燥、休息、抑制、单调、沉闷、寂寞。

灰色是复杂的色，漂亮的灰色常常要用优质原料，精心配制才能产生出来，往往又是具有较高文化、艺术知识与审美能力层次的人乐于欣赏的，因此，灰色也给人以高雅、精致、含蓄、耐人寻味的感觉。

人类对色彩的感受和喜好是十分复杂的，不同国家、不同区域的人对色彩的喜好有很大差异，不同年龄、不同文化、不同性别对色彩的喜好也不同。

5. 电视字幕的编排与画面的协调

在字体、颜色确定之后，就要考虑字数的多少，如何在屏幕上合理安排，并考虑与画面的协调统一。

1）文字画面上的位置处理

屏幕文字的构图形式，是指屏幕文字在电视屏幕上的位置和排列及屏幕文字与画面的结构关系。文字在电视屏幕上的排列是灵活多样的，并没有一成不变的固定位置或形式。

电视节目中最为常见的屏幕文字排列方式是采用横行排列，当然，还可根据需要选择竖行排列和斜行排列，还有根据主体动作和画面造型因素的需要以左上角、右上角、左下角、右下角、左中、右中、中下等布局的方法来表现。字与字之间的距离可以相等，也可以错落有致；字号可以一致，也可以有所区别。

在我国的电视节目中，通常的屏幕文字运用情况主要有整屏文字式、底部横排式、滚动字幕式和固定板块式。

（1）整屏文字式。整屏文字式，是指屏幕文字成为电视屏幕最主要的构图元素，并且占据屏幕的主要视点。整屏文字式多用于事件介绍、文件颁布、教学讲解等内容。这种方式多是利用口播与文字的视听双通道结合进行多维感知，同瞬间对大脑相关神经中枢冲击，明显地加强观众的记忆度和接受信息的易受性。

（2）底部横排式。底部横排式，是指屏幕文字横向排列在电视屏幕的底部的构图形式。可以说，这种形式是电视节目中屏幕文字最基本、最常用的形式。电视节目中人物对话、翻译屏幕文字,歌曲的唱词,电视新闻节目中播音语言显示、新闻人物语言、内容提要、新闻标题等,都是以这种形式构图的,它的好处在于屏幕文字位于屏幕的底部,不会对电视画面构成干扰,横向排列又比较符合观众的阅读习惯。

(3) 滚动字幕式。滚动字幕式,是指字幕以滚动的形式通过屏幕,逐次展示其所负载的信息的形式。滚动字幕可以置于电视屏幕的底部或顶部,也可以置于电视屏幕的左边或右边。人们的阅读习惯一般是从左到右、从上到下;相应的,底部或顶部的字幕一般应该按从右到左的方向滚动,左边或右边的字幕一般应该按由下至上的方向滚动。上滚多用于片尾字幕,左滚多用于给节目附加新的信息。滚动字幕所承担的传播功能一般是信息功能,在现代快节奏的信息社会中,滚动字幕带来的"信息快餐"是大有市场的。

(4) 固定板块式。固定板块式是指字幕以小方块的形式固定在电视屏幕的某一位置的构图形式。板块式字幕有横向排列和竖直排列两种,主要是起到说明性的作用。在电视新闻节目中,主要文字在画面上不同的位置将产生不同的视觉效果和不同的象征意义。

2) 文字的编排

文字编排方法得当,不但提高视觉的注目效果,增强阅读率,同时也构成了整齐美观的版面。那么如何进行好的文字编排呢?下面介绍几种方法。

在文字排列时,以一条轴线为依据来进行文字编排,可用以下几种文字的排列方式。

(1) 轴线左置的排列:每行文字的左边对齐,右边不齐。开头整齐排列,便于读者阅读,是常用的排列方法。

(2) 轴线右置的排列:每行文字的右边对齐,左边不齐。这种排法,适合于文字行数较少时使用,否则将不便于阅读,影响效果。

(3) 轴线中置的排列:把文字的轴线中置,每行文字以中轴线左右对称,每行文字在中轴线左右相等,形成绝对对称的文字排列。

当文字内容比较多时,可增加一条轴线,形成两条轴线的排列方式。

(4) 双轴线左右置排列:两组文字左齐与右齐,齐头一边分别置于左或右,而中间形成穿插组合的排列。

(5) 双轴线中置的排列:两组文字右齐与左齐,齐头一边居中相邻,形成两条轴线相对对称的排列。

(6) 双轴线左置或右置:两组文字都右齐或左齐。此方式必须使两组文字穿插排列,如加上大小变化则更为理想。

(7) 传统书写形式排列:这也是一种双轴线排列,每行文字都既左齐,也右齐,每段文字的开头都要空两格,然后顺次排列。

3) 文字的疏密

因为电视屏幕尺寸提供的是有限的面积,所以字数在电视屏幕上不宜过多,一般横排为 12 个字。字幕在画面中不能太满,要求字号适中。在排列中应该注重平衡中求错落,轻重中求稳定,紧密中求舒展,空白应该适当,左右应该有余地的艺术效果。在设计字幕时还要分清主标题与副标题及小标题的字体、字数、字号、粗细、比例、尺寸、色彩等关系。主标题字数不应过多,但字体应该大些。

4) 字幕与画面的协调统一

字幕在与图案、符号、画面相结合时,要注意字数的多少,字号的大小、图案的大小和图案的形状；字号的大小与符号的大小、符号的形状及画面人物、景物、色彩之间的关系。要确定以谁为主，这样才能把握好字幕与图案、符号、画面之间协调统一。

（1）字幕与图案的协调统一。字幕与图案的结合，首先要有统一的基调，这种基调是确立在电视的内容基础之上的。

（2）字幕与画面的协调统一。字幕在画面中的色彩，最好选择对比的冷暖色，既鲜明又突出。字幕在画面中应用的手法是多种多样的，在什么场合，什么条件下，怎样处理都需要设计。例如，中央电视台制作的各种专题、文艺节目片头、片尾、画面的字幕艺术都很有特色。

5）电视字幕出入方式的选择

现代计算机字幕机硬件和软件的发展水平，使得屏幕文字的出入方法、种类、形式大大增加，表现效果更加引人入胜。但在实际创作中，应根据电视节目的具体内容有针对性地加以选用，不能将屏幕文字的出入方式弄得过于花哨、复杂，从而分散了观众的注意力，削弱了电视节目内容的表达效果。但有些艺术表现要求较高的电视节目可以不受约束，只要能充分表达出某种艺术内涵，则方法可以更加灵活。一般来说，电视节目屏幕文字的出入方式有三种。

（1）硬切。硬切是电视镜头组接的一个术语，在这里指文字瞬间出现，中间无任何过渡时间，其在电视屏幕文字创作中使用得比较多。这种切入和切出的方式最简洁，较少主观色彩。直接的切入由于缺少中间过程，具有较强的突然性。连续的快速切入会形成闪动的效果，吸引人们的注意力。一般用于节奏较快的节目内容。

（2）慢转换。慢转换本是电视画面进行特技转换的一类形式，用特技的混合（MIX）功能实现两个画面的转化。在电视屏幕文字创作中，也常用这种方法出现和隐去文字，如化入化出、淡出淡入等。这种出入方式过程完整，感觉较为舒缓流畅。一般用于节奏较慢的节目内容。

（3）特技效果。在现代的计算机字幕机中，常将一些常用的平面特技动作程序固化在硬件上，也有采用软件的方法来增加屏幕文字出现的艺术效果，如排队、生长、二维特技等。这一类屏幕文字艺术手法多样，表现效果好，能给观众较大的视觉冲击，常用于艺术性较强的节目内容。

6.电视字幕运用的注意事项

（1）掌握好出现的时间和停留的时间

与画面内容紧密配合，如歌词、电视散文等节目必须与解说同步。停留的时间以能阅读完整个文字为原则，对于需要记忆的总结性文字可适当延长。

（2）减少不必要的字幕

如果节目中文字出现的太多就会分散观众的注意力，影响对画面的观看，甚至造成厌倦情绪。

（3）用字要规范

一是字幕要科学，尤其是教学节目中的公式、符号等准确无误。二是防止出现错别字，造成观众的误解。

（4）特技运用要恰当

现在的字幕特技效果非常丰富，在运用时要根据内容节奏的需要，选择合适的方式并调整合适出入的速度，避免与画面内容的脱节。制作内容严谨的教学片时少用特技，而在趣味性较强的节目中则可选用一些形式活泼的特技效果，增强其观赏性。

电视节目的类型和风格很多，字幕的运用应该适应节目的需要。在设计时首先要把握电视节目的类型和风格的基调，才能寻找到字幕的个性特征。从而选择恰当的字体、颜色、编排方式、出入方式，为电视节目增添光彩。

思考与练习

1. 简述我国字幕机的发展历程。
2. 简述字幕机的硬件构成和软件构成。
3. 简述字幕制作过程。
4. 利用图文包装系统完成一个体育类节目的包装设计。

第 12 章　电视非线性编辑

本章学习目标
- 了解电视节目编辑的发展历史
- 了解非线性编辑系统平台的分类
- 熟悉非线性编辑系统的系统配接
- 熟悉非线性编辑系统的软件平台
- 熟悉 Premiere 的主要工作窗口
- 掌握数字非线性编辑系统采用的主要技术
- 掌握非线性编辑系统的基本构成
- 掌握利用 Premiere 进行视音频编辑的基本步骤

12.1　非线性编辑概述

随着计算机技术、通信技术和网络技术的迅猛发展，计算机不但可以实时采集和重放高质量的视频图像，而且还可以使电视节目制作人员对电视图像进行超乎想象的创作，从而把电视节目制作带入一个崭新的领域，这就是当前在电视节目制作中被广泛采用的非线性编辑（Nonlinear Editing）。

非线性编辑是相对传统上以时间顺序进行线性编辑而言。传统线性视频编辑是按照信息记录顺序，从磁带中重放视频数据来进行编辑，需要较多的外部设备，如放像机、录像机、特技发生器、字幕机，工作流程十分复杂。非线性编辑借助计算机来进行数字化制作，几乎所有的工作都在计算机里完成，不再需要那么多的外部设备，对素材的调用也是瞬间实现，不用反反复复在磁带上寻找，突破单一的时间顺序编辑限制，可以按各种顺序排列，具有快捷简便、随机的特性。

12.1.1　电视节目编辑方式回顾

视频（电子）编辑是在磁带录像机出现以后相当长一段时间才出现的。在此之前，电视节目的制作和编辑一直是沿用电影制作和剪辑的方法，其重要的原因是因为电影剪辑能按任何顺序将不同素材胶片黏合在一起，或者随意改变顺序、剪短或加长其中的某一段。实际上这就是非线性编辑，"非线性"一词在这里的含义是指所用素材的长短和前后顺序可以不按制作的长短和先后进行剪辑。随着磁带编辑的出现和完善，廉价的、并可多次使用的磁带编辑方式掩盖了自身线性编辑的缺点，逐步取代了原来的电影剪辑方式，只留下了"视频编辑"这一名称。由于视频编辑是用电子复制的方法进行编辑，为区别于物理意义上的"剪辑",故又称为电子编辑。磁带编辑系统可以是一录一放加编辑控制器,也可以是多部录像机加特技设备组成的复杂系统。通常先用组合编辑将素材按顺序编成新的连续画面,然后再用插入编辑对某一段需要改动的部分进行同样长度的替换。

磁带编辑的缺点:

(1) 编辑修改困难。在线性编辑系统中,视音频信号的载体是磁带,信号的记录和重放主要依靠磁鼓和磁头。在寻找素材的时候,必须从前向后,或者从后向前走带,不可能跳跃式地寻找素材。采用组合的方式进行编辑的时候,也只能按照顺序,从前至后进行记录,要在中途插入,或者删除一段素材都是比较麻烦的事情。有的时候,磁迹不小心中断了一小节,只能重新录制一版,结果造成信号质量下降。

(2) 多次编辑会造成图像质量下降。传统的后期节目制作一般要经过画面剪辑、字幕叠加等步骤,从素材带到播出带至少要经过3~4次的"翻版"。在这个过程中一方面由于编辑时的检索会导致磁带磨损,降低画面的质量;另一方面每一个制作步骤至少要进行一次翻录,而录像带每翻录一次,就会有一次信号的损失。

(3) 硬件设备要求多,费用高。一套最基本的A/B卷编辑系统,除了两台编辑放像机和一台编辑录像机之外,还需要编控器、视频切换台、调音台、字幕机等设备。各硬件设备之间很难做到无缝兼容,影响硬件性能的发挥。另外视频特技切换台中的特技效果是通过硬件实现的,为了保证系统不过时,就要经常更新设备,这需要大量资金。

1970年世界上出现第一台非线性编辑系统,从而揭开了非线性编辑时代的序幕。这是一种记录模拟信号的非线性编辑系统,它将图像信号以调频方式记录在磁盘上,可以随机访问磁盘,改善了编辑点定位问题。但其功能还只限于记录与复制,处理速度的限制也使得编辑中难以叠加复杂的特技。随着计算机处理速度的提高及计算机图像理论的发展,20世纪80年代出现了纯数字计算机非线性编辑系统,真正开始了非线性编辑时代。20世纪90年代以后,随着数字媒体技术和存储技术的发展、实时压缩芯片的出现、压缩标准的建立及相关软件技术的发展,非线性编辑系统进入高速发展时期。进入21世纪以来,伴随计算机技术、网络技术的迅猛发展,非线性编辑系统向着网络化、集成化进一步深入发展。

12.1.2 非线性编辑的发展

非线性编辑系统是指能够随机存取和处理素材的编辑系统,通常是指以计算机为平台,以硬盘为存储介质的编辑系统,它的出现是对传统磁带线性编辑方式的一次否定。现在所说的非线性编辑主要是指随着数字视频压缩技术的发展所形成的数字非线性编辑,它整合了传统美术、音乐、摄像、广告创意、动画制作等专业领域。非线性编辑系统的发展大致经历了三个阶段。

1. 磁带非线性编辑系统

最早的非线性编辑尝试性工作始于1983年,当时的系统被称为图像装配处理(Montage Picture Processor)系统,共使用了17台录像机,工作时把一个素材带复制17盘,以实现从任意一台机器中取出任意一段放到任何位置上去。这套系统虽然笨重，但使用方便，开创了原来磁带编辑系统所没有的新天地，特别适合于生产广告或多级电视片。由于系统采用磁带作为存储媒介，因而称为磁带非线性编辑系统，如图 12-1-1 所示。

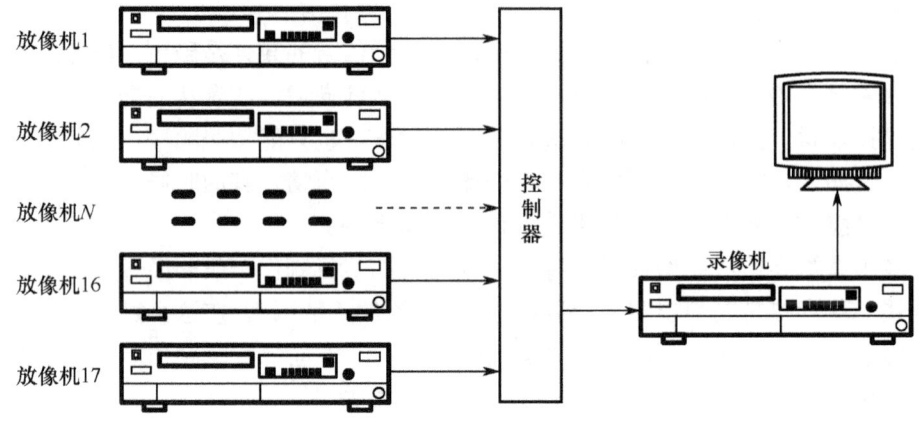

图 12-1-1　磁带编辑系统

磁带非线性编辑过程如下。

（1）将原始素材一次性实时地复制到多台录像机上。这里需要强调的有三点：

第一点是复制过程中要将源素材的时间码"复制"过来，这样源素材与复制带中同一镜头（同一帧图像）具有相同的时间码，这是非线性编辑赖以生存的基础。

第二点是复制用的录像机为廉价的家用机型或业务级 3 英寸机型。

第三点是多台复制用录像机同时复制同一节目素材。

（2）非线性编辑。

根据多台录像机具有复制同一节目源素材的特点，编辑人员就可进行非线性编辑了。

假如某一磁带非线性编辑系统有 12 台复制或重放用录像机，编辑人员在编辑时要将 10 个镜头编成一小片段。由于 12 台录像机的磁带上都具有相同的源素材，因此编辑人员通过系统可以很容易地从 VTR1 中找到第 1 个镜头，从 VTR 2 中找到第 2 个镜头……最后从 VTR 10 中找到第 10 个镜头。在编辑人员选择了每个镜头的入点之后，10 台录像机相继工作，每台录像机找到各自的入点，并且在预定的时刻重放，这样按编辑人员的意图、顺序重放的图像就在编辑人员面前出现。如果不满意，可以很方便地对每一镜头入点、长度进行修改，甚至重新调整先后顺序，一直到满意为止。

2．LD 非线性编辑系统

1984 年至 1989 年期间，随着可刻录光盘的出现，使非线性编辑设备有了第一次发展。当时产生了一种基于激光视盘（Laser Disk,LD）的电子非线性编辑系统，如图 12-1-2 所示。

该阶段利用成熟的激光唱片（LD）技术，以它作为存储媒介进行非线性编辑，具有三个明显的特点：电子化、随机存取和非线性编辑，算是真正的非线性编辑系统。

LD 视盘有两种类型，一种是 CAV 型，另一种是 CLV 型。CAV 是 Constant Angular

Velocity 的缩写,意思是角速度不变,即每秒旋转角度不变;CLV 是 Constant Linear Velocity 的缩写,意思是线性速度不变。

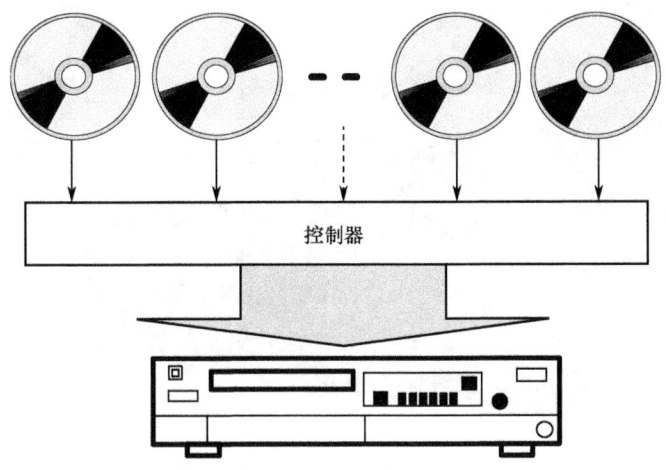

图 12-1-2　LD 非线性编辑系统

由于 CAV 型 LD 视盘具有较好的性能,比较适合非线性制作,因而 LD 非线性编辑系统采用 CAV 型视盘,每面存储容量为 30 分钟。

CAV 型视盘的使用特别重要,因为它可以解决以前被认为棘手的问题,在 LD 出现之前,非线性编辑系统(如磁带非线性编辑)不能够以非正常速度重放出稳定的图像。CAV 型视盘的出现,可以让编辑人员得到各种运动效果,如慢运动、快运动、反向运动和静帧,这无疑增加了编辑功能。

LD 非线性编辑系统仍是模拟方式,在将节目素材存储到 LD 之前,视频信号与音频信号并没有数字化,它采用类似于 1 英寸 C 格式 FM 原理对两者进行调制。激光束受 FM 载体调制,从而将 FM 载波记录在 LD 上,这是非线性编辑第二阶段的特点之一,也是区别于非线性编辑第三阶段的根本标志之一。

3. 数字非线性编辑系统

1988 年前后,数字非线性编辑系统开始登场。由于其符合电视编辑制作的发展方向,因此发展速度极快,逐步占领原来磁带编辑的市场,与数字演播厅、数字传输(包括网络)一起,掀起了一场视频数字技术的革命。

数字非线性编辑系统(图 12-1-3)是指能完成视音频素材的非线性编辑,在编辑过程中同时完成 A／B 卷或多通道特技、图文字幕叠加、配音配乐的电视制作设备。有别于传统编辑设备的是,数字非线性编辑系统都基于计算机平台,配以专有的图像卡、视频图像压缩解压卡、声卡及一些辅助卡和高速硬盘,由相应软件控制来完成电视节目的制作。电视非线性编辑系统把来自录像机或其他信号源的视、音频信号,分别经图像卡、声卡转换为数字信号,再经过数字压缩形成数据流存储到高速硬盘中;然后按照创作意图运用相应的软件对存储在高速硬盘中的数据流进行编辑和特技加工,再由高速硬盘将数据流送至相应板卡进行数字解压及 D／A 转换,形成模拟的视、音频信号送入录像机录制。从技术上讲,非线性编辑系统大量采用了多媒体技术,是一台与普通多媒体计算机有一定区别的广播电视业务专用的多媒体计算机。

图 12-1-3　数字非线性编辑系统

1）数字非线性编辑系统采用的主要技术

数字非线性编辑系统，是真正的电子非线性编辑系统，它将非常成熟的计算机技术作为基础；以大容量磁盘作为存储媒介；对数字化的视、音频数据快速进行存储和读取；利用计算机强大的软件、硬件功能，使人机对话方便灵活，使非线性编辑的特点得以充分发挥。

数字非线性编辑系统主要是数字化技术、压缩技术、计算机技术和存储技术发展的结果，并且随着它们的发展，必将使数字非线性编辑系统功能更强大、更完善、应用更广。

（1）数字化技术。非线性编辑的前两个阶段，都是采用模拟信号的存储方法，即将模拟信号存储在磁带上或 LD 光盘上，一则存取时间太长，二则复制能力差。数字非线性编辑系统最明显的特点是输入的视、音频信号首先数字化，将它变为"1"或"0"二进制数字信号。对于数字非线性编辑系统来讲，采用数字化有利于节目的多代复制，有利于发挥计算机随机存取的优势，有利于电视系统网络的形成与发展。

（2）压缩技术。数字化的视频数据流，其数据率相当高（如 CC R6014∶2∶2 标准，其视频数据率达 270Mb/s），要想实时传输和存储这些数据，需要计算机总线的传输率很高，需要的存储空间惊人。这阻碍了数字非线性编辑系统的诞生和发展。

就是在这种情况下，数字压缩技术发展很快，试图解决数字化后速率变得太高的问题。目前应用于数字非线性编辑的压缩技术主要是 M-JPEG，因为它比较成熟，又比较适合编辑的要求。既要有较大的压缩化，又要尽量保持图像的高质量，这仍然是压缩技术的研究方向之一。

由于压缩技术的应用，明显降低了数字化后的视频数据率，当然也降低了所需存储容量，降低了对计算机总线速率的要求，才有可能在当时的技术条件下使数字非线性编辑系统这种新生事物诞生并得到发展。

（3）计算机技术。数字非线性编辑是在计算机技术比较成熟，并且世界上出现计算机热的情况下出现的,而计算机的语句处理功能、数据管理、随机存取功能、人机界面功能及网络功能等也正是非线性编辑所需要的,可以说,数字非线性编辑系统是视频技术和计算机技术相结合的产物。计算机尤其是 PC 性能的不断提高,必将推动数字非线性编辑系统朝着速度更快、功能更强大的方向发展。

(4) 存储技术。由于视频数字化后数据率很高,这就需要很大的存储容量,因而也需要存储技术快速发展,由于磁带存储容量较大而且价格便宜,因此数字磁带录像机最早出现于电视领域并实用化。

作为数字非线性编辑存储媒介的磁盘,存储密度或者说存储容量有限,近几年磁盘存储技术发展很快,从 1989 年的 600MB 以来,1991 年突破 1.5GB,1992 年近 3GB。目前 4GB(3.5 英寸)、9GB(5.25 英寸)已广泛采用。磁盘冗余阵列(RAID)技术的运用,标志着存储技术的飞速发展。磁盘阵列是利用若干个小型硬磁盘加上控制器,按一定的组合条件而组成的一个大容量、高速度、高可靠性的存储系统。它对数字非线性编辑的发展起着很大的作用。

2) 数字非线性编辑的发展

1992 年 ISO 正式颁布了 JPEG 压缩标准,这时候,Windows 和 OS 操作系统下的多媒体软件平台 VFW 和 Quick time 也已推出,制作非线性编辑系统的技术条件已经成熟。1993 年美国 ImMIX 公司在 NAB 上首先推出了 Video Cube 非线性编辑,它采用的是小波转换。紧接着采用 JPEG 压缩标准的 Media ComPoser1000、Studio 2300、Media 100 等非线性编辑系统纷纷出台,标志着商品化的开始。1995 年 AVID 推出了具有实时编辑功能的 MC-1000,使用一台插有图像卡的计算机就能完成电视节目的后期制作,替代众多的传统设备,引起了人们极大的兴趣。同期,DPS、True Vision、Fast、Miro、Digital Video Arts 等公司也纷纷推出基于 PC 的非线性编辑板卡。需要特别指出的是 DPS 推出的带 Y、U、V 模拟分量接口和 SCSI 接口的非线性编辑板卡(单通道)PVR3500,融视频采集、压缩/解压缩、回放为一体,使用 Adobe Premiere 编辑软件,安装在 PC 上并配一音频卡和 SCSI 硬盘就可以进行非线性编辑。PVR3500 开创了在单通道板卡中用低压缩比实时采集全屏图像,质量可以达到广播级的先河。其缺点是不能处理音频,需另外配置音频卡,从而存在音频与视频的不同步问题,编辑项目除快切外,其他都要生成。DPS 自己的 VFW 软件结构,不能超过 2GB,硬盘管理不支持 RAID 等。单通道整机的代表性产品是 Media-100,其良好的图像质量和相对较低的价格,赢得了一些用户。但其绝大多数划像、二维、三维特技均要生成,字幕功能也较差,限制了它在专业领域中的应用。

采用两个视频压缩通道(双通道)的图像卡在 1997 年推向市场,典型的代表产品为 Matrox 的 Digisuite 和 True Vision 的 Targa 2000RT / SDX,后来又出现了 Matrox 的 Digisuite LE、DPS 的 Perception RT、Pinnacle 的 Reel Time 等双通道板卡。1998 年 3 月以来众多双通道板卡的出现,其多层画面一次生成和多声道处理及部分二维、三维数字特技实时的特点,标志着单通道图像卡逐渐让位于双通道板卡。

非线性编辑的真正动力来自于视频码率压缩,由于码率压缩技术的飞速发展,使低码率下的图像质量有了很大提高,推动了非线性编辑在专业领域中的应用。初期由于硬盘价格较贵，因此使用较高的压缩比，如 10∶1。为了使非线性编辑设备的输出质量能与专业录像机相匹配，使用的压缩比逐步下降，现在采用 3∶1 和 2∶1 的非线性编辑设备已很多，还有一些不采用压缩的非线性编辑设备，如 SGI、Quantel 和荷兰 Intergraph Computer System 的 Studio ZRAX 等设备，除了压缩比降低外，另一个很大的变化是逐步向实时方向发展。过去的设备除了 SGI 专业机以外，由于计算速度的原因，解压缩输出和特技输出往往不是实时的。随着计算机速度的加快，多个 CPU 的应用及软件特技固化的实现，离线编辑逐步发展为在线编辑。同时综合了数据的高速上下载、计算机网络技术、数字高速接口技术和硬盘阵列技术，使非线性编辑系统在结构上发生了很大变化。非线性编辑的另一个发展趋势是向专用非线性编辑的方向发展，除了通用型后期节目制作用非线性编辑设备外，专门用于广告、新闻的非线性编辑系统应运而生。在内容变化快，经常变更次序的新闻、广告播出中充分发挥了非线性编辑的优点，大大缩短了制作时间和提高了工作效率。

3）数字非线性编辑的优越性

数字非线性编辑的优越性主要体现在以下几个方面：

（1）简化了原来电视节目制作系统的设备种类和数量。一套非线性编辑系统加上一台录像机就可代替原来的多台录像机、编辑机、特技机、调音台、字幕机等设备。硬件结构的简化，实际上降低了整个系统的投资成本和运行成本。

（2）编辑功能强大，方便宜用。非线性编辑系统拥有强大的制作功能；方便易用的场景编辑器和丰富的二、三维特技及多样效果结合的编辑；完整的字幕制作系统，功能强大的绘图系统及高质量的动画制作；可灵活控制同期声音与背景声的切换与调音，可实现任一画面与声音之间对位的后配音功能。在一个环境中，就能轻而易举地完成图像、图形、声音、特技、字幕、动画等工作，完成一般特技机无法完成的复杂特技功能并保证音视频准确同步。系统易于学习，无须掌握多种机器的使用技巧。

（3）数字技术保证了高质量的图像。非线性编辑全部制作过程以数字化的算法完成，在处理过程中不易受干扰，不会增加噪声，存储的视音频信号能高质量地长期保存和多次重放，在多带复制性上效果更加明显。当然，制作节目的图像质量也不会因设备之新旧而有差别。

（4）编辑时间缩短，修改随心所欲。制作节目方便快捷，将素材预先灌录到硬盘上后，编辑时就可以随时调用，不必再费力地在磁带上来回搜索，因此整个编辑过程灵活、方便，修改起来随心所欲。

（5）提高了设备的可靠性和使用寿命。非线性编辑系统以硬盘作为记录载体自有它得天独厚的优势。在整个编辑过程中它只需使用两次录像机：一次是向计算机输入素材；另一次是计算机输出而由录像机完成录制编辑完成的母带。这样就大大减少了录像机磁头的磨损及编辑过程中反复搜索造成的素材磁带的磨损。

此外，它不需要复杂的加载磁带式的机械结构；能随机地寻找素材；磁头与磁盘不接触。所有这一切都大大提高了设备的可靠性和使用寿命。

（6）易于网络化形成，共享其他资源。由于采用了标准化的硬件接口与管理手段，因此一般系统都能使用多种编辑软件,大大增加了节目制作的灵活性和多样性。由于采用了计算机数字技术,因而易于网络的形成,使每个用户都能方便地共享网络资源。

12.2 视频信号的数字化

非线性编辑系统的工作过程有 3 个步骤:

第一,把来自录像机或其他信号源的视音频信号分别经视频卡、声卡实时采集压缩,然后存储到高速 AV 硬盘上。

第二,根据脚本使用非线性编辑软件及其他各种软件,对采集的数字视频进行处理、合成,最后形成节目片段。

第三,从高速 AV 硬盘将节目片段送至相应的视频卡、声卡,进行解压缩及 D/A 转换,还原成模拟视、音频信号送入录像机录制。

也就是说非线性编辑的第一步工作就是要把模拟视音频信号数字化。

1. 模拟视频信号行、场结构

视频信号一般是指经过摄像机的电子扫描、光电转换后,由光信号转换成的电信号,或者再经 Y 校正和线性组合等处理过程而形成的电信号。图 12-2-1 所示的是模拟视频信号的波形示意图。

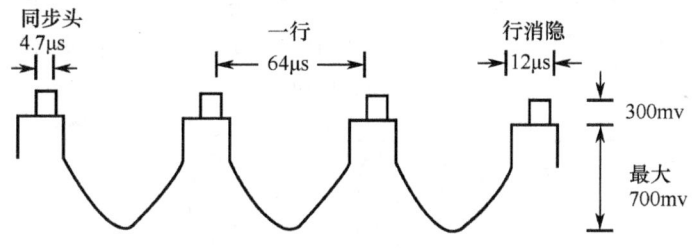

图 12-2-1 电视图像信号波形

从图 12-2-1 中可以看到,由于电子扫描的关系,因此视频信号是一种以行频为周期的模拟信号。在每一行中包括两个部分:行正程和行消隐。当电子枪从左向右扫描时,行正程会在屏幕上显示出来,成为人们在电视机上看到的图像,而行消隐期是人们在屏幕上看不到的,利用这段时间电视机中的电子枪可以从右边回到左边并开始扫描下一行。在我国,电视信号采用 PAL 制式,扫描一行的时间是 64μs,所以行频为 15625Hz。

除了行的概念之外,电视信号还有帧和场的概念。所谓帧就是一幅完整的图像,在 PAL 制式中,每一秒中要播放 25 个画面,每个画面有 625 行,其中只有 575 行是人们在屏幕上能看见的,而剩余的 50 行信号是人们看不到的,这是因为电子枪从电视屏幕的顶部扫描到底部之后还需要有一段时间回到顶部以便扫描下一幅图像。在扫描过程中这 625 行的电视信号是分两次扫描的(图 12-2-2),每次扫描 312.5 行被称为一场。所以说一帧电视信号是由两场构成的。

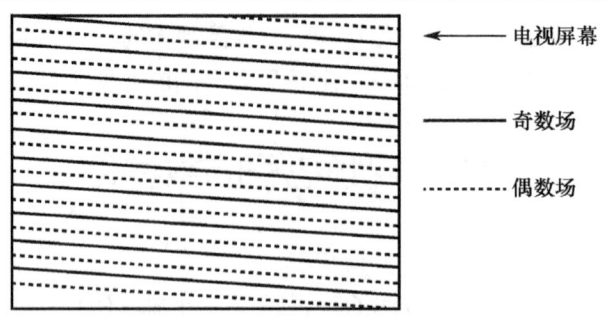

图 12-2-2　电视信号的奇数场和偶数场

了解视频信号特点对于视频信号的压缩编码是非常重要的。比如说,人们知道电视信号一行的时间是 64μs,如果采样率为 13.5MHz,那么可以计算出在一行之中的取样点数为 64×13.5=864 点。但由于在每一行中有 12μs 处于消隐期,这样就可以不处理在这段时间中的取样点,在数字化后每一行的有效样点为 702 点,考虑到处理的方便性,通常取 704 点。此外,由于在电视信号中还有 50 行是没有有用信息的,于是还可以在传送过程中不传送这些行的信息,从而使电视信号的有效行数变为 575 行。这样虽然没有经过压缩编码,但已经将图像数字化后的数据量下降到了原始数据量的 75% 左右。

2. 模拟视频信号的频谱

在电视机刚刚诞生的时候只能传送黑白信号,后来又发展为彩色电视信号。彩色电视出现后为了保证同一个电视信号既能被黑白电视接收并显示为黑白图像,同时还能被彩色电视接收并显示为彩色图像,人们采用了一种频谱叠加的办法,如图 12-2-3 所示。

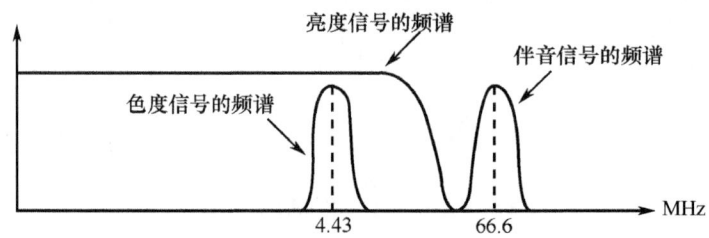

图 12-2-3　彩色电视信号频谱

从图 12-2-3 中可以看到黑白电视信号(亮度信号)的带宽在 6MHz 左右,而色度信号的频谱是叠加在亮度信号的频谱之上的。当该信号被黑白接收机接收到时,接收机可以利用一个陷波器将彩色部分的频谱去掉,然后进行显示,这样黑白的电视机也能接收彩色的电视信号,从而实现彩色电视机和黑白电视机的兼容。当然这也对图像质量产生一定的影响。最突出的表现就是:对于黑白电视机而言,虽然它通过滤波器将色度的频谱滤除了,同时它也将这部分频段中亮度的频谱滤掉了,这样使图像看起来比较模糊;对彩色电视机来说,由于亮度和色度的频谱混合在一起,虽然理论上可以将亮度和色度的频谱分开,但在实际应用中由于滤波器的特性不可能达到理论上要求的那样,因此使得亮度的频谱可能混合到色度的频谱中去,色度的频谱也可能混合到亮度频谱中去,进而影响图像的清晰度和色彩的逼真程度。

3. 视频信号的数字化

由于视频信号的带宽在 6MHz 左右，根据采样定理，取样的频率应该在信号带宽的 2 倍以上。事实上由于在世界上存在多种电视信号的制式，如我国是 PAL 制式，而美国和日本是 NTSC 制式，不同的制式有不同的行场频率，因此 CCIR 最后确定的采样频率是 13.5MHz，这个频率既是 PAL 制式行频 15625Hz 的整数倍，也是 NTSC 行频的整数倍，同时还满足取样定律。当然这个频率只是亮度信号的取样频率，对于色度信号，从图 12-2-3 中可以看到，它的频率范围是很窄的，在 1.3MHz 左右，所以对于色度信号，CCIR 规定其取样频率为 6.75MHz，当然，色度信号包含两个分量，为 U 分量和 V 分量（分别对应红、蓝分量）。

科学研究表明：人的眼睛对图像的灰度层次的分辨率有一定的限度，也就是说如果有两幅灰度级不同的图像，只要它们的灰度差别在一定的范围之内，那么人的眼睛就会认为这两幅图像的灰度一样。事实上，科学实验表明对于从纯黑变化到纯白的图像，人眼能分辨的灰度级在 64 级左右，也就是只要用 6 比特来表示一个图像的灰度级就足够了，但在实际应用中为了提高信号的质量，降低噪声的干扰，在取样过程中通常都采用 256 级取样电平，即每个取样点需要用 8 比特来表示。有些广播级的图像处理系统还采用 10 比特取样以保证图像的高质量。就常用的 8 比特取样量化而言，可以计算出活动图像信号数字化后的数据速率为：

13.5×8（亮度）+6.75×8（U 分量）+6.75×8（V 量）=216Mb/s

同理，还可以计算出每行的样点数为 64×13.5=864 点，而正程样点数为 52×13.5= 702 点。由于数字图像的压缩算法要求所处理的图像在水平方向上的样点数必须为 32 或 16 的整数倍，因此视频信号数字化后正程的样点数通常取 704（在某些情况下也取 720 点）。

根据 CCIR 601 建议的规定，PAL 制式的一帧图像经过数字化后得到的有效数据包括三部分：亮度信号（Y），大小为 704×576，每样点为 8 比特；色度信号（U），大小为 352×576，每样点为 8 比特；色度信号（V），大小为 352×576，每样点为 8 比特，如图 12-2-4 所示。这种格式被称为 4∶2∶2 格式。

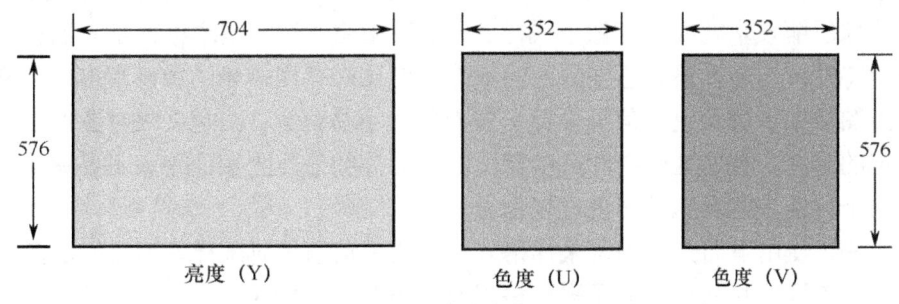

图 12-2-4 数字图像的 4∶2∶2 格式

根据每帧图像数字化后的有效样点数和每个样点的比特数，可以计算出 4∶2∶2 格式数字图像的数据速率为：

（704×576＋352×576＋352×576）×8×25＝162201600b/s

由此可以看出，模拟视频信号在数字化后，可以利用电视信号自身的一些特点（如在行、场消隐期不传送有用信息）将实际要处理的信息速率从 216Mb/s 降低到 162Mb/s，这样可以减轻图像压缩编码部分的负担。

在实际应用中，由于 4：2：2 格式的图像的数据量仍然太大，通常只有在对图像质量有极高的要求时（如 DVD 节目制作、电视节目的 DVB 等应用中）才要求直接对 4：2：2 格式的图像进行处理。而在更多的情况下，通常还需要对原始的 4：2：2 格式的图像进行亚取样（就是对数字化后的图像信号再进行一次取样）将其变为尺寸更小的图像以便进行处理。比如变为 4：2：0 格式、HHF、CIF 格式、QCIF 格式和 SQCIF 格式。这几种格式的图像尺寸如表 12-2-1 所示。

表 12-2-1　常见的数字视频格式（PAL 制式）

图像格式	水平样点数		垂直样点数（行数）		典型应用
	亮度	色度	亮度	色度	
4：2：2	704	352	576	576	MPEG-2
4：2：0	704	352	576	288	
HHF	352	176	576	288	S-VCD
CIF	352	176	288	144	VCD
QCIF	176	88	144	72	可视电话
SQCIF	128	64	96	48	Internet

具体采用何种格式取决于应用对图像质量的要求和通信线路的带宽。

4．图像子采样概要

对彩色电视图像进行采样时，可以采用两种采样方法。一种是使用相同的采样频率对图像的亮度信号和色差信号进行采样，另一种是对亮度信号和色差信号分别采用不同的采样频率进行采样。如果对色差信号使用的采样频率比对亮度信号使用的采样频率低，这种采样就称为图像子采样（Subsampling）。

图像子采样在数字图像压缩技术中得到广泛的应用。可以说，在彩色图像压缩技术中，最简便的图像压缩技术就要算图像子采样了。这种压缩方法的基本根据是人的视觉系统所具有的两个特性，一是人眼对色度信号的敏感程度比对亮度信号的敏感程度低，利用这个特性可以把图像中表达颜色的信号去掉一些而使人不易察觉；二是人眼对图像细节的分辨能力有一定的限度，利用这个特性可以把图像中的高频信号去掉而使人不易察觉。子采样就是利用这个特性来达到压缩彩色电视信号。

试验表明，使用下面介绍的子采样格式，人的视觉系统对采样前后显示的图像质量没有感到有明显差别。目前使用的子采样格式有如下几种（图 12-2-5）。

（1）4：4：4：这种采样格式不是子采样格式，它是指在每条扫描线上每 4 个连续的采样点取 4 个亮度 Y 样本、4 个红色差 Cr 样本和 4 个蓝色差 Cb 样本，这就相当于每个像素用 3 个样本表示。

（2）4∶2∶2：这种子采样格式是指在每条扫描线上每 4 个连续的采样点取 4 个亮度 Y 样本、2 个红色差 Cr 样本和 2 个蓝色差 Cb 样本，平均每个像素用 2 个样本表示。

（3）4∶1∶1：这种子采样格式是指在每条扫描线上每 4 个连续的采样点取 4 个亮度 Y 样本、1 个红色差 Cr 样本和 1 个蓝色差 Cb 样本，平均每个像素用 1.5 个样本表示。

（4）4∶2∶0：这种子采样格式是指在水平和垂直方向上每 2 个连续的采样点上取 4 个亮度 Y 样本、2 个红色差 Cr 样本或 2 个蓝色差 Cb 样本，采用间隔行采样的方法，即第一行采 U、第二行采 V、第三行采 V，以此类推，平均每个像素用 1.5 个样本表示。

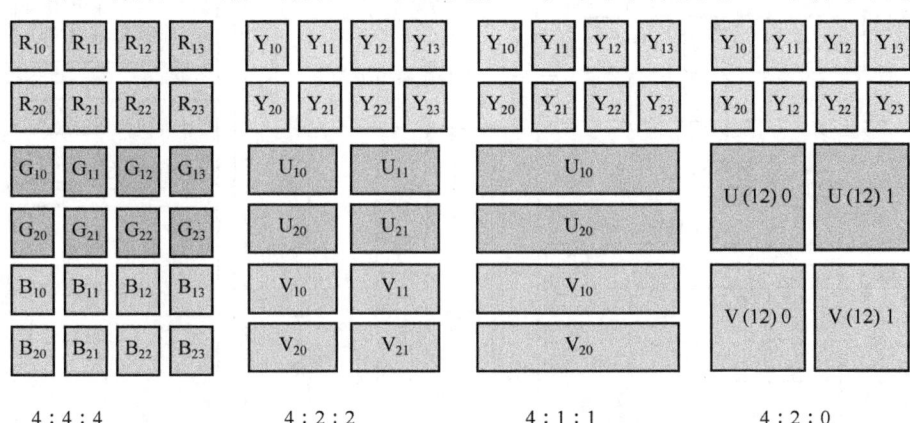

图 12-2-5　4∶4∶4、4∶2∶2、4∶1∶1、4∶2∶0 子采样

由于人的视觉彩色分辨能力较亮度分辨能力弱，去掉一些彩色细节基本上不影响图像质量，从而达到压缩彩色电视信号的目的。与 4∶4∶4 采样格式相比，4∶2∶2、4∶1∶1、4∶2∶0 的压比分别为 3∶2、2∶1 和 2∶1。

12.3　非线性编辑系统构成

非线性编辑系统的操作完全不同于传统电视设备系统，它将传统电视节目制作系统中的切换台、数字特技、录像机、录音机、编辑机、调音台、字幕机等设备融为一体，在同一环境中完成图像、声音、特技、字幕等工作，其全部过程都是通过操作键盘和鼠标对计算机进行控制来实现的。

典型非线性编辑系统结构如图 12-3-1 所示。

系统工作原理：来自放像机或其他信号源的视、音频信号，经视音频采集处理卡变换成数字视、音频信号，并利用硬件进行实时压缩，然后将压缩后的视、音频素材数据存储到 SCSI 硬盘或磁盘阵列中，应用视频编辑软件来制作电视节目。根据创作意图，可以联合使用多个编辑软件对硬盘中的素材进行特技加工处理，最后形成一个完整的电视节目。输出时，视、音频数据送至相应的板卡进行数字解压缩并还原成模拟信号，用录像机记录下来。

非线性编辑系统的处理过程是数字的,从素材的采集到最后的节目输出,都是经数字化算法来完成的。在这一过程中,除了编解码、压缩与解压缩、软件特技的生成、文件格式转换会引起信号的损失之外,对原素材进行的其他各种编辑修改都不会影响节目的质量。

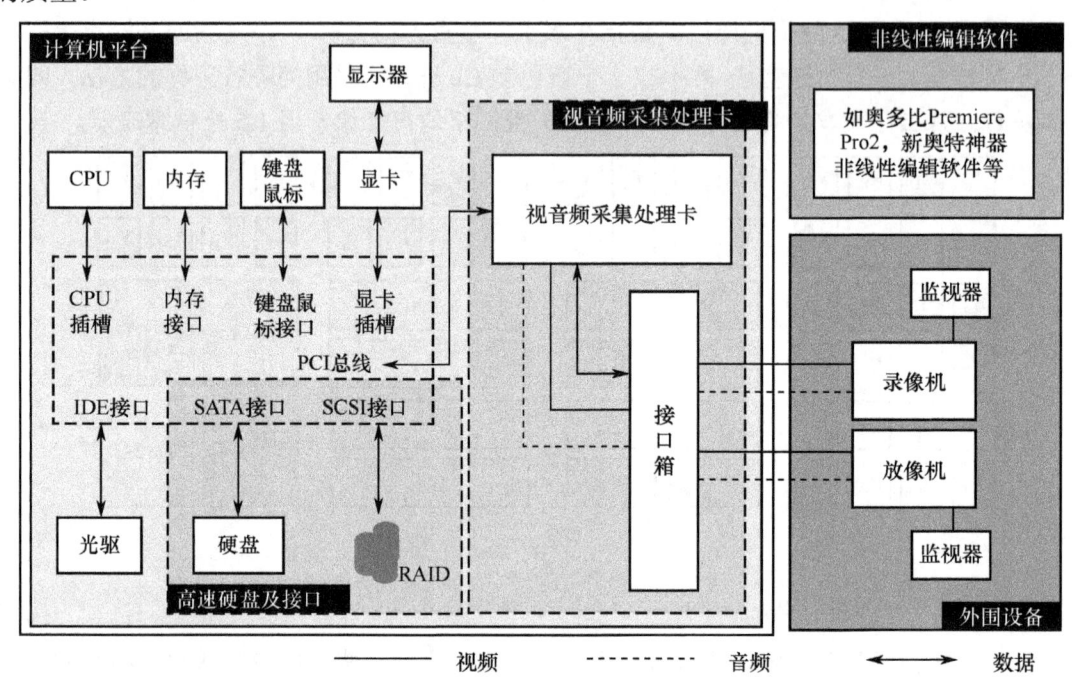

图 12-3-1　非线性编辑系统结构图

12.3.1　计算机平台

非线性编辑的计算机平台主要包括工作站、Mac 和多媒体 PC 三种主流平台,可以组成满足不同需要的低、中、高端非线性编辑系统的要求。

1. 工作站平台

生产非线性编辑工作站的厂商包括 Sun、DELL 和 SGI 等,其中以美国 SGI 公司为代表。SGI(Silicon Graphics)公司成立于 1982 年,是一个生产高性能计算机系统的跨国公司,总部设在美国加州旧金山硅谷。SGI 公司中央处理器采用 64 位 RISC 芯片,这些处理器的速度独立于系统总线速度。主板上除了 CPU、FPU 及两级高速缓存以外,还在总线上设置专用的图形处理加速芯片,其中集成了常用的图形变换和填充等算法,使得 SGI 的图形及动画处理能力特别强,是理想的非线性编辑工作平台。在数字视频处理软件中采用的加拿大 Discreet Logic 公司的一系列非线性编辑软件和数字特技合成软件及西班牙的 JALEO 等软件都运行在 SGI 工作站(图 12-3-2)系列产品上。

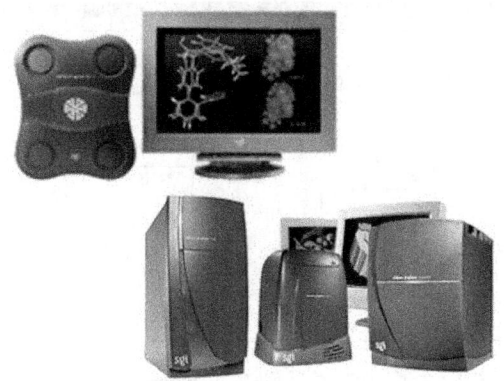

图 12-3-2　SGI 工作站

2．Mac 平台

早期的非线性编辑产品大都是建立在苹果公司的 Macintosh 平台（图 12-3-3）上。Macintosh 具有良好的文字处理和图形特性，是多媒体技术的先驱，早期的图像处理和排版软件都是以 Mac 为主。Mac 采用了 32 位操作系统，并使用了具有高带宽的 PCI 总线，使得计算机处理活动视频画面成为可能。较早从事非线性编辑产品开发的美国 AVID 公司的 MC-8000、MC-1000 系列产品和 Media-100 的系列产品都基于 Macintosh 平台。

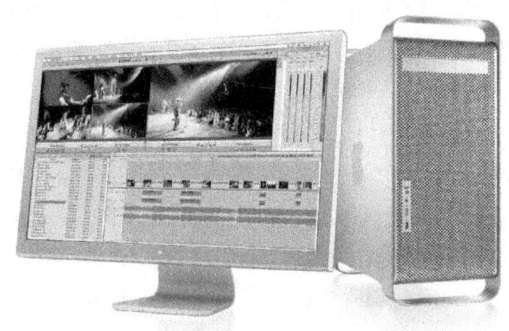

图 12-3-3　Mac 非线性编辑系统平台

3．多媒体 PC 平台

1995 年，PCI 总线成功地引入 PC，标志着 PC 向多媒体计算机迈进。这种带有缓冲的中间总线能提供 132MB/s 的传输速率，还允许用多项桥接方式提供与主 CPU 分开的宽带媒体流总线协同工作，这些优点使 PC 迅速成为多媒体系统的主流平台。现今的软件应用对 PC 硬件平台的总线带宽提出了更多的要求，PCI Express 总线（图 12-3-4）应运而生。PCI Express 总线是第三代输入输出总线，简称 3GIO（Third-Generation Input/Output），它的开发代号是 Arapahoe，所以又称为 Arapahoe 总线。

相对于工作站和 Mac，当前基于 PCI Express 总线结构的 PC 具有更高的性价比，这对于电视台数量众多而经济能力又不高的中国市场尤其重要。国内外的一些较著名视频公司如新奥特、大洋、索贝、DVS 等公司，都开发了使用非线性编辑板卡和软件组成多媒体 PC 非线性编辑系统。

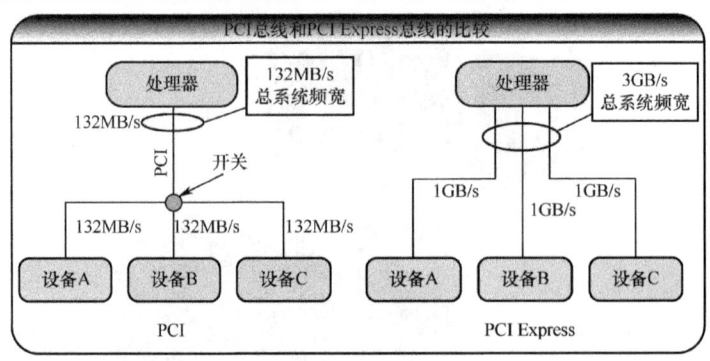

图 12-3-4　PCI 总线和 PCI Express 总线的比较

12.3.2　高速存储介质

1. 常用存储接口简介

（1）SCSI 接口。SCSI（Small Computer System Interface）称为小型计算机系统接口，具备与多种类型的外围设备进行通信的能力，应用范围广、多任务、带宽大、CPU 占用率低，支持热插拔。最早是 1979 年由美国的 Shugart 公司（希捷公司前身）制定的，在 1986 年获得了 ANSI（美国标准协会）的承认，称为 SASI（Shugart Associates System Interface，施加特联合系统接口），也就是 SCSI-1。SCSI-1 是第一个 SCSI 标准，支持同步和异步 SCSI 外围设备。在系统中应用 SCSI 必须要有专门的 SCSI 控制器，也就是一块 SCSI 控制卡，才能支持 SCSI 设备，这与 IDE 硬盘不同。在 SCSI 控制器上有一个相当于 CPU 的芯片，它对 SCSI 设备进行控制，能处理大部分的工作，减少了中央处理器的负担。在同时期的硬盘中，SCSI 硬盘的转速、缓存容量、数据传输速率都要高于 IDE 硬盘。

（2）SATA 接口。SATA（Serial Advanced Technology Attachment，串行高级技术附件），是由 Intel、IBM、Dell 等公司共同提出的硬盘接口规范，2001 年，Seagate 宣布了 Serial ATA 1.0 标准。2002 年，确立了 Serial ATA 2.0 规范。SATA 规范将硬盘的外部传输速率理论值提高到了 150MB/s，比并行 ATA（Paralle ATA，PATA）标准 ATA/100 高出 50%，比 ATA/133 也要高出约 13%，而随着未来后续版本的发展，SATA 接口的速率还可扩展到 2X 和 4X（300MB/s 和 600MB/s）。图 12-3-5 所示的是 PATA 与 SATA 两种不同接口的硬盘。

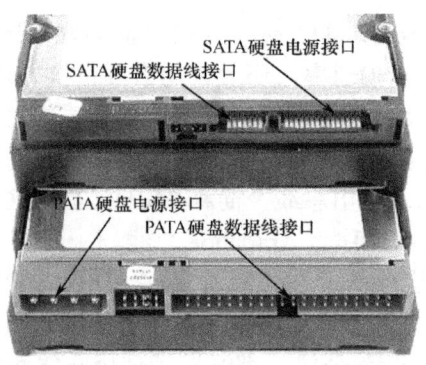

图 12-3-5　PATA 与 SATA 接口的硬盘

Serial ATA 以连续串行的方式传送数据,一次只会传送 1 位数据。这样 SATA 接口仅用四支针脚就能完成所有的工作,使连接电缆数目变少,分别用于连接电缆、连接地线、发送数据和接收数据,同时这样的架构还能降低系统能耗和减小系统复杂性,效率也会更高。串行 ATA 总线使用嵌入式时钟信号,具备了更强的纠错能力,与以往相比其最大的区别在于能对传输指令(不仅仅是数据)进行检查,如果发现错误会自动校正,这在很大程度上提高了数据传输的可靠性。

2. 网络存储

近几年,随着计算机硬件技术和网络技术的飞速发展,利用网络来进行数据存储变得越来越普及。

(1)直接附加存储(Direct Attached Storage,DAS)。也可称为 SAS(Server-Attached Storage,服务器附加存储),其结构如图 12-3-6 所示。存储设备通过电缆(通常是 SCSI 接口电缆)直接连接到服务器。对于多个服务器或多台 PC 的环境,使用 DAS 方式设备的初始费用可能比较低,但每台 PC 或服务器单独拥有自己的存储磁盘,容量的再分配困难,对于整个环境下的存储系统管理,工作烦琐而重复,没有集中管理解决方案,整体的拥有成本较高。目前 DAS 基本被 NAS 和 SAN 所代替。

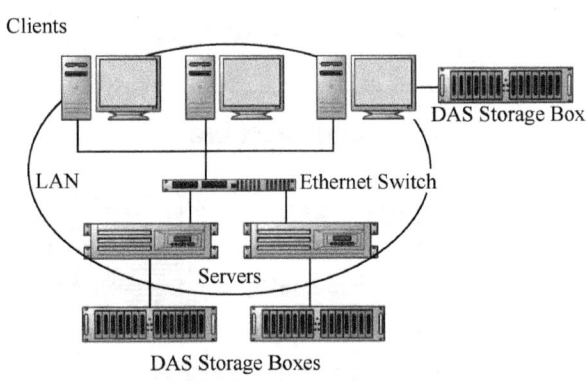

图 12-3-6 DAS 存储结构

(2)网络附加存储(Network Attached Storage,NAS)。它被定义为一种特殊的专用数据存储服务器,内嵌系统软件,可提供跨平台文件共享功能。NAS 设备完全以数据为中心,将存储设备与服务器彻底分离,集中管理数据,从而有效释放带宽,大大提高了网络整体性能,也可有效降低总拥有成本,保护用户投资。NAS 设备已逐渐成为网络数据存储方案的首选关键设备,其结构如图 12-3-7 所示。

(3)存储区域网络(Storage Area Network,SAN)。SAN 是计算机信息处理技术中的一种架构,它将服务器和远程的计算机存储设备(如磁盘阵列、磁带库)连接起来,使得这些存储设备看起来就像是本地一样,其结构如图 12-3-8 所示。它通常包括服务器、外部存储设备、服务器适配器、集线器、交换机及网络、存储管理工具等。SAN 独立于应用服务器网络系统之外,拥有几乎无限的存储能力,它采用高速的光纤通道作为传输媒介,采用 FC、SCSI、iSCSI、SAS(Serial Attached SCSI)等多种应用协议作为存储访问协议,将存储系统网络化,实现了真正高速的共享存储。

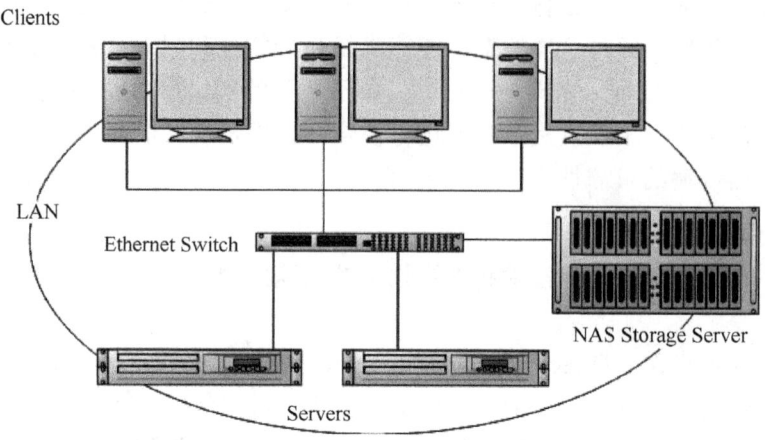

图 12-3-7　NAS 存储结构

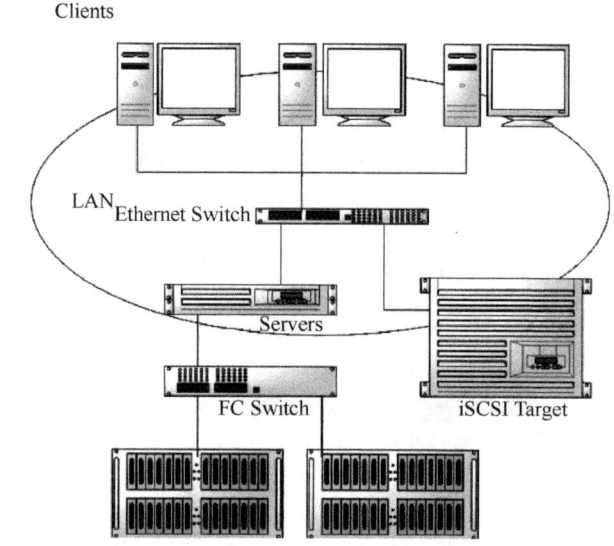

图 12-3-8　SAN 存储结构

(4) iSCSI 技术。iSCSI(Internet SCSI)是 2003 年 IETF(Internet Engineering Task Force,互联网工程任务组)制定的一项标准,用于将 SCSI 数据块映射成以太网数据包。从根本上说,iSCSI 协议是一种利用 IP 网络来传输潜伏时间短的 SCSI 数据块的方法,iSCSI 使用以太网协议传送 SCSI 命令、响应和数据。通过这种方法,iSCSI 克服了直接连接存储的局限性,使人们可以跨不同服务器共享存储资源,并可以在不停机状态下扩充存储容量。

iSCSI 典型网络应用拓扑结构如图 12-3-9 所示。

iSCSI 结合了业内 SCSI 和 TCP/IP 两个最通用的协议,这给实施和使用带来了极大的便利,也大大增加了存储设备的资源利用,所以必将会得到快速的普及。

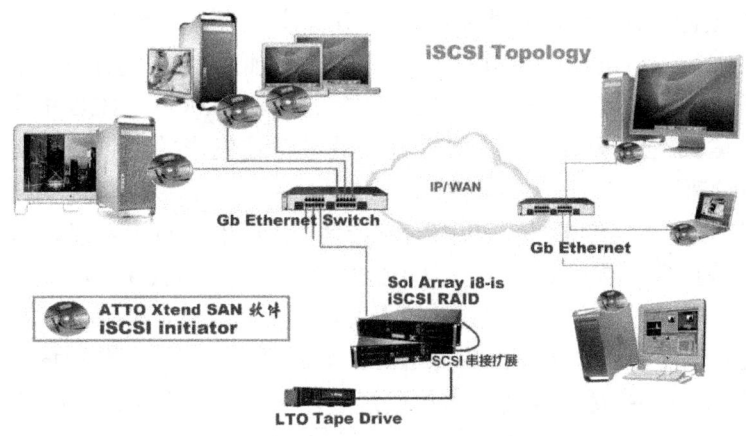

图 12-3-9　典型 iSCSI 网络拓扑结构

12.3.3　图像处理卡

图像处理卡是非线性编辑系统的"引擎"，在非线性编辑系统中起着举足轻重的作用，其功能主要是对视频信号的编、解码、A/D、D/A 转换、压缩解压缩、实现硬件特技处理（如切换）及对音频信号的处理等。由于视、音频信号主要通过图像卡进行处理，并通过它与计算机发生联系，因此非线性编辑系统的图像质量和声音质量主要决定于图像卡，而不是计算机。

1．图像处理卡的发展

早期的 PC 平台不足以对高质量视频数据进行实时处理，专用视音频处理板卡作为一种折中方案，一方面解决了处理能力的瓶颈，另一方面充分利用了 PC 平台的数据非线性存取特性，从而引发了由线性对编方式转向非线性编辑方式的革命。在这种系统中，非线性编辑板卡是整个系统的核心部件，计算机 CPU 仅仅负责实现交互界面和文件系统数据存储的功能，视音频信号的输入、压缩、解压缩、特技、合成、输出等处理工作全部通过板卡完成。但是，作为介于完全专用设备和开放的通用设备之间的折中组合方案，这种编辑系统的结构同时也存在难以克服的缺陷。

首先，专用板卡完成各种功能所必需的复杂结构导致了板卡价格昂贵且兼容性、稳定性较差。

其次，采用专用板卡的非线性编辑系统的功能和性能完全取决于板卡，由于硬件板卡所固有的不可升级特性，用户一旦选用了某个板卡，编辑系统的功能和性能就完全受限于板卡的能力，除了增加一些可选的特技卡或接口卡之外，没有任何进一步升级的空间和可能。

2004 年以前，国产非线性编辑系统主要是基于两类硬件平台：Matrox 公司的 DigiSuite 系列板卡及 Pinnacle 的 Targa 系列板卡。第三代 I/O 总线结构 PCI Express（3GIO）的出现是一次革命，其高性能、高扩展性、高可靠性、很好的升级性及低花费等特性，为新一代基于主流 PC 平台 CPU+GPU+I/O 技术的非编系统奠定了坚实基础。

目前的计算机基础硬件平台的性能足以用 CPU 实现视音频数据的编解码运算。同时，GPU（Graphic Processing Unit，显卡处理芯片）完成视频特技效果的处理，应用 PCI-Express 架构的计算机平台，可以提供理论上的 4GB 下行带宽，533MB～1GB 的上行带宽，实际传输时已经可以达到在显示内存中将所有特技效果合成完毕的视频数据实时传送回系统内存所要求的传输速度。CPU+GPU 的协同工作，结合仅提供视频基带信号输入输出（不带板载硬件编解码器）的 I/O 板卡，从而形成一套 I/O 板卡负责上下载、CPU 负责编解码运算、GPU 负责特技效果合成处理的新型非编系统。"CPU+GPU+I/O" 理念，实际上强调了使用 CPU、GPU 取代传统非编系统硬件板卡的两个关键功能——编解码和特技处理，I/O 则和以往硬件板卡一样，还是硬件的信号编解码器。这里 CPU 所代表的实际上就是软件编解码，通过 CPU 直接完成超实时的编解码运算，不再需要专用编解码芯片，此外 CPU 也负担一部分特技运算，如颜色调整、色键、亮键等。对 GPU 的应用，主要是利用 DirectX（D3D）或 OpenGL 等接口完成特技效果的运算和混叠。图 12-3-10 所示的是典型的基于 CPU+GPU+I/O 卡技术的非线性编辑系统。

图 12-3-10　基于 CPU+GPU+I/O 卡技术的非线性编辑系统

CPU+GPU+I/O 卡技术在极大提升编辑系统的兼容性、稳定性和性能价格比的同时，充分利用了软件的灵活可升级特性，通过对 PC 平台的简单升级或更换，可以实现编辑系统几乎无限制的功能扩充和性能提升。从表 12-3-1 中可以看到 CPU+GPU+I/O 技术所具有的超强性能。

表 12-3-1　基于 CPU+GPU+I/O 技术的非编系统与传统非编系统的比较

	CPU+GPU 技术	MATROX DTV+MAX+SDI	Pinnacle T3K+K2+混合接口	Apple FCP+G5+KONA 卡
实时混编格式	MPEG-2 I、IMX、MPEG-2 IBP、DV/DV50、MPEG4、WMV、无压缩	DV/DV50、MPEG2 可切换，不能真正混编	MPEG2、DV/DV50、无压缩	QUICKTIME（包含多种压缩格式）、无压缩
实时可编辑压缩视频层数	>4（双 CPU）>2（单 CPU）	2	4（两种压缩格式混编时，最多 2+2 层）	>3（双 CPU）>2（单 CPU）

（续表）

	CPU+GPU 技术	MATROX DTV+MAX+SDI	Pinnacle T3K+K2+混合接口	Apple FCP+G5+KONA 卡
最大实时特技层数	>4 每一层都可以是3D特技，已实现DTV+MAX全部特技	2 最多1层3D特技	3 最多1层3D特技	二维特技和部分三维特技可实时，很多三维特技不实时，实时特技的层数需要看特技的组合情况，无X-SERVER和X-STORGE时实时性能并不好
组网能力	很好	好	好	不好（非开放网络系统）
稳定性	非常好	差	差	好
升级维护成本	低	高	很高	较高（非通用硬件平台）
后续发展能力	非常好	无	无	好
接口	SDI、复合、分量（使用MG1000系列I/O卡时）以太网、1394	SDI、复合、分量	SDI、复合、分量	SDI、复合、分量（加decklink或kona卡）1394
后台渲染	网络后台渲染	无	本地后台渲染	网络后台渲染
字幕	国内广播级字幕，完善的唱词和滚屏，实时多层动态字幕	国内广播级字幕，完善的唱词和滚屏，实时多层动态字幕	国内广播级字幕，完善的唱词和滚屏，实时多层动态字幕	无唱词，很炫目的字幕效果需要生成，字幕只能当作视频处理，无法实现多层实时动态字幕
文件交换能力	MXF、EDL、节目工程文件，素材交换容易	MXF、EDL、节目工程文件，素材交换容易	MXF、EDL、节目工程文件，素材交换容易	MXF、EDL、节目工程文件 Quicktime，素材交换困难
媒体资产管理	与新闻共享系统完美结合接口	—	—	要订制开发，且实现难度未知

可以看到，CPU+GPU+I/O 技术已经完全可以达到或超过当前市场上主流的非线性编辑板卡的水平，性价比非常高。如今，采用 CPU+GPU 技术的广播级产品已经在各级电视台获得了成功的应用并获得好评，这代表 CPU+GPU+I/O 技术的先进性和实用性获得了广泛的认可。

2．图像卡的种类

1）根据使用的目的不同分类

（1）视频压缩卡：这类视频采集压缩卡主要用于制作 VCD、DVD。通过它把传统的模拟电视信号，采集成 MPEG-1 格式的文件，或者 MPEG-2 格式的文件，然后再利用刻录软件，制作成 VCD 光盘或 DVD 光盘，当然也可以把这些视频文件插入到多媒体课件中。由于标准的 MPEG-1 格式或 MPEG-2 格式文件采用了帧间预测压缩方式，因此不适合于要求精确到帧的非线性编辑，如阿贝斯公司的 OptibaseMM 200DVD。

（2）非线性编辑卡：标准的非线性编辑卡都带有模拟 I/O 接口及 DV 数字接口，既能采集模拟信号和数字信号，也能实时输出模拟信号和数字信号。采集视频文件一般是基于帧内压缩的格式。例如，Motion-JPEG 格式的非编卡有 Matrox 公司的 Digisuite LE；MPEG-2 I 帧格式的有 Matrox 公司的 DigiSuite DTV；DV 格式的有 Matrox 公司的 RTX100 等，这些非编卡都能实现精确到帧的非线性编辑。编辑完成的节目能用录像机实时记录到录像带上。

（3）流媒体采集卡：流媒体采集卡能把视频信号直接采集成 WMV、RM/RMVB 等便于网络传输的流媒体视频格式，并且能够通过网络进行实时直播和广播，如 Viewcast 的 Osprey 系列卡，Osprey-200、Osprey-230、Osprey-500、DV 等。

（4）1394 卡：IEEE 1394 是 IEEE 国际标准化组织制定的一项具有视频数据传输速度的串行接口标准，最早是由苹果公司创造的，称之为 Firewire（Apple 公司）或 i.Link（Sony 公司）。800MbpsIEEE1394B 接口（也可以称之为 Firewire-800）正在逐渐取代 400MbpsIEEE1394A 接口（图 12-3-11）。1394 接口有多种类型（图 12-3-12），6-PIN 接口包含 4 条信号线和 2 条供电线，不需要额外供电，而 4-PIN 接口只有信号线，Firewire-800 接口增加一面针脚，使用 9-PIN 连接线。

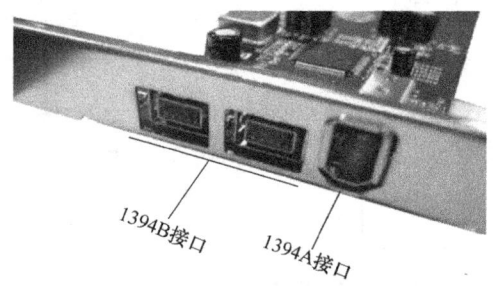

图 12-3-11　Firewire-800（1394B）和 Firewire-400（1394A）

图 12-3-12　各种 1394 接口

1394 卡像 USB 一样只是通用接口，作用是把 DV 格式的数字视音频数据从录像机磁带上传输到 PC 硬盘内，1394 卡的作用仅仅是像硬盘接口一样用做数据传输，没有 A/D 转换和压缩编解码功能，并不像 MPEG 捕捉卡，需要有视频压缩的硬件。1394 卡分为两类：一类是带有硬件实时编码功能的视频捕捉卡，另外一类是用软件实现压缩编码的 1394 卡。软件实现压缩编码的 1394 卡分为两类：一种是采用专门编码器的 1394 卡，比较有代表性的是 Canopus EZDV，此类采集卡通常都包含多种软件和插件，独立的开发的视频编码；另外一种就是采用 OHCI（Open Host Connect Interface，开放主机连接接口）技术的 1394 卡。

2）根据卡处理视频的质量分类

（1）广播级图像卡。对于广播级的视频图像卡，一般图像卡输入接口提供 SDI（数字分量）、YUV（Y，R-Y，B-Y）分量、Y/C（亮/色分量）、S-Video、复合视频输入等形式，其中以 SDI 接口采集时，视频信号失真最小；图像的格式一般支持 MPEG-1、MPEG-2、DVD、VCD 等。图像分辨率最高可支持 720×576、704×576；图像码率可达 15Mbps 以上。广播级视频图像卡的特点是提供多种输入接口；图像的采集分辨率高；视频信噪比高。多用于对质量要求较高的部门。

（2）专业级图像卡。对于专业级的视频图像卡，一般图像卡输入接口提供 Y／C（亮／色分量）、S-Video、复合视频输入等形式；图像的格式一般支持 MPEG-1、AVI、VCD 等；图像分辨率可支持 720×576、352×288 等，图像码率在 10Mbps 以内。此类产品适用于广告公司和多媒体公司制作节目及多媒体软件应用。

（3）家用级图像卡。家用级视频图像卡的动态分辨率一般较低，一般为 352×288；绝大多数不具有视频输出功能。

3）根据板卡上的压缩和解压缩通道的数目分类

（1）单通道板卡。单通道板卡只有一路压缩解压缩通道，具备基本的"采集—压缩—回放"功能，只能处理单层画面，只能连接一台磁带放像机，板卡上不具备 DVE 和混合器，特技、划像、键控和图文处理全部由软件完成，费时（需生成），但价格相对较低。所有的家用类和多媒体类都是单通道板卡，如 DC20/30/50、EditBay、AV Master。

（2）双通道板卡。双通道板卡有二路压缩解压缩通道，可以实现 A/B 卷编辑。同时，为了达到一定的实时特技编辑功能，将一些二维、三维特技和非线性特技软件以硬件的形式固化，可以实时地实现上百种划像、几十种二维、三维特技和非线性特技等，以方便用户。主要的双通道板卡有 Matrox 公司的 Digisuite/Digisuite LE 卡、True Vision 公司的 Targa 2000 系列卡、Pinnacle 公司的 Reel Time 卡及 DPS 公司的 PercePtion RT 卡等。

12.3.4　非线性编辑软件

软件是非线性编辑系统的灵魂，通过它完成视音频素材的采集、处理、输出等一系列工作。非线性编辑软件的种类很多，大致分为两大类：一种是基于视频板卡的专用非编软件，另一种是通用非编软件。基于板卡的非编软件是根据系统硬件本身的特点开发设计的，专门用于这些硬件平台。国外产品如 Apple 的 Final Cut Pro（操作界面如图 12-3-13 所示）；国内产品如新奥特公司的神器 I800DTV、大洋公司的 X-Edit，都是针对加拿大 Matrox 公司的 DigiSuite DTV 板卡开发的非编软件。非线性编辑系统的专用型软件一般只设置两层非线性视频，另外再加上图文字幕层便构成了一个齐全的 A/B 卷编辑系统，主要用于新闻、专题、文艺、电视剧等节目类型的制作。

图 12-3-13　专用非编软件 Final Cut Pro 操作界面

通用非编软件则不依赖于硬件，能够适用于大多数的非线性编辑卡，对视音频素材进行采集、处理和编辑。这些软件的品种非常丰富，功能十分强大，能够制作出变幻莫测的效果，如多媒体通用编辑软件 Adobe Premiere（图 12-3-14）、Pinnacle Studio 等。

图 12-3-14　通用非编软件 Premiere Pro CC

当前，在国产专业非线性编辑软件中，比较有代表性的包括北京新奥特硅谷视频技术有限责任公司的"喜玛拉雅"系列，北京中科大洋科技有限公司的"D3"系列，索贝数码的"Editmax"系列，北京强氧科技发展有限公司的 I/O 全能视频工作站等。

1. 新一代高标清非线性编辑系统 Himalaya A1500 HD

Himalaya A1500 HD（喜玛拉雅）是新奥特推出的新一代基于高性能"CPU+GPU+I/O"开放架构的高标清非线性编辑系统（图 12-3-15），在新型设备、高标清及流媒体格式、同一时间线多格式混合编辑方面带来了许多创新，并在视音频特技、视音频一体化、字幕创作、快速编辑、合成效率和稳定性等方面处于业界领先水平。

图 12-3-15　Himalaya A1500 HD

Himalaya A1500 HD 全面支持 P2、XDCAM、HDAVS、HDV 及 IEEE 1394 等设备和接口；提供 RS422 受控功能，与 Pyramix、ProTools 音频包装系统实现视音频一体化编辑。支持 DVCPRO HD、MPEG-2 I HD、XDCAM HD、DNxHD、AVC、HDV 等各种高标清格式的网络化编辑，支持 MPEG-2 I HD 100M 五层、DNxHD 120M 四层实时编辑，三维特技两层实时编辑；实现 N 制、P 制同一时间线混合编辑；全面兼容 Avid 非编、Apple 非编及 Omneon、K2 等视频服务器；全面支持 H.264、TS、WMV、Real Media、IPoverDVB、MOV、Flash 等各种流媒体格式；提供了强大的 GPU 特技和便捷的特技创作管理功能；全面支持 5.1 声道，支持 SDI 嵌入音频。提供超强实时字幕图文包装功能，支持真三维字幕和 MOS 字幕轨、实现视频字幕分离。提供多镜头编辑、序列嵌套、特技上轨、视频运动曲线调节功能，支持多段素材和特技的随意复制、剪切、粘贴等丰富的快速编辑功能。

目前，新奥特 Himalaya A1500 HD 得到了包括我国中央电视台在内的主要中央及省市级电视台及众多行业用户的青睐，并在北京市人民政府 2008 年奥运安保制播网络等项目中得到大规模网络化应用。

2．D3-Edit HD 高标清非编系统

中科大洋 D3-Edit HD（图 12-3-16）高标清非线性编辑系统内置软件编解码器，可以完成多种高/标清音频格式的采集、编辑和播放，充分做到高标清、前期设备、多种制式格式、各种制作流程、第三方插件全兼容，并且支持基于硬件加速和 GPU 的视频特效。

图 12-3-16　D3-Edit HD

借助双核 CPU 的处理性能和特技加速板卡的特效处理能力，D3-Edit HD 可以无须渲染，轻松实现多层高清视频的实时三维特效，并能够在同一时间线上进行高清和标清视频的混合编辑，自动对素材进行实时的上下变换。系统还内置了 D3-Soundwork 音频特效处

理插件和大洋 D3-CG HD 专业图文动画制作软件，可实现适用于 5.1 声道环绕立体声音频制作和高清环境下的字幕包装功能。

3．Editmax 7 高标清一体化后期编辑解决方案

Sobey 新一代的桌面系统 Editmax7 系列产品，全新构筑在高性能的高标清非线性图文视频编辑引擎之上，侧重于灵活丰富的节目编辑效果，同时具备复杂节目合成能力。适应于广电级后期编辑设备的各级专业领域。

Editmax7 系列产品采用全开放式的系统架构，良好支持多种国际先进的高标清 I/O 板卡，具备全面的高标清采集和编辑格式。高标清全兼容、全功能、高效率、网络化是 E7 家族共同的核心特征，图 12-3-17 所示的是 Editmax 7 HDV/SD。

图 12-3-17　Editmax 7 HDV/SD

4．强氧 4450-I/O 非线性编辑系统

强氧推出的 4450-I/O 非线性编辑系统（图 12-3-18），是兼容标清与入门级高清的全功能编辑平台。该系统支持 Windows 和 Mac OS 系统软件平台及各类主流软件，并支持通过 1394 接口上/下载 DV 或 HDV 素材及完整的各种高/标清文件的剪辑和输出。它配备的 HDMI 接口还可连接高清数字电视做预监回放。

图 12-3-18　强氧 4450-I/O 非线性编辑系统

12.3.5 上下载录像机及接口

在整个非线性编辑系统结构中，上下载录像机既是素材的重要来源，又是最终节目输出的通道，可以说是最重要的外围设备之一。它主要是通过一系列的视音频接口和非线性编辑系统相连，下面是常见的视音频接口类型。

1．模拟复合接口

最简单、最原始的视音频接口是复合视音频信号接口，是通常所称的 RCA 接口，也称 AV 接口，传输的是复合视音频信号。黄色的为视频信号，白色的为左声道音频信号，红色的为右声道音频信号，如图 12-3-19 所示。

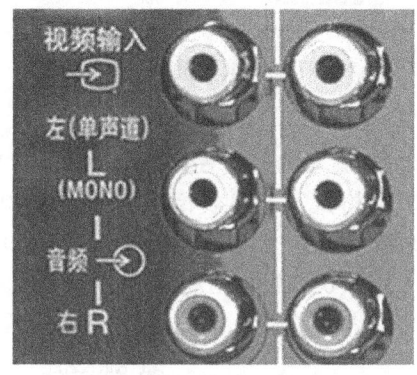

图 12-3-19　模拟复合视频接口

2．模拟 S 端子

S 端子（S-Video）连接采用 Y/C（亮度/色度）分离式输出，使用四芯线传送信号，接口为四针接口。接口中，两针接地，另外两针分别传输亮度和色度信号。因为分别传送亮度和色度信号，S 端子效果要好于复合视频。不过 S 端子的抗干扰能力较弱，所以 S 端子线的长度最好不要超过 7 米，如图 12-3-20 所示。

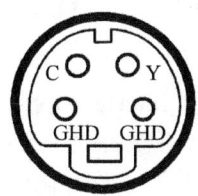

图 12-3-20　S-Video 接口

3．模拟分量视频接口

分量接口采用三个通道分别传送亮度信号 Y、两个色差信号 B-Y 和 R-Y，分量接口简记为 YPbPr。用红、绿、蓝三种颜色来标注每条线缆和接口。绿色线缆（Y）传输亮度信号，蓝色和红色线缆（Pb 和 Pr）传输的是颜色差别信号。色差的效果要好于 S 端子，因此不少 DVD 及高清播放设备上都采用该接口。如果使用优质的线材和接口，即使采用 10 米长的线缆，色差线也能传输优秀的画面，如图 12-3-21 所示。

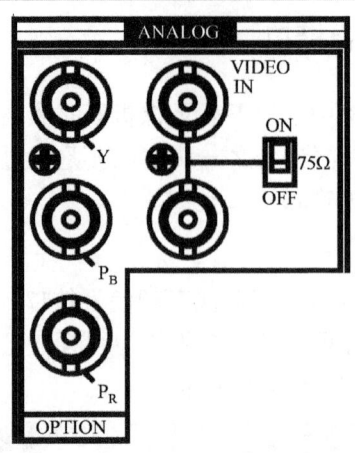

图 12-3-21　某录像机分量视频接口

4．AES/EBU 接口

广播级的 AES/EBU（Audio Engineering Society/European Broadcasting Union，美国音频工程协会/欧洲广播联盟）数字格式，采用双相标识编码（BIPHASE MARK COCLING），48kHz 取样，16、20 或 24 比特量化，平衡 XLR 电缆，输出电压是 2.7Vpp（发送器负载 110Ω），输入和输出阻抗为 110Ω（0.1M～6MHz 频宽），如图 12-3-22 所示。

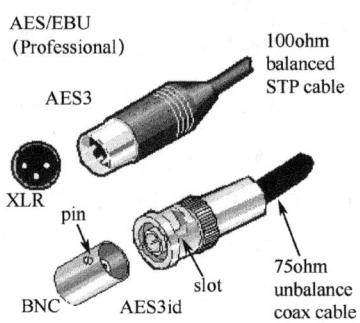

图 12-3-22　AES/EBU 接口

5．HDMI

HDMI（High Definition Multimedia Interface）接口是最近才出现的接口，如图 12-3-23 所示。HDMI 接口不仅能传输高清数字视频信号，还可以同时传输高质量的音频信号，同时功能跟射频接口相同，不过由于采用了全数字化的信号传输，不会像射频接口那样出现画质不佳的情况。高质量的 HDMI 线材，即使长达 20 米，也能保证优质的画质。

图 12-3-23　HDMI 接口

12.4 非线性编辑系统的使用

利用非线性编辑软件对视音频文件进行编辑操作时，可遵循固定的操作流程，一般如图 12-4-1 所示。

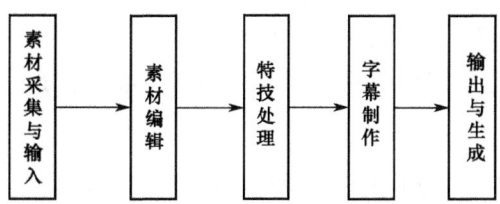

图 12-4-1 视频编辑的一般步骤

目前市场上可选择的通用型非线性编辑软件很多，如 Avid Media Composer、Adobe Premiere、Apple Final Cut Pro、Sony Vegas、Canopus Edius 等。下面以目前运用较为普及的 Adobe Premiere Pro 为例来说明视音频编辑的一般流程。

12.4.1 创建项目并配置项目设置

创建项目是开始整个工作流程的第一步，只有按照工作需要配置好项目设置，才可以将工作顺利地进行下去。

1．创建与使用项目

项目是一个包含了序列和相关素材的 Premiere Pro 文件，其中存储了序列和素材的一些相关信息，如采集设置、转场和音频混合等，而且项目中还包含了编辑操作的一些数据，如素材剪辑的入点和出点，以及各个效果的参数。在每个新项目开始的时候，Premiere Pro 会在磁盘空间中创建文件夹，用于存储采集文件、预览和转换音频文件等。

启动 Premiere Pro 后，首先会出现一个欢迎窗口，在其中单击"新建项目"或"打开项目"按钮可以分别进行新建或打开项目，而在"最近使用项目"列表中会列出 5 个最近使用过的项目，单击项目名称可以将其打开，如图 12-4-2 所示。

图 12-4-2 新建项目

如果当前 Premiere Pro 正在运行一个项目,则使用"文件"→"新建"→"项目"命令,可以新建一个项目,并关闭当前项目;使用"文件"→"打开项目"命令,可以打开一个已存储于磁盘空间中的项目,并关闭当前项目;使用"文件"→"打开最近项目"命令,可以在其子菜单中选择最近使用过的 5 个项目,并将其打开;使用"文件"→"关闭"命令,可以将当前项目关闭,并回到欢迎界面;使用"文件"→"保存"→"另存为"→"保存副本"命令,可以分别将项目进行保存、另存为或保存为一个副本。

2. 项目设置

在新建一个项目之前,必须进行项目的相关设置。在欢迎界面中单击"新建项目"按钮,会调出"新建项目"对话框,在其中为项目的一般属性进行设置,在其下方的"位置"和"名称"文本框中设置磁盘存储空间和项目名称,如图 12-4-3 所示。

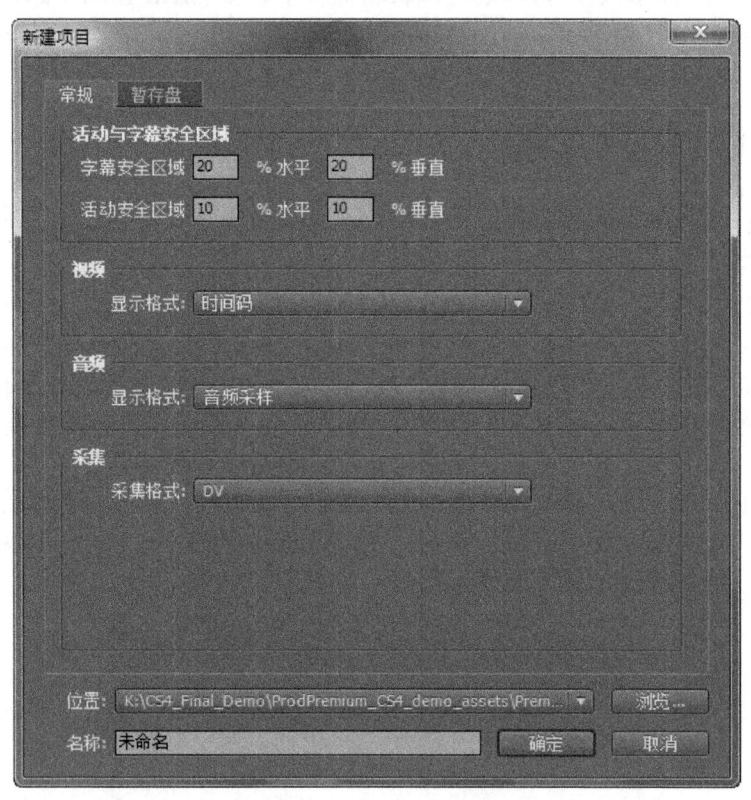

图 12-4-3 "新建项目"对话框

设置完毕,单击"确定"按钮,调出"新建序列"对话框。默认状态下,"新建序列"对话框显示其序列预置标签选项。在其"有效预置"栏中,可以选择一种合适的预置项目。右侧的"预置描述"栏中会显示预置设置的相关信息,如图 12-4-4 所示。

如果对于预置的项目设置不够满意,可以单击后面的常规和轨道标签,在其中设置序列的具体参数。项目一旦创建,有些设置无法更改。

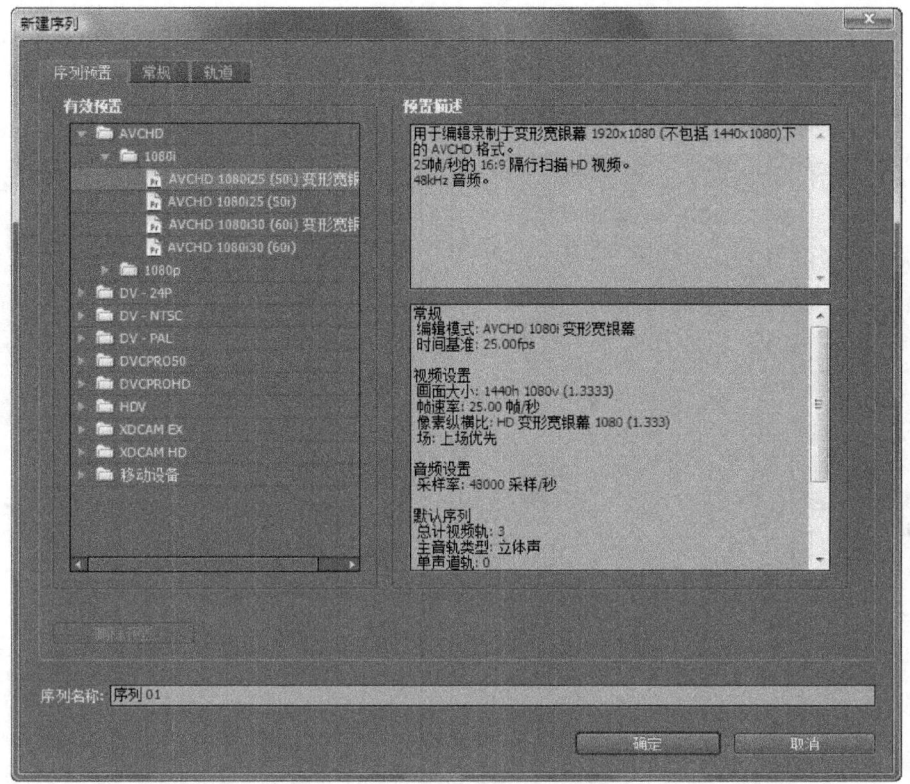

图 12-4-4 "新建序列"对话框

12.4.2 视频采集与导入素材

项目建立后,需要将拍摄的影片素材采集到计算机中进行编辑。对于模拟摄像机拍摄的模拟视频素材,需要进行数字化采集,将模拟视频转化为可以在计算机中编辑的数字视频;而对于数字摄像机拍摄的数字视频素材,可以通过配有 IEEE1394 接口的视频采集卡直接采集到计算机中。Premiere Pro 不但可以通过采集或录制的方式获取素材,还可以将硬盘上的素材文件导入其中进行编辑。

1. 手动采集的基本方法

手动采集是在任何情况下都可以使用的最简单的采集方法,对于不支持 Premiere Pro 设备控制的摄像机机型,则只能使用手动采集的方式。

(1) 将装入录像带的数字摄像机用火线与计算机的火线接口连接,如图 12-4-5 所示。打开摄像机,并调到放像状态。

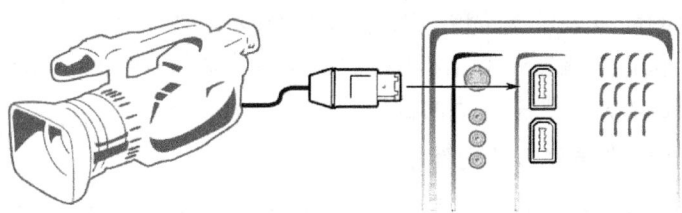

图 12-4-5 设备连接

（2）选择"文件"→"采集"命令或按 F5 键，调出"采集"对话框，如图 12-4-6 所示。在"记录"标签下的"设置"栏中选择采集素材的种类为视频、音频或音频和视频，并在"设置"标签下的"记录素材到"栏中，对采集素材的保存位置进行设置。

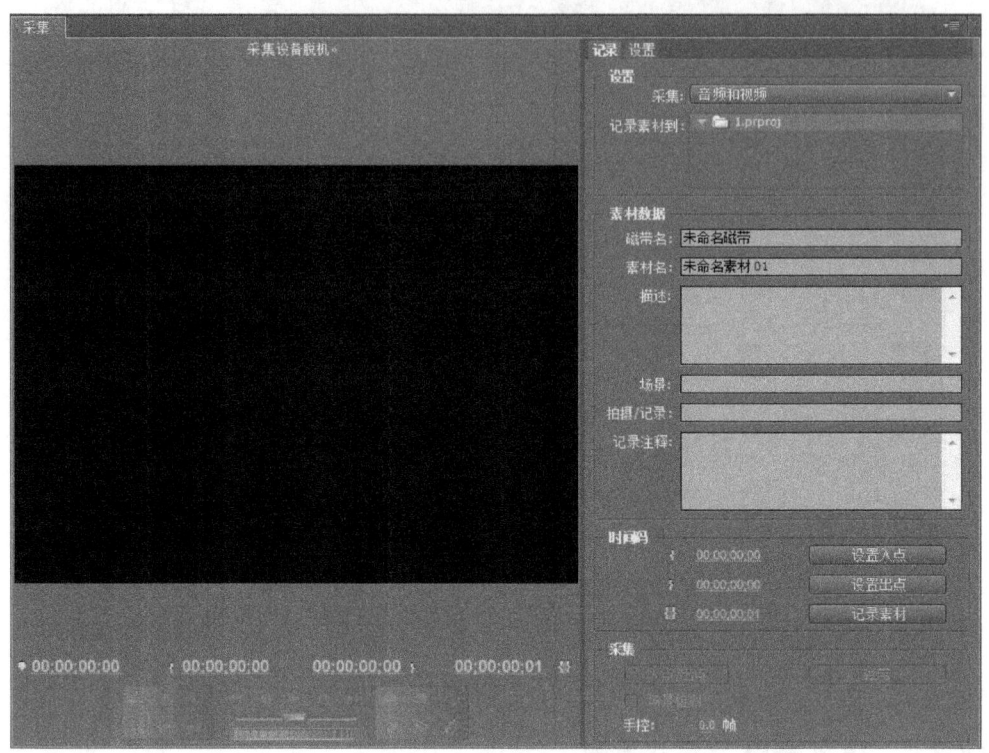

图 12-4-6 "采集"对话框

如果"采集"对话框上方显示"采集设备脱机"，则需重新检查设备是否正确连接。

（3）单击摄像机上的"播放"按钮，播放并预览录像带。当播放到欲采集片段的入点位置之前的几秒钟时，单击控制面板上的"录音"按钮，开始采集，播放到出点位置后几秒钟的位置，按 Esc 键，停止采集，如图 12-4-7 所示。

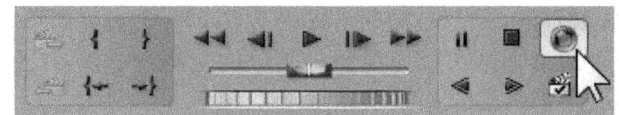

图 12-4-7 控制面板

在欲采集片段的前后多采集几秒，以便剪辑或转场。

（4）在弹出的保存采集文件对话框中输入文件名等相关数据，单击"OK"按钮，素材文件被采集到硬盘，并出现在项目面板中。

2. Premiere Pro 支持导入的文件格式

Premiere Pro 支持导入多种格式的音频、视频和静态图片文件，可以将同一文件夹下静态图片文件按照文件名的数字顺序以图片序列的方式导入，每张图片成为图片序列中的一帧。此外,还支持导入一些视频项目文件格式。

(1) 视频格式:Microsoft AVI、DV AVI、Animated GIF、MOV、MPEG-1 和 MPEG-2 (MPEG/MPE/MPG/M2V)、M2T、Sony Video 文件、Format Importer(DLX)、Netshow(ASF) 和 WMV。

(2) 音频格式:AIFF、AVI、Audio Wave Form (WAV)、MP3、MPEG/MPG、Quick TimeAudio(MOV) 和 Windows Media Audio (WMA)。

(3) 静止图片和图片序列格式:Adobe Illustrator(AI)、Adobe Photoshop(PSD)、Adobe Premiere 6.0 Title(PTL)、Adobe Title Designer(PRTL)、BMP/DIB/RLE、EPS、Filmstrip(FLM)、GIF、ICO、JPEG/JPE/JPG/JFIF、PCX、PICT/PIC/PCT、PNG、TGA/ICB/VST/VDA、TIFF。

(4) 视频项目格式:Adobe Premiere 6.x Library(PLB)、Adobe Premiere 6.x 项目(PPJ)、Adobe Premiere 6.x Storyboard(PSQ)、Adobe Premiere Pro(PRPROJ)、Advanced Authoring Format、After Effects 项目(AEP)、Batch lists(CSV/PBL/TXT/TAB)、Edit Decision List(EDL)。

Premiere Pro 最大支持 4096×4096 像素的图像和帧尺寸,需要安装 QuickTime 才可以完成对一些格式文件的支持。

3. 使用媒体浏览器进行导入

使用内置的媒体浏览器,可以直接将磁盘或存储卡中的媒体文件进行预览及导入,如图 12-4-8 所示。

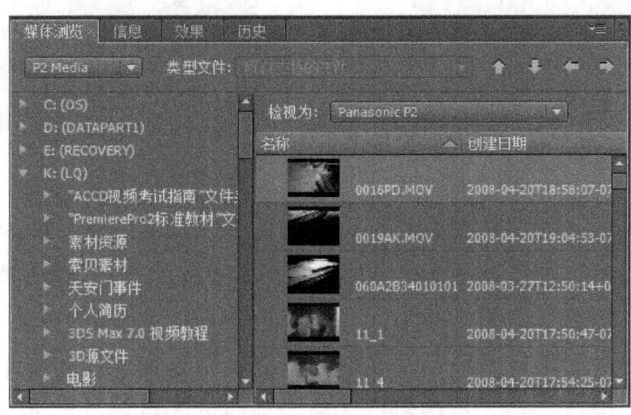

图 12-4-8 内置媒体浏览器

右击素材,在弹出的快捷菜单中选择"导入"命令,则将素材导入到项目中;而选择"在素材源监视器打开"命令,则在源监视器中预览素材。

12.4.3 装配序列

装配序列就是将素材片段按顺序分配到时间线上,这是进行编辑的最初环节。采集与导入素材之后,必须将素材片段添加到序列中,才能对其进行编辑操作。既可以使用鼠标拖曳的方法,将素材直接拖放到时间线上,也可以使用监视器面板底部的控制面板中的按钮或快捷键,将素材按需求添加到时间线上。前者比较直观,操作简单,后者则可以完成一些比较复杂的操作。此外,还可以使用项目面板底部的自动添加到序列按钮,将素材片段按设置自动添加到序列中。

1. 在源监视器中剪辑素材

编辑序列的第一步就是要确定使用素材的哪一部分。设置素材片段的入点和出点，以进行剪辑。将欲包含在序列中的第一帧设置为入点，将最后一帧设置为出点。在添加到序列之前，可以在源监视器面板中设置素材的入点和出点。当将素材添加到序列后，则可以通过拖曳边缘等方式进行剪辑。

在项目面板或时间线面板中双击欲进行剪辑的素材片段，将其在源监视器面板中打开。将当前时间指针放置在欲设置入点的位置，在控制面板中单击"设置入点"按钮，将此点设置为入点；将当前时间指针放置在欲设置出点的位置，在控制面板中单击"设置出点"按钮，将此点设置为出点，如图 12-4-9 所示。

在源监视器的时间标尺上，拖曳入点、出点之间深色部分中心带条纹的柄，可以同步移动入点和出点的位置；如果是序列中的素材，还可以在源监视器中同时并排显示入点和出点的帧画面，如图 12-4-10 所示。

 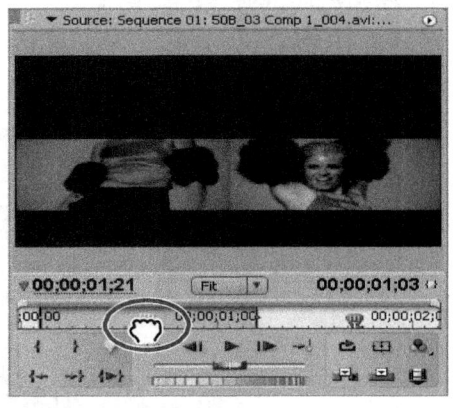

图 12-4-9　在源监视器中剪辑素材　　　图 12-4-10　同时并排显示入点和出点的帧画面

此操作方式同样适用于在节目监视器面板中同步移动序列入点和出点的位置。在源监视器面板的控制面板中单击到入点按钮，将当前时间指针移动到入点位置；而单击到出点按钮，将当前时间指针移动到出点位置。

在节目监视器面板的控制面板中单击到上一个编辑点按钮，将当前时间指针移动到上一个编辑点的位置；而单击到下一个编辑点按钮，将当前时间指针移动到下一个编辑点的位置。

2. 插入编辑和覆盖编辑

无论使用哪种方法向序列中添加素材片段，都可以选择以插入（Insert）编辑或覆盖（Overlay）编辑的方式将素材添加到序列中。覆盖编辑是将素材覆盖到序列中指定轨道的某一位置，替换掉原有的部分素材片段，此方式类似于录像带的重复录制，如图 12-4-11（a）所示；而插入编辑就是将素材插入到序列中指定轨道的某一位置，序列从此位置被分开，后面的素材被移到素材出点之后，此方式类似于电影胶片的剪接，如图 12-4-11（b）所示。

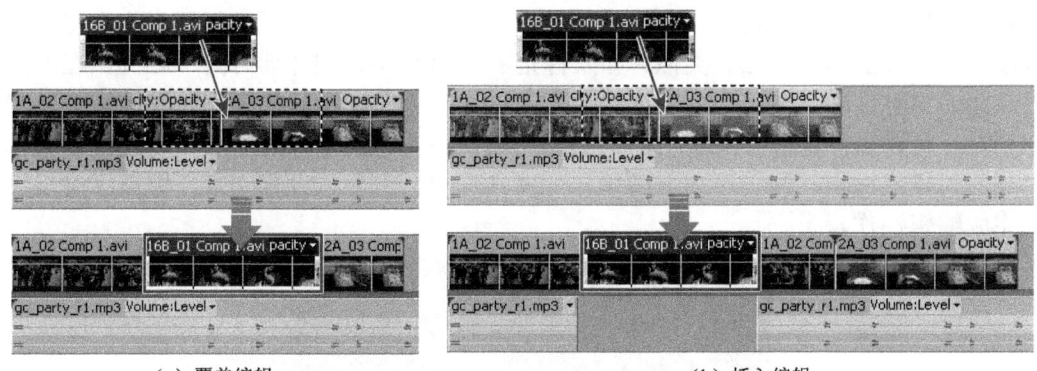

（a）覆盖编辑　　　　　　　　　　　　（b）插入编辑

图 12-4-11　覆盖编辑和插入编辑

插入编辑会影响到其他未锁定轨道上的素材片段，如果不想使某些轨道上的素材受到影响，可先锁定此轨道。

3．三点编辑和四点编辑

除了使用鼠标拖曳的方法添加素材片段，还可以使用监视器面板底部的控制面板中的按钮进行三点（Three-point）编辑或四点（Four-point）编辑操作，将素材添加到序列中。三点编辑和四点编辑是传统视频编辑中的基本技巧，"三点"和"四点"指入点和出点的个数。

三点编辑就是通过设置两个入点和一个出点或一个入点和两个出点，对素材在序列中进行定位，第四个点会被自动计算出来。例如，一种典型的三点编辑方式是设置素材的入点和出点，以及素材的入点在序列中的位置，即序列的入点，素材的出点在序列中的位置，即序列的出点会通过其他三个点被自动计算出来。任意三个点的组合都可以完成三点编辑操作。

在监视器面板底部的控制面板中，使用设置入点按钮和设置出点按钮，或者快捷键"I"和"O"，为素材和序列设置所需的入点和出点，再使用插入按钮或叠加按钮，或者快捷键"，"或"．"，将素材以插入编辑或叠加编辑的方式添加到序列中的指定轨道上，完成三点编辑，如图 12-4-12 所示。

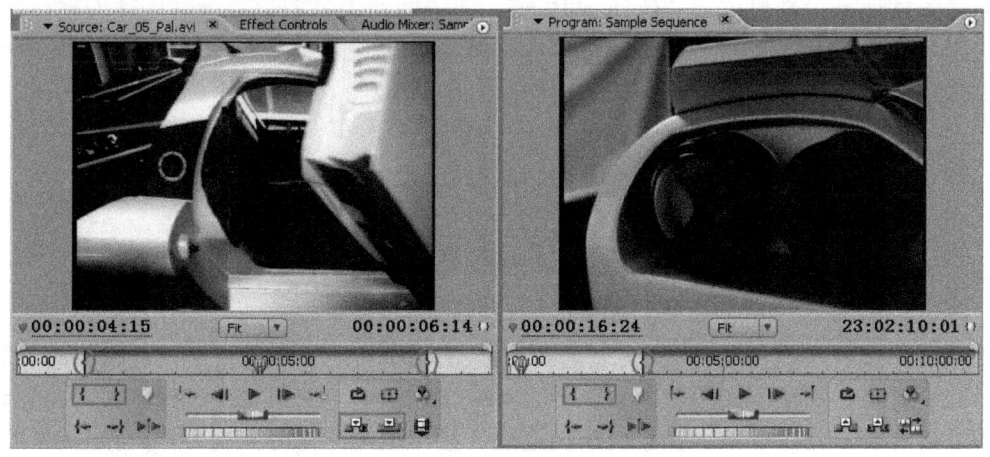

图 12-4-12　三点编辑

四点编辑需要设置素材的入点和出点及序列的入点和出点，通过匹配对齐，将素材添加到序列中，方法与三点编辑类似。如果标记的素材和序列的持续时间不相同，在添加素材时，会弹出对话框，在其中可以选择改变素材速率以匹配标记的序列。当标记的素材长于序列时，可以选择自动修剪素材的开头或结尾；当标记的素材短于序列时，可以选择忽略序列的入点或出点，相当于三点编辑，如图 12-4-13 所示。设置完毕，单击"确定"按钮，完成编辑操作。

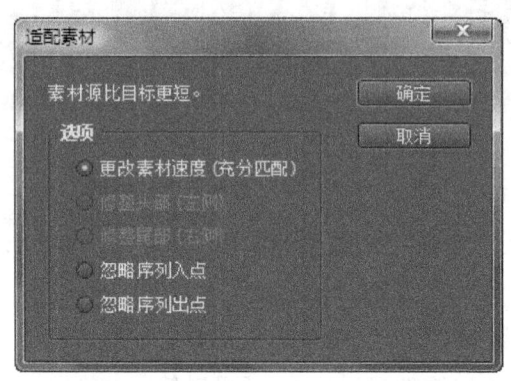

图 12-4-13　四点编辑中的"适配素材"对话框

12.4.4　在序列中编辑素材

素材被添加到序列中后，还要根据需要在时间线面板中对序列进行编辑，以达到完善的效果。Premiere Pro 提供了强大的编辑工具，可以在时间线面板中对素材片段进行复杂编辑。

1．选择素材片段的基本方法

在时间线面板中编辑素材片段之前，首先需要将其选中。

使用选择工具单击素材片段，可以将其选中，按住 Alt 键，单击链接片段的视频或音频部分，可以单独选中单击的部分。

如果要选择多个素材片段，按住 Shift 键，使用选择工具逐个单击欲选择的素材片段，或者使用选择工具拖曳出一个区域，可以将区域范围内的素材片段选中，如图 12-4-14 所示。

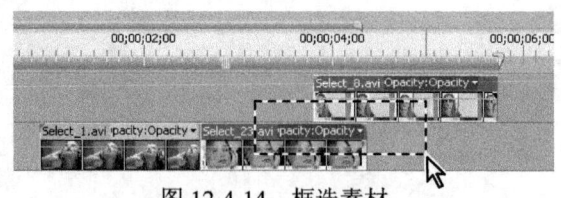

图 12-4-14　框选素材

使用轨道选择工具，单击轨道上某一素材片段，可以选择此素材片段及同一轨道上其后的所有素材片段，如图 12-4-15 所示。按住 Alt 键，使用轨道选择工具单击轨道中链接的素材片段，可以单独选择其视频轨道或音频轨道上的部分素材片段。按住 Shift 键，使用轨道选择工具单击不同轨道上的素材片段，可以选择多个轨道上所需的素材片段。

图 12-4-15　使用轨道选择工具选择特定轨道上的所有素材

2．编辑素材片段的基本方法

在时间线面板中，素材片段按时间顺序在轨道上从左至右排列，并按合成的先后顺序，从上至下分布在不同的轨道上。使用选择工具 拖曳素材片段，可以将其移动到相应轨道的任何位置。如果时间线面板的自动吸附按钮 处于打开状态，则在移动素材片段的时候，会将其与一些特殊点进行自动对齐，如图 12-4-16 所示。

图 12-4-16　拖动吸附剪辑

使用选择工具，当移动到素材片段的入点位置，出现剪辑入点图标 时，可以通过拖曳，对素材片段的入点进行重新设置；同理，当移动到素材片段的出点位置，出现剪辑出点图标 时，可以通过拖曳，对素材片段的出点进行重新设置，如图 12-4-17 所示。

使用"编辑"→"剪切"/"复制"/"粘贴"/"清除"命令，可以对素材片段进行剪切、复制、粘贴及清除的操作，其对应的快捷键分别为 Ctrl+X、Ctrl+C、Ctrl+V 和 Backspace。复制后的素材片段将保留各属性的值和关键帧，以及入点和出点的位置，并保持原有的排列顺序。

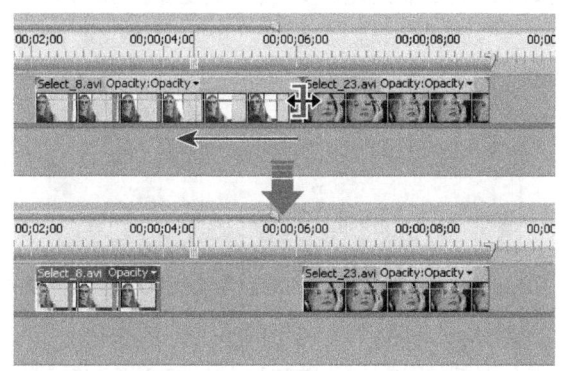

图 12-4-17　通过鼠标拖曳改变素材入出点

利用时间线面板的自动吸附功能，可以在移动素材片段的时候，将其与一些特殊点进行自动对齐，其中包括素材片段的入点和出点、标记点、时间标尺的开始点和结束点，以及时间指针当前位置。

3. 素材片段的分割与伸展

如果需要对一个素材片段进行不同的操作或施加不同的效果，可以先将素材片段进行分割。使用剃刀工具，单击素材片段上欲进行分割的点，可以从此点将素材片段一分为二。按住 Alt 键，使用剃刀工具单击链接的素材片段上某一点，则仅对单击的视频或音频部分进行分割。

按住 Shift 键，单击素材片段上某一点，可以以此点将所有未锁定轨道上的素材片段进行分割，如图 12-4-18 所示。使用"序列"→"应用剃刀于当前的时间标示点"命令或 Ctrl+K 组合键，可以以时间指针所在位置为分割点，将未锁定轨道上穿过此位置的所有素材片段进行分割。

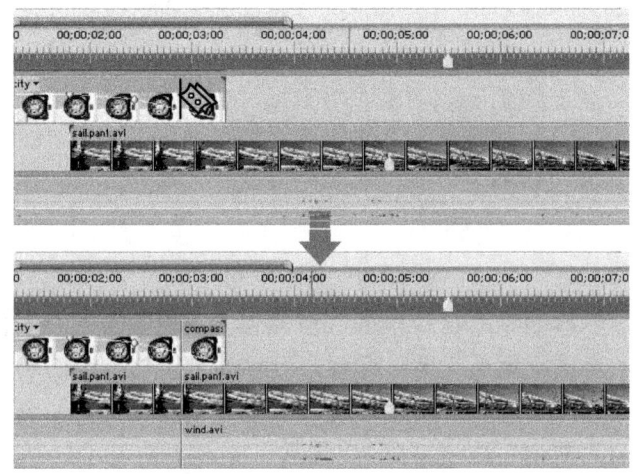

图 12-4-18　一次分割多轨素材

如果需要对素材片段进行快放或慢放的操作，可以更改素材片段的播放速率和持续时间。对于同一个素材片段，其播放速率越快，持续时间越短，反之亦然。使用速率伸展工具对素材片段的入点或出点进行拖曳，可以更改素材片段的播放速率和持续时间，如图 12-4-19 所示。

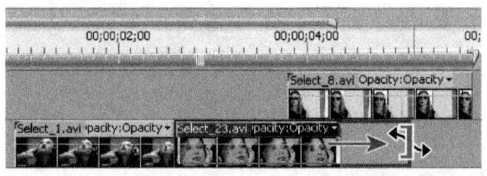

图 12-4-19　使用速率伸展工具改变素材播放速率

使用"素材"→"速度/持续时间"命令或 Ctrl+R 组合键，可以在调出的"素材速度/持续时间"对话框中对素材片段的播放速度和持续时间进行精确的调节，还可以通过选中"倒放速度"复选框，将素材片段的帧顺序进行反转，如图 12-4-20 所示。

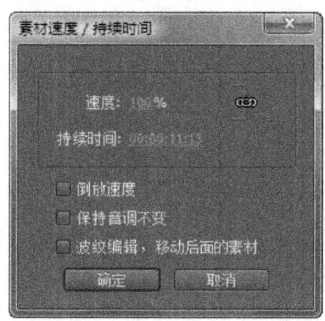

图 12-4-20　"素材速度/持续时间"对话框

12.4.5　输出

当完成对影片的编辑后，可以按照其用途输出为不同格式的文件，以便观看或作为素材进行再编辑。使用"文件"→"输出"命令，可以在其子菜单中，按照需求，选择输出途径。Premiere Pro 提供 Adobe Media Encoder 用于输出。可以根据应用终端输出多种压缩格式。

1．输出文件格式

Premiere Pro 可以根据输出文件的用途和发布媒介将素材或序列输出为所需的各种格式。其中包括影片的帧、用于计算机播放的视频文件、视频光盘、网络流媒体和移动设备视频文件等。Premiere Pro 为各种输出途径提供了广泛的视频编码和文件格式。

对于高清格式的视频，提供了诸如 DVC PRO HD、HD CAM、HDV、H.264、WM9 HDTV 和不压缩的 HD 等编码格式；对于网络下载视频和流媒体视频则提供了 Adobe Flash Video、Quick Time、Windows Media 和 Real Media 等相关格式；此外，Adobe Media Encoder 还支持为 Apple iPod、3GPP 手机和 Sony PSP 等移动设备输出 H.264 格式的视频文件。

在具体的文件格式方面，可以分别输出项目、视频、音频、静止图片和图片序列的各种格式。

（1）项目格式：Advanced Authoring Format（AAF）、Adobe Premiere Pro projects（PRPROJ）和 CMX 3600 EDL（EDL）。

（2）视频格式：Adobe Flash Video（FLV）、H.264（3GP 和 MP4）、H.264 Blu-ray（M4v）、Microsoft AVI 和 DV AVI、Animated GIF、MPEG-1、MPEG-1-VCD、MPEG-2、MPEG2 Blu-ray、MPEG-2-DVD、MPEG2 SVCD、Quick Time（MOV）、Real Media（RMVB）和 Windows Media（WMV）。

（3）音频格式：Adobe Flash Video（FLV）、Dolby Digital/AC3、Microsoft AVI 和 DV AVI、MPG、PCM、Quick Time、Real Media、Windows Media Audio（WMA）和 Windows Wave form（WAV）。

（4）静止图片格式：GIF、Targa（TGF/TGA）、TIFF 和 Windows Bitmap（BMP）。

（5）图片序列格式：Filmstrip（FLM）、GIF 序列、Targa 序列、TIFF 序列和 Windows Bitmap 序列。

2. 使用 Adobe Media Encoder 进行输出

Adobe Media Encoder 是一个由 Adobe 视频软件共同使用的高级编码器，属于媒体文件的编码输出。根据输出方案，需要在特定的导出设置对话框中设置输出格式。对于每种格式，导出设置对话框中还提供了大量的预置参数，还可以使用此预置功能，将设置好的参数保存起来，或者与其他人共享参数设置。

虽然导出设置对话框的外观和调用的路径在各个应用软件中各不相同，但它的基本形式和功能是一致的。导出设置对话框中会包含一个设置基本输出参数的区域和一个包含多个嵌入式标签面板的区域。标签面板所设置的内容由输出的文件格式所决定。

当输出一影片文件用于网上分享时，不像全屏显示和全帧速率的电视视频，经常需要对其转换交错视频帧、裁切画面或施加一些特定的滤镜。输出设置对话框提供了这些功能。

导出设置对话框中包含一个图像显示区域，可以在源和输出面板间进行切换，以作为对比。在源面板中显示源视频画面，可以对其进行裁切；而在输出面板中包含一个消除交错视频场的功能，并且显示在经过压缩处理之后画面的帧尺寸、像素宽高比等属性。画面的下方有一个时间显示和时间标尺，其中包含一个当前时间指针，以指示时间线上的时间。其他的面板根据输出格式不同，包含各种编码设置，如图 12-4-21 所示。

图 12-4-21 "导出设置"对话框

使用"文件"→"输出"→"媒体"命令，调出"导出设置"对话框。在"格式"下拉列表框中选择所需的文件格式；并根据实际应用，在"预置"下拉列表框中选择一种预置的编码规格，或者在下面的各项设置栏中进行自定义设置；在"输出名称"中设置存储路径和文件名称。设置完毕，单击"确定"按钮，自动调出独立的 Adobe Media Encoder

界面，而设置好的项目会出现在输出列表中，如图 12-4-22 所示。

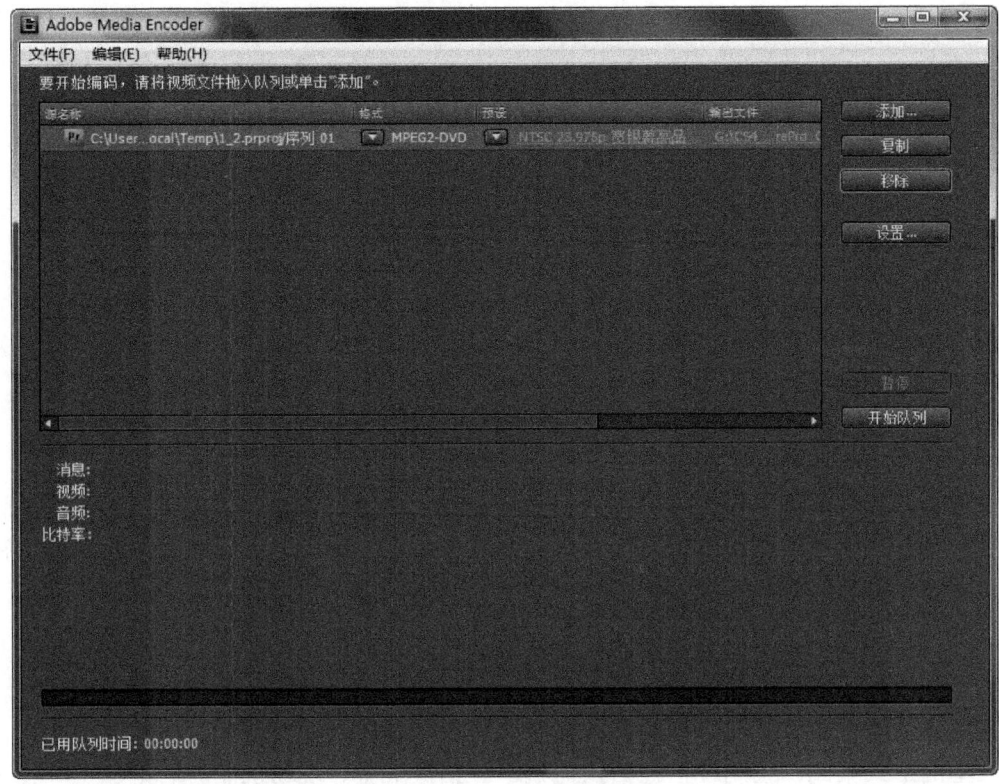

图 12-4-22　输出队列窗口

单击开始队列，便可以将序列按设置输出到指定的磁盘空间。

思考与练习

1．非线性编辑系统的发展经历了哪几个阶段？
2．数字非线性编辑系统采用的主要技术有哪些？
3．非线性编辑系统由哪几部分构成？
4．用 Premiere 进行节目编辑的基本流程是什么？
5．利用非线性编辑软件 Premiere Pro 制作一个教学专题片。

第 13 章　电视教材编制过程及人员

本章学习目标
- 了解电视教材的编制过程
- 熟悉编制人员的任务与要求

13.1　电视教材编制过程

电视教材的编制是一项集体的创造性工作，涉及许多人员和设备，并且需要一个较复杂的工作过程。不同类型的电视教材，其编制过程也不一样，现以常用的系统课程电视教材和专题电视教材为代表，介绍其编制过程。

13.1.1　系统课程电视教材的编制过程

系统课程电视教材是将一门课程的教学内容全部编制成电视教材。目前这类教材都是用讲授型的形式编制。编制过程包括撰写稿本、拍摄准备、现场录制、后期加工、使用评估几个阶段，如图 13-1-1 所示。

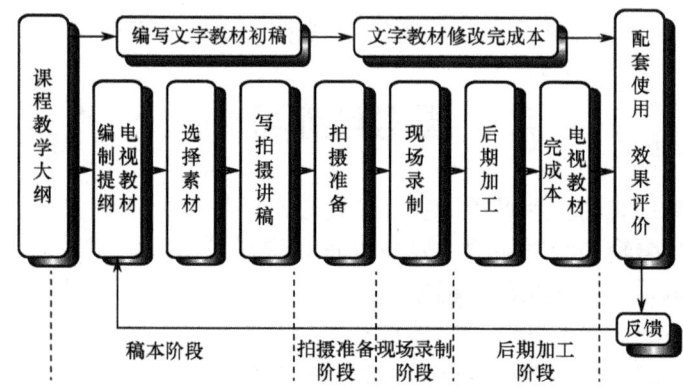

图 13-1-1　系统课程电视教材编制的流程图

1. 稿本阶段

稿本在电影、电视剧中称为剧本，教学节目中戏剧型稿本也称为剧本。稿本是电视教材的基本依据，它充分体现教学的目的任务。没有好的稿本，很难拍出好的电视教材。稿本的编制，要求编稿教师在明确教学目的的基础上，广泛收集资料，并进行精心的加工提炼。这一阶段的工作包括：

（1）根据课程教学大纲要求，拟定电视教材编制提纲，同时编写文字稿本初稿。

（2）根据电视教材编制提纲，编稿教师要根据提纲收集有关材料，包括文字教材、参考资料，最后选定可用的素材。

（3）根据选择的素材，写出供拍摄录制的讲稿。讲稿与传统课堂教学的讲稿或教案并不一样，它不但要详细、准确地写出教师要讲的话，还要标明何处出示图片、字幕，何处演示教具，何处插入一段事先录好的图像资料等。

2．拍摄准备阶段

拍摄用讲稿完成至正式进行录制的这段时间为拍摄准备阶段，主要进行以下工作：

（1）主讲教师认真熟读讲稿，以避免讲课时过多低头看讲稿，或者出现错误导致多次停机重拍。

（2）道具、教具与美工材料的准备，如黑板、投影器、字幕、图片、演示实验器材等。

（3）视听材料的准备，包括已有的录像资料和外拍资料的准备。

（4）录制设备的准备，如对摄像机、录像机、控制台、音响、灯具进行连接调试，使其工作性能完好。

（5）学生或演员的准备。需要学生在场的，应先选择好，并做好应有的准备与训练。

（6）拟订拍摄工作计划。召集有关人员，召开会议，落实任务，统一思想与行动。

3．现场录制阶段

系统课程电视教材一般是将演播室布置成教学环境，作为录制现场，这样方便利用演播室的成套设备进行录制。系统电视教材应尽可能采用一次性现场编辑方法，避免多次编辑，有利于提高电视教材的图像质量。各部门人员要做好充分准备，密切配合。

若采用录制后再编辑的方法，现场录制的要求低一些，可以逐个段落、逐个镜头去录制。

但不管用哪种方法，都必须尽可能采用同期录音，否则编辑后再对口型配音，就太麻烦了。为此要求主讲教师要做好充分准备，做到内容准确无误，语言标准无误，同时音响系统要调整适当。

正式录制前的一些具体工作，还包括视频系统、音响系统、灯光系统的调整。拍摄中导演要对各个环节把关。例如，讲授内容是否遗漏、多余、错误；演示实验是否准确、规范；学生回答是否符合要求；录制图像质量是否清晰稳定等。

4．后期加工阶段

非现场编辑的录制方法在摄录工作完成后，还必须做后期编辑工作。例如，加入相应的字幕，插入一些图像资料，或者去掉多余或错误部分。

5．使用评估阶段

电视教材完成后，编制人员还要关心教材的使用情况，通常由专家评审提出意见，并通过学生使用，收集使用情况，反馈意见，这些意见作为重新修改或今后编制教材的参考，以便进一步提高教材质量。

13.1.2　专题电视教材的编制过程

专题电视教材是专门表现教学中某一重点或难点问题，时间长度在几分钟至 20 分钟的电视教材。这类电视教材通常用图解型，或者戏剧型、综合型的表达形式去编制。其编制过程也可分为 5 个阶段，如图 13-1-2 所示。

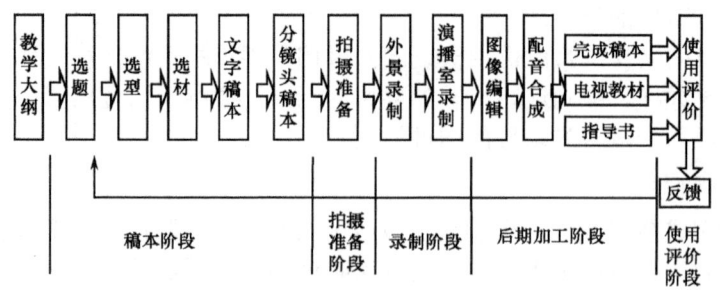

图 13-1-2　专题电视教材编制的工作程序

1．稿本阶段

（1）确定选题。根据教学大纲规定的教学内容和电视教材编制的选题原则，组织该学科有教学经验的教师与导演共同讨论确定选题，这样既能发挥电视手段的特长，又能体现教学的需要。

（2）选择表达形式。根据课题教学内容与教学对象年龄特征、知识水平，选定电视教材的表达形式。不同的电视教材表达形式会影响到以后素材选取与稿本的编写工作。

（3）选择素材。按照教材的课题内容要求与表达形式要求，选择表现教材内容的素材。

（4）编写文字稿本。由编稿人员将收集的素材进行组织，写出文字稿本。

（5）编写分镜头稿本。讲授型的系统电视教材，一般不用写分镜头稿本，但对专题电视教材，不管用哪种表达形式，必须由导演根据文字稿本再改写成能用于拍摄的分镜头稿本。

2．拍摄准备阶段

这个阶段与系统性电视教材编制的准备工作大致相同，不过需要有更周密的准备。

（1）导演与录制人员讨论分镜头稿本。

（2）拟订拍摄计划。

（3）到外景地与有关单位事先联系。

（4）戏剧型电视教材要做好演员的培训、排练工作。

（5）录制设备的准备。

3．录制阶段

这个阶段工作按分镜头稿本的要求和拟订的拍摄计划，进行具体录制工作。它包括外景地的拍摄和演播室内景的拍摄。一般是按分镜头拍摄录制，然后再编辑合成。

外景拍摄时，要根据实际情况，允许进行导演与摄像的即兴创作，因为稿本中不可能把拍摄的画面描述得与实际情况完全相同，因此拍摄角度、拍摄方法、人物调度、色彩、光线等，都可能与稿本不一致，应选取最佳拍摄方案。演播室内的拍摄也是如此，即使稿本中写清楚了景别大小，但具体构图时，怎样才能使画面既美观又能说明问题，则完全靠现场地取舍。

在多机拍摄的现场，则需要摄像人员与特技切换人员密切配合，高度集中精力，才能完成一个理想的镜头。摄像要及时地选取自己的镜头，切换人员要用合适的特技，及时地切换。

4. 后期加工阶段

这一阶段的工作包括编辑和配音，按完成的电视教材写出完成稿本，最后写出教师和学生用的教学指导书。

5. 评审阶段

编导人员应用科学的方法定期收集使用教材的教师与学生的反馈信息加以分析，为以后改进电视教材质量提供依据。评价的标准主要有教育性、科学性、技术性和艺术性。

评价的方法有多种，按照评价的时间和过程，可以分为形成性评价和总结性评价。形成性评价贯穿于整个节目创作过程。总结性评价则在节目播放后，由专家、编制人员、教学对象，对节目进行总结性评价。看节目的形式、内容是否能被理解和接受，是否达到了教学目的。

13.2 电视教材编制人员的任务与要求

13.2.1 制作部门人员构成

编制电视教材，除了要有整套摄录设备及演播室等物质条件外，还需要有专门的组织机构和各种技术人员，通过部门组织领导，并在导演的统一指挥下分工负责、互相协助，才能完成各项工作。

一个比较健全的编制电视教材的组织机构应包括如图13-2-1所示的部门与人员。

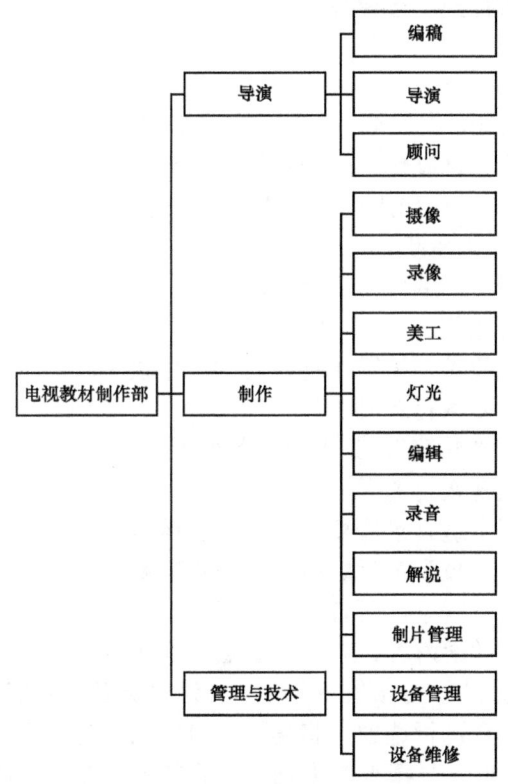

图 13-2-1 编制电视教材的组织机构

电教馆或电教中心的电视教材制作部门一般由三部分人员组成。

1. 编导人员

编导人员包括编稿人、导演和顾问等。一般来说导演是专职的电教专业人员，而编稿和顾问则是兼职的。他们是在某一学科有专长并具有丰富教学经验的教师，是临时受聘来工作的。

2. 制作人员

制作人员属于电教馆（中心）的专职人员，包括摄像、录像、美工、灯光、编辑、录音、解说等人员。他们在电视教材制作上都具有某一方面的专长，在导演的统一指挥下各司其职。在一些大的制作部门可能一项工作由几个人承担，而小的制作部门也可由一人兼任多项工作，如导演兼摄像、编辑等。

3. 管理人员与技术人员

管理人员与技术人员主要负责制片管理工作和设备管理工作。制片管理工作相当于电影、电视剧制片主任的工作，管理演员、摄制组的一切后勤工作，如吃、住、服装、道具、报酬等事务。

由于录制设备昂贵，需由专人管理，保证设备运转良好，因此这项工作由专职或兼职技术人员来完成。

13.2.2 编制人员的任务与要求

1. 编导

顾名思义，编导是担任"编"与"导"两方面工作的。"编"，即编写电视教材的稿本。"导"，即根据稿本按电视教材制作的规律程序，指导录制工作的全过程。

"编"与"导"这两项工作如果由一个人承担，这个人称为"编导"，大多数情况下，"编"与"导"工作由两个人承担。

承担"编"的人称为"编稿"，其主要任务如下。

（1）确定电视教材的选题。

（2）根据教学目的、要求，编写电视教材的文字稿本。

（3）协助导演指挥电视教材录制工作。

承担"导"的人称为"导演"，其主要任务如下。

（1）协助编稿选定电视教材的课题。

（2）根据文字稿本写出适合录制要求的分镜头稿本。

（3）指导录制全过程，直到最后编制完成电视教材。

编与导既有分工，又有联系，两者要互相配合，才能保证电视教材的质量。例如，确定选题时，编稿对课程的教学内容、难点、重点，哪些内容用口头讲授不易讲清，需要用电视去表达，有更多的发言权；导演在选题时，对这些选题内容能否发挥电视手段和长处，则更有发言权。两者要配合进行选题，将需要与可能结合起来。

编稿人员写文字稿本时，导演要在方法上进行指导，在写分镜头稿本时，要征求编稿人员的意见，在录制时导演则可充分利用电视手段指挥录制，编稿人员起科学顾问作用，保证其科学性。

编导人员的工作是一种教材编制工作,与文字教材编写或教师在课堂上讲好一节课比较,电视教材的编制过程要复杂得多,难度也大得多,所以编制出一部好的电视教材,既是一项教学研究工作,又是一项创造性劳动,同时也是科学、教学与艺术结合的产物。而在这些工作中起关键性、指导性作用的是编导人员的工作,因此对编导人员的素质有较高的要求。

编稿的业务素质要求:

(1) 学科专业知识。编稿应在该课题学科专业方面具有渊博的知识,除了精深的基础知识以外,还需要掌握最新学科发展成就,以及与该学科有关的知识。这样才能居高临下、深入浅出地传授知识。

(2) 教育科学知识和教学经验。编稿要掌握教育学、心理学基础知识,并具有较丰富的教学经验,懂得用教学原则与教学方法指导文字稿本的编写,掌握课程的教学大纲,使稿本的内容符合大纲的要求;能了解教学对象,使稿本的选材适应学生年龄特征和知识水平。

(3) 电视教材编制的知识。编稿要懂得一些电视教材编制的常识,具备一定的艺术修养与写作能力。较好地掌握文字稿本编写的技巧,这样才能编写出具有较高水平的符合编制要求的文字稿本。

导演的业务素质要求:

(1) 掌握影视艺术的理论与技巧。电视教材是借用电视手法来表现教学内容的,因此导演必须熟练掌握电影、电视艺术的编导与制作的理论知识与技巧。例如,画面构图知识,镜头组接原则与技巧,摄像用光、编辑、录音的技术,音乐、音响的运用技巧等,否则就不可能编制出好的电视教材。

(2) 熟练掌握电视教材制作设备系统的功能及使用方法。电视教材从写分镜头稿本到录制工作全过程,要求导演熟练掌握制作设备系统的全部功能和具体使用技巧。尤其现在制作设备的更换周期很快,新型设备不断出现,功能越来越多,导演要善于学习,善于利用这些最新的设备,编制出具有时代感的电视教材。随着电子技术的发展,电视节目制作逐步向数字化、网络化、虚拟化迈进,电视编导人员要学习和掌握不断出现的影视摄录编播技术。

(3) 应具备一定的教学经验,掌握教学原则、教学方法和教学模式。如果没有教学经验,不遵循教学规律,仅凭自己的感觉,就难以编制出有教学特点、符合教学要求的电视教材。

现在教学模式和教学方法在不断发生变化。随着知识经济的到来,教育模式发生了根本性的变革,由单纯传授知识的传统教育模式转向强调素质教育、能力培养、智力开发的现代开放教育模式,使得教师从教学过程的主讲者转变成为学生学习活动的设计者和指导者,也使学生由被动式学习转变为主动式学习。多层次全方位的教育传播途径突破了时空的局限,使学习者增加了学习的机会,获得了丰富的教学资源,适合学生的个别化学习,真正做到因材施教,使学生的个性潜能得到充分发挥,电视教学的方法也更丰富多彩。

(4) 应具备比较广泛的学科专业知识。导演应该在一门学科专长的基础上对邻近学科专业知识有较广泛的了解。要求导演对所有学科都了解是不可能的，但在接受某一学科的课题后，就应去深入钻研这一领域的知识，否则难以胜任导演工作。

综上所述，导演的素质要求应着重于影视理论与技巧及制作技术，同时也应懂得教学与学科专业知识，而较强的交际能力和领导艺术则使导演工作更能得心应手。

2. 摄像

（1）熟悉摄像机的性能，掌握摄像机的各项操作技术，如色温、白平衡、镜头光圈、聚焦的调整操作。保证图像清晰，色彩真实。

（2）能熟练并稳定操作摄像机的镜头运动，如推、拉、摇、移、跟等运动，做到稳、准、匀、平。

（3）熟练掌握画面构图、摄像布光等技巧。

（4）具备一定的编导常识，摄像时要按稿本的要求，在编导的指导下进行创作。

3. 录像

（1）熟悉摄像机、录像机与控制台等设备的工作性能与操作方法。

（2）录制时在编导指导下操作录像机、特技机及控制台的有关设备，按稿本的要求，与摄像密切配合录下符合图像质量的电视信号。

（3）协助维修工程师，做好摄、录设备的日常维护工作。

4. 美工

（1）在编导指导下，按分镜头稿本要求绘制所需的字卡、图表与图画，并能创造性设计出动画及片头、片尾等。

（2）要熟悉录制过程，特别是摄录编过程，使得美工的工作符合摄录的要求。

5. 编辑

（1）熟悉编辑系统和软件的工作性能及操作方法。

（2）懂得镜头组接的理论与技巧。

（3）能挑选出理想镜头，找到最佳编辑点，保证组接流畅、节奏适当、色调一致，编辑点稳定。

6. 灯光

（1）掌握灯光照明的常识及灯光布置，熟悉在不同环境下各种效果灯光照明的设计方法。

（2）在录制时，按导演、摄像及美工的要求，做好灯光的调整及控制。

（3）灯具的管理与维护。

7. 录音

（1）熟悉音响设备的性能与操作使用方法。

（2）录制时，在编导指导下，负责同期录音和后期配音的全部音响工作，保证录音质量。

（3）要具备一定的音乐修养，对一些音响要求较高的教学片，能做一些音响设计、制作的技术性工作。

8. 解说

（1）普通话标准，语调洪亮清晰，具有一定的文化修养，解说动听、感人。

（2）解说要连贯流畅，准确无误，节奏适当，声画同步。

以上是各工作岗位的职责与要求。作为导演要熟悉各岗位的职责与要求，并且在编制工作中协调并监督其工作，以保证电视教材的质量。

思考与练习

1. 电视教材编制的主要过程有哪些？
2. 电视教材编导的任务与业务素质要求如何？

第 14 章 文字稿本的编写与创作

本章学习目标
- 了解电视稿本的格式
- 熟悉选题的原则和步骤
- 熟悉选型的依据和程序
- 了解选材的原则和步骤
- 了解结构的类型,掌握开头、中间、展开和结尾的结构方法
- 掌握文字稿本的画面和解说的写作方法

电视教材稿本是用文字及图示符号阐述电视教材编制的内容及形式的书面材料。它是编制电视教材的基础,在很大程度上决定了电视教材的质量。尤其教育电视教材的主要任务是传授知识、培养人才,更来不得半点马虎。导演的水平再高,只能弥补一些稿本的不足,并不能从根本上改变稿本的结构基础,因此编稿人员不要有过分的依赖思想,而应充分发挥自己的创造力。

电视教材的稿本,从广义上说有文字稿本、分镜头稿本和完成稿本三种。

(1) 文字稿本是将要表达的教学内容以画面和解说相结合的形式组成的书面材料。

(2) 分镜头稿本也称导演本,它是导演依据"文字稿本",以镜头为基础,用更加具体形象的电视语言写成的未来电视教材的文字描述材料,是摄制组拍摄,编辑人员后期编辑的依据,还是供有关部门审查的依据。

(3) 完成稿本是一部电视教材编制完成后的分镜头记录本,是一部电视教材完整的档案材料,它可供有关人员熟悉、运用和评价教材时翻阅、使用。

14.1 文字稿本概述

14.1.1 文字稿本的特性

电视教材的文字稿本类似于电影、电视剧的文学剧本,但不称为剧本而称为稿本,这是由于它有区别于剧本的不同特性。

1. 教学性与科学性

在电影、电视剧中,主要以叙述故事为主,通过故事情节打动人、吸引人。因此影视剧本的故事性、艺术性较强。而电视教材主要任务是教学和教育,如果只追求它的故事性和艺术性,而忽视了它的教学性与科学性,就不能为教学所用,最多只能是一种科普教育片。

为了区别于电影、电视剧本,而另外创造了一个新名词——电视教材稿本。作为文学

作品的影视剧本具有很强的艺术性,而电视教材的稿本则要注重教学性、科学性,它只是注意运用艺术手法充分表达教学内容,但不以艺术性为主。

2. 形象性与专用性

文字稿本虽然注重教学性与科学性,但同一样注重教学性与科学性的文字教材比较,它的特点则在于形象性与专用性。

电视教材文字稿本,虽然也是一种文字形式,但它与文字教材不同,不是直接阐明教学内容,而是说明采用何种形象的电视画面和相配合的解说词去表现教学内容。鉴于文字稿本的形象性要求,绝不能用文字教材去代替稿本,那样是无法使用的。

稿本不是直接给教师与学生阅读的,是供给电视教材编制人员用的,文字稿本只供导演写分镜头稿本使用,因此也需按一定格式去编写。

14.1.2 文字稿本的格式

因为电视教材的类型有多种,表达形式也不相同,所以文字稿本可以有不同的格式。但是从文字稿本的基本概念出发,它仍有共同性,即必须包括形象(画面)和声音(解说词)两方面的内容,只不过其地位有所不同。

下面举几种常见格式的例子。

1. 讲稿式

这种格式的文字稿本,适宜于编制讲授型电视教材,它相当于教师讲课时的详细讲稿,是文字稿本最简单、也是教师最容易编写的一种稿本格式。因为讲授型电视教材画面以教师形象为主,解说词就是教师的讲解,因此讲稿式稿本不用从头至尾写出具体的画面内容,而是要从头至尾写出完整的教师讲解词。至于画面如不作特别注明,都是教师的形象,如需要用其他图像代替教师形象时,才在相应的解说词上做出说明,如板书、图表、字幕、图像资料等。例如:

同学们,上节课我们学习了"知识的理解",今天讲"知识的保持"(显示字幕)……

2. 穿插式(散文式)

即写一段画面,再接着写一段解说词,基本格式如下:

画面:……

解说:……

画面:……

解说:……

又如:

画面:造型美观、宏伟高大的辟支塔,高高耸立,直指苍穹。

解说:著名的辟支塔是宋朝阁楼式砖塔,有八角九层,高五十四米,巍巍耸立,十分壮观。

画面:错落相间、大小不同的墓塔。

解说:墓塔林是灵岩寺历代住持高僧的墓地,座座墓塔就是件件古代精美的艺术品。

3. 左右对应式（声画式）

这种格式将画面与解说词分左右两边写，写一组画面就有一组解说词对应，如表 14-1-1 所示。

表 14-1-1　声画式文字稿本

画　　面	解　　说
青菜地，蝴蝶飞来飞去。 蜜蜂在花朵上采蜜。 蝴蝶落在大葱花上	在自然界到处都可以看到形形色色的昆虫
许多青虫吃菜。 粘虫在咬大麦	这些昆虫大部分都吃各种植物维持生活
一只螳螂舞着大刀捕捉一条昆虫	可是也有一些昆虫喜欢吃肉食

三种格式中，左右对应的形式是文字稿本最常用的一种，它适用于多种形式的电视教材。

文字稿本不管采用什么格式，都以文字教材为基础，是将文字教材形象化、艺术化而形成的。因此要求文字稿本既源于文字教材，但又不是简单地重复文字教材；既能深入浅出地反映文字教材，又能适当地深化文字教材的处理能力；同时文字稿本是电视教材的基础，要尽可能为导演提供丰富多彩的形象逼真的视觉素材，解说力求精雕细刻。

14.2　选　　题

14.2.1　选题的意义

选题是指选择确定编制电视教材的课题。

选择课题与选择教学手段是相互联系的，教师在讲授某一内容时，存在选择教学手段的问题，如口头讲授、模型教具、演示实验或幻灯、投影、电影、电视等不同的手段，目的是为了达到最佳的教学效果，提高质量和效率。

每一种教学手段都有它适宜表现的教学内容。电视的特长是善于呈现直观形象的活动图像，因此选题的关键要选择需要用活动图像去呈现教学内容的课题。选题是否恰当是电视手段的长处能否充分发挥的问题，也是决定电视教材质量的最关键的问题。

14.2.2　选题的原则

1. 选择教学中的重点、难点、应用面广和急需的课题

（1）选择教学重点、难点作为课题。教学大纲里明确了教学重点，它是达到课程教学目标的重要教学内容，如一些基础知识、基本概念、基本原理，以及较复杂的基本技能等，都是学生必须掌握的内容，而这些内容比较抽象、枯燥，不易被学生理解掌握。

教学过程中的难点是完成教学目标的障碍，其中大多数的重点内容往往也是难点内容。还有一些非重点内容，在教学中也感到有困难，造成困难的原因或者是受实验设备或其他条件限制，或者是由于难以单纯用口头讲授能表达清楚。

如果把这些重点、难点内容确定为选题,编制成电视教材,就有可能通过电视的技巧和手法,引入直观形象材料,化难为易,解决重点,扫清障碍,取得较好的教学效果。

例如,《初中物理实验技巧》的选题,开始曾选了30多个实验,几乎把教材上的实验都包括了。后经与人民教育出版社专家座谈讨论后,去掉了一些非重点内容,如《颜色之谜》;非难点内容,如《杠杆平衡》。而一些看似简单、实难掌握的实验保留,如《筷子提米》《音调·响度》等实验。最后精选了26个实验,这些实验是教师在教学中不易做成功的,并且重点讲实验注意事项,成功的关键与技巧,而不是从头至尾完整地做一遍。

(2)选择适用面广的课程。在选择重点、难点的同时,还要考虑适用面广的基础课。

每门课程都有教学的重点、难点,但中小学有十几个学科,大学有几千门课程,如果每门课程的重点难点内容均选十多个课题制作电视教材的话,就得有几万甚至几十万课题。这样的繁重任务,就是动员全国有制作能力的电教部门去协作,也难以在短时间内完成,况且有些专业学科课程全国仅有个别学校开设,学生人数少,即使这些选题花大力气制作了高质量电视教材,教学效果不错,但由于使用人数少,总的教学效益仍不高。

(3)选择教学急需的课题。急需有两层含义,一是教学急需,二是抓住时机。

教学急需课题,譬如一些课程是近几年新发展起来的,这类课程的教学师资力量薄弱,而又非常需要这方面的知识,如"旅游""公关""烹饪"课程,"全国计算机等级考试",各种最新的"计算机应用软件""计算机网络"知识等。这些课程制作成电视教材能及时解决问题,取得立竿见影的效果。

抓时机是指与教学有关的社会活动、生产实践、教育活动和科学研究方面的重大事件,若能有计划地记录保存下来,往往能成为以后教学上的重要参考资料。例如,1989年的《苏共28大》《苏联十月革命节》,1997年的《香港回归72小时连续节目》《日食》等。

另外一些名人、名家的讲课实况;一些戏剧、舞蹈家的表演,画家的绘画过程,老科学家的谈话等,都有很强的时间性,一旦错过了机会就难以弥补,应有计划、有准备地选入课题,编制成电视教材,就会成为难得的教学珍贵资料,甚至是无价之宝。

2. 选择能充分发挥电视手段长处的课题

电视教材的特点表现在两个方面,其一是教学的特点,其二是电视的特点。从电视教材的电视特点看,突出的是以视觉形象为主,而且以活动图像为主,以及通过电视手段呈现事物现象的本质特征,选题应从这些方面考虑。

(1)用活动图像呈现教学内容的课题。用活动图像呈现教学内容的课题可分为两类:一类是直接通过事物的运动状态和过程揭示事物的本质特征的课题,如生物学关于某一类动物的生活习性,通过介绍它们与生存环境和本身活动有关的镜头,就能概括出生活习性的特点。

另一类是通过具体的活动图像去论证、解释从而间接验证科学原理的理论性较强的课题。例如,物理学中"压力"的概念,人们难以直接观察到,但可以通过设计一些实验,用形象的活动图像去证明压力的存在和它的特点(方向和大小)。再比如"声音的产生和传播"中利用一些实验及生活资料,总结出"振动发声"的结论等。

总之用活动图像去直接或间接揭示事物的本质特性,从而使学生能加深对知识的理解与掌握,这些是发挥电视特长的课题。

（2）能充分发挥电视手段丰富的表现技巧的课题。电视手段的表现技巧非常丰富，可以利用镜头的变化、电子特技、动画、电子编辑技巧、布光、色彩等艺术手段，使得所表达的教学内容更加深刻、精练简洁，如果不能合理地运用电视的这些表现技巧，就缺乏表现力和感染力。

（3）扩大教育规模的课题。电视手段还具有存储、重现、远距离传递的特征，因此在选题时也应考虑一些电大课程。尽管有的无法用活动图像去呈现，如数学及其他理论课，但考虑到能远距离传递，扩大教学规模，所以仍可作为选题。

总之，要尽量选择那些能充分发挥电视手段特长的课题。

3．选择人力、物力条件和技术能力可达到的课题

在选题时要考虑经济效益和技术条件，必须从实际出发，量力而为。如果只考虑教学需要，而不考虑制作的可能性，就会遇到种种困难，甚至落空。

例如，选题需要高倍放大显微镜，而现在设备条件还无法达到；再如，需要制作大量动画、特技，制作条件达不到；或者拍摄地点过于分散，甚至需要航拍，都要慎重考虑，应有充分的经济条件做保障。

14.2.3 选题的步骤

1．提出选题

哪些课程或课题需要编制成电视教材一般可由任课教师提出，但多数情况是由教学主管部门提出的，因为这项工作是这些部门与机构的职责。

任课教师对课程的教学内容最熟悉，哪些内容难教，学生难学，教师最有发言权。因此教师往往会向学校电教机构或上级电教主管部门提出编制某个课题的电视教材。

2．确定选题

选题任务提出后，如何确定选题？对于电大一类需要编制整门课程的系统电视教材的情况，一般是由教学需求决定的，无须再作研究讨论，只需物色编制部门并提出编制要求就可以了。至于普通学校编制辅助课堂教学的电视教材，必须认真地进行选题工作。

选题工作需要召开选题会议，由教师或专家与电教机构人员共同讨论。教师侧重于从教学需要方面去考虑；编导人员侧重于从电视特点、手法方面考虑，如课题能否发挥电视手段的特长，经济、技术条件是否具备等。

3．制订选题计划

在选题会议确定选题之后，制订一份选题计划。

选题计划一般包括以下栏目。

（1）题目：要简明、切合主题，如实反映内容，如《中学物理教学法》电视系列教材的选题。

（2）学科专业：为哪门课程所使用，如《中学物理教学法》课程。

（3）教学对象：哪一类哪一级学生或教师使用。

(4) 教学目的和要求：说明该课题要掌握哪些知识与技能。
(5) 内容提要：列出所包含的主要问题。
(6) 录制建议：包括内外景比例，外景地点建议，动画的数量，编制的要求（片头、片尾长度，格式，磁带格式等）。
(7) 估计时间长度：一般以分钟来计。
(8) 备注：可写上一些特殊要求。

一般来说，编制单位应参加选题工作的全过程，这样对课题的具体制作要求能全面了解。

14.3 选 型

选题确定之后，应进一步考虑编制电视教材的表达形式，即采用讲授型、图解型还是采用戏剧型、综合型。这主要由课题的教学内容、教学对象和采用的教学方法综合考虑决定，同时人员和物质条件对选型也有重大影响。

14.3.1 选型的依据

1. 依据教学内容

课题教学内容的性质和数量对电视教材的选型有重大影响。

从课题内容数量的多少看，整门课程的系统性电视教材，由于内容多，少则几十学时，多则一百多学时，从制作时间、成本等因素考虑，一般宜采用讲授型或综合型，除了极个别技术性强，需要用活动图像去表现的内容外，一般不宜用图解型或戏剧型，只能依靠文字和教师讲述。因为整门课程采用图像型难度是很大的，所以最佳方式是选用综合型的表达形式。

章节性的电视教材，则多采用图像型或综合型。

专题性电视教材是优选了最能发挥电视手段长处的教学内容，多数情况采用图解型或戏剧型。

片段性电视教材从几十秒至几分钟，甚至无解说，基本都是极有教学价值的活动图像片段，属图解型。

从课题教学内容的性质来看，思想教育性的电视教材可以用多种形式，如讲授英雄模范人物的报告、戏剧、图解型的党史教材。

知识性、理论性较强的教学内容能用图像去呈现时，应尽可能采用图解型，否则可考虑讲授型或综合型。

至于技能技巧训练用的电视教材，一般用图解型。因为讲授型无法提供有效的信息，去指导技能技巧训练。

2. 依据教学对象

电视教材的教学对象不同，选择电视教材的表达形式也应有所不同。

对于小学生，由于年龄小、经验不多、注意力不容易集中等特点，适宜用戏剧型的电视教材，或者在图解型中多插入一些生动活泼的动画。这样选型的安排，能更好地引起小学生的学习兴趣，并能集中注意力学习。如果采用讲授型的电视教材，学生在学习时，由于缺乏双方沟通及缺乏自控能力，无法坚持下去。

对初中、高中生，由于自制能力有所提高，可采用多种形式的电视教材，当然图解型更容易为学生接受和理解。

对大学生或在职教育的成人，由于有更高的学习自觉性，形式也可多种多样，如电大的系统课堂多采用讲授型。

3．依据教学组织形式

在不同的教学组织形式下，使用的电视教材，也要求有不同的表达形式。

例如，在班级课堂教学的教学方式下，教师能直接与学生面对面讲授，一般不应再用讲授型的电视教材，而采用教师无法用口头讲授的图解型、戏剧型或综合型。这种教学方式，使用最多的是图解型，其次是戏剧型或综合型。

而对于全部教学内容都是通过电视教材去传播的广播电视教学组织形式，所使用的电视教材，大多数采用讲授型或综合型。

4．依据人员和物质条件

编制电视教材的人力、物力和财力条件，也应成为选择表达形式的重要依据之一。例如，经费比较充裕，可选用图解型或戏剧型，如经费少可选用综合型，经费很少则采用讲授型。

此外还要考虑人员情况，如有擅长表演的演员，可考虑戏剧型是否符合课题的需要。若有特别专长的节目主持人和电视教师，可考虑选用综合型。若有优秀教师，选用讲授型也能充分发挥其作用。总之要尽量发挥现有人员的作用去考虑选型。

14.3.2 选型的程序

1．综合考虑

影响选型的因素很多，上面所提到的选型依据应加以综合考虑，如表 14-3-1 所示。

表 14-3-1　电视教材选型的综合考虑

依据		选型	图解型	戏剧型	讲授型	综合型
教学内容	数量	系统性			✓	▲
		章节性	✓			▲
		专题性	✓	▲		▲
		片段性	✓			
	性质	知识性	▲	▲		✓
		技能性	✓			▲
		思想性	▲	▲	▲	
教学对象		中小学		✓		▲
		大学生	✓			
		成人	▲		▲	

（续表）

依据	选型	图解型	戏剧型	讲授型	综合型
教学方式	课堂	✔			▲
	广播		▲	✔	
	自学	▲		▲	✔
制作成本	高	✔	▲		
	中		▲		✔
	低			✔	▲

注：表中把选型所要依据的主要因素，以及在某种因素影响下，应优先考虑适用哪种表达形式作了说明。"✔"是优先考虑的形式，"▲"是第二可考虑的或同时考虑的形式；未加标明的是一般不宜采用的形式。

2．逐一筛选

逐一筛选的方法，如图 14-3-1（a）所示。

从图 14-3-1 中可以看出，逐一筛选确定电视教材表达形式，首先列出可提供选择的全部表达形式；然后按你认为最重要的一种选型依据去做第一次筛选，这时可淘汰一至两种。图中淘汰一种，剩余的三种再供选择。接着用你认为第二等重要的依据去做第二次筛选，这时，又淘汰一至两种，图中仍表示淘汰一种，剩下两种。最后按第三等重要的依据去筛选，得到最后确定的一种类型。

例如，要编制一部大学用的专题性、知识性的电视教材，人员条件较好而物质条件一般，要求选择表达形式。按图逐一筛选法，选型的第一依据是内容的专题性、知识性；第二依据是在大学课堂辅助教学使用；第三是人员条件较好和物质条件一般。按照逐一筛选法画出筛选图，最后确定综合型的表达形式，如图 14-3-1（b）所示。

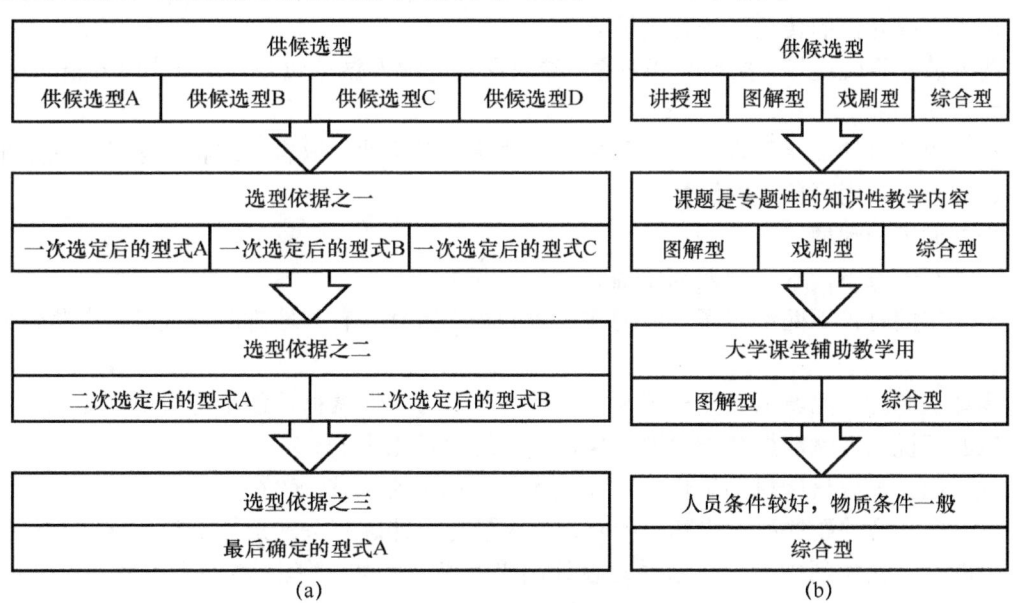

图 14-3-1　逐一筛选的选型程序

这种选型的程序为我们提供了一种全面考虑问题的较科学的工作方法。例如，《初中物理实验技巧》的选型，开始曾选择讲授型，最后确定为图解型。主要从以下几个方面考虑。

（1）教师普通话不标准。

（2）教学对象是教师，实验不必全做，只讲重点即可。

（3）从内容看属技能技巧片，宜用图解型。其中的温度计、弹簧秤、刻度等，用讲授型不易看清。

14.4 选　　材

一部电视教材在确定了选题和表达形式之后，在编写文字稿本之前，还要先进行素材的选择。素材来源于拉丁文的物质一词，可作原料、材料等多种解释，用于电视教材中则是教学内容和主题思想的原始画面材料。选材就是在确定课题与表达形式后去选择表现该课题教学内容的电视画面素材。这项工作是编写、创作电视教材文字稿本的重要环节。

14.4.1 选材的原则

1．直观形象性的原则

电视画面的形象性是电视教材的基础，因此选用的素材应该使所写出的画面都是具体可见的事物，否则在文字稿本中只用一些抽象的词汇、一些看不见的概念是无法摄制电视教材的。

例如，"波的干涉"在文字教材中是这样描述的：

振动在媒介内的传播过程称为波。

两列波在重叠区域，振动互相重叠，结果在某些地方振动较强，另一些地方振动较弱，这称为波的干涉。

在电视教材的文字稿本中，就不能用这种缺乏形象性的语言与题材，这是无法用画面去表达的，必须用形象性的题材：

平静如镜的池塘。

一颗石子投下，水波向四周传播。

向水中同时投下两颗石子，两列波扩散后相交重叠，有些地方波峰很低，有些地方波峰很高。

具体摄制时，池塘水可能会用水槽代替。这些形象性素材才能拍摄成电视画面。再加上相应的解说词，就能把教学内容形象、生动地表达出来。

做好选择形象化题材的工作，对编稿人员有如下要求。

（1）要熟悉课题的科学内容，同时掌握大量与该课题有关的形象材料，这些材料包括历史上的、现实生活中的、创造性地设计出来的等。例如，"振动发声"的有关材料，包括人说话、钢琴、喇叭等。

（2）具有广泛的知识和生活经验，以使选择的形象性题材与学生能有共同的经验范围，容易与学生沟通，便于学生理解，如《压强》中拖拉机履带、滑雪板、针、刀、锥子等。

（3）编稿人员要具有非常强的形象思维能力和表达能力。譬如"春天到了""酷热的夏天"如何反映？就要找出有代表性的形象，把春天的美、夏天的热表现出来。这种能力也称为视觉思维、形象思维。在电视片创作中主要表现在两个方面。

一是以具体可感可视的形象作为思维的元素和媒介，来构思和设计全片，或者说在拍电视之前，先要在自己的眼睛里看到这部电视片。

二是根据电视片中某一具体内容的需要有意识地将各种形象（画面）按照某种目的和意图组成一个统一的整体，这个过程就是人们常说的蒙太奇思维。

譬如，展现新中国气象及人民的新精神面貌，《中国》编导眼前出现这样一幅图画：

云海。

太阳喷薄而出，阳光照耀万里长城。

滔滔黄河，江南水乡，城市建筑群林立。

小汽车、自行车如流水。

人们在街上匆匆行走。

充满自信面孔的人群在镜头前闪过。

再如，《黑色星期日》中的一组镜头：

沙皇瞄准台球。

士兵瞄准一个示威者。

沙皇击球。

士兵射击。

台球落袋。

示威者倒下。

苏珊·郎格在《艺术问题》中说："艺术就是表现人类情感的符号"。作为编导要从现实中去发现、挖掘和把握符号性形象，如鲜花、黎明、晚霞、松柏、浪涛、机器人、火箭等都具有象征的意义。

鲜花：祖国的下一代，美好的未来。

黎明：新的国家，新事业的诞生。

晚霞：暮年临近，壮心不已。

松柏：英雄的化身。

浪涛：思潮滚滚。

机器人、火箭：现代化的到来。

这些形象所具有的象征意味是人们在长期运用和欣赏中感受到并固定下来的。

2. 运动性

电视画面的运动性是电视教材的另一重要基础。主要体现在两方面：一方面是被摄物本身的运动，它反映了事物的本质特性；另一方面是摄像机运动也使画面产生动感，这种运动能表现出事物与周围环境的关系，反映了另一方面的本质属性。

例如，只拍一只苹果，就不能看到整棵树的情况，镜头拉开后就能看到果实累累的全部情况。当然镜头的运动要有目的性，不能为动而动。推、拉、摇、移太多会使学生无所适从，不知所以然。

3．典型性

选材的典型性是指在众多的素材中选择那些能普遍反映同一类事物的现象与本质属性的有代表性的素材,并且要新颖有趣,富有启发性。例如:

液化条件:

(1) 温度降低,气体液化——锅盖上的水滴。
(2) 压缩体积气体液化——煤气罐。

蒸发条件:

(1) 温度升高,蒸发加快——电熨斗熨衣服,电吹风吹头发。
(2) 增大液体表面积,蒸发加快——晒衣服要展开,晒粮食要摊开。
(3) 加快液体表面空气的流动,蒸发加快——晒衣服有风时干得快。

4．真实性与科学性

电视教材选取素材的真实性要求很高、很严,失去了真实性就失去了科学性。

图解型电视教材的要求如下。

(1) 外景拍摄的材料应该是真实的客观事物,不能采用代用的事物。例如,在讲热带作物时,画面上却出现苹果树这样不符合科学性的事例。

(2) 选用备存的影视材料作素材应严格遵守真实性与科学性的原则。例如,中国近代革命史的一些专题片电视教材须选用历史纪录片的镜头,这些镜头必须是真实的,并且要认真考证,这些画面发生的时间、地点,不能乱用。更不能用故事片电影演员的表演镜头去替代,否则将大大降低教学片的真实性与科学性。

(3) 模型、动画、实验要符合科学事实和规律,不能为追求趣味性而忽视真实性和科学性。

戏剧型电视教材的要求如下。

(1) 情节要符合实际情况。
(2) 演员最好在实际岗位中物色。

讲授型电视教材应尽量用一线的教师做电视教师,普通话、外表气质、语言表达、文化素质、艺术修养、专业水平等要满足相应的条件。

5．广度与深度

根据大纲的要求,选取素材应该有一定的广度与深度。

就深度而言,超过了大纲的要求,学生往往不容易接受和理解。而过于浅显,学生已了解或掌握,则达不到教学要求。

就广度而言,素材选得过多、过广、过杂会变得烦琐,反之素材选得过窄,往往又不能代表全面,难以使学生全面掌握。

14.4.2 选材的来源

选材的来源从以下几个方面来考虑。

1．现有的视听材料

平时要多收集或购买一些珍贵的资料,这样到时就方便利用。可以用卫星接收机收录一些有价值的资料,如开国大典,各历史时期的资料,原子弹、氢弹爆炸,卫星、火箭升空等。

2. 外景拍摄的材料

把与教材内容有关的、日常生活中常见的事物拍摄下来,说明或解释某一现象或原理时使用。

3. 演播室录制的材料

可以在演播室录制以下材料:
(1) 演示的材料:实物、实验、模型等。
(2) 人物表演的材料:通过人物的动作、表情、语言去表达教学内容。
(3) 电影、照片、图片的材料。
(4) 美工和计算机制作的材料。

14.4.3 选材的程序

综合上述选材的来源和选材的依据与原则,可得出如图14-4-1所示的选材程序。

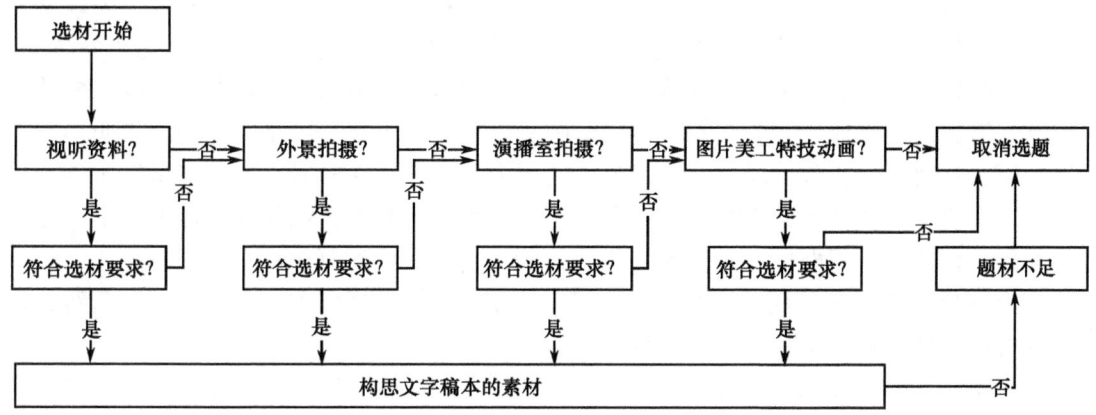

图 14-4-1 选材的程序

这一程序为选材提供了一个比较科学的模式。在选材开始时,首先要考虑在现存的影视资料中有否符合要求的素材,若有的话,应优先考虑选用。若确实没有,应考虑在外景现场是否有可提供拍摄的素材,确实没有时才转入演播室拍摄。然后考虑用实物或模型去演示,或者由人物去表演,最后也可用照片、图片、美工特技及计算机图文等材料。

经过上述程序选取出来的素材,就可供编稿人员去构思文字稿本了。如果素材不够或不符合要求,可考虑取消这一选题。

14.5 结 构

电视教材在确定了选题、选型和选择了素材之后,就要考虑如何组织素材形成教材的结构。

14.5.1　结构的意义

电视教材的结构就是将选定的素材按一定的顺序编排起来，换句话说就是素材内容的组织。

文字教材和课堂教学的进程都有结构的问题，如文字教材按章节和段落的结构进行组织。从内容的表达上有先叙述现象，然后经分析综合得出结论的归纳式结构；也有先叙述结论性概念，然后再去解释具体事例的演绎式结构。

教师的课堂教学，同样有结构。如何提出问题，如何展开，如何运用各种手段，去建立新概念，学习新定理，如何巩固运用等，都需要按一定的程序进行，才能构成一节课。

系统性的电视教材既有整门课程的大结构，也有每节课的小结构；专题性电视教材有从开头至结尾的整体结构；片段性的电视教材有镜头先后排列的结构。

编制电视教材，在选择了合适的素材之后，就要进行合理组织安排，使教材既便于理解掌握，又能用最短的时间传递更多的科学知识，这就是安排电视教材结构的目的。

文字稿本的结构工作，可以为分镜头稿本的编写打下基础。如果没有一个好的结构，素材组织得不好，主题思想就不会得到深刻地体现，重点难点就得不到突出。

由于电视教材是采用图像与声音多种符号同时表达教学内容的，因此安排电视教材文字稿本的结构是一个难度大、技巧性强的工作，除了要考虑内容表达先后顺序这类问题外，还要考虑图像、动画、文字等多种符号如何组织的问题，甚至每一幅画面各组成因素的结构问题。例如，是先通过实验演示，再用动画来说明某一现象，还是用先动画说明，再用实验验证？在《大气压强》教学片中，为了说明大气压的存在先做"瓶吞鸡蛋"实验，再用动画演示说明。在《光的直线传播》中，先用动画演示光的直线传播，再把汽车前灯安装在底部，以便于观察路面平整情况，说明光的直线传播在实际生活中的运用。

作为编导必须极为重视研究和掌握如何安排结构，通过多学习、多实践，提高驾驭材料的能力，以便安排好文字稿本的结构。

由于电视教材的主要任务是传递知识、培养思想，其教学的对象也是明确的，因此在安排结构时首先要遵循教学的规律。

14.5.2　结构要遵循教学规律

电视教材在结构安排上要体现教学特性，符合教学原则，符合认识规律，有利于引起学生兴趣，有利于学生对知识的理解与巩固，以及学生对技能的掌握与能力的培养。安排结构应注意以下几点：

1. 由形象到抽象，从现象到本质

这样能使学生从感性认识开始逐步提高到理论认识，在事物现象的基础上去建立概念，认识事物的本质特征。

例如，"功"的概念的建立。先做一个实验：

用力拉斜面上的物体，第一次物体不动，第二次物体沿斜面运动一段距离。提问两次实验的不同：两次都用力了，但第一次物体没有移动，第二次移动了距离。引出结论：第二次力的作用有成效，物理学中就说力做了功。

再举一些做功的例子：

(1) 斜面上拉物体上升，拉力作用下，通过的距离。

(2) 火箭起飞，在压力作用下通过的距离。

(3) 叉车举起物体，在举力作用下通过的距离。

总结出做功的两个必要因素：一是力，二是在力的方向上通过的距离。

再举一些不做功的例子：

(1) 人提水桶。

(2) 滑冰运动员速滑停止用力后。

(3) 搬大石头未搬动。

(4) 推大石头未推动。

这样就使学生对做功的概念有了全面准确的理解。

2. 由简到繁，由浅到深，逐步展开

例如，讲解电视机的原理，一般按下面的顺序来展开：

(1) 整机的方框图。

(2) 各部分的原理方框图。

(3) 具体电路的工作原理。

3. 重复、慢节奏

电视教材向学生传授知识，不仅要易于理解，还要便于学生记忆、巩固。电视教材中应安排必要的重复，可以是同一镜头画面的重复，也可以是教学内容的重复。如在讲完升华、凝华之后，回顾一下前面讲过的几种物态变化。熔化和凝固，这是固液变化；蒸发和液化，这是液气变化；而凝华、升华这是气固变化，并且总结出一个固、液、气三态转化图，从而使学生系统地掌握这部分知识。

有时则要采用长镜头、慢节奏的手法，使学生能仔细地看清楚，便于进行思维记忆。

4. 运用原理解释现象，理论指导实践

认识的过程是从实践到理论，再到实践。学习的目的在于应用，通过实验、动画及资料总结出规律，再用这些规律指导实践，或者在实践中应用这些规律、原理，这样有利于培养学生运用理论解决实际问题的能力。例如，《压强》中增大压强和减小压强的例子，《物体的沉浮及应用》中关于木材水上运输和轮船、潜艇、密度计的例子。

14.5.3 结构的类型和要素

不同形式的电视教材结构也不相同。系统课程的电视教材，其整体结构与文字教材大体相同；片段性的电视教材，它在运用时要与课堂讲解配合才能构成完整的体系，因此这类电视教材，从其本身教学过程看可能是不完整的，但从其能说清某一科学问题的局部来看，它又有独立的结构体系。

专题性的电视教材基本上是一种能代替教师教学的视听教材，它的结构是有头有尾的完整体系。以下着重介绍这类教材的结构。

1. 结构的类型

专题性电视教材的结构一般由开头、中间展开、结尾三部分构成。而中间部分是教学的主要内容,篇幅大,根据内容的不同其结构方法有多种多样,归纳起来有以下几种。

1) 时间顺序结构

这类教材结构是将教学内容按出现的时间顺序排列的一种结构,即按时间顺序直线式地展示内容。例如,某一植物按一年四季、春夏秋冬来介绍;烹饪中做菜的方法按时间先后介绍等,如图 14-5-1 所示。

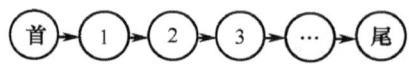

图 14-5-1　时间顺序结构

2) 空间结构

有些事物的状态与规律,它的时间属性不是主要的,主要的是空间位置或其他属性。例如,一部机器的结构,某地理概况等,不能按时间顺序去结构,可以采用空间结构的方法,即把与时间属性无关的而在空间上存在关系的事物现象归类,排列出先后顺序结构,如图 14-5-2 所示。

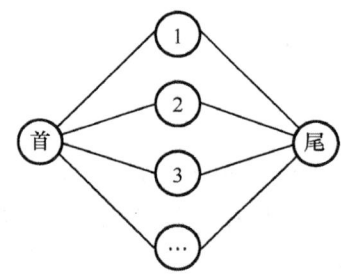

图 14-5-2　空间结构

将事物现象、属性归类的方法有:

①按位置归类,把同一位置或同一方位的事物现象集中在一起介绍。

②按事物的属性归类,把有相同属性的事物归类,如某地的植物按木科、草科、藻类、蕨类等。

③按事物的相互联系归类,如人体结构可划分为消化系统、呼吸系统等。

归类之后排序通常是将主要内容或起主导作用的材料排在第一位置。

3) 扩展结构

有些事物的运动状态与规律应采取逐步扩展的方法介绍,才能使学生掌握完整的结构,如《浮力》一片的结构。

(1) 浮力的概念。

(2) 浮力产生的原因。

(3) 浮力的大小。

(4) 物体的沉浮条件。

(5) 浮力的应用。

这种逐步扩展的结构每部分都有相对的独立性与完整性,却不重复原有内容,而是逐步扩展知识面,最后达到认识事物全部属性,获得完整知识的目的,如图 14-5-3 所示。

4)螺旋式上升结构

这种结构与扩展结构不同之处是在螺旋式循环过程中知识有重复,但必须在原有基础上提高上升到一个新的高度。初中、高中、大学三个阶段中的物理课程就是螺旋上升的结构。在专题片中内容较单一,采用这种结构的不多,但在部分内容的处理上有时出现,如图 14-5-4 所示。

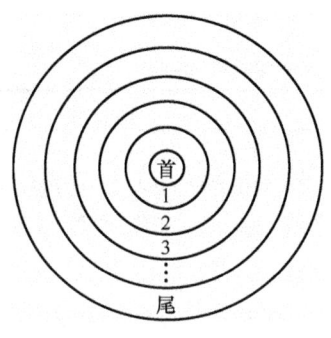 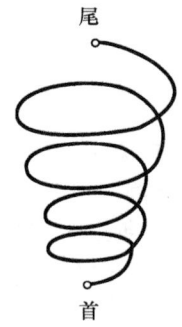

图 14-5-3　扩展结构　　　　图 14-5-4　螺旋式上升结构

2. 结构的要素

无论采用哪类结构方式,它都有开头、结尾、中间展开三大部分,下面分别介绍这几部分在结构上的要求。

1)开头部分

开头在电视教材中占有很重要的地位,它的作用是交代主题,提出学习的目的要求,引起学生的学习兴趣,激发学习动机,集中注意力。开头部分不宜过长,通过几个镜头,几句解说就点出主题。常用的方法有:

(1)开门见山,直接进入正题。这是教学片中常用的一种开头方法,如《四川杜鹃花》的开头:

画面:一个个连续出现的多种杜鹃花特写镜头。

解说:这些美妙的鲜花名叫杜鹃花。

《静电实验》开头仅用两个镜头:

画面:第一个镜头阴云密布的夜空,一道电闪光,伴随着霹雳的雷声;第二个镜头是一台静电起电机的全景,实验人员用手摇动把柄,发出阵阵作响的啪啪声,接着画面上叠出"静电实验"字幕。

解说:大自然是一个静电的海洋,从震撼大地的雷鸣电闪,到一粒灰尘的飘荡沉浮,都包含着静电现象,下面做几个静电实验。

这样的开头开门见山,干净利索,值得借鉴。

(2)提出问题,形成悬念。这种方法带有启发性、思考性。如《浮力》一片的开头:

画面:大海上行驶的轮船;戴救生圈游泳的小朋友。

解说:海上行驶的轮船、水中游泳的小朋友为什么不下沉?

《动量定理》一片的开头：

用鸡蛋两次下落，一次直接落在盘中摔碎了，另一次落在盘中的毛巾上没摔碎，下落的速度一样，效果为什么不一样，引出动量的主题。

还有《压强》一片开头提问：

冬天在抢救落水儿童时，为什么要爬着过去？

（3）安排序幕，烘托气氛。这种开头的方法也是常用的方法，它的作用是通过一组形象向人们介绍要表达和说明的问题，引出主题，给观众造成深刻印象，如表14-5-1所示的《爱的奉献》的开头：

表14-5-1 《爱的奉献》开头

画　面	解　说
城市的夜景灯火点点； 夜景化出透着亮光的窗口； 窗口化出钟表特写，指针指向接近12点， 镜头摇下，出现办公桌上伏案工作的背影	夜深了，喧闹的城市进入了一片宁静，令人敬仰的高等学府经过一天的拼搏，也进入了静静的沉思，是谁还在夜以继日地工作呢
由正面近景推近钟老师办公； 静像后化出遍地红色鲜花； 鲜花特写上叠出"爱的奉献"并推近	噢，是她！聊城师范学院中文系副教授，全国优秀教师钟美兰，三十多年如一日兢兢业业地为党为人民在教育园地耕耘着、奉献着

又如表14-5-2所示的《金小蜂与红铃虫》开头：

表14-5-2 《金小蜂与红铃虫》开头

画　面	解　说
青菜地，蝴蝶飞来飞去； 蜜蜂在花朵上采蜜； 蝴蝶正落在大葱花上	在自然界，到处都可以看到形形色色的昆虫
许多青虫吃菜； 粘虫在咬大麦	这些昆虫，大部分都靠吃各种植物维持生活
一只螳螂舞着大刀捕捉一条虫	可是也有一些昆虫喜欢吃肉食
许多蚂蚁在吃虫； 瓢虫在吃蚜虫	它们有的直接拿别的昆虫作食料
小蜂在害虫身上产卵	有的用别的昆虫的肉来繁殖它的后代
小蜂幼虫正从青虫身上钻出来	昆虫吃虫这是自然界常见的现象
一条青虫身上钻出许多小蜂	这部影片将向大家介绍科学工作者，怎样利用昆虫间的互相吃食来防治农业害虫

开头不论采取哪种方法，都要简洁、准确、切题，不要故弄玄虚，以免影响后边的观看。

2）中间展开部分

这是电视教材的主要内容，是全片的重点和中心，前面介绍的几种结构方式，不管采用哪种，都要做到以下几点。

（1）循序渐进，逐步深入。即不断提出问题，解决问题，按一定的逻辑顺序，逐步深入地去揭示问题。

（2）层次清楚，段落分明。必要时可用字幕的标题分隔，让人很容易理解各层次及联系，每一个层次可用几个段落来表达，每个段落表达一个问题，段落与段落之间又要相互联系。

（3）详略得当，快慢适宜。内容表述得详略，直接关系到对主题的体现，详略得当能使全片中心明确、重点突出、结构紧凑，为此重点内容部分要详写，相关的其他问题则略写。

难点部分节奏速度要放慢，从多角度、多侧面讲解分析；浅显内容可用少量镜头解说一带而过。例如，《压强》中讲解压力的概念时，就不惜笔墨，从多方面讲解：放在桌面上的物体对桌面的压力方向是竖直向下的；用手往墙里按图钉，压力的方向又是水平的；往天花板上按图钉则压力的方向是竖直向上的；斜面上的物体对斜面的压力虽然是由重力产生的，但方向却是垂直于斜面的，总结出压力的方向总是与接触面垂直。这样就使学生建立起关于压力的完整准确的概念。

（4）过渡自然，前后照应。过渡是指上下文之间的衔接转换，在教学片中指镜头组接中的内容过渡。照应是指前后内容的关照呼应。

过渡一般是指各层次、段落之间的过渡转换，如在《音调·响度·音色》中讲完音调后是这样过渡到响度的：

教师问：牛和蚊子发出的音调哪个高，哪个低？

学生答：蚊子的高，牛的低。

教师问：牛和蚊子哪个发出的声音大？

学生答：牛的大，蚊子的小。

教师讲：可见声音除了音调高低之外，声音还有大小之分，把声音的大小称为响度。

然后再展开介绍响度与振幅的关系。

《压强》中通过实验证明出液体内部存在压强，且大小随深度的增加而增大，而同一深度的压强相等。那么液体内部压强究竟多大呢？从而引出液体内部压强的计算。

照应是指在讲解时要前后呼应，对提出的问题，必须给予解答。

《熔化·凝固》中开头提出一个问题，在寒冷的漠河镇，不能使用水银温度计测气温，为什么？在讲完熔点、凝固点之后，再分析回答：漠河气温为-57.5℃，水银的熔点、凝固点为-38.8℃，超过凝固点，水银凝固了，所以不能用。而酒精的熔点、凝固点为-117℃，在-57.5℃时不会凝固，所以能用酒精温度计来测量。

总之要做到上有铺垫，下有着落，有问有答，逻辑严密。

3）结尾部分

结尾是全片的有机组成部分，好的结尾要做到简洁有力、发人深省。电视教材结尾的方法有以下几种。

（1）总结全片，巩固复习。

（2）提出问题，发人深省。

例如，《杠杆》中，在学习了省力杠杆、费力杠杆和等臂杠杆的特点后，问有没有既省力又省距离的杠杆呢？

总之，开头、中间展开、结尾是专题电视教材的一个有机整体结构，头既要开得好，尾也要收得好，主题展开部分更应丰富多彩。有人把一部好的电视教材的结构比喻为：

凤头——漂亮、俊秀；
猪肚——饱满、丰富；
豹尾——有力。

14.6　文字稿本画面与解说词的写作

　　电视教材的教学信息主要是靠画面与解说来传达，音乐、音响起辅助作用。画面提供了具体的直观形象，但它缺乏抽象概括的能力，而解说词则擅长于进行科学的抽象概括，所以两者要有机地配合，相辅相成，各尽所能。画面与解说的关系是解说源于画面而不重复画面，概括画面而不脱离画面。

　　不同类型的电视教材中，画面与解说词的作用也不相同。

　　①讲授型电视教材，解说词就是教师的讲稿，它起着传递教学内容的主要作用，而画面内容是教师的形象，起辅助配合的作用。

　　②戏剧型电视教材，其表演的环境、道具、气氛、演员的动作、表情起传递信息的重要作用，而台词、解说词也起同等重要的作用。

　　③图解型电视教材是以图像画面为基础，对传递信息起主要作用，这时解说词则起辅助配合的作用。

14.6.1　文字稿本的体裁

　　电视教学片的文字稿本常用的体裁主要有三种：记叙、论说和散文。

　　1．记叙文体

　　记叙文体是通过记人、叙事、写景、状物，用具体的形象反映生活、传递知识、表达思想情感的一种文字稿本体裁。它以叙述和描写为主要表达方式，有时辅以议论和抒情。

　　2．论说文体

　　论说文体是文字稿本广泛采用的一种稿本体裁。它主要运用议论和说明两种表达方式，对事物的特征、过程、规律等进行阐述和分析。

　　3．散文文体

　　散文文体是一种表现形式比较自由的文字稿本体裁，它一般分为记叙散文和抒情散文。

　　记叙散文仍以记人叙事为主，但不像记叙文那样具有完整的事件和情节，而是选择有代表性的题材，用优美的图像和优美的文字语言表现出来。

　　抒情散文以抒发主观感受为主，借助于形象思维，用以记人述怀、叙事言志和借景抒情。

14.6.2　文字稿本画面的写作

　　由于图解型电视教材最能充分发挥电视手段的特点，又最具有表达不同教学内容的通用性，而且文字稿本的编写又是难度较大的，因此下面就以图解型稿本画面和解说词的编写进行介绍。

写好画面是编写文字稿本的重要内容,写画面要注意以下几点。

1. 运用电视语言写画面

文字语言的基本单位是词,画面语言的基本单位是镜头,即连续拍摄的一段画面。通过把一个个画面组接起来,能通顺地说明一个现象、一个原理或一个概念。因此在写文字稿本时,大脑中必须装满镜头,并且时刻考虑根据知识的系统性、逻辑性,安排好画面的组接,段落的转场,只有这样才能发挥电视手段的动作性、连续性特长。

2. 画面的形象描述要具体、准确

文字稿本的通病是画面写得过于简单,文字的叙述,动画符号的表达,只有自己才能看懂,别人看了根本不知所云。这样的稿本是不合格的,如"××实验的过程""边讲边实验"。这样拍摄时,就不知重点拍摄实验的操作,还是实验的现象。

屏幕上需要出现什么内容,就把它具体形象地描述出来,别人看了也很容易地知道。对于人们不熟悉的事物,要从表到里、从近到远、从大到小,对其形状、大小、位置、颜色、质地及声音等一一做具体的描述;对常见的事物则可以寥寥数笔,使人看懂即可,其余的留给摄制人员去发挥。

3. 画面的写法一般采用叙述、描写和说明,必要时要用绘图表示

画面的写法一般采用叙述、描写和说明,必要时要用绘图表示,如试验仪器的摆放位置等。

4. 画面设计要掌握好节奏

电视教材的节奏形成,虽没有故事片的电影、电视剧那么复杂,但由于画面上物体的运动速度,摄像机运动的快慢,以及切换形式、剪辑技巧、音乐、音响等因素,也会形成一定的节奏,在设计画面时要充分考虑这些因素。既不能把节奏设计得过快,使人目不暇接;也不能缓慢拖沓,使观众感到厌倦,产生反感。例如,在系列教材设计中,教师讲时间太长了,就考虑加入一些活动画面,或者插入几个学生的听课镜头。

5. 设计的画面内容是能拍摄到的

不能设计无法拍摄到的画面,一是历史上出现过的,但没有留下影像资料的事件和现象,二是受现有摄制设备条件或制作技术限制无法实现的,如航拍某地区的鸟瞰,可考虑用模型或动画代替;三是受到经费的制约而无法完成拍摄的,如有些外景的拍摄需要有经费,如果经费不足,可考虑用现有的视听资料代替。

6. 画面设计与解说词要配合

每一个画面或一组画面,要配上一段相应的解说词,不要错位。

14.6.3 解说词的写作

虽然电视画面能提供直观形象,具有丰富的表现力,但它缺乏抽象和概括能力。教学的目的不仅仅是把抽象概念化为可见形象,这只不过是帮助学生认识事物的手段而已。而解说词却可以把思维过程的结果,即概念和思想直接明确地说出来。

1. 解说词的作用

具体地说,解说词在电视教材中有以下几方面的作用:

1)对画面含义的补充和深化

(1)画面不可能呈现所有教学信息。与内容有关的背景材料,时间因素,仅用画面来表现很困难,如事件发生的时间、实验持续时间、植物生长的时间等,如表 14-6-1 所示。

表 14-6-1 用解说词交代时间背景

画 面	解 说
植保系研究室,有三四人工作,研究员在离镜头不远的桌旁,桌子上放着解剖镜。研究员在看解剖镜,解剖镜下指形管内许多小蜂在活动	1995 年秋天,金小蜂被带到了农业科学研究所,在这里,科学工作者首先观察了它的生活习性

通过解说,把在什么时间、什么地点、研究什么内容交代清楚了,而这些仅从画面上是看不出来的。

(2)画面的数量不多。例如,在一些新闻中,镜头可能有限;再如,在实验中使用的仪器设备只有一幅画面,这时需要用解说词补充画面信息。

在表 14-6-2 所示的例子中,画面数量上显然不足,所以解说作用显得更加重要,含义远远超出画面的内容。

表 14-6-2 用解说词弥补画面数量的不足

画 面	解 说
一大旧址外景,鲜艳的五星红旗迎风飘扬	党的第一次全国代表大会的召开宣告了中国共产党的成立。中国共产党的成立是开天辟地的大事变。自从有了中国共产党,中国革命面貌就焕然一新了

(3)有时用语言比用画面呈现更为有力,这时必须要对画面进行补充,这样才能更全面、更准确、更生动地传达教学信息,如表 14-6-3 所示的《祖国的旗》片段:

表 14-6-3 用解说词对画面进行扩展和升华

画 面	解 说
烈士墓地	伴着青山,这里长眠着为祖国捐躯的烈士们,这哪里只是几抔黄土啊,他们是妈妈眼中的儿子,妻子梦中的丈夫,我们活生生的战友。有了他们,才有你我和祖国的安全
升旗	啊,这两分零七秒是神圣的,它是一个革命时代的浓缩;这两分零七秒是庄严的,它是一部伟大历史的概括

当你知道这些青山、石碑、黄土是烈士墓地,当你意识到这不是石碑、黄土,而是"妈妈眼中的儿子,妻子梦中的丈夫,我们活生生的战友"时,会使你的心灵感到震撼。解说在这里发挥了极其重要的作用,使画面内容得到了扩展和升华。

2)对画面的提示

有时电视画面上所呈现的内容非常丰富,编导到底需要观众把注意力集中在哪一方面,获得哪方面的信息,往往需要用解说词作引导提示,如表 14-6-4 所示。

第14章 文字稿本的编写与创作

表 14-6-4 解说词对画面的提示

画　面	解　说
始花期的棉田，一行行棉株长得十分整齐茂盛。 一株棉花枝上开着几朵花，有的是扎头花。 微风吹动，一朵又一朵的扎头花落出画面	这些棉花为什么一个劲地落花落蕾呢

这里的解说词提醒大家注意棉花的脱落，而不是看风景。

3）对画面的概括

图解型电视教材中的形象，往往需要抽象概括，才能表达更高层次的教学内容。如表 14-6-5 所示的是《广州起义》中的片段。

表 14-6-5 解说词对画面的概括 1

画　面	解　说
孙中山与李大钊步出会场。 苏兆征在群众大会上发表演说。 省港罢工运动中的一次集会照片。 1925年广东省农民协会率领会员参加反帝大示威游行	在中国共产党领导与推动下，国共合作的新局面形成。 广东反帝反封建的工农运动风起云涌

"国共合作的新局面形成"，是难以用一个具体画面去表现的，这里用的具体画面是代表国共双方的孙中山和李大钊一起步出会场，以及苏兆征的演说。反过来，解说词也正是概括了相应的画面，同样，"广东反帝反封建的工农运动风起云涌"也是概括了后两个画面，如表 14-6-6 所示。

表 14-6-6 解说词对画面的概括 2

画　面	解　说
青菜地，蝴蝶飞来飞去。 蜜蜂在花朵上采蜜。 蝴蝶飞落在大葱上	在自然界，到处都可以看到形形色色的昆虫

这里把蝴蝶、蜜蜂等概括为形形色色的昆虫。把画面上的青菜地、大葱、花朵等抽象概括为自然界。

4）解说对画面的强化

一般来说，如果画面已清楚地表达了内容，解说词就不必重复画面，但需要强调形象所表现的内容时，解说词可以重复画面内容，如表 14-6-7 所示。

表 14-6-7 解说词对画面的强化

画　面	解　说
标有温度和常压的氧气瓶放出氧气（有声），依次在图像上叠出"无色、无味、气体"三组字	氧在常温和常压下是无色、无味的气体

再如一些实验器材的介绍，画面上虽然出现了实验器材，但仍需要用解说说明这些器材的名称。但简单地重复就会引起反感，如表 14-6-8 所示。

表 14-6-8　解说词对画面的不当重复

画　面	解　说
煤在炉膛里熊熊燃烧	这是燃烧的煤炭
燃烧的木柴形成了火	这是燃烧的木柴
用酒精灯灼烧瓷坩埚	这是用酒精灯加热

这种重复是多余的，如解说用"煤、柴、酒精的燃烧是它们与空气中的氧发生化学反应的结果"来概括画面就会好得多。

5）利用解说词转场

画面段落之间有时存在必然的因果关系，需要用解说词承上启下，衔接过渡。例如，正大综艺中"请随我们的摄像机镜头到××地方去看一看吧。"

再例如，在《压强》中讲完液体内部存在压强后，问液体内部压强究竟多大，然后转到液体压强的计算；大气压强存在实验做完后，问大气压强多大，引出大气压强的大小等。

2．解说的形式

解说词根据教材内容和作者意图可采用不同的形式。

（1）旁白的形式。旁白解说的形式多用在图解型的电视教材中，解说词一般采用第三人称，这也是最为方便的写法。优点是能把各种知识汇集于一个人，由不露面的解说员说出来。如果挑选训练有素的人担任解说员，效果会更好。

（2）剧中人对白的形式。多用于戏剧型电视教材，画面上人物相互对话就是解说词。一般现场录制，后期对口型比较麻烦。

（3）讲授的形式。这种形式是画面上的人物对观众说话的形式，一般用于讲授型电视教材。讲授中注意处理好与观众的交流。

3．解说词的写作要求

（1）解说词要科学准确。教育电视节目所担负的责任是向广大观众传播科学知识，进行思想教育和文化教育。因此，在表达思想、概念和科学知识方面，一定要准确无误。如果将错误的信息传递给观众，将会造成无法弥补的影响。在这方面编导者应注意以下几点。

①在教育电视节目中，所阐述的政治理论、政策法纪、思想教育、时事等方面的内容，都应是正确的、积极的。

②科学概念的运用要准确。在对科学知识的论证上，一定要有专家把关，经过有关专家的认可后，才能纳入作品中。对于尚有争议的问题，或者避开，或者向观众作交代。不能盲目地、片面地听取一家之说。

③引用的事实、论据、统计数字、符号和专业术语，都要求真实、准确，经过核实确认后，方可使用，禁止弄虚作假。

④语言要贴切。有了正确、充实的素材，编稿还要使解说词在语言表达方面处理得确切、妥当。每句话、每个词都应能清楚、准确地表达出一定的含义。避免观众由于对语言的误解而产生偏差，使谬误流传。

第 14 章 文字稿本的编写与创作

（2）解说词要简明精练。解说词要少而精，简而明，画龙点睛，切中要害。应该明确，解说词的作用是补充画面、概括画面、强化画面，而不是对画面的简单重复，因此画面已呈现清楚的可以不讲；画面表现力不足的电视教材硬用解说词去搭配，结果只能使解说词言之无物。

解说的速度是有一定要求的，一般来说，解说正常的速度是每秒钟 2～3 字，1 分钟 150～200 字。不能整部教材从头至尾都在解说，要留下时间给学生细心观看与思考。解说词的多少，要受到严格控制，以平均每秒两个字为宜。一部 20 分钟的电视教材，其解说词的字数应是 2400 字，甚至还应少至 2000 字。这样就得对解说词进行反复推敲，使它更精练、更简明。

（3）通俗化，口语化。解说要通俗、生动、口语化，呆板、枯燥的语言，学生听不懂，不愿听，也不容易理解。例如"立即"→"马上"，"从而"→"这样就"。不要把文字教材中的语言硬搬过来，做到既要读起来"上口"，抑扬顿挫，又要"入耳"，感人动听。

（4）注意语法、修辞。所谓语法就是语言的结构方式，包括词的构成和变化，词组和句子的组织，简单地说就是选字、用词、造句、说话等作文的方法。一定要做到利落、标准、流畅。

精彩的语言，能给人以丰富的联想和情感的冲击，耐人寻味，这主要靠语言的修辞。可以借鉴文学作品的创作手法，使语言更加精练、含蓄、优美动听，洋溢着诗情画意。同时还可以适当地选用一些精辟的警句、格言和幽默诙谐的语言，启发和丰富观众的想象，使人感到新鲜、有趣，留下深刻的印象，如表 14-6-9 所示的《长白山四季》中《春赞》片段。

表 14-6-9　解说词中修辞的使用

画　面	解　说
雪山	在积雪中，我看到了小花、小草悄悄地拨开冻土和积雪，星星点点的花瓣、嫩叶，像一双双细嫩的小手，抚摸着长白山冻僵的身体，轻轻地呼唤着：春天

另外解说词要注意句型的变化。如果只用一种语句格式解说，语调缺乏变化，难免产生单调乏味的感觉。因此写解说词时要注意穿插使用各种语句，如陈述、说明、疑问、惊叹、肯定、迟疑、夸张等，朗读时产生平、升、曲、降等不同语调变化效果。一些长句可变成多个短句，如表 14-6-10 所示的《祖国的旗》片段。

表 14-6-10　解说词句型的变化

画　面	解　说
天安门广场的红旗； 老太太和小孩在胡同中插旗； 少先队升旗仪式； 挥旗迎宾的群众； 全运会开幕式	整整三十五年了，整整三十五个春秋了！ 你和我们一起度过了一个又一个欢乐的节日； 你和我们一起参加了一次又一次庄严的仪式； 你和我们一起迎送了一批又一批来访的贵宾； 你和我们一起出席了一个又一个盛大的集会。 三十五年，你凝结了整个中华的民族情，你温暖着亿万颗中国心

14.6.4 文字稿本的编写步骤和顺序

在编写文字稿本前应做好以下几方面的工作：

1. 阅读与收集资料，确定选题、选型与选材

在编写文字稿本之前，首先要广泛阅读与收集有关资料，其中包括：

（1）上级有关部门要求编制电视教材的任务书。了解任务来源、使用对象与范围。

（2）大量阅读与收集有关课题的文字材料，如教学大纲、文字教材及教学参考书和教学研究的文章等。

（3）大量观看与收集有关课题的视听材料，包括别人已编制的同类课题的电视教材、电视录像资料及有关的电影片、照片、模型等。

（4）实地考察访问与课题题材有关的人物与地点，广泛收集选取有关素材。

通过上述一系列工作，编稿在脑海里、手头上已有大量的资料，就可以开始下一步"三定"工作：

（1）确定课题：根据已有的资料，考虑能否承担该课题，或者对课题提出修正意见，最后确定课题。

（2）确定表达形式：根据拥有的资料和课题的教学内容、教学对象、性质等，确定该课题的表达形式。

（3）确定所选用素材：如有不足，还应继续收集和实地采访，以拥有足够充分的素材。

2. 构思整体结构，拟定编写提纲

确定了课题、表达形式，并且拥有了所需要的大量素材之后，就该进行结构的构思和拟定编写提纲的工作了。这两项工作可以说是同时进行的，不过结构是在大脑中进行构思的，将构思的结果写在纸上，实际上就成了一份编写提纲。

构思整体结构时要考虑以下问题：

（1）按教学大纲的要求和教学对象的情况，确定选取教学内容的深度和范围。

（2）根据教学内容的性质去构思结构的方式，包括主题内容如何展开，分几部分，开头和结尾如何处理等。

（3）根据构思的整体结构检查已收集的，或者取得的素材是否都能落实，从而调整部分结构，或者进一步做获取素材工作。

一个比较可行的结构方案确定之后，便可以拟定一个较详细的编写提纲了。编写提纲是以后文字稿本的雏形和依据。没有提纲，提起笔就写的稿本，往往会偏离中心主题，或者杂乱无章、颠三倒四，因此要十分重视整体结构和编写提纲这一环节的工作。

3. 文字稿本的写作

根据编写的提纲对选好的素材进一步进行加工，运用蒙太奇的思维方法，用文字描绘出电视教材的画面形象和声音形象。

写作时注意画面设计要与解说词配合。每一个画面或每一组画面要与一段解说词相对应。对解说、对白等语言因素进行反复推敲，力求准确、精练、鲜明、生动。

4. 修改定稿

文字稿本初稿完成后应广泛征求同行专家的意见，甚至听取学生的意见，反复进行修改。因为，稿本一经采用编成电视教材复制发行，它的质量高低会产生极大的影响；特别是在编制时需要花去大量人力物力，教材质量低劣，会造成极大浪费。所以，虚心听取意见，认真推敲，反复修改，保证文字稿本的质量是很有必要的。

文字稿本完成后，还要进行审定工作。有较大影响的重要课题，可成立专家组去审定。一般校内使用的可由教研室与校领导把关审定。根据审定的意见，作者还应认真修改。

教师编写稿本往往开始经验不足，编导人员要多加指导，通过多实践、多练习，掌握编写文字稿本的要领，为编制好电视教材打下良好的基础。

思考与练习

1. 电视教材的稿本有哪几种？文字稿本的格式有哪几种？
2. 选题应遵循哪些原则？
3. 如何确定电视教材的表达形式？
4. 选材依据哪些原则？应考虑哪几方面的来源？
5. 电视教材结构要遵循哪些规律？
6. 电视教材的结构有哪些类型？如何处理开头、结尾和主体展开的结构？
7. 如何写好文字稿本的画面？
8. 电视教材解说词的主要作用是什么？有哪些写作要求？

第 15 章 分镜头稿本的编写与创作

本章学习目标
- 掌握镜头和镜头组的概念
- 掌握分镜头的依据
- 掌握分镜头稿本的格式
- 掌握分镜头稿本的创作方法

从录制过程看，完成了选题、选材、结构，并写出了文字稿本之后的工作，就是由导演编写出分镜头稿本，这也是导演主要工作的开始。分镜头稿本对以后的摄制工作起着指导性、决定性的作用。

15.1 分镜头与分镜头稿本的格式

电视教材是由画面与声音共同来表达教学内容的，其中的声音部分可能时有时无，而画面却是连续不断的，这些连续的画面又是由一个个镜头组接起来的。

在编写分镜头稿本时，就是要用一个个镜头来表示某一个完整的意思。所以必须对镜头与镜头组有一个正确的了解。

15.1.1 镜头与镜头组

1. 镜头

所谓镜头，是指摄像机从开始拍摄直到停止拍摄之间所拍下来的一段连续画面。

这里应注意"连续拍摄"的意思。一个镜头，可以表现一种景别，也可以表现多种景别的变化，无论有多长，调度如何复杂，只要中间不间断，不经过剪辑，仍为一个镜头。从这个意义上说，在讲授型电视教材中，镜头有的长达几分钟、十几分钟，甚至一部 45 分钟的教材就是一个镜头。反之，尽管一段画面可能时间很短，但只要是剪辑而成的，就不是一个镜头，而是两个以上的镜头了。

镜头是电视教材结构的基本组成单位，是电视造型语言的基本视觉要素。一个镜头，相当于口头语言里的一个词，通常只表达一个简单的意思。

镜头的长度有长有短。新闻、广告、专题片中镜头的平均长度各不相同。电视教材镜头的长短应由教学内容的性质及其表达的要求和学生接受知识的心理特点来决定。

长镜头能增加真实感，且能边看边思考，保持思维的连续性；短镜头会加快进行的节奏，容易造成紧张气氛，同时加大传递的信息量。

2. 镜头组

镜头在电视中必须按照某种顺序先后连接起来,才能塑造形象,表达内容。

把由几个镜头连接组成的能够表达一个完整意思的一组镜头称为镜头组。由若干镜头构成的镜头组,往往会产生新的含义,起到单个镜头不能起到的作用,产生出比单独镜头更丰富的含义。例如:

①一个学生在座位上凝视前方(中景)。
②教师在讲台的黑板前板书(全景)。
③学生在笔记本上写字(近景)。

①单独出现只代表一个简单意思,①②连接表示学生认真听课,①②③连接表示用心听课并做笔记,表达的意思更完整、更丰富。

镜头组可以由同一时间或空间拍摄下来的若干镜头组成,如教师讲课、学生听课,教师实验、学生实验。镜头组也可以由不同的时间或空间拍摄下来的若干镜头组成,如教师的讲课与外景资料、动画等组接。

文章总是由词构成句子,再由句子构成段落,由段落构成文章。电视教材则是由若干镜头按影视语言的语法,去构成有完整意思的镜头组,由若干镜头组去构成电视教材的段落,再由段落构成一部电视教材。编制电视教材就应从镜头、镜头组和段落的结构上下功夫。

15.1.2 分镜头

1. 分镜头的概念

所谓分镜头,是将文字稿本中写出的画面意义,分成若干个可供拍摄的镜头,并按照创作意图,将镜头的内容、艺术特点和摄制要求,在稿本上用文字或图形体现出来,由它们组成镜头组去表现文字稿本的内容含义。

例如,文字稿本写出的形象为"一个小孩在马路上捡到了一分钱,把钱交给民警叔叔",分镜头可这样:

①全景:小孩在路上边蹦边跑,突然停下,低头。
②近景:小孩低头看。
③特写:马路上一分钱硬币。
④中景:小孩弯腰下蹲拾钱。
⑤全景:小孩向前跑去。
⑥近景:小孩将钱交给民警。

将上面 6 个镜头连接起来的镜头组就完整地表达了文字稿本的内容。当然也可以用 8 个或 4 个镜头来表现,但如何分才能更有效地去呈现同一内容,这得有一套理论与方法作指导。

2. 分镜头的依据

(1)依据视觉心理的规律。电影电视画面是给观众看的,观众在看时就会有怎样才能把被拍摄对象看得更清楚的心理活动。例如,是从远处看,还是从近处看;是从整体看,还是从局部看；是从高处往下看，还是从低处往上看；是跟着看，还是固定下来详细看。在分镜头时要充分考虑到观众的心理需求去分镜头，并注意镜头的景别与拍摄的技巧。

人们在观看电视时，思维是非常活跃的，会迅速地、连续地出现许许多多的疑问、联想和猜想，同时又会迅速地、连续地在观看中得到解答，得到印证。这种"疑问—解答"的思维变化始终在观看过程中自然地、以本人不易察觉的方式反复进行着。如果有些疑问或要求得不到满足，观众就会感到极不愉快。镜头处理得好，会巧妙地引导和把握观众的思维和感受，使他们在获取知识的同时，也得到视觉和心理上的满足。

作为一个导演应该把自己放在观众的位置，仔细揣摩观众在看到画面和听到解说时可能产生的各种问题，并从内容到形式上按思维逻辑和观察习惯去划分镜头。

（2）依据蒙太奇组接的原则。用蒙太奇手法进行组接，从而构成镜头组，是分镜头的重要依据。详细信息请参见第8章的内容。

（3）依据画面内容的表现需要。文字稿本中画面内容的描述，勾画出一系列需要表现的形象和动作。这些形象和动作在导演的头脑中一经形成后，就要仔细分析表现它们的可能性，设想从什么样的角度和用什么样的手法去表现。把这些设想的雏形和实际拍摄的对象进行核对后，要用多少镜头，每个镜头的长度，以及镜头的技术和艺术要求等基本上都可以确定。

例如，文字稿本上一段画面内容：

"在辽阔的高原草地上，放牧着一群群肥壮的牦牛。牛群中一只黑色的小牛犊紧衔着母牛的乳头，吸吮着奶汁。小牛的脖子上系着一块小铜牌，上面印着编号：试B——012。"

如果用镜头来表现上述内容，可以这样分析："在辽阔的高原草地上，放牧着一群群肥壮的牦牛"，其中要表现"辽阔的草地"和"一群群牦牛"，需要用远景镜头或摇拍的全景镜头；而要看清是"牦牛"，则只有选择全景镜头；对于"牛群中一只黑色的小牛犊紧衔着母牛的乳头，吸吮着奶汁"这一小段内容，其中要表现"牛群"，应该用全景镜头，而表现"小牛吸乳"的动作，则最好用近景镜头。那么，两者接合起来，可以用全景镜头推至近景镜头来表现。对于"小牛的脖子上系着一块小铜牌，上面印着编号：试B——012"这一小段内容，则应该用一个特写镜头来表现。

按照上面分析，划分镜头时可以有两种方案。

第一种方案，用一个镜头表现：

全—近—特（全景、摇拍）辽阔的高原草地上，一群群牦牛。（机位下移、推拍）牛群中一只黑色的小牛犊衔着母牛的乳头在吸吮奶汁。（推成特写）小牛脖子上有个铜牌，上面印着编号：试B——012。

这个镜头整个过程是全景摇推近景，同时机位下移近景推至特写。全部过程完成一般需要30秒至35秒，并且从全景直推到特写，对摄像机变焦镜头的倍数要求较高；摇、推、移全用上，拍摄难度较大。其中采用机位下移是由于全景摇拍时，一般拍摄角度是俯拍，机位较高，而近镜拍摄小牛吸吮乳汁又必须采取较低的机位仰拍或平拍，因此在全景推近景的过程中机位要同时下移。

第二种方案，用三个镜头表现：

远景5秒：辽阔的高原草地，牛群遍布。

全景 3 秒：牦牛群。

近—特 10 秒：黑色的小牛犊紧衔着母牛的乳头，吸吮着奶汁。小牛脖子上的铜牌上清晰地印着编号："试 B——012"。

两者比较，采用第二种方案划分镜头较好。

（4）依据摄制的可能性。文字稿本中画面内容，有时是一大段描述（如场面描写），只需一个镜头便可以表现；有时是一句话，却不得不用两个或是多个镜头才能表现。这主要依据摄制的可能性来确定。尤其对于时空转移的情况，必须分镜头表现。

例如，文字稿本上一段画面内容：

"在显微镜下观察液滴，无数的毛蚴在不停地游动。

用分镜头表现应该是：

①近景 5 秒：实验员将玻片上的液滴放在显微镜下观察。

②显微 8 秒：无数毛蚴在游动。

由于画面内容必须表现显微镜（普通拍摄），又必须表现毛蚴活动（显微拍摄），只能用两种拍摄方法摄制，应该分为两个镜头来表现。

15.1.3 分镜头稿本及其格式

1. 分镜头稿本的性质、作用

电视教材的分镜头稿本，就是依据文字稿本去分出一个个可供拍摄的镜头，然后将分镜头的内容写在专用的表格上，成为可供拍摄、录制的稿本，其主要内容包括：

①将文字稿本的画面内容加工成一个个具体形象，变成可供拍摄的镜头，并按顺序列出镜头的镜号。

②确定每个镜头的景别，如远、全、中、近、特等。

③规定每个镜头的拍摄方法。例如，推、拉、摇、移、跟，以及镜头组接的技巧，如切、淡、化、划、键。

④用精练、具体的语言描述出要表现的画面内容，必要时借助图形、符号表达。

⑤相应镜头组的解说词。

⑥相应镜头组或段落的音乐、音响效果。

依据文字稿本加工分镜头稿本，不是对文字稿本的图解和翻译，而是在文字稿本的基础上进行影视语言的再创作，虽然分镜头稿本也是用文字书写的，但它已接近电视，或者说它是可以在脑海里放映出来的电视，已获得某种程度的可见效果。

分镜头稿本的作用，如同建筑大厦的蓝图，为电视教材的摄制提供依据。全体摄制组人员都是依据分镜头稿本的要求，分工合作进行摄、录、编的各项工作。

2. 分镜头稿本的格式

通常采用表 15-1-1 所示的格式，共 10 个栏目。

表 15-1-1 分镜头稿本的格式

镜号	机号	景别	技巧	时间	画面	解说	音乐	音响	备注

表中各个栏目的含义如下：

①镜号：即镜头的顺序号。按组成电视教材的镜头的先后顺序用数字标出。它作为某一镜头的代号，拍摄时不一定按此顺序号拍摄，但编辑时则必须按这一顺序号进行编辑。

②机号：现场拍摄，用 2~3 台摄像机同时工作，机号代表这一镜头是由哪一号摄像机拍摄。前后两个镜头是由两台以上摄像机拍摄，通过特技机进行现场编辑，单机拍摄就无须标明。

③景别：根据教学内容需要，确定要突出的整体或局部，一般有远、全、中、近、特等。

④技巧：电视技巧包括有摄像机拍摄的运动技巧，镜头画面的组合技巧（如分割、键控），以及镜头间的组合技巧（切、淡、化、划等），一般在电视教材的分镜头稿本中，技巧栏只标明镜头间组接技巧。

⑤时间：指镜头画面的时间，表示该镜头的长短，一般以秒去标明。

⑥画面内容：用文字描述所拍摄的具体画面，为了阐述方便，推、拉、摇、移、跟等拍摄技巧，也可在这一栏中与具体画面结合在一起加以说明，甚至画面的组合技巧，如画面分割为两部分，或者键控出某一图像等。

⑦解说：对应某一组镜头的解说词，它必须与画面密切配合、协调一致。

⑧音乐：注明音乐的内容（曲子的名称）及起始位置，用作情绪上的补充和深化，增强表现力。

⑨音响：在相应的镜头上标明使用的效果声，如机器声、实验操作声、声现象中的声效等。

⑩备注：方便导演记事而安排的，可把拍摄地方、特殊要求、注意事项等写在此栏。

15.2 怎样写好分镜头稿本

电视教材的"文字稿本"是制作的基础，它为导演写"分镜头稿本"提供了依据。导演在写分镜头稿本过程中要做好以下几方面工作。

15.2.1 钻研文字稿本及有关资料

1. 钻研文字稿本

文字稿本是分镜头稿本编写的依据，必须认真钻研，并与编稿人员交流，彻底弄清以下问题：

（1）教学对象：弄清教学对象是写分镜头稿本的前提，导演必要时要做实地调查，了解学生的生活经验和实际知识水平，使稿本介绍的知识、选取的形象能符合学生的实际。

（2）教学目标：明确学生通过该专题电视教材的学习要达到哪些教学目的和要求，掌握哪些理论知识，培养什么能力，形成什么思想感情等。

（3）内容的深度和广度：明确教材应包括多少知识点，哪些是知识性的，哪些是技能性的，哪些是重点、难点，并在内容深度、广度方面掌握适当，使之符合教学对象的培养目标要求。

例如，《熔化·凝固》一节，学生通过海波的熔化、凝固实验，了解物态的变化，明白从固态到液态，称为熔化。掌握晶体物质有一定的熔点、凝固点，并且熔点与凝固点相同。其重点在观察、记录海波的熔化过程，并画出熔化曲线，知道熔化过程中要吸热。

凝固过程则是非重点，只通过讲解，说明凝固过程，让学生知道晶体也都有一定的凝固点，并且熔点与凝固点相同。凝固过程中要放热，至于过程则省略。而为什么熔化要吸热，凝固要放热则不介绍。

（4）结构特点：要领会文字稿本采用哪种结构方式去组织与表达知识，有哪些特色，并考虑在分镜头稿本中如何去体现与强化这些特色，或者不合适的地方要如何做调整。

2．钻研有关资料

为了能更深刻地领会文字稿本的精神，同时还应钻研其他有关资料。

（1）课程的教学大纲与文字教材：进一步明确教学目的与教学内容，参考文字教材的结构，引用的实验、资料等。

（2）课程教材教法指导书：这类资料提供一些教材内容分析与教学方法的指导，能使分镜头稿本的编写符合教学的原则与方法，增强教学性。

（3）同类课题的影视资料：了解这些资料可以学习别人的长处，发现一些可以使用的现成的视听资料。例如，系列片《初中物理》参考了动画版《初中物理》，《初中物理实验技巧》则参考了北京电教馆的《初中物理实验》片段。

3．参与有关教学活动

（1）听课：如果有机会应该去听教师的讲课，可以启发导演发挥电视手段的长处去设计镜头，这样写出的稿本更能符合实际需要。

（2）召集教师学生讲座会：研讨该课题的重点、难点、教学方法、学习方法，请他们对文字稿本提出意见，共同研究选题、电视教材的构思与设计，集思广益，为创作分镜头稿本打下基础。

15.2.2 熟悉拍摄题材

1．落实拍摄题材

（1）导演与编稿人员研究落实文字稿本上写的画面题材。写在文字稿本上的画面内容都应该是有出处的，基本上可供拍摄。应与编稿人员明确落实，做到心中有数。

（2）导演构思的新题材也要落实。导演在构思分镜头稿本时，原来文字稿本上的题材，可能由于拍摄条件和制作技术上的原因不能使用，必须补充新的题材；其次，根据构思还可能要再增加一些新题材，这两方面的题材导演都应与编稿人员商量，是否合适，并逐一落实。

2．熟悉拍摄题材

（1）对现有视听资料的熟悉，可用的部分有哪些，如何采用？

（2）对外景题材应做实地调查。

（3）实验操作的题材要反复观看操作过程，熟悉实验过程和关键要领，便于分镜头时的镜头选择及景别划分，突出重点内容。

(4) 对需要的电视动画特技,最好设计出初步方案,并试验其可行性。
(5) 对表演的教师或其他演员要经过试用后确定。

在熟悉了题材之后,动手写分镜头稿本时,不仅能写得具体形象,而且切实可行。否则写出的稿本就会空洞,到拍摄时再在现场修改或补充,既浪费时间,又影响制作质量。

15.2.3 构思分镜头

掌握了题材之后,就得将这些题材加工组织,这一工作过程的实质就是构思分镜头。构思分镜头要抓住以下几个关键。

1. 从整体到镜头,逐一构思

(1) 构思整体结构,调整段落。写分镜头稿本时,不一定完全按文字稿本的顺序,将画面内容简单地分成"镜头"就行,而是可以根据教学原则或电视手法的表现方式,对整体结构和段落做适当的调整。

(2) 构思段落中的镜头组。参照文字稿本逐一考虑每一段落应该采用的镜头组,以及镜头组之间的联系,通过一个个镜头组去构成一个段落,说明某一部分的教学内容。

(3) 在脑海中构思分镜头。镜头组确定后,就要在脑海中对每一个镜头组进行分镜头,并考虑如何将这些镜头组接起来,说明某一个问题或表达某一个意义。当然在划分镜头时要按照上述的几个依据来划分。这样就把整个电视教材用一个个镜头表示出来了。

2. 在重点、难点处下功夫

写分镜头稿本时,应在教材内容的重点、难点处多下功夫,并充分运用典型题材、电视动画、特技手段去突破难点、重点。

(1) 运用典型题材。构思分镜头时,要利用一些典型的题材去表现主题思想,要求导演既要熟悉教学内容,又要有丰富的知识和生活经验。

(2) 运用电视动画。电视动画既形象,又能抽象概括,对解释自然科学中的运动变化过程,具有很强的表现力。若能在关键部分,成功地运用动画去说明问题,能起到很好的教学效果。

(3) 运用电视特技。例如,拍摄的特技、电子特技、编辑特技等,在构思时,要充分利用这些电视特技手段,为教学内容的呈现服务。

3. 在艺术处理上做文章

在构思分镜头时,导演还应充分运用影视艺术的表现手法,去增强电视教材的表现力。这里所指的艺术性,是指电影、电视特有的艺术性,包括电视、电影的艺术形式及表现手法。

1) 艺术形式

在艺术形式上,分镜头稿本的编写要从"形、声、光、色、美、乐"6个方面着手,下功夫去加强科学教育片的艺术效果。

(1) 形:指画面内容的形象。形象要生动、新颖、动态谐调、造型优美、立体感强、质感强。

(2) 声：指解说和音响效果。解说要精练、流畅，用词准确、优美，并且易于上口，娓娓动听。形声并茂，常常是人们评论电视或电影艺术性时主要的赞语。

(3) 光：指光线，指光的各种效果。光是电视和电影这类摄影艺术形式中特有的组成部分。逆光、光晕、光环、光的造型、光的变化、光的影调和光的透视都给观众以极其动人的艺术享受，导演在构思时要把光的效果考虑进去。

(4) 色：指色彩。色彩不仅在色相上能准确地表现出对象的属性，还能在色调、色度和色性上造成迷人的艺术效果。彩色电视和彩色电影这种艺术特点在编写分镜头稿本时要注意应用。

(5) 美：指美术。美术的含义本来很广，从电视和电影的角度来看，主要强调的是化装、布景和动画。导演在美术方面要提出明确的、内行的要求，并把握和估计最后的美术效果，尽量注意美术效果与真实效果的统一。

(6) 乐：指音乐。导演在编写分镜头稿本时就要从主题、内容、形式上考虑音乐的使用。用或不用，怎样用，用什么音乐，都要从整体艺术效果上全面考虑。音乐选配适当可以大大增强片子的艺术感染力，导演也必须在这方面充分注意。

2) 表现手法

电视和电影的诸多表现手法，体现了电视和电影的艺术性。导演要熟悉这些表现手法，正确而熟练地使用它们，以增强片子的艺术性。

在使用各种表现手法时，诸如构图手法、拍摄技巧等，注意要一不落套，二不滥用。例如，常见的你追我赶的慢镜头，这称为落套；漫无目的地将镜头东摇西甩，猛推快拉，这称为滥用。这些要引以为戒，在编写分镜头稿本时要注意。

在使用各种表现手法时，一些优秀的科学教育片的宝贵经验是值得学习的，也是应注意运用的。这里介绍一下有关运用表现手法的经验和常识：

(1) 要有意识地运用构图手法描述画面内容，包括主体和陪体的安排，画面上景物上、下、左、右、前、后位置的安排，视野范围（通过景别表现）和镜头变化（通过拍摄技巧表现）的处理等，不一而论。甚至可以直接用画图来取代画面文字内容，这在国外电视教学片的工作稿本中是流行的，在我国也是值得提倡的。

(2) 景别要注意变化，不要在景别一栏中经常出现一连串的中景。景别没有变化，长时间让观众看到相似的空间范围，感觉就"平"，没有起伏，节奏就慢。这种情形，电影行话称为"二半吊子镜头""拉洋片"。景别的变化要注意逐渐变化，由近景逐渐到远景，或者由远景逐渐到近景、特写。前者称为后退式景别变化，后者称为前进式景别变化。这些形式上惯用的表现手法要纳入稿本，为我所用，为主题内容所用，才能强化艺术效果。

(3) 在技巧的使用上要灵活使用推、拉、摇、移、跟。一般从艺术角度上讲，画面内容是一些静止不动的景物，可多考虑使用镜头运动变化的技巧；画面内容是一些本身运动变化着的事物或较细微的对象，可多考虑使用固定镜头。这也是一种表现手法上的对比作用。

(4) 编写时要考虑镜头组接的手法。构思分镜头时，对镜头的分法，镜头之间的组接，组接的方式等，要依据组接原则和表现方式，如停机再拍、逐一出现等。同时要适当选用组接的"化、淡、划、甩"等技巧，并注意寻找和构思镜头内容过渡的衔接因素，并在画面内容的文字描述中注明，以引起拍摄和剪辑（编辑）人员的注意。

(5) 编写时要考虑节奏。利用镜头的内容变化、景别变化、拍摄运动的快慢变化和长短组接,并利用音乐、音响等诸因素,造就片子强烈的节奏,或者形成片子舒缓的韵律,使片子表述的知识内容一环扣一环,不松弛,不断线,有起伏。这种镜头的长、短、快、慢的变化,以及引起的节奏变化,是导演借以引导或强制观众集中注意力,接受片子所传输的知识内容的一种有效的艺术表现手法。节奏在文字稿本中是较难体现的,但是到了导演手里,在分镜头稿本中,却要明显地、具体地体现出来,这是导演应具备的艺术造诣之一。

不同类型,不同对象,要选择适当的节奏类型。

无论是艺术形式或表现手法,都体现了导演创作的艺术功力。但是,科学教育节目的艺术性,应融于科学性之中,它巧妙的构思、有趣的情节、生动的形象、优美的解说、独特的表现手法,都应紧紧围绕着科学内容。

当然利用艺术手法去加强电视教材的表现力是一件非常复杂的工作,要充分发挥艺术的表现力为电视教材的科学性、教学性服务,要求导演不仅要熟悉教学内容、教学方法,而且必须具备较高的艺术修养,并将其自如地运用到分镜头稿本的创作中。

15.2.4 按格式填写

为了方便阅读,分镜头稿本要按照前面介绍的统一格式填写。这里介绍一些写的方法与要求。

1. 画面的写法

分镜头稿本的前几栏是写画面的,如表 15-2-1 所示,下面介绍一些特殊情况及处理方法。

表 15-2-1 分镜头稿本的画面栏

镜号	景别	技巧	时间	画面

①景别栏:填写该镜头的景别,但采用运动镜头时,景别会产生变化。例如,推镜头,景别栏中可写"全→特"或"近→远"。

②技巧栏:一般是写该镜头与上一镜头的组接技巧:切、淡、划、化、键。有时导演对"切"这一技巧组接方式没有写上去,而将镜头的运动技巧推、拉、摇、移、跟填入该栏也可以。

③时间栏:该镜头的时间长度与解说词的多少有关。

④画面内容栏:这是写清画面最重要的一栏,该栏要写得具体形象,有时为了将拍的画面讲清楚,在这一栏对拍摄的技巧也写出来,如镜头推近某物体的局部。

2. 声音的写法

分镜头稿本中表 15-2-2 所示的几栏是写声音的。

表 15-2-2 分镜头稿本的声音栏

解说词	音响	音乐

一般来说，它们都不是对应某一个镜头而写的，解说词通常是对应一个镜头组；音响效果也是在镜头或镜头组相应的位置标出；音乐则是在对应镜头位置标明"音乐起"或"音乐止"，同时可写明对音乐的要求，如"轻快""活泼""快节奏""慢节奏""舒情优美"等。

作为导演，写好分镜头稿本是一项重要的工作职责，应该给予充分的重视，并要掌握写好分镜头稿本的本领。要多学习一些影视艺术的理论与技巧，提高艺术修养和写作能力，多看一些国内外的影视资料，在电视教材编制中，不断提高写作分镜头稿本的能力和水平。

思考与练习

1. 什么是镜头组？写一镜头组，说明它起了单镜头不能起的作用。
2. 如何构思分镜头？
3. 自拟题目，编写 5~10 分钟的电视专题片分镜头稿本。

第 16 章 电视教材导演工作

本章学习目标
- 熟悉导演的前期工作内容
- 熟悉导演现场指挥录制的方法
- 熟悉导演后期的工作内容

电视教材编制是一项集体性的创造性劳动,编导在整个创造性劳动中起了主导作用,他们的工作贯穿在录制过程的每个环节。导演的工作既是一项技术性、业务性很强的工作,也是一项组织与领导的工作。

16.1 导演的录制前期工作

导演的前期工作,是指从分镜头稿本完成后到开始录制之间这一段时间内的工作,即拍摄准备阶段。这期间导演要直接参与或进行指导,才能保证按分镜头稿本去进行录制。这个阶段应做好下面的工作。

1. 组成摄制组

(1) 明确岗位。除编导外,还要明确摄制组人员:摄像、录像、灯光、美工、录音、解说、场记、技术等。有些学科还要聘请科学顾问。

(2) 明确职责。导演应成为摄制组的组织者和领导者,实行"导演负责制",做好各方面的协调工作,调动全体人员的积极性。

(3) 统一思想。摄制组成员要善始善终,各司其职,共同完成课题的录制任务。

2. 讨论分镜头稿本

电视教材分镜头稿本是摄制组全体人员工作的依据,为此导演应组织摄制组成员学习讨论分镜头稿本,解决以下几个问题。

(1) 发挥集体的创造性,提高分镜头稿本的质量。通过讨论进一步修改完善分镜头稿本,使其更切实可行。

(2) 使摄制组成员掌握稿本的内容、主题和录制的技巧。明确拍摄的内容、每个人所做的工作及要求,用分镜头稿本去统一认识和行动。

(3) 明确各岗位和每个成员的工作任务及要共同完成的工作,调动大家的积极性,协调一致地进行录制工作。

3. 拍摄材料的准备

电视节目制作是一项集体劳动,并要耗费大量的人力物力。因准备工作不周而影响拍摄工作的事例是屡见不鲜的，不仅会带来极大的损失，还会影响演职人员的工作情绪。在现场手忙脚乱穷于应付的导演怎么可能导出好节目呢？正因为准备工作如此重要，所以必须引起足够的重视。准备工作越充分，对拍摄时遇到的各种问题设想得越周全，节目录制就越顺利。准备工作具体包括以下内容。

(1) 美工、动画、材料的准备

导演对美工人员提出要求，制定出工作方案，保证制作出的美工、动画、特技模型符合录制要求。

(2) 演员的排练和演示过程的试演

①演员按分镜头稿本的要求进行排练，发现问题及时解决，直到符合要求。

②准备演示实验。包括准备实验的设备、材料，并进行实际演示，以确保实验成功，提高拍摄效率。

(3) 现成视听材料的准备

视听材料包括电影、电视资料、录音资料、图片等，检查落实这些素材是否符合要求。

(4) 外景素材拍摄的准备

实地考查落实外景拍摄的地点和事物，准备拍摄器材、工具。

(5) 录制设备、灯光、布景的准备

录制前要对所使用的设备，如摄像机、录像机、特技机、灯光、音响设备进行最后的检查调试。

导演在准备阶段，一是要细。除了向各部门了解工作进程之外，一定要亲自检查每个环节。例如，从字幕卡片顺序是否正确到实验演示能否达到预期的目的等由专人负责的事项，只有自己亲自核对清楚了，才能放心。因为导演是负责全局的，他对节目、演员比其他人员要熟悉。很多问题对于负责单项技术工作的人员是很难察觉到的，导演有必要提醒他们注意。二是要考虑周到。对节目制作中可能发生的各种情况都要有预先的措施，甚至包括主讲教师能否按时到场这样的情况都应考虑进去。从事导演工作时间越长，这方面的经验和对策也就越多。刚开始承担导演工作的人，要认真总结自己在从事其他节目制作工作时的经验，留心向有经验的导演学习，这样很快也就能随机应变了。

4．拟订拍摄录制计划

(1) 确定拍摄的工作方式

①顺拍——即按镜号的顺序拍摄。在外景素材不多时可按镜号的顺序在演播室内拍摄，便于编辑。

②按地点、景物分别进行拍摄。采用后期编辑的电视教材，一般都采用这种方式，拟定计划时，把同一地点、同一场景的一组镜头安排在一起拍摄，可以提高效率。在不同时间、不同地点拍摄的镜头要注意镜头组接时的连续性。

(2) 确定拍摄计划的内容和要求。拍摄计划的内容要尽可能周详，除拍摄的内容、地点、日程安排外，对参加人员、使用设备等均应列入计划，写成如表 16-1-1 所示的形式。

表 16-1-1　拍摄计划表

拍摄日期	拍摄地点	拍摄镜号	使用设备	参加人员	备注

制订切实可行的拍摄计划，对提高效率、降低成本有重要作用，尤其在多部课题同时录制时，更应做好计划。

16.2 导演的现场录制指挥

16.2.1 现场

电视教材录制的现场不同，对导演指挥的要求也不同。因此要清楚录制的几种不同现场。

1．按场地
①演播室内现场。
②演播室外现场。

2．按录制设备
①单机拍摄现场（室内、室外均可）。
②多机拍摄现场（一般为室内演播室，室外转播车）。

3．按录制方法
①先录后编现场（专题片）：分镜头录制。
②连续录制现场（教学实况）：录制中不停机，按镜头顺序切换，连续录制。

16.2.2 演播室工作

演播室工作是节目制作的关键一环。在录像机诞生以前，所有的电视节目都是直播。节目一经开始，就无法停顿和修改了。这样的工作方式迫使每一个人都全神贯注，一点差错都不能出。而这必须建立在全体工作人员训练有素、配合默契和基本功过硬的基础之上。现在大部分节目都用录像机事先录制，教育节目更是如此，再加上还可以后期修改，无形中放宽了对人员素质和协同配合的要求。

在这里我们提倡无论是复杂的还是简单的节目，都应当是一气呵成，一遍完成。这不仅是为了提高演播室工作效率，减轻演员、教师的工作强度，更重要的是使节目制作人员始终高度重视自己的工作，注重基本功的训练和临场随机应变的能力。

对于讲授型教学节目，可能会遇到没有经验的主讲教师不能一点不出错地讲下来的情况，这时当然要使教师心理上没有负担，允许他们出错和改错。但节目制作人员方面的差错则是不能允许的，这一点要使大家都明白。

当分镜头稿本和其他需要的东西都准备好后，就可以投入演播室工作了。大的电视台和节目制作中心与一般的学校电教中心在这一点上略有不同，前者突出表现为计划性和时间性极强，这是由他们的制作任务繁重而决定的。学校的电教中心相对时间上不那么紧，因而更有条件将演播室工作做得细一些。

下面要介绍的是演播室工作的基本流程和工作方法。根据各自的条件和节目的难易不同，实际工作不可能完全和书上讲的一样。但这里要强调的是下面的内容是从演播室工作的成功经验中归纳和总结出来的，只要按照这些原则去做，就可保证节目制作顺利完成。

1. 演播室工作程序

演播室工作要根据预先确定的录制日程表进行,注意工作效率,确保按时完成,以免影响下一个节目的工作。

1) 工作程序

演播室工作程序一般按图 16-2-1 所示的顺序进行。

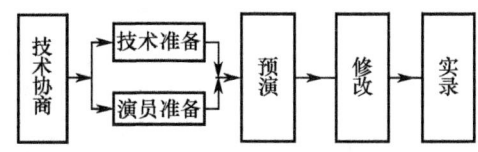

图 16-2-1　演播室工作程序

在时间安排上,一般来说,协商需 30 分钟;技术准备需 1 小时至 1 小时 30 分钟;彩排除节目时间外,还要再加上 30 分钟。这样的时间安排是较标准的。

技术准备,主要是录制设备的调试,确保技术指标符合要求。

在技术准备的同时,演出者可以安排化装、背台词和其他的准备工作,包括调整实验仪器、熟悉道具等。这时导演除了再强调一下演出中的注意事项外,还要设法帮助演出者放松紧张的情绪。

2) 技术协商和准备

进入演播室后,要先将所有的技术人员召集起来,按照分镜头稿本的要求逐一说明各项工作的要求。每个细节都要讲清楚,如该哪个摄像机拍、拍什么、怎样拍等。如果事先经过排练,只需要再强调一下最重要的或最容易忽视的地方。

进了演播室,一切都要讲效率。原则上不允许有较大的变动,要求每个人对每个细节的要求都十分明确。如果不清楚的地方,应要求大家提出来,不能有半点含糊。正式录制时需要大家很好地协调配合,如果一个人有一个错误,那就不知道要中断多少次,自然也就谈不上效率了。

当然,有时也会出现非改不可的情况。例如,卡片上的字写错了,以后要尽力避免。如果影响不很大,最好将要改的内容安排到以后补拍,其余工作照常进行。

3) 摄像机的安排

录制工作是以摄像机为中心来进行的,因而重点谈一下摄像机的安排。

在讲授型教育节目中。通常使用三台摄像机,如图 16-2-2 所示。中间的摄像机主要用来交代人物和环境,在节目开始和结束需要用它出一个全景。此外,它还可以承担拍摄图片板或某些特写的任务。两边的摄像机则主要用来分别拍摄位于它们所对位置的人物。这两台摄像机应位于人物轴线的同一侧,这一点是十分重要的。否则就会出现不合乎情理的镜头连接。

上述划分不是绝对的,还需要根据情况灵活处理,特别是要考虑镜头的拍摄顺序,并为摄像机留够移动机位的时间。例如,也可以采用下面不固定机位的做法:摄像机 A 以拍摄大场面为主;摄像机 B 以拍摄特写为主;摄像机 C 则为辅助摄像机,且拍摄模型和图表等。

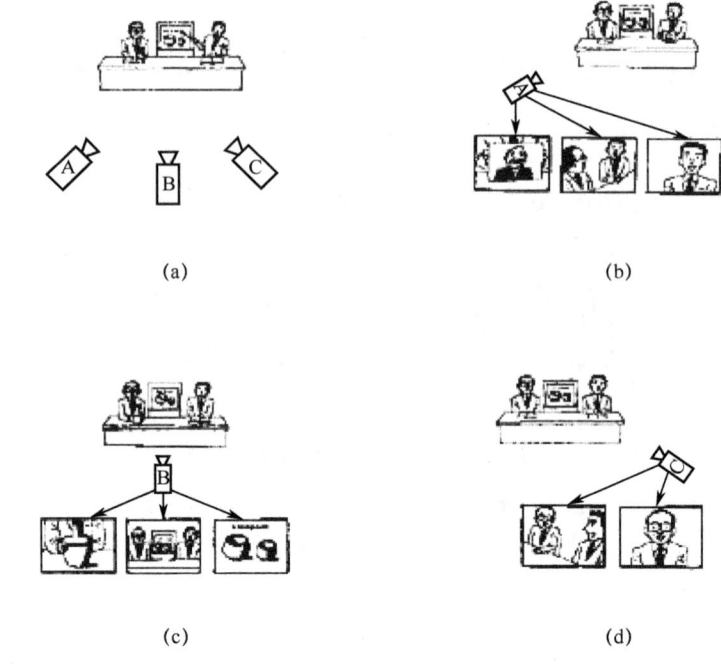

图 16-2-2　不同机位的拍摄

导演在安排摄像机时，着重要考虑以下三点。

（1）镜头目的。为什么要拍这个镜头？想让人看什么？

（2）表现内容。画面中哪个事物是主体？它与其他事物的关系是什么？该强调的是否已经强调？

（3）表现形式。视觉均衡和韵律是否适当？前后镜头连接会不会出现跳跃？

摄像机安排好了，其他各项技术工作将以此为依据进行调整。

2．预演和修改

在系列节目中，如果每次形式都相同，参加的人员也大体不变，从第二次拍摄开始一般可以不再需要预演。但对于某些特殊的地方，还需在技术协商时加以强调。

1）预演

预演跟实拍是一样的，只是不进行录制。这时，导演要坐到控制室里进行指挥，演播室里则由现场导演负责。现场导演通过耳机听取导演的指令，指挥现场的拍摄工作。

预演要严格按分镜头稿本进行，中途不应中断。即使发现某些错误（如演员说错了话；画面切的时间不对等），也应在排练后的"修改对话"中解决。一气呵成，导演可以从整体上检查节目的结构、节奏和时间安排。

如果是比较复杂的节目，可以采取分段预演。特别是某些镜头，拍摄难度比较大，可以单独预演，一次不行，再来一次。

2）修改

预演结束，导演应把所发现的全部问题向有关人员指出来。如果有必要，还可以让他们反复练习几遍，直到完全正确为止。

预演中也会发现原来分镜头稿本中有些地方不够妥当，还需要进行修改。例如，要增加几个镜头，或者换一种拍摄方式，或者照明需要调整等。这时就要求导演有很好的应变和决断的能力。导演可以根据情况做出判断，是需要进一步同有关人员协商，还是当即做出决定。

如果预演时错误较多或修改较大，一般应再做一次。所有的预演都要在确定无误，或者相信大家都非常清楚的情况下再开始实录。

还有一点要强调的是，在预演和实录时要求所有人员的精神都要高度集中。但在预演结束，实录开始之前，则应努力创造一种轻松和谐的气氛，不妨说几句幽默诙谐的话，使大家放松一下。特别要注意不要说能伤人感情的话，应使大家尽量在心情舒畅的情况下准备正式的录制。

3．演出与拍摄

实拍时在演播室中有一个沟通节目导演和全体演播室人员的核心人物，就是现场导演。现场导演用手势传达必要的指示。节目导演的指示，不仅是现场导演，包括其他工作人员也要听从。因此，指示要明确、及时、准确，不能模棱两可。现场导演作为把握现场的负责人，对于节目导演的指示，应尽量用浅显易懂的语言向演出人员和其他人员传达。现场导演应按照节目导演的意图辅助整个节目的制作。

这里有必要对节目导演和现场导演的工作再做些说明。

1）节目导演

从排练、修改到演出的有关各项工作完成后，在实拍前还需要做最后一次检查。通过摄像机检查确认布景、照明、镜头等需要修改处，必要时再对修改处进行预演，而且要向全体演出及录制人员传达最终变更的地方，如增减镜头或变化角度景别等，都要加以确认。

节目导演在控制室里发出指示，然后由现场导演在演播室里组织实施。对时间的掌握，节目导演和现场导演应当经常联系取得一致。在真正实拍时，对摄像机和演出者如何指示是现场导演的工作。如果由节目导演在导控室进行指示，往往会造成一定的滞后。

节目导演要明确发出诸如："下面由A摄像机开始拍摄""××请准备""下面进行特写镜头拍摄，演出者的目光要注意""好，B摄像师，谢谢你"等指示，以便使现场导演能够及时做出相应的调度。

即使在导控室，对于技术导演、录像、录音等工作人员发出的指示也要做到准确无误，最基本的一条是要做到"大声、明确、简洁"。

2）现场导演。

现场导演是要与演播室现场的工作人员和演出人员共同行动的角色，协助节目导演向演播室内工作人员和演出者传达意图，同时将演播室内的情况通过双向通话系统向节目导演传达。有经验的现场导演能及时发现问题并向导演报告，提出改进方案或意见。节目导演只能通过监视器有限地了解演播室内的情况，因此现场导演提供的情况是非常有用的。

现场导演要随时注意演播室内的情况，按照摄制顺序向工作人员发出指示。要把握拍摄情况提前行动，即使有分镜头稿本，现翻也来不及，因此要将节目构成和进度记在大脑中。具体应做到以下几点：

（1）在开拍前，把排练中移动过的东西恢复原状，还要检查整个工作室，有无遗漏的地方；

（2）从读秒开始，向演出者发出信号，包括对演出者的位置移动、引导；
（3）检查模型、图片、小道具是否完好到位；
（4）提示演员的目光、表情和说话的速度；
（5）注意电缆线是否影响摄像机的移动。

3）开拍前 10 分钟

在演播室开拍前最后 10 分钟的休息中还要再检查一遍演播室内布景、场景、导控室，这一点不能忽视。因为在排练中布景搞坏或由于倾斜失去平衡、图表次序搞错等情况都有可能发生，一旦开拍再发现就晚了。

在演播室中要努力创造出一种轻松的气氛。一定程度上的紧张是必要的，但对于初上屏幕的演出者则应使其感到亲切、放松。通常读秒从开拍前 1 分钟开始，每 10 秒报一次，在读至 30 秒时，宣布开始录像。为了不使演出者紧张，读秒不宜过细和声音太大，否则会破坏原来的轻松气氛。

在开拍前，现场导演一边与导控室联系，一边可以说"很快就开始了"，或者加以引导说"请挥动双臂，上下舒展一下""请深呼吸吧" 等轻松的话来缓和气氛，用活动一下身体来缓和紧张感，也可以说一句"对不起，请整理一下上衣"。即使没有必要，也要整理一下，这样有助于创造一种沉静的状态。

演播室内监视器的位置也要再度确认，特别是讲授型节目，教师往往需要边讲边看监视器，如图 16-2-3 所示。

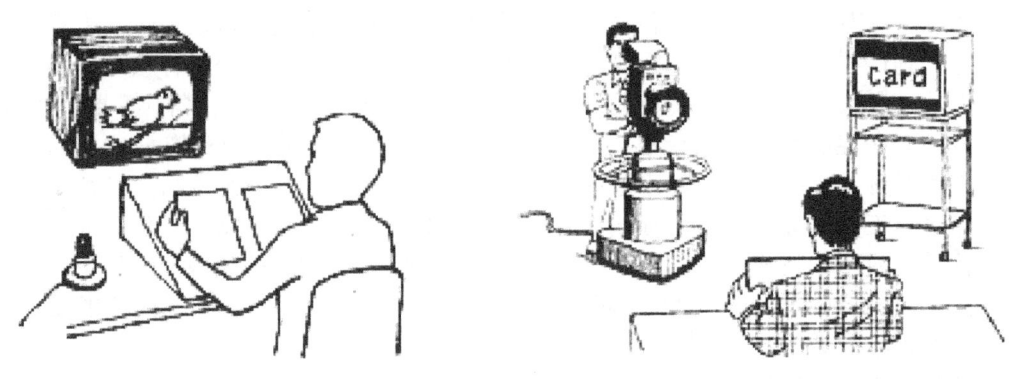

图 16-2-3　边讲边看监视器

4）指示

实拍中，演播室内除演出者外，其他人不得发出声响，因此必须用各种方式进行交流。

（1）用手势传达信号。手势是现场导演的工作语言，主要是用来向演出者发出各种信号，例如"准备""开始""大点声""说慢点"等。有经验的现场导演在演播室内常是边领会节目导演的意图，边准确地发出各种手势。手势必须十分明确，使别人一看就清楚它的意思。

现场导演如果离开摄像机打手势，演出者便处于或看摄像机或看现场导演的状态，眼光会不固定。为了使演出者目光自然，现场导演可以站在摄像机旁边发出指示。例如，摄像机位置较低，可蹲下或靠近演出者发指示。常用的各种手势和它们代表的意义如图 16-2-4

所示。

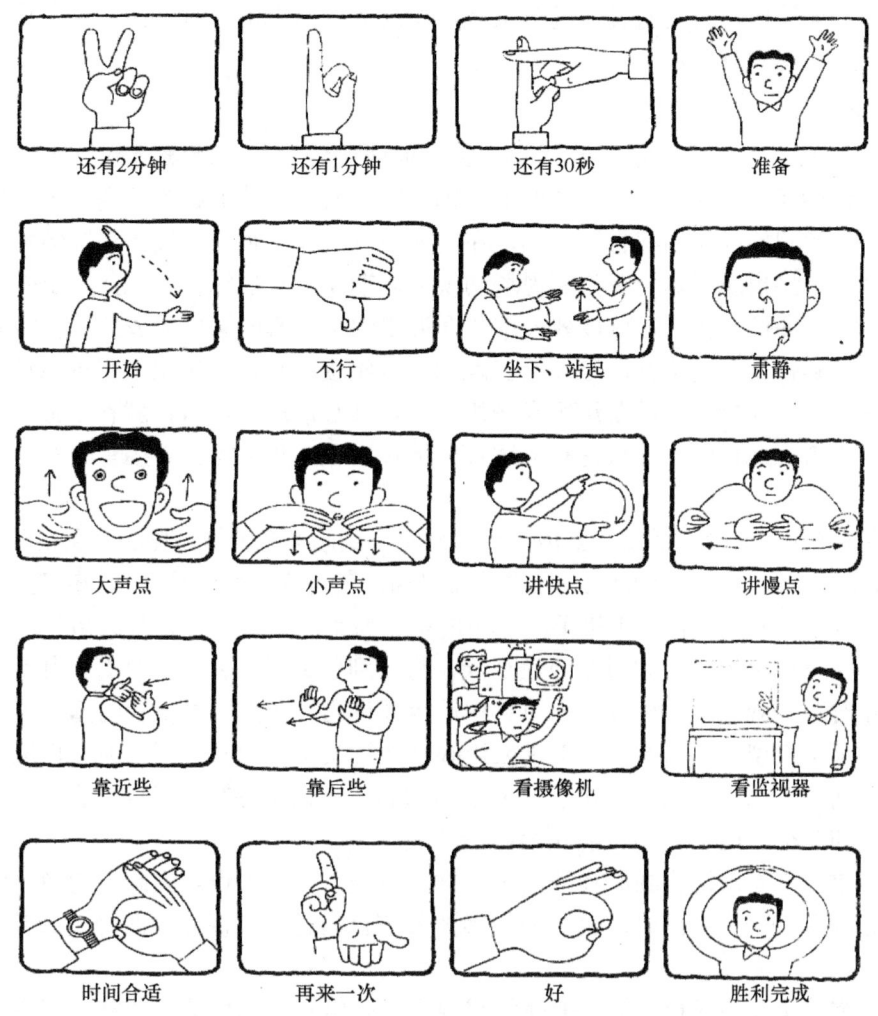

图 16-2-4 常用的各种手势和它们代表的意义

（2）由摄像机上的告示灯发出指示。和手势一样，可由摄像机上的告示灯发出指示。当灯光亮时则指示这台摄像机拍摄开始。当演出者远离摄像机时，灯光难以看清楚，这种情况应尽量避免用灯光指示。

（3）其他方面的指示。在有些情况下，演出者也可以配戴耳机直接听取导演的指令，如体育转播的解说员、新闻播音员常常采用这种方式。指示信号的方式多种多样，要根据实际情况进行选择。

（4）提示。演出者面向摄像机讲话时，如果漏讲或忘了台词，应采用各种形式提示补正。这也是为了使演出者以自然的姿态面向摄像机，给没有表演经验的演出者以信心。但是让他们自然地面对摄像机是困难的，动作和表情常容易拘谨，所以须特别注意帮助他们放松。讲座节目中，可将台本放在桌上边看边讲，或者将台词提示性地写在硬卡片上，放在容易看清的地方。台词可以全写上也可以只写关键的词语或提纲。

目前，新闻主持人使用的自动提示系统已被广泛应用，但如果单纯靠它，目光就会追随所写内容，容易使讲话人的表情过于呆板，观众也会因为不知道讲话人在看什么而感到茫然，缺乏亲切感和魅力。

4．画面切换

画面组接的基本方式和它们的基本含义在前面已经讲过了。演播室工作中的画面组接，是依靠切换现场的几台摄像机图像实现的，因而又习惯地被称为现场切换。每台摄像机的机位、角度和拍摄景别都有所不同，在切换中就形成了画面组接。实况转播和现场节目制作的画面组接也属于这一类型。现场切换与后期制作时的编辑相比，主要差别在于它的实时性。此时图像、音响、特技效果都是在演出的某一瞬间同期完成的。在极有限的时间里不仅要做到视觉上的连续，还要恰当运用各种组接手法，体现出节目的风格和节奏。可以说，在花费了大量心血准备组织和排练之后，节目的成功与否，就在于此。

这里暂不考虑戏剧性，单从正确描述各种情景出发，介绍镜头组接有哪些需要注意的地方。

（1）圆滑流畅。一个好的组接点应该使人感觉不到画面在变换，观众已经完全被融入节目内容里。这就需要认真研究观众正常的思维逻辑，使镜头的变化符合思想或观赏的习惯。

（2）符合观众心理。各种组接手法运用的基本原则就是将一个人观察事物的思想过程用不同的镜头重现出来，最大限度地让观众在想看到什么时，就能及时看到什么。因此，镜头必须随时跟上观众的心理需求。节目中的重要说明、要点、表演者的重要表情和动作都要用特写镜头表现。演出者在用手指或用眼睛注视某个目标时，要不失时机地将其所指或所看的东西切出来。如果是拿在手里展示的物品，应该用特写来表现。在讲座节目中，应突出图表和黑板上的字，必须能让学生看清楚。

（3）慎重与节奏。切换画面和开汽车一样，不能有任何失误。因此，切换画面必须慎重从事，做到万无一失。同时，也要敏锐地随着节目的进程，保证画面的镜头节奏和谐、变换顺畅。

（4）掌握镜头变换时机。镜头变换的重要之点是组接点的位置，即掌握好在何时切换最为自然，下面是常见的切换时机。

①动作切换。即在被摄体，特别是人物开始行动的瞬间进行切换。例如，教师要演示模型，可以在教师刚拿起模型的瞬间将镜头切换到模型的特写上，这就是切换的契机。动作有各种各样，要根据其内容把握好时机。

②台词切换。这是以台词的段落来确定切换点，通俗地说就是谁在讲话就切谁。但实际上在一段台词讲完的瞬间切换，已经晚了最好在台词结束之前略超前一点切换，因为谈话时在对方谈话快完尚未完时，自己或别人就会插话了。台词切换在电视剧、戏曲、采访和座谈节目中用得最多。

③反应镜头。在谈话中把听方的反应、表情切出来就是反应镜头。切出反应镜头的时机应该是听的一方即将做出反应的时候，即在表现反应稍前的时机。

④适时切出行为的对象。当画面人物的行动对象在画外时，要紧跟着画中人行为的动作将行为对象或目标切出来。也就是说，在观众看到剧中人即将要做什么之前，就使与行

为结果有关的人、物、事件出现在画面之中。这也是一个重要的组接原则。

（5）切换的禁忌。

①无意义的画面变换，或者不用切换镜头的手法便可以表现的，就不要切换。

②绝不能随心所欲地切换画面。

③几乎相同，或者被摄体大小差别不大的画面忌切换。

④切换被摄体大小差别太大的画面时，前后镜头中物体大小过于悬殊不切换。大小以 3∶1 比较合适。

⑤摄像机角度过于不同的画面不要切换。

⑥方向相反的画面间不宜切换。

⑦运动的镜头不接静止的镜头，同样，静止的镜头不接运动的镜头。

5．节目的确认

在演播室里制作的节目，无论是素材片段还是完整的节目，都必须当场确认。也就是说在节目制作完毕时，导演、技术导演、教师都不要离开，将刚录好的节目从头到尾审看一遍。这时大家分别从制作、技术和教学三方面确认节目是否符合要求。

不管你如何喜欢自己的作品，这时也需要客观地估计一下。对于不足的地方，即使不能再修改了，也要作为教训，在以后的工作中加以避免。当然，如果发现政治性、科学性的错误，那是非改不可的。应当抱着对观众高度负责的精神来对待这项工作。

对于分镜头较多的系列教材，在录制过程中注意做好场记，以便于以后编辑时更容易查找。

16.2.3　导演现场录制指挥要求

1．导演对先录后编的现场指挥

先录后编的现场，可采用单机或多机拍摄，然后再后期编辑。可以一个个镜头录制。导演要做好下面的工作。

（1）导演在每个镜头录制前应对演员、摄像、录像人员讲清要求，甚至演习后，再正式录制。

（2）正式录制时，导演应站在最有利于全面指挥的位置指挥。

①单机的室内外录制现场，导演应在监视器旁进行指挥，对不符合要求的镜头，应重新录制，直到满意为止。

②多机系统录制时，导演一般在特技切换台的录像人员旁进行现场指挥。

③在同期录音时，可采用手势、灯光、耳机通信方式进行指挥。

录制过程中，导演要"眼观六路，耳听八方"，密切观察现场的情况，如演员的台词、表情、画面构图、特技处理等。

2．导演对连续录制的现场指挥

连续录制时对导演的指挥要求较高，在每个镜头之间，一般不能停下来对录制人员做出解释或提要求，尤其是优秀教师的课堂实况现场更不能停下来，因此要求导演做到以下两点。

（1）在拍摄前导演应对各种录制人员的录制工作提出明确要求（如摄像的分工），各部门最好拟定出具体的录制指导书，作备忘录。

（2）导演应在导控室的特技切换台旁进行重点指导，及时通过耳机、手势、灯光信号对表演、摄像等人员进行指挥。

在指挥过程中，导演既要严格保证每个镜头的质量，又要处理好与其他人员的关系，善于听取好的建议。在指挥中不要大声喊叫，以免影响情绪，努力创造一种协调愉快的气氛，使大家在紧张的工作中也能得到一些放松，最终把录制任务顺利完成。

对现场录制中出现的一些问题要进行果断的处理，不能按分镜头要求完成的要及时做出调整。同时在现场拍摄中，允许导演即兴发挥，创作出更好的作品。

16.3 导演的录制后期工作

现场拍摄完毕后，进入后期加工制作阶段。部分摄制人员已不必参加这一阶段工作，但导演仍是这一阶段的核心，要继续做好下面的几项工作。

1．检查素材，整理修改稿本

1）检查素材

把拍摄下来的素材集中起来，逐一检查。

（1）与分镜头稿核对，检查是否有遗漏镜头。

（2）在现场进行修改或增删的内容，在分镜头稿本上注明。

（3）与场记对照，弄清全部素材。例如，录了几遍，哪一遍较好，在分镜头稿本上注明。

（4）注明该镜头画面所在的录像带号，以便查找。

2）整理修改分镜头稿本

原来的分镜头稿本往往在拍摄过程中和检查素材时被勾画得很乱，需重新整理。

（1）镜头号按照实际拍摄的素材，根据核心构思重新编排。

（2）景别、技巧按实际拍摄镜头整理修改。

（3）无法拍摄的镜头改用其他视听资料代替。

（4）画面、解说按实际拍摄做相应改动。

2．指导画面编辑与配音合成

1）指导画面编辑

（1）编辑过程导演始终在场指导。在技术上尊重编辑，在内容上服从编导。

（2）认真审看画面，内容上不出错误，技术上保证质量，如避免编辑点闪烁，或者磁粉脱落。

（3）严格选择编辑点：①符合组接原则；②长度与解说词一致；③节奏适当。

（4）注意检查编辑点，是否有闪动、吃字、多字等。

（5）注意做好后期特技的编辑处理。在分镜头的指导下，可以现场创作。

（6）编辑完毕，认真检查，保证组接流畅，内容准确。

2）指导配音合成工作

配音合成包括后期解说的配音,音乐、音响的合成。

（1）选择解说员。要根据需要选择解说员,要考虑教学语言的特色,普通话要标准,语言要清晰。

（2）导演向解说员讲清楚要求。

（3）解说员做练习,控制好速度与节奏。

（4）导演协调指导录音人员进行录音工作。

（5）指挥音响效果声的录制,或者选用现成资料。

（6）导演指导选用现成的音乐资料,使它适合教材的内容情绪和节奏。

（7）指导声音与画面的合成工作,要求声音与画面严格配合。

声画合成后,一部电视教材就基本上编制完成了,经审查、修改就可交付使用。

3. 编写完成稿本和教学指导书

1）完成稿本

完成稿本是按编制成的电视教材整理成的分镜头稿本,它作为电视教材的一份文字档案来保存或供教师使用。

2）编写教学指导书

为了更好地指导教师使用电视教材和指导学生学习,编导还应编写一份教师用的教学指导书和学生用的学习指导书。

系统课程的电视教材按章节提出指导性的教学与学习意见;辅助课堂教学用的专题性电视教材,要就不同专题分别写出教学指导书和学习指导书。例如,专题性电视教材教学指导书的编写,主要内容包括:

（1）课题名称。

（2）教学目的。

（3）内容要点介绍。

（4）使用前的准备。

（5）使用后的活动:如实验制作、课堂讨论、作业。

（6）名词解释和学生作业的正确答案。

下面是一份教学指导书的例子。

（1）对象:小学六年级。

（2）课题:负数。

（3）教学目的:介绍负数的意义。

（4）内容要点:

①通过升降机上、落层数及其他例子,介绍正整数、负整数的意义。

②通过温度的升、降,介绍怎样用数线表示正、负数,以及如何比较其大小。

③通过实例介绍有关正、负数的简易加减运算。

④介绍一些正负数运算的游戏。

（5）播放前的教学准备:

教师指出加法适合交换律,然后和学生讨论减法是否也适合交换律。例如,5-2 是否

等于 2-5？又如，2-5 应该等于多少？（不必给出答案，请学生留心观看电视教材）

（6）播放后的教学活动：

①教师就播放前所提的问题为学生作总结。

（5-2≠2-5，2-5=-3）

②参照学生手册，酌量给予学生适当的练习。

（7）课外活动（略）。

（8）学生手册的作业答案（略）。

导演的工作过程总结起来如表 16-3-1 所示。

表 16-3-1　导演工作过程与要求

工作阶段	具体工作内容	工种负责人	对导演的要求
稿本阶段	（1）选题 （2）编写文字稿本 （3）编写分镜头稿本	教师、研究人员 编稿（教师） 导演	协助 协助 独立完成
录制准备工作	（1）组成摄制组 （2）组织讨论分镜头稿本 （3）美工、动画材料准备 （4）演员、演示过程排练 （5）现成视听资料的准备 （6）设备、灯光、布景的准备 （7）拟定拍摄计划	导演 导演 美工 编导或助手 编导、资料员 技术员 导演	主持 主持 指导 指导 参加 指导 主持
录制现场指挥	（1）演播室现场录制指挥 （2）先录后编现场录制指挥	导演 导演	主持 主持
录制后期工作	（1）素材检查 （2）修改稿本 （3）进行画面组接编辑 （4）后期配音 （5）教材审定与修改 （6）编写完成稿本与教学指导书	编导 编导 编辑 配音员 编导 编导	主持 主持 指导 指导 参加 参加

思考与练习

1．录制前导演要做好哪些工作？
2．导演对先录后编的现场应如何指挥？
3．导演对连续录制的现场应如何指挥？
4．录制后期导演应做好哪些工作？

参 考 文 献

[1] 杨晓宏，刘毓敏．电视节目制作系统．北京：高等教育出版社，2005.
[2] [美]赫伯特·泽特尔．电视制作手册．北京：中国传媒大学出版社，2004.
[3] 孟群．电视数字制作技术．北京：北京师范大学出版社，2003.
[4] 李晋林．电视节目制作技术．北京：中国广播电视出版社，2002.
[5] SONY 公司专业产品资料 http://pro.sony.com.cn/proWeb/default.aspx.
[6] 松下公司专业产品资料 http://www.panasonic.com.cn/products/pbc_.
[7] 张琦，林正豹，杨盈昀．数字电视制播技术．北京：中国广播电视出版社，2002.
[8] 林正豹，武海鹏．电视数字摄录像技术．北京：中国广播电视出版社，2005.
[9] 黄会林．数字影视摄影教程．北京：北京师范大学出版社，2005.
[10] [美]赫伯特·泽特尔．摄像基础．北京：中国传媒大学出版社，2004.
[11] 常江．影视制作基础．北京：北京大学出版社，2013.6.
[12] 李兴国．电视照明．北京：中国广播电视出版社，2005.
[13] [美]赫伯特·泽特尔．电视照明手册．北京：北京广播学院出版社，2003.
[14] 金长烈．舞台灯光．北京：机械工业出版社，2004.
[15] 王林．电视照明 ABC．北京：中国广播电视出版社，1996.
[16] 李宏虹．现代电视照明．北京：中国广播电视出版社，2005.
[17] 姚振中．舞台电视照明基础．上海：上海翻译出版公司，1987.
[18] [英]古拉德·米勒森著．电视照明方法．武汉：华中工学院出版社，1984.
[19] 张爱堂．电光源．北京：轻工业出版社，1986.
[20] 孟群．电视节目制作技术．北京：中国广播电视出版社，1997.
[21] [美]泽特尔．电视制作手册．北京：北京广播学院出版社，2004.
[22] 松下公司 AG-MX70A-MC 操作手册．
[23] 李焕勤，马中祥．从全比特记录到压缩比特记录——数字录像机发展综述[J]．电视技术，2000（10）．
[24] 黄国宣．数字录像机格式概述[J]．电视技术，2001（01）．
[25] 何晓林，张爱阳．数字录像机的格式及应用[J]．西部广播电视，2002（09）．
[26] 刘宪坤．数字录像产品发展动态[J]．电视技术，2002（07）．
[27] 赵力．数字录像机的磁头、磁带及其保养[J]．电视技术，2002（07）．
[28] 方德葵．影视数字制作技术与技巧[M]．北京：中国广播电视出版社，2005.
[29] 敦煌视觉效果合成系统产品手册[M]．北京新奥特视频有限公司，2009.
[30] 金光．电视多媒体技术与应用[M]．北京：中国广播电视出版社，2003.
[31] 童莉．浅析在线图文包装系统[J]．媒体时代，2012（11）．
[32] 孙培．综艺节目中字幕的制作特点及实际应用[J]．电视字幕（特技与动画），2007（10）．

[33] 陈建新. 电视字幕的作用及其制作[J]. 电视字幕、特技与动画，2004（10）.

[34] 阎胜利. 电视字幕运用技巧浅谈[J]. 当代电视，2004（03）.

[35] 王学民. 电视字幕在节目制作中的合理运用[J].琼州大学学报，2004（01）.

[36] 刘昌峰. 电视字幕的应用基础[J].电视字幕、特技与动画，2005（11）.

[37] 富饶. 谈电视字幕的修饰[J].齐齐哈尔大学学报（哲学社会科学版），2006（04）.

[38] 方德葵. 电视节目编辑与制作技术[M]. 北京：中国广播电视出版社，2005.

[39] 杨晓宏. 新编电视节目制作技术教程[M]. 北京：国防工业出版社，2003.

[40] 杨盈昀. 多媒体与电脑动画[M]. 北京：中国广播电视出版社，2003.

[41] 冯锡增. 非线性编辑应用基础[M]. 北京：中国广播电视出版社，2000.

[42] 王志军. 数字媒体非线性编辑技术[M]. 北京：高等教育出版社，2005.

[43] 刘长年. 数字广播电视技术基础[M]. 北京：中国广播电视出版社，2003.

[44] 黄匡宇. 当代电视摄影制作教程[M]. 北京：复旦大学出版社，2005.

[45] 查斯娜，喻革武. 21世纪教育技术与非线性编辑技术[J]. 电化教育研究，2000（6）.

[46] 唐锋. 电视节目后期编辑中的线性编辑与非线性编辑[J]. 中国有线电视，2004（8）.

[47] 杨勇强. 非线性编辑板卡对图像质量的影响[J]. 现代电视技术，2006（2）.

[48] 杨丽萍. 浅论数字影视节目的非线性编辑[J]. 山西电子技术，2006（2）.

[49] 马晓军. 非线性编辑网络系统简介[J]. 中国有线电视，2007（3-4）.

[50] 梁小山，等. 电视节目制作（技术类）. 北京：中国广播电视出版社，2000.

[51] 郝俊兰. 电视音乐音响. 北京：中国广播电视出版社，1998.

[52] 徐威，李宏虹. 电视演播室. 北京：中国广播电视出版社，2006.

[53] 刘毓敏，等. 电视制作系统原理与应用实践. 北京：国防工业出版社，2006.

[54] 张一心，姜绍禹. 电视节目制作手册. 北京：中国水利水电出版社，1998.

[55] 韩宪柱，刘日. 声音素材拾取与采集. 北京：中国广播电视出版社，2002.

[56] 郑利民，李亮. 电视制作技术——原理、设备与系统. 北京：电子工业出版社，1995.

[57] 焦伟. 电视节目的音频质量控制探讨. 现代电视技术，2008（4）：122-124.

[58] 顾肖联. 电视音响创作技巧. 北京：中国广播电视出版社，2004.